《定海年鉴》编纂委员会

编委会主任：邵　辉
主　　　编：夏培一
副　主　编：毛　媛

《定海年鉴（2022）》编辑部

主　　任：毛　媛
总　　纂：王英伟
顾　　问：李世庭
责任编辑：王英伟　吴宏军　周丽坤
制　　图：袁晶晶
彩页摄影：陈炳群 等
英文翻译：周丽坤
编　　务：陈冬飞

图书在版编目(CIP)数据

定海年鉴. 2022 / 《定海年鉴》编纂委员会编. —北京：方志出版社，2022. 12

ISBN 978-7-5144-5607-3

Ⅰ. ①定… Ⅱ. ①定… Ⅲ. ①区（城市）—舟山—2022—年鉴 Ⅳ. ①Z525. 54

中国版本图书馆CIP数据核字(2022)第256372号

责任编辑：李志瑜
责任校对：刘玉霞
责任印制　梅中英
出 版 者：方志出版社
地　　址：北京市朝阳区潘家园东里9号（国家方志馆4层）
邮　　编：100021
网　　址：http://www.zgfzcb.cn
发　　行：方志出版社图书营销中心（010-67110500）
印　　刷：舟山市乐诚印刷有限公司
开　　本：889毫米×1194毫米　　1/16
印　　张：31.75
字　　数：1020千字
版　　次：2022年12月第1版
印　　次：2022年12月第1次印刷
定　　价：258.00元

12 月 27—29 日，中国共产党舟山市定海区第十四次代表大会在舟山剧院召开

区委书记侯富光作题为“凝心聚力 担当作为 奋力争创高质量发展建设共同富裕示范区港城标杆”的报告

主席团第三次会议

新一届区委常委

（本版照片陈炳群 摄）

1月5日，中国共产党舟山市定海区第十三次代表大会第五次会议暨区委经济工作会议在舟山剧院召开

区委书记庄继艳作区委工作报告

表彰先进

分组讨论

代表风采

（本版照片陈炳群 摄）

1 月 13—15 日，舟山市定海区第十七届人民代表大会第五次会议在舟山剧院召开

区人大常委会副主任范纲作区人大常委会工作报告

区长侯富光作区政府工作报告

人大代表分组讨论人大常委会工作报告和政府工作报告

（本版照片陈炳群 摄）

1月12—14日，中国人民政治协商会议第六届舟山市定海区委员会第五次会议在舟山剧院召开

区政协主席陆沧波作区政协常务委员会工作报告

政协委员分组讨论有关工作报告

（本版照片陈炳群 摄）

7月30日，定海区第八次归侨侨眷代表大会召开

11月7日，举行全区数字化改革暨“县乡一体、条抓块统”改革工作部署推进会

（本版照片陈炳群 摄）

11 月 26 日，区委举行“学习贯彻党的十九届六中全会精神”专题学习会

12 月 20 日，定海区参加全市新冠肺炎疫情防控电视会议

（本版照片陈炳群 摄）

5月27日，国家发改委副主任胡祖才（左四）一行莅临中储粮舟山项目进行指导调研

7月5日，商务部外贸司副司长张斌（右四）一行调研粮油产业园区

（本版照片洪婷洁 摄）

3月10日，市委书记、新区党工委书记俞东来（前排右一）到定海专题调研城市更新工作

6月18日，市长何中伟（右四）一行到定海调研新冠疫苗接种工作

（尹倩倩 拍摄）

9 月 24 日，区委书记庄继艳出席定海净零碳目标下的乡村振兴项目启动会

2 月 26 日，区委副书记、区长侯富光（右四）赴定海工业园区开展工作调研

（本版照片陈炳群 摄）

3月17日，总投资7.7亿元、落户于定海工业园区的浙江交工集团股份有限公司舟山建筑工业化基地建设项目正式开工

3月27日，五山生态旅游带建设项目重要组成部分的长岗山截洪沟及生态廊道Ⅰ标段开工建设

（本版照片陈炳群 摄）

4 月 28 日，太平洋海洋工程（舟山）有限公司为一艘 32.5 万吨巴拿马籍超大型矿砂船（VLOC）安装旋转风帆

5 月 18 日，长江航道测量（武汉）中心、舟山市港航和口岸管理局、浙江易航海信息技术有限公司在定海海洋科学城签订战略合作框架协议

（本版照片陈炳群 摄）

6 月 24 日，浙江龙源风电与定海区政府签订新能源发展战略合作协议

7 月 5 日，长白中天重工的工人给“奥林匹克和平”号轮上油漆

（本版照片陈炳群 摄）

8 月 23 日，大沙调蓄水库开始向本岛水厂供水

9 月 25 日，定海中心片区排涝提升工程（五山生态旅游带建设项目）新河泵站标段顶管工程开顶

（本版照片陈炳群 摄）

9月28日，2021年定海首批26.45兆瓦分布式光伏项目集中开工仪式在定海工业园区科创中心举行

11月22日，总投资6800万元的“涵园”项目开工建设

（本版照片陈炳群 摄）

12 月 13 日，嵊泗至定海公路马岙至定海疏港公路工程（虹桥互通至长春岭水库段）竣工

12 月 29 日，全长 25.7 公里的舟岱大桥开通

（本版照片陈炳群 摄）

4 月 21 日，浙江省医疗卫生“山海”提升工程暨浙江省人民医院定海分院举行揭牌仪式

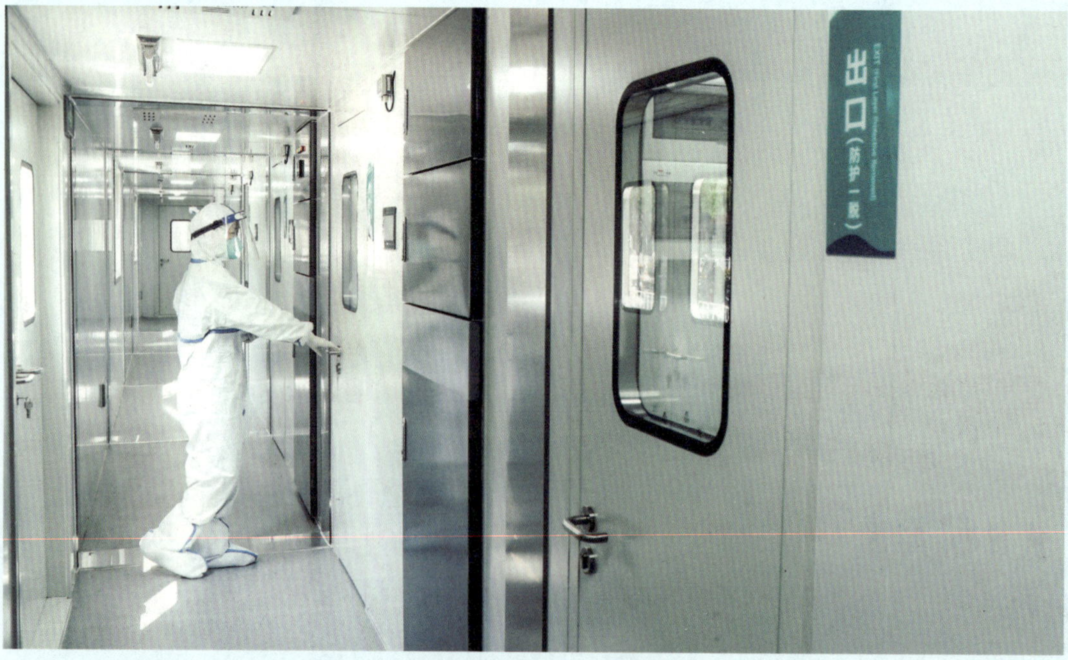

4 月 26 日，舟山市中医院方舱式发热门诊正式启用

（本版照片陈炳群 摄）

4 月 30 日，以“世界之潮　‘鱿’看舟山”为主题的 2021 远洋渔市节启动暨中国鱿鱼馆开馆活动在干碳镇舟山国家远洋渔业基地举行

5 月 15 ~ 16 日，“新动定海 · 悦享建行”2021 定海首届汽车文化节在双桥街道舟山汽车城举行

（本版照片陈炳群 摄）

9 月 2 日，定海区首家双语幼儿园——舟山市博伊双语幼儿园开园

（陈炳群 摄）

10 月 8 日，位于东山路 289 号的定海区行政服务中心正式启用

（朱　峰 摄）

11 月 27 日，位于盐仓街道的定海宝龙天地商业中心开业

11 月 30 日，昌国街道文慧社区居民委员会及中共文慧社区支部委员会揭牌成立

（本版照片陈炳群 摄）

5 月 24 日，“两山理念再深化　美丽乡村再出发”2021 浙江定海美丽乡村周活动开幕式在马岙街道马岙村举行

6 月 10 日，定海区乡村振兴局挂牌成立

（本版照片陈炳群　摄）

6月25日，干𥔲镇的舟山市首个净零碳实践展厅对外开放

10月1日，东海云廊东山段绿道建成开放

（本版照片陈炳群 摄）

11 月 9 日，市民在海之歌广场“席地能坐”示范区域话家常

12 月 20 日，昌国路上的一个口袋公园亮相

（本版照片陈炳群 摄）

鸟瞰东海云廊东山段

舟岱大桥长白互通建成通车

（本版照片陈炳群 摄）

1月1日，举行“2021牛气冲天——迎新年登高祈福” 活动

4月23日，“百年党史 经典诵读”2021书香定海全民阅读节暨定海区“绿书签”活动在定海文化广场启动

（本版照片陈炳群 摄）

4月29日，三毛散文奖中国散文创作基地在小沙街道揭牌

6月7日，第三届“三毛散文奖”颁奖典礼在小沙街道三毛公园举行

（本版照片陈炳群 摄）

6 月 28 日，《中国共产党浙江定海历史》（1950—1978）首发式在区行政中心举行

7 月 31 日，奔跑吧少年“活力定海”2021 年定海区第十五届游泳比赛在檀枫校区游泳池举行

（本版照片陈炳群 摄）

编辑说明

一、《定海年鉴》是中共舟山市定海区委、区人民政府主办，由定海区史志办公室组织实施，区属各部门、单位撰稿，经《定海年鉴》编辑部编辑、总纂，并由《定海年鉴》编纂委员会审定的年度地方信息资料性文献。创刊于2004年，坚持“一年一鉴”。《定海年鉴（2022）》为第19部。

二、《定海年鉴（2022）》以习近平新时代中国特色社会主义思想为编纂指导思想，系统记述定海区自然、政治、经济、文化、社会、生态建设等方面基本面貌和发展状况，为各级领导资政决策提供依据，为社会各界了解定海提供信息，为研究地情和编修续志积累资料。

三、本年鉴记述时限为2021年1月1日至12月31日，部分内容为保持完整性，适当有所追溯或延伸。

四、本年鉴采用分类法编辑，设类目、分目、条目三个层次，有39个类目、274个分目、1638个条目。类目依次为特载、专记、大事记、区情综述、中共舟山市定海区委员会、舟山市定海区人民代表大会、舟山市定海区人民政府、政协舟山市定海区委员会、中共舟山市定海区纪律检查委员会 舟山市定海区监察委员会、民主党派、人民团体、法治、农业 农村、海洋渔业、工业经济和信息化、商务、城区管理与城乡建设、水利水务、环境保护、交通运输、港航、海事、邮政 电信、财政 税务、银行 保险、综合经济管理、应急管理、自然资源与规划、市场监督管理、教育、科技 气象、文化 旅游 体育、卫生健康、人力资源和社会保障、民政、退役军人事务管理、街道 镇、人物、附录等。全书以条目为主要载体，条目标题加“【】”表示，其中“特载”类目采用综合性文章；“大事记”“人物”“附录”等类目因行文需要，分目下直接记述，不另设条目。卷首有地图1幅、彩页照片67张，正文配图照509张。

五、本年鉴文字称谓、数字、计量单位、纪年等均按国家有关规定书写，所用数据以统计部门提供为准，统计部门没有的，以职能部门提供的为准。因水、电、气、邮政、电信、保险、水务等均由市属机构统一经营管理，有关这些部门的统计数字与设施建设等内容，市、区难以厘清的，只记其大概。文中“是年”均指2021年，“上年”均指2020年。未具名的省、市、区，均指浙江省、舟山市、定海区。数字用法、标点符号用法分别采用国家标准《出版物上数字用法》（GB/T 15835—2011）、《标点符号用法》（GB/T 15834—2011），计量单位采用国家技术监督局1993年12月发布的《量和单位》系列国家标准。

目　录

特　载

专　记

大事记

区情综述

中共舟山市定海区委员会

舟山市定海区人民代表大会

舟山市定海区人民政府

政协舟山市定海区委员会

中共舟山市定海区纪律检查委员会 舟山市定海区监察委员会

民主党派

人民团体

法　治

农业 农村

海洋渔业

工业经济和信息化

商 务

城区管理与城乡建设

水利水务

环境保护

交通运输

港 航

海 事

邮政 电信

财政 税务

银行 保险

综合经济管理

应急管理

自然资源与规划

市场监督管理

教 育

科技 气象

文化 旅游 体育

卫生健康

人力资源和社会保障

民　政

退役军人事务管理

街道 镇

人　物

附　录

特　　载

凝心聚力　担当作为
奋力争创高质量发展建设共同富裕示范区港城标杆

——在中国共产党舟山市定海区第十四次代表大会上的报告

中共舟山市定海区委书记　侯富光

（2021年12月27日）

同志们：

下面，我代表中国共产党舟山市定海区第十三届委员会向大会作报告。

这次大会的主题是：高举习近平新时代中国特色社会主义思想伟大旗帜，凝心聚力，担当作为，忠实践行“八八战略”，坚定不移当好“重要窗口”海岛风景线排头兵，奋力争创高质量发展建设共同富裕示范区港城标杆！

一、高水平全面建成小康社会的五年

区第十三次党代会以来的五年，是定海负重奋进、拼搏赶超的五年。面对百年变局和世纪疫情交织叠加的复杂外部形势，面对新发展阶段带来的一系列深刻变化，区委深入学习贯彻习近平总书记关于浙江尤其是舟山工作的重要讲话和指示批示精神，坚定不移沿着“八八战略”指引的路子，团结带领全区各级党组织、广大党员和干部群众夺取了高水平全面建成小康社会的历史性胜利，向着全面建成社会主义现代化的第二个百年奋斗目标迈出了坚实步伐。

五年向海图强，我们全速竞跑创新赛道，推动海洋经济迈向高质量。预计2021年实现地区生产总值620亿元，是2016年的1.3倍；海洋经济年均增速6.6%，经济总量始终保持在全市40%左右，一般公共预算收入、规上工业增加值、社会消费品零售总额、外贸进出口总额等主要经济指标位居全市前列，连续五年入选全国综合实力百强区。国家战略优势加速转化，油品、粮食等大宗商品集散加工交易体系日益完备，我区成为上期所原油、燃料油期货重要交割地，油品贸易进出口额突破800亿，粮食进口总量占全国比重超过15%。以船舶海工为核心的临港装备制造焕发生机，成功创建省级远洋渔业特色小镇。定海海洋科学城全新规划建设，海洋电子信息、军民融合等产业从无到有，高新技术企业和省级科技型中小企业数量较2016年分别增长213.6%和231.9%，新增省部级以上高层次人才78名、年均增长74.1%。获评省“两化”深度融合国家示范区。

五年探索破题，我们全面深化改革开放，推动体制机制更具竞争力。数字化引领撬动七大领域改革亮点纷呈，“1+7+N”改革全景图基本形成。顺利完成党政机构和镇街道机构改革，“最多跑一次”网上办、掌上办实现100%，“一网通办”“企业全生命周期‘一件事’联办”“办事不出岛”成为现实。“亩均论英雄”改革取得阶段性成效，土地、用能、排污权等资源要素向优质企业加速集聚，亩均税收3万元以下企业全部出清。以土地制度改革为牵引的农村综合改革持续发力，累计长期规模流转土地0.74万亩，入选第二批省级农村综合改革集成示范区建设试点。开放能级在深化对外合作中进一步提升，与沪杭甬等周边发达城市合作迈出实质性步伐，定海·虹口协同创新中心、浙江大学海洋学院校地协同创新中心挂牌运行，5年累计引进亿元以上项目47个、20亿元以上项目6个，利用市外资金343.35亿元、实际利用外资3.51亿美元。积极保障甬舟铁路建设，东西快速路定海段、宁波舟山港主通道全线通车，基础设施互联互通水平不断提高。

*五年美丽升级，我们全域优化环境品质，推动城乡面貌实现大变样。*城市规划建设管理体制进一步理顺，城市管理局成立运行。国土空间总体规划高起点编制完善，全区控规覆盖率达到90%，城镇化率达到76%。城市有机更新跑出加速度，完成城中村（旧城）改造108.3万平方米，累计建设安置房项目33个、改造老旧住宅小区969幢、完成C级以上危房解危107幢，实施道路改造、管网改造、亮化彩化等工程项目48个，打通断头路、瓶颈路20条，五山水利工程全面推进，公共停车场等设施短板加快补齐，东海云廊东山段、湿地公园等一批品质地标成为市民休憩新空间。城乡环境综合整治打出强大声势，美丽城镇建设示范推进，创成省级“基本无违建区”，助力舟山以优异成绩跻身全国文明城市行列。与联合国人居署联合发布定海净零碳乡村建设导则，新建村入选联合国净零碳乡村规划中国案例，获评全省新时代美丽乡村示范县。绿色发展指数全省排名第四，两夺“大禹鼎”，连续三年获评美丽浙江建设考核优秀县区。

*五年利民惠民，我们全心践行根本宗旨，推动美好生活增添新成色。*预计2021年城镇和农渔村常住居民人均年可支配收入达到75445元和42757元，比2016年分别增长42.3%和50.6%。疫情防控坚决有力，在启动一级响应后37天内完成确诊病例治愈清零，顶住海上输入等巨大风险实现后续本土新增确诊病例零发生。对口帮扶四川省宣汉县高质量完成脱贫攻坚整县摘帽。人均年收入16000元以下低收入家庭动态消除。慈善救济、养老服务、住房保障实现更高水平覆盖，基础养老金提高至每人每月225元，城镇登记失业率低至1.55%。新改扩建学校14所，中小学集团化办学模式调整完善，学前教育“服务区”制度全域推行，获评省教育基本现代化区。区医共体组建成立，瑞金医院舟山分院、浙江省人民医院定海分院落地运营。“神行定海山”等一批文体品牌影响力不断扩大，“三毛散文奖”成为全省三大文学奖项之一，获评省公共文化服务重点区、省农村文化礼堂建设示范区。

*五年守土尽责，我们全力守护平安法治，推动治理能力加速现代化。*党委总揽全局、协调各方作用充分发挥，支持人大、政府、政协依法履职、服务大局，统战工作连续5年全市考核第一，党管武装、工青妇、关心下一代等各项工作取得新成效。“县乡一体、条抓块统”改革深入实施，区社会矛盾纠纷调处化解中心高效运转，舟山乡村善治学堂、重大决策社会风险全过程监管和智能评估体系全省首创，民间信仰活动场所分类管理经验入选国家宗教局典型案例，获评全国信访工作“三无”县区。“七五”普法全面完成。扫黑除恶专项斗争、政法队伍教育整顿、安全生产综合治理三年行动、道路交通安全综合治理顺利收官，社会治安发案总量实现“五连降”，安全生产事故三项指标保持三年“零增长”，获评国家农产品质量安全县区，成功夺得首批“一星平安金鼎”，群众安全感满意率位居全省前列。

五年管党治党，我们全程扛起主责主业，推动党的建设落到更实处。“两学一做”学习教育、“不忘初心、牢记使命”主题教育、党史学习教育、“六讲六做”大宣讲活动扎实开展，“锋涌定海山”“德行定海山”“廉润定海山”系列党的建设品牌创新打响，党建工作质量持续走在全市前列。市内率先出台关于推动全面从严治党“四责协同”实施意见，党建述职考核评议机制延伸至区属部门，意识形态工作责任制全面落实，横向到边、纵向到底的管党治党责任体系更加严密。“双学双比”、实绩亮相、“六位一体”联动督考等机制创新实施，一线实干选人用人导向更加鲜明。以“一肩挑”为核心的村社组织换届、乡镇班子换届高质量完成，基层组织体系更加完善。地方政治生态“四清指数”省内首创，区委巡察全域覆盖，中央和省委巡视反馈问题迅速整改，群众身边不正之风和腐败问题得到严肃查处，山清水秀的政治生态持续巩固。

五年砥砺前行，成绩来之不易！这是以习近平同志为核心的党中央集中统一领导和省委、市委正确领导的结果，是在历届区委打下的坚实工作基础上接续奋斗的结果，是全区广大共产党员和干部群众共同努力的结果。在此，我代表中共舟山市定海区委，向全区共产党员和广大干部群众，向老领导、老同志，向各民主党派、各人民团体和各界人士，向驻定部队、武警官兵和驻定各单位，向所有关心支持定海发展的海内外朋友们，致以崇高的敬意和衷心的感谢！

五年探索实践，经验弥足珍贵！我们深刻体会到：第一，紧跟核心方能挺立时代潮头。过去五年，我们始终用新思想定向领航，不断向新思想寻策问道，每一步都走得很坚定，习总书记对舟山对定海的重要指示精神，已成为推动事业发展的强大思想武器。实践证明，只有对新思想新理念信之愈深、行之愈坚，才能洞悉大势、把准方向，当好新时代的弄潮儿。第二，接续奋斗方能成就崭新业绩。过去五年，我们牢牢把握定海发展的阶段性特征，保持历史耐心，发扬钉钉子精神，一任接着一任干，走出一条励精图治的“定海路径”，“功成不必在我”“功成必定有我”成为各级干部思想共识。实践证明，只有全体上下齐心协力、咬定目标，才能一步步把宏伟蓝图变为美好现实。第三，创新实干方能赢得发展先机。过去五年，我们坚持将创新驱动、实干笃行作为“破局”的先导和抓手，努力以创新之力、实干之风引领发展之变，在招大引强中实现经济总量和发展质量同步提升。实践证明，事业是创出来、干出来的，只有我们脚踏实地、开拓创新，发展之路才能越走越顺、越走越宽。第四，追求卓越方能不负人民重托。过去五年，我们秉承“追求卓越”的价值取向和“以人民为中心”的发展思想，用心用情全力解决群众“急难愁盼”问题，统筹做好底线、基本、品质民生，群众幸福更具“质感”。实践证明，人心是最大的政治，只有坚守初心、将心比心，才能赢得民心、赢得时代。第五，从严治党方能凝聚前行动力。过去五年，我们纵深推进全面从严治党，把党的建设融入各项工作、各个方面，“党旗飘在一线、堡垒筑在一线、党员冲在一线”成为铿锵旋律。实践证明，事业发展关键在党，只有坚持党的领导，才能充分调动一切积极因素，形成推动发展的强大合力。

在看到成绩的同时，我们也清醒认识到，前进的道路上还存在许多困难和挑战：经济高质量发展水平还不够高，科技创新、优质人才和重大项目的支撑作用还不够强，融入自贸区建设的标志性成果还不够多；一些制约发展的体制机制障碍仍然存在，数字化改革破题需要进一步加力加速；能源、土地、生态等资源环境约束加剧，污染防治、绿色转型任务依然艰巨；城乡区域功能、品质还有很大提升空间，优质公共服务供给相对不足，基层治理社会化、法治化、智能化、专业化水平有待进一步提高；党员干部中还少数存在不敢担当、本领恐慌、不作为“躺平”等问题，全面从严治党仍需久久为功、常抓不懈。这些都需要我们在今后工作中精准施策、认真解决。

二、把握高质量发展建设共同富裕示范区港城标杆的时代使命

不忘初心，方得始终。中共十九届六中全会全面总结了党的百年奋斗重大成就和历史经验。过去一百年，党向人民、向历史交出了一份优异的答卷。现在，党团结带领中国人民又踏上了实现第二个百年奋斗目标新的赶考之路。

历史的车轮滚滚向前，奋斗的步伐永不停息。新的赶考路上，我们要奋力争创高质量发展建设共同富裕示范区港城标杆。这是大势所趋、发展所需、宗旨所在。“大势所趋”即我们所处的历史方位。习近平总书记深刻指出，我国已经开启全面建设社会主义现代化国家新征程。踏上新征程，我们虽然面临着疫情反复和宏观经济复苏动能趋缓等一系列外部环境挑战，但是更具备新一轮科技革命和产业革命迅猛发展注入的动能潜力，具备中央赋予浙江打造“重要窗口”、建设共同富裕示范区的政治优势，具备扩大内需战略、长三角一体化、浙江自贸区等政策红利叠加释放的战略机遇。我们要聚焦时代坐标、保持坚定清醒，增强意气风发走向未来的信念、勇气和力量，立潮头、走前列，在应对各种变化变局中开创新局、实现现代化先行。“发展所需”即我们面临的阶段性特征。习近平总书记深刻指出，新时代新阶段的发展，必须是高质量发展。当前的定海，内畅外联、海陆联动的交通格局正持续放大通江达海的区位优势，重大开发开放平台构筑起了面向未来的现代海洋产业体系，全域美丽的人文品质城市吸引着各类高端要素加速汇聚，经济社会发展呈现出稳中有进的良好态势。但是也要看到，产业分工合作的区域博弈特征更加明显，以数字科技为核心的高质量发展竞跑特征更加明显，用地能耗、人口红利、环境容量等核心发展资源的约束趋紧特征更加明显。我们要找准时代定位、把握发展主动，系统推进固根基、扬优势、补短板、强弱项，实现质量变革、效率变革、动力变革，为全面建成社会主义现代化奠定高质量发展基石。“宗旨所在”即我们锚定的奋斗目标。习近平总书记深刻指出，现在已经到了扎实推动共同富裕的历史阶段，必须把促进全体人民共同富裕摆在更加重要的位置。近年来，我们的民生福祉实现了长足进步，但发展的惠及程度还不够均衡，特别是对照共同富裕要求，人民群众对收入分配、就业、保险、福利等社会保障体系的关注度越来越高，对民主法治、公平正义、社会安全的敏感度越来越高，对高水平实现民生“七优享”的期待值越来越高。我们要扛起时代使命、践行宗旨担当，始终把人民对美好生活的向往作为奋斗目标，率先走出具有普遍意义的共同富裕模式路径，以定海实践展示共同富裕美好社会的靓丽图景。

“大势所趋”“发展所需”“宗旨所在”三者紧密联系、不可分割。“大势所趋”指出现代化先行是一切工作的逻辑起点，建设港城标杆就是我们最鲜明的时代坐标；“发展所需”指出高质量发展是一切工作的实践要求，走高质量发展之路就是我们最正确的路径抉择；“宗旨所在”指出共同富裕是一切工作的最终落脚点，实现共同富裕就是我们最美好的共同理想。今后工作中，我们争创高质量发展建设共同富裕示范区港城标杆，就是要在高质量发展、现代化先行的历史进程中，精准锚定建设共同富裕示范区的历史跑道，脚踏实地、久久为功，不断争创港城标杆的标志性成果、普遍性经验，努力交出一份不负时代、不负人民的历史答卷。

今后五年工作的总体要求是：高举习近平新时代中国特色社会主义思想伟大旗帜，深入贯彻党的十九大和十九届历次全会精神，弘扬伟大建党精神，全面贯彻党的基本理论、基本路线、基本方略，统筹推进“五位一体”总体布局，协调推进“四个全面”战略布局，坚持党的全面领导，坚持以人民为中心，贯彻新发展理念、构建新发展格局，忠实践行“八八战略”，坚定不移当好“重要窗口”海岛风景线排头兵，坚定不移当好“两个确立”忠诚拥护者、“两个维护”示范引领者，加快推动各项事业发展和党的建设再上新台阶，奋力争创高质量发展建设共同富裕示范区港城标杆！

具体目标是：到2025年，地区生产总值突破800亿元；全员劳动生产率提高至23万元/人，研究与试验发展经费支出占GDP比重达到2.2%；港口货物吞吐量超过2.6亿吨，外贸进出口总额达到1360亿元；居民人均可支配收入达到8万元，城乡居民收入倍差缩小到1.75以内；每千人拥有3岁以下婴幼儿托位数提高至4.5个，普惠性幼儿园占比超过92%，人均预期寿命提高至81.8岁，人民群众获得感幸福感安全感全面提升。

——增创经济发展新优势。经济总量和质量效益明显提升，油品、粮油、远洋渔业实现全产业链发展，船舶海工、机械制造等传统产业优势持续放大，新材料、高端装备制造、海洋电子信息、海洋生物医药四大新兴产业突破壮大，现代海洋产业体系更具竞争力。

——建强科技创新新引擎。区域创新活力持续提升，科技创新生态更加优化，创新型人才队伍、体制机制改革、重大平台建设等取得新突破，技术创新体系逐步完善，在四大新兴领域形成一批标志性科技成果。

——打造对外开放新平台。以数字化牵引全面深化改革，法治化、国际化、便利化营商环境基本形成，成为浙江自贸试验区重要功能区。与沪杭甬等长三角发达城市合作取得更大实质进展，在长三角一体化尤其是甬舟一体化中的深度融合发展进一步增强。

——迈入城乡发展新阶段。城市空间布局科学合理，基础设施配套进一步完善，港产城更高水平融合发展，全域景区的人文品质城市基本成型，加快实现农业农村全面振兴。国土空间开发保护格局进一步优化，生态安全屏障更加牢固，整体环境质量保持在全国前列。

——构筑社会治理新样板。党建统领的自治、法治、德治、智治融合基层治理体系基本形成，社会主义民主法治实践持续深化，在县域治理体系和治理能力现代化建设方面走在前列。平安建设体系更加完善，重大风险防范化解能力显著增强，现代应急体系基本建成，发展安全保障更加有力。

——谱写美好生活新篇章。社会民生发展主要指标居全省前列，城乡居民收入倍差显著缩小，基本公共服务实现均等化，社会文明显著提升，人的全生命周期需求得到更高水平满足。

为实现上述目标，在充分吸取以往工作经验的基础上，今后五年工作要切实做到四个始终：一是始终树立“没有走在前列也是风险”的窗口标准。走在前列既是发展所需更是政治自觉。新的征程上，我们要始终保持奋发向上、追求卓越的进取姿态，在更高坐标上谋篇布局、在更广领域中追赶超越，不断开拓新境界、跑出加速度，成为全市乃至全省的标杆。二是始终坚定“金杯银杯不如百姓口碑”的宗旨意识。人民是我们执政的最大底气。新的征程上，我们要始终坚持人民至上，把依靠人民、造福人民、植根人民化为实际行动，促进人的全面发展和社会全面进步，让发展成果更多更公平惠及全体人民。三是始终强化“于变局中开新局求突破”的能力本领。打铁必须自身硬。新的征程上，我们要时刻保持本领恐慌，走出“舒适区”、进入“学习区”，努力掌握新知识、熟悉新领域、开拓新视野，持续锻造会应变、能破局的过硬本领，以过硬本领答好时代答卷。四是始终振奋“走过千山万水仍需跋山涉水”的拼搏精神。奋斗者的脚步永远向前。新的征程上，我们要继承和发扬斗争精神，保持“越是艰险越向前”的顽强斗志，勇于逢山开路，敢于闯关夺隘，一步一个脚印把宏伟蓝图变成美好现实。

三、开启高质量发展建设共同富裕示范区港城标杆新征程

高质量发展建设共同富裕示范区港城标杆，既是目标追求，也是奋进姿态，更是时代责任。我们要立足全局、突出主题、把握重点，着力抓好八个方面工作：

（一）坚持项目为王、深化开放，着力构建新发展格局。始终以国家战略引领发展全局，全力扩大有效投资，高水平融入国际国内双循环，在内外需协同发力中重塑竞争优势。一是全面实施新一轮扩大有效投资行动。利用一切可利用的资源、调动一切可调动的因素，坚决打好招商引资和项目建设“大会战”。紧盯新材料、高端装备制造、海洋电子信息、海洋生物医药四大新兴产业，瞄准央企和三个“500强”等行业领军企业，加强产业链专班招商、以商招商，全力培育经济发展新的增长点。深化项目首问负责、全程代办、限期办结工作机制，加强在谈项目、在建项目、投产项目跟踪协调服务，切实用今天的项目撑起明天的发展。二是加速打造浙江自贸区重要功能区。突出油气全产业链主攻方向，深化油气贸易自由化、通关一体化、数字自贸区等重点领域制度创新，加快完善油气储运基础设施，持续打造船用低硫燃料油供应基地，积极拓展成品油储备、国际海事服务等新业务，推动油气产业从仓储向加工、贸易、金融等全链条强链补链。聚力建设国际粮油集散中心，争取成为进口大豆离岸保税仓储与现货交割地，规划建设“粮食岛”，不断增强粮食大宗商品全球配置能力。依托国家远洋渔业基地，加快建设远洋捕捞加工交易和冷链物流产业集群，培育发展海洋生物医药产业，努力打造产业链一体化的国际渔港经济区。三是构筑长三角一体化综合海上枢纽。树立区域发展共同体理念，主动对接长三角产业链、供应链、创新链、人才链体系，强化与上海都市圈、宁波都市圈协同联动，力争在自贸联动、港航协同、产业提质、创新引智、公共服务等方面取得实质性突破。积极融入全省“四大”建设与“四港”联动发展，高标准打造金塘国际集装箱物流岛，全力推进甬舟高铁及其接驳骨干路网建设，加快构建海陆联动、内外联通的现代化交通与物流体系。

（二）坚持人才强区、创新驱动，着力建设创新型城市。始终把人才和创新作为发展的战略支撑和重要基石，切实让科技创新的“关键变量”成为高质量发展的“最大增量”。一是积极打造海洋人才新高地。瞄准四大新兴产业领域布局人才链、创新链，大力实施“特支计划”、“舟创未来”海纳计划，开展大学生聚定计划和技能人才培育工程，组织符合条件本土企业家参加MBA研修，深化飞地用才、揭榜挂帅等机制，广纳人才为我所用。进一步升级人才引育留用全链条，加快完善人才政策体系，深化人才创新创业全周期“一件事”改革，打造一流人才生态。二是优化区域科技创新服务体系。加快建设以定海海洋科学城为核心的城西科创走廊，高质量打造定海工业园区科技创新培育中心、摘箬山海洋科技岛等多元节点，加快形成一廊带多点的区域创新空间格局。强化“产学研用金、才政介美云”十联动，加大对科技成果应用和产业化的政策支持，促进科创成果向现实生产力转化。大力弘扬科学精神和工匠精神、劳模精神，营造崇尚创新、宽容失败的社会氛围。三是强化企业技术创新主体地位。统筹实施凤凰、雄鹰、雏鹰“三大行动”和科技型企业培育，加快推动有条件企业主板、北交所上市，壮大以科技领军企业为龙头、以高新技术企业为骨干、以科技型中小企业为基础的创新企业集群。支持规上工业企业和高新技术企业普遍建立研发机构，鼓励龙头企业组建创新联合体，着力引导企业专精特新发展。全面落实国家及省市区鼓励创新系列减免奖补政策，切实让企业轻装上阵。

（三）坚持海洋强区、产业升级，着力打造高质量引擎。始终坚定向海图强的高质量发展之路，全面开展海洋经济高质量发展攻坚行动，加快建设动能强劲的现代化海洋强区。一是深入实施数字经济“一号工程”2.0版。紧扣高端装备制造与海洋电子信息重点领域，布局推动大数据、云计算、人工智能等数字技术与海洋经济深度融合，培育发展船舶电子设备、卫星通信、导航定位等标志性海洋电子信息产业，构建海洋特征鲜明的数字经济核心产业集群。加快生产制造、科技研发、商贸金融、生活服务等领域数字基础设施建设，统筹推进工业、农渔业、服务业数字化转型，积极打造数字强区、云上定海。二是提升产业链供应链现代化水平。聚焦船舶海工、机械制造、粮油与水产品加工等传统优势产业，大力实施产业基础再造和产业链提升工程，高水平建设小微企业园、创新服务综合体，推动构筑产业链上下游企业共同体，着力打造一批自主可控、安全高效的百亿级优势产业集群。统筹推进质量、标准和品牌升级，深入实施制造业首台套提升工程，推动现代服务业同先进制造业、现代农业深度融合，切实推动产业链向价值链高端攀升。三是全面增强海洋经济密度。以实施新一轮制造业“腾笼换鸟、凤凰涅槃”攻坚行动为契机，进一步建立健全覆盖全领域的资源利用效率评价标准，开展闲置建设用地、工业低效土地系统治理，深化“标准地”制度，加大资源要素向高科技、高附加值行业倾斜集聚，全面提升亩均效能。深化重点税源增收挖潜，加强对优质税源企业的个性化政策定制服务，积极兑现各级产业扶持和税费优惠政策，不断涵养地方税源，持续做大税源经济。

（四）坚持数字赋能、改革破题，着力增创制度性优势。始终以数字化改革引领、撬动重点领域和关键环节改革，加快形成更多具有示范性的制度创新成果。一是推进全方位数字变革。按照让群众更便利、决策更有据、治理更有效的改革思路，全面落实“152”工作体系，迭代升级重大需求、多跨场景、重大改革“三张清单”，确保顶层设计和基层创新双向贯通，促进现代数字技术与城乡生产生活生态深度融合。坚持大场景、小切口，深化行政运转、公共服务、社会治理、经济运行等领域的政策集成、流程再造、多跨协同，精心谋划打造一批“最佳应用”，不断重塑政府、社会、企业和个人关系。二是建设高效率市场体系。持续深化国资国企改革，提高国有资本市场化专业化运作能力。认真落实民营企业发展促进条例，坚决改变本地企业服务弱化现状，构建亲清政商关系，为实现民营经济新飞跃创造良好环境。实施融资畅通工程升级版，创新政银企保协作机制，大力拓展多元融资渠道，支持定海海洋农商银行做强做优。扎实推进社会信用体系建设，依法保护市场主体的合法权益，加快建成公平竞争、充满活力的市场体系。三是营造最一流营商环境。深化“一件事”集成改革，全面实现政务服务一网通办、全域通办、就近可办，更好服务企业、服务基层、服务群众。实施营商环境“10+N”便利化行动，大力推进以承诺制为核心的极简审批，全面落实外商投资“准入前国民待遇+负面清单”管理制度，完善企业全生命周期服务机制，培育做大法律、金融、通关、贸易、海事等专业服务市场，努力让最优营商环境成为核心竞争力。

（五）坚持城乡融合、品质提升，着力打造美丽大花园。始终强化全域景区的理念，统筹实施新型城镇化战略和乡村振兴战略，不断提升人文品质城市的宜居度和辨识度。一是统筹城乡空间布局。坚持全区“一盘棋”，高水平编制完善国土空间总体规划、控制性详细规划和相关专项规划，优化完善港产城融合发展的生产力布局。推动盐仓全面纳入中心城区，加快中心城区与白泉融合，积极打造白泉高铁新城和金塘小城市，强化小城镇联结城乡的纽带作用，形成中心城区、特色城镇、美丽乡村有机贯通的城乡建设体系。二是提升城市发展能级。树立山海城共同体理念，大力推进中心城区全域景区化建设三年行动，全面建成东海云廊和定海湾整体提升工程，基本完成古城“微改造”，加快城市主干道改造和立面整治，推动口袋公园遍布城市角落，有序开展旧城改造、老旧小区改造与危房解危，着力建设未来社区，打造形成东海云廊生态带、海岛古城文化带、定海湾区滨海带。进一步完善城市功能，建设完成五山水利工程，着力打造海绵城市。巩固深化全国文明城市长效管理机制，加快城市治理数字化转型，不断提升城市治理现代化水平。三是建设新时代美丽乡村。全面落实乡村振兴战略“20字”总要求，把工作着力点更多放在富民兴村上，大力探索集体经营性建设用地入市、宅基地“三权分置”等改革，推动资本、人才、科技下乡，建成马岙趣味式体验动物园、双桥东海大峡谷温泉度假村等一批撬动美丽经济发展的引领性项目，实现颜值向价值转变，努力走出一条可持续、能带动群众共富的新路子。深入实施“千万工程”，全面推进新时代美丽乡村标杆区创建，深化竞争性立项机制，打造净零碳乡村建设系列案例，统筹推进路网、电网、光网、水网、排污管网“五网”贯通，加快建设未来乡村新社区，让乡村成为令人向往的幸福家园。

（六）坚持引领风尚、传承根脉，着力推动文化大繁荣。始终以社会主义核心价值观为引领，深入挖掘好、弘扬好文化根脉，努力让文化成为定海最富魅力、最吸引人的标识。一是全面提高社会文明程度。以迎接党的二十大为契机，深入实施铸魂工程、走心工程，加快建设一批有影响力的理论发声平台，推动理想信念教育常态化制度化，全力争当学习宣传实践习近平新时代中国特色社会主义思想模范生。纵深推进新时代文明实践中心全国试点，创新完善社会主义核心价值观教育引导、实践养成及其制度保障体系，精心培育“城市啄木鸟”“全民掸尘”等特色志愿服务项目，推动从文明城市向城市文明的更高标准逐步迈进。二是增强公共文化服务水平。大力推动公共文化空间品质升级、布局优化，开放运营定海体育馆、定海图书馆，持续拓展文化礼堂教育文体功能，全面打造“书香定海”15分钟阅读圈。推进公共文化服务标准化均衡化数字化，创新打造一批群众性文化活动和策源地体育品牌赛事，深化“点单式”服务供给模式，切实满足群众多层次文化需求。支持区融媒体中心做精做优，做强全媒体矩阵，打造更多导向正确、群众喜爱的媒体平台。三是擦亮区域文化“金名片”。实施传承红色基因薪火行动，提升改造鸦片战争遗址公园、1840广场，打响“鸦片战争首战地、近代史端定海城”品牌。传承千年古城文脉，加强“十五古”系列历史文物与非物质文化遗产保护与活化利用，推进海上河姆渡舟山海上文化长廊标志工程建设，鼓励“海上古城”系列文艺精品与影视创作，激发定海特色文化资源活力。实施“文化出海”计划，做大做强“三毛”文化品牌，持续推动“三毛”文化走向世界。积极推进“文化+”与“+文化”，把特色文化资源融入城市建设与产业发展，培育打造古城商圈、云廊商圈、滨海商圈，做大夜间经济、城市经济，加速农文旅深度融合，建成富有文化底蕴的全域旅游示范区。

（七）坚持生态优先、绿色发展，着力走好可持续之路。始终践行绿水青山就是金山银山理念，全面加强生态文明建设，不断夯实美丽定海绿色基底。一是加快生产生活方式绿色转型。高标准编制实施碳达峰总体方案，协同推进能源、工业、建筑、交通、农业、居民生活六大领域碳达峰行动。坚持低碳高效产业发展方向，加快节能减碳技术改造，逐步推进产业体系绿色转型。积极倡导绿色生活方式，强化绿色消费、绿色出行、绿色办公、绿色居住习惯养成，推动形成全民生态自觉。二是守护天蓝地绿水清优良环境。统筹水资源、水环境、水生态治理，加强美丽河湖、美丽海湾建设，加快实现“污水零直排区”创建全覆盖。全面推进清新空气行动，始终保持空气质量全国领先。扎实推进垃圾分类，健全固体废物全过程闭环监管体系，打造无废海岛定海样本。统筹山水林田湖草沙海岛一体化保护，系统实施全域土地综合整治与国土绿化行动，建设完成“智慧鸟岛”和东海云廊VR实时全景体验科普馆，争创国家级生态文明建设示范区。三是构建科学高效生态治理体系。全面实施以“三线一单”为核心的生态环境分区管控体系，坚决遏制耕地“非农化”、严格管控“非粮化”。健全中央、省委环保督查反馈问题整改工作机制，提升常态排查、快速响应、综合治理能力，确保闭环清零、长效巩固。积极探索生态补偿机制，有序推进排污权、用能权、用水权、碳排放权等市场化交易。建立以排污许可证为核心的环境监管机制，拓展生态治理公众参与渠道，构建全社会齐抓共管的大环保工作格局。

（八）坚持以人为本、共同富裕，着力增进民生获得感。始终践行以人民为中心的发展思想，尽心尽力解决群众“急难愁盼”问题，让定海人民拥有更多获得感幸福感安全感。一是全面提升人民生活品质。系统推进“扩中”“提低”行动，统筹实施中等收入群体倍增和低收入群体精准增收计划，稳定和扩大高质量就业，完善和发展多层次社会保障体系，加快形成橄榄型社会结构。全面实施教育固本工程，大力推进城区名校集团化和城乡教育一体化，加快实施新改扩建学校9所，深化名校长、名教师、名班主任队伍建设，扩大优质学前教育资源供给，认真落实“双减”政策，始终保持基础教育质量全市领先。深入实施健康定海行动，加快建强公共卫生体系，支持瑞金医院舟山分院做优做强，深化浙江省人民医院定海分院合作共建，大力发展智慧医疗，逐步完善全方位全周期健康服务体系。着力构建幸福养老服务体系，完善居家养老服务网络，发展医养康养新模式，建设老年友好型社会。二是加快构建整体智治体系。大力推进党建统领“四治融合”，推行“县乡一体、条抓块统”高效协同治理模式，推进重大决策社会风险闭环监管应用场景建设，迭代升级“一中心四平台一网格”社会治理体系，深化诉源治理，最大限度把矛盾纠纷防范在源头。与时俱进丰富和发展人民代表大会制度在定海的特色实践，进一步完善政府民生实事项目代表票决等制度建设。持续深化“请你来协商”等民主协商品牌，支持政协拓展协商途径、改进协商方式。积极打造现代善治示范区，有效发挥工青妇等群团组织作用，打响“四个同心”“东海渔嫂”等共建共治品牌，形成人人参与、人人享有的善治格局。三是坚决筑牢平安定海防线。严密防范和严厉打击敌对势力渗透、破坏、颠覆、分裂活动，牢牢守住意识形态领域尤其是网络意识形态阵地，高度重视和大力支持党管武装工作，坚决捍卫政治安全。推进立体化、法治化、专业化、智能化社会治安防控体系建设，完善常态化扫黑除恶工作机制。慎终如始做好常态化疫情防控，大力提升核酸检测和流调应急快速反应能力，切实守住“外防输入、内防反弹”关口，坚决防止发生聚集性疫情。加快构建“大安全、大应急、大减灾”体系，提升抵御自然灾害特别是洪涝灾害的科学防控和应急救援能力。严格落实安全生产责任制，常态化加强渔业生产、交通、危化品、建筑工地、食品药品等重点领域监管，坚决遏制重特大事故发生，切实守护人民群众生命财产安全。

四、夯实高质量发展建设共同富裕示范区港城标杆的政治保障

认真贯彻落实新时代党的建设总要求和新时代党的组织路线，全面实施“红色根脉强基工程”，加快打造新时代党建高地、清廉建设高地，为定海高质量发展建设共同富裕示范区港城标杆提供坚强政治保障。

*一要举旗铸魂加强党的政治建设。*坚持以习近平新时代中国特色社会主义思想凝心铸魂，高规格组织开展“六讲六做”大宣讲活动，不断增强党员干部的政治判断力、政治领悟力、政治执行力。健全完善习近平总书记重要指示批示贯彻落实机制，做到令行禁止、一贯到底，争做“两个确立”忠诚拥护者和“两个维护”示范引领者。认真执行党内政治生活准则，不断增强党内政治生活的政治性、时代性、原则性、战斗性。充分发挥党委总揽全局、协调各方的领导核心作用，建立健全以“七张问题清单”为牵引的党建统领机制。巩固和发展爱国统一战线，支持民主党派、工商联、无党派人士多渠道履行职能，加强新的社会阶层人士、网络人士和港澳台友好人士统战工作，守护民族宗教领域团结，广泛凝聚高质量发展建设共同富裕示范区港城标杆的强大合力。

*二要固本强基建强基层战斗堡垒。*统筹开展农村、城市、两新、机关等分领域“六大工程”，协同推进街道“大工委”、社区“大党委”高效运作，积极探索城市“一小区一支部”党建新模式，深入推进新业态、新群体党建工作，增强基层党组织政治功能，构建形成上下贯通、执行有力的严密组织体系。持续深化社区村体制改革，做好村社换届“后半篇”文章，深入实施“红色头雁”工程，健全完善导师帮带制，持续优化村后备干部梯队，不断提升基层党组织抓发展、促共富的能力水平。着力加强和改进发展党员工作，把好发展党员入口关，全链条加强党员队伍分类教育管理，不断激发“红色细胞”活力。

*三要唯实唯先打造过硬干部队伍。*以新时期好干部标准和省委“五项标准”为标尺，高质量编制实施“十四五”期间领导班子和干部队伍建设整体规划，统筹用好优秀年轻干部、党外干部、女干部。进一步强化“实干实绩论英雄”的选人用人导向，健全完善正向激励干部管理制度，营造唯实唯先、善作善成的团队文化，真正把品德好、口碑佳、能干事的干部选出来用起来。持续深化容错免责、不实信访问题澄清保护等机制，切实营造干部为事业担当、组织为干部担当的良好氛围。加大干部不作为“躺平”问题的专项整治力度，对教而不改的坚决予以淘汰。精准实施党员干部专业能力培育，加快打造堪当现代化建设重任的高素质干部队伍。

*四要正风肃纪营造良好政治生态。*持续深化“清廉定海”建设，完善“四责协同”机制，全面打造清廉单元示范标杆，扎实推动管党治党责任落到实处。锲而不舍落实中央八项规定及其实施细则精神，巩固深化“新官理旧账”工作成果，始终保持与群众的血肉联系。持续加强对“一把手”和领导班子监督，让党员干部习惯在受监督和约束的环境中工作生活。一刻不放松抓党风廉政建设和反腐败斗争，重拳整治慰问金违规发放、津补贴违规发放、经营性资产管理不规范、项目违规招投标等问题，以强有力举措一体推进不敢腐、不能腐、不想腐。高标准做好上级巡视、经济责任审计反馈问题整改，全面实施新一轮区委巡察，持续巩固风清气正的良好政治生态。

同志们！历史长河奔涌不息，时代浪潮滚滚向前！站在“两个一百年”的历史交汇点上，肩负新的时代使命，我们必须继往开来、接续奋斗。让我们更加紧密地团结在以习近平同志为核心的党中央周围，在省委、市委的坚强领导下，以一往无前的精神状态和实干担当的奋斗姿态，为奋力争创高质量发展建设共同富裕示范区港城标杆而努力奋斗，以优异的成绩迎接党的二十大胜利召开！

全面开启花园式国际人文港城建设新征程
为当好建设“重要窗口”海岛风景线排头兵而努力奋斗

——在中国共产党舟山市定海区第十三次代表大会第五次会议暨区委经济工作会议上的报告

中共舟山市定海区委书记　庄继艳

（2021年1月5日）

同志们：

下面，我代表中国共产党舟山市定海区第十三届委员会向大会作报告。

这次大会的主题是：高举习近平新时代中国特色社会主义思想伟大旗帜，自觉对标习近平总书记赋予浙江的新目标新定位，干在实处、走在前列、勇立潮头，全面开启花园式国际人文港城建设新征程，为当好建设“重要窗口”海岛风景线排头兵而努力奋斗。

一、勇毅担当、实干奋进的一年

过去的一年，在省委、市委的正确领导下，区委团结带领全区各级党组织、广大党员和干部群众，以习近平新时代中国特色社会主义思想为指导，深入学习贯彻习近平总书记考察浙江重要讲话精神，紧扣省委关于忠实践行“八八战略”、奋力打造“重要窗口”的战略部署，围绕打好“五大会战”、建设“四个舟山”工作主线，积极应对宏观形势的深刻复杂变化特别是突如其来的新冠肺炎疫情，保持定力、沉着实干、担当有为，推动高水平全面建成小康社会取得决定性成果。预计实现地区生产总值增长2.5%，城镇和农渔村常住居民人均可支配收入分别增长4%和5%。

这一年，我们全力开展争先创优，经济发展在韧劲提升中稳走向好。“1+3+N”三服务长效机制[①]与精密智控常态化机制联动推进，战疫情稳经济系列举措精准有效。全年争取下达中央预算内资金2亿元、发行专项债券8.25亿元，实现全社会固定资产投资增长5%以上。39项助企惠企政策组合发力，2020年促进消费十件实事全面落实，累计减税降费超10亿元，为5400余家企业新增贷款77亿元，市场主体信心得到有力提振。创新驱动制造业高质量发展深入实施，47个市智能化技术改造百项项目加快推进，大洋兴和水产品智能化加工技术与装备研发应用项目列入科技部重点专项，区级规上工业企业研发费用增长15%以上，区级规上高新技术产业增加值增长9%。数字经济发展继续领跑全市，森森集团获评省新零售示范企业，“数字长白岛”试点建成，海洋电子信息、军民融合等标志性数字产业加速培育。浙江自贸区定海片区建设深入推进，油品、粮食大宗商品交易规模持续扩大，港口货物吞吐量、集装箱吞吐量分别增长8.3%和3.4%。浙江定海美丽乡村周品牌创新打响彰显鲜明辨识度，带动乡村旅游人数突破280万人次、逆势增长27.8%，入选全国市辖区旅游综合实力百强区。定海远洋渔业小镇被省政府正式命名省级特色小镇。

这一年，我们全面深化改革开放，发展优势在活力激发中巩固再造。党委（党组）书记改革工作述职在全市率先推行，以“最多跑一次”改革为牵引的全面深化改革加快突破。取消替代各类证明305项、占

① “1+3+N”三服务长效机制：是指通过建立健全畅通高效服务体系、三个全科专班定制服务标准架构和若干创新举措的长效机制，为企业、群众和基层提供集成高效、便捷开放、协同联动、智慧精准的高品质服务。

比92.4%，“一件事”[①]事项达到62项，工业企业“零土地”技改项目审批实现“最多10个工作日”，告知承诺最简审批模式入选全省争先创优行动小微企业和个体工商户领域“最佳实践”，政务服务事项网上可办率、掌上可办率达到100%，“企业码”注册申领实现全覆盖，政务服务加速向数字化协同化智能化系统变革。“亩均论英雄”改革进入关键期，227家低效企业整治覆盖率100%，实现低效用地再开发1100亩、批而未供和闲置土地处置1300亩。国家知识产权强县工程试点区创建扎实推进。入选第二批省级农村综合改革集成示范区建设试点。获评全省农业水价综合改革示范县。高水平开放迈出坚实步伐，各类创新要素呈现加速流入的良好态势。预计全年实现外贸出口增长16.7%，实际利用外资7509万美元，定海·虹口协同创新中心挂牌运行，新签约投资10亿元以上项目3个、亿元以上项目18个，投资达50.9亿元的盐田港油气全产业链项目落地，新引进省部级以上人才29名、高校毕业生2900余名，落户“5313”人才企业10家，国家特支计划人才入选实现零突破。

这一年，我们全域建设美丽家园，城乡环境在品质升级中精彩蝶变。决胜全国文明城市创建演绎定海硬核担当，以点位为核心的责任体系环环相扣、全面落实，专项整治、动态整改、机制建设协同推进、掀起热潮，助力舟山以优异成绩跻身全国文明城市行列。新一轮中心城区城市有机更新五年计划研究制定，房屋征收补偿政策调整优化，全年完成老旧住宅小区改造420幢、64.5万平方米、8767户，实施安置房项目17个、130万平方米，和馨苑、畚馨苑等安置小区建成交付，未来社区开工建设。城市绿地、口袋公园、休闲绿道等城市休憩空间精心打造，马岙街道入选省级旅游风情小镇，南洞艺谷被认定为国家AAAA级景区，五山水利工程等41个防洪排涝项目全面启动，4条“断头路”“瓶颈路”实现贯通，5G基站、智能化公交候车亭、公共停车位等一批便民设施建成投用，环境品质持续明显提升。有力保障了甬舟铁路顺利开工。成功创建省第四批生态文明建设示范区，绿色发展指数全省排名从第80位跃升至第4位，全年空气质量优良率达到95.6%，入选省级“美丽河湖”2个，完成修复海岸线12.7公里，新增彩色健康森林1000亩。

这一年，我们全心办好为民实事，民生福祉在短板补齐中持续增进。疫情期间重要民生物资保障扎实有力，社会秩序迅速恢复平稳有序。低收入农渔户与低保边缘户认定标准“两线合一”，低保救助金标准提高至每人每月810元。精神残疾人康复救助“零距离”模式入选《竞跑者》。集体经济经营性年收入15万元以下村实现清零。对口帮扶四川省宣汉县高质量完成整县摘帽。全年交付保障性住房1719套。提前完成农村饮用水达标提标三年任务，累计受益人口9.8万人。示范型居家养老服务中心等一批民政设施建成投用，慈善、救济等工作取得新进步。入选国家第二批革命文物保护利用片区分县名单，第三届“三毛散文奖”评选颁奖工作全面启动，城市书房“15分钟阅读圈”基本形成，白泉镇获评省农村文化礼堂建设示范镇。全国义务教育优质均衡区创建扎实推进，农村小规模初中完成整合，学前教育招生“服务区”制度全面推行。整合型医疗卫生服务体系进一步健全，全民健康信息平台建成启用，隔离病房、核酸检测仪、负压救护车等防疫设施配备完善。成功夺得首批“一星平安金鼎”，区社会矛盾纠纷调处化解中心高效运转，舟山乡村善治学堂全省首创，平民英雄钟耿平被省政府记一等功奖励，“三个我”[②]系列理论宣讲品牌获省委领导批示肯定，新乡贤工作经验入选全省新乡贤工作30例，“情指行一体化”[③]、综合交通应急处置“最多一小时”机制创新实施，扫黑除恶专项斗争圆满收官，安全生产形势持续向好，人民群众平安获得感不断增强。

这一年，我们全员淬炼能力作风，铁军队伍在党建引领中更加有力。党的建设提升三年行动计划深入实施，“锋涌定海山”“德行定海山”“廉润定海山”系列党的建设品牌创新打响，党的建设质量继续领跑全市。关于推动全面从严治党“四责协同”的实施意见在市内率先出台，党建述职考核评议机制延伸至区属部门，意识形态工作责任制全面落实，横向到边、

① “一件事”：是指围绕公民个人出生到身后、企业准入到退出两个全生命周期，把分散在各个部门的办事事项组装集成为群众和企业眼里的“一件事”。

② “三个我”：是指“我来说”宣讲平台、“我爱听”指尖平台、“我参与”青年团队。

③ “情指行一体化”：是指情报全面主导、指挥集成统一、行动精准协同的现代警务模式。

纵向到底的管党治党责任体系更加严密。“不忘初心、牢记使命”长效机制建立实施，领导班子政治建设扎实推进。一线实干选人用人导向鲜明，14名表现突出的公务员得到优先职级晋升，3名干部提任重要领导岗位。新一轮以“全领域建强、全区域提升”为主题的基层党建年全面开启，以“一肩挑”为核心的村社组织换届工作高质量完成，14个区域化特色党建共同体成功打造。地方政治生态评价“四清指数”①全省首创，村（居）监察工作联络站建设在市内率先完成，实现本届区委任期内村级巡察全覆盖，群众身边不正之风和腐败问题得到严肃查处，山清水秀的政治生态有力巩固。

这一年，我们调动一切可以调动的力量，进行了一场惊心动魄的抗疫大战，经受了一场艰苦卓绝的历史大考，取得了抗击新冠肺炎疫情斗争重大阶段性成果。我们因时因势推进“源头查控+硬核隔离+精密智控”，9000余人次公安干警、机关干部连续26天冲在金塘卡口捍卫铁桶工程，1万余名社区工作者和志愿者不惧风雨坚守一线，1200余名医务人员心怀大爱连续作战护佑生命，1.7万余名党员自愿捐款185万元，10名优秀人员火线入党，在启动一级响应后37天内完成确诊病例治愈清零，顶住海上输入等巨大风险确保2月1日以来新增确诊病例“零发生”，奏响了定海人民团结一心、共克时艰的英雄壮歌，交出了定海抗疫的高分答卷。

这一年，我们充分发挥区委总揽全局、协调各方的作用，切实加强对人大、政府、政协工作的领导和支持；认真做好新形势下民主党派、工商联、无党派人士以及民族、宗教、侨务和港澳台等工作，团结社会各界人士，巩固发展最广泛的爱国统一战线；重视发挥老干部的优势和作用，支持群团组织创造性开展工作；坚持党管武装，连续三年人武工作考核全市第一。

各位代表，同志们！事非经过不知难，过去一年的成绩十分来之不易。这是以习近平同志为核心的党中央集中统一领导和省委、市委正确领导的结果，是全区广大共产党员和干部群众共同努力的结果。在此，我代表中共舟山市定海区委，向全区广大共产党员和干部群众，向老领导、老同志，向各民主党派、工商联、无党派人士和各人民团体，向驻定部队、武警官兵和驻定各单位，向所有关心支持定海发展的海内外朋友们，致以崇高的敬意和衷心的感谢。

同时，我们也清醒认识到工作中还存在一些薄弱环节和短板。比如，经济高质量发展水平有待提高，创新驱动能力还需进一步增强；城乡品质内涵仍有提升空间，民生服务、生态环境、平安建设等与群众美好生活的愿望还有一定差距；有的党员干部宗旨意识、担当意识不够强，思路眼界和能力素质还不能完全跟上新形势新要求。对于这些问题，我们必须高度重视，认真研究，切实加以解决。

二、准确把握新发展阶段的内涵要求

习近平总书记指出，新发展阶段就是全面建设社会主义现代化国家、向第二个百年奋斗目标进军的阶段。1921年7月，中共一大宣告中国共产党成立，中华民族从此走上了实现伟大复兴的壮阔道路。百年筚路蓝缕，我们党团结带领人民，浴血奋战二十八年，完成新民主主义革命，建立了新中国；艰苦创业二十九年，完成社会主义革命，推进社会主义建设，找到了中国特色社会主义道路；改革开放四十二年，实现社会主义现代化伟大飞跃，使中国大踏步赶上时代，尤其是党的十八大以来，以习近平同志为核心的党中央统揽“四个伟大”，开启新时代中国特色社会主义新征程，赢得了人类历史上规模最大、力度最强的脱贫攻坚战，为实现第一个百年奋斗目标打下了坚实基础。

今天，中华民族伟大复兴向前迈出了新的一大步，我们要再接再厉、一鼓作气，确保如期高水平全面建成小康社会，乘势而上开启全面建设社会主义现代化的新征程，向第二个百年奋斗目标进军！

*必须深刻认识到，新发展阶段是在大变局中开新局、负重奋进的阶段。*看大局形势，世界百年未有之大变局进入加速演变期，我们正深刻处于“东升西降”大趋势、中美战略博弈大背景、全球治理体系大变革之中，面临着社会主要矛盾牵动全局的历史性变化，外部环境前所未有复杂；看历史进程，2021年是建党100周年，2022年是党的二十大和省第十五次党代会召开之年，2023年是“八八战略”实施20周年，2024年是新中国成立75周年，2025年是“十四五”收官之年，时间节点大事喜事迭出；看肩负

①地方政治生态评价“四清指数”：是指将“干部队伍清正、小微权力清源、执纪问责清障、文化育人清新”量化成百分制考评指数，反映清廉村居建设成效，综合评价地方政治生态。

使命，习近平总书记赋予浙江建设“重要窗口”的新目标新定位，要求浙江成为新时代中国特色社会主义的展示之窗和实践范例，省委十四届八次全会综合研判形势，认为我省在新发展阶段必须担负起五大历史使命，旗帜鲜明提出争创社会主义现代化先行省的奋斗目标，我们重任在肩责无旁贷。形势决定任务，使命呼唤担当。我们要始终坚持大势所向、群众所盼、窗口所需、定海所能，辩证树立风险意识和机遇意识，勇于在逆风逆水中开好顶风船，善于在重要节点上谋大事、抓要事，自觉为全省全国一盘棋改革多探路、发展多破题，努力在利益格局调整的变量中寻求新增量，找准走好新发展阶段定海的高质量现代化之路，全力以赴当好建设“重要窗口”海岛风景线排头兵，切实以定海作为添彩舟山实践、浙江之窗。

*必须深刻认识到，新发展阶段是重塑区域竞争优势、构建新发展格局的阶段。*2020年5月14日，习近平总书记在中央政治局常务委员会会议上首次提出新发展格局的战略构想，此后在一系列的调研座谈中又系统就“加快形成以国内大循环为主体、国内国际双循环相互促进的新发展格局”发表重要讲话、作出重要指示，开拓了马克思主义政治经济学新境界。这一新发展格局，是立足大国兴起规律、把握发展主动权的战略抉择，是着眼“两个大局”变化、重塑竞争优势的路径抉择，更是我们在新发展阶段走好高质量现代化之路的根本遵循。当前，新一轮科技革命和产业变革深入发展，我国发展仍然处于重要战略机遇期，人民对美好生活的向往催生强大国内需求、引领更高供给水平，为我们深化创新驱动加速供需升级、更好融入国内大循环提供了广阔的发展空间；“一带一路”、长江经济带、长三角一体化、浙江自贸区等对外开放及区域发展国家战略交汇叠加、有机耦合，我省推进打造“一带一路”、油气全产业链、大宗商品储运交易、国际商业变革、现代化“四港”联动等“五个”战略枢纽，沪舟甬跨海通道提上规划日程、甬舟铁路正式开工建设，为我们全方位推进高端要素集聚增强竞争优势、更好融入国内国际双循环提供了难得的发展契机。我们要始终坚定必胜信念，充分发挥自身比较优势，既立足定海发展定海，又跳出定海发展定海，推动定海改革发展与实施国家战略同向聚合、同频共振，高水平统筹两个市场、两种资源，切实在高能级融入国内大循环和国内国际双循环中找准定海方位，加快形成与高质量现代化相适应的发展新动能。

*必须深刻认识到，新发展阶段是发力解决不平衡不充分问题、迈向全面高质量的阶段。*新发展阶段最鲜明的特征就是高质量发展，最根本的任务就是要解决人民日益增长的美好生活需要和不平衡不充分的发展之间的矛盾。当前，经济全球化进程从增长效应向矛盾效应转换，区域间产业分工合作的竞争博弈更趋白热化，我们面临着自身产业创新基础与抢占高质量发展制高点要求不匹配的挑战；用地能耗、人口红利、环境容量等核心发展资源存在制约，区域承载压力趋紧对传统发展方式形成强大倒逼，我们面临着城市软硬环境能级与吸引高端要素集聚循环要求不匹配的挑战；社情民情舆情激荡交织，群众迫切期待享有更加优质均衡协调的共同富裕，我们面临着民生治理水平与促进人的全面发展要求不匹配的挑战。我们要始终聚焦聚力高质量、竞争力、现代化，坚持以人民为中心的发展思想，坚持新发展理念，坚持“一张蓝图绘到底”，保持定力集中精力办好自己的事，系统推进固根基、扬优势、补短板、强弱项，加速发展方式从主要依靠资源要素投入向提高全要素生产率转变，更好满足人民群众多层次、多样化、多方面的现实需要，不断打牢高质量之基、激活竞争力之源、走好现代化之路，实现更高质量、更有效率、更加公平、更可持续、更为安全的发展。

三、全力谱写定海高质量现代化建设新篇章

2021年，是实现“两个百年”奋斗目标的历史交汇之年，也是实施“十四五”规划的开局之年。今年工作的总体要求是：以习近平新时代中国特色社会主义思想为指导，深入学习贯彻党的十九大和十九届二中、三中、四中、五中全会、中央经济工作会议、省委经济工作会议、市委七届十次全会精神，紧扣省委争创社会主义现代化先行省的目标，聚焦忠实践行“八八战略”、奋力打造“重要窗口”，围绕打好“五大会战”、建设“四个舟山”，坚定不移落实新发展理念，高水平全面建成小康社会，高质量全面推进现代化建设，高起点全面深化新时代党的建设，全面开启花园式国际人文港城建设新征程，为当好建设“重要窗口”海岛风景线排头兵而努力奋斗，以优异成绩庆祝建党100周年。建议今年全区经济社会发展的主要预期指标是：地区生产总值增长6.5%；一般公共预算收入增长2%；城镇和农渔村常住居民人均可支配收入分别增长6.5%和7%。

围绕上述目标，重点抓好以下五方面工作：

（一）以经济体系现代化引领构建新发展格局。聚焦打通经济循环堵点痛点、提升发展质量效益，坚持供给侧与需求侧协同发力，加快构建融入全国、面向全球的现代海洋产业体系。

打造海洋先进制造业基地。突出数字化引领撬动赋能作用，深入实施产业基础再造和产业链提升工程，努力成为国内大循环的重要制造节点。积极推进数字经济发展行动。围绕打造标志性数字产业链，全面深化定海海洋科学城“一城三园”建设，力争核心拓展区块整体开发取得实质性突破，着力完善智慧海洋应用等重点领域研试生产链条，加速打造海洋电子信息、军民融合等数字经济核心产业和高技术制造产业化基地。全面推进数字赋能智能制造，加快5G网络、数据中心等新型基础设施布局建设，积极推广“5G+”、人工智能、物联网等应用，统筹推进传统制造“上云、用数、赋智”，实施智慧工厂、数字车间、智能产线等智能化技术改造项目20项以上，力争省级工业互联网平台创建实现零突破。确保数字经济核心产业增加值增长8%。全面推进传统制造强链补链。围绕培育海洋高端装备制造、海洋农副食品加工特色产业集群，着力提升船舶装备高新技术产业园、定海远洋渔业小镇、金塘螺杆小镇等平台能级，加快建设中天重工二期、大洋世家海洋食品制造产业园等重点标志性项目，高水平打造船舶装备、塑机螺杆、水产品等重点行业小微企业园，积极整合畅通上下游产业链供应链循环，不断提升行业整体竞争力引领力。持续深化工业企业综合评价和“低散乱”行业分类整治，严格执行差别化用能用水等政策，依法依规推动落后及低效产能退出，不断提升全要素生产率。

提升大宗商品资源配置能力。牢牢扭住浙江自贸区建设“牛鼻子”，大力推进油气、粮食等大宗商品储运加工交易基地建设，努力成为国内国际双循环的重要战略枢纽。着力打造油气全产业链。围绕提升油品战略储备能力，积极推进保税储罐布局，全力保障外钓岛光汇石油储运基地、浙石化项目配套输油管道工程等项目建设，持续做大油品储运和中转规模。聚力推进低硫船用燃料油供应基地建设，加大保税船用燃料油经营牌照政策突破力度，支持有条件优势企业一体打造出口船用燃料油加工仓储交易全链条供应体系，推动油品产业向价值链高端攀升。高标准开展定海工业园马岙片区和金塘北部围垦区块新材料产业园规划编制，提前谋划排污、用能等要素配套保障，全力促成金浦集团绿色纤维产业链等重大项目落地，加快形成油气产业发展新的增长极。着力打造粮食全产业链。对标长三角重要港口粮库及产业集群发展目标，加快推进中储粮浙江粮食仓储物流、省直属粮库三期等仓储设施建设，推动现有粮企向小包装生产、大宗交易领域延伸拓展，提前谋划实施集装箱码头、装卸工艺等改造提升项目，持续推动粮油产业发展高端化现代化。加快进口粮食交易中心建设破题，积极争取进境粮食检验检疫、保税监管等政策，力争在保税仓储、交易交割等方面取得示范突破。着力打造现代流通体系。充分发挥通江达海优势，积极融入全省大湾区大通道大花园大都市区和现代化“四港”联动枢纽，深入推进金塘甬舟一体化合作先行区建设，加快老塘山港区“散改集”和多式联运发展，全力保障推进甬舟铁路及甬舟高速复线工程，超前谋划高铁接驳路网，强化与重点港口、舟山空港的交通衔接，加快沿线重要节点物流规划建设，加大现代物流企业和数字物流服务平台培育，着力构建多元立体智慧综合交通体系，为经济循环提供便捷高效流通服务。

强化投资与消费有效支撑。坚持扩大内需这个战略基点，更好发挥投资关键性作用和消费基础性作用，努力为经济循环注入稳定动力。持续扩大有效投资。全面落实项目中心制，按照前期谋划一批、开工建设一批、续建实施一批、建成投产一批等“四个一批”要求，完善项目全程联系服务机制，健全问题协调、交办、督办等制度，强化重点项目开工前攻坚服务保障，大力推进省市县长项目工程等“4+1”重大项目建设，努力形成塔吊林立、热火朝天的建设场面。确保全社会固定资产投资增长5%，产业项目投资比重不低于50%。全力打好招商引资大会战，深化项目对接任务清单、专业化招商等工作机制，瞄准数字经济、海洋高端装备制造、新材料、大宗商品加工交易、大健康等重点领域的核心环节、薄弱环节，拼抢引进一批引领性、标志性、带动性强的大好高项目，形成引进一个、带动一串、辐射一片的乘数效应。持续扩大优质消费供给。把握消费分层与升级新趋势，高水平办好2021浙江定海美丽乡村周活动，挖掘乡村、海岛、古城等全域旅游资源，放大旅游与生态、文化、健康等集成优势，加速乡村经济一、二、三产融合，着力打造消费“爆款”，成为具有鲜明定海辨识度的区域品牌。积极培育壮大疫情催生的线上教育、直播电商等消费服务新业态新模式，全面推动生活服务“触网”，变新需求为新刚需。差异化发展特色主题商圈、特色街区，积极打造“云上夜市”，带动人气集聚，引导消费持续回暖。

（二）以科技创新现代化培育提升新发展动能。坚持创新在现代化建设全局中的核心地位，深入实施人才强区、创新驱动发展首位战略，加速各类高端创新要素集聚，着力打造具有区域影响力的海洋科技创新高地。

完善区域创新体系。致力增强创新对高质量发展的支撑力引领力，着力打造高效的海洋科技创新服务体系。高水平推进“一廊多点”创新能力布局。突出城西科创走廊核心平台，加快提升定海海洋科学城科技创新孵化转化及产业化配套服务能力，加大创客工厂等创新载体培育力度，提前谋划城西未来社区、南部滨海湾区创新场景集成示范，着力打造海洋科技创新策源主阵地。围绕产业链部署创新链，深入开展金塘塑机螺杆、远洋渔业省级产业创新服务综合体建设，高质量打造定海工业园区科技创新培育中心、摘箬山海洋科技岛等重要节点，形成一廊带多点的区域创新空间格局。持续增强区域协同创新能力。深度融入长三角一体化创新生态体系，全面深化与沪杭甬等周边发达城市创新资源对接合作，深入推进定海·虹口协同创新中心、浙江大学海洋学院校地协同创新中心建设，积极推动与大院名校共建科技成果转移中心，加强与创投资本、科技中介等活跃要素紧密联动，加大对科技成果应用和产业化的政策支持，努力让更多优质创新资源为我所用。

壮大企业创新主体。持续推动创新要素向企业集聚，引导企业依靠创新赢得优势、赢得市场、赢得未来。统筹实施凤凰、雄鹰、雏鹰“三大行动”。坚持把对接多层次资本市场摆在重要位置，健全领导联系、专班服务等机制，持续推进优质企业培育一批、股改一批、上市一批，积极支持促成一批并购重组项目落地，促进企业借船出海、凤凰涅槃。围绕培育具有全球竞争力的一流企业，聚焦数字经济、生命健康、新材料等战略性新兴产业和未来产业，以实施“三名”工程为主抓手引导龙头企业发展新技术、新业态、新模式，努力培育形成若干瞪羚企业、独角兽企业。强化中小微企业梯度培育，统筹推进质量、标准和品牌升级，着力引导企业走“专精特新”发展之路，全年新增“小升规”企业6家，培育细分行业隐形冠军企业1家。扎实推进科技企业“双倍增”。统筹实施科技型中小企业成长计划和高新技术企业后备库工程，加大政策引导和专项辅导，全年新认定高新技术企业12家以上、省级科技型中小企业40家以上。全面落实国家及省市区鼓励创新系列减免奖补政策，充分激发企业创新投入积极性，推动企业加快建设高能级技术创新平台，支持骨干企业加强重点技术攻关，全年新认定省级企业研发机构2家，实现规上工业企业研发费用增长10%。

强化人才创新支撑。坚持把人才作为创新的核心要素、最大变量，着力打造海洋科技创新人才高地。深化人才引育工作。加大高层次人才招引力度，深入实施“特支计划”“舟创未来”海纳计划等，积极探索“揭榜挂帅”引才模式，持续深化以才引才、以赛引才、柔性引才机制，着力引进一批“高精尖缺”科技创新人才（团队）。瞄准建设高素质青年人才队伍，扎实开展创二代与新生代企业家培育，加强定海籍大学生联络联谊，搭建校地、校企大学生引进合作平台，促进优秀青年集聚。实施新时代工匠培育工程，市场导向制定紧缺人才目录，深化企业点单引才育才机制，做强基础支撑人才基本盘。优化人才创新生态。坚持党管人才原则，大力实施升级版人才新政，落实区领导联系服务专家制度，推进人才领域“一件事”改革，探索人才创业创新全周期科技金融服务，努力为人才在定工作生活提供全方位、一条龙的服务保障。加强对人才的政治引领和政治吸纳，大力弘扬科学精神和工匠精神、劳模精神，广泛营造崇尚创新、宽容失败的社会氛围，让人才心无旁骛干事业。

（三）以城市功能现代化升级优化新发展环境。聚力增强服务生产生活生态核心功能，全面升级城市软硬环境能级，努力建设宜居、宜业、宜人的海上花园城市。

优化城乡环境。突出规划引领，深化全域美丽建设，持续打造品质高端的美好家园。着力优化城乡空间布局。全面完成国土空间总体规划研究，系统推进城市空间、人口、交通、产业、生态等统筹谋划，科学划定生态保护、永久基本农田保护、城镇开发边界“三条控制线”，构建完善美丽城市、城镇、乡村有机贯通的美丽定海建设空间体系。扎实推进中心城区控规全覆盖，深化定海古城保护与活化利用规划研究，加强定海湾等重要节点设计，精心布局依山及海、港城呼应的城市景观体系。结合美丽城镇、美丽乡村建设，加快编制完成白泉高铁新城核心区控规，稳步推进村庄规划“一张图”，切实以规划引领品质升级。统筹打造城乡美丽大花园。全面实施新一轮中心城区城市有机更新五年计划，持续加大老旧住宅小区改造力度，适时启动一批城中村、棚户区拆迁改造及古城综合保护项目，高质量建好安置小区，加快实施沿河走廊、口袋公园等景观提升工程，因地制宜推进城市会客厅、城市经济区等精品地标建设，持续提升中心城区颜值。紧扣“五美”建设目标，高标准推进马岙、金塘试点建设，全力争创省级美丽城镇。持续深化“千万工程”，创新涉农财政专项竞争性立项机制，与联合国人居署合作深化“净零碳”乡村示范建设，全面推进农村综合改革集成示范区省级试点，扎实开展新时代美丽乡村、美丽风景示范带建设，持续打造美丽乡村特色组团，争创省新时代美丽乡村示范区。巩固发展全国文明城市创建成果，纵深推进背街小巷等城乡环境综合整治八大行动，全面完成居民小区物业管理全覆盖，加快补齐防洪排涝、停车设施等基础设施短板，不断提升城乡人居品质。

优化制度环境。坚持改革引路，深化建设有效市场、有为政府，着力打造活力迸发的兴业沃土。完善高标准市场体系。充分发挥市场配置资源的决定性作用，加快完成定海工业园区整合提升改革，推进工业项目“标准地”供地，实行国有建设用地一律“带设计方案”“带管理方案”“带亩产效益方案”出让，全面开展企业排污许可管理，积极探索规划、土地、矿山、海洋、林地等“要素跟着项目走”统一保障机制，引导各类要素持续更多地流向优质企业、优质项目和优势区域。积极推进社会信用体系建设，加快构建以信用为基础的监管、评价及奖惩体系，创新拓展“信用+”应用场景，打造“信用定海”城市名片。深化国家知识产权强县工程试点区建设，建立完善知识产权保护制度，切实为创业创新撑起“保护伞”。提升高水平政府服务。高质量打造掌上办事、掌上办公之区，加快政务服务2.0建设①。进一步打通和整合党政机构职能，加强数据获取、数据共享、系统集成，升级推广“浙里办”“浙政钉”App，扩大电子身份证、电子社保卡、健康医保卡等电子证件的现实场景应用，推行高频民生事项“智能秒办”“一证办理”模式，加速从网上、掌上“可办”向“好办、易办”转变。深化“一件事”集成改革，围绕政务办事、公共服务、社会治理三大领域，推进业务流程优化再造，进一步把需要跨部门协同的事项集成组装为群众、企业和机关干部眼中的“一件事”，加速实现从单一事项到“一件事”的系统变革。持续推动“三服务”走深走实，真心实意为企业发展担当，坦荡真诚与企业家交朋友，着力构建亲清政商关系。

优化生态环境。强化绿水青山就是金山银山的理念，深入推进新时代生态文明建设，着力打造绿色生态的自然环境。持续发力推进环境污染防治。坚持精准治污、科学治污、依法治污，深入实施蓝天、碧水、净土、清废四大行动，加快建成一批重点环保设施，继续保持空气质量全国领先，统筹推进“污水零直排区”“美丽河湖”建设，着力提升固体废物规范化处置能力，积极创建首批省级“无废城市”，力争成为国家级生态文明建设示范区。切实抓好中央和省级生态环保督察整改任务，加快问题清零，做到举一反三，推动生态环境质量在较高水平上持续改善。久久为功推进生态管控修复。健全源头预防、过程控制、损害赔偿、责任追究的生态环境保护体系，严格落实“三线一单”生态环境分区管控，创新生态环境执法全链条监管服务机制，提升生态环境治理规范化、精准化、智能化水平。积极推进五峙山鸟岛保护性建设，扎实整改农村乱占耕地建房问题，坚决遏制耕地“非农化”、防止“非粮化”，深化开展舟山渔场“一打三整治”，不断增强资源环境承载力。统筹实施全域土地综合整治、蓝色海湾整治、森林定海建设、水土流失防治等生态修复工程，全面推行绿色生态殡葬，大力推进抛荒复种、矿山复绿、饮用水源地保护等工作，努力让绿色成为定海发展最动人的色彩。

（四）*以公共服务现代化增进满足新发展需求。*深入践行以人民为中心的发展思想，紧扣人民对美好生活的向往，进一步完善和落实为民办实事长效机制，不断促进人的全面发展和社会全面进步。

建设新时代文化定海。大力实施新时代文化建设工程，推动海洋文化繁荣发展。全面提高社会文明程度。以庆祝建党100周年为契机，深入实施铸魂工程、走心工程，多层次、多形式开展习近平新时代中国特

①政务服务2.0建设：指围绕“智能导服、收办分离、线上线下融合”目标，重点聚焦行政许可、行政确认、行政裁决、行政奖励、行政给付、其他行政权力等6类依申请政务服务事项，全面推进政务服务建设。

色社会主义思想学习宣传教育，让党的创新理论飞入寻常百姓家，营造学思用贯通、知信行合一的浓厚氛围。深化“德行定海山”品牌内涵，加快构建区、镇街、村三级新时代文明实践体系，大力开展新时代文明生活行动，探索创新文明示范、反哺机制，实施志愿服务项目化管理，加强道德模范、“最美”典型选树，努力让人人都成为定海文明的代言人。全面提升公共文化服务水平。加快区图书馆新馆、定海体育公园等公共文化设施建设，持续提升文化礼堂整体功能和使用效能，扎实开展“神行定海山”等全民赛事，更好满足群众基本公共文化需求。高质量办好第三届“三毛散文奖”评选颁奖系列活动，不断扩大三毛文化品牌海内外影响力。加强精品文化遗产挖掘、保护和传承，推动传统特色文化资源活化复苏，加大“定海故事”系列文艺精品创作与文创产品开发，切实推动定海优秀文化活起来、火起来。

强化全生命周期民生服务。大力构建优质均衡公共服务体系，着力推进全民共同富裕。健全多层次富民保障体系。加强和改善就业创业服务，积极推进创业带动就业，确保零就业家庭动态清零。持续深化低收入群体增收行动，实施帮扶对象动态排摸、定期核查、精准增收机制，推动产业造血脱贫一批、民政救助兜底一批，确保低收入农渔户人均可支配收入增长10%以上。实施村集体经济高质量发展计划，实现70%的村集体经济年收入、经营性收入分别达到60万元和30万元以上。深化全民参保计划，稳步推进社保精准扩面。统筹发展社会福利和慈善事业，加大妇幼病残等群体关爱保障力度。继续做好东西部扶贫协作和对口支援工作。大力发展教育健康养老事业。牢牢把握基础教育质量最优区建设目标，落实立德树人根本任务，加快实施一批学校、幼儿园新改扩建工程，持续加大名校长、名教师、名班主任培养力度，实施新一轮学前教育三年提升行动，探索打造城乡教育共同体，全面提升现代化教学水平，努力争创全国义务教育优质均衡区。深入实施健康定海战略，加快建设完备的公共卫生体系，积极推进紧密型城际医联体建设，进一步完善区医疗集团分级诊疗机制，持续做强中医馆等特色学科，深化健康社区、健康家庭等健康细胞建设，广泛开展爱国卫生运动，更好提供人人享有的全周期健康服务。深化养老服务改革创新，全面推进镇街敬老院改造提升，提前完成示范型居家养老服务中心全覆盖，稳步推进适老化设施改造，不断倡导养老孝老敬老。

提升现代治理水平。深入推进全国市域社会治理现代化试点建设，努力打造现代善治示范区。完善集成高效的区域治理体系。全面深化“县乡一体、条抓块统”改革，编制实施镇街属地管理事项责任清单，明确职能部门兜底责任，建立重大工作一体化运转机制，加强区社会矛盾纠纷调处化解中心规范运行，完善“基层治理四平台”运行管理和全科网格建设，推动“一中心四平台一网格”指挥机制联通，加快形成上下贯通、执行有力、运转顺畅的整体治理格局。大力推进党建统领“四治融合”，加快实现镇街“一支队伍管执法”，扎实开展民主法治村创建，深化舟山乡村善治学堂建设内涵，弘扬“洗桥阿婆”“平民英雄”精神，做强“请你来协商”“新闻发布厅”“乡贤联谊会”等民主参与平台，努力打造人人有责、人人尽责、人人享有的社会治理共同体。建设更高水平的平安定海。把政治安全摆在首位，严密防范和打击各类渗透破坏颠覆分裂活动，牢牢掌握意识形态、网络意识形态工作主动权。突出风险源头防范，升级重大决策社会风险全过程监管和智能评估体系，强化群众初访化解、领导下访接访工作机制，努力把矛盾消弭于未然、化解在基层。建立扫黑除恶常态长效机制，彻底铲除涉黑涉恶滋生土壤。大力实施“全域智安”工程，不断提升社会治安立体化智能化防控水平。围绕构建“大安全、大应急、大减灾”体系，慎终如始落实疫情常态化精准防控与应急处置措施，进一步健全应急救援指挥机制，强化防汛防台次生灾害隐患排查整治，严格落实安全生产责任制，切实守护危险化学品、道路交通、食品药品、消防等各领域安全，坚决遏制较大以上事故发生。

（五）*以党的建设现代化锻造凝聚新发展合力。*始终把抓好党建作为最大的政绩，以省委巡视监督为契机，大力推进新时代党的建设纵深发展，为定海高质量现代化建设提供坚强政治保障。

在坚持完善党的领导中强化政治担当。牢牢把握学习贯彻习近平新时代中国特色社会主义思想首要政治任务，巩固深化“不忘初心、牢记使命”主题教育成果，强化理论武装、坚定理想信念，教育引导全区党员干部牢固树立“四个意识”、坚定“四个自信”、做到“两个维护”。健全完善贯彻落实习近平总书记重要讲话、重要指示精神“回头看”制度，努力实现维护意识、维护行动、维护能力、维护效果的高度统一。聚焦全领域建强、全区域提升，系统推进各领域党的建设，深入实施组织力提升工程，持续加强基层党组织书记素质培养，不断织密上下贯通、执行有力的组织体系，推动党的全面领导落实到城乡基层各方面。发挥区委统揽全局、协调各方的领导核心作用，积极支持人大、政府、政协等开展工作，强化工青妇等人民团体桥梁纽带作用。用好统一战线重要法宝，全面构建大统战工作格局，深化同心品牌建设内涵，广泛团结一切可以团结的力量，形成共促发展的强大合力。

在砥砺提升干部队伍中强化能力担当。坚持把政治标准放在选人用人首要位置，建立健全干部政治表现评价办法，精准画好干部“政治画像”。认真对标习近平总书记提出的“七个能力”要求，坚决克服本领恐慌，着力拓展对话世界、追求卓越、敢闯敢试、建功立业的过硬素质，不断涵养干部队伍应对变局、服务大局、开拓新局的能力水平。健全完善干部成长选育管用全链条机制，持续选派优秀年轻干部到基层一线、重点岗位、关键领域历练提升，大力选拔任用立场坚定、勇于担当、实绩突出的优秀干部。坚持严管厚爱结合、激励约束并重，严格执行干部管理监督各项规定，持续开展干部“不担当不作为”专项整治，用好职务职级并行、不实信访问题澄清保护等机制，切实推动干部想干事、能干事、干成事。

在巩固深化清廉建设中强化底线担当。深化完善“四责协同”机制，持续推动主体责任和监督责任同向发力。统筹推进“清廉单元”建设，高标准打造清廉村居示范群，推动“四清指数”向其他清廉领域推广延伸，持续巩固干部清正、政府清廉、政治清明、社会清朗的良好政治生态。锲而不舍落实中央八项规定及其实施细则精神，持续深化“新官理旧账”工作内涵，坚决防止“四风”问题回潮反弹。坚持惩治高压、权力归笼、思想自律三管齐下，高质量完成一届任期内区委巡察全覆盖，推动纪律、监察、派驻、巡察等“四项监督”有机贯通，精准运用监督执纪“四种形态”，坚决查处群众身边腐败问题和各类违法违纪案件，探索创新警示教育形式，一体推进不敢腐、不能腐、不想腐。不折不扣抓好省委巡视反馈问题整改，以全面改、深入改的实际行动和改彻底、改到位的具体成效彰显担当，努力向省委、市委和全区人民交上一份满意的答卷。

同志们，使命催人奋进。让我们更加紧密团结在以习近平同志为核心的党中央周围，在省委、市委的正确领导下，坚决扛起争创社会主义现代化先行省的政治责任，不忘初心、牢记使命，咬定目标加油干，全面开启花园式国际人文港城建设新征程，为当好建设“重要窗口”海岛风景线排头兵而努力奋斗。

定海区政府工作报告

——在舟山市定海区第十七届人民代表大会第五次会议上

舟山市定海区人民政府区长　侯富光

（2021年1月13日）

各位代表：

现在，我代表区人民政府向大会作政府工作报告，请予审议，并请各位政协委员和其他列席人员提出意见。

一、“十三五”规划执行情况及2020年工作回顾

“十三五”时期是实干攻坚、奋勇争先的五年，是定海发展历史上极不平凡并取得显著成绩的五年。五年来，我们在市委市政府和区委的正确领导下，在区人大及其常委会、区政协的监督支持下，从容应对大变局大变革大事件，自觉践行习近平总书记赋予浙江的新期望，围绕打好“五大会战”、建设“四个舟山”工作主线，激情创业、拼搏赶超，顺利完成“十三五”规划主要目标任务，推动高水平全面建成小康社会取得决定性成果。“十三五”末预计实现地区生产总值575亿元、人均地区生产总值11.5万元，比“十二五”末分别增长40.5%、36.6%；一般公共预算收入32亿元，其中区本级一般公共预算收入19.2亿元，比“十二五”末增长17.2%；城乡常住居民人均可支配收入分别达到70046元、38666元，比“十二五”末分别增长42.9%、48.7%。节能减排各项指标完成省市下达目标任务。连续五年入选全国综合实力百强区，成功入选全国投资潜力、科技创新、绿色发展百强区。

过去五年，我们坚持转型升级、提质增效，经济实力迈上新台阶。深入实施供给侧结构性改革，海洋经济实力不断提升，“十三五”末预计实现海洋经济增加值322亿元，占GDP比重达56%。船舶修造、石油化工、机械制造、粮油加工、水产加工等传统优势产业提档升级，海洋电子信息等战略性新兴产业加快发展，“十三五”末预计实现区本级规上工业增加值86亿元，比“十二五”末增长56.5%。定海工业园区、舟山国际粮油产业园区发展能级明显提升，国家远洋渔业基地“三个百亿”[①]目标基本实现，定海海洋科学城列入国家海洋电子信息产业基地。成功创建省服务强县试点区，凯虹广场、海滨新天地等商业综合体建成运营。南洞艺谷被认定为国家4A级景区，大乐之野等特色民宿开业运营，成功列入全国民宿产业发展示范区。农渔业稳步发展，土地集中连片长期流转1.3万亩，建成高标准基本农田5.6万亩，新增水产精养面积994亩，远洋渔业捕捞能力达到13万吨。

过去五年，我们坚持扩大开放、改革创新，区域发展焕发新活力。“十三五”末预计外贸出口总额达到105亿元，比“十二五”末增长41.9%，油品吞吐量、贸易额分别达到9000万吨、950亿元，建成浙石化马目油库、外钓应急油品储运工程、实华45万吨原油码头等油气储运项目。“十三五”末预计港口货物

① “三个百亿”：是指实现远洋捕捞及相关服务业产值100亿元、远洋水产品加工产值100亿元、远洋水产品贸易额100亿元。

吞吐量和集装箱吞吐量分别达到1.8亿吨、145万标箱，国际航线抵达“一带一路”沿线35个国家。整合设立远洋渔业南美服务中心。签约落地10亿元以上项目14个，成功引进中集集团、中农华鑫、中电科等500强、“中字头”企业。新增口岸开放面积6.6平方公里。实现政务服务事项“一网通办”“掌上可办”，做到企业投资全流程审批“最多80天”。新一轮政府机构改革全面完成，区国资公司、区旅游集团实现市场化运营。深入实施“亩均论英雄”改革，出清整治低效企业376家，盘活闲置厂房14.9万平方米、低效闲置土地1.6万亩，出让标准地13宗1049亩，获评省级“两化融合”示范区、省级“腾笼换鸟”考核先进区。完善社区村体制改革工作，完成农村土地承包经营权确权登记颁证，获评全国农村集体“三资”管理示范区。高新技术企业、科技型中小企业实现“双倍增”，打造省级小微园区5个、创新综合体2个，建成企业研究院、院士工作站9个，引进省部级以上人才58人。2万吨级江海直达船等实现国内首制，兴业集团、大洋兴和科技创新项目分别列入国家重点研发计划和科技部重点专项，研发省装备制造业重点领域首台（套）产品2个。

过去五年，我们坚持统筹兼顾、协调发展，城乡建设迈出新步伐。坚定不移走新型城市化发展道路，城镇化率达到71.7%。以全新姿态融入海上花园城市建设，累计改造城中村（旧城）区块29个102万平方米，建设高品质安置房和商品住宅304万平方米，完成桔园南区等D级危房改造131幢，完成海天大道、滨海大道、环城南路等主干道路提升改造，新改建定海公园、柳永文化广场等8座城市公园，新打造环城东路等一批沿河亲水廊道，打通断头路、瓶颈路20条，新增停车位2.3万个，新改建星级公厕61个。金塘、白泉获评全国综合实力千强镇，小城镇环境综合整治全面完成。举全民之力助力舟山勇夺全国文明城市桂冠，广大干部群众不怕艰辛、勇于奉献，穿街走巷、忘我工作，“创”出了一条创建为民、创建惠民的成功之路，文明风尚蔚然成风。城市环境突出问题得到有效整治，拆除违建238万平方米，建成解放东路、总府路等精品示范街，“城市啄木鸟”“区域管家”等志愿服务活动蓬勃开展，成功入选新时代文明实践中心国家级试点。以全域景区化绘就美丽乡村画卷，打造省市美丽乡村精品村、历史文化村落25个，新建村入选联合国净零碳乡村规划中国案例，马岙获评省级旅游风情小镇，成功创建省级“四好农村路”示范区。配合完成大沙调蓄水库、500千伏联网输变电工程、东西快速路等重大基础设施建设，建成强排泵站27座、陆岛交通码头10座。大力支持新城建设。

过去五年，我们坚持以人为本、保障民生，社会事业取得新进步。“十三五”末预计民生支出达到30.3亿元，比“十二五”末增长20.9%。扶贫开发奔小康工程实现“三清零”①目标，养老保险、基本医疗保险参保率分别达到95.9%、99.2%。新改建养老机构14家、残疾人庇护中心5家，城乡社区居家养老服务照料中心、退役军人服务站实现全覆盖。交付保障性住房10195套。组建成立定海小学、檀枫小学教育集团，新改扩建中小学校6所、幼儿园11所，“县管校聘”管理改革获省公共管理十佳创新奖。区医疗集团成立运行，上海瑞金医院舟山分院年诊疗量达20万人次，新建镇卫生院、社区卫生服务中心3所。深度挖掘“定海山”十五古系列文化精髓，蓝理纪念馆、民俗生活馆、海洋赏石博物馆等文化场馆陆续开放。“神行定海山”“唱响定海”“书香定海”公共文化品牌影响力不断扩大，“三毛散文奖”跻身华语散文创作领域顶尖奖项，建成国家级登山健身步道197公里，获评省农村文化礼堂建设示范区和省体育强区。“雪亮工程”深入推进，扫黑除恶专项斗争圆满收官。应急管理体系全面建立，安全生产综合治理三年行动顺利完成，成功夺取“平安定海”建设十五连冠和全省首批“一星平安金鼎”。

过去五年，我们坚持生态优先、绿色发展，美丽定海展现新面貌。“蓝天碧水净土清废”四大行动强势推进，成功创建省级生态文明建设示范区，连续三年获评美丽浙江建设考核优秀县区。空气质量保持全国领先，全年优良率达到95.6%。实现县级以上地表水断面和饮用水水源地水质全面达标，劣V类小微水体全面清零，整治修复海岸线41公里，建成污水管网112公里，整治河道99公里，创建“美丽河湖”7个、“品质河道”40条，实现农村生活污水治理全覆盖，全面实施河（湖）长、湾（滩）长制，荣获治水“大

①三清零：是指集体经济薄弱村全面消薄，清零人均收入8000元以下低收入家庭、“两不愁三保障”突出问题。

禹鼎”。落实最严格耕地保护制度，全面完成“大棚房”整治，创新建立设施农用地全生命周期管理机制，土地节约集约利用工作获国务院表彰。创建国家级绿色矿山2座。严格整改中央和省级环保督察、国家海洋督察反馈问题，生态文明建设评价位列全省第四。

过去五年，我们坚持依法行政、廉洁从政，治理效能得到新提升。全面实施政府“两强三提高”建设行动，高标准开展“两学一做”和“不忘初心、牢记使命”主题教育，建立完善区政府党组会议“政论一刻钟”和常务会议“学法30分钟”制度。坚决贯彻落实中央八项规定精神，持续推进“新官理旧账”专项行动，力戒形式主义、官僚主义，防止“四风”问题反弹回潮。坚持“政府过紧日子”原则，全面落实财政预算绩效管理，“三公”经费支出年均下降14%。扎实开展“大学习大调研大抓落实”“千名干部进百企”“三服务”系列活动，“续贷通2.0”融资新模式列入全国自贸区第五批创新成果。建立完善“双学双比”、实绩亮相等机制，完成“最后一平方米”攻坚清零55项。“浙政钉”“浙里办”“浙里督”全面推行，“互联网+政务服务”走在全省前列。重大行政决策合法性审查实现全覆盖，“七五”普法圆满完成，获评省法治政府建设先进单位，依法行政监督制约体系建设入选省法治政府建设“最佳实践”案例。坚持向人大报告、与政协协商，常态化开展“请你来协商”“政情通报”，累计办理人大议案建议466件、政协提案708件。

军民、军政联系更加紧密，助力四川省宣汉县提前实现脱贫摘帽，民族宗教、物价、人防、反邪教、外事、消防救援、反走私、海防、老龄、慈善、供销、税务、气象等工作取得了新成绩。

各位代表！刚刚过去的2020年是勇毅担当、实干奋进的一年。面对突如其来的新冠肺炎疫情，我们攻克了一个又一个难关，打赢了一场又一场硬仗，奋力夺取疫情防控和经济社会发展双胜利。回望这场惊心动魄的防疫斗争，全区万余名党员干部和志愿者日夜奋战在防疫一线，全体医务工作者白衣为甲、逆行出征，涌现了一批无私无畏、敬业奉献的先进典型。回望这场勠力同心的防疫斗争，企业职工加班加点、全力保供，社会各界慷慨解囊、捐资捐物，广大群众群防群控、守望相助，铸就了风雨同舟、众志成城的坚固防线。

过去一年，我们深入学习贯彻习近平总书记考察浙江重要讲话精神，围绕忠实践行“八八战略”、奋力打造“重要窗口”的主题主线，认真落实市委市政府和区委决策部署，奋力推进经济社会高质量发展，较好完成区十七届人大四次会议确定的各项目标任务和政府民生实事项目。主要经济指标实现“半年正、全年红”，预计地区生产总值增长2.5%、区本级规上工业增加值增长7%、外贸出口增长16.7%，城乡常住居民人均可支配收入分别增长4%、5%。减税降费12亿元，一般公共预算收入下降1.5%。主要做好六方面工作：

一年来，我们坚定不移统筹推进疫情防控和经济社会发展，确保“两手抓、两战赢”。疫情防控交出高分报表，在全省率先实施铁桶工程，严格落实“源头防控+硬核隔离+精密智控”机制，创新推行重点人员五级管控、船员离船管控、点位长驻点管控等闭环防控措施，3例本地确诊病例37天内全部治愈出院。全民防疫取得过硬成果，第一时间组织宜人制衣、金鹰股份等6家企业生产隔离服、口罩等紧缺物资供应一线，组建部门应急小分队、“星灯守护”志愿服务队和集中隔离点工作团队等“战疫”队伍奔赴前线，构建形成联防联控的全社会防控体系。暖心服务获得群众点赞，首创特殊人群“绿色通行码”，建立居家隔离观察“暖心三色”管理模式，组建外籍人员翻译服务团队，人道主义救治外籍船员31人。常态化防控慎终如始，制定多级联动的突发疫情应急处置方案，开展重点人员疫苗接种和定期核酸检测，做到国际船舶、远洋渔船、进口冷链食品和中高风险地区等重点领域全流程防控。“六稳”“六保”措施落地见效，密集出台支持工业、服务业、小微企业等系列帮扶政策，组建36个企业复工防疫服务组，创新开展跨省劳务合作，“两直”①资金补助3.5亿元，为企业争取新增贷款77亿元。“争先创优”②排名全省前列，月度指

① “两直”：是指中央新增财政资金直达市县基层、直接惠企利民。

② “争先创优”：是指省政府部署开展的“争先创优”行动，具体按照“季目标、月评比、专班干、重激励、争高分”的要求，建立经济运行综合评价五色图、月评比表、经济运行月度综合评价指数“一图一表一指数”赛马机制，使各市县区形成比学赶超的工作氛围。

标评价连续两月获评优以上等次，告知承诺最简审批模式入选全省“最佳实践”案例，获得省政府资金、土地、能耗指标奖励。

一年来，我们坚定不移融入国家战略，区域合作持续深化。自贸区定海片区实质化运作，成立自贸区定海综合事务中心，完成全省首单船用燃料油出口退税业务，帮助中石化中海船燃等企业开展成品油混兑、保税燃料油加注业务。新奥LNG管道工程通气运营，浙石化配套输油管道工程加快推进。甬舟铁路开工建设，宁波舟山港主通道全线贯通。定海·虹口协同创新中心成立运营，定海创客工厂入选国家备案众创空间名单。国家远洋渔业基地入选国家骨干冷链物流基地，“中国远洋鱿鱼指数”项目获农业农村部立项。进口粮食保税储存中转基地建设、检疫审批制度创新获国务院批复支持，舟山国际粮油产业园区与宁波舟山港达成港口陆域一体化合作。招商局港口滚装物流项目开港运营。

一年来，我们坚定不移抓好招商引资“一号工程”，发展动能更加强劲。实际到位市外资金46.9亿元、利用外资7509万美元，总投资50.9亿元的盐田港油气产业链项目签约落地，20亿元中储粮粮食仓储物流项目开工建设，引进亿元以上项目18个，其中10亿元以上项目3个。大洋世家海洋食品加工冷藏物流基地、森森智能化生产基地等省市县长项目陆续开工，三和高性能管桩、山河特种机械等项目顺利落地。三农批发市场二期项目加快建设，圣吉豪精深加工、洋帆远洋捕捞等项目顺利投产。义桥综合体正式开业，祥生商业综合体、富昌大厦开工建设。

一年来，我们坚定不移抓重点补短板，人居环境不断改善。全区国土空间规划启动编制。系统制定城市有机更新五年行动计划。小洋岙等区块改造提升步伐加快，城西未来社区开工建设，和馨苑等安置小区顺利交付，420幢老旧住宅改造完成。城区防洪排涝能力提升三年行动全面实施，五山水利工程（五山公园绿道）东山段主体完工，定海湿地公园建成开放，丰产泵、利民闸、盐河泵站开工建设。基本完成西园新村等首批低洼小区综合改造，提标改造道路管网10条7.3公里、阻水桥梁5座。完成首批58个开放式小区1046幢物业覆盖工作。环卫市场化运营全面推行，青岭环卫综合服务中心建成投运，开展生活垃圾分类试点。

一年来，我们坚定不移推进乡村振兴，农业农村发展更加全面。建成部省共建乡村振兴示范区、全国农村一二三产业融合发展先导区和省级现代农业园区，粮食生产能力达到8.2万吨、生猪存栏量达到4.8万头。定海远洋渔业小镇被命名为省级特色小镇，成功创建小沙省级特色农业强镇，建成杨梅博览园。圆满举办首届浙江定海美丽乡村周活动，乡村旅游人数突破280万人次、逆势增长27.8%。庙桥、新螺头等风情乡村建设深入推进，新建村获评全国乡村旅游重点村，串联打造乡村风景线4条。成功入选省级农村综合改革集成示范区建设试点。农村饮用水达标提标三年行动提前完成，实施水库除险加固9座、河道综合治理24公里。

一年来，我们坚定不移响应民生关切，群众幸福感获得感持续提升。低收入农渔户三年帮扶救助行动圆满完成。低保救助金标准提高到810元，建立临时救助备用金制度。城西社会福利中心开工建设，建成5家镇街示范型居家养老服务中心和长白海岛幸福驿家。教育现代化发展各项指标排名全省前列，启用定海六中、檀枫小学、育才小学新校区，博伊双语民办幼儿园主体完工，全域推行学前教育招生“服务区”制度，完成农村小规模初中整合。新建城市书房3家、农村文化礼堂13个，成功举办全国徒步大会、首届中国东海自驾游旅游节等活动。完成区中心医院发热门诊、镇街发热诊室规范化改造，隔离病房、核酸检测能力均达到省定要求。上海瑞金医院舟山分院成立肿瘤诊疗中心和心内科等名医工作室，白泉成功创建国家卫生镇。区社会矛盾调处化解中心高效运行，建立海上“老娘舅”、远洋治安管理员等调解队伍。

各位代表，回顾“十三五”发展历程，我们咬定目标不放松，坚定信心不动摇，埋头苦干不懈怠，全区改革开放跨步前行，战略地位显著提升，海洋产业加快发展，城市品质持续升级，乡村面貌焕然一新、人民生活不断改善，决战决胜高水平全面小康硕果累累，成绩来之不易。这是市委、市政府和区委正确领导的结果，也是全区广大干部砥砺前行、开拓创新的结果。在此，我代表区人民政府，向全区广大人民和广大建设者，表示崇高的敬意和衷心的感谢！向人大代表、政协委员，向各民主党派、工商联、各人民团体、社会各界人士和离退休老同志，向驻定部队和武警官兵，向关心和支持定海发展的海内外朋友们，表示衷心的感谢！

各位代表，定海的发展还面临着不少困难和挑战：区域空间、资源等要素制约加剧，产业结构调整还需加快步伐，战略性新兴产业培育壮大任重道远；受疫情影响，稳出口、稳增长压力进一步加大，部分企业生产经营较为困难；城市建设和管理水平还需不断提升，公共服务供给与群众需求还有差距，生态环境、社会治理等领域还有短板；一些干部的能力本领和担当意识尚需提升。对此，我们将努力加以改进和解决。

二、“十四五”规划和二〇三五年远景目标纲要（草案）说明

各位代表，当今世界正经历百年未有之大变局，全球化进程遭遇逆流，但我国已进入高质量发展阶段，经济长期向好，发展韧性强劲。综合判断，当前和今后一个时期，我区发展仍处于重要战略机遇期，我们完全有底气、有能力、有信心在新征程中不断夺取新胜利。根据区委《关于制定舟山市定海区国民经济和社会发展第十四个五年规划和二〇三五年远景目标的建议》，区政府制定了“十四五”规划和2035年远景目标纲要草案，现提请大会审议。

“十四五”发展的指导思想是：高举习近平新时代中国特色社会主义思想伟大旗帜，深入贯彻落实党的十九大和十九届二中、三中、四中、五中全会精神，全面贯彻党的基本理论、基本路线、基本方略，以“五位一体”总体布局和“四个全面”战略布局为统领，以“八八战略”为总纲，以稳中求进为总基调，坚持党的全面领导，坚持以人民为中心，坚持新发展理念，坚持深化改革开放，坚持系统观念，聚焦聚力高质量发展、高效能治理、高品质生活，积极构建新发展格局，全面落实“四个舟山”战略任务部署，以深度融入长三角一体化为导向，以浙江自贸试验区建设为“源动力”，高质量全面推进现代化建设，全面开启花园式国际人文港城建设新征程，为当好建设“重要窗口”海岛风景线排头兵而努力奋斗。

“十四五”发展的主要目标任务是：

——开创经济发展新格局。经济总量和质量效益明显提升，力争地区生产总值突破800亿元，人均地区生产总值达到2.5万美元。推动油品、粮油、远洋渔业全产业链发展，船舶修造、临港装备、机械制造、港航物流等传统优势产业显著提升，海洋电子信息、新能源新材料、文旅运动等产业加快发展，基本建成现代海洋经济产业体系。

——增添科技创新新引擎。区域创新活力持续提升，科技创新生态更加优化，创新型人才队伍、体制机制改革、重大平台打造等取得重大突破，技术创新体系逐步完善，在新材料、海洋生物医药、海洋电子信息等领域形成一批标志性科技成果，海洋经济增加值占GDP比重提高到60%以上，企业研发经费支出占GDP比重达到2.2%，全员劳动生产率达到23万元/人。

——打造对外开放新平台。以数字化牵引全面深化改革，法治化、国际化、便利化营商环境基本形成，成为浙江自贸试验区重要功能区。与沪杭甬等长三角发达城市合作取得实质进展，在长三角一体化尤其是甬舟一体化发展中的枢纽节点作用进一步增强，油品贸易额、港口货物吞吐量等指标大幅提升。

——迈入城乡发展新阶段。城市空间布局科学合理，基础设施配套完善，推动港产城融合发展，实现农业农村全面振兴，常住人口城镇化水平达到76%左右。营造具有海岛魅力的品质花园城市，塑造富有新时代气息的历史文化名城。国土空间开发保护格局进一步优化，生态环境屏障更加牢固，整体环境质量保持在全国前列。

——绘制社会治理新样板。党的全面领导落实到各领域各方面的高效执行体系基本形成，社会主义民主法治实践持续深化，整体智治和数字化改革全面推进，党建统领的自治、法治、德治、智治融合基层治理体系基本形成。重大风险防范化解能力显著增强，现代应急体系基本建成，平安建设体系更加完善，发展安全保障更加有力，在县域治理体系和治理能力现代化建设方面走在前列。

——开启美好生活新篇章。社会文明程度显著提升，城乡居民收入倍差显著缩小，基本公共服务实现均等化，社会民生发展主要指标居全省前列，人民全生命周期需求普遍得到更高水平满足，人民群众获得感、幸福感、安全感进一步增强。

2035年的远景目标是：基本实现高水平现代化，全面建成花园式国际人文港城。经济高质量发展迈上新台阶，人均GDP、居民人均收入达到发达经济体水平，基本实现新型工业化、信息化、城镇化、农业农村现代化，建成现代化基础设施体系，形成现代海洋经济体系。党的全面领导持续加强，全面从严治党深入推进，充分彰显中国特色社会主义制度优越性。

三、2021年政府工作主要安排

2021年，是实现“两个百年”奋斗目标的历史交汇之年，也是实施“十四五”规划的开局之年。根据区第十三次党代会第五次会议暨区委经济工作会议精神，我们要准确把握新发展阶段的内涵要求，全面推进以经济体系、科技创新、城市功能、公共服务、党的建设为核心的现代化建设，全力谱写定海高质量现代化建设新篇章。根据区委战略部署，今年政府工作的总体要求是：以习近平新时代中国特色社会主义思想为指导，深入学习贯彻党的十九大和十九届二中、三中、四中、五中全会、中央经济工作会议、省委经济工作会议、市委七届十次全会精神，紧扣省委争创社会主义现代化先行省的目标，聚焦忠实践行“八八战略”、奋力打造“重要窗口”，围绕打好“五大会战”、建设“四个舟山”，坚定不移落实新发展理念，高水平全面建成小康社会，高质量全面推进现代化建设，全面开启花园式国际人文港城建设新征程，为当好建设“重要窗口”海岛风景线排头兵而努力奋斗，以优异成绩庆祝建党100周年。建议今年全区经济社会发展的主要预期指标为：地区生产总值增长6.5%；一般公共预算收入增长2%；城乡常住居民人均可支配收入分别增长6.5%和7%。

为实现上述目标，我们要锚定历史方位、把握发展机遇、扛起使命担当，以勇攀高峰的志气、追求卓越的锐气、敢闯敢试的胆气、建功立业的朝气，在逆境中奋起，在拼搏中赶超，坚定信心，再起宏图，为“十四五”发展开好局、起好步。重点抓好以下六方面工作。

（一）推动更深层次对外开放，加快构建区域协同发展新格局

打造自贸试验区重要功能区。对标自贸区“一中心三基地”①建设目标，全力发展油气全产业链。进一步提升西部油品储运基地油储规模，加快推进盐田港外钓岛储运基地项目、中际化工油品储运工程。全力打造石化新材料产业园区，保障定海工业园区东拓区块、金塘北部区块顺利纳入舟山绿色石化基地扩区范围，推动金浦集团绿色纤维产业链等项目顺利落地。积极发展油气贸易服务产业，支持企业申请原油非国营贸易进口、保税燃料油混兑加注等资质牌照，开展低硫燃料油期货仓单直供等业务。

构筑长三角一体化综合海上枢纽。树立区域发展共同体理念，积极参与实施“126”②行动计划。有力保障义甬舟开放大通道建设，推动金塘海底隧道、西堠门公铁大桥开工建设，力争宁波舟山港主通道试通车、长白海上互通建成贯通。全力建设国际一流现代化枢纽港口，推进金塘大浦口10万吨级集装箱泊位等二期工程建设，加快发展老塘山港区“散改集”和多式联运，支持企业开展粮油、建材等江海联运业务。启动建设金塘甬舟一体化先行示范区，建立两地合作开发运营机制，加快港航物流、新材料、高端装备、滨海旅游产业一体化布局发展，招引宁波优质制造企业组团入驻。

建设国际农产品贸易中心核心区。充分发挥进境粮食指定口岸和大型粮油专业港区优势，推进中储粮50万吨粮食仓储物流项目建设，建成省直属粮库三期和良海粮油9万吨仓储项目，积极引进瑞泰粮食物流园等项目，加快打造进口粮食保税交易中心，争创国家级物流枢纽，力争粮食吞吐量突破900万吨。推动远洋渔业全产业链集聚发展，加快实施中农发明珠工业园项目，开工建设渔人广场商务中心。

打造一流营商环境。对标世界银行国际化营商环境评价标准，深入实施“10+N”③便利化行动，营造高效透明的政府服务环境和平等自由的投资贸易环境。强化招商引资政策激励，支持镇街平台全力招商、拓展税源，完善“以商引商”引荐人、落地企业优秀高管等奖励机制，全力招引一批产业关联度高、税收贡献大、人才吸附力强的大项目好项目。深化“一件事”集成改革，实现危化小微企业上门审批等51个事项全流程“最多跑一次”。深化商事制度改革，推行外商投资“准入前国民待遇+负面清单”管理制度、企业登记“容缺受理+信用承诺”制度。全力保护民营企业和企业家合法权益，完成国家知识产权强区试点建设。启用定海政务服务中心。

① “一中心三基地”：是指国际油品交易中心、国际海事服务基地、国际油气储运基地、国际石化基地。

② “126”：是指全市谋划建设沪舟甬跨海大通道，建设浙沪合作海上示范区、甬舟一体化合作先行区两个合作区域，实施自贸联动、港航协同、产业提质、创新引智、民生共享、环境提升六大行动。

③ “10+N”：“10”是指企业开办、办理建筑许可、用电报装、用水报装、用气报装、不动产登记、获得信贷、纳税、跨境贸易、企业注销等主要量化指标，“N”是指惠企政策、执行合同、知识产权保护、办理破产等动态开放指标。

（二）推动更高层级转型升级，不断增强现代海洋产业竞争力

加快发展先进制造业。积极打造传统制造业改造提升2.0版，巩固壮大实体经济发展根基，实现全区规上工业增加值增长6.5%以上。提高制造业平台能级，整合形成由西北临港、老塘山、金塘三大片区组成的定海工业园区，加快建设中天重工二期、光明智能装备中心等项目。做强船舶修造及临港装备产业，支持长宏国际、太平洋海工等企业研发制造特种船舶、海工装备等高附加值产品，积极拓展钢材贸易、钢结构制造等业务，打造国际绿色修造船基地。推进塑机螺杆、化纤机械、特种紧固件等特色制造业发展，打造紧固件中小企业产业园和塑机螺杆数字化产业园，开工建设7412工厂三期，力争引进上海金湖机械制造等项目。推动产业数字化网络化智能化，实施优众新材料智能芯片车间等数字化改造项目8个以上，新增工业互联网示范企业4家、数字经济核心企业2家以上，确保数字经济综合评价指数领跑全市。

大力发展现代服务业。培育壮大重点领域新经济、新业态，推动生产性生活性服务业提档升级。强化金融服务供给，积极引入省农业担保集团开展“政银担”三方合作，探索市场监管动产抵押登记融资新模式。提升港航物流能力，新建6艘江海联运专线运输船，支持航运企业优化结构、提升运力、发展江海直达运输业务。繁荣特色商贸经济，培育新兴消费热点，打造芙蓉街区“云上集市”、滨海“云上夜市”，发展直播带货等流量经济，创建马岙、干硝省级商贸特色镇。积极发展全域旅游和康养产业，打造定海海岛公园，谋划实施东海大峡谷温泉度假村等项目，创建省级南洞文旅融合示范区。保持房地产和建筑业健康发展。

推动战略性新兴产业规模化发展。瞄准海洋电子信息、海洋生物医药、海洋智能装备、军民融合等重点领域，打造战略性新兴产业高地。打造海洋电子信息产业基地，启动建设定海海洋科学城二期，推动北鲲智能无人船项目顺利投产，支持易航海、星联科技等企业开展海上无人装备、海洋感知装备、海洋大数据等高科技产品研发制造。发展海洋生物医药产业，培育招引海洋功能食品、海洋生物制剂等领域龙头企业。

优化创新创业环境。建立完善市场导向和政府引导机制，进一步激发全社会创新创业活力。积极打造定海城西科创走廊，高效运营定海工业园区科创培育中心等6个小微园区，引进防破解安全芯片等技术创新和成果产业化项目，引导企业与航天五院等科研院所开展智慧海洋研发合作。实施新一轮科技企业“双倍增”行动，新增高新技术企业12家以上、省级科技型中小企业40家以上，新建2家省级企业研发机构，实现规上工业企业研发费用增长10%以上。积极打造区域人才高地，引进省部级以上人才10人，落户“舟创未来”海纳计划人才项目6个以上，探索建立宁波人才飞地。深入实施“凤凰行动”“雏鹰计划”，加快推动大洋世家等企业报会上市，培育一批“隐形冠军”“单打冠军”企业，实现“小升规”6家以上。

打好稳企助企组合拳。紧密对接国内大循环和国际国内双循环，帮助企业稳生产拓市场增动能。强化政策支持引导，严格落实减税降费，充分发挥工业、服务业、航运业等系列扶持政策导向拉动作用。全力以赴稳外贸，组织进出口企业参加进博会、广交会等国际性展会，争创省级进口贸易促进创新示范区。抢抓国产替代机遇，积极开展长三角、中西部地区企业产品推介，扩大通信光缆、螺杆电机、新型材料等优势产品国内市场份额。提升企业服务水平，加大政策性担保力度，实施困难企业“一企一策”精准帮扶。

（三）推动更高质量有机更新，着力打造城市美好生活宜居地

高质量编制城市规划。以更宽视野、更大格局谋划城市蓝图，编制完成中心城区和乡镇级国土空间总体规划，完成白泉高铁新城规划，推进城市控制性详规全覆盖，完善教育、文化、医疗、养老等公共设施配套。规划建设高品质城市客厅、活力港湾、人文地标和城市经济区，深化定海湾景观带、五山生态旅游带、古城历史文化带等关键区域城市设计。

提升城市品质形象。精心塑造定海湾特色风貌，谋划建设竹山门滨海商业综合体，启动建设“蓝色海湾”沿港西路先行段，建成定海体育公园主体工程。全线打造五山公园绿道，精致建设东山入口主题广场、城北涵园等沿线公园广场，系统布局观景平台、服务驿站。整体建设太平弄古城活化利用示范区块。实施城中村（旧城）区块竞争性改造制度，完成老旧住宅改造251幢。建成白虎山路等高品质安置小区6个，新开工东湾等安置项目3个。

补齐基础设施短板。全面实施五山水利及中心城区防洪排涝提升工程，启动建设“截流分洪、西调蓄

滞、南排入海、中贯提升、增设强排”①五大系统工程，推进低洼小区、积水道路、阻水桥闸和城区河道整治改造。全线贯通定马公路、西山路，综合改造环城南路、双拥路等12条城市道路，谋划建设港务广场提升改造工程。

培育壮大城市产业。加快城市重点区块商业开发，打造小洋岙商业中心、宝龙新天地，丰富东门车站综合体、西部商业中心业态布局。积极发展楼宇经济，整合馨港苑综合楼等楼宇商铺资源，加快导入海事服务、法律金融等企业，打造一批创业创新产业园。提升生产生活配套服务，建设恒扬酒店、开元大酒店，打造城西未来社区邻里中心。

提高城市管理水平。按照创城标准推进城市精细化管理，巩固深化“门前三包”责任制、马路市场三级联动等长效机制。强化智慧城管平台使用效能，全面推行网上办案、“非现场执法”，提高问题处置和综合执法效率。启动建设城区“智慧停车”系统，推动智慧应用延伸至市政设施最末端。

推进生态环境治理。持续打好污染防治攻坚战，清淤整治河道10条总长7公里，新改建污水管网24公里，建成三江污水处理厂，加快西北污水处理厂提标改造，实现金塘、干磁“污水零直排”。争创国家级生态文明建设示范区，启动实施省级“智慧鸟岛”、册子月亮湾生态保护提升项目，新增国土绿化1500亩、彩色健康森林1000亩。全面启动“安澜”工程，提标改造海塘7条总长8.7公里。严格落实“三线一单”②生态环境分区管控，开展企业排污许可规范化管理试点，创建首批省级“无废城市”。全面推行绿色生态殡葬。

（四）推动更高水平乡村振兴，有力促进农业农村现代化

推进现代农业发展。持续稳定粮食生产、保障生猪供应，打造省级绿色精品特色产业基地和渔业健康养殖示范区，实施传统名果、精品果蔬等5个特色农业项目，新增高标准农田2000亩、蔬菜基地300亩，坚决遏制耕地“非农化”。不断扩大定海山区域公共品牌影响力，推动晚稻杨梅、皋泄香柚、南美白对虾等特色农渔产品与北京、上海等高端消费市场对接。试点开展“续贷通”增量扩面，为农业企业、农业大户提供无还本转贷服务。

加快美丽乡村建设。争创省级新时代美丽乡村示范区，建设干磁等3个省级特色美丽城镇，创建后岸村、大鹏村省级历史文化保护村落，打造册子美丽小岛、马岙美丽风景示范带。制定实施新时代洁净乡村十条标准，开展农村乱占耕地建房专项整治行动。健全自治、法治、德治相结合的乡村治理体系，推进马岙省级农村综合改革集成建设项目试点。

增强乡村造血能力。制定出台农旅休闲产业扶持政策，推进马岙康养田园综合体、白泉农旅休闲综合体、小沙伍佰岙农耕文化园、“双桥驿站”生态园建设，新增精品民宿3家、农渔家乐5家以上，打造省级电子商务示范村、商贸特色示范村3个。加快实施6个村集体经济发展项目，实现70%的村集体年收入达到60万元、经营性收入达到30万元以上。

（五）推动更高品质民生保障，努力实现人民福祉再提升

完善就业社保体系。多措并举稳就业促就业，实现零就业家庭动态清零，新增城镇就业岗位9000人、高技能人才1300人以上。全面实施被征地农民参保新政，持续扩大社保覆盖面，完善最低生活保障制度。整合提升3家区域性敬老院，实现示范型居家养老服务中心镇（街）全覆盖。创建全国示范型退役军人服务站38家以上。

提升城市文化软实力。提升改造舟山鸦片战争遗址公园，加快建设图书馆，实现镇（街）文化礼堂全覆盖。高质量办好第三届“三毛散文奖”评选颁奖系列活动，加快打造小沙三毛文化村。启动实施全民健身五年计划，举办全国徒步大会、首届城市定向挑战赛等赛事活动。

推进教育现代化发展。启用城关二幼、奋斗岙幼儿园，加快推进小洋岙幼儿园建设，确保城北小学、蔡家墩幼儿园顺利开工。争创全国义务教育优质均衡

①截流分洪、西调蓄滞、南排入海、中贯提升、增设强排：截流分洪是指在五山设置17公里的截洪沟；西调蓄滞是指用连库隧洞将红卫、城北、虹桥三座水库联通；南排入海是指在丰水期通过截洪沟将东山、竹山来水导流入海，在枯水期通过分闸流入河道；中贯提升是指在新河、城东河、城关河等主要河道设置提升泵站，通过河底压力涵管直排入海；增设强排是指新建丰产泵闸、盐河大塘泵站等强排设施，扩建利民闸及入海浦道。

②三线一单：是指生态保护红线、环境质量底线、资源利用上线和生态环境准入清单。

区，实施“初中提质强校”工程，推进学前教育深化改革，加强“两新三后备”[①]教师梯队建设。

加快健康定海建设。毫不放松抓好常态化疫情防控，全力做好防输入闭环管控工作，严格落实开放口岸、进口冷链等重点环节防控措施。建立健全公共卫生体系，完善突发疫情精准管控和快速处置闭环机制，有序做好疫苗接种等工作。推进医共体、医联体建设，谋划实施区中心医院改扩建工程，组建跨区域医疗学科联盟。正式运行城西社区卫生服务中心，加快改造干䃎卫生院。深入开展爱国卫生运动，提高全民防病能力和文明卫生素养。

加强平安定海建设。积极打造现代善治示范区，推进社会矛盾纠纷调处化解中心规范化建设，完善“基层治理四平台”和全科网格运行管理，推进“全域智安”“智慧村社”工程，建立扫黑除恶常态长效机制。健全应急指挥调度体系，加强应急物资保障和调配能力，建立基层组织动员精准防汛机制。全面实施安全生产专项治理三年行动，开展化学品、船舶修造、海陆交通等11个重点领域整治，坚决遏制较大以上事故发生。

（六）推动更高标准自身建设，切实提升治理能力和水平

强化政治建设。深入学习贯彻习近平新时代中国特色社会主义思想和党的十九届五中全会精神，牢固树立“四个意识”，坚定“四个自信”，做到“两个维护”，加快构建党建统领的整体智治体系和协同高效运作机制，坚决把中央和省市区委决策部署不折不扣落到实处。

强化法治建设。坚决贯彻习近平法治思想和全面依法治国工作要求，加快法治建设从“事”到“制”“治”“智”的转变，创建省级法治建设示范区。深化行政复议体制改革，试点推广基层“一支队伍管执法”综合行政执法模式。自觉接受人大依法监督、政协民主监督和各方面监督，提高人大议案建议、政协提案办理质量。

强化廉政建设。认真履行全面从严治党主体责任，严格落实中央八项规定及其实施细则精神，持之以恒纠“四风”。坚持集中财力办大事，建立健全厉行节约长效机制，推进专项资金管理改革，提高财政资金使用效益。坚持廉政风险管控全覆盖，强化小微工程全过程管理，有效扫除村级非招标项目监管盲区，严肃查处群众身边的腐败问题，积极营造风清气正的政治生态。

强化作风建设。坚持用系统观念谋划推进各项工作，持续深化“三服务”活动载体，创新企业精准服务举措，建立企业轻微问题免责免罚机制。加快政府数字化转型，推进政务服务2.0建设，打造整体智治的现代政府。全面落实政府工作约谈制度，大力整治庸政懒政怠政、不作为慢作为乱作为现象，切实提升政府执行力。

各位代表，蓝图绘就，号角铮铮，让我们高举习近平新时代中国特色社会主义思想伟大旗帜，在中共舟山市定海区委的正确领导下，团结依靠全区人民，务实苦干，奋勇争先，全面开启花园式国际人文港城建设新征程，为当好建设“重要窗口”海岛风景线排头兵而努力奋斗。

---

①两新三后备：是指新入职教师、1～3年新教师、后备名师、后备名校长、后备特级教师。

舟山市定海区人民代表大会常务委员会工作报告

——在舟山市定海区第十七届人民代表大会第五次会议上

舟山市定海区人大常委会副主任　　范　纲

（2021年1月14日）

各位代表：

我受舟山市定海区第十七届人民代表大会常务委员会的委托，向大会报告工作，请予审议。

2020年主要工作回顾

2020年，是高水平全面建成小康社会和“十三五”规划的收官之年，也是定海勇毅担当、实干奋进的一年。过去一年，常委会在中共舟山市定海区委的正确领导下，以习近平新时代中国特色社会主义思想为指导，深入贯彻落实习近平总书记考察浙江重要讲话精神，紧扣省委、市委、区委建设“重要窗口”的总体部署，准确把握新发展阶段人大工作的新使命新要求，在实干中履职尽责，在担当中探索创新，为争当建设“重要窗口”海岛风景线排头兵作出了积极贡献。全年，共召开常委会会议12次、主任会议16次，听取和审议“一府一委两院”工作报告29个，作出决议决定13项，推动了民主法治建设和经济社会高质量发展，较好地完成了区十七届人大四次会议确定的目标任务。

一、锚定职能定位，在服务高质量发展中尽责尽力

常委会积极践行新发展理念，主动将人大工作融入全区发展大局，充分发挥职能作用，在服务经济社会高质量发展上持续发力、彰显作为。

*聚力抗击新冠肺炎疫情。*面对突如其来的新冠肺炎疫情，常委会坚决贯彻落实中央和省委、市委、区委决策部署，立即组建防疫应急小分队，抽调人员参加企业复工防疫服务指导组。常委会领导走访重点企业和基层单位，了解并帮助企业、基层解决抗击疫情和复工复产中遇到的困难问题，组织机关党员干部赴结对社区开展志愿服务，自觉扛起了战疫情、促发展的特殊使命。及时发出倡议书，全面动员全区各级人大和人大代表带头落实联防联控各项措施。全区各级人大代表勇担社会责任，积极发挥表率作用，利用各自的专业和资源优势，采取多种方式支援疫情防控，充分展现了代表为民情怀和使命担当。各镇、街道人大全员投入防疫和复工复产工作，在统筹推进疫情防控和经济社会发展中贡献人大力量。

*力推经济提质增效。*面对疫情对经济的冲击影响，在做好年度国民经济和社会发展计划审查的基础上，加强经济社会运行情况调研，听取和审议上半年经济社会发展情况报告，督促和帮助政府积极破解各类困难，助力经济稳中向好发展。大力推进数字经济发展行动计划，首次听取全区数字经济发展情况报告，要求政府强化顶层设计、选择科学发展路径、加强各项要素保障，推动数字经济成为我区经济社会发展新引擎。探索建立政府投资项目和重点建设项目常态化监督机制，及时了解项目建设进展情况，并对实际进度相对趋缓的10余个项目开展实地督查，提出狠抓项目建设进度、强化要素保障、完善监管制度等督查意见，推动项目如期完工。认真落实国有资产管理

情况向人大常委会报告制度，重点审议全区企业国有资产管理情况报告，就优化产业布局、深化企业改革、完善资产管理体制等提出意见建议，推动政府健全资产管理制度体系，提升资产使用绩效。强化街道国有资产监督，并将街道集体资产纳入监督范围，在全省率先建立镇、街道本级集体资产管理情况向同级人大报告制度，进行深入调研，推动政府破解街道集体资产管理监督缺失问题。推动海洋电子信息产业基地打造，专题调研定海海洋科学城建设发展情况，着重在完善体制机制、强化产业引导、优化政策举措等方面提出建议，力促形成布局合理、特色明显、管理规范的园区高质量发展新格局。

助力公共财政建设。深化预决算监督，推动财政预算编制到项，严格审查批准年度财政决算、地方政府债务限额和预算调整方案。开展预算绩效管理监督，对居家养老服务照料中心建设专项资金支出使用情况开展绩效评价，提高财政资金的使用效益。进一步深化区级部门预算审查监督工作，继续做好上会部门预算审查扩面工作，安排3个街道预算上区人代会重点审查；严格实施街道预算审查制度，落实街道人大工委预算初审责任，并把街道预算执行情况列入区人大常委会听取和审议全区预算执行情况范围。听取和审议审计工作报告，推进审计查出问题整改工作制度化，专题听取审计发现问题的整改情况报告，推动政府及时改进规范，切实维护人大监督的权威性和审计监督的严肃性。

精准助推规划编制。“十四五”规划纲要和二〇三五年远景目标是我区经济社会发展的行动纲领。常委会高度重视，专门成立由各专委会及部分代表参加的调研组，通过听取汇报、座谈交流、走访企业等多种形式，对我区国民经济和社会发展第十四个五年规划纲要和二〇三五年远景目标编制情况进行深入调研。发动广大代表为科学编制好“十四五”规划献计献策，形成了内容丰富、针对性强的调查报告，提出了完善规划编制机制、健全规划纲要体系、强化纲要实施要素保障等三个方面意见，大部分内容被政府采纳，在此基础上提出了初审意见，为本次人代会审查批准“十四五”规划纲要奠定了良好基础。

二、坚持履职为民，在提升群众获得感上持续加力

常委会深入贯彻以人民为中心的发展思想，坚持民有所呼、我有所应，顺应群众对美好生活的向往，推动发展成果普惠共享，促进民生幸福指数不断提高。

紧盯群众“关键小事”，助力办好民生实事。实施民生实事项目人大代表票决制，是体现人民当家作主、完善人大行使重大事项决定权的具体实践。在2019年区、镇（街）实施民生实事项目代表票决（选）制全覆盖的基础上，常委会持续推动票决项目提质扩面，涵盖旧城改造、河道治理、管网提升、养老保障等群众密切关心的“关键小事”。票决项目产生后及时制定监督方案，通过条块结合、上下联动、多头并进等方式，进行动态和全程监督，高质量推动民生实事项目建设。通过政府积极作为、人大有力监督，15项民生实事得到较好完成，常委会会议测评结果均为满意。坚持共享发展理念，开展城乡居民基本养老保险工作监督。结合养老服务体系建设跟踪监督，推动政府持续扩大社会保险覆盖范围，积极优化社会保障管理服务，努力提升城乡居民的获得感、安全感和幸福感。

紧扣“三大攻坚战”，助力全面建成小康社会。准确把握助力打好“三大攻坚战”的切入点和落脚点，增强监督针对性和实效性。围绕打好防范化解重大风险攻坚战，专题听取我区疫情防控专项工作报告，推动政府完善公共卫生应急管理体系，切实提高应对突发重大公共卫生事件的能力和水平。聚焦打好污染防治攻坚战，听取环境状况和环境保护目标完成情况的报告，实现报告制度区、镇两级全覆盖。常委会紧盯中央和省环保督查问题整改，强化跟踪监督，区政府狠抓落实，重点问题整改取得阶段性进展。聚力打好精准脱贫攻坚战，重点关注乡村产业振兴，要求政府积极破解乡村产业发展中产业链较短、融合层次较浅、要素活力不足等难题；听取农民专业合作社建设情况报告，强调要在加大强农惠农政策力度、规范提升新型农业经营组织、推动深化农村改革等方面精准施策、持续发力。

围绕美丽定海建设，助力城市品质提升。聚焦深化美丽乡村建设新实践，对全区文旅融合工作开展深入调研，就乡村生态、独特人文资源的挖掘和整合提出建议。政府积极落实，将分散于文化产业发展、农产品加工流通、休闲农业开发、民宿业发展等领域的政策进行梳理，搭建资源合作共享平台，提高全区文旅融合积极性，不断拓宽“两山”转化通道。着眼城市管理常态长效，深入开展城区物业管理工作情况调研，督促政府完善基础配套功能、美化居住环境、提高物业服务水平，不断推动居民宜居环境改善。持续加强对民生工程的跟踪监督，组织区人大代表对城区实施的防洪排涝工程进行了全面视察督查，尤其高度关注防洪排涝三年行动计划的实施，随着一批工程的建成，成效初步显现，防洪排涝的基础更加扎实，城市内涝得到有效缓解。

三、加强法律监督，在推动治理现代化中积极助力

常委会牢固树立法治思维，充分履行法律监督职能，发挥法治引领和规范作用，为建设现代善治示范区厚植法治基础。

*创新司法监察领域监督。*贯彻落实省委、市委、区委人大工作会议精神，加强对被任命干部的任后监督，首次对区法院7名员额法官开展履职评议，通过座谈走访、抽查主办案件、观摩庭审、听取履职报告、常委会组成人员逐项赋分等形式，对被评议法官作出客观公正评价，评选出2名优秀法官、5名称职法官。这次评议督促了司法责任制落实，对推动司法队伍建设将产生积极影响。探索构建人大监督和检察机关法律监督相互支持沟通、优势互补的工作机制。根据司法体制改革后对检察机关工作提出的新要求，作出《关于加强新时代检察机关法律监督工作的决定》，分别对行政机关、监察机关、司法机关提出针对性要求，优化检察机关法律监督履职环境，提升工作质效。持续关注监察工作，监督支持区监察委依法履职。专题听取法检两院半年度工作报告，健全司法权力运行机制。积极配合上级人大开展《舟山市城市绿化条例》等执法检查，对《浙江省数字经济促进条例》等12部法规草案开展立法调研，及时反映基层意见建议，推动有关法律法规的完善和实施。

*着力提升治理法治化水平。*上下联动开展推动矛盾纠纷调处“最多跑一地”专项监督，推动政府以规范矛调中心实体运作为牵引，着力在工作机制建设、数据信息联动、资源整合共享、优化服务上下功夫，努力构建机制贯通的区域治理体系。积极推进普法和依法治区工作，专题审议政府关于第七个五年法治宣传教育规划执行情况，参与“七五”普法检查验收，为制定“八五”普法规划奠定基础。扎实推进来信来访办理工作规范化，加强问题分析研究，加大信访事项交办督办力度，全年受理人民群众来信来访32件。严格执行规范性文件备案审查各项规定，充分发挥网上平台作用，全年对15件规范性文件进行审查，并提出修改意见。

*依法行使人事任免权。*坚持党管干部和人大依法任免干部相统一的原则，完善人事选举任免程序。有序推进任用工作的民主监督，对提请任命的审判员、检察员通过人大媒体向社会进行任前公示，提升人事任免的透明度。健全拟任干部法律知识考试、表态发言、任后公告、颁发任命书等制度，严格执行任命干部宪法宣誓相关规定，增强了被任命人员的责任感、使命感。去年以来，共依法任免国家机关工作人员83人次，任命人民陪审员100名，接受了2名市人大代表辞去代表职务的请求，补选市人大代表5名。

四、优化服务保障，在发挥代表主体作用上激发活力

常委会始终坚持代表主体地位，积极探索新形势下代表工作有效途径，为代表依法履职搭建平台、提供保障、做好服务，切实提高代表工作实效。

*推进代表联络站规范化建设。*按照“五好六化”建设要求，扎实推进代表联络站标准化建设。着力拓展联络站（点）外延和功能，运作形式更加丰富，联系群众和选民更加便捷。充分发挥联络站作为密切联系群众的主平台、主阵地作用，坚持人大代表进联络站常态化制度化，省、市、区领导干部人大代表率先垂范，倾听群众呼声，回应群众关切。去年共组织265位各级人大代表进站，接待选民和群众452人次，收集梳理意见建议349条，答复办结率达到86.8%，切实解决了一批群众关注的热点难点问题。

*强化代表履职服务保障。*坚持以培训促提升，围绕学习《习近平谈治国理政》第三卷、《民法典》等主题，对70余名市、区骨干代表开展了专题培训。拓宽代表知情知政渠道，坚持和完善区人大代表列席人大常委会会议和审议发言制度，确保基层人大代表任期内至少列席一次常委会会议。去年以来，共组织代表参与视察、调研、检查、述职评议等活动420余人次。邀请代表列席常委会会议50余人次，内容涉及水利、交通、环保等政府民生项目和重点工程。坚持与全区中心工作同向同行、合拍同步，积极谋划开展代表各类履职活动。大力支持全国文明城市创建，组织

开展人大代表集中视察创城工作，探索小组“体验式”监督，对创城工作进行查漏补缺、提出意见建议，同时充分发动代表主动参与文明交通劝导、社区服务等创城志愿活动，为决战决胜全国文明城市创建贡献人大力量。相继开展了各级人大代表“共谋‘十四五’规划编制 助推‘四大建设’”“助推矛盾纠纷调处化解‘最多跑一地’改革”等各类主题活动，为全区中心工作纵深推进献计献策。

提升议案建议办理实效。积极克服疫情带来的不利影响，在疫情防控工作相对稳定后，立即启动议案建议交办工作。健全常委会领导牵头督办、相关委室对口督办以及代表专业小组参与督办等工作机制，召开承办单位、代表共同参加的专题座谈会，开展建议办理“回头看”，持续加大督办力度。区政府实行重点建议领导领办，严格审核把关，加强承办单位与代表的联系沟通，不断改进办理效果。经过各方共同努力，区十七届人大四次会议及闭会期间收到的92件代表议案建议已全部办理完毕，其中，已解决或基本解决的（A类件）共55件，占总数的59.8%，比上年提升了10个百分点；正在解决或已列入计划解决的（B类件）15件，占16.3%；因受条件限制暂不能解决的（C类件）22件，占23.9%，一批群众关注的热点难点问题得到了较好解决。

五、增强制度自信，在加强自身建设上持续发力

常委会始终围绕推动人大工作高质量发展的要求，以党建统领工作大局，深化学习调研，完善工作制度，努力打牢履职行权根基，促进人大工作效能不断提升。

坚持把思想政治建设放在首位。坚定人大正确政治方向，始终把学习贯彻习近平总书记最新重要讲话精神、中央和省委、市委、区委重大决策部署作为首要任务，切实把学习成效转化为推进新时代人大工作高质量发展的实践力量。健全常委会党组及机关党组理论学习制度，提高机关党建工作水平，营造人大良好的政治生态。认真履行全面从严治党主体责任，严格落实意识形态工作和党风廉政建设责任制，全力支持派驻纪检监察组工作。机关党组自觉接受区委巡察，对照巡察组反馈意见认真制定整改措施，努力打造忠诚干净担当的高素质人大队伍。

切实把机关作风建设作为重要抓手。坚持在“一线”实践中真抓实干，改进调查研究方式，常委会领导牵头做好22项重点课题调研，提出推动发展、改进工作的对策建议，为科学决策提供参考。常委会领导积极参加“三服务”活动，参与“创城”、村级换届等各项工作，为基层化解难题。健全人大专委会和常委会办事机构工作规则，完善机关内部制度，充分发挥好新设人大及其常委会工作机构的作用，确保机关运转更加有序高效。首部《舟山市定海区人民代表大会志》于去年6月正式发行，使人大工作得到传承。聚焦常委会中心工作和民生热点问题，全面加强理论研究，加强新闻宣传组织策划，预算监督、代表建议督办等工作以及人大代表履职风采被上级人大报刊、网络专题宣传推介，街道人大工作创新实践荣获第二届“浙江人大工作与时俱进”特别奖，街道预算审查监督案例获得了全市人大工作创新优秀奖。

努力把强化人大整体效能落到实处。全面贯彻落实省委、市委、区委人大工作会议精神，细化分解工作任务和责任，去年区委将镇（街）党（工）委对人大工作的领导支持列入镇街综合考核，全区重视和支持人大工作的氛围更加浓厚。加大对基层人大工作的指导和联动，健全履职制度和运行机制，通过调研视察、经验交流等相互协同、形成合力，整体作用得到进一步发挥。及时总结推广全省街道人大工作试点经验和做法，出台《关于全面加强和规范提升街道人大工作的实施方案》，推进街道民主议事会、民生实事项目票选、街道预算监督等特色工作的深入开展，规范提升街道人大工作。完善常委会听取人大街道工委工作报告制度，作出相关决议，交办常委会重点任务。健全常委会领导联系镇人大工作制度，支持镇人代会形式创新，不断完善镇民生实事项目票决制，推动基层人大精准行权。

各位代表，过去一年区人大常委会取得的成绩，离不开区委的正确领导，离不开全体代表的共同努力。我们的各项工作，得到了“一府一委两院”及有关部门的积极配合，得到了全区人民和社会各界的大力支持。在此，我谨代表区人大常委会，向所有关心、支持人大工作的同志和各界人士表示衷心的感谢！

在肯定成绩的同时，我们也清醒地看到，对照建设“重要窗口”要求，对照代表和群众的殷切期待，常委会工作还有不足。主要是：讨论决定重大事项的工作机制有待进一步完善，职权行使还需加强；

监督工作的精准度有待进一步提高，监督实效仍需增强；与代表和人民群众联系有待进一步密切，代表议案建议解决率有待提高；人大组织制度和议事规则有待进一步健全，人大干部能力素质还需不断提高等。我们将正视这些问题，并努力研究加以改进，不断推进常委会工作提质增效，更好地履行宪法和法律赋予的职权。

2021年主要工作

2021年，是实现“两个百年”奋斗目标的历史交汇之年，也是实施“十四五”规划的开局之年。今年区人大常委会工作总体要求是：在中共舟山市定海区委的正确领导下，以习近平新时代中国特色社会主义思想为指导，深入学习贯彻党的十九大和十九届二中、三中、四中、五中全会精神，紧扣省委争创社会主义现代化先行省的目标，聚焦忠实践行“八八战略”、奋力打造“重要窗口”，围绕打好“五大会战”、建设“四个舟山”，进一步落实省委、市委、区委关于高水平推进新时代人大工作和建设的意见精神，坚持政治引领，发挥制度优势，充分行使宪法和法律赋予的各项职权，整体发挥人大职能作用，全面开启花园式国际人文港城建设新征程，为当好建设“重要窗口”海岛风景线排头兵作出积极贡献，以优异成绩庆祝建党100周年。

一、坚持同心同向，以更强担当助力“重要窗口”建设

始终在全区改革发展大局中系统整体地谋划人大履职实践，坚持新发展理念，找准人大工作的切入点和结合点。深刻认识以国内大循环为主体、国内国际双循环相互促进的新发展格局，积极助力油气全产业链发展、一流营商环境打造等全区中心工作，全力推进定海高质量现代化建设。常委会在法定听取审议好计划、预算执行情况的基础上，加强与审计部门的协作互动，继续开展对审计查出问题整改监督，完善政府投资项目和重点建设项目常态化监督制度，提升发展质量效益。密切关注和跟踪重大规划的编制和落实，推动“十四五”规划纲要落地见效，听取中心城区和镇（街）国土空间规划编制情况报告。加强和完善国有资产和集体资产监督管理，实现镇（街）人大监督全覆盖；审议全区国有资产管理情况综合报告，促进国有资本规范运作。开展财政专项资金使用情况绩效评价，提高资金使用效率。聚焦优质公共服务供给，开展区域医共体、群众体育、“菜篮子”工程等建设发展情况专题调研，促使更多改革发展成果惠及于民。跟踪监督环境建设状况、防洪排涝（水系）规划落实情况，专题听取城区生活垃圾分类工作报告，进一步巩固文明城市创建成果，不断提升城乡人居品质。

二、聚焦社会治理，以更新举措推进民主法治进程

全面学习领会习近平法治思想，把握核心要义。深入推动完善司法权力运行机制，对法治政府建设、法院司法公开工作深入调研，加大对“一府一委两院”依法履职的监督力度。深化“两官”履职评议工作，跟踪督促法官履职评议整改落实，开展检察官履职评议工作，积极推动法官、检察官队伍高质量发展。开展新一轮普法依法治区调研，听取我区第八个五年法制宣传教育规划情况报告，扎实推进法治宣传教育和法治实践。专题调研全区社会组织参与基层治理情况，助力构建全民共建共享的社会治理格局。围绕《宗教事务条例》实施情况开展专题调研，提高宗教工作法治化水平。配合上级人大做好有关立法调研、执法检查等工作。完善民生实事项目代表票决制工作，不断改进征集、筛选、票决、监督等环节，开展本届票决民生实事项目“回头看”，推进项目决策和实施的科学化、规范化、民主化。

三、强化履职保障，以更优服务提高代表工作水平

始终把代表工作摆在重要位置，紧密依靠代表开展工作，积极为代表履职创造条件、提供服务。今年，我区将开展市、区、镇三级人大代表换届选举工作，常委会要在区委的领导下，及早调查分析，严格依法办事，认真做好换届选举的各项准备和指导工作，确保换届选举工作顺利有序完成。加强新任代表履职培训，着力提高代表履职能力。巩固和提升代表联络站功效，深化代表主题活动。扩大代表列席常委会会议、联系“一府一委两院”、视察监督等工作的参与面，拓宽代表知情知政渠道。进一步提升议案建议办理工作质量，加大代表对建议督办的参与度，对本届代表议案建议办理情况进行全面梳理，着力提高解决率。

四、夯实履职基础，以更强政治自觉提升整体效能

始终以政治建设为统领，坚持用习近平新时代中国特色社会主义思想武装头脑、指导实践、推动工作，准确把握新发展阶段的内涵要求，形成全新的履职理念。严格执行民主集中制，加强调查研究，提高科学决策水平。坚决扛起全面从严治党政治责任，全面落实意识形态工作责任制，不折不扣抓好省委巡视、区委巡察反馈问题的整改落实，切实改进工作作风，努力营造良好的政治生态。着力加强常委会及机关党的建设，抓好人大制度理论、业务知识和法律法规的学习，在学思践悟中不断提高常委会履职能力和机关服务水平。探索开发区人大工作、审议意见“问题清单”交办机制，不断拓展人大监督的广度和深度。总结回顾梳理本届以来我区人大工作和建设的做法、经验和成效，推动常委会工作的传承和发展。加强对镇（街）人大工作的联系指导，密切各专（工）委和机关协同配合，整体发挥人大优势作用。

各位代表，“十四五”的美好蓝图已经绘就，我区发展的宏伟目标催人奋进。让我们更加紧密团结在以习近平同志为核心的党中央周围，在中共舟山市定海区委的正确领导下，不忘初心，砥砺前行，充分发挥人民代表大会制度优势，全面开启花园式国际人文港城建设新征程，为当好建设“重要窗口”海岛风景线排头兵而努力奋斗。

中国人民政治协商会议
第六届舟山市定海区委员会常务委员会
工 作 报 告

——在政协第六届舟山市定海区委员会第五次会议上

陆沧波

（2021年1月12日）

各位委员：

我代表政协第六届舟山市定海区委员会常务委员会，向大会报告工作，请予审议，并请列席会议的同志提出意见。

2020年工作回顾

刚刚过去的2020年，是勇毅担当、实干奋进的一年。这一年，面对突如其来的新冠肺炎疫情，全国上下听党指挥、万众一心、科学应对，抗击疫情斗争取得重大战略成果，充分彰显中国特色社会主义制度的伟大优越性。这一年，定海紧扣高质量发展主旋律，顺利完成"十三五"规划确定的主要目标和重点任务，经济社会各项事业收获了弥足珍贵的成绩。这一年，区政协以习近平新时代中国特色社会主义思想为指引，在中共舟山市定海区委的坚强领导下，团结引领政协各参加单位和全体政协委员，不忘初心、牢记使命，守正创新、担当有为，坚定夯实思想根基，奋力助推改革发展，用心增进民生福祉，从严加强自身建设，圆满完成了区政协六届四次会议确定的目标任务，为奋力推动花园式国际人文港城建设再上新台阶、"十三五"圆满收官作出了积极贡献。

一、强化政治引领，在大战大考中砥砺定力

常委会始终以政治建设为统领，以强化学习为抓手，把打赢"两战"作为践行"两个维护"的重大考验，切实做到"党有号召，政协有行动"。

坚持党对政协工作的全面领导。坚决贯彻落实党对政协工作的新部署新要求，协助区委加强和改进新时代人民政协工作，细化分解任务51项，认真抓好落实。区政协党组成立党的建设工作领导小组，定期研究部署政协党建工作，严格执行重大事项、重要情况向区委请示报告制度，全年请示1次、报告6次，确保政协工作始终在区委领导下有序推进。区委区政府一如既往重视支持政协履职，将政协工作纳入党政工作总体布局，2020年首次在镇（街道）综合考核指标体系中对"党领导政协工作"情况进行考核。区委常委会4次专题听取政协情况汇报，区委书记亲自联系政协工作，全年作出重要批示11件，党政主要领导4次出席政协活动，为政协工作的顺利开展提供切实保障，营造浓厚氛围。

自觉用党的创新理论武装政协。深入学习贯彻习近平新时代中国特色社会主义思想和中共十九届五中全会精神，把贯彻落实习近平总书记考察浙江重要讲话精神作为重中之重，及时传达学习省、市、区各

级会议精神，引导广大政协委员、机关干部切实把加强理论武装作为政协工作的首要政治任务。制订“书香政协”年度学习计划，全年举行8次政协党组理论学习中心组学习会、6次常委会议、11次主席会议、2次界别分组学习，培训政协委员、机关干部1000余人次，有效夯实了思想政治基础，练就过硬的履职本领，筑牢共同的理想信念。注重人民政协理论研究，组织并完成理论文章4篇，推动理论学习用心悟、用情讲、用力做。

*积极行动助力疫情防控阻击战。*2020年初新冠肺炎疫情发生后，区政协第一时间响应区委决策部署，出台《关于全面助推疫情防控和经济社会发展工作的意见》，积极投身防疫阻击战和发展主动仗。与省、市政协三级联动开展“以医废为重点的固废无害化处理情况”调研。区政协主席会议成员带队赴委员企业开展督导工作，协调解决员工返工返程、惠企政策落实等难题10余件。区政协机关全体干部参与基层防控志愿服务工作，并抽调7名干部参加区“三返”人员工作专项组，参与企业疫情防控指导工作。广大政协委员闻令而动、挺身而出，奋战在救治一线，坚守于生产前沿，积极捐款捐物，为推动企业复工复产协商建言，用实际行动践行着“为国履职、为民尽责”的使命担当，区政协委员吴常裕获省政协授予浙江省“最美政协人”称号，李海军获省企业家协会“疫情期间作出特殊贡献企业家”表彰，倪启刚委员上榜“浙江好人”，还有多名委员获得市、区各项荣誉。注重营造后疫情时期良好的社会舆情生态，组织召开吴常裕委员抗疫先进典型报告会，引导全体委员以先进为榜样，弘扬伟大抗疫精神，进一步凝聚勇于攻坚克难的意志和力量。

二、聚焦主责主业，在服务发展上精准赋力

常委会围绕区委区政府中心任务，突出协商主题，坚持调研和监督一体推进，谋划实施了23项重点履职活动，广集良策以促进决策优化，广聚共识以推进决策实施。

*为激发改革动能谏诤言。*聚焦“全区国民经济和社会发展‘十四五’规划纲要”，精心组织开展“请你来协商”，区委书记专题到会听取意见，政协委员、界别群众、专家学者对标对表“重要窗口”新定位建言献策，为党政科学规划提供广泛的民意基础和智力支持。针对我区国有企业运营能力薄弱、管理体制不畅等问题，组织赴先进地区考察学习，召开区政协常委会议进行专题协商，提出推进国资监管职能改革和国企市场化改革、优化项目布局、健全激励考核机制等12条对策建议，区委书记作出批示，要求职能部门吸收借鉴，协商成果得到切实转化落实。围绕我区企业减税降费成效开展委员集中视察，深入了解惠企政策的知晓率、获得感、满意度，就抓好现有政策落地、新一轮政策谋划等提出针对性意见。着眼协同创新，对我区如何“进一步深化产学研合作”进行深入调研，为党政决策提供参考依据。

*为提升城市品质献良策。*瞄准“定海中心片区排涝提升工程 （五山生态旅游带）”市区重点民生项目，邀请区长与政协委员、界别群众代表面对面协商，共商解题思路、凝聚思想共识，提出规划先行、建管并重、要素保障等意见建议。紧跟老旧小区改造热点，发动委员深入改造现场实地勘察，建言助推老旧小区提质改造焕新颜。举办“做优做活定海老字号”专题协商会，直面问题、真诚交流，梳理汇总11条建议为繁荣海岛历史文化名城开出良方。突出全域振兴、绿色发展，围绕特色小镇建设、美丽乡村发展等工作开展界别协商，发动委员深入一线随手拍，当好监督“探头”。抓住全国文明城市创建的热点难点问题和薄弱环节，视察镇（街道）居民小区、城乡接合部、背街小巷等现场，及时发现收集整理问题60余条，持续跟进督促落实，助推全区城乡环境持续向好。

*为推进社会治理谋实招。*主动服务“新官理旧账”攻坚行动中尚未销号的“旧账”，走访相关职能部门、镇（街道）找痛点、疏堵点、解难点，广泛形成了“政贵有恒”的思想共识。深度聚焦社区（村）及小区防洪排涝应急管理建设，就践行“海绵”城市理念、建立统一调度机制、强化自救意识等提出对策建议，现场落实转化协商成果超半数。与省、市政协三级联动开展“城乡生活垃圾分类处理”“高水平全面建成小康社会补短板”“最多跑一地”专项集体民主监督活动，区政协领导班子成员分别率监督调研小组走一线、听民声、查实情，发动委员100余人次，发现问题30余个（处），提出意见建议40余条，推动相关问题的解决。

*为增进民生福祉鼓与呼。*坚持民有所呼、我有所为，把为民谋幸福作为履职的最大价值追求，努力建言补齐民生短板，推动改革发展成果全民共享。围绕“小区业委会建设”“基层公共卫生预警与处置能力提

升”“全区教育均衡发展”等事关群众居住、健康、教育等民生热议问题开展对口协商和视察，分解交办意见建议28条。围绕“拓展农产品销售渠道”开展小微协商，通过对本地、外来农产品优缺点的分析对比，有针对性地提出解决思路。扎实开展“三服务”活动，深入基层了解、排摸企业发展和社区、村工作面临的困难和问题。用好社情民意“直通车”渠道，建立健全信息收集、转化和报送机制，每季度召开社情民意信息研判会，引导广大信息员积极为民发声，32条社情民意信息得到及时反映，获市、区领导批示6条。

三、突出凝聚共识，在增进团结上凝心聚力

常委会始终坚持团结和民主两大主题，注重强化开展统一战线工作的责任担当，扩大团结面、画好同心圆，努力做好凝心聚力这篇文章。

推进合作共事筑同心。坚持中国共产党领导的多党合作和政治协商制度，积极与各民主党派、工商联、人民团体和各界人士共建双向发力的履职平台，鼓励支持以集体名义发声，全年，共收到各党派团体、工商联提交的提案34件、大会发言材料13篇、社情民意信息40条。围绕“定海宗教团体作用发挥”开展宗教场所视察活动，加强宗教团体走访联系，共同维护和谐宗教民族关系。继续加强同党外知识分子、新的社会阶层人士等交流交往，加强与非公有制人士的团结联系，深入走访企业家委员，推动建立新型政商关系。

密切联络联谊聚人心。精心组织“百名委员走乡村、拍乡村、绘乡村”界别联络联谊活动，发动120余名委员就定海美丽乡村建设建言献策，通过摄影作品记录乡村风貌，并以画会友，集体绘制了一幅长约16米、涵盖八大镇（街道）美丽乡村点位的巨型画卷，有效促进委员交流互动，提振委员干事创业的精神气，活动得到省《联谊报》等媒体报道。创新发布“logo征集令”，面向社会公开征集“书香政协”标识，先后收到投稿作品12件，录用作品1件，进一步丰富定海政协品牌文化内涵。在全区政协系统组织开展“提升协商能力，发挥专门协商机构作用”专题讨论活动，共征集笔谈文章15篇，其中，9人作现场发言，增进了走在前列的工作共识。

强化文史宣传提信心。扎实做好政协文史工作，编辑出版《学苑飘香》等文史书籍，充分发挥文史资料存史资政、团结育人的重要社会功能。不断提高以杂志、网站、微信公众号为主体的“一刊一网一号”新闻宣传质量，加大对政协重要会议、履职活动、特色工作和委员风采的宣传报道力度。一年来，刊发《定海政协》杂志4期，发布微信图文信息80余篇，新关注人数同比增长6%，其中学习强国App录用1篇，省政协《联谊报》刊登11篇，“同心苑”微信公众号采纳23篇，被评为2020年度全省政协宣传工作先进单位，有效提升了定海政协的社会影响力。

四、创新协商民主，在提质增效上深挖潜力

常委会牢固树立质量导向，持之以恒转理念、转方式、转作风、提质量，推动政协工作更好体现时代性、把握规律性、富于创造性。

优化“请你来协商”的开放度。把“请你来协商”作为发挥政协专门协商机构作用的重要平台，建立专委会、办公室各司其职的工作专班，明确责任分工，推动工作顺畅高效。在精准选题和提升建言质量的基础上，着眼增强协商的开放度，选取社区活动室、工程指挥部、非物质文化馆等现场感强的协商场所，采用“围桌式”“道地会”等形式，积极推动平台建设向基层延伸、向界别延伸。一年来，举办“请你来协商”活动6场，共有86名代表各界别的政协委员及提案负责人、52位党政领导及职能部门负责人登堂议事，50余名普通市民就关注的话题零距离互动交流，45条意见建议得到党委政府采纳，委员履职热情得到充分激发。

拓展“委员工作室”的覆盖面。不断推进政协协商向基层延伸，在城东街道、环南街道、昌国街道、马岙街道、干𥔲镇新建委员工作室5家，实现政协委员工作室镇（街道）全覆盖，切实把委员力量下沉到基层一线。创新开展委员工作室提质扩容行动，探索吸收界别群众中的优秀知识分子、社会热心人士等进入政协委员工作室平台，以医卫界委员工作室为试点，首次把医疗卫生系统的专家、有较大影响力的专业人士等10余人纳入工作室队伍，拓展“内引外联”通道，为工作室活动开展奠定了扎实的群众基础。一年来，14家委员工作室开展学习交流、联系界别群众、社会服务等各类活动50余次，惠及各界群众500余人次，充分发挥了团结各界群众、倾听民声民意的作用。

注重提案办理工作的实效性。持续完善区党政领导领办重点提案、区政协主席会议成员督办提案、提案办理“回头看”督查和提案办理情况通报“四项制度”，推动提案办理有效落实。针对区政协六届四次会议提案办理情况，创新开展“集中督办”活动，由区政协提案委、区政府督查室及相关政协委员组成督办组，深入城管、教育、卫健等承办“大户”了解提案办理落实情况，其中《关于在我区中小学校开展定海弄堂文化感知教育的建议》提案办理中，创新邀请中小学学生代表参与协商全过程，有效推动了政协履职向基层、向群众延伸，活动得到《联谊报》、“同心苑”等多家媒体报道。尝试运用“即交即商”新模式办理部分重点提案，如《关于力争在双桥街道建设舟山公路交通物流枢纽中心的建议》这一重点提案，在交给承办单位的同时即开展办理协商，细化办理任务，进一步明晰各方责任，促进了提案更好地办理。

五、夯实两支队伍，在强本固基上持续用力

常委会全面对标“重要窗口”新目标新定位，践行严实要求，夯实履职基础，全力打造政治过硬、能力过硬、作风过硬的政协委员和机关干部队伍。

着力加强委员履职能力建设。不断深化“人文定海·书香政协”品牌，为委员搭建各类学习读书、知情明政、分享交流的平台载体。紧跟新形势、新任务、新要求，举办“书香政协·品读治理”委员专题培训班，组织《建好用好协商平台，提升政协协商能力》《“十四五”时期的战略布局与发展思路》专题讲座2期，受训委员达300余人次，各界别受训覆盖率达100%，有效提高了委员履职能力和业务本领。坚持“多读书、读好书、善读书”，连续第4年开展“读好书·写心得”微征文评选活动，向全体委员赠阅《聚裂:云+AI+5G的新商业逻辑》《百年共和之义》2本经典畅销书籍，引导委员勤学勤思勤动笔。继续开展政情通报，召集委员听取全区经济社会发展情况、区属职能部门工作情况和疫情防控、复工复产等专题通报。“人文定海·书香政协”建设具体经验做法得到省、市政协主要领导肯定。

有效发挥界别和专委会作用。根据新时代人民政协工作的新要求，修订《专门委员会通则》，专委会工作更加规范有序。加强界别工作指导，修订《区政协关于重视和发挥界别作用的意见》，新建立界别活动组组长负责制、联络员聘请制、工作联系制、活动考核制等5项制度。注重协商民主与界别专长有机结合，将产学研合作深化、特色小镇建设、推进老旧小区改造等4项界别协商（视察）列入2020年度重大协商计划，积极建言助推党政中心工作。以群众需求为导向，组织各界别赴岑港街道开展“送科技、送法律、送医卫”“三下乡”活动，惠及群众500余人，切实把服务送到群众心坎上，界别代表性作用得到进一步凸显。

扎实推进模范机关创建工作。坚持以制度建设带动政协履职规范，一年来，围绕人事、财务、后勤等工作新增制度13项，修订优化会议工作规则3项，对已有制度进行全面梳理，形成《定海区政协规章制度汇编（2007—2020）》，努力推动基层政协制度更加成熟定型。加强党风廉政建设和作风建设，积极配合做好区委巡察组巡察政协机关党组工作，按照“即知即改”的原则着力抓好巡察问题整改，政协机关风清气正、勤勉干事的氛围愈加浓厚。按时完成机关党总支以及机关第一、第二支部换届选举，扎实做好机关党员教育管理“六不少”工作，精心开展支部主题党日活动，组织参观登步战斗纪念馆、“舟山解放70周年”主题展览等，进一步强化忠诚担当。

各位委员！

过去的一年，区政协常委会坚持在继承中创新，在创新中发展，取得了可喜的成绩，这是中共定海区委坚强领导的结果，是区人大常委会、区政府大力支持的结果，是历届政协老领导、老同志热情关心的结果，是社会各界和广大人民群众积极参与的结果，是区政协各参加单位、全体政协委员和政协工作者共同努力的结果。在此，我代表区政协常委会表示衷心的感谢并致以崇高的敬意！

在总结成绩的同时，我们也清醒地认识到，工作中还存在一些差距和不足。主要是：协调统筹的意识和能力还需进一步加强，信息化建设的形式和平台还需进一步创新，凝聚共识的载体和渠道还需进一步拓展，协商议政的质量和水平还需进一步提升等。这些问题，必须高度重视，切实加以解决。

2021年工作任务

2021年是“十四五”规划的开局之年，是开启全面建设社会主义现代化国家新征程、向第二个百年奋斗目标进军的起步之年，是中国共产党建党100周年，也是本届政协的收官之年，做好今年工作意义重大。区政协工作的总体要求是：高举习近平新时代中国特色社会主义思想伟大旗帜，深入学习中共十九大及十九届二中、三中、四中、五中全会精神，全面贯彻习近平总书记在浙江考察时的重要讲话精神，紧紧围绕区委的工作部署，增强“四个意识”、坚定“四个自信”、做到“两个维护”，提高政治协商、民主监督、参政议政水平，加强和促进凝聚共识工作，更好发挥专门协商机构作用，在全面开启花园式国际人文港城建设新征程、当好建设“重要窗口”海岛风景线排头兵中努力交出政协的高分报表。

一、坚持党的领导，交出思想政治引领的高分报表

坚持党对政协工作的全面领导是人民政协事业发展进步的根本保证。要把深学笃用习近平新时代中国特色社会主义思想作为贯穿政协工作的总纲领，进一步完善学习制度体系，精心制定“书香政协”年度学习计划，丰富学习形式、创新学习载体、提高学习频次，不断用党的创新理论武装头脑，打牢凝聚共识的思想基础。把“不忘初心、牢记使命”作为加强政协党的建设的永恒课题、全体党员干部的终身课题，不断巩固深化主题教育成果。认真贯彻落实新时代党的建设总要求，强化政协党组在政协工作中“把方向、管大局、保落实”的政治责任，巩固完善政协党组、机关党组、机关党总支、机关党支部和委员兼合式党委、专委会委员党支部的组织架构，高质量开展庆祝建党100周年系列活动，着力提升“两个全覆盖”工作质量。进一步加强新时代基层政协工作的理论研究，更好发挥理论对实践的指导作用。坚持把政协党的工作和履职工作一体谋划、一体部署、一体落实，切实把政协打造成为紧密团结的政治共同体、事业共同体。

二、坚持履职尽责，交出融入中心大局的高分报表

聚焦协商之主业，打好调研、协商、监督“组合拳”，更好释放专门协商机构的潜能效能。把服务发展作为政协履行职能的第一要务，紧紧围绕事关定海“十四五”发展的大事、事关群众切身利益的实事、需要改革创新的难事，选准选精协商议题，协助区委、区政府制定并实施好2021年度重大协商计划，确保协商议政的前瞻性、有效性、针对性。坚决贯彻新发展理念，积极融入新发展格局，加强协商活动前的知情明政和调查研究、协商过程中的互动交流、协商后的成果落实反馈，引导委员在履职实践中廓清迷雾、加深理解、消除误解。继续履行好民主监督职能，探索组建政协专家监督小组，充分利用政协人才库、智囊团优势，提升专项民主监督专业化水平。主动融入时代潮流，大力推进政协数字化建设，探索远程协商、提案办理网上公开等新形式，使公众有序参与政治得以更加便捷地实现。加大提案办理落实力度，着重加强对集体提案的跟踪督办，提高建言资政和凝聚共识的工作实效。

三、坚持和合与共，交出广泛凝聚共识的高分报表

牢固树立起“人民政协一切工作重在凝聚共识”的鲜明导向，协助区委坚持和完善“大统战”工作格局，密切同各党派团体，异地商会、海外社团，非公有制经济人士，新的社会阶层人士，定海籍港澳台同胞、海外侨胞的团结联谊，尊重和保障党外人士民主权利，加强与党外委员谈心谈话，做好与民族宗教界代表人士的经常性沟通，在崇尚团结、增进团结中汇聚最强正能量、凝聚最大向心力。持续深化“人文定海・书香政协”品牌建设，以线上线下相结合的方式常态化开展委员读书活动，探索举办“走进城市书房”读书分享会，推动实现个人读书、互动交流和思想进步、能力提升相统一。继续高质量举办一年一度的联络联谊活动，“以活动促交流、以交流联友谊”，营造良好的政协氛围。进一步加强和改进政协新闻宣传工作，结合换届工作开展对委员履职活动的集中宣传报道，全面展示六届委员风采。加快完成“书香园”选址和阵地打造，推动界别联络联谊活动有场所、常态化。继续做好“三亲”史料的抢救、征集工作，编辑出版《定海岁月》照片集，搜集和挖掘作为定海经济重要组成部分的乡镇企业发展演变史并精编成册。积极拓宽政协对外交流渠道，加强与各地政协的互动合作，更为主动地参与省市区三级政协联动履职活动，共同助推区域性重大问题解决。

四、坚持创新驱动，交出制度机制完善的高分报表

牢牢抓住制度集成和制度执行这个“牛鼻子”，固根基、扬优势、补短板、强弱项，更加有效推进专门协商机构制度建设。推动“请你来协商”平台提质增效，以民生为导向重点策划“6+x”系列活动，就平台的运行模式、评价机制、职责分工等形成规范化的工作机制，不断拓展协商广泛多层制度化发展。提升政协工作向基层延伸的实效性，进一步推进委员工作室规范化建设和提档升级，努力打造委员工作室2.0版本。完善主席会议成员联系委员工作室制度，制定委员工作室年度工作计划，探索以民情恳谈、民生座谈、民心工程商谈等形式开展委员工作室“请你来协商”活动，努力通过灵活多样的“小平台”推动基层组织“大协商”。找准新形势下政协群众工作的着力点，突出专委会的界别特色，制定专委会、界别委员联系界别群众制度，持续深化“三服务”活动，切实加强和改进反映社情民意信息工作，畅通反映群众意愿和呼声的渠道。

五、坚持从严从实，交出自身能力建设的高分报表

深刻认识“新阶段新理念新格局”，主动顺应“时”和“势”的变化，以励志图新的姿态切实加强自身建设。紧盯区政协换届关键节点，加强学习打好基础，精准对接超前谋划，扎实做好委员遴选、界别设置等工作，为区委加强对换届工作的领导提供参考。强化委员履职责任，引导广大委员珍惜委员荣誉和政治身份，提振精气神、锤炼真本领，做到“换届不涣心、履职不断档”。进一步优化对委员的服务管理，坚持严管与厚爱结合、激励与约束并重，继续高质量办好“品读系列”委员培训班，帮助委员提高思想政治水平和履职本领，完善委员履职评价体系。加强界别工作，适时召开全区政协界别工作座谈会，定期选编委员学习资料，试点开展专项工作界别通报会，多样化促进知情明政，更好发挥界别优势作用。以“创建模范机关”为总目标，纵深推进政协机关思想政治和党风廉政建设，巩固区委巡察反馈问题整改成果，打造本领过硬、风清气正的政协机关干部队伍。加强专委会和办公室联系协作，进一步提升机关服务工作水平，形成关系融洽、责任明晰、运转顺畅、目标一致的良好工作格局。注重年轻干部培养，更好破解“两个薄弱”问题。

各位委员，善谋者行远，实干者乃成。让我们更加紧密地团结在以习近平同志为核心的中共中央周围，在中共舟山市定海区委的坚强领导下，同心同德、锐意进取，不畏风浪、直面挑战，为全面开启花园式国际人文港城建设新征程、当好建设“重要窗口”海岛风景线排头兵作出更大的贡献。

责任编辑：王英伟

专　记

“最多跑一次”改革

【深化行政审批制度改革】 进一步推进联办“一件事”事项，整合优化定海区“一件事”46项，梳理区域特色“一件事”10件，完成政务2.0部门联办“一件事”认领9项，至年底，政务2.0共办理“一件事”事项74件。推进政银合作，重点做好三方联动，实现银行网点“窗口办”事项76项，丰收互联“掌上办”事项增加至198项，新增智柜机实现“自助办”事项175项，实现客户经理“上门办”事项28项，至年底，累计办件10932件；推进宁波北仑—舟山定海“异地通办”合作，打造“宁波北仑—舟山定海”事项异地受理、属地审核的通办模式，梳理通办事项95项，建立“窗口收件+邮寄服务”机制，推行异地收件快递送达服务。

【推进“县乡一体、条抓块统”建设】 优化部门权力事项下放，推进全权下放、两级办理、委托下放、审核转报、第三方合作、站所属地管理等事项下放，下放镇（街道）事项从原来192项增加到653项高频事项下放比例达到85.64%，做好政务2.0基层大厅上线运行，完善基层大厅信息，完成事项配置和人员授权、设备采购和配置，运行基层2.0应用，联合民政、医保等部门条线上通知基层应用2.0“一网通办”大厅进行收件，镇（街道）上线事项262项，社区上线事项68项，至年末，全区各镇（街道）便民服务网上大厅收件815件。推广“云上大厅”远程办事模式，创新政务服务延伸新机制。

【提升窗口管理水平】 推出一次性告知、延时服务、预约服务、微笑服务等制度，要求窗口工作人员做到一口清、一纸清，强化服务意识。落实政务大厅疫情防控工作，做好政务大厅“亮码”、戴口罩、“一米线”等防控措施，强化大厅巡察力度。修订《中心窗口及其工作人员考核办法》，进一步细化考核评分标准，每月对窗口及其工作人员进行考核通报，并以此作为年终评先评优的依据。

【提升审批服务效率】 各进驻窗口结合实际，推出便民利企的各项政务服务举措。市场监管窗口稳步推进国有企业改制工作；公安窗口多举措推进数字化改革，打造“智能型”“规范型”“通办型”窗口；公积金窗口推行上门服务，推动政银合作一体化，实现“一网通办”向乡镇、海岛等偏远地区延伸；民政窗口优化服务模式通过上门服务等方式提升定海城区街道门牌登记信息服务效率；交通窗口推动部分交通运输事项实现“跨省通办”“全省通办”；生态环境窗口推进环评审批和排污证集成融合，减少企业审批周期和费用。

（撰稿：朱　峰）

“三改一拆”专项行动

【概况】 2021年，定海区“三改一拆”办深入贯彻上级决策部署，做好“拆改、拆用、拆创”三篇文章，保持工作激情，强化工作举措，推动全区“三改一拆”工作有序推进。按照全省全市统一部署，紧扣“控新增去存量”目标，重拳出击、持续用劲，加大攻坚力度，相关工作取得积极进展。截至年底，完成全年违法建筑拆除13.06万平方米，累计拆除违法建筑468.59万平方米；完成全年三改43.38万平方米，累计完成“三改”1009.59万平方米；拆后土地利用率达84.75%；均已超额完成年初上级下达的任务指标。

【攻坚重点区域和类型】 开展违法建筑“控新增去存量”，持续巩固提升创城成果，改善城市形象。近年来，结合中心城区城市有机更新和城乡环境综合整治行动，推进“三改一拆”工作，紧盯重点区域和重点类型，加大攻坚力度，相关工作取得积展。其中“控新增去存量”专项整治行动拆除46个点位；“治违除患”促安全专项行动、防汛安全隐患违法建筑专项整治行动排查出涉安全隐患违建点位52个。截至年底，全部完成整治，处置率达100%。

拆改前后对比

【推动全域美丽建设】 推进公路干线问题整治：全年全区排查重点问题点位整治48处，完成整治面积约8000平方米。

推进沿线美丽乡村建设 创建定海区金塘镇柳行村为省级美丽乡村精品村，清理建筑垃圾面积约125平方米，补种绿化面积为390平方米，该项目累计投入资金184.3万元，打造后为实现村内景观旅游发展提供保障，为村集体经济注入新活力。

推进精品示范道路创建 2021年，定海打造1条省级绿化美化精品道路［海天大道（青岭下—市委党校）］通过路面提升、景观绿化、建筑立面整治、亮化四个方面，提升改造海天大道定海段。

精品道路景观

【筑牢防控网络】 构筑违建防控体系，依托防违控违综合信息管理平台，实现巡查轨迹、违建定位、巡查上报等功能，打造涵盖全区的“实时巡查、实时指挥、实时举报、实时处置”防违控违综合管理智慧体系。全面推行“网格化管理、叠加式巡查”模式，523名基层巡查员全员到位，120个巡更点定期打卡（每周至少1次），做到随时发现问题，第一时间反馈整改结果，提高工作实效。

【提升拆改成效】 结合危旧房改造、老旧小区改造、城乡环境综合整治等工作，全面提升拆后综合治理质量，将“三改一拆”与城市基础设施改善、人居环境提升相结合，优先将拆后土地用于建设停车场、公园绿地等公共基础设施及民生项目。全区有多处拆治点改造成为群众家门口的小公园，街容镇貌日益变美，助力城乡综合环境改善，增强群众获得感。

拆后利用新貌

（撰稿：蒋　瑛）

（本分目照片由“三改一拆”领导小组办公室提供）

治水治污大会战

【概况】 2021年，全区以习近平生态文明思想为指导，坚定践行“两山”理念，贯彻落实市委市政府打好“五大会战”、建设“四个舟山”、展示“重要窗口”海岛风景线、争创社会主义现代化海上花园城市决策部署，聚焦聚力高标准打好治水治污大会战，全面提升我区生态文明建设水平。全年，累计投入治水治污资金6.7975亿元，推动治水治污工作向更高水平提升。

【建设“污水零直排区”】 高标准严要求推进“污水零直排区”建设，完成金塘镇“污水零直排区”建设和10个生活小区“污水零直排区”的创建。城东街道、环南街道、昌国街道作为明后年“污水零直排区”建设试点乡镇，完成前期排查工作，进入可行性研究及初设工作。

【提升“品质河道”“美丽河湖”建设】 深化“美丽河湖”建设，以“美丽河湖+”为主线，以河湖高质量发展与民生福祉提升为主要目标，依托流域、区域、行业共建共享，推进美丽河湖向幸福河湖迭代升级。2021年。建设完成白泉“水美乡镇”1个，整治完成干䃎镇的渔人码头池塘、金塘镇的东堠钟家岙池塘、中浦池塘以及陆家长漕池塘4个池塘，完成了金塘穆岙片中小河流2公里的治理任务，总投资约1220万元。

【提高河（湖）长制、滩（湾）长制标准化管理】 推进河长制巡河、保洁等常规工作，按照《定海区镇村级河湖长履职评价考核办法》《定海区镇级“河湖长”履职积分及考评标准》等制度对各级河（湖）长实行在线考评、月度排名、动态管理、年度综合评定履职的在线考核机制，并定期开展河（湖）长、滩（湾）长培训、学习工作，落实河（湖）长制信息系统使用工作。做好河湖长制“一周一提醒，一次一整改，一月一通报”监督考核制度，切实发挥和调动河（湖）长工作积极性，确保河（湖）长履职到位。实行市民巡访团监督检查机制，聘请市民巡访团对我区河道保洁和河（湖）长制、滩（湾）长制工作进行检查，并采用内部通报和媒体曝光的方式对河（湖）长、滩（湾）长进行监督。

【加强饮用水水源安全保障】 推进完善“千吨万人”饮用水源保护区（范围）“划、立、治”，完成虹桥水库、岑港水库2个县级以上集中式饮用水水源地巡查和有机污染物全指标分析，并建立数据库，保持县级以上饮用水源地水质达标率100%。全面实施水库安康、山塘隐患清零等行动，全年，实施水库除险加固8座，实施山塘整治2座，完成2座。

【开展水环境整治】 加强生物多样性保护，开展生态修复和生物多样性保护行动，推动污染防治向生态修复转变。加快河湖水系连通治理项目，完成金塘穆岙片中小河流水系治理工程。实施定海城关河道（德行桥）省控断面水质达标工程，完成盛家塘生活小区“污水零直排”治理。开展“找寻查挖”专项行动，对新河、城西河、半塘小河、万金湖河、丰产畈支河、晒盐塘环塘河、金叶菜场北侧小河等实施靶向施策，对沿河附近进行截污纳管，对沿线生活小区碧水蓝天、颐景山庄、鸿毛湾新村、香园新村、开源新村实施“污水零直排”精准治理，从治本出发严防劣V类水质反弹，全面巩固治水成果。

【巩固黑臭水体治理成果】 开展黑臭水体排查、小微水体大排查大整治等专项行动，根据问题清单形成整改治理方案并完成整改。原定海城区10条养护河道清河净水项目将于年底到期，开展新一轮养护发包工作。

【提升城乡污水处理能力】 推进城镇污水处理设施建设，完成新建、改造污水管网1.73公里，完成金塘镇大浦口污水处理中心二期扩建土建工程；推进农村生活污水处理设施提标改造，完成21个日处理能力20吨以上农村生活污水处理设施标准化运维，全区农村生活污水处理设施终端出水水质达标率93%以上。

【加强农业面源污染生态治理】 以国家农业绿色发展先行区为抓手，不断深化农业面源污染治理。推进“肥药两制”等农业投入品数字化管控，培育“肥药两制”改革示范性农资店5家，试点主体25家。主要农作物取土测土150个，推广配方肥和按方施肥量2570吨，统防统治面积1.9万亩，畜禽粪污资源化利用和无害化处理率达到91%。

【深化近岸海域污染防治】 推进海水养殖绿色发展，创建3家水产健康养殖示范场，创建省级渔业健康养殖示范县，并通过省级验收，规模以上水产养殖主体养殖尾水零直排率达到100%。完成海洋水生生物增殖放流5040万尾。

【加强防洪排涝节水工程建设】 实施《城区防洪排涝能力提升三年行动计划（2020—2022）》，夯实城市防洪排涝工作基层。全面启动海塘安澜千亿工程，对海塘及沿塘水闸进行加固提标，构建现代安澜海塘工程及管理体系。推进水库安康、山塘隐患清零等行动，进一步提升洪水灾害的应急处置能力，优化防洪减灾体系。2021年，计划实施水库除险加固8座，完成8座，完成年度投资2968万元；实施海塘提标加固5条，续建4条，新建1条，完成投资9677万元，完成年度计划100%；实施6座闸泵建设，完成2座；实施山塘整治2座，完成2座。优化水文站网布局，完成新建改建水文测站11个。

【强化城市内涝治理】 开展城市内涝治理攻坚行动，加快推进现存易涝区域整治，加大城市排水管网、泵站等设施建设改造力度。推进海绵城市建设。2021年，完成城市建成区累计消除70%易涝区域，新建、改建雨水管网2.267公里、提标改造管网3.997公里，雨污分流管网3.997公里、清淤排水管网300公里。推进定海中心片区排涝提升工程，完成截洪沟工程量60%，隧洞工程量25%，泵站完成主体工程50%，卫海泵站主体基本完工。

【深化全社会节水成效】 实施《浙江省节水行动实施方案》，全面推进城市、工业、农业节水。严格总量强度控制，健全“十四五”总量和强度控制指标体系。推进省级和国家级节水型城市创建，加强供水管网改造和漏损率控制。持续推进县域节水型社会达标建设，完善规划和建设项目节水评价制度。2021年，完成创建1个节水标杆校园、4个节水标杆小区和3个节水标杆企业。

【深化环境污染整治】 突出环境问题整改，全面落实中央、省生态环境保护督察、海洋督查及长江经济带生态环境问题整改，深化环境污染整治。实施固废治理重点项目，实施6万吨/年油泥处置油花调整项目，完成主体工程的50%，切实提高固废处理减量化。实施大气治理重点项目，解决突出扬尘污染问题，改善空气质量。上半年完成舟山电厂煤场封闭改造工程。实施全区生态环境监测能力提升项目。补齐应急监测能力和监督性监测短板，配备必要环境应急监测仪器设备，开展建设标准化综合环境实验室。

（撰稿：许跃军）

责任编辑：王英伟

大 事 记

1月

2日，2021年定海区征兵宣传暨“两征两退”改革政策宣讲活动在定海文化广场举行，定海区征兵工作启动。

4日，定海区社会治理现代化建设推进会召开，为舟山打造全国市域社会治理现代化试点城市提供定海样板。

5日，中共定海区第十三次代表大会第五次会议暨区委经济工作会议召开。区委书记庄继艳作题为“全面开启花园式国际人文港城建设新征程为当好建设‘重要窗口’海岛风景线排头兵而努力奋斗”报告。

9日，中国农工党定海区总支部第五次党员大会召开，选举产生新一届农工党定海总支部委员会。

12—14日，政协定海区第六届委员会第五次会议召开。会议通过《区政协提案委员会关于六届五次会议提案审查情况的报告》《区政协六届五次会议决议》。

13—15日，定海区第十七届人民代表大会第五次会议召开。大会选举林剑彪为区十七届人大常委会主任，张宣杰为区十七届人大常委会副主任。投票表决舟山市定海区2021年政府民生实事项目。议案审查委员会作本次大会代表议案处理意见报告。通过本次大会关于各项工作报告、“十四五”规划和二〇三五年远景目标纲要的决议。

19日，定海区交调委获“全国模范人民调解委员会”称号，为全市唯一。

25日，环南街道600吨淡水直达西岠岛。该淡水来自盘峙岛大龙港水库，经环南街道西岠岛供水站的净化，供给岛上居民。

26日，城区蟠洋山路“菜篮子”惠民店正式开业，定海区“菜篮子”惠民店有14家。

28日，舟山市“智慧村社”建设现场推进会在定海区举行。会议总结推广马岙街道“智慧村社”试点建设经验，部署全市“智慧村社”建设工作。

2月

3日，市委副书记、市长何中伟来到市七届人大六次会议定海代表团，与代表们一起审议政府工作报告、“十四五”规划纲要。

4日，定海区出台《舟山市定海区城区房屋征收与补偿实施意见》，进一步推动城中村（旧城）改造工作有序开展。

5日，区级“菜篮子”惠民店启动平价供应，确保春节期间“菜篮子”商品价格稳定。

8日，定海区2020年度基层党建和人才工作述职评议会召开。各镇（街道）党（工）委书记，区财政局党委、区人力社保局党组、区海洋科技产业园管理中心党组负责人进行述职，与会人员对述职人员进行现场评议。

9日，定海获评全省建筑工业化考核优秀区，为全市唯一荣获考核优秀的县（市、区）。

19日，定海区办理长三角区域跨省户口迁移工作实现全面升级。长三角区域户籍居民在区域内跨省迁移户口时，只需在迁入地公安派出所申请办理即可，实现“一地办理、网上迁移”。

20日，区政府第四次全体会议召开。大会分析2020年政府工作，部署2021年政府工作任务，通报表彰2020年度全区工业经济发展奖和全区招商引资工作先进集体获奖单位，通报2020年度全区重点项目完成情况、2020年度全区实绩亮相工作完成情况。

3月

1日，17名宣汉籍务工人员通过“点对点”包车抵达定海各家企业，系定海与宣汉开展东西部劳务协作招聘的首批来定务工人员。

3日，定海区举行打击治理电信网络诈骗犯罪整改工作部署会。

8日，舟山甬舟集装箱码头有限公司38号集卡车队获2020年度全国三八红旗集体荣誉称号单位，是全市唯一获此殊荣的单位。

13日，定海区退役军人春季专场招聘会在区人力资源市场举行。进场的30家企业针对退役军人及家属专长特点、就业趋向等，提供安保、行政文员、育婴师等工作岗位。

15日，定海区委领导干部会议召开。大会传达学习全国“两会”精神，对全区学习贯彻工作作出部署。

16日，定海区委理论学习中心组举行专题学习会，学习《习近平在浙江》，部署全区学习宣传工作。

17日，落户于定海工业园区的浙江交工集团股份有限公司舟山建筑工业化基地建设项目正式开工。该项目总投资7.7亿元，项目用地面积304亩，总建筑面积15.3万平方米，将新建钢结构构件生产厂房及附属设施，并购置相关生产设备。

19日，定海区政法队伍教育整顿征求意见座谈会举行。

是日，定海区数字海洋经济发展论坛暨海洋电子信息产业创新联盟启动仪式举行，全市首个“海创联盟”在定海成立。

22日，定海区“绿剑”春季执法行动启动。舟山市定海农业综合行政执法队对农资市场开展专项检查，打击制售假劣农资等违法违规行为，进一步净化农资市场环境，保障农业生产安全。

24日，深圳市盐田港集团有限公司与定海区政府举行座谈会。会议就深化双方合作及加快推进盐田港油气产业链项目等事宜进行深入交谈。

27日，定海中心片区排涝提升工程（五山生态旅游带建设项目）“上拦”部分重要组成部分的长岗山截洪沟及生态廊道Ⅰ标段开工建设。

30日，浙江省建设平安浙江工作暨扫黑除恶专项斗争总结表彰会议在杭州召开，定海区连续第十六次获平安县（市、区）称号。

31日，省委第二驻点指导组组长夏海伟一行到定海调研指导政法队伍教育整顿工作。区委副书记、政法委书记、区政法队伍教育整顿工作领导小组副组长邵辉陪同调研。

4月

1日，区委常委会召开巡视整改专题民主生活会，查摆突出问题，开展谈心交心，撰写对照检查材料，形成问题清单，并完成好巡视整改任务。市委常委、组织部部长蒲晓斌到会指导，区委书记庄继艳主持会议。

2日，区委召开农渔村工作会议。区委书记庄继艳在会上强调，要高举习近平新时代中国特色社会主义思想伟大旗帜，高质量推进乡村振兴，全力书写新时代定海“三农”工作新篇章，以优异成绩迎接中国共产党成立100周年。区委副书记、区长侯富光主持会议。区人大常委会主任林剑彪，区委副书记邵辉出席会议。

6日，市人大常委会调研组一行实地调研定海推进落实“十四五”规划科技创新发展部署、加快建设创新型城市情况，并对《舟山市科技创新促进条例》实施情况进行执法检查。市人大常委会副主任陈宏参加调研

7日，区委理论学习中心组举行党史学习教育专题学习会，学习蚂蚁岛精神的内涵与时代价值，领会习近平新时代中国特色社会主义思想的精神实质。区委书记庄继艳主持学习会，区领导林剑彪、陆沧波、邵辉和区委理论学习中心组其他成员出席。

13日，区委副书记、区长侯富光到舟山市博伊双语幼儿园开展“深化拓展‘三服务’、凝心聚力‘十四五’”活动，副区长屠定玉参加活动。

15日，定海区启动“定·美好”庆祝中国共产党成立100周年短视频大赛，比赛征集阶段持续到5月31日，大赛旨在以新媒体视角追寻红色印记、聚焦真善美，全面展示在党的领导下，定海干部群众的百年奋斗历程。

17日，以“文明健康，绿色环保”为主题的爱国卫生月活动暨定海区社会心理服务主题宣传活动在海山公园启动。

20日，由区精神文明建设指导中心和团区委主办的“绿色卫士我爱低碳”世界地球日文明实践活动在定海区新时代文明实践中心举行。

21日，浙江省医疗卫生“山海”提升工程暨浙江省人民医院定海分院揭牌仪式举行。区委副书记、区长侯富光出席仪式并讲话，副区长屠定玉主持仪式。

23日，“百年党史经典诵读”2021书香定海全民阅读节暨定海区“绿书签”活动在定海文化广场启动。

25日，定海区花园式国际人文港城建设暨创建全国文明城市表彰大会举行，贯彻落实中央和省、市相关会议精神，总结成绩、表彰先进，推动花园式国际人文港城建设再上新台阶。区委书记庄继艳出席会议并讲话，区委副书记、区长侯富光主持会议，区人大常委会主任林剑彪、区政协主席陆沧波出席会议。

28日，太平洋海洋工程（舟山）有限公司为一艘32.5万吨巴拿马籍超大型矿砂船安装旋转风帆业务，系全球首个完成的为超大型矿砂船加装旋转风帆的订单。

29日，“三毛散文奖”中国散文创作基地揭牌。该基地串联起三毛祖居、三毛纪念馆、三毛公园、三毛客厅、三毛散文奖作家林、三毛书屋等资源，将定海打造成国际性的“三毛散文奖”的主办地、颁奖地，三毛文化的传播地、三毛旅游的首选地、三毛研究者和三毛粉丝的聚集地。

30日，以“世界之潮，‘鱿’看舟山”为主题的2021远洋渔市节启动暨中国鱿鱼馆开馆活动在位于干䃎镇的舟山国家远洋渔业基地举行。市政协副主席孙小晓出席活动。

5月

6日，第三届三毛散文奖获奖作品揭晓，有26件作品获奖。作家韩少功的《态度》、韩小蕙的《协和大院》、徐海蛟的《山河都记得》、胡竹峰的《雪天的书》，以及美国华语作家盛林的《半寸农庄》获散文集大奖；陈仓的《我有一棵树》、北乔的《沉默的河流》、鄞珊的《流水对账》、雍措的《凹村》和习习的《黑蝴蝶让我们目眩神迷》五篇作品获得单篇散文大奖。

13日，党史学习教育专题报告会暨区委理论学习中心组（扩大）学习会举行。舟山市委党校政治教研室副教授张春晓应邀作党史学习教育专题报告。区委副书记、区长侯富光，区人大常委会主任林剑彪，区政协主席陆沧波和区委理论学习中心组其他成员出席学习会。区委常委、宣传部部长何徐华主持学习会。

是日，五峙山鸟岛联合保护协同中心成立仪式在定海区五峙山鸟岛海域举行。区检察院联合市自然资源和规划局定海分局、区农业农村局、舟山市海警局定海工作站等7部门，成立全省首个鸟类自然保护区协同中心，开启五峙山鸟岛自然保护区联合保护的新模式。

14日，定海开展2021年度首次海蜇苗增殖放流活动，投放4000万尾海蜇苗，改善海域生态环境。

15—16日，“新动定海·悦享建行”2021定海首届汽车文化节在位于双桥街道的舟山汽车城举行，15家汽车销售企业签署诚信经营承诺书，并举行舟山汽车城联合党支部授牌仪式，有24家汽车销售企业及35个汽车品牌精彩亮相车展。

18日，浙江省建设新时代美丽浙江暨中央生态环境保护督察整改工作推进大会在杭州举行，定海获得2020年度“五水共治”（河长制）工作优秀市县“大禹鼎”。

19日，区委网络安全和信息化委员会第三次全体会议举行。会议学习贯彻习近平总书记关于网络强国的重要思想，传达贯彻省、市会议精神，总结2020年全区网信工作，研究部署2021年重点任务，加快推进网络强区、数字定海建设。区委书记、区委网络安全和信息化委员会主任庄继艳主持会议并讲话。区领导侯富光、何徐华、崔亚东参加会议。

20日，党史学习教育市委第一巡回指导组进驻定海，区委书记、区党史学习教育领导小组组长庄继艳汇报定海党史学习教育工作。党史学习教育市委第一巡回指导组副组长柯建平，区领导何徐华、江舟出席会议。

24日，“两山理念再深化　美丽乡村再出发”2021浙江定海美丽乡村周活动开幕式在马岙街道马岙村举行。市、区领导徐张艳、姜建明、侯富光出席仪式，区委书记庄继艳致辞。

25日，定海区海洋科技创业园被浙江省人社厅审核确定为第四批省级创业孵化示范基地。

26日，区委书记庄继艳一行进工地、访企业，开展“平安护航建党百年”安全隐患大排查，强调要强化红线意识坚守底线思维，从严从实从细抓好安全生产工作，平安护航庆祝中国共产党成立100周年系列活动。

31日，区委书记庄继艳到平房区、老旧住宅小区改造现场、定海公园等地调研城市建设工作，强调要始终坚持高标准谋划、高质量建设，加快补齐城市建设短板，消除中心城区“拎马桶”现象，提升城市形象和品质，助推定海全面开启花园式国际人文港城建设新征程。

6月

1日，舟山市“平安护航建党百年”千警万民护旗大巡防攻坚行动定海分会场启动仪式举行，区委副书记、政法委书记邵辉出席。

5日，定海区“净零碳乡村贷”金融产品发布会在马岙街道马岙村文化礼堂举行。全市首款“净零碳乡村贷”金融产品在发布会上亮相，该款产品信贷规模达到10亿元，助力定海净零碳乡村建设。

7日，第三届“三毛散文奖”颁奖典礼在小沙街道三毛公园举行，获奖作家采风行、“三毛散文奖”作家林种植仪式、参观三毛祖居和三毛客厅等活动与颁奖典礼同时进行。

9日，定海暂停新冠病毒疫苗第一针接种，全面推进第二针新冠病毒疫苗接种，确保前期已完成第一针接种的群众在推荐免疫程序时间内及时完成第二针接种。

10日，定海区乡村振兴局挂牌成立，为全区统筹推进乡村振兴战略提供体制机制保障。副区长董凯龙、定海区农业农村局局长王文杰为区乡村振兴局揭牌。

14日，位于双桥街道的“万泰·三农汇”舟山三农农产品综合批发市场二期项目进入交付阶段。该项目总建筑面积近37000平方米，划分20栋相对独立建筑单体，设置面积超过3000平方米的内庭广场，以及街区式道路设计。

15日，定海区下半年征兵工作启动，优先为大学生开辟应征绿色通道。

15—16日，定海区2021年中考开考。全区设10个考点，84个考场，区属学校2358名考生参加考试。

18日，西园菜场、东门菜场、北门菜场三家第二批“五化”（便利化、智慧化、人性化、特色化、规范化）菜场基本完成相关改造任务。

22日，“学史力行砥砺奋进坚决打赢新时代禁毒人民战争”——舟山市禁毒“6·26”集中宣传活动在定海举行。副市长、市禁毒委主任、市公安局局长赵骏，副区长、区禁毒委常务副主任、区公安分局局长杨健出席活动。

是日，中国少年先锋队舟山市定海区第六次代表大会召开。区委书记庄继艳出席开幕式并讲话。区领导林剑彪、陆沧波、邵辉、屠定玉出席。

24日，浙川（定海·宣汉）东西部协作2021年首期“宣汉海员”班开班仪式在舟山航海学校举行，29名学员们将通过为期三个月的学习，提升技能，实现就业。

是日，浙江龙源风电与定海区政府新能源发展战略合作签约仪式举行。区委副书记、区长侯富光出席仪式并讲话。

25日，位于干礁镇的舟山市首个净零碳实践展厅对外开放，集中展示定海净零碳乡村建设的优秀案例，向来访游客传递绿色低碳的理念。

28日，《中国共产党浙江定海历史》（1950—1978）首发式在区行政中心举行。区委副书记、政法委书记邵辉出席首发式，区委常委、宣传部部长何徐华主持首发式。

是月，《小康》杂志社独家发布客观反映县域人民生活品质状况的“2021中国生活品质百优县市”名单，定海区入选前十佳。

7月

1日，全国三八红旗手标兵余金红（干礁镇新建村党总支书记、村委会主任）受邀在北京天安门广场现场观礼中国共产党成立100周年大会。

2日，沿港东路海滨桥至港务码头段改造工程启动。

8日，定海区数字化改革战略合作框架协议签约仪式举行。定海区分别与中国铁塔股份有限公司舟山市分公司、浙江省通信产业服务有限公司舟山市分公司、浙江大华技术股份有限公司、北京国脉互联信息顾问有限公司浙江分公司签署定海区数字化改革战略合作框架协议。

10日，定海区首次启动高温季蔬菜平价供应工作，辖区10家市“菜篮子”直供店、5家惠民店参与，平价供应时间持续至8月25日。

11日，2021年定海区数字化改革创新应用大赛举行，14个参赛团队以数字化改革为背景，以解决痛点堵点难点为导向，以增强群众获得感、提升社会行政效益为目标，聚焦大数据创新应用展开角逐。

14日，市人大常委会主任张明超率市人大调研组围绕“推动乡村振兴促进共同富裕”到定海开展专题调研。区人大常委会主任林剑彪陪同调研。

14—15日，区委举办学习习近平总书记在庆祝中国共产党成立100周年大会上重要讲话精神专题读书班。区委书记庄继艳主持读书班并讲话，区领导侯富光、林剑彪、陆沧波和区委理论学习中心组其他成员参加学习。

16日，“定海山”茶（文化）体验中心在马岙街道挂牌成立，向市民传递茶文化知识，推广定海茶叶品牌。

24日，定海区防汛防台视频会议举行，对防御台风“烟花”工作进行再部署再落实。区委书记庄继艳主持会议，区委副书记、区长侯富光传达全省防汛防台工作相关会议精神。

30日，定海区第八次归侨侨眷代表大会开幕。区委书记庄继艳出席开幕式并讲话，发出“坚决当好建设‘重要窗口’海岛风景线排头兵，奋力打造高质量发展建设共同富裕示范区港城范例”的号召。区领导林剑彪、陆沧波、林世军出席。

8月

1日，定海区启动12～17周岁人群新冠病毒疫苗接种工作。

3日，舟山市第四届岗位练兵比武在干䃎镇民兵训练基地举行。市委常委、舟山警备区司令员王京东，区委常委、人武部政委崔亚东出席活动。

4日，全区各医疗机构增设“行程码”查验环节，所有进入医疗机构的人员除须自觉佩戴口罩、主动出示健康码以外，还需要提供行程码，查验合格后方能进入。

5日，位于城东街道的城市有机更新项目东门车站北侧区块个人住宅（含商业用房）全部完成签约，正式启动更新建设。

9日，区委书记庄继艳到区疫情防控指挥部调研指导疫情防控工作，强调要学习贯彻习近平总书记重要批示精神，按照党中央、国务院决策部署，根据省委、省政府，市委、市政府部署要求，把疫情防控作为当前工作的重中之重，确保全区疫情防控形势得到全面巩固。副区长屠定玉参加调研指导。

10日，区委副书记、区长侯富光调研定海中心片区排涝提升工程（五山生态旅游带建设项目），强调城市防洪排涝是一项重要的民生实事，要高标准、高质量推进该项工程建设进度，加快推动定海从平面式排涝向立体式布局跨越。

16日，定海区2022届初中毕业生游泳考试开考，考试时间截至8月17日，缓考时间为8月24日，全区有2572名考生参加。

20日，区委书记庄继艳到定海工业园区科创培育中心调研，强调要始终坚持以科技创新为引领，强化项目招引，优化项目服务，不断激发创新发展动能，助推定海高质量现代化发展。

是日，全区政情通报会举行。区委副书记、区长侯富光通报上半年全区经济社会发展成效和下半年政府重点工作安排。区政协主席陆沧波主持会议。

是日，区政协六届二十次常委会会议举行，会议听取讨论区政府关于区政协六届五次会议以来提案办理情况的通报。区政协主席陆沧波主持会议。

25日，区委副书记、区长侯富光赴环南街道人大代表联络站开展接待选民代表活动，倾听群众心声，征求基层意见建议，协调解决实际困难。

26日，全区党史学习教育巡回指导工作交流会举行，交流经验做法，分析存在问题，按照党史学习教育工作部署，挖掘各单位特色亮点，推动党史学习教育走深走实。

28日，定海区重点建设项目之一的S321（72省道）定海至盐仓段改建工程完成建设，进入试通车阶段。

是日，区人大常委会开展人民代表大会制度主题宣讲活动。区人大常委会主任林剑彪主持，并作《学习人大历史发挥人大优势为奋力打造高质量发展建设共同富裕示范区港城范例贡献力量》的主题宣讲。

9月

1日，定海区数字化改革战略合作框架协议签约仪式举行，区政府分别与中国电信股份有限公司舟山分公司、中国移动通信集团浙江有限公司舟山分公司、中国联合网络通信有限公司舟山市分公司签署数字化改革战略合作框架协议，共同推进全区数字化改革进程。

是日，宁波北仑、舟山定海两地开启甬舟政务服务一体化合作，通过“异地通办”进一步方便两地企业、群众办事，促进经济社会发展。

3日，以“深入学习贯彻习近平总书记在庆祝中国共产党成立100周年大会上的讲话精神”为主题的区政协常委暑期读书会举行。区政协主席陆沧波主持会议并讲话。

6日，区委书记庄继艳，区委副书记、区长侯富光分别到城区和农村督查全国文明城市常态化管理工作。

是日，定海区采用学校统一组织的方式，全面开展12～17周岁人群新冠病毒疫苗第二剂次集中接种工作。

12日，定海区举行防御第14号台风“灿都”工作会议，视频连线各镇、街道，了解各地防汛防台落实情况，对防御台风“灿都”工作进行再部署、再落实。市人大常委会副主任方敏出席会议，区委书记庄继艳主持，区委副书记、区长侯富光传达全省、全市防御第14号台风“灿都”工作会议精神。

14日，市委常委、常务副市长许小月赴定海基层一线检查指导防台工作，督促各地落实落细各项防台及排涝举措。区委副书记、区长侯富光陪同检查。

16日，全区区、镇两级人大换届选举工作会议举行。区人大常委会主任林剑彪出席会议并讲话。

20日，昌国街道北园社区彤立方老兵服务班授旗成立，系定海首支全部由退役军人组成的基层志愿服务队伍。

23日，党史学习教育省委第二巡回指导组到定海开展督导，推动党史学习教育落地见效。党史学习教育省委第二巡回指导组副组长薛淦江参加。区委书记、区党史学习教育领导小组组长庄继艳，区委常委、组织部部长、区党史学习教育领导小组副组长江舟陪同。

24日，“定海净零碳目标下的乡村振兴”项目启动会举行。区委书记庄继艳出席会议并讲话。联合国人居署亚太办高级人居官员布鲁诺·德肯通过视频连线出席并点评定海净零碳乡村发展，联合国人居署中国项目主任张振山作总结发言。

25日，定海中心片区排涝提升工程（五山生态旅游带建设项目）新河泵站标段顶管工程开顶。

26日，全区数字化改革工作例会举行，会议通报全区各单位数字化改革进展情况，部署下阶段工作。

28日，定海区首批26.45兆瓦分布式光伏项目开工，计划于年底完成相关安装调试和并网发电工作，届时将辐射定海工业园区、岑港、马岙等多地，将进一步推进定海能源基础设施建设，助力实现“双碳”目标。

10月

1日，东海云廊东山段绿道建成开放。该段全长4公里、宽约4米，有椅子岗、海城雅苑小区东侧、东山公园和畚金4个出入口，与城市公园绿道相连，形成系统的绿道网，使广大市民在家门口感受到大自然的气息。

8日，定海中心片区排涝提升工程（五山生态旅游带建设项目）建设领导小组举行会议，复盘东海云廊东山段开放工作，部署下阶段重点任务。区委副书记、区长侯富光出席会议，强调要把这项民生工程做实做好，使之成为展示定海城市品质提升的重要窗口。

是日，位于东山路289号的定海区行政服务中心新址正式启用。新启用的区行政服务中心总面积7500平方米，一至二楼集中为群众个人办事提供服务，进驻新址统一办公的部门36个、窗口107个，涉及办理事项2500余个。

10日，2021年定海区网络安全宣传周“微讲坛”活动在区新时代文明实践中心定海公园展陈馆举行。宣传周活动以“网络安全为人民，网络安全靠人民”为主题，持续到10月17日，通过策划“云直播”“微讲坛”“视频展”“竞答赛”等系列活动，掀起全区网络安全宣传热潮。

12日，定海区70周岁及以上老人免费接种流感疫苗民生实事项目在区中心医院正式启动，计划于本月完成全区70周岁及以上老人免费接种流感疫苗工作，计划免费接种7000余人次。

15日，定海新冠病毒疫苗加强免疫（加强针）接种工作正式开启，完成2剂次新冠病毒灭活疫苗或1剂次腺病毒载体新冠疫苗接种后满6个月，且年满18周岁的市民可以进行加强针接种。

19日，区委书记庄继艳到岑港街道综合文化站、定海海洋文创园和区文化馆调研文化工作，强调要坚持以习近平新时代中国特色社会主义思想为指导，贯彻落实省委决策部署，加快打造新时代文化高地。

21日，市委常委、市政府党组成员姜建明到定海调研定海中心片区排涝提升工程建设情况。区委副书记、区长侯富光陪同。

24日，2021“神行定海山”·约定海那边徒步系列活动第一站在东海云廊东山段举行，400余名户外运动爱好者参赛。

25日，定海区2021年度居住证量化公租房申请受理工作启动，首次采取线上、线下两种申办方式，符合条件的新居民，可在规定时间内提出申请，截止时间为11月12日。

27日，“2021年浙川东西部消费协作——宣汉县农特产品展销”活动在百悦生活广场启幕，活动以“山海达舟·宣品天下”为主题，旨在通过现场展示展销的模式，宣传推介宣汉县优质农特产品，增进交流合作，推动两地消费协作。

29日，定海区农渔村文化礼堂管理员培训会举行，来自全区各镇、街道的80余名文化礼堂管理员参加。

30日，定海区3～11周岁人群新冠病毒疫苗接种工作在盐仓街道社区卫生服务中心启动，并按照计划于11月20日前完成第一剂次接种，12月20日前完成第二剂次接种。

11月

1日，区委副书记、区长侯富光到核酸检测点、酒店，检查疫情防控工作，强调各地各单位要本着对人民群众生命健康高度负责的精神，消除侥幸心理、克服麻痹意识，全面紧起来、严起来、实起来，抓紧抓实抓细各项疫情防控工作。

4日，浙报集团融媒共享联盟（舟融体）定海微融站授牌仪式举行。浙报集团舟山群岛新区分社授予区委组织部、区经信局、城东街道等17个部门、镇（街道）和村为首批浙报集团融媒共享联盟（舟融体）定海微融站。

8—9日，区委书记庄继艳到干䃎镇西码头村和白泉镇皋泄村，调研基层党建工作。强调要深入学习贯彻习近平总书记关于基层党建重要论述精神，深入贯彻新时代党的建设总要求和党的组织路线，以高质量基层党建引领共同富裕新征程，为奋力打造高质量发展建设共同富裕示范区港城范例提供保证。

12日，全区基层党建工作推进会举行。区委书记庄继艳发表讲话，区委副书记、区长侯富光主持会议。区领导林剑彪、陆沧波、邵辉等出席会议。会议以视频会议形式举行，各镇（街道）设分会场。庄继艳、侯富光为浙江省兴村（治社）名师工作室授牌，来自各个领域的7名基层党组织负责人作交流发言。

15日，区委副书记、区长侯富光深入渔村渔港，督查渔业安全生产工作，强调要贯彻落实中央和省、市部署要求，坚持人民至上、生命至上，守牢渔业生产安全底线，保障人民群众生命财产安全。

19日，区委召开全区领导干部会议，传达学习中共十九届六中全会精神，推动全区上下持续兴起学习宣传贯彻全会精神的热潮。区委书记庄继艳主持会议并讲话。区委副书记、区长侯富光传达全会精神及决议等有关文件精神。区人大常委会主任林剑彪、区政协主席陆沧波、区委副书记邵辉等出席会议。

22日，总投资6800万元的“涵园”项目开工建设。该项目选址于擂鼓山标段，占地面积5454平方米，总建筑面积约8160平方米，包括建设涵园阁和涵园馆，并配套建设4000余平方米的地下停车场，是集艺术性、观赏性、历史性、休闲性、趣味性于一体的人文景观。

24日，舟山定海广华医院与北京积水潭医院通过5G技术连接，完成一场骨科远程手术，定海区“5G+”应用场景延伸至医疗领域。

25日，区委学习贯彻党的十九届六中全会精神“六讲六做”大宣讲活动动员部署会举行。区委书记侯富光强调要深入学习贯彻党的十九届六中全会精神，按照省委、市委、区委总体部署，精心组织“六讲六做”大宣讲。区委副书记、代区长孙丹燕主持会议，区人大常委会主任林剑彪、区政协主席陆沧波、区委副书记邵辉等出席会议。

26日，区委“学习贯彻党的十九届六中全会精神”专题学习会举行。区委书记侯富光主持会议。区委副书记、代区长孙丹燕，区人大常委会主任林剑彪、区政协主席陆沧波和区委理论学习中心组其他成员出席会议。

27日，位于盐仓街道的定海宝龙天地商业中心开业。该商业中心将通过多元的业态组合及丰富的建筑空间，实现消费者与商业空间的完美衔接，引领西部辖区商业新形态。

29日，区工商业联合会（总商会）举行第五次代表大会，选举了新一届区工商联执行委员会常委、主席（会长）、副主席、副会长。林剑彪、陆沧波、邵辉、林世军、刘世君等区领导出席会议。

31日，昌国街道文慧社区支部委员会、文慧社区居民委员会及文慧社区居务监督委员会揭牌成立。

12月

1日，定海区举行专题民主协商会，向各民主党派、工商联、无党派人士介绍全区数字化改革工作相关情况，并向他们征求关于数字化改革工作的意见建议。

2日，定海交警大队于第10个“全国交通安全日”聚焦影响安全文明出行的突出问题，开展集中宣传教育活动，提升交通安全文明意识。

4日，定海区2021年度退役士兵返乡返校欢迎仪式暨退役士兵适应性培训会举行，助推定海经济社会稳定发展和营造全区拥军、尊军、崇军的良好社会氛围。

6日，区委副书记、代区长孙丹燕主持召开新冠肺炎疫情防控工作部署会议，强调要不折不扣按照省、市部署要求，提高政治站位，迅速落实行动，做好重点人群排查，更加精准、有效地做好疫情防控各项工作。

8日，中华慈善总会、新奥集团考察组一行到定考察交流和对接项目。区领导邵辉、何徐华、夏泉陪同考察。

10日，定海古城微改造启动仪式暨历史文化与古城保护利用专家咨询委员会成立大会举行。区委书记、定海古城保护与活化利用领导小组组长侯富光出席会议并讲话。区委副书记、代区长、定海古城保护与活化利用领导小组组长孙丹燕，区人大常委会主任林剑彪，区政协主席陆沧波出席会议。区委常委、区政府党组成员、定海古城保护与活化利用领导小组副组长丁伟民主持会议。

13日，区委书记、区新冠肺炎疫情防控工作领导小组第一组长侯富光，区委副书记、代区长、区新冠肺炎疫情防控工作领导小组组长孙丹燕分别暗访督查和部署疫情防控工作。区委副书记、政法委书记邵辉等参加。

是日，定海区、镇两级人大代表换届选举正式开始，选举产生区人大代表220名，镇人大代表212名。

16日，区委副书记、代区长孙丹燕到定海工业园区调研，强调要进一步理清发展思路，加大招商引资力度，把重大项目建设作为强大引擎，着力优化发展环境，促进产业转型升级，推动海洋经济提质增效，发挥主战场、主阵地作用，推动定海经济高质量发展。

19日，区委书记侯富光调研城市主干道路改造提升工作，强调要坚持以人民为中心的发展思想，坚持规划引领、统筹推进，做精做细做优城市主干道路改造提升方案，拓展优化城市空间布局，持续提升城市品质和群众幸福感。

20日，定海举行区新冠肺炎疫情防控工作领导小组会议。区委书记、区新冠肺炎疫情防控工作领导小组第一组长侯富光强调，要深入学习贯彻习近平总书记关于疫情防控的重要讲话和重要指示精神，全面落实孙春兰副总理在绍兴调研指导疫情防控的各项要求和省、市相关会议精神，加大疫情防控力度，确保各项疫情防控措施落实到位，守护定海平安。区委副书记、代区长、区新冠肺炎疫情防控工作领导小组组长孙丹燕，区委副书记、政法委书记邵辉出席会议。

22日，区委十三届十六次全体（扩大）会议举行，决定区第十四次党代会召开时间。区委书记侯富光讲话，区委副书记孙丹燕、邵辉出席会议。

28日，位于舟山国家远洋渔业基地的市重点项目中国农发明珠工业园开园，标志着该基地向现代化水产品精深加工领域新发展迈出关键一步。

29日，中国共产党舟山市定海区第十四届委员会举行第一次全体会议。会议以无记名投票方式，选举产生中共舟山市定海区第十四届委员会常务委员会委员，选举产生书记、副书记。侯富光当选为书记，孙丹燕、毛铁年、邵辉当选副书记，并通过中国共产党舟山市定海区第十四届纪律检查委员会第一次全体会议选举结果的报告。

（撰稿：周丽坤）

责任编辑：王英伟

区情综述

历史沿革

定海历史悠久，早在四五万年前，就有哺乳类动物和人类在此共同生息繁衍。1999—2003年，在金塘海域打捞出水的各类晚更新世古哺乳动物骨骼化石1吨，其中有古菱齿象牙齿、德氏水牛上颌骨、四不像鹿左角等，还有人工痕迹木棒化石，经中科院古脊椎动物与古人类研究所鉴定确定，分别是2.5万年前的和4万~5万年前定海古人类活动的可靠物证。在20世纪70年代，定海白泉十字路、马岙三星社区等地考古发现大量新石器时代的陶器、石器。

春秋时属越，称“甬东”。秦王政二十五年（前222），置会稽郡，“甬东”为会稽郡鄮县东境。两汉、三国吴及晋、宋、齐梁、陈因之。隋开皇九年（589）废会稽郡，并鄞、鄮、余姚三县为句章县，“甬东”随鄮县并入句章县。唐武德四年（621）以句章、鄞、鄮地置鄞州，“甬东”归鄞州。八年（625），又废鄞州置鄮县，“甬东”属之。

唐开元二十六年（738），江南东道采访使齐浣奏请，析越州鄮县地，置鄮、慈溪、奉化、翁山（今定海）4县。古甬东境始为翁山县，下辖富都、安期、蓬莱3乡。鄮县县令王叔通兼翁山县首任县令。宝应元年（762）翁山设富都监，隶朝庭盐铁使。宝应元年（762）袁晁率众起义，据翁山。大历六年（771），翁山县废，属鄮县。五代开平三年（909），原翁山属吴越国明州望海军鄞县。

北宋太平兴国三年（978），翁山入浙东道明州。端拱二年（989）置巡检司。熙宁六年（1073）七月，应原鄞县令王安石奏请，析鄞之富都、安期、蓬莱3乡建昌国县。隶浙东道明州。元至元十五年（1278），因“海道险要”和“户口倍万”，升县为州，隶庆元路。明洪武二年（1369），昌国州复为县，隶明州府。十二年（1379），置昌国守御千户所。十四年（1381），改明州府为宁波府，昌国随属之。二十年（1387）六月，废昌国县，徙昌国卫于象山县南天门山。此后，始称昌国境为舟山，在舟山置中中、中左两千户所，隶昌国卫，二十五年改隶定海卫（今镇海）。

清康熙二十三年（1684），朝廷颁“展海令”，开海禁，舟山展复，被驱迁的原住民及外地移民陆续上岛垦荒，重建家园。移定海镇总兵于舟山。二十六年（1687）五月，康熙帝以“山名为舟，则动而不静”诏改舟山为定海山，并题“定海山”匾额。二十七年（1688），建定海县，原定海县改为镇海县。

道光二十年（1840），鸦片战争爆发，定海陷落。二十一年二月，释放安突德等18名战俘，英军撤离定海。是年，升定海县为直隶厅。定海镇总兵葛云飞、寿春镇总兵王锡朋、处州镇总兵郑国鸿率兵进驻定海，重建定海防务。是年四月，升定海县为直隶厅，隶宁绍台道。八月，英军再犯定海，三总兵率军激战六昼夜，壮烈牺牲，城陷。道光二十六年（1846）三月，《英军退还舟山条约》签订，六月，英军撤出定海。宣统三年（1911）八月，辛亥革命爆发。九月，浙江宣布独立，是月二十一日，定海光复，改直隶厅为县。

1949年7月，中共定海县委、定海县人民政府在宁波庄桥成立。1950年5月17日，定海解放，县委、县政府迁至定海城关。1953年3月16日，舟山专员公署成立。6月，原定海县析为定海、普陀、岱山3县（从江苏划入嵊泗县）。新设定海县辖城关镇及盘峙、金塘、小沙、盐仓、白泉、干礅、临城7区，78乡，基本确立现定海区境域。1967年3月，舟山专区改为舟山地区，县随属。1987年1月，撤销舟山地区，建立舟山市，辖定海、普陀两区和岱山、嵊泗两县。3月14日，中共定海区委、区人民政府成立。

1987年3月，定海区设金塘直辖区（包括沥港镇、大丰乡、柳行乡、山潭乡，1989年撤销，所辖乡镇由定海区直辖），城关镇（1988年10月撤销，设昌国、解放、环南3个街道）、白泉镇、临城镇、岑港镇等4个直辖镇，小沙、长白、大沙、烟墩、马目、册子、石礁、盐仓、紫微、洞岙、荷花、长峙、皋泄、北蝉、干礅、马岙、洋岙、盘峙、大猫19个直辖乡。

2001年7月，乡镇街道行政区划调整，全区设白泉、小沙、岑港、双桥、金塘、干礅、马岙、7个镇，北蝉、册子、长白3个乡，昌国、解放、环南、城东、盐仓、临城6个街道。2004年9月，临城街道由区政府委托舟山市新城管委会管理；2008年5月金塘镇建立舟山市金塘开发建设管理委员会，由市人民政府授权，在所辖区域内行使相关的市级经济管理权限和县级社会行政管理职能。

2017年8月，经舟山市人民政府批准同意，由舟山群岛新区新城管理委员会代为管理的临城街道，一分为二，分为两个街道。“以千岛路西侧—329国道南侧—临长路、尖峰岗隧道西侧”为界，界线以东区域命名为千岛街道，街道办事处驻海天大道1555号，以西区域设置为新的临城街道，街道办事处驻海景道528号。

截至2021年年末，全区下辖昌国、环南、城东、临城、千岛、盐仓、小沙、岑港、马岙、双桥10个街道（其中临城街道和千岛街道委托舟山市新城管理委员会管理），金塘、白泉、干礅3个镇，并设有小沙街道长白管理处、岑港街道册子管理处、白泉镇北蝉管理处，分别为小沙街道、岑港街道、白泉镇派出机构。是年，全区有城市社区45个，有行政村79个。

（撰稿：王英伟）

地理概况

定海位于舟山群岛西南部，处于北纬29°55′～30°15′，东经121°38′～122°15′。东与舟山市普陀区接壤，西与杭州湾海域相连，南与宁波市北仑区隔海相望，北与岱山县为邻。处中国沿海南北航线与长江水道交汇点，是长三角地区对外开放的海上门户和江海联运重要枢纽，中国南北海运和远东国际航线的主通道之一。

境域总面积1444平方千米，其中陆域面积531.06平方千米，滩涂面积37.74平方千米，海域面积875.20平方千米。有大小岛屿140.5个，其中有居民岛38.5个，无居民岛102个。有海礁120个，其中明礁12个、干出礁61个，暗礁47个。海岸线总长428.07千米，其中水深10米以上深水岸线68.70千米、水深20米以上深水岸线43.10千米。

区境大地构造处华夏古陆北东端，在浙东华夏褶皱象山嵊泗构造隆起带，属华南地层区，地质构造复杂。出露地层以中生界侏罗系上统为主，主要是火山喷出岩，属陆相酸性火山沉积岩构造。境内岛屿呈西南—东北排列。丘陵面积356平方千米，占陆地面积65%，由低山、高丘向低丘、平原延伸，呈环形分布。

介于舟山岛与金塘岛之间有横水洋，距城区西北42千米有灰鳖洋，北面长白岛与岱山县之间有大猫洋，南面大猫、摘箬诸岛与宁波穿山之间有崎头洋。金塘岛与穿山半岛间的金塘水道是定海通往宁波必经航道。册子岛与金塘岛之间的西堠门则是上海、沥港船舶往来常用通道。定海港东侧十六门，是定海通往沈家门必经航道。此外，小盘峙与小岠山之间的火烧门、大盘峙岛与西蟹峙岛之间的蟹峙门都是南来北往船舶进出定海港之必经航道。主要港口有定海港、老塘山港、岑港、西码头港、沥港、岙山港、三江港和册子港。

（撰稿：王英伟）

资源特产

海岸线总长428.07千米，辖区拥有约912平方千米的可开发海域面积，其中水深10米以上深水岸线68.70千米，水深20米以上深水岸线43.10千米。港口岸线资源丰富，拥有岛屿岸线达428千米，其中海域内10米以上深水岸线达68.7千米，可供15万吨级货轮自由进出，20万吨级候潮通过，能满足国际上第四代、第五代集装箱船的通航靠泊要求。四周群岛环抱，境内水深域广，港湾众多，航道纵横，是中国南北海运和远东国际航线的黄金水道，是中国内陆与世界主要港口通航最便捷的起航点之一。绵长的海岸线、广阔的滩涂地、众多的航门水道和丰富的生物、能源、医药、旅游等资源，是发展海洋经济的天然资源。

生物资源十分丰富。有常见鱼类80种，小型虾类17种，贝类134种及其他海藻类、哺乳类海洋生物。野生动物中有兽类13种，两栖类8种，爬行类25种，鸟类164种；淡水水生动物126种。野生植物类型复杂，种类繁多。有山地植物12群系，果树近200种，花卉59科152种。古树名木中500年以上国家一级古树1株，300年以上国家二级古树7株，100年以上国家三级古树187株；有世界濒危物种1种（黑脸琵鹭）；世界受胁物种1种（黄嘴白鹭）；国家二级保护动物3种（黑脸琵鹭、黄嘴白鹭和角䴙䴘），国家二级保护鸟类8种：鹗、红隼、小隼、赤腹鹰、雀鹰、松雀鹰、白尾鹞和普通鵟（白额鵟）等。

舟山海鲜、浙东白鹅、晚稻杨梅、金塘李子、皋泄香柚等名优特产远近闻名。富有海岛特色的舟山锣鼓、跳蚤舞、布袋木偶戏等非物质文化遗产更是享誉中外。

（撰稿：王英伟）

气候　气象

2021年，定海区全年平均气温比常年偏高，降水量明显偏多，日照时数接近常年；而降水日数偏多，大风、雾日数和霾日出现偏少。是年，灾害重，年景差。年平均气温18.0℃，连续第十年高于常年。全年气候呈现春、秋、冬季较暖，夏季不热景象。空气质量持续第五年向好。年降水量2082.7毫米（再次超过2000毫米），为历年之次多；降水主要出现在5～10月，为梅雨和台风降水，6个月降水占全年的80%。1月份降水量最少，为5.8毫米；7月份降水量最多，为635.3毫米，为历年同期之最多，相比常年偏多416%。台风影响严重，年内有4个台风（202106号台风“烟花”、202109号台风“卢碧”、202114号台风“灿都”、202118号台风“圆规”）影响定海，有2个台风正面袭击，其中“烟花”登陆舟山。

气温　年平均气温为18.0℃，相比常年偏高1.3℃，与上年持平。

2021年，全区平均气温与历史最高持平，也是连续第十年平均气温高于常年。只有11月份比常年分别偏低0.3℃，其他月份都偏高。1月、7月、8月、12月气温相比常年偏高1.0℃；2月平均气温为10.5℃，较常年偏高幅度最大为3.7℃，值得一提的是，月平均温度比常年偏高幅度达到或超过常年2.0℃的月份为2月、3月、9月，而4月、5月达到1.7℃，10月也达到1.6℃，2月，全区平均气温10.5℃首次突破10.0℃，月平均气温之高为历年同期之最。

2月20日入春，比常年提前23天；5月31日入夏，比常年提早12天；10月16日入秋，比常年延迟14天；2020年12月12日入冬，比常年延迟3天。

年极端最高气温34.2℃，出现在7月30日。

年极端最低气温-5.5℃，出现在1月8日。

年35℃及以上高温0天。

降水　年降水量为2082.7毫米，比常年偏多47%，同比上年偏多47%。

雨日　年降水日数155天，比常年偏多6天，比上年偏多2天。

日照　年日照时数1850.0小时，比常年偏少1.8%，比上年增多9.1%。

2021年定海区主要天气日数

表1　　单位：天

天气	降水（≥0.1毫米）	大风	雾	霾
2021年	155	12	7	1
常年	149	17	17	24

注：常年为1981—2010年平均值

（撰稿：阙成蛟）

人口状况

【常住人口数据】　2021年，全区总户数160382户，总人口402171人，其中男性197400人，女性204771人，男女性别比为96.40（女性=100）。比2020年增加1203人，年增长率为3.00‰。全区省内迁入1992人，省外迁入2296人，迁往省内1916人，迁往省外1066人。全区出生登记1897人，死亡注销2988人，人口自然负增长1091人。全区人口按年龄段分布，18岁以下58469人、18～35岁（含18岁不含35岁，下同）63037人、35～60岁169894人、60岁以上110771人，分别占总人口的14.54%、15.67%、42.24%和27.54%。总人口中，城东街道51142人，环南街道32888人，昌国街道54070人，临城街道55055人，千岛街道42075人，盐仓街道19187人，小沙街道18966人，岑港街道17392人，马岙街道9240人，双桥街道17588人，金塘镇39004人，白泉镇36005人，干๎镇9559人。

【流动人口数据】　截至2021年12月31日，全区有流动人口128105人（数据不包括新城），其中，男性79337人，女性48765人。流动人口同比下降6.6%，计9072人。

（撰稿：钱舟海）

经济和社会发展

【概况】　2021年，定海区坚持以习近平新时代中国特色社会主义思想为指导，贯彻中共十九大和十九届历次全会精神，贯彻习近平总书记考察浙江重要讲话精神和重要指示批示精神，统筹疫情防控和经济社会发展，忠实践行“八八战略”、奋力打造“重要窗口”实推进高质量发展建设共同富裕示范区，全区经济持续稳定恢复，主要经济指标保持在合理区间，呈现稳中有进、稳中向好的态势。

2021年，全区实现地区生产总值605.32亿元，按可比价格计算，同比增长6.0%。其中，第一产业增加值13.84亿元，同比增长9.6%；第二产业增加值216.77亿元，同比增长10.1%；第三产业增加值374.72亿元，同比增长3.7%。三次产业比例为2.3∶35.8∶61.9。按户籍人口计算，人均地区生产总值150739元，同比增长5.6%。

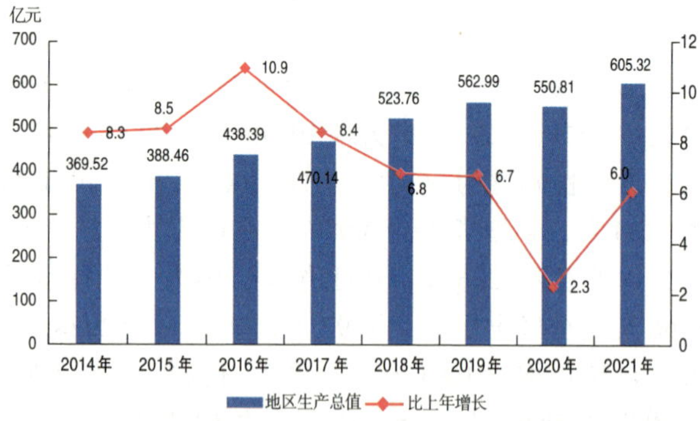

图1：2014—2021年地区生产总值及其增长速度示意图

全年，全区实现海洋经济增加值344.98亿元，同比增长6.7%，占GDP的比重为57.0%。

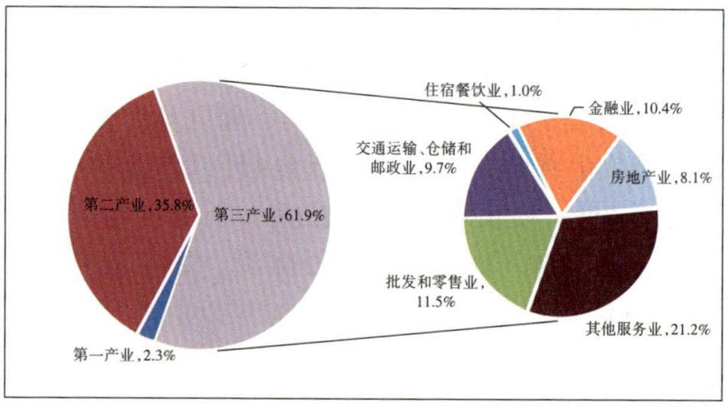

图2：2021年各行业增加值占GDP比重示意图

全年，全区实现财政总收56.35亿元，同比增长7.1%，实现一般公共预算收入33.82亿元，同比增长5.6%。在一般公共预算收入中，增值税10.23亿元，同比下降0.9%；企业所得税3.50亿元，同比增长12.3%；个人所得税1.05亿元，同比下降9.2%。一般公共预算支出43.83亿元，同比增长0.7%，其中，一般公共服务支出4.49亿元，同比增长3.6%；教育支出6.42亿元，同比增长1.4%；社会保障和就业支出4.07亿元，同比增长19.9%；医疗卫生和计划生育支出2.87亿元，同比增长6.3%；农林水支出8.79亿元，同比增长0.4%。

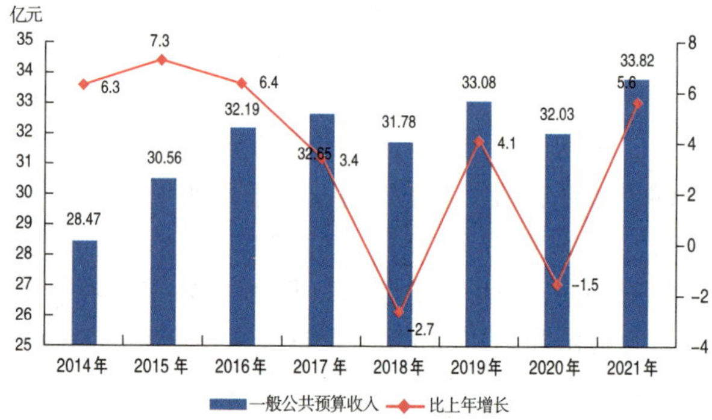

图3：2014—2021年一般公共预算收入及其增长速度示意图

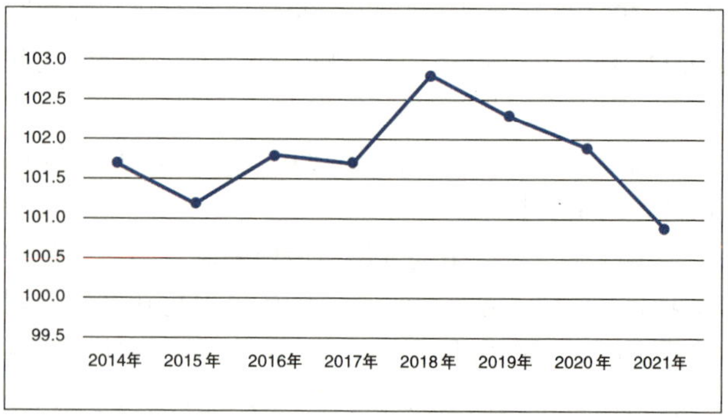

图4：2014—2021年居民消费价格指数（以上年为100）示意图

全年，居民消费价格（CPI）比上年上涨0.9%，其中食品烟酒类价格上涨0.5%。商品零售价格上涨1.4%。

2021年分大类居民消费价格比上年涨跌幅度

表2

类　别	比上年±%
居民消费价格	0.9
一、食品烟酒	0.5
二、衣着	0.4
三、居住	0.9
四、生活用品及服务	0.9
五、交通和通信	2.9
六、教育文化和娱乐	1.6
七、医疗保健	-0.3
八、其他用品和服务	-3.1

全年，城镇新增就业25132人，城镇登记失业率1.55%。

至12月末，全区在册市场主体35635户，同比增长4.66%，其中，在册企业9588家，增长4.27%；在册个体工商户25873户，增长4.94%。是年，全区新登记市场主体4324户，其中，新登记企业916户，新登记个体工商户3408户。

【农业和农村】 是年，全区农林牧渔业总产值23.68亿元，同比增长11.6%。其中，渔业总产值14.75亿元，同比下降0.2%；农业总产值4.86亿元，同比下降2.7%；畜牧业总产值3.52亿元，同比增长93.4%；林业总产值0.14亿元，同比增长2.2倍。

全年，粮食作物播种面积3096公顷，同比下降1.4%，粮食产量1.82万吨，同比下降1.3%；蔬菜播种面积3449公顷，同比增长2.1%，蔬菜产量6.6万吨，同比下降2.5%。全区果园面积2728公顷，同比下降22.9%，全年实现园林水果产量2.61万吨，同比增长20.8%；茶园面积150公顷，同比增长19.0%，全年实现茶叶产量8.1吨，同比增长1.3%。

至年末，生猪存栏5.08万头，同比增长5.6%；全年生猪出栏7.89万头，同比增长1.3倍。家禽存栏11.24万只，同比下降34.6%；家禽出栏29.59万只，同比下降13.5%。肉类总产量0.72万吨，同比增长1.0倍，其中，猪肉产量0.64万吨，同比增长1.3倍。全年鸡鸭鹅蛋产量336吨，同比下降46.7%。

全年，水产品总产量19.87万吨，同比增长3.7%。其中，近海捕捞产量2.55万吨，同比下降2.2%，远洋捕捞产量16.96万吨，同比增长4.7%。全区海水养殖面积343公顷，与上年持平，海水养殖产量3455吨，同比增长3.1%；淡水养殖面积22公顷，与上年持平，淡水养殖产量130吨，同比下降0.8%。

至年末，全区有机动渔船389艘，比上年减少95艘，其中，生产渔船349艘，减少87艘；辅助渔船40艘，减少1艘。渔船总吨位16.49万吨，减少3.06万吨。渔船总功率25.41万千瓦，减少5.24万千瓦，其中，生产渔船22.08万千瓦，减少5.14万千瓦。

高标准建设现代农业园区和粮食生产功能区，农业“双强”行动强势开局。开展蔬菜基地建设，保障蔬菜生产；全面保障粮食生产安全，对永农上的抛荒地“应整尽整”，扩大粮食生产面积。深化“肥药两制”改革，强化“三品一标”建设，新认证绿色食品5个。

新时代美丽乡村建设全面推进。持续深化“千万工程”，基本实现农村无害化卫生厕所全覆盖，生活垃圾分类处理行政村覆盖率100%。成功创建省级新时代美丽乡村示范县，举行浙江定海美丽乡村周活动，干䃎镇成为新时代美丽城镇建设省级样板，马岙村入选全国乡村旅游重点村、省生态文化基地，打造册子美丽小岛、千年稻香美丽风景带。统筹推进路、水、电、网、气、能等基础设施城乡互联互通、共建共享。具备条件200人以上自然村公路通达率100%；饮用水达标人口覆盖率达到100%；行政村4G和光纤全覆盖，重点乡镇5G全覆盖。

【工业和建筑业】 是年，全区156家规模以上工业企业实现产值482.23亿元，同比增长22.5%。其中，重工业产值367.91亿元，同比增长19.4%；轻工业产值114.33亿元，同比下降33.4%。年末，有工业产值上亿企业62家，产值同比增长26.7%，占规模以上工业产值的比重91.9%。全区规模以上工业增加值同比增长9.5%。工业新产品产值76.49亿元，新产品产值率15.9%。战略性新兴产业、高新技术产业和装备制造业产值分别增长22.9%、2.9%和0.5%，占规模以上工业产值的比重分别为3.8%、25.2%和29.1%。

全年，规模以上工业企业资产总计641.76亿元，同比增长6.3%；实现营业收入466.39亿元，同比增长18.1%；实现利税总额37.21亿元，同比增长78.9%，其中，利润总额22.54亿元，同比增长80.3%。

全年，规模以上工业企业综合能源消耗量84.49万吨标准煤（等价值），同比下降6.7%，单位工业增加值能耗同比下降14.8%。全区工业用电量11.72亿千瓦时，同比下降14.0%。

年末，区本级具有资质等级的总承包和专业承包建筑业企业94家，实现建筑业总产值120.21亿元，同比增长12.7%。

【固定资产投资和房地产开发】 是年，区本级固定资产投资同比下降11.8%。其中建安工程投资增长11.7%。从产业看，第二产业投资增长70.4%，第三产业投资下降24.9%。分领域看，工业投资增长69.4%；城市更新、生态环保和公共设施投资增长18.5%；民间项目投资增长30.6%；交通投资下降40.8%；高新技术产业投资下降12.7%。

全年，全区房地产开发投资下降7.5%，其中区本级下降27.9%。年内房地产开发施工面积581.89万平方米，同比增长9.7%；房地产开发竣工面积35.35万平方米，同比增长19.5%。年内商品房销售面积57.17万平方米，同比下降23.3%，其中住宅销售面积51.99万平方米，同比下降25.8%。

【国内贸易】 是年，全区全社会消费品零售总额239.27亿元，同比增长8.1%，其中限额以上消费品零售额同比增长13.9%。按经营地统计，城镇、农村地区社会消费品零售分别同比增长10.9%、4.5%。全年批发业商品销售额增长7.1%；零售业商品销售额增长11.8%；住宿业营业额增长4.2%；餐饮业营业额增长8.2%。

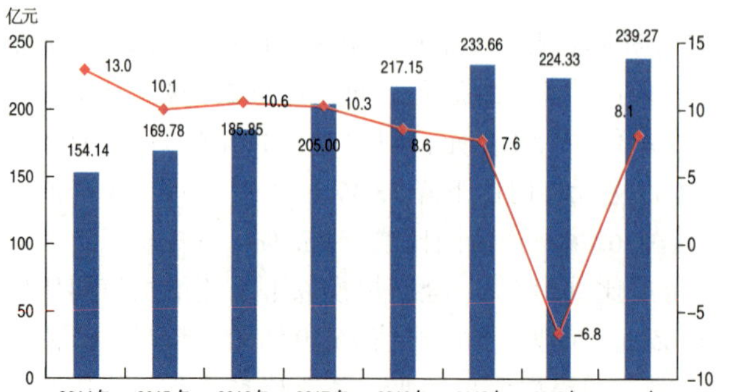

图5：2014—2021年社会消费品零售总额及其增长速度示意图

在限额以上批发零售业零售额中，随着油价的不断上涨和居民出行意愿增强，石油及制品类零售额全年保持较快增长，增速40.5%；限上汽车类零售额同比增长16.1%，占限额以上社会消费品零售总额的32.0%，其中新能源汽车消费成为新热点，全年增长6.5倍；限额以上单位粮油、食品类、烟酒类、服装类同比分别增长11.0%、16.6%和5.0%；限额以上通信器材、金银珠宝、可穿戴智能设备类等消费升级类商品分别增长42.8%、37.6%和25.4%。

【涉外经济】 是年，全区完成外贸进出口总额1224.27亿元，同比增长65.5%。其中，进口总额1000.30亿元，同比增长56.4%；出口总额223.97亿元，同比增长1.2倍。从出口产品分品种看，油品实现出口额139.02亿元，同比增长7.6倍；机电产品实现出口额60.84亿元，同比增长4.6%，其中船舶实现出口额47.34亿元，同比增长15.5%；水产品实现出口额20.11亿元，同比下降13.3%；纺织品实现出口额1.46亿元，同比增长61.6%。分出口国别（地区）看，对日本的出口额11.49亿元，同比增长42.6%；对欧盟的出口额9.79亿元，同比下降27.7%；对新加坡的出口额68.66亿元，同比增长5.5倍；对韩国的出口额6.66亿元，同比增长86.4%。全年实际利用外资金额0.93亿美元。

【交通运输、邮电和旅游业】 至年末，全区海上货物运输船舶551艘，海运总运力297.88万载重吨，其中，万吨级以上船舶86艘，比上年增加7艘，运力185.66万载重吨，比上年增加23.48万载重吨。年末全区集装箱运输车辆数1033辆，总运力3.15万吨。

全年定海港域港口货物吞吐量1.99亿吨，同比增长8.8%。从主要品种看，石油及天然气吞吐量9402.56万吨，同比增长0.8%；矿建材料4676.68万吨，同比增长15.7%；金属矿石吞吐量1111.93万吨，同比增长19.3%；粮油类吞吐量1538.76万吨，同比增长76.2%；煤炭及制品吞吐量711.81万吨，同比增长87.5%。全年集装箱吞吐量138.80万标箱，同比下降2.6%。

图6：2014—2021年港口货物吞吐量及其增长速度示意图

年末全区固定电话用户10.71万户，比上年末下降4.7%。移动电话用户95.85万户，下降7.9%。宽带网用户28.14万户，增长4.4%。年末全区有线电视用户数10.70万户，有线电视入户率66.7%。

是年，全区接待国内外游客176.97万人次，实现旅游总收入23.19亿元。至年末，全区有星级宾馆（饭店）4家，客房总数328间，床位数581张，星级宾馆入住率45.25%，比上年提高8.9%。旅行社39家，其中国际旅行社3家，AAAA级景区1个，AAA级旅游景区6个，AA级旅游景区6个，A级旅游景区2个。

【金融和保险业】 是年，全区实现金融业增加值63.18亿元，同比增长7.1%，占GDP的比重达到10.4%。年末市级及定海金融机构本外币存款余额1750.05亿元，其中，金融机构人民币存款余额1700.63亿元，比年初增加174.14亿元，同比增长11.4%；年末市级及定海金融机构本外币贷款余额2256.59亿元，其中，金融机构人民币贷款余额2198.21亿元，比年初增加326.61亿元，同比增长17.5%。

全年，全区保险公司保费收入24.08亿元，同比下降10.9%。其中，财产保险费收入11.22亿元，同比增长1.8%；人身保险费收入12.87亿元，同比下降19.6%。保险公司赔款支出9.79亿元，同比增长10.0%；给付支出1.58亿元，同比增长16.4%。

【人民生活和社会保障】 是年，全区居民人均可支配收入65873元，同比增长8.6%。其中城镇常住居民人均可支配收入75481元，同比增长8.1%；农渔村常住居民人均可支配收入42911元，同比增长9.4%。城乡收入比为1.76∶1。

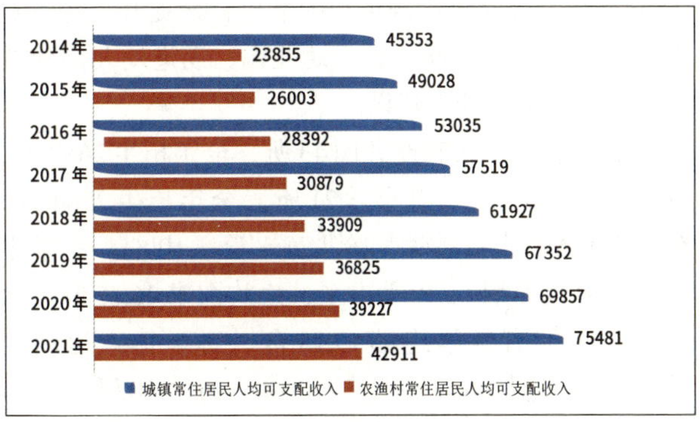

图7：2014—2021年城乡常住居民人均可支配收入示意图

全体居民人均生活消费支出37921元，同比增长15.4%，其中，城镇常住居民人均生活消费支出43179元，同比增长14.9%；农渔村常住居民人均生活消费支出25356元，同比增长16.1%。城镇居民恩格尔系数33.3%，农渔村居民恩格尔系数35.2%。年末，城镇居民人均住房面积45.0平方米，农渔村居民人均住房面积62.7平方米。

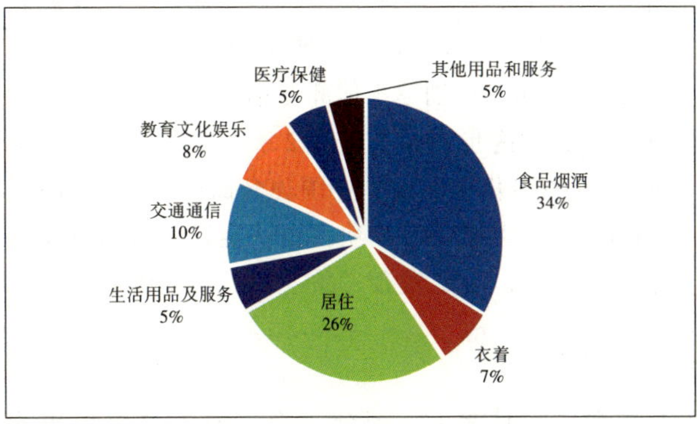

图8：2021年居民人均消费支出构成示意图

是年，新增就业25132人。登记失业率1.55%，基本养老保险期末参保人数31.85人，参保率95.46%，城乡居民基本医疗保险人数20.25人，参保率99.13%。至年末，全区有敬老院11所，社会福利院2所，总收养人数692人。城镇“三无”对象集中供养率66.7%，农渔村“五保”老人集中供养率92.5%。城乡居民得到政府最低生活保障人数2720人，其中农渔村低保对象2264人；城乡低保对象最低生活补助标准均为每人每月910元，比上年提高100元。

【教育和科学技术】 是年，全区义务教育“双减”和放学后托管服务落地落实，组建城乡义务教育共同体20对。完成农村小规模初中学校整合提升，博伊双语幼儿园、城关二幼、畚金幼儿园、沥港幼儿园建成投用，城北小学开工建设。

至年末，全区有幼儿园43所，全年招生2682人，在园幼儿8413人。有小学21所，全年招生2584人；在校生16646人；小学学龄儿童入学率100%。小学生均校舍建筑面积11.30平方米，生均图书46.82册，每百名学生拥有教学终端19.18台，小学体育运动场（馆）面积达标的学校比例100%。初中10所，招生2535人；在校生7828人。初中生均校舍建筑面积18.06平方米，生均图书53.83册，每百名学生拥有计算机27.66台，初中体育运动场（馆）面积达标的学校比例100%。

幼儿园教师1361人，其中专任教师716人。义务教育中小学教师2000人，其中专任教师1838人。全区小学毕业生升学率100%，初中毕业生升高中段率99.38%。

全年全区申报各类科技项目235项，立项154项，其中，省级119项，市级13项。全年新认定国家高新技术企业13家，认定省级科技型中小企业49家，成功创建工信部专精创建工信部专精特新“小巨人”企业3家，省“隐形冠军”企业2家。年末全区有各类注册商标6859件，其中，中国驰名商标9件。实施国家和省级科技攻关项目7项，新认定省装备制造业首台套产品2个，制定发布“品字标”浙江制造团体标准3项。

【卫生和文化体育】 是年，全区有医疗卫生机构（含村卫生室）305家，其中医院16家；卫生机构开放床位3602张。卫生技术人员（含村卫生室）5631人，其中，执业（助理）医师156人，注册护士2485人。全区有社区卫生服务中心（卫生院）7个，社区卫生服务站37个，村卫生室46个。全区免费婚检率80.86%，产前检查率98.34%，孕产妇住院分娩率100%，孕产妇死亡率0，5岁以下儿童死亡率2.93‰。

是年，全区有文化艺术表演团体13个，艺术表演场所7个，文化馆1个，文化站11个。开展送戏下乡150场，送电影1540场，送书33189册，举办“百姓课堂”文化公益培训458期。图书馆新馆工程建设及室内概念设计工作稳步推进，新建南洞欢喜城市书房，定海区图书馆获评全省首批“满意图书馆”。全年举办体育活动与赛事48次，参加活动人数4万人次。新建和更换全民健身路径40套，新增体育场地2.95万平方米。

【城市建设和新渔农村建设】 新一轮城市有机更新五年行动启动实施，城西未来社区加快建设，机场路、东门车站北侧区块完成征迁，原西门车站、竹山门等8个安置小区48.9万平方米建成交付，360幢老旧小区住宅改造完成，482幢开放式小区住宅实现准物业管理全覆盖。

开展古城“微改造”，东西大街历史文化街区改造启动实施。东海云廊东山段国庆亮相，成为市民游客打卡热点。完成沿港东路、环城南路等21条城市道路提升改造。打造精品示范街打造精品示范街2条、席地能坐示范区5个，城市智慧停车系统投入运营。

【能源、环境保护和公共安全】 是年，全区降水量2082.7毫米。全社会用电量27.57亿千瓦时，比上年下降1.0%。其中，工业用电11.72亿千瓦时，下降14.0%；城乡居民生活用电5.26亿千瓦时，增长8.9%。

全区县级以上城市集中式饮用水水源水质全部达标。全年$PM_{2.5}$平均浓度15微克/立方米，比上年减少3微克/立方米。日空气质量优良达标天数比例98.0%。区域环境噪声平均等效声级53.4分贝。

全年全区发生各类生产安全事故13起，各类生产安全事故死亡（失踪）9人；亿元GDP生产安全事故死亡人数0.015人。

（撰稿：徐 波）

责任编辑：王英伟

中共舟山市定海区委员会

区委领导

书　记：庄继艳（2016.12—2021.12）
　　　　侯富光（2021.12—）
副书记：孙丹燕（2021.12—）
　　　　邵　辉（2021.12—）
常　委：崔亚东
　　　　夏　泉
　　　　丁伟民
　　　　江　舟
　　　　刘世君
　　　　陈　涛
　　　　林技科
　　　　何　红

综　述

2021年，区委常委会带领全区上下高举习近平新时代中国特色社会主义思想伟大旗帜，紧扣省委关于忠实践行“八八战略”、打造“重要窗口”的战略部署，围绕打好“五大会战”、建设“四个舟山”工作主线，实现“十四五”开门红，交出迎接中国共产党成立100周年的高分答卷。是年，全区实现地区生产总值增长6.0%，城镇和农渔村常住居民人均可支配收入分别增长8.1%和9.4%。

【开展党史学习教育】　把党史学习教育作为最大政治任务，建立专班运作、常态督导、量化考评、比学赶超制度，形成“区委领导统筹抓、各级党委指导推、基层支部覆盖学”三级联学体系，确保学习教育层层到位、取得实效。坚持以上率下学，全面落实区委常委会“第一议题”学习制度，组织开展区委理论学习中心组专题学习12次，举办科级领导干部专题培训班5期，累计领导干部讲专题党课700余场，带动各级党组织开展集中学习活动6000余场次。突出高质量全覆盖，成立宣讲团队130余支，分众化推动学习宣讲进企业、进农村、进机关、进校园、进社区、进网络，打造“工间10分钟”“海上讲堂”等领学送学品牌，推动“六讲六做”大宣讲活动扎根基层，确保学习教育“一个都不少”，推动全区上下以学为基、向史而新。把党史学习教育同“三为”专题实践活动紧密结合起来，升级打造“1+3+N”“三服务”2.0版，实行区领导领衔落实“三张清单”工作机制，引导全区各部门深入群众企业基层解忧纾困，巩固深化“工地开放日”“企业轻微问题容错”等长效机制12个，破解“拎马桶”、安置房建设等“急难愁盼”问题1101个。

【推动海洋经济发展】　强化双招双引攻坚力度，实施区领导领衔招商机制，累计签约落地亿元以上项目18个，实际到位市外资金57.49亿元，实际利用外资9280万美元，投资58亿元的国能2×660兆瓦高效超临界再热发电项目、投资20亿元的远景风电主机制造项目成功落地。实施项目中心制，完善重大项目全周期服务保障机制，全面推进76个年度重点项目、113个政府投资项目开工建设。突出定海工业园区核心平台，制定实施《定海区开发区（园区）整合提升方案》，整合完成粮油产业园、小微企业产业园、新材料产业园、科技创新培育中心“三园一中心”布局，新开工建设重大产业项目6个。打造以海洋生物医药产业为重点的定海远洋渔业小镇，大洋世家海洋食品制造产业园等项目顺利推进。实施科技兴海引领行动，新培育省级以上研发中心2个，“宁波人才飞地”项目全面启动，新引进省部级以上人才21人。推进制造业提质增效，加快建设定海远洋渔业、金塘塑机螺杆省级产业创新服务综合体，实施市级智能化改造百项项目35项，全球最大的2万方LNG加注船、5000立方全压半冷式LPG运输船实现国内首制。实施数字经济发展行动计划，打造国家级海洋电子信息产业基地，成立全市首个海洋电子信息产业创新联盟，新集聚海洋科创、军地融合等企业56家。打好融资畅通、科技企业“双倍增”“雏鹰行动”等系列组合拳，新增“小升规”企业6家，森森集团等3家企业获评国家级专精特新“小巨人”企业。

【开创区域发展新局面】 推动数字化改革上跑道、争示范，将数字化改革纳入全区综合考核，全面落实“领导抓、例会推、专班干”工作推进机制。坚持以群众高频需求和企业共性需求为牵引，高质量完成数字定海“1+5”系统迭代上线，远洋渔民一件事等6个项目列入省数字化改革试点，“道路一件事”综合场景应用获评全省数据开放创新应用大赛优胜奖。持续推进放管服改革，创新推出海岛流动办证窗口，全市首个“非必招项目不见面开标大厅”上线运行，首批95项高频民生事项实现定海—北仑异地通办。深化农村综合改革集成示范区省级试点建设，探索农村宅基地交易改革，累计激活闲置农房77套，拓宽农渔民“资本变资产”的渠道。深化“亩均论英雄”改革，启动实施新一轮制造业“腾笼换鸟、凤凰涅槃”攻坚行动，制定全区低效企业整治提升总方案，累计出让“标准地”5宗，完成低效企业整治190家，亩均税收3万元以下企业全部出清。牢牢扭住浙江自贸区建设“牛鼻子”，主攻油气全产业链，加快推进盐田港油品储运基地等重大项目建设，绿色石化基地扩区规划获省政府批准实施，定海成为上期所原油、燃料油期货重要交割地。打造双循环重要海上节点，主动融入全省“四港”联动枢纽，加快提升进口粮食加工集散能力，预计全年实现粮食到港2500万吨、占全国进口粮食总量的15%以上，港口货物吞吐量、集装箱吞吐量分别增长7.6%和1.3%。支持金塘打造甬舟一体化合作先行区，加速推进大浦口集装箱码头二期工程等重点项目建设，金塘港区新增国际航线6条。深化基础设施高水平互联互通，做好甬舟铁路开工前准备工作，保障舟岱大桥年内通车。

【改善区域生态环境】 开展国土空间总体规划编制研究，基本完成永久基本农田线和城镇开发边界线划定。创新实施竞争性拆迁机制，完成机场路、东门车站北侧区块个人住宅签约清零，累计改造老旧住宅小区360幢，开工建设安置房项目19个，雅竹苑、逸竹苑安置小区建成交付，东海云廊东山段、定海湿地公园成为城市形象新地标。探索深化“千万工程”内涵，与联合国人居署合作推进净零碳目标下的乡村振兴项目，创新涉农财政专项竞争性立项机制，新建样板村打造经验获省委主要领导批示肯定。打好全国文明城市复评、国家卫生城市复审攻坚战，推广“全民掸尘”“城市啄木鸟”等定海版长效制度40项，推动创建成果常态巩固。补齐城乡基础设施短板，全面建设五山水利工程等39个防洪排涝项目、7个海塘安澜千亿工程项目，提标改造管网22.4公里，完成停车位智能化改造1412个，获评全省万里美丽经济交通走廊示范区。打好“治水治污”大会战，完成金塘镇“污水零直排区”创建，捧回治水“大禹鼎”。持续打响“蓝天”保卫战，空气质量优良率达97.8%。推进全省首批“无废城市”创建，系统实施100个“无废细胞”培育工程，推进城区小区垃圾分类“撤桶并点”。系统开展海岸线、岛屿、森林、耕地等生态环境保护修复，累计垦造耕地466亩，新增国土绿化1710亩，治理废弃矿山7座，海岛生态文明建设取得进展。

【建设人民美好生活】 持续深化低收入群体增收行动，全面落实低保、低保边缘“渐退期”制度，加大重点群体就业创业扶持力度，城镇登记失业率低至1.55%。常态化做好与四川省宣汉县的东西部协作工作。全面启动新一轮村级集体经济提升发展五年行动计划，进一步提升村级集体经济发展能级。大力实施“金蓝领”职业技能提升行动，新增高技能人才2087人，不断提升劳动者致富本领。大力改善群众住房条件，全年交付保障性住房406套。不断拓展为民办实事领域，累计投入10.2亿元推进47项省市区民生实事项目。健全完善高品质公共文化服务体系，完成定海体育馆、定海图书馆主体工程建设，基本实现城乡“15分钟阅读圈”。全面推进新时代城乡义务教育共同体建设，4所新改扩建幼儿园投入办学，小洋岙幼儿园、城北小学新建工程顺利推进，坚决落实“双减”

工作，稳妥推进学科类校外培训机构“营转非”，中考优秀率继续保持全市领先。织密织牢公共卫生安全防护网，超额完成疫苗接种任务，推进医共体集团化管理、一体化运行，浙江省人民医院定海分院挂牌运营，获评国家级慢病综合防控示范区。健全居家养老、医养康养相结合的养老服务体系，示范型居家养老服务中心实现镇（街）全覆盖。实施全民健身计划，国家登山健身步道实现定海本岛全线贯通，获评2020年健康浙江建设考核优秀单位。

【开创区域治理新格局】 坚持加强党的全面领导，充分发挥党委总揽全局、协调各方的领导核心作用，把人大、政府、政协和监察、审判、检察等各套班子紧紧凝聚在党委周围，形成心齐气顺、民主共进的良好局面。深入实施“县乡一体、条抓块统”改革，优化升级“一中心四平台一网格”区域社会治理体系，实体化运行区社会治理综合信息指挥中心，升级打造重大决策社会风险全过程监管多跨场景应用，高效推进“大综合一体化”行政执法改革，梳理形成“基层治理一件事”事项17项，1—11月份矛盾纠纷基层化解率达97.77%。大力推进党建统领“四治融合”，丰富拓展乡村善治实践内涵，探索推广“一约两会三团”、村民说事、民主恳谈等社会多元参与机制，持续深化新时代文明实践中心全国试点建设，大力选树道德模范等一批先进典型，做大做强“四个有你”系列品牌，不断凝聚共建共享热情。系统推进“全域智安”工程，持续深化“情指勤舆一体化”建设，社会治安立体化智能化防控水平不断提升。加快构建“大安全、大应急、大减灾”应急管理体系，扎实做好渔业生产、危化品、食品药品等重点领域安全排查整治，全面提升公共卫生应急服务体系，慎终如始抓好常态化疫情防控，成功打赢“遏重大”攻坚战。圆满完成庆祝中国共产党成立100周年等重大节点维稳安保工作，获评全国信访工作“三无”县区，夺取平安定海建设“十六连冠”。

【加强党的全面建设】 迭代完善党建工作系数法，巩固深化党建述职考核评议镇街部门全覆盖成果，探索实行全面从严治党主体责任落实后进单位“一票否优”机制，不断彰显党建在全局工作中的绝对统领地位。全市率先制定同级监督实施办法，有效推动四责联动、一体落实。进一步拧紧意识形态工作责任链条，推进全省党委（党组）全面落实意识形态工作责任制综合试点，掌握意识形态工作领导权。实施“铸魂走心”工程，引领全区各级党员干部学深悟透习近平新时代中国特色社会主义思想。坚持选贤任能，高标准完成乡镇换届工作，选优配强镇街党政领导班子，干部梯次结构更加优化。实施干部推进现代化建设的新能力提升计划，选派70余名优秀年轻干部到一线压担历练，打造与现代化先行相匹配的高素质专业化干部队伍。坚持严管与厚爱结合、激励与约束并重，健全正向激励、容错纠错、澄清正名等机制，推动“两个担当”良性互动机制落地见效。制定《实施基层党组织组织力提升2021行动计划》，推进“领头雁”工程，47个新就业群体服务站点、39个“红色物业联盟”实现党建覆盖。持续抓好清廉定海建设，开展政法队伍教育整顿，高标准推进省委巡视、经济责任审计、“七张问题清单”等问题整改，推进正风肃纪反腐，开展“新官理旧账”、工程招投标领域等专项治理，一体推进不敢腐不能腐不想腐，完成区委巡察部门、镇（街）、农渔村全覆盖，提升风清气正的政治生态。

重要会议

【中国共产党舟山市定海区第十三次代表大会第五次会议暨区委经济工作会议】 于2021年1月5日在舟山市艺术剧院召开。会议表彰第六届定海区道德模范、2020年度定海花园式国际人文港城建设突出贡献集体和优秀个人。大会号召，全区各级党组织和广大共产党员、干部、群众，要更加紧密团结在以习近平同志为核心的党中央周围，在省委、市委的正确领导下，坚决扛起争创社会主义现代化先行省的政治责任，不忘初心、牢记使命，咬定目标加油干，全面开启花园式国际人文港城建设新征程，为当好建设“重要窗口”海岛风景线排头兵而努力奋斗。

【区委常委会巡视整改专题民主生活会】 于4月1日召开。舟山市委常委、组织部部长蒲晓斌到会指导，区委书记庄继艳主持会议。庄继艳书记通报巡视反馈的问题，代表区委常委会班子作班子对照检查，其他班子成员发表意见、认领责任。班子成员逐一进行对照检查，作自我批评，其他班子成员对其提出批评意见。大家按照要求，对照巡视反馈意见指出的问题，紧密联系思想和工作实际，深入查找自身存在的问题，严肃开展批评和自我批评。

【全区数字化改革暨“县乡一体、条抓块统”改革工作部署推进会】 于4月14日在区行政中心一号会议厅举行。会议学习贯彻习近平总书记关于全面深化改革重要论述和数字中国建设指示精神，认真落实省委、市委关于数字化改革和社会治理现代化建设相关要求，部署定海区全面推进数字化改革、“县乡一体、条抓块统”改革工作和农村综合改革集成示范区建设试点工作。

【区委人才工作领导小组会议】 于4月27日在区行政中心三号会议室举行。区委书记、区委人才工作领导小组组长庄继艳在会上强调，要深入贯彻落实习近平总书记关于人才工作系列重要论述和上级人才工作领导小组会议精神，把人才工作作为“一把手工程”摆在更为重要的位置，持续推进、奋发努力，为定海“十四五”开好局、起好步提供人才保障。

【全区建设平安定海工作暨扫黑除恶专项斗争总结表彰会议】 于5月10日在新华侨会议中心二楼大会议室举行。会议贯彻落实全省、全市建设平安浙江工作暨扫黑除恶专项斗争总结表彰会议精神，系统总结平安定海建设成效，回顾总结全区扫黑除恶专项斗争情况，表彰先进，分析形势，部署当前和今后一个时期平安定海建设和常态化扫黑除恶工作任务。区委书记、区委建设平安定海领导小组组长庄继艳在会上强调，要贯彻落实省、市相关会议精神，奋力开创平安建设“摘星夺鼎”新局面，为全面开启花园式国际人文港城建设的新征程，当好建设“重要窗口”海岛风景线排头兵创造平安稳定的发展环境，以优异成绩向中国共产党成立100周年献礼。

【区委理论学习中心组举行党史学习教育专题学习会】 于6月23日召开。会议聚焦党史学习教育目标任务，重点学习“习近平科学的思维方法在浙江的探索与实践”研究成果以及《习近平新时代中国特色社会主义思想学习问答》，在学思用贯通、知信行统一中坚定理想信念、增强政治自觉、展现担当作为。区委书记庄继艳主持学习会，区领导林剑彪、陆沧波、邵辉和区委理论学习中心组其他成员参加学习会。党史学习教育市委第一巡回指导组副组长柯建平应邀出席专题学习会。会前，区委理论学习中心组成员到干䃎览镇新建村，实地走访净零碳实践展示厅，了解定海推动净零碳乡村建设的背景意义、实践案例、十项导则等内容，并参观大乐之野·南洞，了解该民宿如何将“净零碳”理念贯穿于规划设计、经营管理中。

【全区政法队伍教育整顿总结大会】 于7月9日在区行政中心一号会议厅举行。会议深入贯彻习近平总书记关于加强政法队伍建设的重要指示精神，落实全市政法队伍教育整顿总结暨省委第二驻点指导组指导意见反馈会精神，总结全区工作成效和经验做法，对巩固教育整顿成果、持续深化政法队伍建设进行安排部署。区委书记、区委政法队伍教育整顿领导小组组长庄继艳作讲话。

【区委十三届十三次全体（扩大）会议】 于7月28日在区行政中心一号会议厅举行。全会高举习近平新时代中国特色社会主义思想伟大旗帜，深入学习贯彻习近平总书记关于浙江工作的重要指示批示和《中共中央国务院关于支持浙江高质量发展建设共同富裕示范区的意见》精神，按照省委十四届九次全会和市委七届十一次全会的总体部署，进一步动员全区上下干在实处、走在前列，坚定不移当好建设“重要窗口”海岛风景线排头兵，奋力打造高质量发展建设共同富裕示范区港城范例。

【定海古城微改造启动仪式暨历史文化与古城保护利用专家咨询委员会成立大会】 于12月10日在区行政中心一号会议厅举行。区委书记、定海古城保护与活化利用领导小组组长侯富光出席会议并讲话。侯富光、孙丹燕、林剑彪、陆沧波为定海区历史文化与古城保护利用专家咨询委员会专家颁发聘书；专家代表和区城市更新中心、昌国街道、西安社区负责人分别作发言。

【中国共产党舟山市定海区第十四次代表大会】 于12月26—29日在舟山市艺术剧院举行。会议听取大会选举结果汇报，确定中国共产党舟山市定海区第十四届委员会委员、候补委员，中国共产党舟山市定海区第十四届纪律检查委员会委员，定海区出席中国共产党舟山市第八次代表大会代表当选人名单。会议还确定中国共产党舟山市定海区第十四届委员会第一次全体会议和中国共产党舟山市定海区第十四届纪律检查委员会第一次全体会议主持人。选举产生62名定海区出席中国共产党舟山市第八次代表大会代表，选举出39名委员、7名候补委员组成的中国共产党舟山市定海区第十四届委员会，选举出中国共产党舟山市定海区第十四届纪律检查委员会委员17名。

【中国共产党舟山市定海区第十四届委员会第一次全体会议】 于12月29日召开。出席会议的区委委员38人，候补委员7人。侯富光主持会议。全体委员以无记名投票方式，选举产生中共舟山市定海区第十四届委员会常务委员会委员，选举产生书记、副书记。侯富光当选为书记，孙丹燕、毛铁年、邵辉当选副书记。会议还通过中国共产党舟山市定海区第十四届纪律检查委员会第一次全体会议选举结果的报告。

【中共舟山市定海区委社会建设委员会揭牌仪式暨共同富裕领导小组工作推进例会】 12月31日在区行政中心三号会议室举行。区委书记侯富光出席仪式并讲话，并为区委社会建设委员会揭牌。区委副书记邵辉主持并宣读市委编委关于设立中共舟山市定海区委社会建设委员会的批复。

重大决策与重要工作

【数字化改革】 坚持边学边干、边探索边实践，全力以赴推动数字化改革上跑道、争领跑。全面落实“一把手”领衔机制，强化“日动态、周报表、月清单”常态化跟踪督促，构建起“领导抓、例会推、专班干”的工作体系。抓好“152”体系建设，数字定海总门户及五大应用门户均迭代至2.0，一体化数字资源系统基本完成全区数据编目普查，综合应用功能上线率、综合应用部门贯通率等核心指标均达100%。系统梳理制定区级“三张清单”S0版，梳理谋划定海特色应用场景29项、制度规范110项，远洋渔民一件事等6个项目列入省数字化改革试点，e定好养、智慧村社等16个场景应用分批上线省级平台，“道路一件事”综合场景应用获评全省数据开放创新应用大赛优胜奖。

【浙江定海美丽乡村周】 5月22—28日，定海秉承“‘两山’理念再深化，美丽乡村再出发”的活动主题，以“净零碳”乡村为关键，举办2021浙江定海美丽乡村周活动。开幕式上，定海与同济大学、联合国人居署签订“净零碳”三方战略合作协议，制定出台定海净零碳乡村建设导则，并向全区发出“未来乡村·低碳生活”云倡议。此次活动被人民网、央广网、《浙江日报》等主流媒体刊载深度报道150余篇、累计阅读量超过5000万次。净零碳乡村作为定海践行“两山”理论的全新实践探索，在“双碳”目标的大背景加快推进更绿色、更智慧定海美丽乡村的蝶变升级。全年定海区接待国内外游客176.97万人次，实现旅游总收入23.19亿元，实现经济效益与社会效益双赢。

【定海古城“微改造”】 12月10日，定海区举行古城“微改造”启动仪式，成立古城保护利用专家咨询委员会，拉开定海古城保护和活化利用工作序幕。定海古城整体占地约1平方千米，现有房屋建筑面积76.8万平方米。其中，古城“微改造”范围涵盖中西大街、东管庙弄、东大街、留方路等四个历史文化街区，占地约0.6平方千米，有住户2154户、房屋建筑面积约13万平方米。针对古城“微改造”范围内现有房屋建筑，开展全面分类梳理，因地制宜推进“拆除一批”“改造一批”“修缮一批”，坚持系统谋划、精雕细琢，努力确保改一个、成一个，对定海人民、历史和未来负责。

区委办公室工作

【概况】 2021年，区委办公室学习贯彻中共十九大精神、习近平总书记对浙江工作的重要指示批示精神，以及中央、省委、市委全会精神，围绕区委中心工作和决策部署，当好“重要窗口”海岛风景线排头兵，争创高质量发展建设共同富裕示范区港城标杆，以“首善机关”的定位当好区委“坚强前哨”和“巩固后院”。展现办公室服务决策、统筹协调、规范运转的重要作用，保障全区各项工作顺利运转。

【综合协调】 规范优化工作程序、细化明确责任分工、加强内外沟通衔接，不断提升办文办会质量和效率，协调召开书记专题会议20次、区委常委会27次，传达学习“第一议题”等重要讲话、会议、文件精神65个，讨论审议事关区委区政府发展全局议题200余个。及时准确传达区委尤其是区委主要领导的决策意图，全面做好与各职能部门的沟通协调工作，使各地各部门第一时间全面掌握区委决策部署；及时准确反馈下级贯彻落实情况，促使各地各部门聚焦区委工作大局，唱好“一台戏”、下好“一盘棋”，形成围绕中心、服务大局、步调统一、相互配合的良好局面。围绕区委关注重点和期望要求，坚持把定海贯彻落实举措、工作成效置于全国、全省、全市大局中起草文稿，集中呈现定海近年来发展成绩和未来谋划，取得较好效果，全年完成报告、讲话、致辞、发言、背景材料、新闻稿审核等各类文稿170余篇，为领导科学决策提供有价值、有见地的决策依据。参与起草的区第十四次党代会报告、区委全会报告等多份文稿，进一步完善定海高质量现代化发展的四梁八柱，明确建设共同富裕港城标杆的蓝图设想和实施路径。

【信息管理】　强化党委信息主渠道作用，进一步完善信息工作机制，加强信息队伍传帮带质效，强化对上衔接沟通，提高信息上报省市的录用率，更好地发挥信息为领导决策的参谋作用。全年被省市及以上党委、政府录用信息稿件114篇次，党委信息考核总分居全市第一，获得省市领导批示6篇次，其中《小山村融入大时代 聚力打造“净零碳”乡村全球实践样板——舟山定海新建村多路径低碳转型的探索实践》为全市首次在省委办以《专报》形式刊出，并获得省委书记袁家军、时任省长郑栅洁、常务副省长陈金彪批示肯定。

【深化改革】　以数字化改革为核心，紧紧围绕八大领域改革目标任务，狠抓各项改革落实，重点领域和关键环节改革实现多点突破。先后召开6次全区性改革大会，60余次改革专题推进会，成立由区委主要领导领衔的数字化、“县乡一体、条抓块统”等重要改革工作领导小组，确定2021年区领导领衔重点改革项目21项，全区各部门重点改革项目21项，审议通过改革相关方案、文件29项。开展15项省级及以上重要改革试点工作，其中“县乡一体、条抓块统”改革、党委（党组）高质量全面落实意识形态工作责任制综合试点为省委办公厅批复试点，纪检监察基层监督数字化改革试点、乡镇内部控制指引建设试点等13项为省级部门批复试点。参与的“县乡一体、条抓块统”县域整体智治改革、基层公权力大数据监督应用、获2021年度浙江省改革突破奖金奖，《海陆联动 打造新时代“海上枫桥经验”》等2篇信息被竞跑者录用，“远洋云+”应用列入全省数字经济系统第一批优秀地方特色应用名单，“道路一件事”应用获全省数据开放创新大赛优胜奖。

【督查考核】　精准开展重点督查，开展对习近平总书记重要讲话，省市区重点项目、重点工作和政府民生实事项目、数字化改革等专项督查，开展督查2次，下发各类通报13次。创新督办单机制，发出招商引资、“三服务”问题填报督办单2份，涉及33家责任单位。突出抓好今日聚焦、新区聚焦等20次媒体曝光项目的整改工作，整改率达95%以上。进一步完善考核办法，优化考核程序，吸收省、市委新发布的年度考核实施办法，立足区委、区政府工作实际，全面实施党建系数考核，实现全区各镇（街道）和区属部门党建系数全覆盖；结合全区工作重点，调整完善考核对象、考评内容、考核分数指标，将数字化改革纳入全区综合考核，占总分10%，制定全面深化改革、党政机关整体智治系统建设、数字经济建设等6项考核赋分细则；进一步突出招商引税、五大会战等重点工作，强化实绩导向。抓实抓细“七张问题清单”，坚持以“七张问题清单”抓党建、带全局，确保高质量推进“问题清单”转化为“成效清单”。省委、区委“七张问题清单”整改完成率达100%，市委“七张问题清单”整改完成率达95%以上。持续创新完善“实绩亮相”等活动，有效推进全区中心工作、重点工作落实，全年确定“实绩亮相”任务清单项目127项，有101个项目完成年度目标任务飘红旗。

【队伍建设】　坚持以习近平总书记相关重要讲话和中共十九届六中全会精神为统揽，以高质量开展党史学习教育活动为抓手，以提升组织力为着力点，从制度建设、队伍建设、活动建设等方面入手，推动基层党组织全面进步。狠抓支部“三会一课”、党务公开制、党内民主集中制、民主评议党员制等各项基本工作制度的完善和落实，抓好党员队伍建设，坚持严把入口、好中选优，开展党员先锋指数考评管理，并将评议结果作为对党员奖惩的重要依据。坚持秉行正风肃纪，突出巡察整改实效，坚持建设完善长效制度，以点带面，举一反三，不断巩固整改成果。

（撰稿：张依伊）

组织工作

【概况】 2021年，区委组织部围绕构建党建统领、整体智治、唯实唯先的新时代组织工作新格局，贯彻落实 “五领计划”，实施“六铸行动”，贯彻新时代党的建设总要求和新时代党的组织路线，弘扬伟大建党精神，进一步提升定海组织工作的辨识度和影响力，为定海高质量发展提供坚强组织保证。

至年底，全区有科级领导干部513名，其中，正科级135名，副科级378名；部门局办科级领导干部333名，乡镇（街道）科级领导干部180名；女干部120名；非中共党员34名。大学及以上学历的493名，大专学历的19名，中专及高中以下学历的1名。

是年，全区有基层党组织1083个，其中，党委82个，党总支85个，党支部916个。有党员20447名，其中，女党员7117人，占党员总数的34.81%；30岁及以下1399人，占6.84%，31～40岁4669人，占22.83%，41～50岁3551人，占17.37%，51～60岁3572人，占17.47%，61岁以上7256人，占35.49%。研究生学历388人，占1.90%，大学本科学历5949人，占29.09%，大学专科3658人，占17.89%，中专1173人，占5.74%，高中中技2797人，占13.68%，初中及以下6482人，占31.70%。

【增强政治理论修养】 巩固深化“不忘初心、牢记使命”主题教育成果，持续推动各级基层党组织把学习习近平总书记重要讲话和重要指示批示精神列为党委（党组）会议“第一议题”。 推进新思想教育培训计划，对全区520余名科级干部集中开展中共十九届五中全会精神轮训，先后举办习近平新时代中国特色社会主义思想系列培训班2期，并在年轻干部培训班、党外干部培训班等主体班次中增加新思想课程比重。

【开展党史学习教育】 部署制定五项专题活动，创新谋划“三大课堂”，推出“阅享荟”等特色载体。选调23名“关键少数”赴兰考、红旗渠等红色教育基地专题学党史。在定海的在线网络学习平台开设“党史教育学习”专栏，学习视频累计点击量破4万次。以建党百年为契机，大力推动领导干部上红色讲台，区委主要领导带头进党校讲党史、上党课两期。

【落实省委巡视整改】 专题研究选人用人检查整改工作，形成4个方面18项整改任务61条细化措施的“四张清单”，综合采取销号整改、联动整改、立项整改等方式系统推进各项整改举措，具体实施“巡视整改‘6+1’专项整治‘回头看’行动”。落实整改61条；处理责任人36人次，其中，谈话提醒11人次、批评教育15人次、诫勉7人次，党内警告1人次，下发督办函8份，免职1人次、降职1人次；集中制定长效机制文件12个。

【推进集中换届】 树立实践标准实绩导向，梳理形成“一镇一策”换届人事调配方案，提拔重用政治素质过硬，经受住文明城市创建、防疫防控、复工复产等重大斗争考验的干部，共提拔47人次，交流95人次。同步优化领导班子功能结构，坚定“一盘棋”思路，提任35岁以下优秀年轻干部15名，专业型干部4名，女干部7名，1名村书记、2名“90后”选调生通过公开比选进入镇领导班子。从严换届风气监督，组建换届风气监督员队伍，畅通监督举报渠道，对涉及换届纪律的问题线索，做到及时响应、快查快办。

【提升干部现代化能力】 对标“十四五”高质量发展新要求新格局，开设“赋能领导干部推进现代化建设”系列专题网络学习，总点击播放量达3万余次；举办年轻干部培训班和新提任干部培训班，受训干部达110余名。持续推进新一轮年轻干部一线实践锻炼三年行动计划，累计选派70余名优秀年轻干部到市、区重点项目、重要工作实践锻炼。制定出台《关于落实“两个担当”良性互动机制的若干意见》，坚持“三个区分开来”，联合纪委完善干部容错纠错、澄清保护、松绑减负等机制，营造赋能培养良好氛围。

【系统强化公务员管理】 招录公务员7名；面向“双一流”高校选调7名优秀毕业生。加快市、区选调生跟踪培养，选派7名选调生挂任区属部门副职，7名选调生挂任村（社区）副职，为选调生搭建起干事创业和施展才能舞台。加强公务员队伍日常管理，构建完善公务员年度考核、录用退休、晋级晋档等业务经办体系。注重激发公务员队伍活力，全面落实乡镇干部待遇倾斜20%政策，进一步激发干部干事激情。

【夯实基层堡垒】 做好村社换届后半篇文章，锻造过硬“头雁”队伍，一人获评省“十大强基先锋”。开展“潮涌定海、先锋群像”先进评选表彰活动，推荐评选各级“两优一先”118名。开展“党员在身边、温暖千万家”为群众办实事活动，走访群众2.4万余人次，解决问题800余个。结合巡视反馈，依托村社“阳光治理”工程开展“四查四看”，清理、调优党组织6个，定海工业园区党群服务中心入选全省百个数字赋能、集成服务党群服务中心。

【激发党建内生动力】 实施迭代升级“三培养”工程，确立“三培养”对象1000余名，选定青年企业家等300名基层能人进入党员培养程序，160余名优秀党员进入村（社区）后备干部队伍。推动党员教育培训升级，创建新建村和鸦片战争纪念馆2个省级党员教育培训基地；整合成校、党群服务中心和远教站点设立“红色书院”，开设“锋行定海山”“善治学院”“金色螺海鈊”等特色培训，累计开展培训68次，参训人员3867人次。

【实施“两新”党建双覆盖行动】 全区小微企业园党组织实现全覆盖，规模以上企业党组织应建尽建，累计新建两新党组织24家。推进“新业态、新就业”群体党建试点工作，组建全区快递业联合党支部，吸纳11家部门成立“红色伙伴联盟”，打造47个新就业群体服务站点实现全覆盖。“红色物业联盟”和“兼合式”党组织双向推进，全区建成39个“红色物业联盟”实现全覆盖，全市首个兼合式支部书记工作室在环南街道卫海社区建成使用。

【加快重点人才引育】 全年新引育省部级以上人才27人，实现国家“引才计划”“万人计划”双入选，取得省级以上重点人才工程“大满贯”；入选“舟创未来”海纳计划项目21个；引进国外高端人才13人、国外专业人才15人；招募六大“银龄”人才21人。与西安工程大学等3个高校建立了引才工作站，吸引12名清华大学研究生来定社会实践，全年招引大学生人才3509人。全年开展职业技能培训1.3万人次，新增高技能人才2087人。

【增强人才平台吸附力】 举办第五届“蓝海智造”创业大赛及海洋电子信息、智能制造、海洋生物3场特色产业线上云演，吸引200多个项目参赛，遴选出优质人才项目11个，并在全市总决赛中获银奖1个、铜奖3个。加快人才飞地等平台承载力，上海人才飞地已引进科技企业11家，宁波人才飞地已购置1200多平方米独栋商墅一栋；定海海洋科学城、定海工业园区集聚领军人才企业42家。打造完成远洋渔业产业工程师协同创新中心，新建省级博士后工作站1家、教授（专家）工作室2家。

【创新打造“三张清单”】 服务事项清单化，打造“揭榜挂帅”“张榜纳贤”“关键小事”三张清单，针对阻碍人才企业技术发展的“卡脖子”难题、企业急需人才和急难愁盼小事，形成闭环式服务需求办理流程，结合人才领域“三服务”“我为企业解难题”活动，先后走访企业500余家次，办理活动问题清单600余件，揭榜10个。

【推进特色应用场景建设】 按照“小切口大文章”的要求，探索推进多跨协同应用场景建设。完成暖心e站通、人才满E通2个应用场景“三张清单”梳理，形成1项理论制度成果（定海人才系统使用指南），人才满E通在“浙里办”上线，且2个应用场景均纳入市委组织部数字化改革“揭榜挂帅”项目。

【落实“县乡一体、条抓块统”改革】 梳理形成140项镇（街道）权力清单、70项“属地管理”事项清单，形成全业务、全过程的服务链。梳理17项“基层治理一件事”事项清单，构建“一件事”5S工作标准体系。推进综合行政执法体制改革，制定定海区“大综合一体化”行政执法改革机构编制方案，整合执法机构，优化编制资源，在白泉、环南试点镇（街道）设立综合执法机构，持续推动执法力量下沉一线。

（撰稿：陈 刚）

宣传思想工作

【概况】 2021年，全区宣传思想文化工作坚持以习近平新时代中国特色社会主义思想为指导，学习贯彻中央及省、市、区重要会议精神，紧扣“固本开新、以进促稳、攻防并举、塑造变革”关键词，从严履行意识形态工作责任制，全面落实举旗帜、聚民心、育新人、兴文化、展形象使命任务，为定海当好“重要窗口”海岛风景线排头兵，争创高质量发展建设共同富裕示范区港城标杆提供精神文化力量。

【宣传文化人才培育】 加强对本地宣传文化人才的向上推介，推荐文艺类人才张瀚云参评国家级宣传思想文化青年英才、方晓华参评省宣传文化系统“五个一批”领军人才，新闻类人才郑泓湖入选全市第四批宣传文化系统“五个一批”人才，朱先马、张瀚云、徐永华、方晓华、李海军5位宣传文化人才获评首届“定海英才”。揭牌三毛散文奖·中国散文创作基地，成立名师工作室，邀请目前省内仅有的4位鲁迅文学奖获得者入驻。开展“致辉煌百年 话共同富裕”主题宣传文化精品项目申报评选，评定精品项目14个，分类予以扶持。钱兴国船模作品《五月花》获得第16届义乌文化和旅游产品交易博览会工艺美术奖金奖。文艺类人才团队作品表演唱《数幸福》入选“唱支山歌给党听”全国群众歌曲创作征集活动百首优秀作品。

【推进习近平新时代中国特色社会主义思想学习宣传入脑入心】 以学习宣传习近平新时代中国特色社会主义思想为主线，加强理论学习中心组学习制度化规范化建设，举办区委理论学习中心组学习会13次。区委理论学习中心组署名文章《坚决当好建设“重要窗口”海岛风景线排头兵 奋力打造高质量发展建设共同富裕示范区港城范例》在《舟山日报》“海潮理论”栏目刊发。采用“线上+线下”管理方式，加强对基层党委（党组）中心组督导工作，开展中心组巡听旁听活动4场。覆盖全区党员干部，制定印发《2021年全区干部理论学习意见》，组织开展“七月党员学习月”活动。全面推进“学习强国”学习平台推广学习，顺畅供稿链运作机制，刊录定海图文、视频633篇。定海区融媒体中心和定海区金塘镇人民政府获评2021年度浙江“学习强国”优秀供稿单位，沈小岳、黄光亮获评2021年度浙江“学习强国”学习之星先进个人。定海区学深细悟确保重要讲话精神落地海岛的经验做法获《浙江信息》录用。

【打造“理论面对面”宣讲品牌】 依托区党史学习教育宣讲团、“理论惠民大联盟”、各单位各部门基层宣讲团等队伍力量，分层分类开展学习贯彻“七一”重要讲话精神、“这一百年”红色巡回宣讲等4000余场。围绕《习近平在浙江》编写党史学习教育宣讲精品；挖掘红色资源，研发开设“牢记总书记嘱托 建设美丽乡村不停步”等特色宣讲课程。加大青年宣讲力量培育，通过“学—研—备—讲”全链条模式，不断提升青年理论宣讲技能，深化“青声说理话党史”系列巡讲，试行“一起来”青年宣讲抱团模式，成员刘琦、徐沛昕“‘百年荣光’红色宣讲一线行”合作项目入选2021年“致辉煌百年 话共同富裕”主题宣传文化精品项目。加强“理论带回家”宣传载体的红色浸润作用，依托“三个全民”App、有声学习墙等移动载体，不断拓展精品化、数字化内容供给。创新推出定海区“听我‘青’声说”理论宣讲微视频活动，《乡村净零碳 打造“共富”梦》《扎根乡村沃土 书写青春风华》宣讲微视频获“学习强国”学习平台录用展播。举办全区青年理论宣讲大赛暨第十一届微型党课比赛，择优推荐参加省市比赛，获省三等奖以及市特等奖、一等奖和二等奖佳绩。定海区“青声说理”青年宣讲团获评省基层理论宣讲成绩突出集体，成员马瑜蔚获省理论宣讲成绩突出个人。

5月13日，举行党史学习教育报告会暨区委理论学习中心组（扩大）学习会

7月22日，举行学习贯彻“七一”重要讲话精神青年宣讲骨干培训会

【推进党史学习教育】 建立健全“区委领导统筹抓、各级党委指导推、基层支部覆盖学”的三级联动工作体系，夯实1+4专班机构，健全闭环管理机制，确保各项工作集成化协同推进。分层分类开展集中学习活动6000余场次，推动全区党员深入学习习近平总书记关于党史的系列重要讲话、重要论述、重要著作和百年党史系列图书资料，深刻把握党史学习教育的根本要求。专题部署“六讲六做”大宣讲活动，浓厚“百年奋斗路 定海启新程”“初心·启程”“点赞定海·红色基因代代传”等主题宣传氛围。6篇定海经验获省党史学习教育简报录用，16项“三为”实践成果亮相省级以上媒体，41篇报道被“学习强国”学习平台录用，120余篇报道获省级以上媒体刊录，军地共学做法入选省党史学习教育“百法百例”，多元展现全区党史学习教育的生动实践及创新举措。

3月11日，举行全区党史学习教育动员部署会

【深化文化礼堂“建管用育”一体化建设】 提前实现全区500人以上行政村农渔村文化礼堂全覆盖。创新海岛文化礼堂联建模式，城东街道洞桥村、胜利村成功联建同心文化礼堂。小沙街道获评浙江省农村文化礼堂建设示范乡镇（街道），干䃢镇新建村文化礼堂等9家文化礼堂被评为四星级文化礼堂，白泉镇皋泄村文化礼堂完成2021年特色文化礼堂（“红色”主题文化礼堂）试点建设。围绕庆祝中国共产党成立100周年主题，举行“礼堂幸福集市”主题活动，有序推进“幸福礼堂”评选，马岙街道获评一等奖，城东街道、小沙街道、双桥街道获评二等奖，岑港街道等7个镇（街道）获评三等奖。强化礼堂管家队伍管理，举行全区文化礼堂管理员培训班，开展数字化业务培训。深化“礼堂大晒场”工作机制，运用“礼堂家”“文化礼堂共享驿站”等数字化平台，提升文化礼堂覆盖面和影响力。定海解码“同心”“风情”“幸福”三类礼堂擦亮农渔村共同富裕幸福底色的经验做法获3位省市委宣传部领导批示肯定。

10月29日，举行定海区农渔村文化礼堂管理员培训会

【开展社科理论研究】 召开区社科联二届五次常务理事会、理事会暨党史学习教育专题学习会。与区档案馆联合举行《中国共产党浙江定海历史》（1950—1978）首发式。组织全区社科理论工作者围绕定海经济社会发展中的重大命题和现实问题开展调研，立项2021年定海区社会科学研究课题15项，列入市级社科研究课题4项。顺利完成2020年全区社会科学研究课题结题评审工作，完成定海茶文化与乡村文化振兴结合模式研究等专项课题。加强对全区社科普及基地的指导、管理和服务，因地制宜推动社科普及基地提质扩面，塑造“红船味”“数字化”“文艺范”等“个性化”品牌，三毛祖居社科普及基地获评第十批浙江省社会科学普及基地。培育一批社科普及创新项目，评

2021年度定海区文化科技卫生“三下乡”活动在白泉镇潮面文化礼堂开展

选2021年度定海区社会科学普及创新项目3个。提升社科惠民实效，开展文化科技卫生“三下乡”活动。加大宣传力度，编印《思考深一度》,《定海区社科联“三个推动”助力五中全会精神深入人心》等8篇信息获省市社科联网络信息平台录用。

【舆论引导服务中心工作】 围绕中共十九届六中全会精神、疫情防控、高质量发展建设共同富裕示范区、数字化改革、乡村振兴等区委区政府中心工作开展精准宣传。区级全媒体推出“聚焦十九届六中全会”“从严从紧打好疫情防控战”“数字化改革定海实践”“共同富裕定有你”等专题专栏20余个，开展“奋斗百年路 启航新征程”大型融媒体宣传活动。组织“神行定海山”“东海云廊首段绿道开放”等各级媒体组团式采访、联动式报道，区级以上媒体共刊播、转载各类报道36000余篇。

10月28日，媒体集中采访舟山市网络生态“瞭望哨”工程建设现场推进会

【2021浙江定海美丽乡村周宣传】 开展2021浙江定海美丽乡村周及“净零碳”主题宣传。美丽乡村周前期，以综述报道、深度专版、短视频等形式营造宣传声势。美丽乡村周期间，新华社客户端、《人民日报》海外版、《光明日报》、央广网、美国《国际日报》、华人头条—欧洲、非洲华侨周报等中央级、海外华文媒体聚焦开幕式及配套活动，舟山新闻综合频道《渔农天地》栏目播出专题片。中新网客户端、央视移动客户端等平台推出开幕式直播实况。美丽乡村周后期，《中国文化报》《共产党员》杂志、《上海日报》等聚焦定海“两山”理念成果、发布“净零碳乡村贷”金融产品等举措刊发深度报道。区级以上媒体刊播“净零碳”相关稿件580余篇，全面展现定海“净零碳”生动实践、创新举措及未来图景。编写《美丽答卷——新建村》书籍，汇总近年来市级以上媒体刊播的新建村重点报道，展现新建村美丽蝶变故事。

5月22—28日，举办“2021浙江定海美丽乡村周”活动

【宣传第三届“三毛散文奖”】 邀请《人民日报》(人民网)、新华社（网)、央视4套、东南卫视、《小康》杂志、《文艺报》等20余家省内外主流媒体开展联动报道，刊播《浙江定海：立足“三毛”，如何打好“文化牌”?》《第三届“三毛散文奖”颁奖典礼举行》等原创报道70余篇，组织“定海山”客户端对颁奖典礼进行直播。人民日报海外版、北欧时报、《中国日报》国际版刊发《浙江定海：立足“三毛” 打好“文化牌”》《浙江定海 ：如何打好“文化牌”?》《Chinese literary master celebrated in Zhoushan with prose awards》等报道。百度搜索“第三届三毛散文奖”关键词，相关结果达34.8万余条。

6月7日，举行第三届三毛散文奖颁奖典礼

【开展“初心·启程”融媒主题宣传】 市区媒体联动，推进“初心·启程”大型融媒体主题宣传活动，

以“寻找红色印记之旅”“塑造各领域党员先锋群像”“展现定海经济社会发展成就”等阶段，聚焦全区代表性爱国主义教育基地、优秀共产党员代表、红色人物典型等。通过广播直播节目、设置晚高峰互动话题、公益音频滚动播出、推出深度专版、微信推文等丰富形式，多维度讲好建党百年峥嵘岁月、辉煌历程中的定海故事。区级以上媒体刊播定海建党百年相关稿件1300余篇。

4月2日，启动“初心·启程——定海大型融媒体主题宣传活动”

【推进党史学习教育宣传报道】 区级全媒体在“奋斗百年路 启航新征程”栏目下设“学党史 悟思想 办实事 开新局”“党史学习教育‘三为’专题实践”等子栏目。集中刊载党史学习教育优秀案例，推出《打造一体化智治平台破解基层治理难题》等18篇深度报道。刊播4集定海党史专题纪录片《红色足迹》。摄制刊播党史微党课、老党员讲故事等短视频26个。

5月11日，举行定海区社科联二届五次理事会暨党史学习教育专题学习会

开设“习近平在浙江”专题，定海山客户端、定海新闻网等新媒体平台集纳转载相关重点报道。汇编全区党史学习教育宣传报道合集、“三为”专题实践活动典型案例、党史学习教育宣传片。区级以上媒体共刊播定海党史学习教育相关报道2000余篇，相关新媒体作品总点击量超330万人次，多元展现定海贯彻中央、省市党史学习教育工作部署的生动实践、创新举措、典型经验。

【举办“定海·新征程新精彩”摄影作品征集大赛】 以定海花园式国际人文港城建设为主题，聚焦定海经济社会发展变化，向全社会征集相关摄影作品，以小见大、见微知著，充分展现新时代定海的面貌与风采。通过专家评审会议，评选出150张获奖作品，在区文化馆展览厅集中展览，并在定海新闻网上进行集中展示。

“定海·新征程新精彩”摄影作品征集大赛获奖作品在区文化馆集中展示

【培育“定海新闻发布厅”民情通达品牌】 围绕区委区政府中心工作、群众关注焦点，以“部门报题+宣传部门点题”形式，邀请与经济民生关系密切的区属部门、镇街开展主体新闻发布，探索加强党委部门新闻发布工作。2021年全年召开定海城区道路管网提升改造建设等区级新闻发布会13场次。定海山客户端创新推出发布会视频直播，省市区媒体刊发相关报道80余篇。举行意识形态工作双学双比现场会模拟新闻发布会，针对突发事件开展了2场模拟新闻发布。在市委党校举办第九期新闻发言人（网络发言人）暨基层宣传文化骨干培训班，进一步锤炼全区新闻发布队伍，提升新闻发言人综合素养。

2月4日，召开《舟山市定海区城区房屋征收与补偿实施意见》新闻发布会

【强化爱国主义教育基地管理工作】 召开专题论证会，结合中宣部反馈意见，对舟山鸦片战争纪念馆提升改造项目深化设计方案、策展方案进行修改完善。做好新建文化礼堂申报省级爱国主义教育基地材料申报、实地测评等相关工作。按照上级要求，针对全区各镇（街道）、区属各单位，开展纪念设施全面自查自纠工作，及时做好检查清理、审批报送工作。

【第三届“三毛散文奖”颁奖典礼】 6月7日，第三届三毛散文奖颁奖典礼在三毛故里——定海小沙隆重举行，获奖作家、专家学者、本地文化界人士和三毛粉丝代表相聚一起。吸引人民日报（网）、新华社（网）、学习强国、央视4套、东南卫视、小康杂志、文艺报、《浙江日报》等20余家省内外主流媒体开展联动报道，不断扩大“三毛”品牌全球影响力。

（撰稿：傅　霞）

（本分目图片由区委宣传部提供）

融媒体工作

【概况】 2021年，区融媒体中心播发广播、电视新闻各365期，电视专题节目50期，刊发报纸162期，发布网站新闻25171余条，“定海山”微信推送近千条，客户端发布17436条，即时报推送稿件4765篇，微博推送3000余条。是年中心获得区考核优秀、定海花园式国际人文港城建设突出贡献集体、定海区“重要窗口”海岛风景线建设先进集体、平安定海建设突出贡献集体奖、区直机关五星级党组织等荣誉。

【守牢意识形态主阵地】 全面落实意识形态工作。建立中心意识形态工作领导小组，将意识形态工作责任制的落实覆盖到各媒体平台。全面把牢新闻报道的政治方向、价值取向和舆论导向，加强各平台内容发布的审核把关和责任追究制度，引导记者树立正确的价值观和新闻观。护航中国共产党成立100周年，确保网络安全。面对互联网已经成为舆论斗争主战场的客观形势，中心筑牢网络安全防线。所有网络设备和服务器等硬件均由网络管理员进行集中维护和管理，明确涉密系统严禁与外网链接，严禁在非涉密网络上传输涉密信息，守牢网络安全底线。

【打造“定海山”客户端】 坚持移动优先原则，明确“定海山”客户端为中心首发平台，及时、权威地发布国内、省内、市内和本地综合性新闻资讯，今年累计刊发17436篇以上。同时，把短视频作为新媒体的拳头产品进行打造，探索主题报道的可视化，推出“百名党员读党史”“美丽乡村”等主题短视频600余篇。“定海山”客户端成为全区最权威的综合性新闻移动平台，并被天目新闻客户端评为2021年度浙江省县级融媒体中心优秀合作伙伴。“定海山”微信公众号获2021年度舟山市品牌新媒体号荣誉称号。

【深化新闻惠民】 紧扣群众急难愁盼问题，以本地品牌民生栏目“阿拉来帮侬”为重点，每周一期开展案例介入式报道。深入偏远海岛、台风受灾等一线，帮助解决果农滞销、工程影响道路出行等问题，栏目知晓率满意率不断提升，“阿拉来帮侬”栏目记者获年度“定海慈善奖”个人荣誉。进一步拓展客户端“新闻+”功能，在“定海山”客户端推出招聘信息、名医预约、百善惠等便民服务功能共20项。培育“定海新闻发布厅”民情通达品牌，聚焦全区性重大事项，结合群众关切热点，常态化开展区级新闻发布，推出“定海城区道路管网提升改造建设”等新闻发布会13场，客户端受理办结网络问政300余件。

【增强新闻宣传“双循环”同频共振效应】 牵头做好“定海共融·共享·共赢报题平台”，加强与浙报集团等上级媒体的合作联系，及时呈现定海经济社会发展中的新亮点、新成就，在《浙江日报》发稿近30篇，浙江新闻客户端发布的融媒体稿件超400篇。中心获2021年度浙报集团融媒共享联盟最佳合作奖，1名记者获2021年度“浙报集团融媒共享联盟报道个人”。学习强国录用稿件近300条，中心被学习强国浙江平台评为省“学习之星”（系全市唯一获奖单位），2021年度浙江学习平台优秀供稿单位。10月12日，中心与中国新闻社浙江分社签署“中国新闻社浙江分社融媒体联盟”战略合作协议，推动媒体深度融合发展。

【做好重大主题报道】 以中国共产党成立100周年大型融媒体报道为总抓手，全力做好“奋斗百年路 启航新征程”“共同富裕定有你”“加快打造新时代文化高地”“数字化改革定海实践”“乡约定海·净零碳”“从严从紧打好疫情防控战”等重大主题报道，全年，全媒体累计刊播重大主题报道近5000篇，发挥主流媒体的舆论引导作用。

【全面进入数改跑道】 中心基本完成核心业务拆解工作，梳理完成四项一级任务，八项二级任务和九项三级任务。“三张清单”谋划方面，从落实推进县级融媒体中心建设服务中心大局的需求，完善民生诉求解决机制增进群众获得感幸福感满意感的需求，重塑制度打通新闻服务监督痛点堵点的改革需求三大需求出发，谋划以“侬呼我应”民情在线作为多跨场景的应用内容，正在推进及时有效解决民生高频实事，破除“信息孤岛”畅通新闻信息，中心品牌栏目“引领群众、服务群众”效应明显这三项改革任务。中心拟开发的“侬呼我应”民情在线应用已经完成多跨场景总体架构和模块设计，该应用已经列入定海区数字化改革重大需求、多跨场景应用、重大改革“三张清单”，是区级数字化改革重点项目。《“侬呼我应”民情在线应用指南和操作规范》被列入定海区数字化改革理论制度清单。

【打造媒体先锋金名片工程】 制订实施《“媒体先锋”金名片工程实施方案》，以争做政治坚定、全媒体记者转型迭代、优质新闻作品创作的媒体先锋为目标，中心全体党员，骨干记者和中层以上记者通过“揭榜挂帅”等形式发挥模范带头作用。深化“周三课堂”，围绕新闻策划、采写编辑、短视频制作等，分层分类开展全员培训50场次、惠及500余人次。31篇作品获省市奖励，实现浙江新闻奖提名零突破，《全媒体记者转型迭代的实践与探索》获《传媒评论》（系全国新闻核心期刊）年度优秀论文。1人获省防台宣传报道先进个人称号，1人获第四批市宣传文化系统“五个一批”人才称号，5人次分获市区新冠肺炎疫情防控嘉奖表彰，2人次分获市、区创建全国文明城市工作先进个人，2人次获2021年度定海区“重要窗口”海岛风景线建设先进个人。

【落实从严治党举措】 严格按照上级巡察整改要求，全面、及时、准确地完成整改任务，消除中心在意识形态安全、网络管理、新闻设备使用管理、版权使用等方面的隐患和风险，制定出台绩效管理、设备管理、财务管理、外接宣传片等相关工作制度10项，建立长效机制建设。

【党史学习教育有声有色】 中心严格按照中央、省委、市委、区委统一部署和要求，以习近平新时代中国特色社会主义思想为指引，聚焦主线、紧扣实际，高标准严要求推动主题教育真抓实做、取得实效。

理论素养进一步充实　坚持集中学与分散学相结合，利用党组会议、理论中心组会议、编委会、支部“三会一课”等形式，全面系统学习党史指定书目，认真学习中共十九届四中、五中全会、习近平总书记关于媒体融合发展的重要讲话精神等。中心党支部组织观看《难忘初心》系列专题片、《我和我的祖国》爱国主义影片，组织“初心之行”“不忘初心、坚定前行”活动，赴小小图书馆和舟山烈士陵园红色教育基地，缅怀先烈、重温入党誓词。充分利用“学习强国”“舟山共产党员E家”学习教育平台，鼓励中心党员加强自学。开展中心党员民主评议和党支部“堡垒指数”考评，不断提升党组织的凝聚力和战斗力。开展中心“月度党员先锋岗”评选和“媒体先锋亮初心”主题交流，鼓励党员干部立足岗位、履职尽责。发挥领导干部带头促学作用，带头上党课4次。

狠抓问题整改落实　组织组织生活会和民主生活会，分析产生原因，明确问题来源，细化整改措施，确保事事有着落、件件有回音，保证整改工作方向明确、措施有力、开展迅速。每个党员严肃开展批评和自我批评，起到红脸出汗、排毒治病的效果。

（撰稿：孔　敏）

（本分目照片由区融媒体中心提供）

责任编辑：王英伟

精神文明建设

【概况】 2021年，全区精神文明建设工作以建设更高水平全国文明城市为抓手，推进全国文明城市建设管理长效化和常态化；深耕“德行定海山”核心品牌，推进新时代文明实践工作，加强未成年人思想道德教育，群众性精神文明创建活动丰富多彩，提升市民文明素质和社会文明程度。

位于定海公园的定海区新时代文明实践中心展馆

【新时代文明实践中心工作】 建立健全50家成员单位的联席会议制度，加强信息互通和工作联动，共享基层公共服务资源，推动工作落细落实。以区新时代文明实践中心定海公园展陈馆、城东街道新时代文明实践所、干䃎镇新建村书香文化礼堂为试点，专业化提升运作效能，聚合资源提供精准服务，全年三级阵地开展文明实践活动6000余场，近10万人次参与。推进“15分钟文明实践服务圈”，联动周边公共服务与资源，打造组合式文明实践阵地群，全区1中心、11所均完成上墙布置。推进“云平台”数字化建设，打造新时代文明实践中心“智慧大脑”，全区133个所站的阵地、团队、人数等实践数据图形化可视。全面启动“我要点单”线上服务，构建“群众点单、志愿者送单、双方评单”的工作回路，打造服务群众全天候网络，联合“小白鹭”“东海渔嫂”以及海上党员先锋队等开展防诈骗、防疫、消防安全宣传，提供电器维修、代买代办等上门服务，近千名居民享受足不出户的精准服务。

5月25日，在定海区新时代文明实践中心开展“学党史 颂党恩 跟党走”宣讲活动

【志愿服务工作】 深化“古城定海 志愿有你”志愿服务品牌，完善“党政主导+团委牵头+部门协同+社会参与”区域社会治理现代化模式，培育发展“青近侬”“清尘白鹭”“贴隔壁”等一批镇（街）志愿服务品牌，建立以“大学生社区主任助理”为纽带的校地合作体系，注册志愿者5.2万余名，构建志愿者参与基层治理、主动融入基层发展的良好氛围。持续开展“区域管家”“啄木鸟找碴团”“周末公益”等志愿服务活动，全年累计6500余场次，参与志愿者达7.3万余人次。发掘孵化志愿服务项目，获省志愿服务大赛银奖、铜奖各1个，获全省志愿服务“五个20”最美志愿服务村（社区）1个。

9月11日，定海区新时代文明实践志愿服务总队卫生环保队开展擦洗阿婆桥活动

【首届定海区新时代文明实践志愿服务项目大赛】 广泛征集优秀项目，挖掘并培树一批如“青春护航——赦罪未成年人帮扶项目”等具有专业性、常态化的志愿服务项目或团队，形成品牌效应，推动社会组织健

康可持续发展，逐步丰富公共文化的供给体系，“定海山”对决赛全程进行网络直播，观看及回看点击量近4000次。

志愿服务项目大赛

【全国文明城市创建督查工作】　区领导带头对联系乡镇、牵头专项组、包干小区开展一周一督查。紧盯菜场周边社区、小区、背街小巷、主次干道等重点区域，常态化开展滚动式督查；着眼硬件设施、小餐饮、文明交通劝导志愿服务等易反弹的工作问题，开展专项督查，年累计办理市抄告单90份、下发区抄告单122份。

【全国文明城市创建宣传工作】　组织城区四街道开展城区居民家庭的入户宣传工作，完善“一社区一入户方案”，加强一对一指导，全年累计完成6万户居民的入户宣传，并印制6万份文明、法治主题的宣传册，采购1万份宣传品进行发放。同时发送以社会主义核心价值观、厉行节约、公筷公勺、社区新时代文明实践活动等为主题的创城短信，覆盖近12万余人，进一步提升创城工作知晓率和支持率。印发《定海区公益广告管理暂行办法》，明确各公益广告的责任单位，推进公益广告常态化、规范化管理。开展公益广告清理专项行动，对城区四街道破损、脏污、过时公益广告情况进行地毯式排摸，共清理1669处，并结合常态化督查、公益广告专项行动等工作，持续巩固提升清理成效。同时，根据2021年全国文明城市测评新指标，在汽车客运中心、政务办、汽车南站、省级文明社区等点位新增一批主题鲜明的公益小景。

公筷公勺宣传

【健全文明城市长效管理机制】　紧扣创城目标和测评体系，靠实工作推进机制，建立完善组织领导、综合执法、督查考评、舆论宣传等各项工作机制，梳理印发《定海区城市文明建设长效管理机制汇编》（40项长效机制）、《定海区城市文明建设创新案例和亮点做法汇编》，推广创城期间的工作经验，把原有的各项指标转化为常态工作目标，测评方法转变为长效管理办法，推动文明创建从突击式向常态化升级。

开展理论宣传活动

【中央、省、市城市文明程度指数测评迎检工作】围绕舟山市文明城市常态管理测评、全国文明城市省测和国测复评，召开多次动员会、专题会、培训会，层层发动各专项组和镇街按照创城指标要求有序推进创建活动，抓好点位责任制、区域管家制等有效载体，全面落实常态管理，建强创城指挥体系，细化完善迎检预案。全年4次市测中，定海分别获得全市第1名、1名、4名、2名；省测中定海点位问题率最低；国测初步反馈在两区“两委”中成绩优秀。

5月28日，定海区建设更高水平
全国文明城市专题会议

【镇街道文明指数测评工作】 对全区11个镇（街道）在基础设施、环境卫生、群众性精神文明创建活动等方面的文明程度进行测评，根据2021年舟山市创建全国文明城市日常管理测评结果，结合镇（街道）日常工作开展情况进行综合排名，对排名靠前的镇（街道）予以通报，并安排资金奖励。城东街道、白泉镇分列城区、农渔村镇街第一。

【城市文明专项PK赛】 定期组织17个专项组309个点位开展“城市文明专项PK”，施行文明荣誉流动竞争，综合第三方测评、专业组测评、互查互评等，每期产生一名“城市文明标兵”，并把创城工作列入全区年度综合考核项目，将主要创建责任单位阶段性工作成效纳入实绩亮相台进行集中亮相，最大限度释放“比学”效应，调动镇街、相关单位的紧迫感、责任感。2021年，累计开展4期城市文明专项PK赛，马岙村、庄家湾安置项目、舟山市汽车客运中心、檀枫小学教育集团檀枫校区分获城市文明标兵流动红旗。

【居民小区楼道清理活动】 2021年10月，组织城区四街道开展“楼道整洁，有你有我”爱国卫生运动，通过区域管家、兼合式党支部、创建结对（党建结对）等形式发动机关企事业单位干部参与，调动社区居民、志愿团体力量，全面开展楼道堆积物清理、楼道乱张贴清除、非机动车（僵尸车）规范摆放、楼道阶梯及扶手清洗等活动，累计5000余人次参与清理楼道2000余个，改善居民小区楼道环境和秩序。

【空中缆线专项整治】 严查空中拉线，加强对空中拉线为非机动车充电行为的巡查力度，一旦发现，立即劝阻，屡教不改的，依法予以查办；对芙蓉洲路、芙蓉商城店铺门口乱拉电动车充电线现象进行集中整治，逐门逐户开展文明充电、用电安全宣传教育，共走访98家经营户。强化协作联动，形成属地镇街排查问题——管线单位认领、整改问题的处理机制，组织城管、属地镇街等相关责任单位对创建区域内主次干道、菜场周边背街小巷和居民小区等点位“空中蜘蛛网”进行全面排查，对管线乱拉、下垂等问题全部拍照“建号”形成问题清单，督促管线部门实施销号整治，全年共排查整改1391处问题。

【强化点位责任落实】 完成全区点位长调整工作，按照点位责任制管理要求，重新细化点位责任范围，根据人员变动情况充实调整点位长及工作人员，全区共有点位长700余人，制定印发《关于常态化实施全国文明城市创建点位责任制工作的通知》，常态化实施点位责任制，按照“一点位（或一类型点位）一方案”压实点位主体责任，完善点位履职闭环工作机制，开展重要点位长专题培训会三轮次，累计800余人次参加，进一步提升点位长履职能力。

【组织开展“古城定海·洁美家园”掸尘活动】 以全国文明城市国测复评为契机，开展“古城定海·洁美家园”掸尘活动，区四套班子领导带头，全区3000余名机关干部深入39个党建结对社区开展楼道清理、路面清扫等志愿服务，社区卫生环境得到提升。

【通过第三轮国家卫生城市复审】 区政府党组会议专题听取国卫工作汇报，召开全区国卫复审动员大会、复审培训会等会议5次，层层发动研究部署复审迎检工作。分管副区长任牵头领导，各负其责开展农贸市场整洁提升等七大攻坚行动，突出基础细节整改和长效管理制度落实，精准对标解决重难点问题。成立国卫复审督查专班，条块结合常态开展列检点位、小餐饮、市容环境、露天粪坑整治回头看等专项督查活动，办理、下发市、区抄告单42份。实施国卫复审工作“一周一督查 一周一抄告”机制，排查督查点位3467个，发现问题2267个，并对运行情况进行通报，以督促提升工作效能，确保第三轮国家卫生城市复审高分通过。

【创新实施道德先进动态管理】 制定《定海区道德

标兵、道德模范动态管理办法》，开展2020年度道德标兵、道德模范考核工作，根据管理办法确定68名考核对象，联合公安、信访、市场监管等部门及镇街、村社做好审查，通报考核结果，其中3人因不再在定工作、生活而停止优待政策。

【道德先进典型选树培育】　邀请第六届定海区道德模范7人、提名奖3人参加区党代会，会上由区领导授予荣誉称号。推荐林剑等16人作为省、市道德模范候选对象，其中5人获评第八届舟山市道德模范及提名奖。开展身边好人推荐，徐斌获评“中国好人”，王海松等6人获评“浙江好人”，竺珊燕等10人获评“舟山好人”。

党代会上受表彰的道德模范

【道德标兵、道德模范优待政策】　开展2021年生活补助、医疗补助申报工作，发放医疗补助5.7万元、惠及18人，生活补助3.8万元、惠及5人。组织21名道德模范、道德标兵前往福建厦门疗休养。开展春节慰问，走访王锦棠等6位道德模范，发放慰问金1.2万元。

【文明好习惯养成工程】　深化文明交通活动，统计区本级范围的车辆总数5611辆，较2020年增加6.31%，配合落实抄告曝光制度，发布机关企事业单位车辆、人员交通违法行为情况通报11期。开展制止餐饮浪费宣传教育活动，部署方案制定工作及公益宣传工作，累计发放宣传资料3000余份，检查餐饮单位3000余户次。深化垃圾分类宣传“八进”活动，组织各行业主管部门开展垃圾分类宣传进机关、进学校、进社区、进家庭、进企业、进商场、进宾馆（酒店）、进窗口百余场次，提高群众知晓率和社会参与度。

开展垃圾分类培训

【未成年人思想道德建设工作】　开展“扣好人生第一粒扣子”、童心向党、“春泥计划”系列活动500余场，承办2021年舟山市“践行劳动美 传承时代使命”社会实践活动，全面提升未成年人思想道德素养。

家风家教传承讲座

【城乡基层创建】　深化文明单位（文明校园）、文明村镇创建活动，新申报全国、省级文明单位2个、3个，复评全国、省、市、区级文明单位2个、15个、52个、35个；新申报市级文明校园3家，复评市级文明校园15家；新申报全国文明村2家、省3家、市4家，复评市文明村8家。截至2021年12月，全区有文明单位104个，其中，国家级2个、15个、52个、35个（多级别荣誉只按最高级别计）；国家级、市级、区级文明校园1个、29个、32个；国家级、省级、市级文明镇1个、1个、1个；国家级、省级、市级、区级文明村5个、9个、25个、40个。

（撰稿：张　郊）

（本分目图片由区精神文明建设指导中心提供）

统一战线工作

【概况】 2021年，全区统一战线工作人员学习贯彻习近平新时代中国特色社会主义思想和习近平总书记关于加强和改进统一战线工作的重要思想，学习贯彻《中国共产党统一战线工作条例》，以思想政治引领为根本，以服务中心大局为导向，守正创新、砥砺奋进，推动全区统一战线事业高质量发展。是年，区委统战部获全省统战系统先进集体。

【凝聚思想政治共识】 召开全区统战工作、民族宗教工作等会议，组织统一战线暑期读书会、党外代表人士培训班等活动，高标准抓好“七一”重要讲话精神、《中国共产党统一战线工作条例》等内容学习贯彻。开展“同心跟党走 迈向新征程”定海区统一战线庆祝中国共产党成立100周年主题活动，多次组织党史学习教育专题讲座，开展向党外人士赠书等活动，推进党外人士党史学习教育，引导统战成员进一步树牢“四个意识”、坚定“四个自信”，做到“两个维护”。

2021年定海区统一战线暑期读书会

【写好融入中心文章】 启动“同心定海山·同行共富路”全区统一战线助力共同富裕行动，持续推进“同心”社会服务基地建设，鼓励各民主党派、统战团体积极开展社会服务，全年累计服务1000余人次；发挥异地商会、新乡贤组织、港澳台海外同乡社团等统战团体桥梁纽带作用，组织项目推介、回乡考察、政企交流等活动；鼓励民营企业家投身光彩事业，开展“百企兴百村”“千个侨团（企）扶千村”等村企结对活动，不断巩固脱贫攻坚成果，夯实共同富裕基础。做好宗教（民间信仰）领域疫情防控工作和境外疫情防输入工作。

开展同心社会服务建设

【推进民主党派和无党派人士工作】 推进多党合作事业，组织各民主党派参加全区政情通报会、廉政建设情况通报会、法检两院年度工作情况通报会等，民主协商工作不断推进；支持各民主党派参政议政，在市、区“两会”和其他场合提交提案议案、意见建议百件以上，不少获得区委、区政府领导批示。开展“以数字化改革为契机，高水平推进市域治理现代化，构建新发展格局”专项民主监督，总结经验做法，发现难点痛点，通过“同心·直通车”及时反映给区委区政府，做好成果转化。持续推动党外知识分子工作创新发展，推进区新联会四个实践创新基地有序开展服务，定海新联会实践创新基地的相关工作获省委统战部领导肯定，并在省有关会议上作经验交流。

同舟·涉税服务联盟助力优化营商环境

【维护民族宗教领域稳定】 建立健全宗教（民间信仰）领域巡查工作制度、“三人驻点”小组工作制度和民宗所工作制度，全年累计开展巡查7000余人次。继续做好平安宗教活动场所创建工作，天福古寺荣获省级平安宗教活动场所和全省消防安全“百优争创”优秀单位。进一步深化“十百千万”普法工作，基督教定海慕恩堂成功创建2021年度省级普法示范基地。积极推进文化寺院建设工作，打造一批以佛教文化和中华传统优秀文化为亮点的特色寺院。规范民间信仰场所管理，组织开展全区民间信仰活动场所集中整治“回头看”工作。指导场所将民间民俗文化和社会主义优秀文化相融合，白泉甘溪庙庙会活动入选2021年度“民间民俗·多彩浙江”优秀传统文化系列活动。全面推进城市民族工作，指导东山社区打造民族工作“四微”工作平台，通过省级民族团结进步重点培育单位互检互查组验收。

天福禅寺

【促进“两个健康”】　区工商联获评2020—2021年度全国“五好”县级工商联、全市唯一的全国工商联民营企业调查点工作先进基层单位。指导区工商联完成换届，选优配强领导班子。护航民营经济，相关做法获评全省工商联系统二季度服务“两个健康”优秀

指导区工商联完成换届

案例。深化“定商永远跟党走”活动，实施“浙商品质提升工程”和“浙商青蓝接力工程”，加强对民营经济人士特别是新生代企业家的培养力度，为民营经济发展提供坚实的智力支撑和人才保障。不断加强基层商会和异地商会建设，指导成立中共宁波市定海商会党支部。推动构建亲清政商关系，深化清廉民企建设。

【深化港澳海外联络联谊】　完成香港定海联谊会、海外金塘人联谊会换届工作。以乡情、亲情、友情为纽带，开展“浙里有爱　四海迎春”新春慰侨、定海籍香港青少年“云上寻根·梦想加油站”等联络联谊活动，不断增进港澳同胞和海外华人华侨的归属感和认同感。持续加强侨联组织自身建设，完成侨联换届，扎实推进“侨胞之家”全覆盖扩面工程，全面提升为侨服务水平。实践“甬舟侨务一体化”合作发展战略，与镇海区侨联缔结友好侨联，互帮互助、携手共进。

定海区侨界党史学习教育暨“端午情·海山侨韵”端午联谊活动

【加强党外代表人士队伍建设】　召开组织部、统战部两部联席会议，共同推进党外干部工作。做好党外

参观四渡赤水纪念馆

代表人士政治安排，完成市、区人大代表、政协委员推荐和考察工作，全力配合各民主党派市委会换届工作。系统重建党外代表人士数据库，进一步加强党外代表人士发现、培养力度，推动区属有关部门在中层岗位安排党外干部的工作。指导各民主党派不断加强组织规范化建设，民建定海区支部、民进定海支部、农工党定海总支、九三学社定海区支部获全市民主党派“一支部一品牌”创建活动先进支部，创建工作位于全市前列。

【激发乡贤活力助推乡村振兴】 制定出台全市首例新乡贤人才队伍建设文件，引导新乡贤回乡助力产业兴旺、文化建设、乡村治理、生态宜居、公益慈善五大行动。探索建立乡贤参事会机制，指导各镇（街道）利用春节、清明等传统节日，组织乡贤恳谈会等活动10余次，激发乡贤回报桑梓热情。打造乡贤馆、乡贤工作室，新增各类阵地9处，实现镇（街道）乡贤阵地“全覆盖”。开展村级乡贤组织拓面工作，新增村级乡贤会近20个。不断拓展新乡贤工作宣传渠道，开辟浙江新闻App宣传板块，用好“今日定海”“定海统战”等宣传平台，选树潘信宽、李光鲁等新乡贤典型近10位，弘扬“知贤、敬贤、学贤”的浓厚氛围。

引导新乡贤回乡

（撰稿：徐开阳）

（本分目图片由区委统战部提供）

台湾事务

【概况】 2021年，区台办坚决服务党中央对台工作大局，围绕全区中心工作，以持续推进两岸关系和平发展为主题，开拓创新，积极作为，使全区对台工作再上新台阶。

【对台文化交流】 精耕“三毛”文化品牌，加强定台两地文化交流，以文学的力量促进两岸心灵融合。牵线搭桥，在“三毛散文奖”颁奖典礼上连线在台三毛亲友进行互动；组织来定台胞开展“品三毛文学 话两岸乡情”活动；邀请台胞参与“三毛散文奖与文化出海”论坛。搭建两岸文学交流互动平台，依托“行走的三毛”微信公众号和《三毛研究》杂志，征集发表两岸文学作品，公众号中刊登文章22篇，其中涉台5篇，杂志中涉台文章10余篇。是年，台胞台商参观考察三毛文化园5批次120余人次。

组织在定海台胞开展“品三毛文学 话两岸乡情”活动

【对台基层交流】 因疫情影响，两岸实地互动交流减少，区台办谋划，以网络、写信、互寄贺卡形式，加强两岸情感沟通。2021年春节期间，组织定海小学

在台老兵收到来自家乡的祝福

生与在台老兵、台湾小学生们互寄新年贺卡、剪纸等手工作品，表达祝福思念之情。在重阳节前夕，委托在台乡亲，走访慰问在台老兵们，送去家乡祝福，增强亲情联系。定海小学与台湾国姓小学以视频录制、微信沟通等方式开展云上交流互动。此外，还组织在定海的台胞台属“走进定海美丽乡村”联谊活动2场，了解家乡建设及当前台海形势，学习中央对台政策，增进台胞台属爱国爱乡之情。

【涉台服务工作】　做好疫情期间涉台防疫工作。为往返两岸的涉台人士提供最新疫情隔离政策，做好隔离宣传。做好涉台人士疫苗接种服务预约工作，共为60名台胞办理了疫苗接种身份证明。妥善处理涉台信访工作，是年，共处理政策咨询、祖宅翻建、祖堂拆迁赔偿、困难帮扶等涉台信访案件20余起。开展台胞台企送温暖活动，是年，走访慰问在定困难定居台胞、滞留台胞、台资企业及重点台属80余人次，送上慰问金、慰问品4万余元；寄送在台同乡会、友好在台社团、重点台胞等新春贺卡及礼包50余份2万余元。协助台胞办理在定居住证114人次。

端午节走访慰问在定海台胞

【涉台宣教工作】　开展“爱祖国、爱宝岛、两岸一家亲”主题宣教活动，将党的对台方针政策与祖国和平统一宣传到基层。国庆期间在“定海山”公众号上面向民众开展为期四天的涉台知识有奖问答活动；邀请市台办主任为区委办全体干部及各镇（街道）对台干部开展对台业务培训；编印《涉台知识100题》口袋本4000册下发给各社区（村）、局办机关；区台联会、各镇（街道）也结合各自实际，开展形式多样涉台知识宣讲等，扩大全区涉台宣传教育的覆盖面。

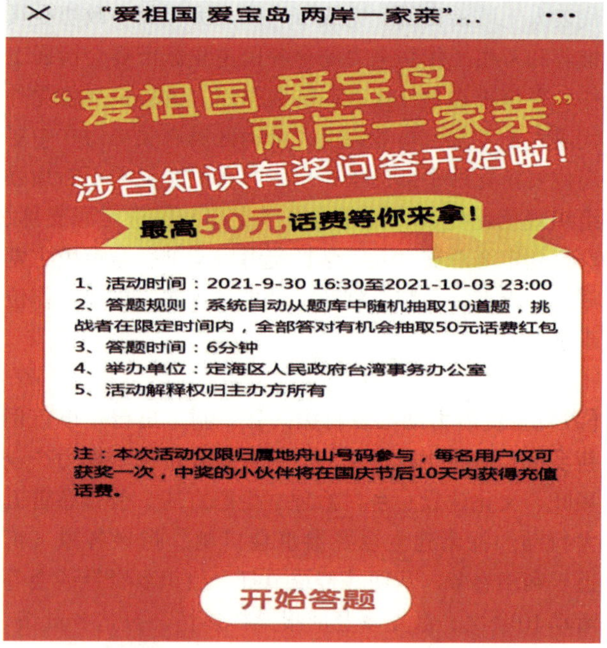

线上涉台知识有奖问答活动界面

【涉台招商引资工作】　助力乡村发展，引进台湾社区营造专家颜某，先后到马岙街道、小沙街道指导特色农旅开发项目。持续做好三毛文化园内民宿、文创、餐饮等项目对台推介，牵线引进台资“台爸王”餐饮入驻三毛文化园区，成为文化园内网红打卡店。邀请舟山籍台青薛某拍三毛故里、定海推介短视频3条，增强定海对外宣传影响力。

【去台老兵史料陈列馆重建工作】　助力干䃎镇做好去台老兵史料陈列馆工作。全程参与史料馆的设计把关，并多次与省、市台办沟通，取得上级部门的支持和指导。充分发挥台办资源，牵线搭桥收集资料，在舟山、台湾两地收集到去台老兵回忆录、信函、手稿、笔记、影音照片400余份等。

【捐赠资金管理】　加强捐赠资金的跟踪监督管理，确保捐赠资金按相关规定合理使用。是年，“第二十一届贝有添奖教奖学助学金”“王颜林先生助学金”“杨兆雄助学金”“张荫亚助学金”颁发仪式如期举行，定海24名优秀教师、50名优秀学生和424名困难学生收到总额55万元的奖励和资助。

（撰稿：王　玲）

（本分目图片由区台办提供）

机构编制工作

【概况】　2021年，定海区委编办深入践行党的政治路线和新时代党的组织路线，奋勇争先，集中力量抓突破、抓进度，推动工作成果持续释放、梯次跃升。

【“县乡一体、条抓块统”改革】　根据省市工作部署，推进“县乡一体、条抓块统”改革相关工作。完成镇（街道）各权力事项清单基础信息梳理及办事指南和流程图制定工作，并在浙江政务服务网公布，其中政务服务类事项108项，监管类事项32项。在全市范围内率先梳理完成县（区）级“属地管理”事项责任清单，并建立清单动态管理和应用配套考核机制。《清单》共纳入事项66项，涉及16个部门。组织17家“属地管理”事项牵头部门根据清单已确定的职责分工，针对每个清单事项编制办理流程图。梳理形成17项“一件事”事项，明晰牵头、协同部门职责边界，制定事项工作流程图，构建5S工作标准体系，建立全周期闭环管理机制。

【综合行政执法体制改革】　区级层面成立工作专班，立足定海区实际，完成《定海区基层综合行政执法改革方案》和《定海区白泉镇、环南街道街道办事处综合行政执法改革实施方案》，整合梳理出26个领域11个部门的处罚事项。在试点镇（街道）的执法机构加挂综合行政执法队牌子，整合现有派驻镇（街道）执法人员力量，镇（街道）执法人员占全区行政执法人员的56.5%。大力推动编制资源向镇（街道）集聚，全年，镇（街道）新增行政事业用编占全区全部新增的20%，同比提高100%。建设形成“综+专+合”三执法全方位覆盖。统筹配置基层综合执法力量，实现镇（街道）区域内的大综合行政执法，赋权清单以外的执法事项实行部门派驻力量开展定期或不定期跨区域巡查。完善《派驻部门管理办法》，进一步理顺区、镇（街道）两级行政执法职责关系，强化行政执法属地管理，提升镇（街道）对基层执法力量的统筹协调能力。

【机构编制服务保障工作】　坚持以习近平总书记对机构编制工作的新思想、新要求为发展方向，在规范化、精细化、纪律化上狠下功夫，不断提升机构编制管理水平。

提升编制使用效益　完成卫生系统事业编制重新核定工作，并建立系统内事业编制分类管理制度。制定出台政府专职消防员使用管理制度。科学制定2021年度机关事业单位用编计划，重点保障基层一线工作需要和紧缺专业人才引进，共核定2021年机关事业单位编制使用计划187名。开展镇（街道）用编综合绩效评估，将评估结果应用于编制核定调整。

优化机构职能　进一步做好群团部门职能权责法定化，重新制定区总工会、区残联“三定”规定。配合推进区供销合作联社“三会”体制，完成领导职数和内设机构调整。推动应急管理行政执法体系改革，联动区司法局、区综合行政执法局，共同探索完善应急管理处罚事项，梳理明晰执法依据、职责边界，编制监管事项、执法事项清单，健全动态调整完善机制。重新拟制区应急管理综合行政执法队机构编制规定。

规范事登监管　完成2020年度事业单位法人年度报告公示工作和涉改机关群团统一社会信用代码赋码、换证等工作。上半年共办理事业单位设立2家、变更140家、注销5家，证书补换领2家。基本完成区属学校、医院事业单位章程制定、核准工作。完成事业单位登记管理相关档案数字化工作，共整理事业单位登记、党政群赋码档案近4万页，卷内条目近2万条。

（撰稿：赵　洁）

区委直属机关工委工作

【概况】　2021年，区委直属机关工委立足统一领导区直机关党的工作职责定位，根据落实省委巡视整改和区委开展党史学习教育工作要求，采取“实施百日提升、坚持三大抓手、用好三种形式、切实强基固本、着眼办好实事”方针，推动区直机关各项工作开展。

【激发巡视整改逆推力】　结合指导督促职责实际，坚持系统观念、系统思维，下发《关于开展机关党建“百日提升行动”的通知》，筹划开展10项提升行动，持续深化对党忠诚教育，强化政治机关意识，对标提升机关党建各项工作。加强统筹布局、整体推进，开展机关党员教育管理“六不少”专项督导，通过交叉检查、随机抽查强化督促推动，突出效果导向，全部完成52家单位书面检查、交叉检查、工委抽查，落实整改提升举措13条。

【强化机关党建设政治力】　指导督促党组（党委）

理论学习中心组学习 实施领导干部组织生活备案制度，进一步涵养政治生态，切实加强党员领导干部积极参与党内组织生活，目前，区党员领导干部人均参加组织生活5.3次，机关“三级书记”上党史课、讲红色故事达159次。

规范支部主题党日活动 专题部署开展“学党史、话初心、担使命”“文明交通、安全警示”等主题党日活动，明确专题学习内容7次。机关各单位组织开展系列主题党日活动477次。推送信息117条、专题短视频47次。

抓实青年理论学习小组 依托党群一体化建设，实施区直机关青年理论学习提升工程，组建青年理论学习小组89个。举办定海区青年理论宣讲大赛暨第十一届微型党课机关预赛，26位机关年轻干部一展机关青年的新风貌，3位机关年轻干部代表全区参加全市决赛，取得优异名次。

【确保党史学习教育有活力】 立足工作实际、结合机关特点，抓住“研读、赛比、选树”三种形式，助推区直机关各单位努力提高学习教育效果。

“研读” 用好重要参考书籍，着重用好《论中国共产党历史》等重要书籍载体，通过机关党建群提醒落实好用好党史学习教育指定书目和习近平在浙江等重要学习内容，在“定海先锋”微信公众号推送《党史百年天天读》系列专栏，引导机关党员干部党史天天学。

“赛比” 组织党史学习教育主题党日活动方案展比，筹划开展“党史百问”党史知识竞赛；各单位单位开展“线上+线下”党史知识竞赛，组织红色微党课宣讲比赛等，进一步做好以比促学、必学结合。

“选树” 对标“潮涌定海先锋群像”先进典型宣传选树工作，通过区级“两优一先”推选工作，用身边人的故事感动身边人；遴选各行业优秀党员，开展“潮涌定海山——百名党员话祝福”活动。

【提升基层党组织组织力】 理顺区直机关组织架构，按照“有利于发挥组织功能、便于开展活动、加强党员教育管理”原则，优化调整基层组织设置5家单位。加强机关党组织班子建设，确保基层党组织都有1名以上35周岁以下的班子成员。推进机关党建数字化改革。与干部科共同推进“暖心E站通”的设计及应用，重点做好机关干部“e圈”“机关党员微心愿”等板块，搭建机关干部交流互动平台、机关党员志愿服务平台、机关健康文化培育平台。推进清廉机关模范机关建设。按照“讲政治、守纪律、负责任、有效率”要求，制定全区机关“双建指数”量化考评标准，实行红、蓝、黄、灰四色预警管理。启动机关“最强支部”创建工作，在堡垒指数考评为五星的党支部中开展“最强支部”创建工作，探索打造“这里最强”——“浙里最强”。机关支部严格执行基层党组织按期换届规定，完善机关党组织换届提醒督促制度。对标巡视整改要求，实施“存量盘活”计划，全面分析未发展党员的实际情况，指导督促19家单位制定整改方案。建立发展党员“红黄绿”三色管理长效机制，对45单位进行分类，截至9月底，实施绿色管理13家，黄色管理13家，红色管理19家，“红黄绿”管理结果以项目积分形式纳入机关单位党建考核体系，倒逼机关单位重视加强党员发展工作。进一步推动有形党建品牌（阵地）建设，一体推进“锋涌定海山”党建阵地建设，新打造可学可看党建品牌（阵地）7家。

【激活机关党建发动力】 坚持机关在职党员“作用发挥一个不少”原则，组织2000余名机关党员、入党积极分子到社区、小区兼和式党组织报到，推动参与基层社会治理，深化“微心愿”机制，拓展党员服务基层渠道。着力服务基层组织建设，组织部长、工委书记带头开展定期走访调研，研究机关党组织优化调整方案，优化部门间“最多跑一次”流程，选派党建力量开展业务指导和专题培训，推行机关党建标准化2.0版本，探索数字化信息化建设，进一步减轻基层负担、提高工作质效。各机关单位结合工作实际和行业领域视野，进一步推动“三服务”迭代升级。

【开展聚人心增活力工作】 *坚持党建带群建* 推进党群一体化建设，支持工会、共青团、妇工委开展工作，夯实群团组织基础，做好机关群团组织的调整、换届等工作。部署开展2021年度职工疗休养工作并做好服务工作；组织开展“凝聚她力量启航新征程”三八国际妇女节系列活动；举办开展“巧手献礼，喜赞百年”手工活动。

加强关爱激励 坚持政治上关心、工作上关注、生活上关怀。开展“百年奋斗路 启航新征程”永不褪色的红色记忆摄影比赛的收集、评比表彰和摄影作品集的印制工作。督促各单位党组织落实谈心谈话制度，重点化解受处分党员的压力、情绪，及时帮助机关干部解决实际困难。

当好“贴心人” 推进文体活动增活力，持续开展“快乐工作、健康生活”机关业余文化体育行动，举办了区委直属机关第七届篮球比赛，第十一届、第十二届定海区委直属机关羽毛球团体争霸赛。推进青年交友搭平台，开展“职工学堂”——动感单车、烘焙培训班两期，通过工会、团委平台努力为区直单位单身青年交友联谊创造条件。

（撰稿：王　杰）

政策研究工作

【概况】 2021年，区委区政府政策研究中心围绕全区中心工作和重要部署，开展各类调研和重要文稿起草工作。

【开展重点课题调研】 围绕中心工作开展调查研究，就海洋经济、项目招引、农村集体经济等等课题实地调研40余次，为区委、区政府开展工作提供思路、对策和措施。系统梳理在乡村净零碳建设方面的工作经验，形成《小山村融入大时代 聚力打造“净零碳”乡村全球实践样板》，被省委领导专报录用并获省委主要领导批示肯定。针对定海经济及产业发展趋势，开展谋划调研，形成定海区近中远期新的经济增长点、增长极谋划报告，供区委、区政府决策参考。

【协调全区调研工作】 组织区领导年度重点调研，扎实做好进度安排、初评打分、编辑校对等各项工作，形成《2020年度区领导调研成果选编》并发放各地各单位。牵头组织全区性调研工作，完成2020年度全区优秀调研成果评选，优选10篇进行通报表彰，并通过《今日定海》面向全区发布。

【起草重要文稿】 参与起草区委第十四次代表大会、区委十三届十六次全会等重大会议报告，完成定海区委工作汇报材料、定海区“十四五”期间城市有机更新计划等重要文稿。

（撰稿：柯雨昕）

信访工作

【概况】 2021年，区信访局接待群众来访316批671人次，同比分别下降26.2%和9.4%。其中，受理个访284批360人次，同比分别下降28.5%和29.4%；受理集体访32批311人次，同比分别上升3.2%和34.6%；处理来信93件，同比上升16.2%；网上信访858件，同比下降36.5%。“12345”定海分中心受理来电20417件，其中考核14666件，平均办理时长3.90天，按期转交率、告知率、受理率、答复率全部为100%，信访部门和责任单位满意率分别达到99.89%和99.68%。

【推行“党建+信访”工作模式】 坚持和加强党对信访工作领导，构建“党建+信访”工作体系，将信访工作纳入基层党建述职评议内容，打造书记带头抓、党建引领合力抓、健全机制高效抓、结果问效跟进抓、事前事后全程抓的实践探索，巩固“小事不出村、大事不出镇、接访在区里”的工作基础。

【专项工作】 织密三张网，强化“三联”工作机制，开展信访隐患排查工作，做到 “零非访、零倒流”，全年未发生赴省集体访。5月1日，国家信访局发文，通报表彰2020年度信访工作“三无”县（市、区、旗），定海首次创建信访工作“三无”县（区），也是全市唯一成功创建的县（区）。

【打赢信访积案化解“攻坚战”】 落实信访工作责任制，不断推进信访积案化解工作走深走实。是年，国家级和省级重复信访事项78件，其中国家级59件，化解58件，化解率98.3%，汇报化解后再次信访率低于5%；省级19件，化解率100%；国家、省、市交（督）办件4件，办结率100%；历史积案3件，化解率100%；新增积案率0.59%。完成全年目标任务，创建2021年度省级“无积案县（区）”。叶文君获评2021年度浙江省“最美信访局干部”称号。

【提升初信初访办理质效】 进一步从承办、交办、催办、回访、核实、督查等环节上健全制度，严格按照“属地派单、规范操作、按时反馈”的办件流程。继续围绕提高一次性办结率和群众满意率，在提高办理质量上下功夫，减少新增积案的产生。发挥信访超市窗口服务作用，依托区矛调中心综合调处平台，不断深化领导接访、部门联合接访等多元化解机制，持续推进“矛盾化解最多跑一地”。组织开展全区信访工作业务培训会，在提质增效方面进行专题培训和对策分析，提升全区信访业务能力和服务水平。区信访局获2021年度舟山市信访工作成绩突出集体。

【推进海岛代办“跑零次”服务】 完善海岛信访代办机制，构建“全科网络”，在全区各村（社）建立代办岗，组建党员代办员队伍，发挥党员先锋模范作用，解决群众困难、化解矛盾纠纷，打通区域信访代办服务“最后一公里”。是年，定海区成功以视频代办模式开展一场区委书记大接访活动，让偏远海岛村民不出岛就能与书记“面对面”交流，反映问题。实现全年全区信访代办化解率100%。

【贯彻落实上级信访工作要求】 省委信访工作会议于12月17日在杭州召开，省委书记袁家军在会上强调，要深入学习贯彻习近平总书记关于加强和改进人民信访工作的重要思想和中共十九届六中全会精神，聚焦推进社会治理体系和治理能力现代化，加快推动我省信访工作系统性重塑。省、市信访工作会议结束后，定海迅速传达落实会议精神，召开全区信访工作会议，部署安排下阶段信访工作，推进信访积案化解清零。

（撰稿：叶潆嫣）

保密工作

【概况】 2021年，全区保密工作贯彻省委、市委保密委员会决策部署，把握保密服务党和国家的重大意义，强化使命担当，创新方法，依法治密，确保政令绝对安全畅通。

【开展保密宣传教育】 结合“4·15”全民国家安全教育日，利用城市电视、手机微信和短信平台等新兴媒体开展保密安全宣传。组织保密专家宣讲，发放宣传册等方式，推进保密宣传进机关单位、进企业、进社区活动。观看窃密泄密警示教育片，开展典型案件警示教育图片展，在街道、社区（村）打造保密宣教阵地，营造保守国家秘密的浓厚氛围。

【加强涉密人员管理】 集中组织涉密人员以保密形势教育、保密知识和常识等为主要内容教育培训。落实涉密人员上岗审查、在岗管理，出国（境）管理、离岗离职管理，全面签订保密承诺书。完成全区涉密人员信息采集和登记工作，做好在定海东部海军退役军人脱密期管理，指导军工企业、涉密印刷企业涉密人员的规范化管理。

【推进涉密工程建设】 加强机关单位网络保密技术指导，按照应建尽建，应配尽配原则，建设涉密网络、配备涉密信息设备，打造数字化改革信息安全防线。持续推动信创工程，指导国产化设备替代，全面实施党政机关协同办公系统上线运行，加强技术支撑和运维保障，实现真替真用。

【组织保密风险管理专项自查】 文件从接收（产生）到销毁实施全生命周期管理，落实专用涉密计算机制作涉密文件，配备专用打印机、复印机，统一编号。领取文件落实签收制度，订制涉密文件登记本。对计算机及网络存储、处理、传输涉密文件信息进行检查，消除隐患。完善保密室防盗门、防盗窗、红外报警设备和视频监控系统硬件建设。

（撰稿：杨泽洲）

档案史志工作

【概况】 2021年，区档案馆以习近平新时代中国特色社会主义思想为指导，学习贯彻中央和省委、市委、区委精神以及习近平总书记关于档案、党史和文献、地方志等工作的重要论述，围绕中心，服务大局，加快推进档案治理体系和治理能力现代化，各项工作取得新进展。

【坚持依法治档】 强化档案工作指导力度 贯彻落实新修订《中华人民共和国档案法》和国家档案局第8、9号令，持续推进依法治档，强化档案实地年检，对建档单位逐一开展2020年度档案年检，及时反馈存在问题和不足，落实整改。指导各进馆单位落实《中华人民共和国档案法》及其实施办法，建立健全档案管理体制机制，配齐配足档案机房、档案库房、装具及现代化管理设备，确保各门类档案齐全且集中统一管理。

贯彻档案行政执法制度 依托“浙江省行政执法监管平台”和“浙政钉·掌上执法”系统，深入一线基层，对区审计局、环南街道等6家单位开展档案行政执法检查，推动全区档案工作法治化、规范化。强化重点产业、重点项目档案服务工作，对金鹰公司新工艺技术装备及示范样板基地项目等4个工程项目进行档案服务与现场指导，推动工程档案收集整理规范化。

提升宣传教育普及程度 加强新《中华人民共和国档案法》的学习与贯彻，班子成员领学促学，线上视频授课与线下自学同步开展，确保应知应会。开展全区档案业务培训班，实行小班化个性化定制，分3期进行，督促基层档案员学习贯彻新《中华人民共和国档案法》。

【提升档案资源建设水平】 强化档案资源建设 完成区委宣传部等15家单位2011—2015年档案的校对和接收；完成馆藏征集档案及新进馆档案条目与原文上传18479条；协助48家单位进行2019年归档文件电子目录及数字化成果上传24145条；补录户籍档案目录中缺少的必填项（迁入时间）99524条；做好第二次全国污染源普查专题档案的指导与接收工作4552件；做好“两类”档案专题建档工作，完成30家单位脱贫攻坚档案及14家单位疫情防控档案的数字化及系统上传；开展中华版本资源的收集和整理，上交602件；配合浙江省档案数据共享中心建设，并确定为首批试点单位，汇集目录数量101万条；进一步推进基层档案室数字化建设，完成舟山市定海区国有资产经营有限公司等4家单位数字档案室创建。

强化服务品质打造 开展窗口调研，采访查档群众，征集对档案查询服务的意见与建议，优化窗口查档体验。继续以电子查档、预约查档、异地查档等多种模式提供立体查询服务。至11月，累计接待利用档案1667人次，数字化利用2214件，出具证明2305份、打印（复印）7147页。进一步推动“一网查档、百馆联动”省域查档服务落地，为125人次提供异地跨馆查档服务。加大档案开放鉴定力度，完成136个全宗1989—1997年档案的鉴定与审核19万余条。

强化档案安全保障 做好三网分离、防火墙设置、监控系统维护、消防设施设备维护检查、库房管理等安全预防措施，向基层档案室发出台风等灾害预警，强化防灾工作。强化档案信息安全管理，组织开展各类数字档案平台的普查核验工作，排查弱口令账号，区分涉密件，严防涉密信息上网。定期做好档案登记备份工作，完成48家区级单位2019年度档案数字化成果的备份98GB；完成征集档案、村级档案等数字化成果的备份38.2GB；开展馆藏资源备份及省内异地备份，完成与海宁市档案馆的档案工作交流与备份数据交换35.79TB。

【开拓档案领域整体智治】 完善组织机制 贯彻落实全省数字化改革大会精神及省委、市委、区委工作部署，召开党组会议进行专题研究。建立工作专班，明确班子成员及各科室的工作职责和任务分工，集团作战、密切协调，推动档案领域数字化改革取得突破。

推进平台建设 对照《中华人民共和国档案法》及档案管理相关条例和规范，结合档案工作实际，仔细梳理业务流程，构建完善“主要领域”核心业务表。着眼档案业务关键流程，以提高档案管理效率、提升对进馆单位档案工作情况监管水平为目标，构建“智慧档案云”应用场景，制定重大应用“三张清单”，根据实际进展进行调整和完善。

实施智能监管 完成“智慧档案云”应用场景S0版本构建，完善至S1版本，实现注册全宗单位数量统计、使用单位数量统计、移交统计等多项功能，实现多跨场景、上下直达的高效管理，提升基层档案管理的覆盖面和规范化程度。“智慧档案云”应用场景列入定海区党政机关整体智治系统专题门户特色专栏，并与浙政钉进行对接上线。

【开展“三为”专题实践活动】 响应中央和省委、市委、区委关于开展“我为群众办实事、我为企业解难题、我为基层减负担”专题实践活动号召，盯住档案助力农村基层社会治理的方向，推进全区行政村档案规范化信息化建设试点。

提升基层档案规范化水平 扩大档案信息化规范化试点范围，将新建、盘峙等10个村纳入试点，从多个层面对街道和所属行政村进行制度性保障，完善村级档案管理、保密、查阅等制度，组织举办村级档案信息化建设培训班，上门提供现场指导和培训，推进试点工作。

下沉档案信息化管理体系 安排业务督导科和信息技术科的业务骨干全面跟进指导，按照“存量数字化、增量电子化”要求，分批次对各村历年室藏的村级档案进行数字化扫描工作，并将数字化成果上传至档案管理系统，实现数字化管理下沉至村一级。至年底，首批2个村（新建、盘峙）已完成村级档案数字化，其余8个村正进行村级档案的收集与整理。

践行档案服务基层群众理念宗旨 实施馆室一体化再深化，以博通数字档案管理系统为载体，把民生档案利用服务向各试点村的便民服务终端延伸，推动档案数据下沉到村，实现资源共享。村级档案员可依托系统查询新完成的村级档案数字化成果，可查询原馆藏该村档案，各地村民及基层单位查档便利度提升。借助浙江档案服务网，实现馆际、区、镇

（街道）、村四级联动档案查询，使“一网查档、百馆联动”扎根基层。

【完成定海党史二卷编纂发行】　完成《中国共产党浙江定海历史（1950—1978）》编纂发行工作。协助区委办组织举办面向全区的《中国共产党浙江定海历史（1950—1978）》首发式，并联合区融媒体中心对出版工作进行报道。举办党史编纂工作交流座谈会，与市区文史专家及市新四军历史研究会、区社科联等单位相关负责人围绕该书进行交流。协调出版机构，严把书稿排版、装帧、印刷、包装质量，完成首批1200册印刷工作，向区属相关单位、街道、社区和“两新”组织等发放近千册。开展党史三卷启动前期准备工作，完成《中国共产党定海历史（1978—2002）》编写方案（意见稿）的撰写。

【打造精品综合年鉴】　坚持“一年一鉴”工作方针，力求《定海年鉴（2021）》全面反映年度定海区政治、经济、文化、社会等面貌。精心设计篇目，对年鉴内容及版面进行多次调整，增设“抗疫专记”“退役军人事务管理”等类目。丰富内容，重点介绍定海地域特色，增强可读性，向社会各界宣介定海。广泛征集，确保资料翔实完整，年鉴质量过硬。经初稿编辑、初审、复审、修改补充及终审验收等流程，年底正式定稿并交付印刷厂。

【推进党史学习教育工作】　依托馆藏红色史料及定海红色资源，动员全体党员干部开展各项学习教育活动。

专题学习走深走实　为每一位党员采购并发放教育读本，并通过理论中心组学习、专题学习、集中自学、业余学习、“学习强国”学习平台自学等多种方式和途径，学习习近平总书记在党史学习教育动员大会上的重要讲话精神、在庆祝中国共产党成立100周年大会上的重要讲话精神、中共十九届六中全会精神等内容，并鼓励大家畅所欲言、交流学习心得，做到学深悟透。开展“沿着红色足迹学党史”活动，由支部组织党员分批次前往全区26处立碑的革命遗址遗迹进行参观缅怀和走访摸排，勘察遗址情况，并起草革命遗址遗迹的立碑和保护情况报告。组织全体党员前往我市茅洋会议旧址，开展“学党史 缅怀先烈 忆初心 坚定前行”主题党日活动，倾听定海革命历史中波澜壮阔的斗争历程。与民进舟山支部开展党建共建，共同前往新建社区党建广场以及台州一江山岛登陆战纪念馆，接受革命历史的洗礼和感召，重温习近平总书记视察定海、造访新建社区时的情景和指示精神。于“九·一八”事变爆发90周年纪念日之际，组织全体党员参观舟山警备区军史陈列馆，回首战火硝烟的过往，共铸砥砺奋进之信念。

理论宣讲深耕细学　坚持把政治建设摆在首位，提高政治站位，学习习近平新时代中国特色社会主义思想，开展百年党史主题宣讲，不断增强“四个意识”、坚定“四个自信”、做到“两个维护”。充分利用“学习强国”“干部学习在线”等新媒体平台，参加党史网络专题培训及相关专题学习。班子成员率先垂范，向全体干部作百年党史专题宣讲，为党史学习教育开好头、带好路。以机关支部为基础，成立支部宣讲团，全员争做宣讲员，开展“党史大家讲”活动，将党的历史上发生的点滴动人小故事汇聚成百年壮丽诗篇。发挥档案史志部门业务优势，派骨干同志参加全区党史学习教育宣讲团，准备定海党史资料，开展党史宣讲。

宣传教育多面开花　开展“致敬百年 红色定海”——庆祝中国共产党成立100周年暨国际档案日主题宣传活动，通过文艺节目会演《奋斗百年路》《启航新征程》两大篇章的精彩演出，歌颂中国共产党走过的百年光辉历程，并现场举办百年党史图片展、党史知识灯谜竞猜等系列活动。与区融媒体中心合作，制作推出《走近抗日英烈钱国华》《东海女英雄杨静娟故事》等系列宣传报道栏目，合作拍摄《红色足迹》系列报道。参与“百年潮涌·之江楷模”革命烈士推荐，上报定海籍杨静娟、钱国华两位革命烈士事迹资料。开展“学习强国”关于定海党史知识题目征集工作，上报定海党史题目30题。向省里以及“学习强国”学习平台报送红色遗迹遗址背后的故事6篇，录用2篇。配合区委宣传部，为“天天读党史”活动提供资料和协助审读。开展《党的十八大以来浙江脱贫攻坚口述史》定海篇征编工作，讲好定海脱贫攻坚故事。广泛开展征集工作，收集定海红色文化资源，征集到革命小故事12个。协助、指导白泉镇做好东海游击总队陈列馆重建工作，提供所需革命史料，向小沙街道、马岙博物馆、昌国街道等提供定海党史文字和图片资料。

（撰稿：王英伟）

责任编辑：王英伟

舟山市定海区人民代表大会

区人大常委会领导

主　　任：林剑彪（2021.01—）
副 主 任：林世军（2022.01—）
柳跃军（2022.01—）
齐友国（2020.01—）
王金康（2017.02—）
张宣杰（2021.01—）
党组书记：林剑彪（2020.12—）
党组副书记：林世军（2021.12—）
党组成员：柳跃军（2022.02—）
齐友国（2019.12—）
张宣杰（2020.12—）
卢建军（2010.04—）

综　述

2021年，区人大常委会高举习近平新时代中国特色社会主义思想伟大旗帜，全面贯彻落实中共十九大和十九届历次全会精神，学习领会习近平法治思想、习近平总书记关于坚持和完善人民代表大会制度的重要思想，贯彻落实中央人大工作会议精神，围绕中央和省委、市委、区委的决策部署，依靠全体代表和全区人民，强化政治担当，依法履行人大各项职能，发挥人大作用，为定海经济社会高质量发展和民主法治建设全面推进作出了积极贡献。任期内召开常委会会议50次、主任会议72次，听取和审议“一府一委两院”各项工作报告132个，作出决议决定90项，组织开展调研、视察、执法检查、督查等140余次，完成本届人大常委会各项工作任务。

重要会议

【区十七届人大五次会议】 舟山市定海区第十七届人民代表大会第五次会议于1月12—15日在定海区召开。202名区人大代表出席会议。区人民政府组成人员和在定海区的省十三届、市七届人大代表，区委常委，金塘管委会负责人，区农渔村工作指导组主要负责人共137名列席会议。区监察委员会、区人民法院、区人民检察院、区人武部负责人，区属有关单位、群众团体主要负责人，各镇（街道）党（工）委书记，镇长、街道办事处主任，镇人大主席、副主席，区人大常委会各工委（办）负责人、各工委兼职委员，区人大常委会街道工作委员会负责人，市以上垂直管理单位在定派设机构的主要负责人，金融保险机构主要负责人，驻定部队和武警负责人，大会秘书处各组组长，定海区部分原领导干部共130名听会人员通过收看大会直播听取各项报告。大会依法选举林剑彪为舟山市定海区第十七届人民代表大会常务委员会主任，选举张宣杰为舟山市定海区第十七届人民代表大会常务

舟山市定海区第十七届人民代表大会第五次会议在舟山剧院召开

委员会副主任。会议审查批准《舟山市定海区国民经济和社会发展第十四个五年规划和二〇三五远景目标纲要》。会议审议定海区2020年国民经济和社会发展计划执行情况及2021年国民经济和社会发展计划草案的报告、2020年财政预算执行情况和2021年财政预算草案的报告。听取和审查区人大常委会、区人民政府、区人民法院、区人民检察院的工作报告，审查批准2021年定海区国民经济和社会发展计划、区本级财政预算，并作出相应决议。大会对政府民生实事项目进行了票决，票决通过了12项政府重点实施的民生实事项目。

本次大会期间，代表们坚持以习近平新时代中国特色社会主义思想为指引，贯彻落实中共十九大精神，紧扣省委争创社会主义现代化先行省的目标，聚焦忠实践行“八八战略”、奋力打造“重要窗口”，围绕打好“五大会战”、建设“四个舟山”，履行宪法法律赋予的各项职权，向大会提出议案。至本次大会规定的议案截止时间，大会秘书处收到代表10人以上联名提出的议案47件，其中，法制监察司法方面1件、财政经济方面2件、教科文卫与民宗侨方面9件、城建环资方面25件、农业农村方面5件、社会建设方面5件。同时，大会秘书处还收到代表提出的建议、批评和意见（以下简称建议）33件。经议案审查委员会研究，将47件议案均作为建议。将徐君芬等11名代表提出的《关于进一步加强农村商品房质量安全管理工作的议案》、邵燕红等12名代表提出的《关于加强城区地下管网建设及维护的议案》、李善丰等10名代表提出的《关于巩固文明城市创建成果的议案》、夏贤明等23名代表提出的《关于规范提升小区物业管理的议案》、徐辉代表提出的《关于进一步加快发展金塘塑机螺杆产业的建议》5件建议作为本次大会重点建议。

在本次大会结束后，以上80件建议将由区人大常委会办事机构和区政府办公室交有关机关、组织研究处理，并负责答复代表，其中涉及临城街道、千岛街道范围内的建议，由区政府办公室集中转交市政府办公室，待市政府有关部门提出处理意见后，再由区政府办公室答复代表。

【区十七届人大常委会会议】 区十七届人大常委会第三十九次会议 于1月6日召开。会议由副主任范纲主持。会议听取和初审区发改局局长张宣杰受区人民政府委托所作的《舟山市定海区国民经济和社会发展第十四个五年规划和二〇三五年远景目标纲要草案》（以下简称《纲要草案》），听取区人大财经委《关于舟山市定海区国民经济和社会发展第十四个五年规划和二〇三五年远景目标纲要草案的初步审查结果报告》。会议认为，《纲要草案》全面体现了区委《关于制定舟山市定海区国民经济和社会发展第十四个五年规划和二〇三五年远景目标的建议》精神，提出了未来五年及二〇三五年全区经济社会发展的指导思想、主要目标、重点任务和重大举措，总体安排积极可行。会议听取和初审区发改局局长张宣杰受区人民政府委托所作的《关于舟山市定海区2020年国民经济和社会发展计划执行情况与2021年国民经济和社会发展计划草案的报告》，听取区人大财经委《关于舟山市定海区2020年国民经济和社会发展计划执行情况与2021年国民经济和社会发展计划草案的初步审查结果报告》。会议认为，2020年全区国民经济和社会发展计划执行情况总体较好；2021年的计划草案总体可行，符合定海区经济社会发展实际。会议要求，区政府在2021年要以新发展理念为引领，推动高质量发展；以创新发展为动力，不断激发经济发展潜能和活力；以共享发展为目标，不断提高人民群众获得感、幸福感、安全感。会议听取区发改局局长张宣杰受区人民政府委托所作的《关于定海区2021年政府民生实事代表票决候选项目情况的报告》。会议认为，区政府准确把握民生实事项目内涵，按照群众期盼、关注民生、政府能办的基本原则，推选出15个民生实事候选项目，方案是可行的，同意提交区十七届人大五次会议进行票决。会议讨论《舟山市定海区2021年政府民生实事项目代表票决办法（草案）》。会议听取和初审区财政局局长何红受区人民政府委托所作的《关于舟山市定海区2020年财政预算执行情况和2021年财政预算草案的报告》和2021年人大上会审议部门及街道预算编制情况，听取区人大财经委《关于舟山市定海区2020年财政预算执行情况和2021年财政预算草案的初步审查结果报告》。会议认为，2020年定海区财政预算执行情况总体较好，区政府提出的2021年财政预算草案符合中央经济工作会议精神，预算收入与支出安排统筹兼顾，重点突出，总体可行。会议要求，区政府要进一步加强财税征管，确保财力持续、收支平衡、风险可控；进一步强化民生保障，推进幸福定海、品质定海建设；进一步提升财政绩效，发挥财政资金最大效用；进一步深化财政改革，推进财政体制机制不断创新。会议还审查了区十七届人大四次会议确定的16个上会审议部门和3个上会审议街道预算执行情况。会议审议通过了区人大常委会在区十七届人大五次会议上的工作报告稿。会议审议通过区人大常委会2021年工作要点。会议听取区人大各专门委员会工作报告。会议审议通过代表资格审查委员会《关于补选的区第十七届人民代表大会代表的代表资格审查报告》。会议讨论提出区十七届人大五次会议议程草案、日程草案、主席团和秘书长名单草案、主席团常务主席名单草案、主席团执行主席分组名单草案、副秘书长名单草案、议案审查委员会组成人员名单草案、议案截止日期的决定草案、各项名单和决议案的表决办法草案，通过各代表团组成及召集人名单，决定列席人员名单。

区十七届人大常委会第四十次会议 2月7日，召开区十七届人大常委会第四十次会议。会议由主任林剑彪主持。会议决定人事任免事项。

区十七届人大常委会第四十一次会议 3月5日，召开区十七届人大常委会第四十一次会议。会议由主任林剑彪主持。会议听取和审议区人大常委会各街道工作委员会关于上一年度工作情况和本年度工作计划的报告，经过审议，会议通过《舟山市定海区人民代表大会常务委员会关于街道工作委员会工作报告的决议》。

区十七届人大常委会第四十二次会议 4月24日，召开区十七届人大常委会第四十二次会议。会议由主任林剑彪主持。会议决定人事任免事项。会议听取区人民政府副区长刘世君所作的《关于定海区推进落实“十四五”规划科技创新发展部署、加快建设创新型城市情况的报告》和区人大常委会教科文卫与民宗侨工委主任叶立占所作的《关于定海区推进落实“十四五”规划科技创新发展部署、加快建设创新型城市情况的调查报告》。会议认为，近年来，区政府大力实施创新驱动发展战略，持续打造科技创新平台，竭力汇聚科技创新人才，全区科技创新发展水平有较大提升。会议要求，政府及其职能部门要进一步加大育才引才留才力度，健全人才政策支撑体系，谋求跨区域智力支持，不断提升企业整体科技水平；要建立全社会多渠道的科技投入体系，推动科技成果市场化应用，发挥企业科技创新主体作用；要完善产业平台公共配套设施，强化各类要素保障，积极向上争取政策支持，高质量推进产业平台建设；要加强机构和专业化队伍建设，加大政策支持力度，强化各部门协同，凝聚定海科技创新发展合力。会议听取和审议区人民政府副区长刘世君所作的《关于全区2020年度环境状况和环境保护目标完成情况的报告》和区人大常委会城建环资工委主任蒋玲军所作的《关于定海区2020年度环境状况和环境保护目标完成情况的调查报告》。经过审议，会议提出《舟山市定海区人民代表大会常务委员会关于全区2020年度环境状况和环境保护目标完成情况的审议意见》。会议听取区财政局局长何红受区人民政府委托所作的《关于海滨小学拆建工程项目绩效情况的报告》和区人大常委会财经工委主任石江洋所作的《关于海滨小学拆建工程项目绩效情况的调查报告》。会议认为，海滨小学拆建工程项目建设管理比较到位，建成投用后，校园基础设施显著改善，教学水平大幅提升，社会声誉明显提高，项目总体绩效评价良好，但也存在施工图设计未公开招投标、财政资金使用效率不高、部分公共资源闲置等问题。会议要求，政府及其职能部门要强化整改提升，进一步规范项目实施，加强资产管理，切实发挥资源效能；要强化责任意识，增强项目设计管理和概算控制能力，创新管理机制，优化管理模式，进一步提升项目管理水平；要健全完善专家库管理制度，提高项目评审质量和公信力，开展和完善政府投资项目绩效评价工作，提高财政资金使用效益和效率；要合理配置海滨小学师资，提升教师业务能力，加快全区学校升级改造，整体推进一体化办学，促进教育均衡发展。会议听取区人民政府常务副区长夏泉所作的《关于〈宗教事务条例〉贯彻落实情况的报告》和区人大常委会教科文卫与民宗侨工委主任叶立占所作的《关于定海区贯彻实施〈宗教事务条例〉情况的调查报告》。会议认为，自《宗教事务条例》实施以来，区政府及有关部门认真学习贯彻落实，依法稳步推进宗教事务管理工作，健全宗教管理机构和网络，发挥宗教人士积极作用，维护定海宗教和睦、社会和谐。会议要求，政府及相关部门要提高政治站位，坚持党对宗教工作的领导，牢牢把握宗教中国化方向，有针对性地开展学习宣传教育；要健全宗教工作协同机制，完善管理网络，加强力量配备，确保全区宗教工作推进；要加强宗教活动场所管理，重视场所布局规划，依法解决土地、房产确权等历史遗留问题；要重视宗教团体建设，维护宗教人士合法权益，发挥宗教人士

作用，推动宗教与社会主义社会相适应。会议听取区人民政府常务副区长夏泉所作的《关于全区“菜篮子”工程建设情况的报告》和区人大常委会农业农村工委主任徐汉云所作的《关于全区“菜篮子”工程建设情况的调查报告》。会议认为，近年来，区政府高度重视并积极推进“菜篮子”工程建设，持续提升生产供应能力，不断优化市场流通环节，确保市民“菜篮子”安全、平价、丰富。会议要求，政府及其职能部门要深化思想认识，完善工作机制，强化综合协调能力，进一步壮大全区“菜篮子”产业；要进一步完善蔬菜基地建设规划，发展高标准畜禽养殖基地，推进水产养殖业绿色发展，稳步提高“菜篮子”产品自给率和自主供应率；要强化产销对接，加快推进批发市场和农贸市场升级改造，统筹谋划“菜篮子”供应点布局，推进网上菜场建设，多渠道满足城乡居民需求；要健全农产品质量安全检测体系，完善市场调控机制，提升智慧监管水平，维护良好的市场秩序；要加大政策扶持力度，加强现代农业人才培育，及早谋划二轮土地承包到期后对策措施，保障农业投资经营主体权益。

区十七届人大常委会第四十三次会议　6月29日上午和6月30日下午，召开区十七届人大常委会第四十三次会议。会议由主任林剑彪主持。会议听取和审议区人民政府常务副区长夏泉所作的《关于舟山市定海区法治政府建设情况的报告》和区人大常委会法制与监察司法工委主任俞嫦女所作的《关于定海区法治政府建设情况的调查报告》。经过审议，会议提出《舟山市定海区人民代表大会常务委员会关于进一步加强法治政府建设的审议意见》。会议听取和审议区财政局局长何红受区人民政府委托所作的《关于舟山市定海区2020年度财政决算情况的报告》、区审计局局长傅忠国受区人民政府委托所作的《定海区人民政府关于2020年度区本级预算执行和全区其他财政收支的审计工作报告》和区人大常委会财经工委主任石江洋所作的《关于舟山市定海区2020年度财政决算和其他财政收支情况的调查报告》。经过审议，会议通过《舟山市定海区人民代表大会常务委员会关于批准2020年度区本级财政决算的决议》。会议决定人事任免事项。会议听取区人民政府副区长屠定玉所作的《关于社会组织参与基层社会治理的报告》和区人大常委会社会建设工委主任王亚儿所作的《定海区社会组织参与基层社会治理情况的调查报告》。会议认为，近年来，定海引导社会组织参与基层社会治理，构建“党建引领、部门协作、社会参与、监管并重”的社会组织发展新格局，逐渐实现社会组织蓬勃发展和基层社会治理效果显著的双赢局面，但也存在政府扶持奖励及购买服务力度不够，社会组织参与基层治理的广度有待拓宽、发展内生动力不足、人才缺乏等问题。会议要求，要加强社会组织监督和管理，加强部门沟通协作，推行信息公开制度，健全社会组织评估制度，完善政府购买服务制度；要深入优化发展环境，加强宣传，提高扶持奖励标准，为社会组织提供沟通交流的平台，形成特色治理品牌；要强化社会组织队伍，完善内部管理制度，加大人员培训力度，招引职业人才，进一步提升社会服务水平。

区十七届人大常委会第四十四次会议　8月30日，召开区十七届人大常委会第四十四次会议。会议由主任林剑彪主持。会议听取和审议区监察委员会主任郑飞科所作的《关于整治群众身边不正之风和腐败问题专项工作情况的报告》和区人大常委会法制与监察司法工委主任俞嫦女所作的《关于全区整治群众身边不正之风和腐败问题工作情况的调查报告》。经过审议，会议提出《舟山市定海区人民代表大会常务委员会关于全区整治群众身边不正之风和腐败问题工作情况的审议意见》。会议听取区人民法院院长徐文斌所作的《关于司法公开工作情况的报告》和区人大常委会法制与监察司法工委主任俞嫦女所作的《关于区法院司法公开工作情况的调查报告》。会议认为，近年来，区法院坚持服务大局、司法为民、公正司法，持续深化司法公开工作，构建阳光司法工作机制，保障人民群众的知情权、参与权、表达权和监督权。会议要求，区法院要进一步强化司法公开理念，增强法官接受监督的意识，拓展司法公开的广度和深度，确保审判权在阳光下运行；要不断推进司法公开规范化建设，建立完善审核纠错、监督、责任考评等机制；要拓宽司法公开途径，深化司法公开平台运用和法院门户网站建设，融合推进数字法院建设，提高智能化水平；要强化司法公开宣传工作，积极以多元化公开载体主动宣传司法公开工作的新举措，展现法院和法官良好形象。会议听取和审议区发改局局长夏元沪所作的《关于舟山市定海区2021年国民经济和社会发展计划上半年执行情况的报告》、区财政局局长何红所作的《关于舟山市定海区2021年财政预算上半年执行情况的报告》和区人大常委会财经工委主任石江洋所作的《关于舟山市定海区2021年国民经济和社会发展计划、财政预算上半年执行情况的调查报告》。经过审议，会议提出《舟山市定海区人民代表大会常务委员会关于全区2021年国民经济和社会发展计划、财政预算上半年执行情况的审议意见》。会议决定人事任免事项。会议听取区人民政府副区长屠定玉所作的《关于定海区域医疗卫生服务共同体建设情况的报告》和区人大常委会教科文卫与民宗侨工委主任叶立占所作的《关于定海区域医疗卫生服务共同体建设情况的调查报告》。会议认为，近年来，区政府积极落实省委省政府意见要求，推进区域医共体建设，构建完善医疗卫生新体制新体系，推动发展智慧医疗，医疗卫生服务水平得到新提升。会议要求，区政府及其职能部门要进一步提高思想认识，不断强化基层医疗卫生服务体系建设，建立联席会议和定期考核制度，同时加强教育宣传，凝聚各方共识；要突出建设重点，加强区中心医院建设，完善公共卫生服务机构功能，加快补齐医共体建设短板；要加强医疗卫生队伍建设，通过内部培养、人才引进、人才委培等方式引进和培养人才，同时千方百计留住人才；要加大财政保障力度，加快推进信息化平台建设和医疗卫生服务机构标准化规范化建设，推动定海区医疗卫生事业取得新发展。会议听取和审议区人民政府副区长刘世君所作的《关于〈浙江省粮食安全保障条例〉贯彻执行情况的报告》和区人大常委会农业农村工委主任徐汉云所作的《关于〈浙江省粮食安全保障条例〉贯彻执行情况的调查报告》。经过审议，会议提出《舟山市定海区人民代表大会常务委员会关于〈浙江省粮食安全保障条例〉贯彻执行情况报告的审议意见》。

区十七届人大常委会第四十五次会议　9月15日，召开区十七届人大常委会第四十五次会议。会议由林剑彪主任主持。会议审议通过《舟山市定海区人民代表大会常务委员会关于设立舟山市定海区选举委员会的决定》《舟山市定海区人民代表大会常务委员会关于区、镇两级人民代表大会换届选举时间的决定》《舟山市定海区人民代表大会常务委员会关于新一届镇人民代表大会代表名额的决定》《舟山市定海区区、镇两级人民代表大会换届选举工作方案》。会议决定各镇、街道选举机构组成人员的任职事项。

区十七届人大常委会第四十六次会议　11月1—2日，召开区十七届人大常委会第四十六次会议。会议由主任林剑彪主持。会议听取和审议区财政局局长何红受区人民政府委托所作的《关于舟山市定海区2020年度国有资产管理情况的综合报告》和区人大常委会财经工委主任石江洋所作的《关于全区国有资产管理综合情况的调查报告》。经过审议，会议提出《舟山市定海区人民代表大会常务委员会关于全区国有资产管理综合情况的审议意见》。会议听取和审议区人民政府常务副区长夏泉所作的《关于舟山市定海区第十七届人民代表大会第五次会议代表议案建议办理情况的报告》和区人大常委会代表工委主任鲍治杰所作的《关于区十七届人大五次会议代表建议办理情况及本届代表建议回头看的调查报告》。经过认真审议，会议提出《舟山市定海区人民代表大会常务委员会关于定海区第十七届人民代表大会第五次会议代表议案建议办理情况的审议意见》。会议听取区综合行政执法局局长顾培斐受区人民政府委托所作的《关于定海城区生活垃圾分类工作的报告》和区人大常委会城建环资工委主任蒋玲军所作的《关于我区城区生活垃圾分类工作的调查报告》。会议认为，近年来，区政府高度重视生活垃圾分类工作，依法推进《浙江省生活垃圾分类管理条例》贯彻实施，扎实开展文明风尚、源头减量、回收利用、制度创新处置能力提升等五大攻坚行动，推动定海区城区生活垃圾分类工作水平全面提升。会议要求，区政府及其职能部门要充分提高思想认识，明确工作职责，加强宣传力度，在推进过程中不断完善和改进垃圾分类工作；要提升垃圾分类质量，补齐分类清运短板，规范关键环节操作，增强群众对垃圾分类工作的认可度；要凝聚部门合力，强化监督管理，充分发挥法治约束作用，依托数字赋能重点破解垃圾分类管理难、执法难、处罚难的问题；要继续加强源头减量，积极争取资金支持，推动垃圾分类市场化、社会化发展，提升垃圾分类工作实效。会议听取和审议区水利局党组书记陈官平受区人民政府委托所作的《关于全区防洪排涝（水系）规划落实情况的报告》和区人大常委会农业农村工委主任徐汉云所作的《关于全区防洪排涝（水系）规划落实情况的调查报告》。经过审议，会议提出《舟山市定海区人民代表大会常务委员会关于全区防洪排涝（水系）规划落实情况的审议意见》。会议对区人民检察院检察官开展履职评议，5名区人民检察院员额检察官从履行检察职责、提升业务素养、自觉接受监督等方面向常委会报告了履职情况，区人大法制与监察司法委主任委员俞嫦女代表检察官履职评议工作领导小组作《关于开展检察官履职评议工作情况的报告》。常委会组成人员对5名被评议法官履职情况进行民主测评，经过审议，综合各项评议赋分情况，评定金莹检察官为优秀等次。

舟山市定海区十七届人大常委会第四十六次会议召开

区十七届人大常委会第四十七次会议　11月25日，召开区十七届人大常委会第四十七次会议。会议由主任林剑彪主持。会议决定人事任免事项。会议审议通过区人民政府副区长任职事项，会议表决通过《关于接受侯富光请求辞去舟山市定海区人民政府区长职务的决定》《关于孙丹燕代理舟山市定海区人民政府区长职务的决定》。

区十七届人大常委会第四十八次会议　12月24—25日，召开区十七届人大常委会第四十八次会议。会议由主任林剑彪主持。会议决定人事任免事项。会议听取和审议了代表资格审查委员会副主任委员卢建军所作的《关于补选舟山市定海区十七届人大常委会代表资格审查委员会主任委员的报告》。经过审议，会议通过《舟山市定海区人民代表大会常务委员会关于调整代表资格审查委员会组成人员的决定》。会议听取区人民政府副区长王其锋代表区人民政府所作的《关于全区群众体育工作情况的报告》和区人大常委会社会建设工委主任王亚儿所作的《关于全区群众体育工作情况的调查报告》。会议认为，近年来，区政府和相关部门高度重视群众体育工作，不断完善全民健身工作体系，加大体育设施建设力度，开展丰富多样的群众体育活动，全区群众体育工作水平、群众身体健康水平实现“双提升”。会议要求，区政府要强化组织领导，坚持规划引领，建立责任明确、分工合理的群众体育工作机制，营造良好的群众体育活动氛围；要整合资源，通过盘活城市空闲土地、改造现有公共服务设施等方式增加体育设施配备，严格落实新建住宅小区人均体育场地配备标准；要引导社会参与，强化数字赋能，立足定海特色，开展各类群众喜闻乐见的运动项目；要进一步加强服务保障力度，加大资金投入，强化专业人员队伍建设，发展基层体育组织，丰富全区群众体育活动。会议听取区审计局局长傅忠国受区人民政府委托所作的《关于2020年度区本级预算执行和其他财政收支审计查出问题整改情况的报告》和区人大财经委主任委员石江洋所作的《关于2020年区本级预算执行和其他财政收支审计查出问题整改情况的调查报告》。会议认为，区政府重视审计查出问题的整改工作，进一步完善和落实相关制度，不断加强整改工作的跟踪推进，整改工作取得成效。会议要求，区政府及其职能部门要提高政治站位，压实审计整改主体责任，持续加大审计整改力度，确保整改工作见到实效；要强化审计整改部门联动协作，完善整改追责问责机制和容错纠错机制，提升审计整改落实力度；要进一步完善配套制度，精准评估审计整改情况，加强对被审计单位的整改指导，完善审计整改落实长效机制；要创新工作方法，提高审计效率，不断推进审计成果有效运用，提升审计监督实效。会议听取和审议区财政局局长何红受区人民政府委托所作的《关于2021年舟山市定海区地方政府债务限额和预算调整方案的报告》。经过审议，会议提出《舟山市定海区人民代表大会常务委员会关于批准定海区2021年地方政府债务限额和预算调整的决议》。会议听取区人民政府常务副区长夏泉代表区人民政府所作的《关于定海区2021年政府民生实事代表票决项目完成情况的报告》和区人大常委会代表工委主任鲍治杰所作的《关于定海区政府2021年度民生实事票决项目完成情况和对本届以来票决项目“回头看”情况的督查报告》。会议认为，今年以来，政府及其相关部门和项目责任主体主动作为，精准施策，大部分民生实事代表票决项目都已完成或超额完成，项目总体完成情况较好。会议要求，政府及相关职能部门要切实履行主体责任，把政府决策与群众需求精准对接，营造民呼我应的良好社会氛围；要不断探索新方法、新手段，强化票决项目考核机制，推进项目管理规范化建设，提升项目推进效率；要完善民生实事项目长效管理机制，拓宽管理渠道，保证项目质量，确保完工项目更好发挥社会效用。会议还对2021年区政府民生实事代表票决项目完成情况进行满意度测评。会议听取区人民政府常务副区长夏泉代表区人民政府所作的《关于全区企业国有资产（不含金融企业）管理情况审议意见落实情况的报告》《关于全区2020年度环境状况和环境保护目标完成情况审议意见落实情况的报告》《关于进一步加强法治政府建设的审议意见落实情况的报告》《关于〈浙江省粮食安全保障条例〉贯彻执行情况审议意见落实情况的报告》《关于定海区第十七届人民代表大会第五次会议代表议案建议办理情况的审议意见落实情况的报告》，书面审查《舟山市定海区人民政府关于全区2021年国民经济和社会发展计划及财政预算上半年执行情况审议意见落实情况的报告》和《舟山市定海区监察委员会关于全区整治群众身边不正之风和腐败问题审议意见落实情况的报告》。会议认为，区政府和区监察委员会高度重视人大常委会的审议意见，抓好落实，取得一系列成效。会议还对《关于全区企业国有资产（不含金融企业）管理情况审议意见》《关于全区2020年度环境状况和环境保护目标完成情况审议意见》《关于进一步加强法治政府建设的审议意见》《关于〈浙江省粮食安全保障条例〉贯彻执行情况审议意见》《关于定海区第十七届人民代表大会第五次会议代表议案建议办理情况的审议意见》5个审议意见的落实情况进行了满意度测评，总体评价结果均为“满意”。会议听取和审议区人民政府常务副区长夏泉代表区人民政府所作的《关于定海区第八个五年法治宣传教育规划情况的报告》。经过审议，会议通过《舟山市定海区人民代表大会常务委员会关于开展第八个五年法治宣传教育的决议》。会议听取包孟娜、朱龙剑、崔海平、戴亚运4位市七届人大代表的述职报告，王志刚等3位市七届人大代表提交了书面述职报告。会议审议通过代表资格审查委员会《关于舟山市定海区第十八届人民代表大会代表资格审查的报告》。

监督、信访、指导工作

【服务中心大局】 常委会把握正确政治方向，紧扣高质量发展建设共同富裕示范区目标任务，系统整体地谋划人大履职实践，实现依法行使职权与支持“一府一委两院”开展工作的有机统一。

推动中心工作 常委会找准依法履职的切入点、着力点和结合点，在服务发展大局和改革攻坚任务中主动融入，积极作为。2021年，紧扣“十四五”规划的全面实施，加强对财政资金绩效评价、粮食安全保障、垃圾分类等事项的关注，支持政府综合运用各种措施，着力化解要素制约。

有效行使决定权 着眼重大事项决定权行使的常态化和实质化，及时修订讨论决定重大事项的规定，督促区政府制定实施政府重大决策出台前向人大报告制度，进一步规范完善事项提请、调研论证、讨论决定、贯彻执行、跟踪监督的程序和机制。对定海区重大规划编制、教育布局、行政区划调整、人大街道工委设立、生态文明建设、依法治区等涉及全区经济社会发展和广大人民群众利益的全局性工作，及时作出决议决定。常委会组织力量深入调研，听取人大代表、群众和有关专家的意见，做到集思广益，积极有效地把区委的重大决策经法定程序转化为全区人民的共同意志。严格审查批准各年度区本级财政决算、预算调整、债务限额调整等。坚持对这些决议决定跟踪问效，综合运用听取审议专项报告、专题调研、代表视察等多种方式进行督查，推动各项目标任务落实。

【维护群众利益】 常委会贯彻以人民为中心的发展思想，围绕改革发展和民主法治重点、社会关注焦点和民生改善难点，突出履职规范与实效，注重工作精准和创新，促进发展成果普惠共享。

支持经济发展 关注宏观经济走势和区域发展态势，每年听取和审议国民经济和社会发展计划半年度执行情况报告。做好“十三五”规划纲要实施情况中期评估报告审议工作，及时批准规划部分指标调整方案；精准助推“十四五”规划和二〇三五年远景目标纲要编制，推动规划落实。强化全口径预算审查监督，做好部门预算上会审查扩面工作，创新探索街道预算监督。开展财政专项资金使用绩效的监督评价工作，提高财政资金的使用效益。推进国有资产报告制度的建立和实施，相继听取行政事业单位、企业等专项报告，在此基础上，去年再次听取全区国有资产管理综合情况，持续强化人大监督国有资产职能，促进政府有效盘活存量资产，更好地保障履职、服务发展。专题审议民营经济高质量发展情况报告，围绕转型升级举措落实、综合竞争能力提升、发展要素保障提出要求，推动政府及时出台相关扶持支持政策，优化发展环境，增强民营经济发展新的后劲。根据省人大统一部署，开展数字经济发展情况调研，积极破解瓶颈难题，全力推进数字经济“一号工程”。探索建立政府投资项目和重点建设项目常态化监督机制，及时了解项目建设进展情况，强化督查结果跟踪落实，推动项目如期完工。注重人大监督与审计监督的结合，专题听取审计发现问题的整改情况报告，并运用审计成果加大对财政决算、预算外资金使用管理监督力度，推动政府及时改进规范，维护了人大监督的权威性和审计监督的严肃性。

助推环境品质全域优化　持续跟踪监督城区防洪排涝工程建设，每年组成专题调研组全面视察督查，提出对策清单，尤其高度关注防洪排涝三年行动计划的实施。政府加快补齐水利基础短板，重点建设排涝提升工程，城市内涝得到有效缓解。积极助力全国文明城市创建，着重就诚信体系建设、基础设施完善、长效监管机制建立等方面进行监督，问政短板，出谋划策，力促问题整改到位。政府积极落实，采取有效措施，推进城市基础设施建设、管理服务水平和市民文明素质的整体提升。专题听取和审议城中村（旧城）改造推进情况报告，向政府提出针对性审议意见。区政府遵循整体开发、拆治结合原则，优化城中村改造方案，高质量建设安置小区，全面加强综合统筹，取得明显成效。重视城市精细化管理，开展城市管理、城区物业管理工作情况调研，直面城市发展中的难点和痛点，督促政府拉高建设标杆，完善长效管理机制，推动城市品质提升。

促进公共服务优质共享　养老问题越来越为社会所关注。常委会以居家养老服务为重点议题开展专题调研。调研组走访调查，掌握第一手资料，以询问监督的方式，就居家养老设施规划建设、产业扶持、医养结合等问题向政府询问，区政府及相关职能部门负责人到会应询。政府从扶助支持养老专业服务机构发展、健全完善养老服务体系等方面细化措施，推进我区养老事业健康发展。为提升基层医疗卫生保健水平，相继听取社区卫生服务体系、区域医共体建设情况报告，提出客观意见建议，推动政府加强队伍建设，优化服务质量，建强公共卫生体系。以促进教育公平和优质均衡发展为重点，对《浙江省学前教育条例》开展执法检查，调研“美丽学校”建设情况，建议政府优化布局规划，加大教育经费投入，增加优质教育资源供给。相继听取和审议城区生活垃圾分类、群众体育、“菜篮子”工程、退役军人事务、品质河道、宗教事务等社会关注度高的议题，督促政府积极落实，更加有效地保障民生改善。

加强监察司法工作监督　贯彻落实习近平法治思想，助力社会治理体系和治理能力现代化。持续推动普法工作，每年听取政府关于普法情况汇报，主动参与全区“七五”普法中期督导和终期总结验收工作，作出“八五”普法决议。督促政府依法行政，听取和审议法治政府建设工作报告以及政府工作部门负责人依法履职报告，推动政府完善依法行政制度体系。按照法定权限和程序，支持和监督区监察委员会依法履职，每年听取专项监察工作报告，专题审议全区整治群众身边不正之风和腐败问题工作情况，为纵深推进清廉定海建设提供监督保障。创新对区法院、检察院依法履职的监督方式，本届常委会首次开展员额法官、检察官履职评议工作，推动完善司法权力运行机制，促进司法队伍整体的提升和改进。每年听取法院、检察院的半年度工作报告；高度关注司法体制改革，专题听取了“两院”司法改革工作情况；监督支持法院基本解决执行难问题，出台《关于进一步推进人民法院执行工作的意见》；探索建立人大监督和检察机关法律监督相互支持、优势互补的工作机制，及时作出《关于加强新时代检察机关法律监督工作的决定》，支持检察机关推进公益诉讼工作。专题听取扫黑除恶专项斗争工作报告，支持司法机关依法严厉打击黑恶犯罪。开展执法检查维护法制统一，重点检查《行政诉讼法》《禁毒法》等法律法规实施情况。以群众需求为导向，对基层社会治理、基层人民法庭、派出所建设等工作开展调研审议，进一步完善基层治理格局。

【推动创新发展】　常委会按照总结、继承、完善、提高的原则，注重以系统思维谋划思路，推进人大工作与时俱进，提升依法履职成效。

推动乡村振兴战略实施　聚焦产业振兴，助力增强乡村发展动能。着眼农业发展方式转变，就乡村产业振兴、林果业发展、“菜篮子”工程建设等方面连续开展调研，听取政府专项汇报，客观分析存在的问题和不足。政府研究对策，不断提升传统优势产业，做优做精农产品，品牌效应更加突显。聚焦生态宜居，推进乡村美丽蝶变。成立“美丽定海 风情乡村”专项调研组，经过深入调研，统筹考虑村庄基础条件、个性特色以及区域平衡等因素，筛选具有进一步发展潜力的村庄作为重点打造对象，为区委决策和政府推进工作提供依据。关注耕地保护和垦造地工作，经过审议提出客观的意见建议。政府在强化规划引领、节约集约用地、完善土地执法监管等方面落实，保障了耕地占补平衡。古村落保护利用是乡村振兴的重要组成部分，为此常委会在全面调研基础上，提出改善古村落基础环境、建立健全保护机制等建议。政府积极行动，挖掘古村落的历史人文价值、旅游价值、建筑价值，并作为美丽乡村的新亮点予以打造。聚焦治理有效，着力创新乡村治理体制。围绕乡村治理体系开展深入调研，推动政府优化乡村治理环境，维护基层安定有序，打造和谐共生的乡风文明。

助推打好三大攻坚战　聚焦污染防治攻坚战，常委会紧盯生态环境质量监督不放松，每年听取和审议区政府年度环境状况和环境保护目标完成情况报告，实现报告制度区镇两级全覆盖。相继开展了大气污染防治、海洋环境保护“一法一条例”等执法检查，专项督查“剿灭劣Ⅴ类水”工作，督促政府完善生态机制，加快环保基础设施建设，推动绿水青山发挥最大生态效益和经济社会效益。聚力防范化解重大风险攻坚战，高度关注政府隐性债务化解工作，加强对经济发展关键领域的监督，督促政府在积极融资促发展的同时，有效防范政府债务风险；专题听取疫情防控专项工作报告，推动政府完善公共卫生应急管理体系，提高应对突发重大公共卫生事件的能力和水平。围绕精准脱贫攻坚战，听取农民专业合作社建设情况报告，强调要在加大强农惠农政策力度、规范提升新型农业经营组织、推动产业帮扶等方面精准施策、持续发力；深入调研供销社“三位一体”改革与建设情况，强调要培育新型农业主体，提升农产品品质，拓宽营销网络，有序促进为农服务综合化、精准化。

推进代表票决制工作　票决制工作是发挥人大代表作用、体现人民当家做主的重要平台。2017年首次在区人代会全体会议上票决政府民生实事项目，2018年实现区镇两级全覆盖，2019年10个街道全面实行民生实事项目票选制。常委会积极构建“综合协调、每月报告、常态联络、科学评估”全过程监督体系，通过代表视察、专工委分工督查、听取专题报告、满意度测评等方式对年度民生实事票决项目跟进监督，为票决项目的建设保驾护航。政府在资金安排、土地指标、项目审批等方面予以全力保障，并狠抓项目落地，细化责任分解，扎实推进实施。本届以来，票决产生的62项民生实事项目总体完成情况良好。五年来，区镇（街道）两级上下联动，汇聚整体推进代表票决（选）制的强大合力，不断完善票决（选）程序和工作监督机制，扩大基层民主，拓宽代表的监督渠道，赢得社会广泛共识。

推进人大数字化改革　贯彻落实省、市、区委关于数字化改革的决策部署，对标对表省市人大制定的数据标准，做好数据归集和共享等工作。围绕人大核心业务和重大业务，有效融入党政机关整体智治系统，实现人大与党政机关数字化平台横向贯通。开展具有定海人大标志性成果的场景打造，推进镇街本级集体资产监督特色场景自建。本届以来，常委会进一步拓展人大监督的广度和深度，探索将镇（街）本级集体资产纳入人大监督范围，并以人大数字化改革为契机，通过数据采集信息化，逐步实现镇（街）本级集体资产的统一分类、编码和可视化展示，破解镇（街）集体资产处于监督断层的难题，发挥其在经济社会发展中的支撑作用。

【依法选举任免】　规范人事任免　常委会始终把党管干部原则与人大依法行使任免权相统一，不断完善人事任免程序，使通过的人事任免事项体现党委的意图和人民群众的意愿。有序推进任用工作的民主监督，对提请任命的审判员、检察员通过人大媒体向社会进行任前公示，提升人事任免的透明度。建立健全拟任干部法律知识考试、任职表态发言、颁发任命书等制度，严格执行任命干部宪法宣誓相关规定，增强了被任命人员的责任感、使命感，为推进经济社会发展提供组织保证。依法任免国家机关工作人员405人次，接受辞职16人次，任免人民陪审员156人次。届期内，为保障代表履职，保持代表队伍的合理结构，常委会根据相关规定，接受26名市、区人大代表的辞职请求，补选11名区人大代表和20名市人大代表。

依法做好换届选举　常委会坚持把党的领导贯穿于换届选举的全过程，严格执行换届选举纪律规定，确保风清气正。依法加强对区、镇两级选举委员会的领导，建立健全组织机构，加强对镇、街道具体工作的指导。配合党委做好提名推荐工作，特别是依法推荐出结构合理、政治素质高、履职优秀的连任代表人选。依法选出新一届区人大代表242名、镇人大代表211名，在类别、结构、比例等方面都较好地落实了省、市、区委的要求，为坚持和完善人民代表大会制度打下基础。

召开全区区、镇两级人大换届选举工作会议

【群众来信来访、立法调研工作和规范性文件备案审查】 注重做好信访工作，受理群众来信来访339件，一批信访问题得到依法妥善处理。积极配合上级人大做好立法调研和有关法律法规草案的征求意见工作，为上级人大立法服务。加强对规范性文件备案审查工作，出台关于规范性文件备案审查相关办法。本届以来，对87个规范性文件进行备案审查，对审查中发现的问题提出修改纠正意见。

【加强基层人大工作指导和领导】 加大对基层人大工作的指导和联动，健全履职制度和运行机制，整体作用得到进一步发挥。贯彻落实《浙江省街道人大工作条例》精神，及时总结提炼城东、马岙两个全省街道人大工作和建设试点的经验做法，梳理形成全区街道可复制、可操作的制度规范，补齐街道人大工作短板。建立常委会听取人大街道工委工作报告制度，交办常委会当年度重点工作，并作出相关决议。加强街道预算审查监督，修订完善《关于财政预算审查监督的办法》，明确将街道预算作为区人代会重点审查的内容之一，并把街道预算执行情况列入常委会听取和审议全区预算执行情况范围，实行全口径管理，为建立健全街道预算审查工作制度和机制作了有效探索。深化街道民主议事会工作，现10个街道议事会共有议事成员577名，每年举行2次会议，听取办事处工作报告，票选民生实事项目，开展相关活动，有效弥补了街道层面民意表达平台的缺失。健全常委会领导联系镇人大工作制度，指导开好一年两次人代会，引导基层人大围绕当地经济社会发展积极履职，形成上下联动、整体推进的良好工作局面。

全区基层人大工作会议召开

代表与议案工作

【组织代表参与视察、培训等活动】 深化代表联系群众 按照“站+点、线上和线下”的思路，加强人大代表联络站、联络点建设，打造人大代表深入联系服务群众主阵地。全区建有镇、街道代表联络站13个，联络点87个和网上代表联络站13个，实现镇、街道全覆盖。各级代表定期进站接待选民，收集社情民意，省、市、区领导代表带头主动到站接访选民，实现代表联络站工作制度化常态化规范化。开展重点项目及民生实事项目、环境综合整治、“最多跑一次”改革等主题接待活动，及时有效地反映群众热点、难点问题。本届以来，组织各级人大代表进站612人次，接访群众1730余人次，收集梳理意见建议842条，相关意见建议及时反馈给“一府一委两院”及相关职能部门和基层政府，并跟踪督促落实，答复解决率达到87.8%。健全常委会组成人员联系代表制度。常委会组成人员分别联系基层代表，闭会期间采取个别走访、电话书信、召开座谈会等多种形式与代表联系，

召开2021年省、市、区三级人大代表会前集中视察汇总会

听取代表意见建议。每年开展代表向选民述职活动，进一步密切代表与选民的联系，增强代表的职务意识、责任意识和民主意识。本届有40名市人大代表向区人大常委会述职，有192名区人大代表向原选区述职。

优化代表履职保障　坚持以培训促提升，每年将人大代表和人大干部培训纳入党委组织部门的整体培训计划，对区代表分批进行知识更新培训。拓宽代表知情知政渠道，完善区人大代表列席人大常委会会议和审议发言制度，确保基层人大代表任期内至少列席一次常委会会议。本届组织代表参与视察、评议、调研、检查及参加区法院庭审旁听等活动1200余人次，邀请代表列席常委会会议220余人次，内容涉及全区重点工程、水利、交通、旅游、环保、农业、教育卫生等政府重点项目；相继开展共谋“十四五”规划编制等各类代表主题活动，组织代表参与“创城”志愿服务、支援疫情防控，不断提高代表履职能力。严格执行代表履职管理办法，建立和管理好代表履职档案，为评优提供翔实的基础资料。

【提升议案建议办理实效】　健全办理制度，完善主任会议成员督办、政府领导领办大会重点议案建议、办理进度月报等制度，探索建立“预交办”机制，提高交办工作精准率，从制度上保证代表议案建议的解决和落实。加强检查督促。每年听取和审议区政府关于议案建议办理情况报告，并把督办议案建议同代表定向视察、执法检查、听取专项报告、现场办理、上门督办等多种形式结合起来。年终对政府建议办理结果开展满意度测评，落实代表议案建议办理绩效评估工作。本届以来，代表提出的478件议案建议全部办结，办复率和满意率均为100%，其中，已解决和基本解决（A类件）的248件，占总数的51.9%；正在解决或已列入计划解决（B类件）的99件，占总数的20.7%。注重跟踪督办。坚持每年对本届人大代表议案建议办理工作进行“回头看”，重点检查政府部门承诺解决的议案建议办理落实情况。

【评选先进集体和个人】　是年，经各代表小组自荐和相互推荐，区人大常委会主任会议审定，评选出2个区人大代表活动先进小组和20名区人大代表活动积极分子。盐仓街道代表小组、小沙街道代表小组被评为2021年度区人大代表活动先进小组；城东街道的邵燕红、徐志虎，环南街道的刘辉、徐维君，昌国街道的吴迪芬、陈依坪，盐仓街道的钱军，小沙街道的金顺利、姚友夫，岑港街道的陈阿盛、夏启华，马岙街道的林平君，双桥街道的周国善，临城街道的郑立君，千岛街道的芮家兆，金塘镇的王妙君、顾科惠，白泉镇的蒋祖国、潘信放，干䃮镇的罗文义20名区人大代表被评为区人大代表活动积极分子。

【好议案、好建议评选】　是年，评选出2021年度区人大代表好议案、好建议5件，评选出4个承办议案建议先进单位和6名承办代表议案建议先进个人。好议案、好建议：何永明等10人提出的《关于进一步推进老旧小区基础设施提升改造的议案》，王妙君等16人提出的《关于落实疫情防控常态化机制的议案》，顾科惠等16人提出的《关于提升基层健身场地和健身设施的议案》，李善丰等10人提出的《关于推进创建文明城市常态化的议案》，夏贤明等23人提出的《关于规范提升城区小区物业管理的议案》。区住建局、区交通运输局、区综合行政执法局、定海交警大队被评为承办代表议案建议优秀单位。区政府办公室俞奕梓、区经信局林东南、区住建局邵佳盈、区文化和广电旅游体育局孙洁赟、区综合行政执法局王裕芬、定海交警大队林晨雯被评为承办代表议案、建议先进个人。

【评选优秀镇（街道）人大代表联络站】　是年，城东人大代表联络站、环南人大代表联络站被评为2021年度优秀镇（街道）人大代表联络站。

自身建设

【思想政治建设】　坚持党总揽全局、协调各方的领导核心作用，严格执行向区委请示报告制度，把党的全面领导贯穿人大履职全过程各领域。贯彻落实区委人大工作会议精神，细化分解工作任务和责任，区委将镇（街）党（工）委对人大工作的领导支持列入镇街综合考核，全区重视和支持人大工作的氛围更加浓厚。扎实开展“两学一做”学习教育、“不忘初心、牢记使命”主题教育、党史学习教育、“六讲六做”大宣讲活动，切实把学习成效转化为推进新时代人大工作高质量发展的实践力量。全面推进“第一议题”学习制度，抓好常委会、党组班子专题学习及机关干部学习，提高全体人大干部的理论素养和履职能力。

推进全面从严治党向纵深发展，发挥党组在人大工作中“把方向、管大局、保落实”的重要作用，落实意识形态工作和党风廉政建设责任制，支持派驻纪检监察组工作，营造清朗政治生态。机关党组自觉接受区委巡察，狠抓巡察问题整改落实，进一步健全党建工作闭环管理和责任体系。

【机关作风建设】 坚持在“一线”实践中真抓实干，改进调查研究方式，常委会领导牵头做好112项重点课题调研，提出推动发展、改进工作的对策建议，为科学决策提供参考。常委会领导积极参加“三服务”活动，参与“创城”、村级换届等各项工作，为基层化解难题。健全人大专委会和常委会办事机构工作规则，完善机关内部制度，充分发挥好新设人大专委会及常委会工作机构的作用，确保机关运转更加有序高效。实施专题学习会、座谈会、代表履职风采征文、图片展览等一系列举措，纪念回顾地方人大设立常委会40周年，总结人大工作的经验和做法，宣传人大制度在定海区的生动实践。首部《舟山市定海区人民代表大会志》于2020年6月正式发行，使人大工作得到传承。聚焦常委会中心工作和民生热点问题，全面加强理论研究，加强新闻宣传组织策划，预算监督、议案建议督办、代表履职等工作被上级人大报刊、网络专题宣传推介，街道人大工作创新实践荣获第二届“浙江人大工作与时俱进”特别奖，街道预算审查监督案例获得了全市人大工作创新优秀奖。重视机关干部培养、使用和交流，做好常委会法律顾问及各工委兼职委员聘任工作，做好离退休干部工作，不断增强机关活力和凝聚力。

（撰稿：方 祎）

责任编辑：王英伟

舟山市定海区人民政府

区政府领导

区　　长：侯富光（—2021.11）
代 区 长：孙丹燕（2021.11—）
常务副区长：夏　泉
副 区 长：刘世君
王其锋
丁世杰（2021.12—）
杨　健（—2021.12）
屠定玉（—2021.12）
刘奋伟（2021.12—）
余　舟（2021.12—）
董凯龙（—2021.12）
李　伟（2021.12—）
党组书记：侯富光（—2021.11）
孙丹燕（2021.11—）
党组副书记：夏　泉
党组成员：丁伟民
刘世君
王其锋
吴红卫（—2021.05）
丁世杰（2021.12—）
杨　健（—2021.12）
余　舟（2021.12—）
董凯龙（—2021.12）
李　伟（2021.12—）
孙　亮（2021.11—）
夏怡辉（—2021.11）

重要会议

【区政府全体会议】　2月20日，区政府召开第四次全体会议。高举习近平新时代中国特色社会主义思想伟大旗帜，认真贯彻中央和省市重要会议、区党代会、区“两会”精神，总结 2020 年区政府工作，部署 2021 年区政府重点工作任务，全面开启花园式国际人文港城建设新征程，当好建设“重要窗口”海岛风景线排头兵。

【区政府常务会议】　2021年，区政府召开常务会议8次。

3月11日，主要讨论、研究事宜：关于做好全区消防救援队伍职业保障和优待工作的汇报；舟山市定海区行政机关合同管理办法；关于调整新型集聚小区公寓房申购价格标准的汇报；舟山市定海区马岙街道农民公寓房申购办法；定海区岑港街道浙江石油化工有限公司马目油库扩容项目房屋征收补偿安置实施方案；关于光汇石油舟山储运基地项目交割及后续建设有关问题的汇报；舟山市人民政府办公室关于进一步加强渔业安全生产管理工作的通知；关于坚决打赢遏制重大生产安全事故的实施意见。

4月15日，主要讨论、研究事宜：习近平总书记对粮食安全问题的重要指示精神；关于全区2021年度招商引资指标任务分解情况的汇报；关于设立昌国街道文慧社区居民委员会的汇报；关于设立盐仓街道翁沁社区居民委员会的汇报；关于进一步加快粮食生产发展的若干意见；关于促进农渔业高质量发展的若干意见。

5月26日，主要讨论、研究事宜：舟山市定海区基层综合行政执法改革实施方案、白泉镇、环南街道综合行政执法改革实施方案；定海区海上船舶专项整治行动方案；舟山市“平安交通建设年”海上交通安全专项整治行动方案；舟山市海上船舶专项整治行动方案的通知；水上交通领域遏制重大生产安全事故整治攻坚实施方案；定海区林荫路保护范围。

7月2日，主要讨论、研究事宜：关于舟山钻石楼企业管理有限公司权益处置情况汇报；关于“甬舟人才一体化发展飞地”建设情况的汇报；舟山市定海区临时用地管理办法；定海区设施农业用地管理办法；关于白虎山路地块历史遗留问题处置情况的汇报；东门车站北侧区块、机场路区块房屋征收与补偿实施方案；关于定海城区道路建设征用舟山警备区3处土地补偿事宜的汇报；定海区新一轮村级集体经济提升发展五年行动计划；定海区2021年上半年消防救援工作汇报。

8月19日，主要讨论、研究事宜：关于加强行政服务中心建设的实施意见；东门综合体运营招租方案；关于进一步深化殡葬改革全面推行节地生态葬法的实施意见；关于舟山坚久橡塑制业有限公司土地房产征收事宜的汇报；关于全区“菜篮子”工作的汇报；关于定海区创建全国文明城市工作的汇报；2021年盐仓街道农民公寓房申购办法。

10月12日，主要讨论、研究事宜：定海区政府投资信息化项目管理办法；《舟山市定海区“大综合一体化行政执法改革实施方案”》；关于定海区城市有机更新机场路区块房屋征收决定的汇报。

11月17日，主要讨论、研究事宜：关于《舟山野生动物园投资建设与经营项目合作协议》的汇报；定海区2021年度国内捕捞渔船“减船转产”实施方案；关于印发《定海区高标准农田建设项目管理办法》；关于给予远景能源定海零碳产业园项目“一事一议”扶持政策的汇报；关于第四届世界油商大会签约项目相关协议的汇报；关于全面实践食品安全领域民生实事工作情况的汇报；关于2021年舟山市定海区地方政府债务限额和预算调整方案的报告。

12月11日，主要讨论、研究事宜：听取关于修订《舟山市定海区政府投资项目管理实施细则》的汇报；听取关于调整《定海区危旧房征收补偿与安置实施方案》的汇报；审议《舟山市定海区创建浙江省健康促进区（2021—2022年）实施方案》；听取关于实施殡葬基本服务全流程免费情况的汇报；审议《新时代“美丽定海”建设实施方案（2021—2025年）》；审议《定海区生态环境保护责任清单（试行）》；审议《舟山市定海区生态文明体制改革方案》；听取关于聘请区政府古城保护顾问的汇报。

【区长办公会议】 2021年，召开区长办公会议7次。主要内容是听取上个月政府各口子工作汇报，部署政府月度工作。

【区政府专题会议】 2021年区政府召开专题会议14次。主要议题有：研究区本级义务教育教师工资待遇保障相关事宜；研究区旧城改造建设中心所属文物委托管理事宜；研究马岙胜利海塘配套加固工程（胜利泵站）建设相关事宜；研究协调岑港街道外钓岛临时作业点设置相关事宜；研究协调岑港街道册子岛星兴矿临时装卸作业点设置相关事宜；研究协调岑港涨次船厂砂石临时作业点设置相关事宜；研究小洋岙枫树湾养老区块山洪沟改道事宜；研究协调五山水利工程建设产生的弃土弃渣处置相关事宜；研究定海本岛至盘峙岛危险品运输及装运船舶相关事宜；研究环南街道本岛至团鸡山岛危险品运输相关事宜；研究舟山阳光海悦酒店经营审批有关事宜；研究小沙海丰至长白岛新增危险品作业货种及装运船舶相关事宜；研究舟山市海晶海运有限责任公司继续经营小沙海丰至长白客滚航线有关事宜；研究舟山金宇船务发展有限公司帮扶工作。

重要工作和重大决策

【提升产业质效】 巩固壮大实体经济发展根基，不断增强现代海洋产业竞争力，规上工业总产值、增加值分别增长22.5%、9.5%。船舶修造擦亮“新”“绿”底色，全球最大的2万立方米LNG加注船建成交付，脱硫塔改装业务量走在全国前列，马士基、地中海、达飞等世界航运巨头船舶制造订单达27艘。油气吞吐量将近1亿吨、贸易额超过千亿元，盐田港油气产业链项目开工建设，浙石化册子至马目配套油管建成使用。制造业改造提升2.0版扎实推进，森森智能化生产基地、浙交工装备制造基地建成投产，7412工厂三期、光明塑机装备中心开工建设。粮食年加工量、库容量、吞吐量分别超200万吨、110万吨、1500万吨，省储备中转粮库三期进粮压仓，进口粮食“海江铁联运”成功试航。远洋渔业经济总产出增长9.6%，中农发明珠工业园顺利开园，大洋世家海洋食品加工冷藏物流基地建设加快推进。澳牛进境加工项目进牛投产。成功创建省全域旅游示范区，东海自驾游、海岛乡村游等特色旅游蓬勃开展，荣获“长三角休闲度假目的地”称号。丽晶花园酒店、南乔商业中心、盐仓宝龙广场开业运营，“三农”批发市场二期建成投用，创建省重点培育电商平台企业3家。耕地“非粮化”“非农化”整治扎实推进，粮食、蔬菜种植面积分别达到4.6万亩、5.1万亩，均占全市50%以上；生猪出栏量达到7.9万头，占全市的76%。成功创建省级渔业健康养殖示范区。

【增强发展动能】 抓好招商引资“一号工程”，实际到位市外资金57.5亿元、利用外资9280万美元，总投资500亿元的金塘新材料园区项目签约落地，远景能源零碳产业园、冠腾制造产业园、浙江龙源新能源光伏发电等8个亿元以上项目开工建设，实现宁波令德石化、浙江明泓、恒厚实业等与本地企业重组合作，促成二次招商项目26个。港口货物、集装箱吞吐量分别达到2亿吨、138万标箱，甬舟高速复线金塘至大沙段开工建设，舟岱大桥建成通车，金塘大浦口集装箱码头二期加快推进。太平洋塔拉瓦远洋渔业基地、和泓纸业印度生产基地开工建设。定海海洋科学城获评省级创业孵化示范基地，中润智能装备、优众芯片智造等6家智能制造企业入驻区科创培育中心。创建工信部专精特新“小巨人”企业3家、省“隐形冠军”企业2家，兴业集团被评为省级绿色低碳工厂。新引入“舟创未来”海纳计划项目21个，浙工大激光院舟山分院正式落户，建立省级博士后工作站、教授专家工作室3家，引育省部级以上人才27个。实施国家和省级科技攻关项目7项，新认定省装备制造业首台套产品2个，制定发布“品字标”浙江制造团体标准3项。塑机螺杆入选省级产业集群新智造试点，14家企业列入市级“未来工厂”和数字化标杆培育试点。

【加快城市更新改造】 国土空间规划“三区三线”试划完成，基本实现城市控制性详规全覆盖。新一轮城市有机更新五年行动启动实施，城西未来社区加快建设，机场路、东门车站北侧区块完成征迁，原西门车站、竹山门等8个安置小区48.9万平方米建成交付，360幢老旧小区住宅改造完成，482幢开放式小区住宅实现准物业管理全覆盖。古城“微改造”拉开序幕，历史文化与古城保护利用专家咨询委员会组建成立，东西大街历史文化街区改造启动实施。东海云廊东山段国庆亮相，成为市民游客打卡热点。定海体育馆、图书馆主体完工，城北涵园开工建设，完成沿港东路、环城南路等21条城市道路提升改造。打造精品示范街2条、席地能坐示范区5个，城市智慧停车系统投入运营，全省生活垃圾分类考核优秀。成功创建省级新时代美丽乡村示范县，浙江定海美丽乡村周活动顺利举行，干礁镇成为新时代美丽城镇建设省级样板，马岙村入选全国乡村旅游重点村、省生态文化基地，打造册子美丽小岛、千年稻香美丽风景带。三江污水处理厂一期建成投用，提标改造污水管网22.4公里，成功捧回治水“大禹鼎”。实施盐仓、金塘等全域土地综合整治项目，完成国土绿化1710亩，获评全省万里美丽经济交通走廊示范区、“四好农村路”省级示范区。

【提升人民生活水平】 “扩中”“提低”五年行动全面启动，最低生活保障金标准提高至每人910元/月，实现困难群体养老保险政府全额代缴、残疾人意外伤害保险和重大疾病险全覆盖。建成保障性住房2650套。盐仓、双桥敬老院改造完成，困难老年人家庭适老化改造240户，镇街示范型居家养老服务中心实现全覆盖。新一轮疫情输入风险得到有效防范，疫情常态化防控“九大能力”建设卓有成效，全人群疫苗接种扎实开展。健康浙江考核优秀，省人民医院定海分院合作运营，获评国家级慢病综合防控示范区。省政府教育履职考核评定A等，义务教育“双减”和放学后托管服务落地落实，组建城乡义务教育共同体20对。完成农村小规模初中学校整合提升，博伊双语幼儿园、城关二幼、畚金幼儿园、沥港幼儿园建成投用，城北小学开工建设。第三届“三毛散文奖”“神行定海山”全国徒步大会、首届定海城市定向赛成功举办，“海上古城”入选全省首批示范级文旅IP，白泉创成省级文化强镇。建成城乡绿道19公里、国家登山健身步道33公里，成功创建首批全省农村文化礼堂示范县区。“平安护航建党百年”专项行动圆满完成，“遏重大”攻坚行动及安全生产风险普查扎实推进，安全生产三项指标持续下降。

【提升治理能力】 数字化改革走向纵深，数字定海系统门户迭代上线，“e定好养”智慧康养、远洋渔民一件事等7个特色应用列入省级试点，“道路一件事”获评全省公共数据开放创新应用大赛优胜奖，“远洋云+”供应链服务平台入选省级数字经济系统首批优秀地方特色应用。“亩均论英雄”改革深入推进，整治提升低效企业190家，盘活处置低效闲置土地2452亩，出让“标准地”9宗。最优营商环境建设年行动取得实效，多场景政银服务一体化试点正式实施，小型项目全过程审批压减至15日，定海行政服务中心整合启用，被评为全省市场环境建设成绩突出集体。“我为群众办实事、我为基层减负担、我为企业解难题”专题实践活动扎实开展，企业轻微问题免责免罚机制全面推行，累计解决各类问题困难105个。“一支队伍管执法”试点实施，获评省级“七五”普法先进集体。坚持政府带头过“紧日子”，大力压减非急需非刚性支出3169万元。严格整改落实省委巡视反馈问题以及经济责任、自然资源资产管理和生态环境保护责任审计问题，自觉接受人大、政协监督，累计办理人大代表议案建议81件、政协提案122件，满意率达100%。

【增强综合实力】 从容应对百年变局和世纪疫情，践行新发展理念，融入新发展格局，“六稳”“六保”扎实有效，全区经济社会全面迈入高质量发展轨道。地区生产总值年均增幅达到6%，城乡常住居民人均可支配收入比2016年分别增长42%、51%。进出口总额突破千亿元大关，社会消费品零售总额等主要经济指标领跑全市。成功入选全国综合实力、投资潜力、科技创新、绿色发展、旅游实力五大“百强”区，被省委、省政府评为科技进步、“腾笼换鸟”等考核优秀单位。

【促进经济发展】 适应经济发展新常态，把握国家战略机遇，不遗余力发展实体经济，产业转型升级蹄疾步稳，新产业新业态发展势头强劲。规模以上工业增加值年均增长8.6%。成功引入盐田港集团、中储粮集团、中集集团、招商局集团、中电科集团等大型龙头企业，高新技术企业、省级科技型中小企业数量实现翻番。定海工业园区马岙、金塘区块纳入舟山绿色石化基地拓展区，定海海洋科学城列入国家海洋电子信息产业基地，定海远洋渔业小镇成功创建省级特色小镇，获评省“两化”深度融合国家示范区。建成部省共建乡村振兴示范区、全国农村一、二、三产业融合发展先导区和省级现代农业园区，建成华晟国家级数字牧场。

【改善城乡面貌】 围绕海上花园城市建设要求，下定决心破难题，着眼长远办大事，城市品质有力提升，美丽乡村更富魅力。累计改造城中村（旧城）区块31个108万平方米、老旧小区住宅969幢，建设安置房项目33个，获评省级老旧小区改造优秀县区。改造提升海天大道、西山路、定马公路等城市门户道路，打通断头路、瓶颈路20条，新改建定海公园等一批城市公园、亲水廊道。新建村入选联合国净零碳乡村规划中国案例，建成省市美丽乡村精品村16个、美丽宜居示范村8个，新时代美丽乡村覆盖率达到75%。生态文明建设评价位列全省第四，成功创建省级生态文明建设示范区，连续三年美丽浙江考核优秀，获评省政府“十三五”实行最严格水资源管理制度成绩突出集体。

【保障和改善民生】 坚持把改善民生作为一切工作的出发点和落脚点，用心用情用力解决好群众急难愁盼问题，在更高水平上实现“民生七有”。民生支出占财政总支出69.8%，累计办理省市区民生实事项目181项。立体实施以“上拦、西调、中提升”为核心的五山水利工程，定海湿地公园及一批低洼小区、积水道路、强排泵站完成改造建设。新改建养老机构17家、中小学校和幼儿园14所、镇（街）卫生院和社区卫生服务中心4家，完成危房解危306幢，开放蓝理纪念馆等文化场馆5个。实现民生高频事项“最多跑一次”、做到企业全生命周期“一件事”联办。坚持和发展新时代“枫桥经验”，加快推进社会治理现代化，基层治理能力和城市安全韧性不断增强。区社会矛盾纠纷化解中心高效运行，获评全国信访工作“三无”县区。扫黑除恶专项斗争圆满收官，刑事案件发案量实现五连降。安全生产及道路交通安全综合治理行动顺利完成，成功夺取“平安定海”十六连冠和全省首批“一星平安金鼎”，获评国家农产品质量安全区。

【加强自身建设】 高标准开展“两学一做”学习教育、“不忘初心、牢记使命”主题教育和党史学习教育，开展“三服务”“千名干部进百企”“新官理旧账”等系列活动，经济社会发展交出高分报表。面对未来所向、发展所需、人民所盼，锚定目标、埋头苦干，建立“双学双比”、实绩亮相等机制，拔钉清零“最后一平方米”64项，土地节约集约利用获国务院表彰，告知承诺最简审批模式入选全省“最佳实践”案例，展现铁军精神，践行初心使命。面对“米娜”台风等自然灾害和世纪疫情，风雨同舟、万众一心，系统治理城市内涝问题，全力防范疫情输入风险，守住了“一方平安”，彰显定海担当。城市环境突出问题得到有效整治，“城市啄木鸟”等志愿活动蓬勃开展，走出一条创建为民、创建惠民的成功之路。

政务公开工作

【疫情防控信息公开常态化】　在门户网站首页开设“从严从紧打好疫情防控站”专题专栏，首页图片新闻栏目置顶放置各地疫情防控政策措施，利用政府网站及时、准确公开疫情防控最新通报、疫苗接种、疫情风险等级查询、倡议宣传等疫情防控动态信息。是年。发布市（区）防控办通告35条、新冠病毒疫苗接种等动态信息160余条。

【重点领域信息公开规范化】　开设“重大项目建设”专栏，做好小洋岙三期、小洋岙四期等重大项目的批准服务、批准结果、招标投标、质量安全监督、施工竣工6个环节全生命周期公开。按月定期公开2021年度定海区12个民生实事项目工作进展情况。坚持以人为本，切实维护群众合法权益，加大征地拆迁、补偿安置、工程施工、住房保障等信息公开透明度，进一步完善教育、医疗、惠民惠农、生态环境等与群众切身利益密切相关的民生领域政府信息常态化公开机制，及时公开《舟山市定海区城区房屋征收与补偿实施意见》《定海区2021年义务教育招生工作实施意见》《定海区低效企业整治提升工作方案》《定海区2021—2023年农机购置补贴实施意见》等相关政策。

【政务服务信息公开高效化】　及时公开政务服务新政策和宣传先进做法，并做好政策解读，为办事企业和群众提供便利。定海区政务服务事项2213项，所有事项的办事指南、办事流程、办事机构、常见问题、监督举报方式等信息均在浙江政务服务网上全面准确公开，及时进行维护调整，确保其准确性。推广“一件事”公开办理办事模式，定海区群众和企业“一件事”36项在政务服务一件事模块公开。利用政务服务“好差评”系统深入实施政务服务“好差评”制度，进一步提高服务水平。浙江政务服务网、浙里办App以及自助终端等平台的办件信息均通过政务服务平台全面推送，申请人可以实时掌握自己的办件进度。

【法治政府建设信息公开标准化】　及时公开各部门法治政府建设工作报告和行政执法统计年报。深化行政执法和市场监管信息公开，落实行政处罚、行政许可“双公示”，除法律、行政法规另有规定外，实现执法信息全公开。全面推动“双随机、一公开”工作，构建“互联网+监管”综合监管体系，制定部门联合随机抽查事项清单和2021年度区级部门联合随机抽查计划，设置抽查计划任务49项，涉及区发改局、区经信局、区教育局等23个部门，提高综合监管效能。截至11月底，全区累计抽查任务数287项，完成任务数278项，任务完成率96.86%，全区认领双随机抽查事项272条，100%覆盖。跨部门监管率22.64%，应用信用规则率91.86%，后续处置率100%，随机抽查结果100%公示。

【完善政府信息公开公共查阅点设立】　在全区政务服务窗口、图书馆、档案馆设立政府信息公开公共查阅点共14个，明确相关人员工作职责和工作要求，配齐电脑等办公设备，积极为群众提供咨询、申请、查阅等政务公开服务。

【规范公开平台建设】　把政府信息公开平台作为行政机关公开政府信息的主阵地，规范政府信息公开平台建设。优化“法规公文”栏目设置，根据统一部署，规范开设规范性文件、规范性文件清理、区政府文件、区府办文件、区部门文件、政策解读6个子栏目，截至年底，要素均已按照公开规范补齐。进一步优化查询搜索功能，方便社会公众快速准确获取所需要的政府信息。

【持续围绕“政务五公开”规范公开流程】　在编制完成区政府直属23个行政机关和11个镇（街道）的政府信息主动公开基本目录，并在网站公开发布的基础上，推动公开内容进一步聚焦重点政务信息，规范性文件、政策解读、新闻发布、重点建设项目、人事任免、提案议案办理等公开事项，分类列入“五公开”范围，保障全过程公开的落实。

【加强重大行政决策机制建设】 发布2021年重大行政决策事项目录，对重大决策实行目录化管理。年内，全区各单位在政府信息平台预公开重大决策征求意见稿20余件，100%公示意见采纳情况。其中，收到公众意见的决策征求意见稿2件，收到公众意见14条，采纳10条。健全政府常务会议信息公开常态化机制，每月及时准确公开决策事项。

【精准回应社会关切】 强化权威发布，2021年，门户网站发布新闻发布会20场，包括定海区老旧小区物业全覆盖推进情况、定海城区幼儿园布局规划实施情况、定海区镇（街道）敬老院改造提升情况等。持续做好人大代表议案建议和政协委员提案办理结果公开工作，共公开议案提案107件。畅通投诉举报通道，完善咨询投诉栏目设置，在网站首页使用浙江省统一咨询投诉举报平台的“我要咨询”“我要投诉”“我要建议”“我要举报”“领导信箱”“来信公开”“来信统计”页面。做好12345政务咨询投诉举报平台事项处置，截至11月份，受理群众诉求18400件，按期转交率、告知率、受理率、答复率100% ，实现回访率98.93%、核实率99.45%，信访部门和责任单位满意率分别达到99.89%和99.76%。

【持续完善政策解读机制】 对《定海区2021年义务教育招生工作实施意见》《定海区低效企业整治提升工作方案》等进行图文解读，对《舟山市定海区城区房屋征收与补偿实施意见》进行视频解读，以更加通俗易懂、群众喜闻乐见的形式多元化解读政策。是年，开展政策解读26件，其中，以新闻发布会形式解读政策1次，所有规范性文件均解读到位。

【优化网站建设】 根据统一部署，全面完成对网站“法规公文”“统计数据”“咨询投诉”“办件统计”等栏目的改造升级。建设完成网站“老年模式”和移动端适配改造，优化界面交互，提供更加便捷、流畅的服务。自查整改“办事指南”重点要素、政策文件库内容完善、网站头部标识区、底部功能区、网站年度报表发布区等，为社会大众提供更加规范有序的政府信息。

【加强政务新媒体管理】 多次对长期未更新、确实无力维护、账号密码丢失等账号进行清理，注销我区未备案账号26个，在浙江省政务新媒体管理平台上补录备案账号3个。至年底，全区现有政务新媒体账号共39个，其中，微信订阅号31个，微信视频号2个，新浪微博3个，头条1个，抖音2个。

【提高依申请公开办理质效】 以公众受惠为导向，严格按照《政府信息公开条例》等规定，规范政府信息公开申请登记、审核、办理、答复、归档等制度流程及格式文书，加强与申请人、相关单位沟通对接，依法便民、严谨细致办好每一件政府信息公开申请。2021年，全区收到依申请公开28件，其中，3件正在受理中，其余25件均在规定时间予以答复。无因政府信息公开引起的行政复议和行政诉讼。

一体化智能化公共数据平台建设

【开展两端建设】 e定好养、定海量化积分、昌国益学、e定好看等应用陆续在浙里办上架，浙里办县区专栏全面建成。全力增加浙里办每日应用人数，日活率从9000多人最高提升到17797人；完善浙政钉组织架构，完善率达100%。全面清理10人以上不活跃工作群，解散此类工作群18个。

【完成公共平台建设】 8月15日，定海公共数据平台正式投入试运行。目前共完成区内19个部门，28个应用系统，255条数据目录，3702个数据项的梳理；归集数据1.5亿余条，开放42个数据集；承接省市回流数据集518个共616万余条数据，开展区级专题库和乡镇（街道）数据仓的建设。

【推进一体化数字资源系统（IRS）建设】 终审通过IRS应用目录40条。组织全区各单位管理员进行技术培训，学用、试用IRS平台，收集反馈意见29条。依托市级平台，完成公共数据平台与IRS的贯通工作，保障两平台间的无缝对接。

【数字化改革门户运行】 统筹指导五大应用门户建设，及时修改市级每周技术检查发现的问题，不断完善优化门户软硬件运行环境，协调解决出现的技术故障。综合应用功能上线率实现100%，区本级五大领域全部上线运行，总门户及五大应用门户运行良好，性能稳定，栏目及内容不断丰富。

【数据安全体系建设】 发布一系统列安全管理制度，为数字化改革的规范化、制度化保驾护航。组织技术公司、评级专家和相关单位，进行信息系统安全等级保护定级备案工作，省IRS平台上已注册的40个应用目录全部完成等保备案工作，全面封堵信息系统网络数据安全的漏洞弱点。

【平台基层服务建设】 公共数据平台为疫情防控、e定好养、智慧村社等应用提供各类数据支撑。平台所有归集数据及省、市回流数据，通过分类分项、数据治理，有关镇（街）的数据全部都已打上标签，形成镇（街）数据量共100多万条，镇（街）数据仓初步形成。

外事工作

【对外交流】 因时制宜、拓展思路，在国外疫情形势依然严峻的情况下，稳步开展对外交流，保持与匈牙利领事馆的友好交流，配合相关部门，推进与联合国人居署的定海净零碳目标下的乡村振兴项目启动线上视频会议完成，协助驻基里巴斯使馆人员顺利入境，做到在疫情期间“对外联络不停滞，对外沟通不停摆”。在区防控办的统一指挥下，配合相关部门，推进在定海的外籍人士及港澳同胞疫苗接种等涉外疫情防控有关工作，为疫情期间涉外服务提供坚实保障。

【涉外事件处置】 进一步健全涉外突发事件处置机制，拟定《定海区涉外突发事件应急预案》，全面排摸在非企业及派驻人员有关情况。加强与卫健、海洋渔业等部门的沟通协调和密切联系，妥善处置菲律宾籍船员紧急就医、土耳其籍船员临时就医、外籍船员提出的换班申请等紧急救助和涉外事件，未发生重大纠纷和涉外舆情。

口岸海防和反走私工作

【推进已建成项目口岸开放】 舟山市半岛船舶修造有限公司（3万吨级、5万吨级）船坞（5万吨级舾装）码头于3月4日通过正式口岸开放验收，对外启用。浙江建桥能源有限公司码头分别于2月2日、8月9日获2次临时开放批复期限至2022年2月3日（第3次临时开放于2022年1月24日获批，期限至8月3日）。舟山市定海康道发展有限公司5万吨级公用配套码头、舟山实华公司二期（45万吨级）等2个项目，正在准备口岸开放验收工作。

【跟踪“十三五”规划首批扩大开放项目】 舟山群岛新区国家远洋渔业基地配套码头项目、舟山金能石化有限公司油品码头项目等4个项目扩大开放报送国务院，为“十三五”首批项目审批奠定良好基础。积极对接大洋世家海洋食品制造产业集聚区项目，争取列入已开放区域新增项目，提前指导口岸查验设施建设，届时申请口岸开放验收。

【加强与各口岸查验单位的沟通联系】 继续保持和完善与各口岸查验单位和部队的联系，保持顺畅的沟通渠道。大力配合协调舟山出入境边防检查站相关工作，推进盐仓地块的边检定海戍边公寓建设工作。

【完善海防设施养护工作】 自《舟山市定海区海防基础设施养护管理办法》出台，通过委托有资质的养护公司进行道路养护，确保全区67.8公里的海防执勤道路的安全运行，不断提升海防管控水平。

【修复海防基础设施】 2021年受台风“海神”影响，定海区黄虎岗海防执勤道路边坡塌方5处以及鸭蛋山海防执勤码头破损严重，存在较大的安全隐患，经市海防办、区府办同意及时组织修复，确保基础设施的安全运行。

【树立打私责任感】 分管副区长“亲自抓、亲手抓”，积极参与全打办、省、市各类反走私工作会议，及时传达会议精神并部署反走私工作任务。适时召开全区反走私工作会议，明确2021年度反走私工作重点，并下达任务指标，要求各镇（街道）、各职能部门担负责任，提高打私工作的责任感和紧迫感。

【推进打私成效】 根据市反走私会议精神，定海区制定并下发《舟山市定海区开展强化反走私综合治理专项整治行动方案》，全力开展反走私专项整治工作。启动全市“无走私村”创建工作，确定岑港街道涨次村、册北村分别为市、区创建示范村，开展指导工作。

【联合开展海上大巡查】 结合海上疫情防控，分管副区长王其锋多次带队，联合海警、港航、海事、海洋执法、公安等部门开展海上稽查行动，加大海域、锚地、码头检查力度，严打海上走私犯罪活动；反走私办负责同志常年驻守海上疫情指挥部，常态化开展海上巡查，全年累计开展海上联合巡查159次，登临检查船舶100余艘次，出动执法人员1620余人，未发现涉嫌走私的违法行为。5月中下旬，结合疫情防控开展海上船舶专项整治行动，以港航、海事牵头的海上综合整治效果显著，累计查扣并拆解12米以下小型“三无”船舶88艘。

【开展陆上大检查】　公安部门长期驻扎在交通要道、卡点设卡检查，较前几年，走私势头有所下降，未查获涉嫌走私的集装箱车、油罐车辆出入本岛。市场部门将农贸市场、冻库、进出口加工企业等清查工作作为常态化工作。年内，累计清查农贸市场1693家次，农批市场1021家次，生产企业369家次，冷库201家次，餐饮单位2891家次，自备油库14家，出动执法人员1680余人次，查获经营无合法来源货物案件1起。

【继续加大信息排摸工作】　为加强动态管控，进一步开展在全区范围内沿海码头、滩涂、港岙口的排摸工作及风险点位物防、技防覆盖情况统计，基本实现防控措施全覆盖。

【强化人防措施】　结合海上疫情防控要求，各镇（街）整合力量，开展定点巡逻和应急响应，对已排摸的点位做到每日巡查到岗到位，每日报送数据准确无误，对已覆盖视频监控的码头严格实行24小时值班制度，值班情况均登记备案。

【强化技防措施】　依托科技力量降低人防精力。定海区已经在沿海重要区域建成雷达建设工程，年底在对接调试，信息导入，待投入使用后，提高反走私防控能力。

【严控重点区域】　根据市反走私办统一部署，定海区确定岑港街道涨次村、册北村分别作为市、区首批“无走私村”创建示范村。为实现创建任务，村级主要负责人参与市、区两级培训，探索反走私基层治理模式，组建一支由党员代表、村民代表为主的巡逻队伍，并发动辖区百姓踊跃参与反走私夜巡、举报，开展反走私宣传活动。按照“无走私村”创建目标，基本实现“六有、六无”目标。全区其他镇（街道）始终将反走私综合治理工作作为一项重要的任务，始终强化对有证码头、废弃码头、海湾滩头的监管，对于走私活跃的重点区域，加大日常巡逻，落实视频监控巡查制度。

【严控重点行业】　开展对船舶企业、冻库、加油站等风险行业的专项督查整治。4月，各镇（街道）地毯式排摸辖区内各类加油站、自备加油点位，排摸点位55处，其中，非正规点位19处。区反走私办带领公安、市场、环保、应急等开展了自备加油点位的检查工作，并逐一清查油品来源（基本排除走私嫌疑），取缔一家存在对外销售行为的加油点，其余风险点位移交市场、应急管理等部门处理。

【严控流通环节】　参与市场监管部门开展的市场清查行动，加大对肉类冻品、白糖等重点走私食品的执法检查，强化肉类、进口海鲜类供应商全流程监管，防止境外、疫区冻品流入市场和人员密集消费场所。

【加大反走私工作宣传力度】　2021年度，区反走私办加大宣传投入，年累计投入宣传经费23.5万余元。继续采用城际公交车载视频滚动播放与城市电视相结合的宣传方式，覆盖岑港、小沙、马岙、干𬒗等重点风险区域公交车辆线路59辆及城区7个广场、路口等人群集聚点位的城市电视，滚动式播放反走私宣传片，年支出经费14.5万元。制作一批宣传品和宣传单页分发至各镇（街道），通过便民中心设摊、法治宣传设摊、走村入户等方式开展宣传工作，累计发放宣传品6000余份，真正实现反走私宣传横向到底、纵向到边，投入宣传经费4.34万元。针对重点风险码头，重新制定并安装一批不锈钢警示牌，除岑港街道自行安装30余块外，区本级委托广告公司更换警示牌39块，投入经费4.68万元。

【加大基层反走私扶持力度】　为妥善解决基层反走私工作经费紧张和实施困难，与市反走私办、区财政对接，下拨工作经费至全区（除金塘外）各镇（街道），累计下拨工作经费68万元，用于基层反走私综合治理工作，提高基层反走私工作积极性。

（撰稿：俞静雯）

审批服务与公共资源交易管理

【概况】 2021年，区政务办坚持以习近平新时代中国特色社会主义思想为指导，贯彻落实党中央、省、市、区重大会议精神，围绕“最多跑一次”目标任务，深化行政审批制度改革，强化公共资源交易管理，加强政务服务平台建设。

是年，各窗口办理各类行政审批事项145.67万件，其中，网上办理137.99万件，网上办理率94.73%。全年水电气网络专窗共完成备案149个项目。收到社会各界送来锦旗15面，为企业群众提供预约服务16次、上门服务65次、延时服务281次，满意率99.98%。2021年，公共资源交易中心累计成交项目377宗。年度累计交易额281501.20万元，其中，工程建设项目284宗，预算合计金额284346.61万元，中标合计金额256482.55万元，节约合计金额27864.06万元，平均节约率9.80%；政府采购项目16宗，预算合计金额为2350.96万元，中标合计金额为2131.47万元，节约合计金额219.49万元，平均节约率为9.34%。产权交易项目77宗，底价合计金额16884.70万元，成交合计金额22887.19万元，溢价合计金额6002.49万元，总溢价率35.55%。

【推进数字化改革】 推进政务服务网建设 聚焦行政许可、行政确认、行政裁决、行政奖励、行政给付、其他行政权力六类依申请政务服务事项， 推进政务服务2.0四端（移动端、PC 端、窗口端、自助端）协同应用，完成线上接入事项1612项，2.0事项窗口端收件率达到93.35%，一网通办率达到88.77%。实现推进自助终端适配，全面升级部署政务2.0与综合自助机对接，制定“浙里办”宣传推广计划，定海区政务服务“浙里办”注册数119938个，实名占常住人口比23.8%，增加“浙里办”每日应用人数，提高“浙里办”注册量和日活率。

健全政务服务“好差评”机制 优化评价等级、评价内容，完善政务服务“好差评”评价标准规范，通过实时上报、差评回访、整改反馈、结果反馈的全流程“好差评”工作机制，收集群众和企业的具体办事意见和建议，加强评价结果应用，全程留痕每一项工作，将评价结果纳入对部门和窗口的月度考核，提升窗口工作人员政务服务能力，至年底，办件好评率99.98%。

推进公共资源交易数字化改革 在全市公共资源要素平台数字化改革总体框架下，推动区公共资源要素平台与全市公共资源服务“分门户”相融合，实现全市的“一网公开、一网招标、一网监管”，目前新版公共资源交易门户已开始试运行。推进不见面开标大厅系统建设，从11月8日起，进入定海区级平台招标的房建、港航、水利施工依法必招项目正式启用不见面开标系统。不见面开标系统整体运行流畅。

加快行政服务中心建设 印发《关于加强行政服务中心建设的实施意见》，在区域上进行全新划分，部署“三区一中心”，按区域划分7个板块实现群众个人办事和企业服务以及综合事项服务，每个楼层均设置了休闲等候区、导服台等便民区域；在功能上健全完善智慧化便民服务硬件设施，紧贴群众和企业办事需求，每个楼层配置可视化电子屏、楼层引导机、取号机等设备，在24小时自助服务区，新添24小时无人值守工作台、政务材料智能存取柜等设备；在软件应用上开发智能导服，根据业务场景，办理条件和人员流量，自动规划服务流线，提醒办事人员在规定时间内到达指定区域办理。运用大厅可视化展示，根据不同的分析维度，结合已沉淀的数据（大厅总取号数，当前等待人数，当前办理号码等），对大厅运行情况进行直观地展现与分析。配置智能总控平台，运用建模等技术，将大楼楼栋、楼层、功能区域、窗口以及内部设备按照1∶1的比例进行缩小建模，结合大厅综合管理系统，实现模型的Web端顺畅展现。完善自助服务终端建设，基于24小时无人值守终端，实现跨省通办功能，群众可以在异地办理归属地相关业务，无感通办，办事人员还可与后台受理、审批人员一对一在线视频互动交流，推动办事服务“零延时”。新的智能服务模式将有效方便群众就近办、自助办、随时办。

【优化营商环境】 加强信用评价机制应用 转发舟山市公共资源交易管理委员会办公室《关于开展清理公共资源交易领域不符合营商环境要求规则制度的通知》，区公共资源交易管理办公室再次进行“工程招投标领域有违进一步优化营商环境等问题政策文件”使用情况清理，各部门均反馈没有相关问题政策文件。加强招标领域信用评价机制应用，将信用查询作为投标、中标的准入门槛。2021年，进区平台交易的282个项目的投标单位均进行了“信用中国”失信被执行人及“行贿犯罪记录”查询，查询投标单位27000余家次，目前尚未查询到相关信息。

开展打击违法行为专项行动　印发《定海区打击招投标领域违法行为专项行动工作方案》，成立专项行动领导小组，在区公共资源交易网公布专项行动举报电话和线索收集邮箱。根据工作方案建立在建工程人员变更信息公示制度，在区公共资源交易网进行四批45项人员变更公示。会同区纪委对住建及水利的4个在建项目开展标后履约抽查工作，涉及合同金额23968.22万元。区公安分局根据线索立案侦查一起围标串标案件，并移送定海区人民检察院审查起诉。

提高交易服务效能　按照全市统一部署，启用浙江省综合性评标专家库2.0系统。按要求完成网络抽取终端所需的硬件设备及网络环境的配置。协助市中心做好浙江省公共资源交易CA互认工作，浙江省内各地市之间的CA互相通用，方便省内投标企业参与招投标活动。完善产权交易保证金收退系统，联合区农行、市农行制定方案，开发交易保证金现金缴款线上退付功能。做好网上超市“全省一张网”供应商审核及监测管理工作。审核时间由原3个工作日缩短为1个工作日，共审核入围供应商202家，审核上架商品6万余件次。监测重心由监测工作重心由上架商品转为交易订单商品，增加监测频次，加大处罚力度。共巡检供应商619家，监测商品3503个，约谈供应商37家次，共对37家供应商（涉及违约商品交易48件宗）做出强制退出、协议挂起，商品冻结、下架，扣诚信分等处理。

强化招投标平台监督指导　严控招标方式改变，落实招标人主体责任，指导、协调处理工程招投标投诉项目3起。落实市级综合性评标专家库评标专家资格初审工作，共完成3名评标专家初审，并对一名评标专家不良行为进行公示。执行基层平台动态跟踪机制，对区属10个镇（街道）公共资源交易平台开展招投标情况专项检查，每月对各镇（街道）发布交易数据进行汇总，按季度向纪委报送基层平台招投标情况和存在问题，规范基层平台及村级小微工程操作，通过现场的指导、服务和专项检查，推动基层平台招投标进一步规范。

（撰稿：朱　峰）

机关事务管理

【概况】　2021年，区机关事务管理中心坚持以习近平新时代中国特色社会主义思想为指引，学习贯彻中共十九届五中、六中全会精神，不断提升服务保障和管理效能，推动机关事务工作高质量发展，完成各项任务目标。

【会务服务】　会务服务由“规范化服务”向“精细化服务”递进，开展差异化、精准化、个性化服务，两会、党代会期间，坚持疫情防控和会务保障两手抓，确保大会顺利安全召开。会务中心响应禁用一次性用品的要求，所有会议室禁用纸杯，改用瓷杯。是年，完成党代会、“两会”“美丽乡村周”等重要会议服务保障，为全区各单位提供会务服务921场次，服务与会人员44970人次。

【餐饮服务】　完成港务大楼风味餐厅建设，于4月投入使用。针对区政府机关食堂满意度不高、机关干部反响较强的情况，终止与现托管单位的合同，重新进行招标。东山路办证中心食堂积极探索创新付费就餐模式，通过引进农业银行刷脸系统和手机App进行付费，方便就餐机关干部。贯彻落实习近平总书记对制止餐饮浪费行为作出的重要指示精神，全面推行“公筷公勺”“光盘行动”，通过推出“小份菜”、倡议书、宣传标语、提示牌等创造厉行节约、文明用餐的氛围。开展本地名特优农产品进机关活动，培养绿色消费、引领精准扶农。

9月29日，舟山市名特优农产品进机关

【财会服务】 完成2021年度预决算公开表填制和公开工作。合理管理并监督6家单位4836笔流水的结报工作，保障6家单位的日常工作。对6家单位在职、退休及编外人员的工资福利进行了管理，完成各单位年度人员的调动，工资福利的正常晋升发放，调整社保、医保，完成住房公积金基数的调整和补缴等工作。中心下属国企勤业公司于2021年3月正式注销，相关的税务、社保、公积金等账户注销办理工作完成。

【车辆保障】 严格落实规章制度，每月定时公示驾驶员的考勤情况、出车次数及里程。做好常态化疫情防控中车辆服务保障工作。重点保障区委区政府抗疫工作组、区卫健局驻点车辆、经信局物资运送、口岸办远洋渔船船员返舟检测。高质量完成重要公务活动车辆保障及区委区政府大型活动保障。加强车队规范建设，健全83辆车辆的基本信息、维修装潢，油卡保险的“一车一档一账”归档工作（包括电子档）。是年，中心的车辆调派、出车任务、维修保养、人员管理等方面，总体上正规有序，安全稳定。公务用车平台为全区涉改单位提供公务用车服务6239车次、卫健局驻点2100车次。服务机关干部21158人次，安全行驶里程416345公里。

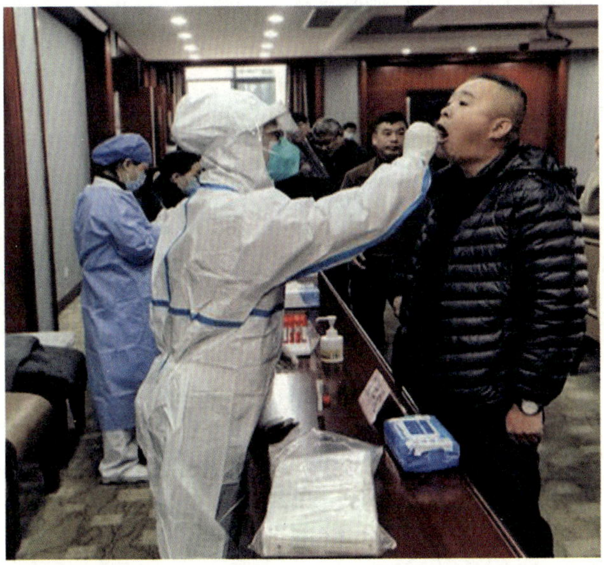

12月24日，公务用车平台为党代会召开做好核酸检测工作

【安保管理】 是年，针对新冠病毒疫情反复期间，坚持“外防输入、内防管理”思想，全面管控多道进入区行政中心人员、车辆内人员的测温、检查绿码、行程码等安全检查，做好行政中心门岗人员、车辆出入登记，群访、个访人员来访登记和拒访车辆管理，大中型车辆、会议车辆停放预约，邮件包裹、物资出入管理，消防安全检查等，按相关诉求做好来访人员的分流、解释、劝导等稳定疏通工作。完成区行政中心及区高新材料研发中心安保服务政府采购项目招标工作，指导区高新材料研发中心管理处在安保方面的建设性意见建议，做好各单位在中心内的各类大型会议、集会、活动、施工等场地清空、场地保障，公务车辆停放场地会议车辆通行及停放，车辆导流等交通安全保障工作。全年，车辆门禁系统保证车辆按规出入，登记来访车辆9005辆，物资车辆出入检查144辆。人员登记系统登记来访人员7744人。做好快递包裹防疫消毒等相关工作，接收快递14478只。大中型车辆预约安排进入停放122辆，电话通知因堵移车2518次，办理车辆门禁65辆，夜间错时停放临时通行证11本，疏导到昌国路23号立体停车库停车8041辆。

【基建房产管理】 是年，中心作为总协调方，协调工程建设单位与各入驻单位，完成高新材料研发中心（东山路新办证中心）装修协调、食堂建设、后勤招标工作，并组建高新材料研发中心管理处，负责后勤服务保障工作；完成区行政中心视频会议室改造工程，改造中新增休闲室，增设咖啡机、休闲桌椅等设施设备，方便与会人员中场休息；完成人武部办公楼维修改造工程；完成区商会大厦四层装修工程的前期准备工作。保障完成各相关单位办公用房使用需求及临时办公用房安排，共计安排2万余平方米，主要对象为区政务办、区住建局、区投资促进中心、区人大等8家单位。完成行政中心日常维修任务200余次。

【公共机构节能管理】 是年，完成“无废机关”创建工作，全区党政机关全部完成“无废机关”创建，创建工作无论是数量还是质量均走在全市前列；帮助节约型机关创建单位顺利开展创建工作，多次赴创建单位就台账规范、佐证材料、目标管理等进行指导和督促，并制作创建范本供各单位借鉴。节能宣传周期间，联合区发改局、区经信局、区文明办、区妇联、团区委等单位在区行政中心开展“节能降碳，绿色发展”为主题的节能宣传活动；召开节约型机关创建暨“无废机关”建设工作推进会，就创建节约型机关、垃圾分类等工作任务进一步部署和落实；强力落实能源“双控”任务，联合区发展和改革局能源监察大队、区融媒体中心，对全区部分党政机关、事业单位等公共机构进行能源“双控”督查，以查促改，发挥公共机构的示范引领作用。指导推进全区机关事业单位垃圾分类，在继续深化区行政中心生活垃圾强制分类管理基础上，把生活垃圾强制分类工作拓展到全区行政机关，实现垃圾分类工作全覆盖目标任务。

7月15日，召开2021年节约型机关创建暨“无废机关”建设工作推进会

【疫情防控保障】　是年，中心继续做好常态化疫情防控工作，构建机关大院安全网。根据防控要求，及时调整防控措施，守好机关大院门户。坚持公共区域每天清洁消毒，对进出人员严格落实体温检测+绿码要求，维持食堂错峰就餐秩序，安保、物业、食堂等一线工作人员按时接种疫苗，保障防控指挥部用车，落实好全区60家机关事业单位中高风险地区返定海来定人员排摸，确保机关大院的安全稳定。公务用车平台实行24小时值班，保障区委、区政府领导和公安、疾控等单位物资配送、隔离人员接送以及专项工作组和有关单位防疫工作用车，疫情各项工作开展总体平稳。

【党风廉政建设】　签订廉政责任书，层层传导责任压力，从思想上提高政治站位。年初，层层签订《党风廉政建设责任书》，要求领导班子成员以身作则，主动做好分管领域内党风廉政建设。将党风廉政工作纳入年终对各科室以及中层干部年度考核中，通过检查考核，进一步强化“两个责任”的层层落实，提高各科室负责人责任意识和责任担当。充分运用监督执纪“第一种形态”，严格落实谈心谈话制度，针对可能会出现苗头性、倾向性问题，及时进行提醒谈话。加强制度执行，加强小微监管，针对后勤工作重点领域、重点工程，尤其是对于项目合同签订、工程招投标等重点环节，开展监督自查；开展警示教育，精心部署“警示教育月”活动，强化学思践悟，进一步树立正确的世界观、人生观和价值观。

【党史学习教育】　中心贯彻落实中央和省委、市委决策部署要求，动员广大党员干部学党史、悟思想、办实事、开新局，引导党员干部从党史中汲取精神力量，努力将学习教育成果转化为推动后勤工作发展的工作成效。组织全体党员学习中央、省委、市委、区委党史学习教育动员大会会议精神、《中国共产党简史》等四本专题学习书、收看庆祝中国共产党成立100周年大会，专题学习习近平总书记“七一”重要讲话精神、十九届六中全会精神等内容。组织观看以真实事件为背景改编的爱国主义教育影片《长津湖》《悬崖之上》等，进一步增强党性和纪律性。结合“三服务”工作，组织中心全体干部职工到结对社区港北社区和海山公园开展全国文明城市创建工作，清除辖区内卫生死角，排查安全隐患，全力做好复评迎检工作。根据疫情防控需要，组织中心全体干部到港北社区进行疫情防控支援，协助社区在做好疫情防控常态化工作。中心抓好支部班子建设，是年，支部改选产生新一届支部委员会，并对支委会成员进行细化分工。

7月1日，舟山鸦片战争纪念馆参观活动暨领导班子讲党课

（撰稿：刘珊敏）

（本分目图片由区机关事务管理中心提供）

责任编辑：王英伟

政协舟山市定海区委员会

区政协领导

主　　席：陆沧波（2020.02—）
副 主 席：柳跃军（2021.02—2022.02）
　　　　　陈礼松（2020.01—）
　　　　　夏江龙（2012.02—2022.02）
　　　　　林志刚（2013.10—2022.02）
　　　　　陆翰恺（2017.02—）
秘 书 长：华福耐（2017.02—2022.02）
党组书记：陆沧波
副 书 记：林世军
成　　员：柳跃军
　　　　　夏江龙
　　　　　华福耐

综　述

2021年，区政协以习近平新时代中国特色社会主义思想为指引，把握团结、民主两大主题，在建言资政和凝聚共识上双向发力，服务大局和改善民生上提质增效，发挥协商民主重要渠道和专门协商机构作用，为全面开启花园式国际人文港城建设新征程、当好建设“重要窗口”海岛风景线排头兵作出贡献。

是年，举行全体会议1次，常委会会议4次，主席会议10次、协商会议6次。常委会就“属地统筹、条线共建，联动推进海陆社会治理体系建设”“关于推动油品全产业链发展，建设新材料产业基地对策建议”；主席会议就“关于促进‘智慧村社’综合服务管理平台应用对策建议”“关于开展古城‘微改造’的对策建议”等课题开展调研视察，形成调研报告和协商纪要，为党政决策提供参考。聚焦热点反映民意，全年共收到社情民意信息88篇，录用采编《政协专报》《政协信息》、转部门处理32篇；报送市政协47篇，录用17篇。提高政协宣传质量，以《定海政协》杂志、“定海政协”网站、“定海政协”微信公众号为主体，刊发《定海政协》杂志4期，发布微信图文信息73篇，其中获“人民日报”App录用3篇，《联谊报》刊登17篇，“省政协”微信公众号“同心苑”采纳11篇，被评为2021年度全省政协宣传工作先进单位，有效提升定海政协的社会影响力。

重要会议

【六届五次会议】　1月11—14日在定海举行。会议通过陆沧波代表第六届舟山市定海区委员会常务委员会所作的工作报告和陈礼松代表第六届舟山市定海区委员会常务委员会所作的提案工作情况报告，会议通过区政协六届五次会议议程、日程；表彰区政协六届四次会议以来优秀提案、提案办理工作先进单位、先进

中国人民政治协商会议第六届舟山市定海区委员会第五次会议开幕式

个人和2020年度参政议政积极分子、反映社情民意信息工作先进单位、先进个人；审议通过区政协六届五次会议提案审查情况的报告和区政协六届五次会议决议。其间，与会人员列席区十七届人大五次会议，听取并讨论政府工作报告。会议收到以提案形式提出的意见建议144件，并案后立案121件。区委书记庄继艳在会上讲话。

【常委会会议】　六届十八次常委会会议　1月14日，区政协举行六届十八次常委会会议。区政协主席陆沧波主持会议，副主席柳跃军、陈礼松、夏江龙、林志刚、陆翰恺，秘书长华福耐出席会议。会议听取大会秘书处关于各组讨论情况综合汇报；审议《区政协提案委员会关于六届五次会议提案审查情况的报告（草案）》和《区政协六届五次会议决议（草案）》。

六届十九次常委会会议　3月17日，区政协举行六届十九次常委会会议。区政协主席陆沧波主持会议，副主席柳跃军、陈礼松、夏江龙、林志刚、陆翰恺，秘书长华福耐出席会议。会议传达学习全国政协十三届四次会议精神，通报区委、区政府、区政协2021年度重大协商工作计划，审议通过人事有关事项。

六届二十次常委会会议　8月20日，区政协举行六届二十次常委会会议。区政协主席陆沧波主持会议，副主席柳跃军、陈礼松、夏江龙、林志刚、陆翰恺，秘书长华福耐出席会议。区委常委、常务副区长夏泉应邀出席会议。会议听取讨论区政府关于区政协六届五次会议以来提案办理情况的通报；审议通过《属地统筹 条线共建 联动推进海陆社会治理体系建设（审议稿）》和《高起点谋划定海新材料产业基地 全力推动油品全产业链现代化发展（审议稿）》；会议还审议通过人事有关事项。

六届二十一次常委会会议　11月26日，区政协举行六届二十一次常委会会议，作“六讲六做”大宣讲动员部署，并开展学习贯彻中共十九届六中全会精神宣讲。区政协主席陆沧波主持会议，副主席柳跃军、陈礼松、夏江龙、林志刚、陆翰恺，秘书长华福耐出席会议。会上，市委党史宣讲团成员、市哲学学会副秘书长于海腾作《深刻把握“两个确立”的决定性意义——党的十九届六中全会精神解读》专题讲座，从党的三次历史决议，“两个确立”的决定性意义，领会精神、自觉做到“两个维护”、不负使命，为第二个百年奋斗目标努力前进等方面，对中共十九届六中全会精神进行系统阐释和深入解读。会议还审议通过《关于加强和促进人民政协凝聚共识工作的实施意见（草案）》和《中国人民政治协商会议舟山市定海区委员会提案工作规则（草案）》。

11月26日，区政协六届二十一次常委会会议召开

【常委暑期读书会】　9月3日，区政协召开2021年常委暑期读书会。区政协主席陆沧波主持会议并讲话，副主席柳跃军、陈礼松、夏江龙、林志刚、陆翰恺，秘书长华福耐参加会议。会议邀请舟山市委党校汪善翔教授作《以史为鉴 开创未来》专题讲座。讲座从中国共产党的百年历程和伟大成就，中国共产党的建党精神和精神谱系，以史为鉴、开创未来的根本要求三个方面出发，深入解读习近平总书记“七一”重要讲话精神。讲座既有理论高度、思想深度，又有很强的针对性和实效性，使大家对习近平总书记“七一”重要讲话精神有更深刻的理解。五位政协常委会组成成员围绕习近平总书记“七一”重要讲话精神结合自身的履职实践进行交流发言。

9月3日，举办区政协常委暑期读书会

【主席会议】　六届四十二次主席会议　1月13日，区

政协举行六届四十二次主席会议。区政协主席陆沧波主持会议，副主席柳跃军、陈礼松、夏江龙、林志刚、陆翰恺，秘书长华福耐出席会议。区政协各专委会主任、副主任和办公室有关同志列席会议。会议听取各组召集人关于区政协常委会两个报告，区政府、计划、财政等工作报告和《舟山市定海区国民经济和社会发展第十四个五年规划和二〇三五年远景目标纲要（草案）》的讨论情况汇报；审议《区政协提案委员会关于六届五次会议提案审查情况的报告（草案）》和《区政协六届五次会议决议（草案）》；决定将上述《草案》提请区政协六届十八次常委会会议审议。

六届四十三次主席会议　2月24日，区政协主席陆沧波主持召开六届四十三次主席会议。区政协副主席柳跃军、陈礼松、夏江龙、林志刚、陆翰恺，秘书长华福耐出席会议。区政协各专委会主任、副主任和办公室有关同志列席会议。会议审议通过《区政协2021年度重点提案（草案）》《定海区政协“请你来协商”平台建设实施细则（草案）》和《关于规范委员工作室履职、发挥委员工作室作用的实施意见（试行）》（草案）。会议审议人事有关事项。

六届四十四次主席会议　3月10日，区政协举行六届四十四次主席会议。区政协主席陆沧波主持会议，副主席柳跃军、陈礼松、夏江龙、林志刚、陆翰恺，秘书长华福耐出席会议。区政协各专委会主任、副主任和办公室有关同志列席会议。会议审议通过《2021年度“人文定海·书香政协”学习计划（草案）》。审议通过《区政协领导联系委员工作室名单（草案）》。审议通过《区政协六届十九次常委会会议建议议程（草案）》。会议还审议《2021年度重大协商工作计划（草案）》。

六届四十五次主席会议　4月20日，区政协举行六届四十五次主席会议。区政协主席陆沧波主持会议，副主席柳跃军、陈礼松、夏江龙、林志刚、陆翰恺，秘书长华福耐出席会议。区政协各专委会主任、副主任和办公室有关同志列席会议。会议审议《区政协常委会关于开展“属地统筹、条线共建，联动推进海陆社会治理体系建设”专题调研方案（草案）》《区政协常委会关于“推动油品全产业链发展 建设新材料产业基地对策建议”专题调研方案（草案）》《区政协主席会议开展“关于提升社区养老服务能力的对策建议”提案办理协商专题调研方案（草案）》《区政协主席会议关于“促进智慧村社区综合服务管理平台应用”专题调研方案（草案）》《区政协主席会议“古城‘微改造’”调研实施方案（草案）》和《“关爱下一代，综合防控青少年学生视力健康问题”专题视察方案（草案）》。会议审议通过《民企之秀》（暂名）目录（草案），会议还学习研究“浙江数字政协”有关事项。

六届四十六次主席会议　6月11日，区政协举行六届四十六次主席会议。区政协主席陆沧波主持会议，副主席柳跃军、陈礼松、夏江龙、林志刚、陆翰恺，秘书长华福耐出席会议。区政协各专委会主任、副主任和办公室有关同志列席会议。会议审议人事有关事项及《“加强城市精细化管理，推动文明创建常态化”对口协商调研方案（草案）》。审议通过《区政协委员工作室和常委、委员年度述职实施办法（试行）（草案）》《“关爱下一代，综合防控青少年视力健康问题”视察纪要（草案）》。会议还组织开展全员保密教育培训，组织观看电视专题片《正风反腐就在身边》。

6月11日，区政协六届四十六次主席会议召开

六届四十七次主席会议　8月17日，区政协主席陆沧波主持召开六届四十七次主席会议，传达学习全省政协主席暑期读书会暨宣传思想工作会议精神。区政协副主席柳跃军、陈礼松、夏江龙、林志刚、陆翰恺，秘书长华福耐出席会议。区政协各专委会主任、副主任和办公室有关同志列席会议。会议还审议《区政协常委会关于“属地统筹 条线共建 联动推进海陆社会治理体系建设”调研报告（草案）》《区政协常委会关于“高起点谋划定海新材料产业基地 全力推动油品全产业链现代化发展”调研报告（草案）》。审议通过《关于提升社区养老服务能力的对策建议

（草案）》。

六届四十八次主席会议 10月9日，区政协主席陆沧波主持召开六届四十八次主席会议。区政协副主席柳跃军、陈礼松、夏江龙、林志刚、陆翰恺，秘书长华福耐出席会议。区政协各专委会主任、副主任和办公室有关同志列席会议。会议审议通过《促进智慧村社综合服务管理平台应用调研报告（审议稿）》《关于开展古城“微改造”的调研报告（审议稿）》和《强化城市精细化管理 推动文明创建常态化（审议稿）》。会议还审议通过《“定海城区公园广场建设管理情况”专题视察纪要（审议稿）》《“幼儿园办园体制”专题视察纪要（审议稿）》和《“未来社区建设”专题视察纪要（审议稿）》。会议总结研讨定海区政协推进“请你来协商·民生议事堂”平台建设有关事项。

六届四十九次主席会议 11月10日，区政协主席陆沧波主持召开六届四十九次主席会议。区政协副主席柳跃军、陈礼松、夏江龙、林志刚、陆翰恺，秘书长华福耐出席会议。区政协各专委会主任、副主任和办公室有关同志列席会议。会议审议《关于加强和促进人民政协凝聚共识工作的实施意见（草案）》《中国人民政治协商会议舟山市定海区委员会提案工作规则（草案）》。审议通过《关于规范建设“请你来协商·民生议事堂”平台的实施意见（草案）》《“书香政协——读好书、写心得”微征文评选结果名单（草案）》和《区政协六届二十一次常委会会议建议议程（草案）》。会议还传达学习保密工作有关事项。

六届五十次主席会议 12月1日，区政协主席陆沧波主持召开六届五十次主席会议。区政协副主席柳跃军、陈礼松、夏江龙、林志刚、陆翰恺，秘书长华福耐出席会议。区政协各专委会主任、副主任和办公室有关同志列席会议。会议审议《关于区政协换届筹备工作的请示》和《政协第七届舟山市定海区委员会人事安排工作方案》。审议通过《区政协六届一次会议以来优秀提案（草案）》《区政协六届五次会议以来提案办理工作先进单位和先进个人名单（草案）》《六届区政协参政议政积极分子名单（草案）》和《2021年度区政协反映社情民意信息先进单位和先进个人（草案）》。会议还讨论《定海政协2021年度协商议政合辑》《人文定海·书香政协工作掠影合辑》等有关事项。

六届五十一次主席会议 12月21日，区政协主席陆沧波主持召开六届五十一次主席会议。区政协副主席柳跃军、陈礼松、林志刚、陆翰恺，秘书长华福耐出席会议。区政协办公室、各专委会负责人和有关同志列席会议。会议通报《区委对区政协换届筹备工作的意见》。审议《六届区政协常委会工作报告（讨论稿）》《提案工作报告（讨论稿）》《六届区政协常委会工作报告和提案工作报告报告人建议名单（草案）》《关于召开区政协七届一次会议的决定（草案）》《区政协七届一次会议建议议程（草案）》和《区政协七届一次会议建议日程（草案）》。会议还审议通过《区政协七届一次会议邀请、列席、旁听人员范围（草案）》。

请你来协商·民生议事堂

【“属地统筹 条线共建 联动推进海陆社会治理体系建设”专题协商】 7月13日，区政协举办以“属地统筹 条线共建 联动推进海陆社会治理体系建设”为主题的“请你来协商”活动。区政协主席陆沧波主持活动，副主席夏江龙，秘书长华福耐出席，区委副书记邵辉应邀出席并讲话。课题调研组成员、界别及群众代表、区属相关部门及镇（街道）负责人参加活动。

【“提升社区养老服务能力”专题协商】 7月30日，区政协在白泉华康颐养园举办以“提升社区养老服务能力”为主题的“请你来协商”活动。区政协主席陆沧波主持会议，区委常委、统战部部长林世军出席会议。政协委员、界别群众代表、相关部门及部分镇（街道）负责人参加活动。

7月30日，召开社区养老服务能力建设专题协商会

【“高起点谋划定海新材料产业基地”专题协商】 8月27日，定海区政协举行“请你来协商”活动，围绕“高起点谋划定海新材料产业基地”开展专题协商。区政协委员、界别群众代表及相关职能部门、部分镇（街道）负责人面对面对话，共同为定海新材料产业、油品全产业链发展筹谋良策。区政协主席陆沧波主持活动，区政协副主席柳跃军、秘书长华福耐参加，区委常委、常务副区长夏泉应邀出席并讲话。

区政协“推动油品全产业链发展，建设新材料产业基地”调研组赴鱼山绿色石化基地调研

【“加强城市精细化管理 推动文明创建常态化”专题协商】 9月1日，为固化提升文明城市创建成果，实现由“强弱项、达标准”向“精细化、常态化”的转变，区政协组织开展“加强城市精细化管理，推动文明创建常态化”“请你来协商”活动。区政协主席陆沧波主持活动，区政协副主席陆翰恺、秘书长华福耐参加，区委常委、宣传部部长何徐华应邀出席并讲话。

区政协“加强城市精细化管理，推动文明创建常态化”调研组在马岙街道调研

【“促进智慧村社综合服务管理平台应用”专题协商】 9月2日，在全市“智慧村社”建设试点马岙街道，定海区政协围绕“促进智慧村社综合服务管理平台应用”主题开展“请你来协商”活动。定海区委书记庄继艳与政协委员、界别群众代表、相关部门负责人面对面协商互动。区政协主席陆沧波主持会议，区政协副主席柳跃军作了区政协课题调研组关于“智慧村社平台的建设和应用”课题调研情况介绍。

举行“促进我区智慧村社综合服务管理平台应用”主题协商会

【“古城微改造”专题协商】 10月14日，区政协举行“古城微改造”专题协商会，邀请区政协委员、界别群众代表、古城保护专家等，共同为“古城微改造”建言献策，这也是今年区政协开展的第六场也是最后一场“请你来协商”活动。区委副书记、区长侯富光应邀出席并讲话，区政协主席陆沧波主持会议，副主席柳跃军、陈礼松、林志刚、陆翰恺，秘书长华福耐出席。

【“民生议事堂”活动】 9月底至10月初，为探索政协协商向基层延伸的有效形式和机制，区政协陆续举办“民生议事堂”活动11场，实现所有镇（街道）全覆盖，首场活动得到省政协《联谊报》头版刊登。11场活动分别就“提升定海三毛祖居景区建设（小沙）”“促进街道水利工程提升（马岙）”“美丽城镇提升（干䃎）”“东岠岛净零碳旅游经济发展（环南）”“后创城时期城市长效化管理（白泉）”“推动烟墩美丽乡村建设（岑港）”“推动开放式小区物业全覆盖（昌国）”“志愿助力提升基层为民服务水平（城东）”“沥港农贸市场迁建（金塘）”“推进双桥农文旅项目建设（双桥）”“抓好洋螺海塘安澜工程建设（盐仓）”等议题开展基层协商，汇集意见建议和群众反映的热点问题90余条，形成协商纪要，部分协商成果迅速得到转化。

举办定海三毛祖居景区改造提升专题协商活动

人文定海·书香政协

【委员培训】 4月26—29日，2021年度区政协“书香政协·品读未来”委员培训班在浙江工业大学继续教育学院举办。区政协主席陆沧波，副主席柳跃军、夏江龙、林志刚，秘书长华福耐及来自各界别的60余名委员参加培训。

举办舟山市定海区政协“书香政协·品读未来”委员培训班

【联络联谊】 6月25日，区政协组织开展“书香政协·同心向党”联络联谊活动，全体委员分赴定海7个革命主题点，并在竹山三总兵广场航拍委员“毕业照”，齐声高唱红色歌曲。区政协党组书记、主席陆沧波主持活动，市政协副主席邬振悦受邀出席，区委常委、宣传部长何徐华受邀出席并致辞，区政协副主席柳跃军、陈礼松、夏江龙、林志刚、陆翰恺，秘书长华福耐参加活动。

举办“书香政协·同心向党”联络联谊活动

【走进城市书房】 为营造“爱读书、读好书、善读书”的浓厚学习氛围，进一步深化“书香政协”建设，区政协结合党史学习教育专题，全年开展4场“走进城市书房”图书分享会。4场分享会上，通过主席宣讲、嘉宾分享、委员交流等形式，分享学习《习近平生态文明思想》《为什么是中国》《国门洞开，鸦片战争爆发地——定海》《习近平在浙江》等书籍，推动实现个人读书、互动交流和思想进步、能力提升相统一。

【读好书·写心得】 区政协向全体委员发放经典畅销书籍《为什么是中国》《国门洞开，鸦片战争爆发地——定海》，开展“书香政协——读好书、写心得”微征文活动，广大委员结合定海发展实际和自身履职经历，撰写学习心得文章。活动共收到作品50份，评选一等奖1名，二等奖3名，三等奖5名，优秀奖9名。

【数字政协】 加快数字化改革步伐，推进省、市、区政协统建项目和全区党政机关整体智治综合应用项目的承接落地，“定海政协·掌上履职”平台日趋成熟，“主题议政”“崇学系列”“委员风采”“请你来协商”4个应用场景进入实质性应用阶段，赋能政协工作职能优化、方式转变、效率提升。

【文史宣传】 做好政协文史工作，精心编纂文史资料，出版《定海岁月》和《民企之秀》两本文史书籍，发挥文史资料存史资政、团结育人的重要社会功能。刊发《定海政协》杂志4期，发布微信图文信息70余篇。

职能工作

【政治协商】 协助区委区政府出台2021年度重大协商工作计划，着眼海陆社会治理管控体系建设、油品全产业链发展、“智慧村社”综合服务管理平台建设、古城“微改造”等问题进行前瞻性思考和综合性论证。把“请你来协商”作为发挥政协专门协商机构的重要平台，出台《区政协“请你来协商”平台建设实施细则》。2021年举办“请你来协商”活动6场、主席会议视察协商1场，300余名政协委员、界别群众，50余位党政领导及职能部门负责人登堂议事，委员履职热情得到充分激发。回应信息化背景下协商质效提升问题，创新开展线上线下相结合的“请你来协商”活动4场，238人次发帖跟帖382条，实现线上线下互动、场内场外联动，有效扩大协商民主的参与范围。

【民主监督】 聚焦民生“关键小事”，针对后文明城市创建时期城市精细化管理、社区养老体系建设、幼儿园办园体制等主题组织委员开展专题视察、民主监督、协商建言，更好助力区委、区政府解决问题。与省、市政协三级联动开展 “推进美丽大花园建设”“最多跑一地”改革等专项集体民主监督活动，均取得良好效果。注重发挥社情民意“直通车”作用，根据民情走向和热点动向提出指导性意见，调整并聘任一批特约信息员，全年收集社情民意信息88篇，录用采编《政协专报》《政协信息》、转部门处理32篇，其中“关于动态更新新冠肺炎科普宣传海报的建议”等6篇社情民意得到区委区政府领导批示；报送市政协47篇，录用17篇，有效促进相关问题解决。

【参政议政】 出台《关于规范委员工作室履职、发挥委员工作室作用的实施意见》，明确“6+1”工作任务，规范履行政协委员工作室职能，由各专委会具体负责对每年“6项”规定动作进行督促，于2021年年底开展工作室履职活动“双学双比”评议。以“委员工作室”“6+1”工作体系为依托，在全区各镇（街道）搭建“民生议事堂”协商平台，重点选取切口小、关联广、针对性强的小微议题开展协商，举办活动11次，助力解决三毛祖居景区停车难、洋螺海塘加固工程设计方案调整等民生实事问题，首场活动得到省政协《联谊报》头版刊登。及时总结经验成果，出台《关于规范建设“民生议事堂”平台的实施意见》，建成全市首批“民生议事堂”示范阵地。

【凝聚共识】 协助区委坚持和完善“大统战”工作格局，研究制定《关于加强和促进人民政协凝聚共识工作的实施意见》，从加强思想政治引领、在广泛团结联谊中汇聚正能量等6个方面、18项内容作出全面规范。加强同党外知识分子、非公经济人士、新社会阶层人士和港澳台侨界人士的沟通联络，深入委员工作室宣讲党史，区政协机关领导干部深入基层一线开展“六讲六做”大宣讲活动。以庆祝中国共产党成立100周年为契机，策划“书香政协·同心向党”活动，组织委员重温革命地，寄语同心树，齐声大合唱，航拍毕业照，强化届末履职的责任意识。开展帮扶解困、慈善捐助和“三下乡”活动，持续深化“三服务”工作，帮助解决企业、群众和基层反映的困难和问题10余件。

【组织建设】 坚持以“人文定海·书香政协”品牌建设为抓手，把握系统思维，坚持问题导向，锤炼过硬作风，不断提升自身建设品质，两支队伍展现新形象。

激发党建活力 履行全面从严治党、意识形态、党风廉政建设主体责任制，高质量推进党史学习教育，成立由区政协党组成员和机关党组成员为主的党史宣讲团，分赴14个联系的委员工作室，以重温学习、深刻领悟习近平同志在浙江工作期间的决策部署、思想作风、言传身教等为主要内容，精讲党史、交流座谈，推进党史宣讲小微化发展。将党史宣讲同“我为群众办实事、我为企业解难题、我为基层减负担”“三下乡、三服务”等实践活动相融合，同区委、区政府的中心工作相融合，班子领导累计走访100余人次，机关干部开展志愿服务活动60余次，帮助解决各类问题30多个，把党史学习教育的成果转化为真情服务的强大动力。

加强队伍建设 实现政协委员工作室镇（街道）全覆盖，出台《区政协委员工作室和常委、委员年度述职实施办法（试行）》，进一步加强委员队伍建设，促进政协委员规范履职。自觉助力文明城市、卫生城市成果巩固，广大政协委员、政协机关干部走进社区、深入基层积极参与创城、创卫活动，当好文明倡导者、参谋者、维护者、示范者。

持续改进作风　加强党风廉政建设和作风建设，通过政协机关党组书记讲廉政党课，全体干部观看党风廉政警示教育片，政协机关风清气正、勤勉干事的氛围愈加浓厚。

提案工作

【提案办理】　是年，收到提案147件（包括会后3件），并案后立案123件，不立案13件（包括转市10件），重点提案10件，现场办理3件。据统计，立案提案中已解决或基本解决的81件（A类），占立案总数的65.8%；正在解决或列入计划解决的27件（B类），占22%；所提建议需待条件成熟后逐步解决的15件（C类），占12.2%。从收到的反馈情况看，委员对办理结果的满意和基本满意率为100%。

【协商贯穿提案办理全过程】　做细提案办前协商，通过办前协商掌握实情，对于疑难、综合性强的提案，进行委员和职能单位的“面对面”协商交办，进一步明确委员意图，提高交办、督办的针对性。做深提案办中协商，选择与全局工作和民生事业联系紧密的提案，组织政协委员、政协参加单位与承办单位共同开展调查研究，群策群力，共同推进办理工作。做实提案办后协商。及时了解提案人对承办单位办理答复的意见，通过“回头问效”，建立提案办理“满意度”二次反馈制度等方式，推动提案办理协商工作落到实处。

【开展现场督办和集中督办】　政协提案委会同区政府督查室及相关委员，对四家提案办理大户（区文广旅体局、区农业农村局、区住建局、区经信局）和三家需现场办理的单位（区交警大队、区水利局、区委政法委）进行集中督办。督办通过实地察看、听取汇报、专题民主协商、召开座谈会等方式进行。通过集中督办，进一步引起提案承办单位领导的高度重视，也让参加集中督办的委员获得存在感，提高满意度，推动委员为下一步更好建言献策的积极性。

赴区文广旅体局召开政协提案集中办理督办会

【深化办理情况“回头看”】　区政协副主席带领提案委工作人员及相关政协委员，会同区政府督查室，走访了区住建局、区司法局、区教育局、区综合执法局等单位，对全区2017年六届一次会议以来提案办理结果为B类和C类的提案开展了“回头看”工作。通过回头看，提案承办单位领导都能高度重视，注意与委员沟通，绝大多数提案办理落实，委员的满意度明显增加。

（撰稿：顾超益）

（本类目图片由区政协提供）

责任编辑：王英伟

中共舟山市定海区纪律检查委员会
舟山市定海区监察委员会

区纪委区监委领导

书　记：郑飞科（续—12月）
　　　　林技科（12月—　）
副书记：吴青青
　　　　朱存波（续—4月）
　　　　陈　军（4月—　）
常　委：吴慧琴
　　　　陈　军（续—4月）
　　　　潘琼颖
　　　　张小艇
　　　　王康利（12月—　）
主　任：郑飞科（续—12月）
代主任：林技科（12月—　）
副主任：吴青青
　　　　朱存波（续—6月）
　　　　陈　军（6月—　）
委　员：吴慧琴
　　　　陈　军（续—6月）
　　　　潘琼颖
　　　　王功跃（续—1月）
　　　　王康利（1月—　）

综　述

2021年是中国共产党成立100周年，是定海实施“十四五”规划的起步之年。区委学习贯彻中共十九届六中全会精神及习近平总书记系列重要讲话精神，扛起管党治党政治责任，以上率下深化全面从严治党。全区各级党组织和广大党员干部落实党风廉政建设和反腐败工作决策部署，各级纪检监察组织忠诚履行党章和宪法赋予的职责，推动中国特色社会主义监督制度在定海的生动实践，纪检监察工作取得新成绩。

重要会议

【十三届纪律检查委员会第七次全体会议】　2月23日召开，会议回顾总结2020年全区党风廉政建设和反腐败工作，部署2021年工作任务。区委书记庄继艳出席全会并作重要讲话，区委常委、纪委书记郑飞科代表区纪委常委会作《奋力书写纪检监察工作高质量发展新篇章 为定海当好建设“重要窗口”海岛风景线排头兵提供坚强保障》的工作报告。区四套班子领导出席会议，区纪委委员、各镇（街道）及区属各单位主要负责人、区纪委区监委派驻纪检监察组及市以上垂直管理单位在定派设机构负责人80余人参加会议。

中国共产党舟山市定海区第十三届纪律检查委员会第七次全体会议

【清廉单元推进会清廉村居专场】　11月10日召开，会议集中展示近年来定海区清廉村居建设做法和成效的视频短片《建设清廉村居升级版 打造海上清舟风景线》。通过视频展示、汇报交流，全区各镇（街道）展现各自在清廉村居建设中的工作做法和特色亮点。舟山市纪委、定海区委相关主要领导出席会议。

定海区组织召开清廉单元建设推进会清廉村居专场

【区纪委常委会】　是年，区纪委召开常委会会议30次，部署安排全区纪检监察工作会议的召开及有关议程，讨论有关人事安排等“三重一大”事项，研究纪检监察体制改革、区委巡察工作、党风政风监督、信访举报、执纪审查、监察调查、宣传教育、案件审理、基层党风廉政建设等工作。

政治生态建设

【加强政治监督】　推进护航美丽乡村建设、全区营商环境数字化改革、国有企业权力规范运行、民生领域“群众急难愁盼七件事”四大专项规定动作，通过“1+1+1”监督模式，加强对党史学习教育、省委巡视整改、疫情防控、“六稳”工作“六保”任务、县乡换届、粮食安全等的监督。全年，开展美丽乡村、创城复评、疫情防控等督查89次，发现问题207个，查处问题线索9起23人，其中党纪政务处分3人，诫勉8人；镇（街道）、部门“一把手”换届期间纪律约谈12人次。完善政治监督“四清单、两档案、两报告”大数据体系，新增镇（街道）科级及中层、村（社区）干部廉政档案1104份，各单位政治生态建设自评自查报告118份、政治监督情况报告118份。

【拓展“四责协同”】　协助区委建立加强对“一把手”和领导班子监督责任清单机制，推动“五张责任清单”落地落实。召开“四责协同”质询会，抽选5家单位“一把手”及部分班子成员“一对一”“面对面”质询，倒逼主体责任、第一责任人责任、“一岗双责”落地。以反向激励压实主体责任，7家考核后列单位由分管区领导约谈，2家问题较多单位在纪委全会上表态发言。持续加大同级监督力度，全市率先制定同级监督实施办法，综合运用个性函告、提醒督办、谈心谈话等强化结果运用。针对文明城市创建、安全生产、巡察整改等问题，向同级党委班子成员发送廉情抄告单24份。探索推行区委常委单位负责人向纪委全会述责述廉，区委统战部首次在纪委全会上述责述廉。

定海区召开2020年度“四责协同”质询会

【完成巡察全覆盖任务】　完成对13家单位常规（联动）巡察、5家单位巡察“回头看”、43个城市社区驻点巡察，发现问题511个，移送问题线索29件，至此全区镇（街道）、部门单位、农渔村、城市社区巡察覆盖率达100%。深化“后半篇文章”，回访检查7～9轮、13～14轮被巡察单位整改情况，实现届内回访检查全覆盖。实行整改方案、整改报告多部门联审机制，修订完善巡察工作信访件处理暂行规程、被巡察党组织巡察整改工作指南等8项制度，提升打造“六环”全链条整改工作品牌，成为全市模板。抓实省委巡视问题整改，牵头的14项问题及省委对全区巡察工作专项检查反馈的24项问题均高标准整改到位。

清廉定海建设

【推进清廉单元全面】　统筹推进机关、国企、民企、村居、学校、医院、交通、文化等八大单元清廉建设，同步拓展住建、政法等领域。推行区纪委常委领办联系、所在派驻机构日常促推、“室组地”协作配合、责任单位联席磋商工作模式，有效促推各个清廉单元齐头并进。如促推“清廉机关 模范机关”创建活动，创新推出云上擂台，晾晒创建成果；促推清廉学校建设，“三廉”工程护校园实现阳光招生、阳光采购、阳光食堂、阳光工程、阳光助学；促推清廉医院建设，紧盯药品、耗材、设备采购及基建工程等关口，督促出台医疗设备、医用耗材采购和管理办法。

清廉交通“最多一小时”清廉单元项目

【清廉村居梯次升级】 实施“示范点—示范集成—风景线”梯次升级路径，逐步推动村（居）全域清廉。优化“四清指数”考评细则及管理办法，形成指数考评定海样板。实行“揭榜挂帅”制，双月公开创建进度，晾晒评星创建成果，建成32个示范点，白泉镇清廉征迁护航高铁新城、和建村集体资产规范租赁管理等一批示范点引领效应明显，“阿红书记说廉打通廉音传递末梢”获评全省第二届“基层清廉建设（浙江）十大创新经验奖”。以点扩面打造“山水白泉 红廉领路”“清风廉行 善治马岙”“红润锦沙 廉韵飘香”3个示范集成镇街，“廉担当”“廉晾晒”“廉守护”“廉文化”4条海上清舟风景线，全域清廉图景不断显现。

“阿红书记说廉打通廉音传递末梢”获评全省第二届“基层清廉建设（浙江）十大创新经验奖”

【数字赋能基层“智治”】 开展全省基层公权力大数据监督应用试点工作，在各个村（社区）构建运行基层公权力全程在线审批应用、全过程网上公开、“监督一点通”三大平台。聚焦“一肩挑”村级权力运行特点，推动流程再造、制度重塑，更新细化小微权力“一份清单、十类事项、26张流程图”。将基层公权力大数据监督同步链接应用至村居清廉指数考评，推动基层治理能力和治理成效不断提升。2021年5月试点开展以来，基层公权力大数据监督应用核查反馈红色预警信息201条，处理12人，数字监管效应初步显现。

作风建设

【推进专项督查】 针对工程领域规避公开招投标、改变招标方式等问题，启动工程建设项目招投标领域不正之风专项督查，核实问题线索19件，处理9人，其中，党纪政务处分1人。高效开展安全生产专项监督，对1起金塘岛内非法运输危化品问题政务处分4人、诫勉1人。有力开展拆迁拆违专项监督，处置问题线索8件，处理4人，其中，党纪政务处分1人。高

正风肃纪专项检查组在商超查看有无违规公款购买购物卡情况

标准严要求落实中央八项规定及其实施细则精神，深挖彻查党员干部、公职人员酒驾醉驾背后的“四风”问题，共查处违反中央八项规定精神问题40起，处理64人，其中，党纪政务处分32人，通报曝光8起，查处数为上年的1.8倍。

【整治群众身边腐败和作风问题】 连续四年开展“新官理旧账”攻坚民生“积案”，创新推行纪委委员、特约监察员、人大政协专委包案领办机制，销号“旧账”15件。聚焦粮食安全监督发现的问题，核实违规领取耕地地力保护补贴问题线索，处理5人，其中政务处分1人，同步开展耕地地力保护补贴专项整治工作。全市率先出台《村（社区）提级监督实施办法（试行）》，以柯梅、城北2个村为试点推进，推动整改问题5个。推进漠视侵害群众利益问题专项治理，劳资纠纷、应急管理、征迁安置等领域的16个专项治理项目取得显著成效。是年，查处群众身边腐败和作风问题28起31人，其中，党纪政务处分18人，通报曝光2起。

信访举报和执纪审查

【信访概况】 是年，全区受理群众信访举报72件，比上年减少56件，同比减少43.75%。其中，实名举报45件，占62.5%；重复信访14件，占19.4%。从反映问题的性质来看，主要还是反映违反廉洁纪律行为的，占比31.7%。成功化解“三多”信访件3件，化解率100%。

【保持反腐高压态势】 是年，处置问题线索302件，立案126件、结案143件、党纪政务处分130人，同比分别增长29.9%、81.01%、75.68%，其中乡科级干部15人，移送司法机关7人，重点查办了区人大常委会教科文卫与民宗侨工委原副主任叶某某受贿案，舟山储备中转粮库原主任林某某私分国有资产、贪污、受贿案，双桥中心小学教师乐某某贪污案。坚持受贿行贿一起查，建立完善行贿人“黑名单”制度，2名行贿人被移送检察机关依法审查起诉。强化政法队伍教育整顿监督执纪，处置问题线索66件。深化运用监督执纪“四种形态”，共运用“四种形态”处理372人次，其中第一、二、三、四种形态分别占比62.6%、28.2%、4%、5.1%。

【优化基层监督体系】 深化“室组地”协作配合，优化片区划分，3个纪检监察室、10个派驻与11个镇（街道）纪检监察组织“一对一”协作联动，推进派驻监督向开发区（园区）、相关垂直管理单位等覆盖，办案监督力量攥指成拳。全年镇（街道）、派驻机构自办案件36件，同比增长117.6%，在精准监督及线索成案率方面提升显著。联动开展镇（街道）、派驻案件质量评查工作，从信访受理、问题线索处置、案件查办、处分执行等全流程进行排查，整改共性问题15个，基层纪检监察组织执纪执法规范化水平提升明显。进一步释放末梢监督能量，在马岙街道试点建立联络站、村（居）监会积分量化考核管理体系，实行日常动态管理、年终评星定级。制发联络站、村（居）监会监督清册，实现对单监督。全区各级纪检监察组织收到反映村（社区）信访件同比减少70.1%。

【深化案件“后半篇文章”】 “两个责任”贯通联动开展警示教育月活动，推动各级党委（党组）、纪检监察组织分别开展以“纪律护航·清风扬帆”为主题的“三个一”活动，累计开展观影悟廉、读书思廉、纪法讲廉等活动100余场次。运用纪检监察建议等有力武器，推动制定《定海区村集体经济组织“三资”及财务管理办法》等制度。加强和规范党纪政务处分决定执行工作，细化党纪政务处分决定宣布操作办法。常态化开展澄清正名、回访教育工作，澄清正名党员干部5名，回访教育受处分干部67名。

开展定海区“纪律护航 清风扬帆”警示教育月活动

自身建设

【强化政治建设】　区纪委常委会坚持把学习贯彻中共十九届六中全会精神、习近平总书记系列重要讲话精神列为常委会会议第一议题，带头坚定不移做“两个确立”忠诚拥护者、“两个维护”示范引领者。各级纪检监察组织深入落实党史学习教育、“六讲六做”大宣讲活动，强化以学促行；深入开展疫情防控、抗台救灾、创城创卫、志愿服务等活动30余次，实现学习成果与工作实效双提升、双突破。

【提升素质建设】　通过揭榜挂帅、评星晾晒，大力挖掘纪检监察工作亮点，评选出优秀项目9个。全力锻造高素质专业化纪检监察干部队伍，实施“蹲苗壮苗护苗”计划，开设“纪法微课堂”、青年理论学习小组，丰富常态化学习交流平台。开展《廉润定海山·奋斗启新程》短视频分享会，以抖音、MG动画等形式记录工作进度，展示工作成效。3名纪检监察干部获得中央、省、市级各项荣誉。

开展“廉润定海山　奋斗启新程”短视频分享会

【坚持严管严治】　严格执行“360监督管理机制”，开展纪检监察系统廉政风险排查防控，区分班子成员、科室负责人、派驻机构，突出重点岗位和关键环节，梳理出廉政风险点303个，制定防控措施234条。高标准执行“七带头七不准”行为准则，严格落实饮酒报批报备、纪检监察干部打听案情过问案件干预办案报告登记等制度。进一步健全廉政档案管理制度，画准纪检监察干部“政治画像”夯实监督基础，处置纪检监察干部问题线索7件。

（撰稿：阮　芳）

（本类目图片由区纪委提供）

责任编辑：王英伟

定海出行习俗之礼让

海岛的定海人出门见海、出岛乘船，船是定海的主要交通工具。隔港过渡的是渡船，距离较远又规定线路的叫航船；专门运输货物的谓之运输船，用作收购鱼货的则是鲜船，除此，用以渔业生产的还有渔船。定海人有着海上航行互相礼让的良风厚俗。两船如在海上相遇，习惯是大船让小船，顺风船让逆风船；同是逆风船的则橹前船让橹后船。晚上行船或停泊，必要亮船灯。航行的船要让正在捕捞的船；后下网的渔船应礼让先下网的船等。

陆上行路，定海人也有“轻担让重担”“空手让挈篮”“后坐让老人，妇女让男汉”“挑担让车轿”“车轿让棺材”等礼俗。

民主党派

中国国民党革命委员会
舟山市定海区总支部

【概况】 中国国民党革命委员会舟山市委员会定海区总支部（简称民革舟山市定海区总支部）第一支部于2月7日召开党员会议，届中补选陈杰为总支第一支部宣传委员，第一支部支委会选举林洁为第一支部副主委。民革定海区总支部现有正式党员33名，其中，女党员16名，具有大学及以上学历党员29人。支部党员中有区六届政协委员10人，其中，常委4人；七届市政协委员2人，其中常委1人；区人大常委1人；市人大常委1人。是年，发展陶旭怡、唐渊2名新党员。

【组织建设】 *加强思想政治建设* 把思想政治建设摆在突出位置，开展集中学习和专题研讨，组织全体党员接受思想和精神洗礼，提升党员的政治把握能力和参政议政能力。2月7日，民革舟山市定海区总支部召开2020年度支部总结工作会议，学习修订的《中国共产党统一战线工作条例》；3月28日，民革舟山市定海总支组织开展全体党员专题学习会，学习习近平在党史学习教育动员大会上的讲话、习近平在中央党校（国家行政学院）中青年干部培训班开班式上的讲话、习近平“两会”期间参加内蒙古和青海代表团审议的讲话，以及袁家军在全省数字化改革大会上的讲话精神；6月17日，民革舟山市定海总支组织全体党员开展中共党史学习教育。全体党员集中收看央视综合频道的百年党史文献纪录片《山河岁月》，开展“党史知识”答题活动。11月27日，民革舟山市定海区总支部到南洞走习总书记走过的道路，组织全体党员学习十九大六中全会精神，组织党员们开展“厨艺大比拼”活动。三八节、教师节、医师节、重阳节等，总支部向支部的党员送去慰问。

重视后备干部和骨干党员培养 林洁、王万军于6月参加定海区统战部组织的培训，沈惠军于9月24—30日在省社会主义学院参加由省委会举办的非公经济培训班，竺诗雨于10月27—29日参加民主党派新成员培训，12月6—10日参加全省环境应急管理岗位培训。

扩大民革影响力 庄缀萍被评为2020年度定海花园式国际人文港城建设优秀个人；袁优红获舟山市巾帼建功标兵称号；王万军被定海区人才办评为首届“定海英才”，所在的单位定海区老来福居家养老服务中心被舟山市民政局评为“创益之星”；叶天星被定海区司法局评为2020年度定海区优秀人民调解员；何琪玲被评为2019—2020年度全市信访工作成绩突出个人、2020年度市级“调解能手”，获定海区担当作为好干部称号，2020年度定海花园式国际人文港城建设优秀个人（全国文明城市创建工作先进个人），还被区委、区政府授予三等功奖励一次（2018—2020年）；徐国中获区2020年担当作为好干部称号。蔡锡顶开展的《如何补充维生素D和钙剂》《如何让孩子长得更高》等线上系列课程，收听人数超过1万人。郑国庆主持2021年浙江省继续医学教育项目“狂犬病暴露预防处置学习班”和“急腹症诊治新进展在基层医院推广应用学习班”。诸慧的诗歌在多种杂志上发表，所写的《民革，我理想的精神丰碑》还获“纪念浙江民革成立70周年征文”优秀奖。多名党员参加新冠疫苗接种和防控工作。

【参政议政】 围绕区委、区政府中心工作，民革舟山市定海区总支部通过政治协商、大会发言、撰写提案和社情民意、对口联系等多种途径，积极为全区和全市经济社会发展建言献策。在定海区政协六届五次会议和区十七届人大五次会议上，来自民革舟山市定海区总支部的1名区人大代表、10名区政协委员和2名列席的市政协委员，共提交大会集体提案7件，个人提案10件，个人议案1件，内容涉及产业发展和环境治理、营商环境优化、医疗健康发展、"农家乐"转型发展、城市建设、社区基层治理、文化建设、文体发展等诸多方面。主委张松军代表总支作《加强定海西北片区环境治理，为经济高质量发展夯实基础》的区政协大会发言。总支被评为区政协2020年度反映社情民意信息工作先进单位，集体提案《关于金融机构支持中小型实体企业的建议》《关于统筹施策，有序推进垃圾分类工作的建议》（并案）被评为区政协六届四次会议以来优秀提案，何琪玲、王万军被评为区政协2020年度参政议政积极分子，陈雪芬被评为区政协2020年度反映社情民意信息工作先进个人。何琪玲还接受《定海新闻》记者的采访，表达了对疫情防控和经济社会发展双胜利的来之不易，全民抗疫彰显中国特色社会主义制度的优势的看法。在舟山市七届人大六次会议和市政协七届五次会议上，党员袁优红提交1个议案，党员刘勇平提交3个个人提案，党员张惠芬提交2个个人提案。这些提案和建议紧扣党委政府中心工作，事关定海高质量发展和品质提升，紧贴群众满意度幸福感，集中体现了定海民革党员开展调查研究、收集反映社情民意的成效，得到区领导肯定。

3月3日，浙江省政协副主席周国辉一行到位于浙江乾勇律师事务所的舟山新社会阶层政协委员会客厅视察指导工作，举行"推进共同富裕"主题座谈会，党员刘勇平在会上汇报舟山新社会阶层政协委员会客厅成立以来的工作。

党员参加政协组织的各项活动，林洁撰写区政协《为什么是中国》读书心得，参加区政协"关于推动油品全产业链发展"主题议政活动并发言。何琪玲参与区政协常委会关于开展"属地统筹 条线共建 联动推进海陆社会治理体系建设"专题调研活动，区政协主席会议开展"关于提升社区养老服务能力的对策建议"提案办理协商专题调研活动，并在主题"请你来协商"活动中积极参与讨论，提交书面意见建议。多名党员参加区政协组织的"请你来协商""委员读书会""双学双比"等参政议政活动。支部党员累计撰写社情民意18篇。

【民主监督、服务联谊】　弘扬博爱精神，热心公益事业，投身社会服务。民革舟山市定海区总支部围绕城市治理、法治建设、社会治理现代化等重点工作，组织开展或参与各类民主监督活动。总支部"博爱"服务队志愿者们或立足本职岗位、或参与义工组织，发挥律师、教师、医生、护士特长，在各个领域投身服务，奉献爱心。6月28日，"博爱"服务队志愿者赴小沙街道长白岛中天重工有限公司开展"不忘初心跟党走，博爱同心送服务"活动，为企业职工提供法律、健康、子女教育等服务，并为困难职工（子女）送爱心。11月27日，总支部全体党员走进小沙街道敬老院，慰问老年人，为老人送去牛奶、饼干等爱心物资。

党员刘勇平参与阳光热线9期，还被聘为"舟山市人大常委会立法专家库成员""舟山市法治建设监督员""2021年政务服务数字化改革领跑导师（观察员）""舟山市中级人民法院特约监督员"等，参与民主监督。何琪玲被选任为舟山市人民检察院人民监督员，被舟山市公证协会聘为"行风监督员"。

传承民革特色，做好祖统联谊和台胞台属服务工作。关注台湾局势，宣传对台工作方针政策，发出正面声音。关心关爱滞留台胞，开展节日慰问、扶贫济困、法律服务等工作，帮助解决实际困难。

（撰稿：汪和芬）

中国民主同盟舟山市定海区支部

【概况】　2021年，民盟定海区支部围绕区委、区政府的中心工作，坚持打好"五大会战"，建设"四个舟山"的决策部署和定海花园式国际人文港城的建设要求，关注社会发展的热点，开展调查研究，履行参政党职责，各方面取得成绩。

【提高盟员整体素质】　强化组织建设　支部严格按照新时期、新形势对于参政党的要求，切实加强民主党派基层组织规范化建设，组建了一支业务能力强、乐于奉献、爱岗敬业、分工明确的领导班子。坚决执行班子常态化学习，支委会每季度召开支委会议、并不定期召开支委扩大会议等开展政治理论、党委政府中心工作的学习和研讨，重点工作的讨论布置，不断增强政治把握能力、参政议政能力、组织领导能力、合作共事能力和解决自身问题能力，为支部在做好参政党的工作夯实领导基础。

加强思想政治学习 支部始终将政治理论作为盟员提高自身素质的必学内容，学习了2021年“两会”、中共十九届六中全会精神，学习盟章盟史及统战理论，廉政风险防范教育，通过各种学习不仅拓宽知识面，提升自身素质，还增强政治意识，提高参政议政能力。支部还先后选派10人次骨干盟员参加盟省委、市政协、盟市委、区政协、区委统战部等各项理论培训，60余人次参加各项会议（活动）不断加强思想建设。

打造温暖共建平台 支部在春节、生日时候走访慰问6位75周岁以上或卧床休息的老盟员，让老盟员感受盟组织的温暖。并开展烧烤、观看红色电影等多形式的活动，增强盟组织的凝聚力，增强盟员对组织的认同感和归属感。

【履行参政党职责】 支部组织盟员参政议政，围绕区委、区政府的中心工作，组织督促盟员积极建言献策，开展调研，向市、区两级人大、政协提交议案、提案11件，各类信息、社情民意20余篇。精心选题认真调研，提高调研报告质量。支部将专题调研作为参政议政的重点，2021年年初召开选题落实会，讨论研究全年的调研课题，通过精心选题后，组织盟员深入全区认真进行考察和调研活动，形成调研报告，全年完成2篇调研报告。支部被民盟舟山市委会评为2020年度参政议政先进集体。

【树立盟总支社会形象】 紧跟中心工作，参与脱贫攻坚任务，支部被民盟浙江省委会评为脱贫攻坚先进集体，毛凯获民盟浙江省委会脱贫攻坚先进个人；狄灵建到四川达州挂职服务；支部组织盟员在小沙中学开展同心服务活动，并积极搭线，让民盟舟山市委会烛光行动教育协作基地在小沙中心挂牌，并组织盟员开展“家长学校”课堂；联合舟山华夏书画协会、定海区美协在舟山中学举办画展；联合区发改局宣传抵制塑料垃圾活动等，一系列社会服务活动得到社会的欢迎和赞赏，同时也树立民盟定海区支部良好的社会形象。除了支部社会服务的活动，支部盟员也发挥特长优势，服务社会，盟员李毅为市统一战线创作《同舟者之歌》，盟员芮海峰的 “芮老师义工美术欣赏微课堂” 微信群免费授课上百余次，曹春宇、李艳华等医生多次参加义诊等，得到各界的一致好评。

【服务奉献社会】 支部盟员都在各自的岗位上建功立业，突显盟员的形象与风采。芮海峰的美术作品《东方港初春》被中国美术馆收藏；毛凯被四川省委、省政府颁发对口支援特殊贡献荣誉；徐君英的论文《信息化，班级管理的新变化》在省级刊物《文学少年》发表；芮海峰关于初中美术基本功分阶段教学法的论文在省级刊物《试题研究》发表；李毅获“第19届中国优秀特长生艺术节”优秀指导老师；徐君英获浙江省中小学美术作品大赛优秀指导老师；毛凯获2020年度舟山市民主监督积极分子；钟舟杰被民盟舟山市委会评为2020年度优秀盟员；夏亚萍被评为定海区2021年度“优秀班主任”，俞舟波、李毅、何祉萱获2021年定海区第十一届中小学生教育科技艺术节优秀指导老师；何祉萱获2021年定海区第十一届中小学生教育科技艺术节优秀改革案例一等奖等。

（撰稿：钟舟杰）

中国民主建国会
舟山市工委会定海区支部

【概况】 2021年，民建定海支部贯彻落实各项工作部署，全面加强自身建设，为定海高质量发展建设共同富裕示范区港城范例作出努力和贡献。

【加强思想建设】 支部开展各类党史学习教育、会史教育、专题学习教育，组织形式多样的学思践悟活动。联合兄弟支部共同开展“学条例、学党史”、中共十九届六中全会精神专题学习活动；组织会员前往余姚四明山、井冈山以“实景课堂”的方式开展党史学习教育；组织会员观看庆祝中国共产党成立100周年大会并交流感言；参加舟山市徐正国博物馆开展的《中国近代爱国实业家刘鸿生纪念展》，多形式加强思想政治教育，夯实多党合作共同思想政治基础。全年，支部组织、参加学习16次，进一步坚定理想信念，深化教育内涵。支部注重宣传阵地建设，坚持发出民建好声音，被浙江民建录用9篇，舟山民建录用15篇、舟山市政协录用2篇、舟山市委统战部录用1篇、定海区委统战部录用6篇，切实做好思想引导工作。

【履行参政议政职能】 支部围绕区委、区政府中心工作，利用人大、政协平台认真履职，参政议政。在2021年的“两会”上，支部5名市、区政协委员，3

名市人大代表深入基层、企业、农村，聚焦社会热点难点，内容涉及疫情防控、老旧小区改造、社会管理等诸多方面，提交人大议案、政协提案11件（其中人大议案5件，政协提案6件）。会员蒋涛被授予“人大代表活动积极分子”称号，他所提交的《优化廉租房租赁政策，为人才解决好住房硬需求的建议》被《舟山日报》《舟山晚报》两会报道栏目相继报道。2021年，支部共提交社情民意3件，其中2件被民建省委会录用。支部走访对口联系单位定海区应急管理局、定海区城市更新中心、定海区法院、定海区商务局沟通交流。其中，定海区城市更新中心获“对口联系工作先进单位”。

【强化组织建设】　支部把握社会主义参政党基本要求，着眼于提高会的整体素质、强化会的整体功能，探索和建立会的有效工作机制。支部注重人才资源的开发和培养，吸收有较强参政议政能力的成员。支部各会员参加党外代表人士培训班、民主党派新成员培训班、党风廉政建设工作通报会等各类培训学习，保证队伍的专业化和全面化。支部联合兄弟支部开展“三八”妇女节庆祝活动、“助推经济发展座谈会”等团建活动，增进会员间的联络沟通。支部着力建设好高素质人才队伍，打造优秀人才梯队，新增会员1人，入会积极分子1人。2021年，民建定海区支部获“综合工作先进集体”“社会服务先进支部”等称号。王军安获“浙江民建爱岗敬业年度人物”“舟山市劳动模范”等称号，李志业、蒋涛、朱燕莉、杨光安四位会员分别获“思想宣传工作先进个人”“参政议政工作先进个人”“会务工作先进个人”“社会服务工作先进个人”称号。

【深化“思源”品牌】　支部发挥人才、资源优势，围绕服务中心、服务基层、服务群众、服务发展等主题，开展小沙街道、岑港街道敬老慰问、丰宁扶贫活动、大沙社区产业发展帮扶等工作。支部会员企业向大沙村捐赠80万元定向款，专款专用于推进定海大沙村的村容村貌建设和数字化改革建设。同时，为进一步创新社会服务新形式，支部还承办“贝之艺”夏雨缀先生作品专题展，协办庆祝中国共产党成立100周年舟山相关实物展，致敬民间老艺术家，传承民间艺术优良传统，助力宣传中国共产党百年奋斗史，掀起爱国热潮。

（撰稿：朱瑾瑾）

中国民主促进会舟山市委员会定海支部

【概况】　中国民主促进会舟山市委员会定海支部（以下简称民进定海支部）成立于2002年1月，现有会员22名，在职会员18名，支部委员5名。支部平均年龄50.3周岁，其中1980年后出生会员6人。支部会员均具有大专及以上学历；具有高级技术职称的12人，中级职称4人。支部现有市人大代表1名，市政协委员3名，区政协委员6名，其中，市政协常委1名，区政协常委1名。会员行业分布：医卫界1名，占4.5%；文化、教育界14人，占64%；科技、环保、行政界7人，占32%。

2021年，民进定海支部贯彻习近平总书记重要指示精神和中共中央决策部署，高举习近平新时代中国特色社会主义思想伟大旗帜，贯彻落实中共十九大和十九届历次全会精神以及民进十二大会议精神，不断增强“四个意识”，坚定“四个自信”，做到“两个维护”，围绕区委区政府的中心工作，对标高质量发展建设共同富裕示范区新目标新定位，为奋力当好建设“重要窗口”海岛风景线排头兵，加强自身建设，履行参政党职能，完成年初制定的各项目标任务。是年，支部被民进省委会评为先进基层组织，被民进市委会评为综合先进支部。

【思想政治基础】　坚持以党为师，开展庆祝中国共产党成立100周年党史学习教育活动，不断巩固“只有跟着中国共产党走，才是在正道上行”的思想政治基础。参加区政协、区委统战部、《定海新闻》等单位开展的“学党史，谈心得”活动，组织会内书画家参加省委会“在正道上行——庆祝中国共产党成立100周年民进开明书画联展”。线上线下有机结合，开展“习总书记七一重要讲话精神”专题学习会和《中共中央关于党的百年奋斗重大成就和历史经验的决议》专题学习。开展形式多样的会史教育活动，不断挖掘会史资料，阐发民进记忆。会内老领导、老委员、老同志深情回忆入会岁月和履职历程，撰写回忆文章，会员姚益海撰写《我与民进的不了情》，会员孙和军撰写了《笔耕千岛——我的海洋文学创作之路》。依托省委会网站、市委会和区委统战部微信公众号等平台不断加大党派宣传力度。是年，

7位会员撰写的19条党派信息，分别被《联谊报》、浙江民进、舟山民进和定海统战等宣传平台刊登。

【展现民进担当作为】 支部对标高质量发展建设共同富裕示范区新目标新定位，围绕打好“五大会战”、建设“四个舟山”工作主线，在奋力当好建设“重要窗口”海岛风景线排头兵中展现民进作为。在市、区“两会”期间，会内人大代表、政协委员提交人大建议8篇、政协提案20篇，2篇提案在市、区“两会”上进行了口头发言，2篇提案被列为书面发言材料，3篇提案分别被列入重点提案和优秀提案。两名会员被评为六届区政协参政议政积极分子。结合民进中央“反映社情民意信息工作”主题年活动，主动对标先进、寻找差距、深挖潜力。全年共反映社情民意信息30篇，被全国政协、民进中央、省政协、省委统战部、民进省委会，及市委办、市区政协、统战部门采用编报22篇，其中，5篇得到市、区主要领导的批示。是年，支部被区政协评为反映社情民意信息工作先进集体，莫金刚被市、区政协评为反映社情民意信息工作先进个人。支部围绕共同富裕先行区、数字赋能未来社区建设、五山绿道建设等重点工作开展多次调研监督活动。年内，支委领导参加由中共定海区委、区政府、区政协、区委统战部等组织的协商会、征求意见会、情况通报会10次。

【增强自身建设能力】 支部持续深化班子建设、队伍建设、制度建设、活动创造和作用体现，不断增强组织活力，提高解决自身问题的能力。作为率先完成全市民主党派 “五好支部”和“五星级支部”创建工作的基层组织，在巩固原有成果的同时，继续探索推进“一支部一品牌”创建。不断完善班子成员分工负责制，建立健全班子成员各负其责又互帮互助的机制。不断完善支委会议集中决策制度，促进领导班子的团结协作与科学决策。组织开展“庆三八”主题活动、咏诵红色定海活动、母亲节主题活动、重阳节送温暖等集体活动，不断团结队伍、增进了解、提升活力。认真协助市委会做好换届工作，配合市委会顺利实现政治交接、新老交替，推荐一名骨干会员担任新一届市委会副秘书长，配合做好市区人大、政协换届工作。是年，姚旭群被授予全国农村留守儿童关爱保护和困境儿童保障工作先进个人表彰；莫金刚获评全省防汛防台先进个人；方晓华被认定为定海区“C”类人才；方晓华作品《浙东唐诗之路》荣获全国诗画美术作品一等奖；柴波《船工日记》获浙江省第十六届水彩画最高学术奖；胡凤娜《傲骨》入选“水滴石穿”浙江省第四届综合艺术双年展；张瀚云《第一次出海》获浙江省群众舞蹈大赛金奖。

【深化社会服务活动】 支部找准民进所能、群众所盼、时代所需，“同心助学 彩虹行动”持续发力久久为功，社会服务活动更贴中心、更为丰富、更具成效。姚益海针对育才学校师资薄弱问题，利用课余时间，定期地给学校老师作专题讲座及教学方法的辅导；范碧芬依托以她命名的名师工作室，每周四上午派老师送教到育才学校，让外地学生也能享受到本地优秀教师的教育教学。支部依托会内绘画、艺术类人才集聚、联系广泛的特点，着力打造形式多样、内容丰富的特色送教品牌。在小沙中心小学，中国美术家协会会员方晓华和浙江省美术家协会会员柴波打造了创意美术课堂；赵翔为学生们开设《舟山方言》课程，向年轻一代传授本地语言文化；退休教师胡爱萍向同学们传授剪纸、编织艺术，不断提升大家对国粹文化的鉴赏能力；区文化馆馆长张瀚云联络区越剧艺术中心，打造小沙中心小学越剧团。支部对接市委会，支持在定海育才中学（初中部）设立“同心群英”奖学金；联合金塘镇政府，开展“同心守护留守儿童”系列活动；选派范碧芬、方晓华、李军伟、金铮等会员轮流到四川宣汉县开展东西部扶贫协助工作，助推宣汉县打赢脱贫攻坚战。

（撰稿：莫金刚）

中国农工民主党定海区总支部

【概况】 2021年，中国农工民主党（以下简称农工党）定海总支有党员42人。其中，男党员20名，女党员22名；医卫界19人，文化教育界6人，经济界6人，行政界11人；中级职称22人，高级职称17人。是年新发展周渝睿、王佳颖两名党员，党员汪青年因病离世。 韩亚玲任农工党市委会专职副主委，2021年1月选举产生新一届届总支委，其中，吴常裕任主委，何优芬、郑斌任副主委，郑斌兼任组织委员、何优芬任宣传委员、竹晓岚任社会服务委员。党员中有市人大代表1名，市政协常委1名，市政协委员4名，区政协常委1名，区政协委员7名。

【学习教育】　是年，农工党定海总支把加强思想建设、增强政治自觉放在各项工作首位。继续深化“不忘合作初心，继续携手前进”主题教育活动，突出政治导向，团结引导全体党员讲政治、重团结、有作为，进一步夯实多党合作共同思想政治基础。组织集中学习中共十九届五中、六中全会精神；习近平总书记“七一”重要讲话精神；《中国共产党统一战线工作条例》等。组织党员开展“学党史、履党职、尽党责”系列活动，组织党员到解放金塘登陆点开展学党史红色教育活动；安排党员观看红色电影《红船》，并集体歌唱《我的祖国》；总支部各党员参加农工党市委会、区政协和区委统战部组织的各类学习会、培训班，使自身的理论水平和综合素质得到提升。引导广大党员讲政治、顾大局，坚持中国共产党的领导，坚持中国共产党领导的多党合作和政治协商制度，进一步增强“四个意识”，坚定“四个自信”，坚决做到“两个维护”，不断增进对中国特色社会主义道路的政治认同、思想认同、理论认同、情感认同，对标和践行新时代参政党建设“四新三好”总要求，画好新时代最大同心圆。

【参政议政】　是年，总支部围绕经济社会发展重点任务，履行党派职能，广泛开展调查研究，做高质量发展有力推动者。发挥“两会”参政议政平台作用，发挥党员中的人大代表、政协委员、社情民意信息员以及参政议政骨干党员等参政议政力量的作用，针对舟山新区和定海经济社会发展中的突出问题，党委、政府关注的重大问题以及人民群众反映强烈的热点问题，建言献策。在2021年市“两会”上，向农工党市委会提交两会发言2件（1件口头，1件发言），其中《抢抓5G产业发展机遇 打造舟山数字经济高质量发展新引擎》作为大会口头发言，获时任市长何中伟批示；《谱写远洋渔业高质量发展新篇章着力铸就展示“重要窗口”海岛风景线的亮丽底色》作为大会书面发言，并提交集体提案1件。向区政协六届五次全体会议提交“两会”发言2件，提交集体提案6件，提交的《关于推进定海区水产品精深加工产业链创新的建议》被列为领导重点督办提案。政协委员、人大代表个人提交市政协提案6件，市人大建议3件，提交区政协提案7件。何优芬获评市七届优秀政协委员，王佳颖获评2020年度市人大代表活动积极分子。一年来，总支部向农工党各级组织及区委统战部门等报送各类调研文章、社情民意、信息报道等40余篇，其中10多篇被农工党各级组织及市、区政协专报和政协信息录用，多篇得到市、区政府领导批示，其中1篇被省联谊报引用转载。

【民主监督】　是年，开展民主监督工作，履行民主监督职责，通过政协委员调研视察，办理提案议案，建言专题协商等活动，以问题为导向，就群众反映强烈和社会普遍关注的突出问题，开展有针对性的民主监督活动。多名党员参加农工党市委会组织的《日本福岛核废水排放对我国及舟山海域海洋环境和经济的影响》专项调研活动，并参与撰写调研报告报送省政协；为贯彻落实舟山市统一战线深入开展“以数字化改革为契机，高水平推进市域治理现代化，构建新发展格局”专项民主监督活动，多次到区水利局、区治水办开展专项民主监督活动，形成《加快推进“五水智治” 进一步助力水环境质量提升》主题调研报告在区政府和民主党派协商会议上交流。另外，党员中的4名市、区属部门特约人员，主动履职，参与各项监督活动，明察暗访，并提出意见建议。

【社会服务】　是年，紧扣“共同富裕”这条主线，参与统一战线“共富有我”行动，以“同心服务”品牌建设为抓手，以“一支部一品牌”建设活动为契机，加大社会服务品牌项目建设力度。年初的总支部会议确定了“医路同行·农工同心”社会服务活动品牌，制定年度社会服务计划。组织开展“健康教育进工厂·义诊活动暖人心”走进定海纺织协会义诊活动；“医路跟党·同心惠民·向中共建党100周年献礼”定海总支联合舟山医院支部走进金塘海港村开展送医送药义诊活动；“助力共同富裕·同心送医下乡”赴长白岛开展送医下乡大型社会服务活动，并为长白岛太平洋海工程有限公司的中层干部安排院前心肺复苏急救培训课，一年来共服务市民1000余人，送出免费药品3万余元。创新社会服务形式，在小沙卫生服务中心“同心服务基地”建立“竹晓岚名医工作室”，每半月开诊一次，获得好评；陈娜全年18次参加红会心理健康志愿服务队的为老服务和心理咨询志愿服务，吴常裕获评农工党浙江省委会社会服务工作先进个人，竹晓岚、陈华、陈娜获评农工党市委会社会服务工作先进个人。总支部开展同心助学活动，向市委会“同心前进慈善基金”争取了6000元，资助小沙街道2名品学兼优的贫困学生。总支响应党中央扶贫攻坚战略，其中孙世军因在扶贫工作上的优秀表现，被农工党中央评为“农工党脱贫攻坚工作先进个人”。

【爱岗敬业】 是年，总支党员立足本职、爱岗敬业、勇于创新，塑造农工党员的良好形象。2021年，总支党员主持开展1项科研项目，有6篇论文在学术期刊上发表。疫情常态下形势下，党派中的医护人员长期坚持在疫情防控第一线，陈园、林洁定期到发热门诊参与一线疫情防控工作，何优芬、郑斌等党员全年多次下沉到隔离点参与疫情防控工作，姜立波到小沙卫生服务中心保障疫苗接种一个月，姚政成作为区属单位防疫应急队员，常年负责监督检查对口单位疫情防控工作等，多名党员活动在各条防疫战线，参与抗疫志愿活动。金德章的“以文会友，让舟山优秀传统文化走出国门（金德章）”入选《舟山农工》2021第三期“党员文苑”，姚政成被浙江省人民政府评为“浙江省‘十三五’实行最严格水资源管理制度成绩突出个人”；王佳颖被农业农村部管理干部学院评为“2021网上冬训‘十百千’行动优秀学员”等，展现出新时代农工党员的良好形象。

（撰稿：吴常裕）

九三学社定海支社

【概况】 2021年，九三学社定海支社有社员28名（已退休5人），其中女社员11人。本科及以上学历26人，高级职称9人（其中正高1人），中级职称14人，中高级职称占比82.1%，副科级及以上领导干部6人。市人大代表1名，市政协委员3名，区人大代表2名，区政协委员5名（其中，区人大常委、区政协常委各1名）。社员分别来自农林、经济金融、医卫、司法、环保及民营企业等多个行业、部门。

【加强政治理论学习】 开展党史学习教育活动为抓手，重点学习习近平总书记在庆祝中国共产党成立100周年大会上的重要讲话、在党史学习教育动员大会上的讲话、在中共中央党外人士座谈会上的重要讲话精神等；全面传达全国、省、市、区各级“两会”精神、社省委及社市委重要会议精神，认真学习了《中国新型政党制度》白皮书、新修订的《中国共产党统一战线工作条例》等内容；组织做好中国共产党成立100周年庆典活动观看、庆祝中国共产党成立100周年知识竞赛等活动。

【提升参政议政水平】 严把调研选题，开展实地考察，形成《对定海区数字化改革的几点思考和建议》《汲取党史学习强大动力 共建共同富裕港城范例》等多篇调研报告，为政府科学决策提供依据。是年，提交市人大议案建议4篇，市政协提案4篇；提交区政协提案9篇，其中，《关于布局绿色石化配套产业 促进定海经济发展的建议》被列为区政协六届五次会议的第一位大会发言并获区委、区政府主要领导批示。集体提案《关于促进定海工作经济高质量发展的建议》被评为优秀提案。

【强化组织自身建设】 注重人才引入 务求保持特色、发挥优势，积极发展优秀人才入社，与支社成员一起认真选拔热心社务工作、有参政议政潜能和务实奉献的优秀中青年社员加入班子中。新发展社员1名，确定入社考察对象1名。

关心关爱社员 关爱老领导、老社员成为定海支社的传统，每年重要节假日，亲自组织社员向老领导、老社员进行慰问，平时经常通过电话或信息带去问候和祝福，增强支社的凝聚力。

重视干部培养输送 重点加强领导班子和后备干部的培养，对干部同志实习分层、动态管理，逐步建立起一支素质优良、结构合理的干部队伍。

【持续开展特色活动】 注重发挥社员专业领域特长，开展“支农惠农”工作。邱立军创办的“悠果农艺”微信公众号，以农产品宣传推广为切入点，以提供技术服务为支撑，通过优质产品推荐，技术分享等，旨在以示范和效益引领农业技术推广，助推农业在生产销售领域革新。2021年“悠果农艺”公众号累计发表各类农业技术文章82篇，提升支社在全区农业生产服务领域知名度，打通全区农业生产者与消费者间的沟通渠道。做好“同心服务”基地结对单位的帮扶工作，针对台风“灿都”“烟花”对结对合作社造成的严重影响，郭金伟、刘洁琪等深入种植大棚，指导种植户做好防灾减灾工作。在全市民主党派“一支部一品牌”创建活动中，支社结合实际工作，申报题为“九三助农 同心筑梦”的社会服务品牌并获评2020年度创建活动先进支部。是年，定海支社，获评区委统战部颁发的2020年度社会服务工作先进集体称号。

（撰稿：朱燕华）

责任编辑：王英伟

定海饮食习俗之鳗鲞与风鳗

定海人多喜食鳗鲞与风鳗。选用冬汛中后期鱼体大小适中的鳗鱼，擦去腻涎，清洗干净，用刀沿鱼背从头至尾剖开，取出内脏，擦净腹内血腥，然后用竹签撑开鲞体，在通风处晾干风燥即成鳗鲞，忌日光曝晒，防止发油。食用时则用水洗净，或蒸或烤，均为下酒的上菜佳肴。风鳗又称鳗筒，其制作方法是先擦去皮面腻涎，然后从鱼嘴部往下剖开，取出内脏擦净（不用水洗涤），再用盐搽抹腹内，最后用细绳斜形捆扎，挂于通风处晾干即成。食用时切取小段清洗干净，蒸熟后佐以葱、姜、醋等蘸食。

此外，定海人尚有喜食鮸鱼羹、风带鱼、糟鲳鱼、三刨鳓鱼、蒸蟹、炒蟹、炝蟹、醉蟹、蟹股、蟹糊等食俗。

人民团体

定海区总工会

【概况】 2021年，定海区总工会坚持以习近平新时代中国特色社会主义思想为指导，学习贯彻习近平总书记“七一”重要讲话精神，贯彻落实习近平总书记关于工人阶级和工会工作的重要论述，学习贯彻中共十九大和十九届历次全会精神，聚焦花园式国际人文港城建设，打造“重要窗口”海岛风景线，落实主责主业，引领全区广大职工在争创高质量发展建设共同富裕示范区港城标杆中贡献工会力量。

是年，全区现有镇（街道）总工会11个，区属工会工委7个，产业工会2个，行业工会2个，基层工会1008个（其中独立工会831家，联合工会177个），覆盖单位3656家，职工100343人，会员97239人。区总工会机关内设办公室、财务部、基层工作部、权益保障部、经济保护部5个职能科室，下辖舟山市定海区工人文化宫、舟山市定海区职工服务中心2家事业单位，机关干部职工23人。

4月6日，定海区总工会十二届六次常委会召开

【强化政治引领】 坚持把党史学习教育创造性地融入工会工作，做好“实践实干”文章。全年，区总工会机关4次专题研究全面从严治党工作，开展党组理论中心组学习12次，党支部学习12次、工作例会学习12次，学习体会交流40多次。采取“请进来”方式，邀请专家专题授课辅导3场，组织“一把手”、党组成员上党课十余场。党支部每月开展1次主题党日活动。

举办“文明交通 安全警示”主题党日活动

【创新党建宣传】 将职工思想引领作为一项重大政治任务，把握关键节点，做到“宣传内容有重点、活动形式有亮点、教育载体有创新”。全面开展“百年党旗红 工会同心梦”庆祝中国共产党成立100周年系列活动，组织举办红歌赛，参与职工2000余名，推荐2个合唱优秀作品参加全市职工合唱大赛，获得二等、三等奖。组织线上党史、工会法律法规知识竞赛3期，组织文艺小分队分赴企业开展文艺慰问演出6场次，惠及职工近千人。全面启动“群团星 耀党旗”定海职工宣讲行动，组建以全区机关、企事业单位及劳模组成的18人职工宣讲团，分别开展“四史”宣讲

30余场。参与工业园区、远洋渔业小镇、盐仓商会、定海公园以及新建社区5个点位的群团星示范点创建工作。

定海区职工庆祝建党100周年红歌赛

【推进产业工人队伍建设改革】　确定4家试点企业分类开展试点。省级试点企业森森集团有限公司重点开展权益维护工作；市级试点企业浙江和泓环保纸业有限公司承担产业工人队伍建设改革全面试点任务；区级试点企业浙江华业塑料机械有限公司重点开展技能提升活动，舟山市汇邦建材有限公司重点开展思想政治引领工作。开展职业技能等级认定工作，38名职工通过自主认定获得企业首批技能等级证书。6月，迎接省委产改督查小组督查调研。

省委产改督查小组在定海督查调研

【开展劳动技能竞赛】　开展美丽乡村建设立功竞赛活动，15个优胜村和50个先进个人获得表彰。开展以技能大赛、岗位练兵、技术培训为主要内容的职业技能竞赛，全年开展10余场。开展群众性“五小”劳动竞赛等活动，增强职工岗位创新能力，年底评选表彰10个优秀项目。开展“安康杯”竞赛活动，评选表彰13家优胜单位、16个优秀安全班组和16个先进个人，中海石油舟山石化有限公司“落实安全责任，推动安全发展”主题系列安全竞赛活动参评省百场最受好评特色技能竞赛。

参加中海石油舟山石化开展的“安康杯”知识竞赛和安全生产月活动总结表彰大会

【深化劳模创新引领工作】　完成2018—2020年度舟山市劳动模范、模范集体推荐工作。浙江光明塑料机械有限公司陆峥军荣获浙江工匠称号；浙江金达电机电器有限公司、舟山市定海小学被评为2018—2020年度舟山市模范集体；6人被评为2018—2020 年度舟山市劳动模范。创建2家区级劳模（技能人才）创新工作室。推进“名师带徒”活动，实现70对师徒结对目标。贯彻落实在全市企业建立首席工人制度，推荐8家企业17名职工参评舟山首席工人，助推产业工人技能素质进一步提升。

4月29日，参加定海名匠工作室学习交流座谈会

【开展普惠服务】　2021年，全区职工医疗互助242家单位19052人参保，参保金额95万余元，报销4116人次，报销金额116万余元，区总工会承担20万余元。

进企业开展职工流动服务12场，服务职工5000余人；开展单身青年职工婚恋交友活动9场，参与职工近300人；开办插花、月饼制作、数字化实操培训班3期，参与职工300余人。开展“尊法守法·携手筑梦”活动，进企业开展公益法律流动服务宣传活动近10场。

开展定海区“尊法守法·携手筑梦”服务职工法治宣传活动

【做好帮扶解困工作】　按照困难职工家庭认定标准和建档要求，建档困难职工家庭26户，同比减少10户，中途动态退档2户，至年底在档困难职工家庭24户。打造困难帮扶品牌，开展困难职工“两节慰问”“金秋助学”“暖心助医”等常态化送温暖帮扶解困，帮扶资金52万余元。改善“五一爱心驿站”软硬件设施，持续做好企业减负降本工作，小微企业工会经费应退尽退，落实各项惠企政策助力企业稳定发展。持续开展疫情防控宣传工作，安排35万元专项资金助力留定过年职工开展春节活动。

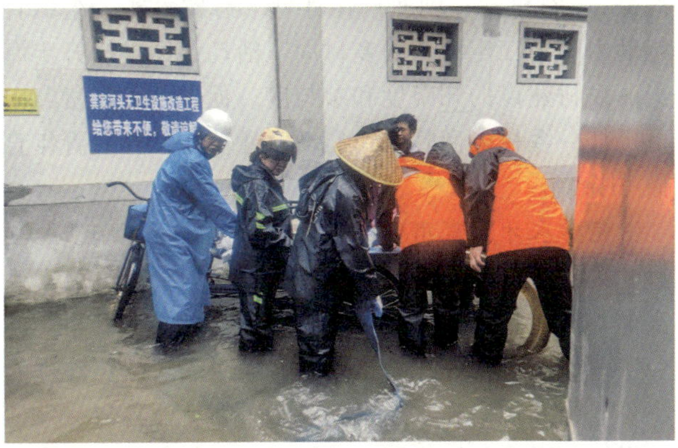
助力抗击台风

【提升工会干部能力素质】　持续开展“当一周工人、体工会初心”活动，组织全体机关干部职工到浙江虹达特种橡胶制品有限公司体验一周工人生活。开展工会干部素质提升“十个一”活动试点工作，加强基层工会干部培训力度，组织全区近百名基层工会干部完成为期1天的集中培训；对全区12名职业化工会工作者开展机关挂职带训；指导企业工会开展推优入党工作，向市总工会推荐优秀入党人选12人。

开展“当一周工人　体工会初心”活动

【夯实工会基层基础】　召开区总工会十二届六次和女职委全委（扩大）会议。指导5个镇（街道）总工会完成主席替补选举工作。完成两家全国模范职工之家的“结对共建”工作。根据未建会企业实际制定三年建会计划，重点完成22家25人以上未建会企业的建会工作。创新推进新业态新就业群体建会入会，集中开展“拉清单、清底数”攻坚行动。2021年，建新领域独立工会12家，联合工会16家，涵盖企业数219家，涵盖职工近3000人。

4月30日，工会女职委全委（扩大）会议召开

（撰稿：林琳）
（本分目图片由区总工会提供）

共青团定海区委员会

【概况】 2021年，全区有14～28周岁青年29972人，其中，共青团员6738人。共青团定海区委员会（以下简称团区委）下辖团（工）委24个，其中，镇（街道）11个、区属（机关）企事业单位12个、网络青年自组织1个，有团（总）支部8个。"非公"企业团组织98家。平均年龄28.3岁，均为本科以上学历。是年，团区委围绕区委、区政府中心工作和上级团组织的部署，以学习宣传贯彻习近平新时代中国特色社会主义思想和中共十九大精神为主线，贯彻团的十八大精神，做到思想引领有效、青春建功有力、服务青年有为、自身建设有方，不断发出好声音，力求好作为，各项团工作取得发展。

【提升青少年思想引领功能】 筑牢党性根基 利用区内红色资源，开展"沿着红色足迹学党史""与信仰对话"等主题团日活动近百场。举办"红船杯"党团知识竞赛，让青年团干在竞赛中了解党团历史。充分用好"学习强国""青年大学习"等平台，推动党史学习教育常态化。

创新形式载体 发挥"青声说理"青年宣讲团作用，深入机关、村社等场所开展分类宣讲。建强新媒体矩阵，摄制短视频65个，浏览量达70万。开展百名少先队员讲党史活动，优选33名少先队员成立区"小小红色宣讲团"，微信公众号开辟"少先队员讲党史"学习栏目，定期展播党史宣讲视频。

突出亮点呈现 深化"六个一"主题教育活动，开展"红领巾心向党 争做新时代好少年"等活动60余场，覆盖少先队员近2万人。挖掘红色故事，开展"小小图书馆"主题课堂活动，培养学生时代责任感。多名优秀辅导员获省、市"红领巾学院"思政微队课比赛荣誉。多篇活动信息被《中国青年报》、浙江新闻客户端等主流媒体报道。纵深实施中长期青年发展规划，青年服务取得新实效。

【引领青年人才建设】 以"系统集成"的理念推进试点工作 召开青年工作联席会议，形成上下联动、齐抓共管青年事务的良好局面。将青年发展相关内容纳入"十四五"规划，高标准编制中长期青年发展规划。将未成年人犯罪矫正服务和志愿服务运营管理等内容纳入2021年政府购买服务目录，进一步强化政策支撑。

以"领跑领先"的姿态勇于担当使命 制定出台《定海区中长期青年发展规划（2020—2025年）》《关于加快打造新时代高素质定海青年人才队伍当好建设"重要窗口"海岛风景线排头兵的若干举措》《关于加强"农村青年创业伙伴计划"金融支持力度的通知》等政策，推动青年中长期发展规划省级试点工作落地落实。

以"青年优先"的观念做好服务工作 开展青近依·暖留系列及"暖蜂"行动，服务新居民家庭及新兴青年群体；推进农村青年创业伙伴计划，落实金融帮扶人员28位；关注青年婚恋现状，开展单身青年疗休养等联谊活动10期；聚焦困境青年帮扶，发起"亲青筹"项目3期，筹款6.5万余元，累计走访重点青少年72次，发放慰问金3.3万元。

【协同推进青年融入发展的数字化平台】 深化改革攻坚打开新局面 是推进青年志愿服务深度融入基层社会治理。持续开展"城市啄木鸟""青近依"品牌活动，发动社会组织、学校等与社区签订"青春契约"，探索引导青年学生参与社会基层治理。以区级"红领巾学院"为统领，推进少先队校外实践教育体系建设，提升少先队社会化工作水平，开展流动少年宫进农村、进学校12期。联合举办首届区志愿服务项目大赛，发掘孵化志愿服务项目。全年开展志愿服务活动6552场，参与7.3万余人次。

打造乡村振兴青年排头兵 创新推出"青创贷"产品，"农村青年创业伙伴计划"有效落实。组织青年助力"浙江定海美丽乡村周"活动，助推提升定海美丽乡村建设的知晓度和参与度。促进"青带货"向下延伸，乡村电商阵地均启动直播功能，开展青年直播40余场。

完善人才引育用留链条 深化"新青年制造"项目，扩大定海在外大学生联合会影响力，建立大学生实训基地超百个，对接百余青年参与"家燕归巢"社会实践，实时掌握在外学子动态信息。持续关注外卖小哥、网约司机、主播等新业态、新就业青年，发挥团组织和团属阵地作用，做好思想引领和服务保障工作。在全区挂牌青年之家23家，新建区级青年人才之家，为青年人才提供文化、社交、资源、技能共享等一站式服务。把握青年思想引领的逻辑递进，履行为党育人的政治责任。

用沉浸式阐释打动青年 开展“新青年·定青春”建团百年主题系列行动，推出“满分青年”概念，引导定海青年以更加蓬勃朝气的面貌迎接中共二十大召开。深化“青声说理——百年团史青春说”宣讲系列，着力在“小故事讲大道理”“小人物观照大精神”上下功夫，用“青言青语”讲好党团故事。

用实境式体验化育青年 深度融合定海古城元素，形成10个政治启蒙阵地+10个劳动教育阵地+10个实践活动阵地的少先队社会实践地图，打造“行走的团课”；组织“思政技能大比武”专项赛，通过团课授课、团史故事分享、主题团日活动、党团史知识竞赛等活动形式，推动青少年在“比”中学历史、在“赛”中强信念。

用网络化覆盖引领青年 推进“青年大学习·一起学团史”网上主题团课，开发“学习成绩单”作为团内评优评先和推优入党的重要依据；开设“团史天天学”微信专栏，每日更新学习内容，引导青少年常态学团史；以“团定定”新形象定制青少年喜爱、主题鲜明、创意丰富的文化产品，吸引青年向往团、靠近团。

【打造全域覆盖的青年建功青年发展生态】 *聚焦中心大局* 持续发挥定海在外大学生联合会影响力，以“家燕归巢”假期实践品牌为抓手，通过创评“美丽乡村”主题实践项目，助推乡村旅游发展。定期推发定海创业就业政策、招聘招考等各类信息，招引在外人才返乡共富。实现青年创业创新项目“甬舟一体化”。开展“新青年乡村振兴”计划，串点成线扩大青创农场版图，在有条件的青创农场打造青农直播孵化场。建立“乡小贤”新青年乡村议事会，吸纳优秀创业青年、专家学者等群体，在产城融合、社会治理、创业创新、公益服务、文化传承等方面助力发展。

聚焦品牌提升展形象 打造具有定海特色的“全民掸尘”志愿服务系列活动，持续升级以“城市啄木鸟”项目为代表的志愿平台，整合志愿服务资源，探索青年参与社会治理的切入点，进一步营造“全民参与、即事即办”的城市细节管理氛围。以“青年志愿服务朋友圈”“校地合作共建”等方式，号召青年志愿者主动积极参与疫情防控。打造“青助学堂”定海样本，打造课后托管志愿服务精准触达机制，发动青年志愿者助力“双减”政策实施。挖掘在各自领域发光发亮的青年典型，选树一批“定海区十佳杰出青年”“最美青年志愿者”等“看得见”的青春榜样，用生动真实、可看可感的青年故事激励全区团员青年向上向善。

聚焦急难愁盼优服务 以青年中长期规划试点实施为抓手，围绕育才、聚才、荐才、用才，为青年人才提供全周期帮助。推出“定海青年引力波”，整合解读创业创新、生活服务等人才政策，以及定海中长期青年发展规划等内容，以小程序、微信号、H5的形式向社会呈现。建立“团办青年社团”，打造青年喜闻乐见的文体类、志愿服务类等社团，凝聚各类青年群体。建立单身青年数据库，对青年信息实施动态管理和精准检索。围绕青年人才交友联谊，打破部门壁垒，选配“专职团干部+专业婚恋导师”团队，量身定制“青年红娘”，探索线上抖音相亲直播平台，线下举办以家风倡导、健康运动、绿色环保等为主题的多元多样、可信便捷的婚恋交友服务活动，致力于以心动人、以情聚人、以爱留人，为青年婚恋交友服务敲定锚点。狠抓从严治团实效，持续保障共青团工作行稳致远。

融入数智群团 结合2021年团代会、青联换届工作，制作换届全景图，实现对团代表、青联委员选拔全流程的跟踪审核、履职全过程的量化管理。推动团的组织在“云端”整体性呈现，结合党团队一体化培养“链条”、团员双报到、两新智图、云上群团之家、团员转接线上办理等应用场景，做到全面摸清底数、流程再造、制度重塑，以数字化手段来提升改革效能。利用智慧团建平台，实现生活服务、维权帮扶、公益救助等服务一站式线上办理，持续发挥“团定定”等“团属帮帮团”连线青年功能，让青年与团的阵地资源与各类活动安排“一键直达”。

提升组织活力 建立团组织目标化管理实施细则，包括机关团干部建立联系点制度、团费收缴使用管理规定等共青团组织制度，科学构建从严治团制度体系，为提升组织活力奠定基础。通过“基础团务、重点项目、特色亮点”3张清单明确任期和年度目标，以大局贡献度、工作完成度、青年满意度等为指标进行考评反馈。严管团的队伍。将青年评议引入对基层团组织的考核中，推动团干部转变作风、沉下身子。实施团干部素质提升工程，建强团的基层骨干队伍，推动类型多元、身份多样的骨干工作力量参与基层团

的工作。全面建立团干部任期目标责任制，推动评价结果有效运用。健全团员激励评价机制，抓实志愿服务、社会实践、社区报到等彰显团员先进性的工作载体，进一步发挥党、团、队相衔接的育人链条功能，时刻保持团员先进性。

（撰稿：徐涵妮）

定海区妇女联合会

【概况】 2021年，全区有妇女19万余人，镇（街道）妇联11个，村（社区）妇联122个，机关事业单位妇委会（妇工委）11个，四新领域妇联19个，专兼职妇联队伍人数达1064人。定海区妇女联合会（以下简称区妇联）机关内设办公室、权益儿少部，下辖一个事业单位——定海区家庭和儿童工作中心。实有机关干部职工9人，其中主席1人，副主席2人，四级调研员1人，事业编制1人，编外职工2人。另有挂职副主席1人，兼职副主席2人。

是年1月6—8日，乌燕华、陈祎红、孙李琼三位科级干部参加区委组织部在市委党校举办的全区科级领导干部学习贯彻中共十九届五中全会精神轮训。1月12—14日，主席乌燕华和副主席孙李琼在舟山剧院参加政协第六届舟山市定海区委员会第五次会议。1月13—15日，主席乌燕华参加舟山市定海区第十七届人民代表大会第五次会议。9月16—18日，区妇联主席乌燕华在市委党校参加县（区）直属部门主要负责人推动共同富裕主题集中轮训。9月27日，何玲玲任定海区妇联办公室副主任。

是年1月，定海区79个村，43个社区全部完成妇联组织换届工作，选举产生妇联执委874名，其中，主席122名，副主席137名，村（社区）妇联主席100%进“两委”。定海区妇联召开十四届五次执委（扩大）会议，各镇（街道）妇联主席、部分妇委会主任及执委等参加会议，主席乌燕华作工作报告，会议表彰各类先进，2位执委替补（孙寅子、董周一）、1位常委替补（汪和芬）。2月，定海区妇联支部换届选举工作召开全体党员大会。应到会党员7名，实到会党员7名。会议采用等额选举办法，以无记名投票方式选举产生新一届中共舟山市定海区妇女联合会支部书记1名。孙李琼当选为新一届中共舟山市定海区妇女联合会支部书记。免去陈南琴定海区妇女联合会权益部部长职务。定海区金塘镇儿童之家被省妇联命名2020年度“浙江省示范型儿童之家”荣誉称号。3月，定海区妇联获得定海区委区政府2020年度全区综治工作突出贡献集体。干

镇新建村书记余金红作为浙江省美丽乡村建设妇女代表参加“彰显巾帼风采、共话中俄友谊”中俄妇女视频交流会并发言。陈祎红被定海区委区政府农业和农村工作领导小组评为创建省新时代美丽乡村示范县工作成绩突出个人。4月，舟山市定海区娘家人婚姻家庭服务中心获得浙江省婚姻家庭纠纷化解品牌工作室。免去刘冰洁的舟山市定海区妇女联合会副主席（挂职）职务。孙李琼获得定海花园式国际人文港城建设优秀个人（全国文明城市创建工作先进个人）。舟嵊小学儿童之家、檀枫小学教育集团檀枫校区儿童之家、檀枫小学教育集团城东校区儿童之家、昌东社区麦乐之家获评2020年度“舟山市示范型儿童之家”荣誉称号。8月，定海区26户家庭被评为2021年度舟山市绿色家庭荣誉称号。定海区妇联获得2020年度定海区节约型机关。9月，省妇联党组成员、副主席陆英一行到定海开展“四必访”工作调研督导。白泉朱缀绒事迹馆被浙江省妇联评为浙江省巾帼爱国主义教育基地。10月，定海区金塘镇大浦村儿童主任姚旭群获得全国农村留守儿童关爱保护和困境儿童保障工作先进个人。是年，传奇农庄王佳佳获评全国巾帼新农人；山潭小学、新建游客服务中心、干礅海洋农商银行、区检察院4个岗位成功创建省级巾帼文明岗；“东海渔嫂”为基层社会治理贡献“她”力量入选“浙里改”竞跑者；定海“东海渔嫂”十大员宣传片入选全国巾帼志愿服务关爱行动微电影大赛。

2月28日，定海区妇联十四届五次执委（扩大）会议召开

【庆祝中国共产党成立100周年】 持续推动党史学习教育入心走实 是年，线上线下组织中共十九届六中全会精神、习近平总书记“七一”重要讲话精神等创

新理论以及《习近平关于注重家庭家教家风建设论述摘编》《家庭教育促进法》等相关内容的专题学习，开展“每日一问”线上知识竞答、清明祭扫先烈、“巾帼心向党 绽放她力量”红色研学、观看红色电影等活动，强化红色教育成果，进一步凝聚思想、淬炼意志。

5月7日，举行“建功新时代·讲述身边‘她’故事”演讲比赛

推进“群团星 耀党旗”主题活动 创建新建村群团服务中心、区群团服务中心、远洋渔业小镇群团服务中心3个阵地。整合三八红旗手、一线建功女性、最美家庭、文明家庭等优秀女性代表中的宣讲人才百余人，组建“爱尚美”巾帼宣讲队，线上线下累计开展“巾帼红百千万大宣讲”190余次宣讲活动，覆盖人群1.5万余人。进一步筑牢听党话、跟党走的思想根基。

开展“我为群众办实事”实践 结合党史学习教育“我为妇女办实事”专题实践，推出“焕新乐园”项目，为13个困境儿童家庭完成改造，持续开展城乡妇女“两癌”免费检查项目。全年完成微心愿认领57个，累计慰问300余人次，慰问金额35万余元。打造全市首个最接地气的大众婚恋阵地——定海公园相亲角，融合相亲角与资深红娘团队，常态化提供咨询、登记、配对等专业婚恋服务，累计登记男女信息1500余条，配对200余对。

5月28日，开展“六一”微心愿认领

【加强组织建设】 **注重发挥基层作用** 是年，全区新增区检察院妇联、双桥汽车城妇联、远洋渔业小镇妇联等“四新”领域、机关事业单位、女性社会组织等各类妇联组织10余家，盐仓街道成立新业态新领域全市首家妇联组织——汇通公司妇联。

8月2日，定海远洋渔业小镇妇女联合会成立暨第一次妇女代表大会

注重干部队伍建设 举行村（社）妇联主席参加“致敬芳华 感谢有您”荣退仪式，进一步增强妇女人才队伍的荣誉感、归属感和成就感。召开2021年定海区新任村（社）妇联主席培训班，加强区、镇（街道）、村（社区）三级妇联干部培训，开展各类政治理论辅导、具体业务指导。

7月29日，举办2021年定海区新任村（社）妇联主席培训班

注重机关内部建设　完善《定海区妇联机关各项制度汇编》《2021年度党风廉政建设和反腐败工作组织领导与责任分工》《定海区妇联服务妇女儿童项目经费管理办法》等制度。

【凝聚妇女力量】　增强东海渔嫂队伍优势　选树“有担当 善作为 口碑好”十大员形象代言人12人，重点挖掘、培育和打造骨干队伍、特色队伍，拓展渔嫂队伍333支、核心力量2000余人，全面实施“渔嫂倍增”计划和“红渔嫂培育”计划，组织各类业务培训10期，以东海渔嫂队伍拓展为基础，全区新增“东海渔嫂”志愿者1000人。

发挥东海渔嫂服务水平　是年，发挥东海渔嫂在疫情防控、文明城市创建、网络安全、普法宣传、环境整治、复工复产等各类工作中的独特作用，举办“东海渔嫂公益行”等各类活动150余场，覆盖人群7800余人。推出“东海渔嫂”公益服务项目7个，提供扶持资金17万元。

东海渔嫂在定海公园开展“防诈”宣传

推动东海渔嫂阵地赋能　是年，打造小沙街道三毛书屋、环南街道城南里欢喜书店、远洋渔业小镇妇女微家等36个“东海渔嫂微家”、244个“东海渔嫂网上议事会”。

【实现改革破题】　落实“四必访”　是年，发动全区镇街妇联执委159人、社区（村）妇联执委874人开展有“温度”的走访8203次，累计走访家庭3278户，以服务妇女、服务家庭的理念贯穿全过程，收集问题677个，解决问题607个。在抗击“烟花”“灿都”台风期间，帮助创业妇女销售滞销农产品1000余公斤，区级层面争取慈善5万元用于补助受灾妇女。

做细规划编制　是年，编制“十四五”妇女儿童发展规划。

推动“数智妇联”　是年，参与“昌国益学”平台建设，开设家庭成长栏目，共享家庭资源优势。根据“浙里家·连心桥”应用建设要求，整理收集全区各级妇联组织资料，建立数据库。

【建设美好家园】　以家庭建设为抓手　是年，开展“晒晒我家传家宝”征集、“寻找家风家训”主题活动、举办第三届“东海渔嫂”家庭文化节，共开展“家风正、家教优、家庭和、家园美”的相关活动34场，覆盖近4500人次。打造“智慧爸妈课堂”点单送教，借助麦乐之家等社会团队力量，累计开展亲子课堂10场，家庭成长讲堂80场，科学教子理念传递至5000余户家庭。

5月15日，　举办家庭文化节

以维权关爱为己任　建立“4330”妇儿维权关爱闭环管理服务模式，加强“六进”普法宣传教育，利用定海微女性、花椒直播、社区家长学校等平台，线上线下累计开展各类法律宣传25场。依托“娘家人婚姻家庭服务中心”，发挥“东海渔嫂”调解工作室

推出“焕新乐园”项目

“娘家人”的作用，全年接待婚姻家庭信访316起，现场调解100起，提供法律援助117件。联合检察院开展诚·爱未成年人保护联盟工作。参与由联合国儿童基金会发起的“汇聚你我声量 点亮儿童未来”世界儿童日庆祝活动。

以服务发展为使命 是年，累计开展科普、健康、普法等志愿服务活动150场，累计组织东海渔嫂电商培训、省级新农人培训等妇女就业创业各类培训51场，培训妇女累计2390余人。借力“妈妈的味道”“女红巧手”创建巾帼文明岗等载体，网红渔嫂“阿鲁”在浙江省首届巾帼村播大赛上获二等奖，东海渔嫂侯玉秀获第二届浙江省家政教学技能大赛三等奖。

（撰稿：何玲玲）

（本分目图片由区妇联提供）

定海区工商业联合会

【概况】 2021年，定海区工商业联合会（以下简称区工商联）紧扣喜迎中国共产党成立100周年“学党章、守初心、践行动”活动。全面学习贯彻党的十九大会议精神，把握“两个健康”主题，围绕中心，发挥优势，主动作为，精心履职，创造性地开展各项工作，取得成效。2021年被评为全国 “五好”县级工商联；获全国工商联2021年度民营企业调查点工作先进基层单位；2021年度全省工商联服务“两个健康”工作成绩突出集体；被省工商联系统列为全省互学互促宣讲团成员。

开展“浙商永远跟党走·定商在行动”系列宣讲活动

【加强“非公”人士理想信念教育】 贯彻中共十九大和十九届二中、三中、四中、五中、六中全会精神，注重加强非公经济代表人士的培养，通过活动找准切入点，努力在提高非公经济人士素质上下功夫。结合中国共产党成立100周年，区工商联组织“走进革命老区、重温革命历史”赴蚂蚁岛、鱼山岛开展“红色印记”系列活动，赴白泉参观朱缀绒事迹陈列馆；举办“不忘初心跟党走，直属商会爱国情”经典红歌比赛活动，热情讴歌党的丰功伟绩，抒发会员企业的爱党爱国情怀，重温红色经典，走进光荣岁月。各基层商协会也举办形式多样“学党史·谈体会”“红色之旅”等活动，推进党史学习教育进商会、进企业、进车间。区工商联党支部围绕“三个一”进行，即“学一次党章，观一次专题片，重温一次入党誓词”组织全体党员开展“三个一”主题党日活动。通过党史学习教育，引领民营经济人士知史爱党、知史爱国，接受精神洗礼、传承红色基因，坚定不移听党话、感党恩、跟党走，进一步坚定理想信念、坚守发展初心，履行社会责任，弘扬新时代企业家精神，以优异成绩迎接中国共产党成立100周年。鼓励“非公”企业负责人以发展企业、回馈社会、造福人民的实际行动，涌现西峰水产、和海集团、华业机械、弘业集团等一批抗击新冠肺炎疫情先进浙商企业和王军安、周海军、王佳佳等一批市级道德模范。

组织“走进革命老区、重温革命历史”赴渔山岛开展主题党日活动

【提升“非公”人士创新思维】 抓好“非公”经济人士的学习培训，提高他们知政策、驾驭经济市场的能力。利用召开主席会长会议、执委大会等时机，给工商联兼职副主席（副会长）、执（常）委编发《党的十九大报告》《关于进一步深化税收征管改革的意见》《中国共产党统一战线工作条例》等20余次微信

推送，让大家学习新常态下新的理论知识，增长才干。组织参加全省业务知识、民营企业调查点暨亲清直通车工作培训，全市新生代企业家等培训5次，引导新生代企业家接好政治传承、事业传承之班；举办“我为群众办实事、我为企业解难、我为基层减负担专题行动”“群团星·耀党旗”法律服务“三进”活动，提升非公人士创新思维。

定海区亲清直通车——科技人才自立自强促发展座谈会召开

【倡导“非公”人士履行社会责任】　区工商联倡导“非公”企业“致富思源、回报社会”理念，立足光彩事业，倡导社会责任，搭建非公企业与群众之间的沟通桥梁。开展“光彩助盐仓夜市经济”系列活动；开展“寒冬送温暖”赴岑港敬老院献爱心，对全区20户特困户慰问3.7万元；以“光彩送温暖·受助感党恩”赴长白送医下乡；多次赴金塘镇海港村、小沙街道后岸村等调研指导乡村振兴工作，就如何提升村级集体经济造血功能对接交流，捐赠公益金各5万元等；弘业集团向小沙街道大沙村结对捐款80万元；助吉林乾安县灾农销售25万元农产品；编印“光彩事业”小册子，宣传民企光彩精神。

【完成换届工作】　根据《中国工商联章程》和换届精神，多举措做好调研、摸底、宣传等工作。对协商推荐产生的代表严格标准，严控比例，对执常委进行综合评价和实地考察，确保130名执委合法有效。吸收优秀年轻企业家，优化队伍结构，选举产生130名执委，其中，主席（会长）1人，副主席21名，副会长16名，常委44名。

舟山市定海区工商业联合会（总商会）第五次代表大会

【优化营商环境】　召开基层商会会长（秘书长）会议，重点学习传达中共十九大会议精神、《定海区构建“亲”“清”政商关系的若干意见》等相关文件精神，搭建非公企业的交流平台。组织召开政企恳谈会，参加座谈的38家非公企业负责人围绕企业发展、营商环境、困难问题等畅所欲言，区委、区政府相关部门主要领导听取企业家们提出的建议意见，并就优化区域营商环境发表定海区的做法和意见，给企业家们吃了定心丸。到宁波北仑、镇海调研“亲清家园”阵地建设，先后参观北仑区大街道灵峰社区和新街道大港社区“亲清”廉政走廊、“亲清家园”工作室等，听取社区负责人关于“亲清家园”的运作流程、组织网格及日常工作开展情况介绍。

举办政银税联席座谈会

【维护合法利益】　组织台州商会会长张云富和六和（舟山）律师事务所胡宇成2名企业家参与区检察院教育整顿工作会议，打造非公经济发展的良好环境，坚决防止和纠正行政部门借管理之名侵犯非公企业合法利益的不良行为。组织参加由区人大常委会社会建设工委牵头组织对全区社会组织参与基层社会治理情况开展专题调研座谈，作为经济和社会发展重要组成部分的商协会组织和民营企业，区工商联在推进基层社会治理体系和治理能力现代化中进一步发挥作用并在座谈会进行交流发言。区工商联将在公检法司相关制度的基础上，加强与区检察院、区法院、区“两新”工委、区经信局等部门的联系和协调，加强对发展非公经济政策落实情况的监督检查和合法权益的司法保护，减轻企业负担，为区域内非公企业的发展保驾护航，坚决维护“非公”企业的合法权益。

【改善投资环境】 2月25日，根据区委巡察意见，针对3个方面11个问题，深化对巡察的理解认识，先后召开3次党组会议，部署、研究和推进整改落实工作；组织全体干部职工大会，加强对巡察整改必要性和重要性的认识，督促相关科室采取有效措施扎实推进，压实任务、强化落实。4月19日，召开党组巡察整改专题民主生活会，班子和领导班子成员开展批评与自我批评。对即知即改的问题全部完成，其他问题按计划在年内整改完毕。主动对接，联系协调落实区工商联领导班子联系基层商协会制度，促成点对点帮扶联系商协会及“非公”企业，探索构建新型“亲、清”政商关系的方法路子，改善区域投资环境。

中共舟山市定海区商业联合会党组巡察整改回访汇报会

【帮助企业解决困难矛盾】 创新基层调研的方法，探索“走出去，请进来，解难题”的路子。开展“抓重点、补短板、强弱项”的三服务走访调研活动，深入欧莱克、汇邦建材、广润建设、良海粮油等10多家非公企业进行走访调研，实地了解企业的经营状况，鼓励企业提振信心，听取企业的诉求，汇集企业实际困难，及时向相关职能部门反映，协调解决。召开“服务面对面政企心连心·政企恳谈会、科技人才自立自强促发展·政企恳谈会、便民办税春风行动·政企恳谈会”政企恳谈会，解决小微企业面临的相关问题，协助企业把控运营风险，提升管理水平，促进区域非公有制经济健康和谐发展。

会同发改局召开政企恳谈会

【树立“非公”人士发展信心】 区工商联立推“浙商永远跟党走·定商在行动”系列活动、召开“扬帆起航”政银税联席座谈会等8次，通过为“非公”企业开展政企恳谈、政策宣讲、法律帮扶、银企对接、名校学习、廉政文化展示、商会大讲堂等活动，不断激发全区“非公”经济人士参与诚信经营的主动性、自觉性。收集区委、区政府近年先后出台的相关政策，利用召开年度执委大会、主席（会长）会议、基层商会会长（秘书长）会议和政企恳谈会、企业调研及培训、讲座、自媒体宣传等时机，多样化进行宣传推介，提高政策文件的知晓率，促进“非公”企业来定投资的信心和决心。

与税务局一起召开政企恳谈会

【筑牢基层商会组织建设】 发挥商会组织的功能作用，推动区域经济发展。抓好商会建设，区工商联根据相关文件精神，做好全区商会系统的组织建设工作，成立宁波市定海商会党支部；指导定海广东商会、白泉镇商会进行换届，对定海杭州商会的会长人选专题召开会员座谈会并进行上门走访考察。结合省级“四好”商会评选的实际，以“班子建设好、团结教育好、服务发展好、自律规范好”的“四好”商会创建工作为引领，推进基层商会自身建设。

（撰稿：陈雅芬）

（本分目图片由区工商联提供）

定海区残疾人联合会

【概况】 2021年，定海区有持证残疾人12168人。定海区残疾人联合会（以下简称区残联）设办公室、综合业务部2个部室，工作人员17名，下辖事业单位舟山市定海区残疾人服务中心。2021年，区残联聚焦残疾人事业高质量发展目标，提升残疾人工作的服务能力和服务水平，实现“十四五”残疾人事业发展开好局，起好步。

是年，区残联在市残联年度考核中被评为优秀；定海区残疾人艺术（戏曲）基地获评全国残疾人文化创意产业基地；陈艳萍、包培余、洪国壮3人获全国残疾人艺术会演（东部片区）一等奖；4名优秀选手在全省第九届残疾人文艺汇演中获得奖项。

【残疾人民生实事项目】 是年，提升建设“残疾人之家”、残疾人精准康复服务和困难残疾人家庭无障碍改造分别列入省、市民生实事项目。昌国街道、小沙街道和双桥街道3家“残疾人之家”按期完成提升改造工作。实施助明、助听、助行康复行动，惠及全区523名残疾人，完成当年任务数的149%。为53名残疾儿童提供基本康复需求服务，完成当年任务数的177%。完成残疾人家庭无障碍改造64户。

【残疾人社会保障工作】 残疾人两项补贴发放 继续做好残疾人生活补贴和护理补贴发放工作，确保应补尽补、不重不漏。是年，全区共有8453人次获得补助，落实补助资金2620万元。其中，享受困难残疾人生活补贴1834人，发放补助金590万元；享受重度残疾人护理补贴6619人，发放补助金2030万元。

“残疾人之家”规范化建设 对照全省“残疾人之家”“八个有”规范化建设要求，通过提升硬件设施和完善内部制度等手段，完成“环南街道残疾人之家”新建工作。是年，全区11家“残疾人之家”共落实运行补助经费89万元。

困难残疾人救助 开展“寻找最困难残疾人”活动，为87名有需求的困难残疾人送上的康复、临时救助等帮扶政策。做好特困残疾人动态管理工作，全区共有特困人员133户211人。定期开展困难残疾人慰问救助，全年慰问困难残疾人407人，发放慰问金46.29万元。

【残疾人教育就业工作】 做好残疾人教育培训 做好残疾学生入学、助学工作。全面落实残疾儿童少年义务教育“两免一补”政策，配合教育部门共同做好未入学残疾儿童少年的随班就读、送教上门工作。做好残疾学生、困难残疾人家庭子女助学工作，累计帮扶70人。依托教育、人力社保、农业等相关部门，充分利用社会资源积极开展中式烹饪、茶艺、美容等残疾人职业培训240人次。

促进残疾人就业创业 是年，出台《舟山市定海区残疾人就业创业扶持实施细则》。向3名残疾人发放自主创业补助1.5万元，向1103名自谋职业或灵活就业残疾人发放养老保险和医疗保险补贴298.43万元。做好残疾人按比例就业审核工作。开展企业按比例安排残疾人就业情况审核工作，是年共审核用人单位289家，核定按比例安置残疾人就业672人。协调小沙街道办事处推出1个公务员岗位面向残疾人招考。完成3名应届毕业大学生就业帮扶工作。为劳动年龄段残疾人提供就业创业帮扶，全年新增就业108人。

举办第三十一次全国助残日广场活动

【残疾人康复服务】 推进残疾人证数字化进程 启用残疾人证信息直通车平台完成残疾等级评定325例，

提高办证效率。做好残疾人证的动态化管理。开展残疾人证“跨省通办”业务，帮助6名外省残疾人实现异地申办残疾人证。为170余名行动不便的群众开展残疾等级入户评定。第三代智能化残疾人证制发工作有序开展，是年，制发第三代智能化残疾人证191本。

开展精神残防治工作　落实精神残集中康复和免费服药政策，做到“应治尽治、应助尽助”。发放精神残疾人免费基本用药服药卡1187张，审批补助精神残集中康复治疗96名。

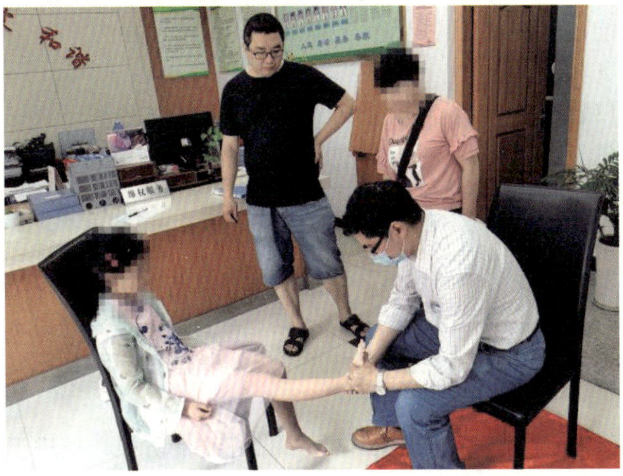

邀请省人民医院专家对定海区残疾儿童开展肢体矫治手术适应指征筛查工作

优化基本康复服务　加强助听器、假肢、轮椅、护理床等大额辅具常规性配发。依托社区卫生服务中心（站），发挥社区康复站作用，强化基层康复服务队伍。开展重度肢体残入户康复指导，满足残疾人多元化、个性化康复需求。配合卫健部门做好残疾人家庭责任医生签约服务工作。是年，基本康复服务率为99.73%，有需求残疾人的辅具适配率为97.68%。

【残疾人公共服务】　提升无障碍环境建设水平　邀请人大代表、政协委员集中体验城市无障碍出行。推进全区无障碍停车位设置工作。昌国街道北园社区成功创建省级无障碍社区。

加强残疾人事业宣传　利用各类残疾人主题日活动，宣传党的方针、政策、残疾人工作政策法规、先进典型、残疾预防、康复科普教育等，加大微信公众号等网络平台对残疾人事业的宣传力度，发布各类信息、公告210篇。开展丰富多彩的群众性文化活动、体育赛事活动。完成第十一届“残疾人健身周”活动

组织开展定海区“观影无障碍·志愿暖人心”专项活动启动仪式

和第十一届“残疾人文化艺术周”活动。举行残疾人旱地冰壶等比赛。

开展“志愿者在行动”系列活动　在康复医疗、教育培训、就业帮扶、文化生活、出行服务、政策宣传等方面帮扶残疾人，激励和引导更多人参与到助残行动中来。发挥好各镇（街道）志愿者服务中队的能力，对接全区重点工作，开展专题性的主题活动。开展“观影无障碍·志愿暖人心”无障碍观影志愿服务。累计完成20场，服务残疾人1308人次。

到海岛开展助残服务

权益维护　坚持残疾人利益无小事的原则，畅通残疾人反映诉求渠道，解决残疾人合理诉求。加强残疾人法律救助力度，规范残疾人法律救助站运行，发挥网上信访、“12385”残疾人服务热线作用，确保残疾人法律救助应助尽助。

【残联改革和自身建设】　推进残联改革　推进基层组织规范化建设。进一步加强专职委员能力建设，加

强管理、考核，通过网络平台等形式开展残联干部、残疾人专职委员、协会骨干专题培训。是年建立社区（村）残疾人联络员制度，夯实基层助残服务“最后一公里”。是年，筹建成立定海区孤独症亲友会。

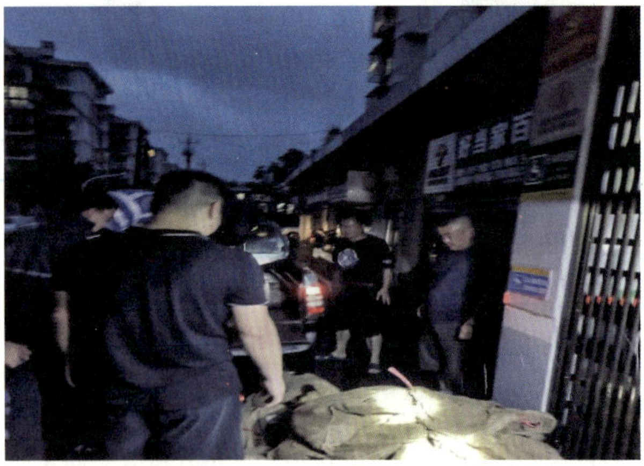
组织党员志愿队支援社区台风“烟花”防抗工作

推进残联数字化改革　以残疾人全周期服务“一件事”为牵引，开展主要领域核心业务和重点项目的梳理，探索跨部门多业务的协同场景应用。推进残疾大学生申请学费和住宿费补助、残疾人机动车燃油补贴、人工耳蜗申请和补助等4个事项纳入“数字残联”系统，实现助残事项关键小事智能速办。是年，“数字残联”12个助残事项集成办理1700余件。

推进党史学习教育　区残联班子成员带头围绕党史学习教育给广大党员上党课和中共十九届六中全会精神宣讲活动4次。组织开展“群团心、耀党旗”系列活动，为支部党员、昌东社区基层干部群众和入托残疾人开展党的政策宣讲。组织开展“庆祝建党100周年 重温党的光辉历程”七一主题党日活动。深化“走亲连心、真情助残”党建工作品牌，拓展“残疾人之家”党建结对，实现基层党组织与全区11个残疾人之家志愿结对，是年，11家残疾人之家共开展了爱心送教、心理疏导、节日慰问以及健康素养教育等结对志愿服务50余次，服务残疾人400余人次。

开展“群团星·耀党旗”宣讲

党建引领推进“清廉残联”建设　坚持把党的政治建设放在首位，严肃政治纪律和政治规矩，做到“两个维护”，对上级决策部署第一时间学习领会、贯彻落实。强化廉政宣传教育，开展廉政警示教育月和读书思廉等活动。推进正风肃纪，进一步加强机关效能建设，出台《定海区残联效能责任追究办法》。

【残疾人事业发展“十四五”规划编制工作】　根据省、市残疾人事业“十四五”规划，结合区残疾人工作实际，推进调研和意见征集等工作，及时出台残疾人事业“十四五”规划。把定海区今后五年经济社会发展速度与提高定海区残疾人生存生活水平的程度结合起来，并展望至2035年，高起点、高标准、高要求规划“十四五”期间定海区残疾人事业发展目标。

【新冠肺炎疫情防控工作】　做好疫情防控，推进干部职工疫苗接种工作。个性化帮扶重度残疾人参加疫苗接种。督促指导“残疾人之家”等残疾人服务机构认真贯彻执行各项防控制度规定和防控指南，落实扫码、测温、消毒、隔离等防控举措。

（撰稿：刘　佳）

（本分目图片由区残联提供）

定海区文学艺术界联合会

【概况】　2021年，定海区文学艺术界联合会（以下简称区文联）按照年度工作计划和上级部署任务开展各项活动，为建设舟山群岛新区提供精神动力和文化支持。是年，区文联下辖作家、书法、美术、摄影、戏剧曲艺、音乐、舞蹈和民间文艺家8个协会，有会员526名，其中，全国协会会员17人，省协会会员82人，市协会会员170人，各类文艺团队10余支。文联与各协会全年举办（承办、协办）各类文艺活动50余次，影响较大的有承办第三届三毛散文奖等活动。会员全国、省级以上获奖、出版、入选、演出、展出、发表作品230余件。其中，出版作品 9部，各类文艺作品获奖省级以上70余件。

【开展各类文艺活动】 开展送文艺下乡活动 定海区文联认真组织文艺工作者和文艺家送文艺下乡街道、社区开展丰富多彩的主题服务活动。书法家协会王忠军等多人参加下乡活动，为广大群众免费书写春联。

联合举办主题宣传文艺作品展览 围绕庆祝中国共产党成立100周年活动，联合举办书法美术摄影精品展等展览活动十多次，与区纪委联办清廉文化书法作品巡展。同时区作协举办艺心向党诗歌朗诵会等系列活动。

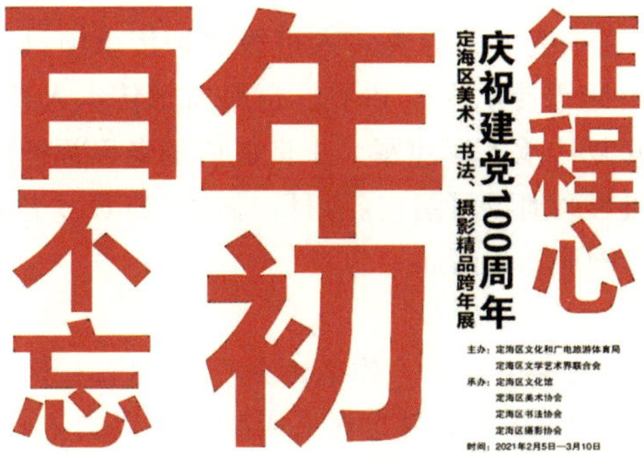

主题宣传文艺作品展览海报

【打造“三毛”文化品牌金名片】 3月6日，组织第三届“三毛散文奖”初评工作。4月29日，组织第三届“三毛散文奖”终评，评出获奖散文集、单篇散文各13件。6月7日，在定海小沙三毛公园举行第三届“三毛散文奖”颁奖典礼。第三届“三毛散文奖”由中共舟山市定海区委员会、舟山市定海区人民政府、舟山市文联主办，浙江省作家协会学术指导，浙江省散文学会、舟山市作家协会、定海区文联承办，舟山群岛新区金塘管委会协办。

第三届“三毛散文奖”颁奖典礼

【推出文艺精品】 组织文艺家创作主题宣传文艺精品舞蹈《初海》获省级二等奖，歌曲《农庄小娘》获省级一等奖。歌曲《数幸福》被评为庆祝中国共产党成立100周年“唱支山歌给党听”——全国优秀群众歌曲100首（浙江评上4首，其中定海区占1首）。还有书法、摄影、美术、戏曲等获奖、入展100多人次。白马专题长诗集《舟山群岛新区交响曲》献礼建党百年、新区设立十周年。邵伟明创作烙画《开天辟地》等等。

发表入展文艺作品 出版的图书有《第三届三毛散文奖获奖作家作品选》《千年定海山》《定海民间故事歌谣选》等。文艺家获各级展出、获奖120多人次。

文艺作品硕果累累

文学方面 白马的长篇传记《世之奇女：三毛》5月由北京燕山出版社出版；《舟山群岛新区交响曲》（诗集）6月出版。陈斌的科普散文集《植物杂记》6月由燕山大学出版社出版。陈斌的《咏鸟组诗》获“保护生物多样性 共建美丽舟山”主题征文二等奖；《数字咏党》获舟山市优秀童谣征集活动二等奖；干海微的散文《伴山庵的陈年往事》获2020“普陀山杯”全国文学征文比赛一等奖。支奕的诗歌《离岛民警的星辰大海》在公安部组织的“我和我的祖国”主题征文比赛中荣获“优秀诗歌”奖。白马的《水乡的水》（诗）入选《诗路新咏——浙东唐诗之路采风作品选集》一书。支奕的散文《没有一座山峰不能被翻越》入选全国公安系统建党百年主题征文作品选。

戏曲方面 沈洁创排小品《买车》参加2021年舟

山市文艺创作作品展获二等奖；袁建露创排小品《特殊的外卖》参加2021年舟山市文艺创作作品展获三等奖；俞鸣红参加定海区戏剧小明星比赛荣获二等奖；蒋海儿参加第六届全球戏迷嘉年华“越迷兰花”折子戏大赛获一等奖。卢凌华编排的越剧《梁祝—十八相送》被央视《一鸣惊人》栏目组选送。

音乐方面　表演唱《数幸福》入选文化和旅游部全国公共文化发展中心主办的“唱支山歌给党听”全国群众歌曲征集展示活动，并从100首入选歌曲中脱颖而出，与20首最佳歌曲一起在国家公共文化云亮相。《数幸福》还受邀参加“迎建党百年 享美好生活”浙江省群众（乡村）合唱大赛开幕式演出、“从南湖出发”庆祝中国共产党成立100周年浙江省青年歌唱家巡回演唱会暨舟山市庆祝中国共产党成立100周年主题音乐会、2021年中国农民丰收节全国（嘉兴）主场活动等重要活动，展现了农民畅享乡村振兴建设成果的鲜活场景。男女声对唱《如果海水不是咸的》获省文化厅主办的浙江省第二十届群众音乐大赛金奖。《咱也当回大画家》的歌词获省文化馆主办的2021“庆建党百年·享美好生活”全省歌词大赛金奖。

舞蹈方面　潘侠、张瀚云、乐凯凯创作的作品《第一次出海》，获2021年浙江省群众舞蹈大赛金奖。张颖颖、潘侠创作的舞蹈《桃李花开正别离》获得舟山市文艺创作作品展演银奖，乐凯凯、潘侠创作的儿童舞蹈《小小船儿要启航》获铜奖。

书法方面　庆祝中国共产党成立100周年——浙江省书法篆刻百家系列大展（浙江省书协），王平汐、倪列峰、毛寒春、胡炳华、王维芳、傅世风书法作品入展。第九届中国书坛新人新作展（中国书协），王维芳书法作品入展。“陆维钊奖” 第九届浙江省中青年书法篆刻展入展（浙江省书协），孙幼旭、王维芳、倪列峰、徐晓虹、张鋆书法作品入展。浙江省七届群星书法大展（浙江省书协），胡炳华书法作品获银奖。

美术方面　赵海龙油画《山之朝暮》入选乡村振兴童话和浙江省美术作品展。赵海龙油画入选浙江省油画大展。第十六届省水彩画展，柴波、李莉学术提名；芮海峰、包凤佴、张艇、黄世国作品入选。第八届浙江省青年美展，赵海龙、芮海峰、包凤佴、柴波、李莉入初选；复评芮海峰获优秀奖；柴波、李莉、包凤佴入选。朱松祥入选“美好家园 乡村振兴”全国农民画作品展。俞松祥《海上渔人——揽个好丰年》入选“幸福小康 美好生活”全国农民画作品展。

摄影协会　曾其龙《这两代人》获浙江省第七届群星视觉艺术综合大展优秀摄影作品展银奖。刘引华《建设者》入展第28届全国摄影艺术展，景汉锋《泼水的喇嘛》在《中国摄影报》刊登；《风景》“黄鱼故乡·瀛洲衢山”全省摄影大赛二等奖。

民间文艺方面　朱良成2021年6月获舟山市文化和广电旅游体育局颁发的第一届 “最美文物守望者”（最美文物宣讲员）奖，8月朱良成获舟山市优秀童谣《建党百年变》二等奖。入市级保护传承项目，分别是舟山谜语传承人蔡和平、定海风筝传承人姚达义、古画修复传承人楼建军。朱良成协助老天福禅寺老东岳宫摄影画册撰写图文。7月，长达225页《老天福禅寺摄影画册》出版。

【各协会文艺活动】　作家协会　3月8日，区作协组织部分女作家在南洞欢喜书店举办“以文沁心 绽放美丽”海岛女作家“三八节”读书、座谈分享会。4月17日，在定海凯虹广场三楼迟留书店举办由王寒、赵宗彪主讲的“浪漫岛城，自在一刻”——二十四节气木刻展及讲座活动，区作协会员参加本次讲座及分享活动。举办庆祝中国共产党成立100周年朗诵活动。6月6日，由区作协执行策划的“致敬百年党史 颂咏红色定海”专场朗诵会在南洞新建社区书香文化礼堂举行。

二十四节气木刻展及讲座活动

戏曲协会　徐霞女新成立“醉美诗歌”朗诵坊团队。徐霞女、沈洁等多次为相关单位辅导节目。定海区越剧艺术中心参加定海文旅局组织“海岛艺骑进百村”越剧专场送戏下白泉、双桥、岑港等乡镇街道，敬老院演出八场。沈洁被南海学校旌旗山初中戏剧社团外聘教师，为学生上戏剧表演课、为定海区教育局的音乐教师开展《校园剧的排练技巧》讲座；卢凌华为金塘柳行小学开设兴趣班20期、为海山小学等送去越剧讲座共5场；定海区越剧艺术中心参加每周1天文化志愿者服务，全年40多天。洪国壮全年参加各类演出20场次。

音乐协会　策划2021唱响定海·“唱支歌儿给党听”歌唱大赛。美之声演唱团本年度共开展文艺志愿活动260余场。

舞蹈协会　4月20—22日，组织举办定海区广场舞培训班。6月，协会选送近十个儿童舞蹈作品参与“童心向党·快乐启航”定海区少儿文艺展演；6—7月，组织40余支业余文艺团队参加2021唱响定海“红船向蔚蓝”广场舞云展演。6月底，参加市老干部局、市教育局庆祝中国共产党成立100周年演出。

书法协会　是年举办重大展览5次（网上同步5次）；微信群“正书日课”常年活动。3月，“正大气象——庆祝建党100周年定海区正书大展展”书法展在定海区文化馆展出，展出作品68件。5月，由区纪委、监委、区宣传部主办、区文联协办、区书协、区文化馆承办的庆祝中国共产党成立100周年“纪律护航、清风扬帆”——定海区清廉文化书法展，在定海区政府1号会议厅开展，组织全区机关事业干部观看。之后，又在基层文化礼堂、文化站、街道巡展10场，产生非常好的社会警示效应。10月，举办由

“纪律护航、清风扬帆”——定海区清廉文化书法展

定海区文学艺术联合会主办、定海区书法协会承办“辉煌百年、翰墨风华”定海书协骨干研修班结业作品展，共展出8位骨干的48件精品力作。12月，承办“海外草圣、一山一宁——浙江省青年书法家心经邀请展”，展出省内外作品45幅。

美术协会　2月4日至3月10日，“百年征程 不忘初心”庆祝中国共产党成立100周年定海区美术、书法、摄影精品跨年展，20位作者参展。3月16—30日，继往开来——定海区美术协会庆祝中国共产党成立100周年美术作品展暨定海区第五届春季美术作品展。11月12—26日，致敬百年，共绘富裕——美术作品进校园邀请展，在舟山中学展出，邀请定海美协和民盟浙江华夏书画协会舟山分会作者40多位，作品60件，100多名观众参加开幕式。11月15—26日，江浩个展在定海区文化馆展出，展出作品43幅。

摄影协会　是年举办多场摄影比赛。承办“定海新征程新精彩”摄影作品征稿活动，共收到29位市、区摄影家及爱好者522件作品。共评出佳作奖30件、优秀奖50件、入围奖70件。与马岙街道办事处联合举办2021“追梦百年幸福路·乡约千年稻香村”摄影比赛活动。编印《醉美马岙—— 2021“追梦百年幸福路·乡约千年稻香村”摄影比赛获奖作品集》。联合举办舟山市“逐梦远洋渔业”摄影大赛。2021年4月25日至5月17日承办的“浪潮视界”《那人·那群人》摄影展。

民间文艺协会　围绕庆祝中国共产党成立100周年开展和参与各类活动。4月，朱良成在盐仓昌洲村宣讲“迎建党百年、忆百年历史”。黄素芬以唱走书喜迎建党百年，到市文化部门、普陀大展、定海盐仓街道、农村老年活动室等计30多场，还邀请到镇海北仑文化遗产日表演。侯亚飞木偶戏迎建党百年，到盐仓昌洲村、兴舟村、白泉幼儿园、舟山幼儿园、定海檀枫小区、定海古城书场等表演木偶戏20多场。12月，侯亚飞用木偶戏表演形式在双桥街道宣传中共十九届六中全会精神。6月26日，民协组织队员到干䃎南洞，参与由舟山市组织的庆祝中国共产党成立100周年——“群团星·耀党旗”服务活动。

【办好文艺园地】　是年，出刊《望潮》4期，推出“文心向党”作品小辑2次，编《望潮》增刊（廉政主题微电影剧本专号）1期，50万字。《望潮》文艺杂志获2021年度全省群众文化期刊评比“兰花铜奖”。

《望潮》文艺杂志

（撰稿：白　马）

（本分目照片由区文联提供）

定海区慈善总会

【概况】　2021年，定海区慈善总会贯彻中共十九大及十九届六中全会精神，围绕区委区政府中心工作部署，发挥慈善事业在巩固脱贫攻坚成果、助力乡村振兴、促进社会共同富裕中的作用，慈善工作取得新发展。是年，募集款（物）1675.94万元，完成计划募款的139.66%。其中总会募集1030.98万元，分会募集644.96万元。是年10月，定海区慈善总会获“2021年度浙江省品牌社会组织”称号。

5月26日，举行定海区慈善工作会议暨慈善总会第四届理事会第三次会议

【开辟募集善款渠道】　开展“慈善一日捐”活动　区委书记在区慈善总会四届三次理事会上讲话中强调“一日捐”活动，各镇（街道）、区属各部门、企业响应，“一把手”率先捐款，形成人人慈善捐赠的热烈氛围。是年，全区收到114家单位、企业和近万名个人捐款223.5万元。

夯实募捐长效机制　动员爱心企业、爱心人士以签订捐赠协议和设立专项基金形式开展捐赠。新成立益民医药慈善基金，为低保低边及特殊疾病类困难人群提供药品及一般医疗救助服务。发动爱心企业、单位、团体进行一年一度的举牌认捐。是年，有和海建设科技集团有限公司、浙江金鹰股份有限公司、森森集团股份有限公司、舟山市伟兴慈善基金会等32家爱心企业、单位、团体通过冠名或定向等方式举牌认捐人民币520万元、美元2万元，占募捐善款总额的32%。

5月26日，在定海区慈善工作会议暨慈善总会第四届理事会第三次会议上，爱心企业、单位、团体举牌认捐

开辟网络募捐新路径　把网络募捐作为慈善募捐新的增长点，推进募捐工作。是年，参与腾讯99公益日活动，联合上海天使宝贝公益基金会发起“天使宝贝守护计划”项目公益募捐活动，帮助烧烫伤儿童重燃生活的希望；联合大舟山网、万达星海湾发起“用艺术治愈孤独”公益画展，通过举办画展、售卖画作的方式将募集的善款用于帮助舟山的孤独症儿童。利用第六个“中华慈善日”开展“蓝天至爱”募捐活动，募得善款共同促进“乡村振兴”。开展一元起捐、慈善义卖等募捐活动，激发爱心企业、单位、团体及个人的慈善热情。

【助力共同富裕】　围绕助力共同富裕，精心组织、规范运作，以优质项目为抓手，提高救助实效，不断增进民生福祉。做好对口支援帮扶工作，落实帮扶资金240万元定向捐赠给四川省宣汉县。是年，累计救助支出2093.11万元，惠及困难群众达3.72万人（次）。

3月30日，“情暖老兵，爱眼光明行”关爱退役军人公益项目签约揭牌仪式在新华侨饭店举行

慈善助困项目 实施系列助困救助项目，助困支出900.18万元。元旦、春节期间，开展“2021情暖万家慈善活动月”慰问活动，发放慈善慰问金120万元，惠及困难群众1906人（次）。“慈安居”困难家庭关怀项目，联合舟山市喜鹊换新装饰有限公司针对低保、低边及困难家庭，提供居家环境改造服务。“慈善手拉手”项目，针对农渔村困难老妇女干部、困难残疾人开展救助；“兴中红色捐赠”活动，联合中化兴中石油转运（舟山）有限公司慰问困难老党员。“灾情无情人有情”救灾项目，面对台风“烟花”，启动专项救助，对部分慈善造血型扶贫基地及困难家庭受损严重，发放救助金达35.6万元。

善助老项目 围绕关注困难老人，提高老年人生活质量为主题，开展慈善助老帮困行动，助老支出178.54万元。“情暖重阳感党恩”项目，慰问全区各镇、街道生活困难的老年人、偏远小岛的困难老人445人，发放救助慰问金36万元。“失独老人微心愿”项目，走访慰问失独老人家庭80户，送去微心愿礼物。“送慈进岛助老”项目，为盘峙敬老院、大猫托老所老人提供一年的油和米。“关爱百岁老人”项目，每年重阳节联合舟山一百看望慰问全区百岁老人。“冬日暖衣”项目，携手舟山宁远海运有限公司为小沙街道长白岛77户低保户及小沙街道敬老院33名老人送去温暖冬衣。

1月31日，开展“冬日送温暖——寒冬送福 温暖相伴 让爱再次出发”活动

慈善助医帮扶项目 提高对困难群众的救助精准度，专门设立“慈善为生命延续”系列助医项目，助医支出376.75万元。“森森爱心”大病医疗救助金项目，发放20万元救助22名大病患者。“舟山市伟兴慈善基金会救助定海区困难家庭尿毒症患者项目”，对全区符合救助条件的86名对象发放救助金39.4万元。“精准帮扶医疗救助责任保险”项目，在去年基础上将赔偿比例提高到65%，“特殊病种门诊费用”纳入保险救助范围。与舟山爱尔光明眼科医院开展“关爱定海失独，空巢及困难老人复明工程”项目，帮助定海区55周岁以上的白内障患者实施公益普查及免费手术；“情暖老兵，爱眼光明行”关爱退役军人眼健康公益项目，为定海区50周岁以上困难退役军人、残疾军人等患者实施手术救助。

5月13日，在定海区马岙街道会议室举行定海区慈善总会“森森爱心”救助金发放仪式

慈善助学扶幼系列项目 以“圆梦”为主题，以企业定向、结对助学等各种形式资助困难大学生，发

放助学金178.9万元，受益寒门学子1271人。以“逐梦”为主题，协调市佛协、区政协医卫界等爱心人士一对一结对助学初、高中生。“以爱心童行”为主题，联合“阿拉来帮侬”栏目开展“情暖六一 携手童行”爱心行动，将100份微心愿礼物送到新居民子弟学校孩子们的手上。与浙江海港国际能源有限公司开展“星海护航”特殊儿童微心愿项目，为市、区274名脑瘫、自闭、智障等特殊儿童送去价值2万美元的微心愿礼物。设立筑梦“童”行——关爱儿童成长项目，为留守、贫困家庭和问题家庭的困境儿童创造健康良好的家庭环境及成长环境。“乐享棋成”项目，为困难未成年人举行棋类辅导、棋类竞赛等。

5月27日，开展“情暖六一　携手童行”爱心行动

公益创投项目　是年，引入社会工作专业力量形式开展公益创投项目，推进慈善参与乡村振兴，助力社会治理。先后实施海豚守护计划——低收入家庭帮扶、“锋华百年护夕阳”党员惠老服务、“益伙伴”关爱空巢老人服务计划、“初心向阳，公益为民”党建志愿服务、“老有所助 情浓义深”助老志愿服务、“关爱帮扶”精准扶贫6个公益项目。

6月20日，组织30余名慈善义工开展“献礼建党100周年·情系特困 颐享助老慈善活动”

【开展义工活动】　是年，围绕助力创城、抗疫防疫、敬老助残、扶弱帮困、社会治理等方面，组织和开展各类志愿服务活动，不断提高义工团队的管理能力和服务水平，取得社会效益。

活动形式多样　支持关心义工团队，开展“温暖传递 与爱同行——让城市更有爱”志愿者慰问活动，弘扬大爱精神，对热心慈善公益的团体和人进行表彰。组织广大义工开展多样化活动。开展“爱心定海 温暖过年——关爱贫困家庭暖年行动”，全区100户低保低边的老年人和留舟过年的新居民收到礼物。开展“献礼建党一百周年——情系特困·颐享助老”慈善活动，将爱心清凉包、空调被、牛奶等物品送给全区养老机构及部分分散供养的221名特困老人。组织慈善巡回义卖活动，开展义卖6次，扩大慈善影响力。

4月9日，慈善义卖活动走进盐仓社区

提升服务水平　加强与义工团队的沟通，及时了解他们的需求，引导团队争创特色，在精神和资金上给予帮助，全年资助达10万余元。区慈善拥军服务队，坚持每月到敬老院开展擀面条、包饺子等服务，全年开展“衣循环·爱循环”活动，为困难新居民送去爱心衣物；定海区曲艺说唱慈善服务队，坚持开展"善乐牵手行"助老服务活动，为居家老人活动中心、颐养院、敬老院的老人带去欢乐。“郭奶奶爱心工作室”，坚持为新居民子弟学生助学帮困，在寒假期间带领他们开展“佳节尚文明，志愿关爱行动”，新打造“半亩田园”——劳动实践开拓基地和“红领巾慈善共建庭院”，开展丰富的慈善教育实践活动。“爱心联盟”，为困难户、敬老院老人、环卫工人等开展“春节送温暖”“端午送粽子”“中秋送月饼”等慈善公益活动。“慈善超市”坚持每月1次开展家

电维修公益活动，为市民们提供方便，以实际行动传递温暖。

【宣传慈善文化】 坚持正确的舆论导向和价值取向，采用各类载体和形式，弘扬慈善文化，提高群众慈善意识，凝聚精神力量，营造暖人心、聚民心的社会慈善氛围。

突出主题宣传 是年，利用《中华人民共和国慈善法》颁布五周年和第六个“中华慈善日”为契机，宣传慈善文化，培育公民慈善意识。在《今日定海》宣传解读《中华人民共和国慈善法》知识要点，在舟山晚报专版宣传报道。在大舟山网推出“我为慈善发声”——“9·5”中华慈善日线上宣传推广活动，通过海报、视频、软文等形式，宣传定海慈善奖获得者的先进典型案例，倡导慈善精神。其中，慈善宣传软文阅读量累计达1.3万，“我为慈善发声”短视频播放量累计达6万次。联合区融媒体中心通过“定海山”客户端开展“纪念中华慈善日 学习慈善法”有奖知识问答活动，活动持续3天，参与人数达2000余人（次）。联合区社会组织培育服务中心、区文明办开展“慈善同心 公益同行”慈善月系列活动，以慈善文化宣传、慈善义卖、慈善公益服务三合一的形式开展慈善宣传行、慈善爱心行、慈善公益行，让慈善贴近生活。

深化典型引领 是年，开展2020年度“定海慈善奖”集体、个人评选表彰活动，涌现出森森集体股份有限公司等13家先进集体和范国锋等10名先进个人。坚持开展“鲜花送好人”活动，引导全社会崇尚学习、关心关爱道德模范、劳动模范，树立慈善新风尚。推进基层示范化建设，是年，盐仓街道慈善分会和城东街道胜利村、干𬒗镇新建村的慈善工作，分别被评为第二批省级示范慈善分会、示范慈善工作站。

强化“互联网+”导向 做好做强微信公众号和定海慈善网站，对定海慈善网站进行升级改版，丰富微信公众号内容。多次与区融媒体中心、大舟山网合作策划慈善活动，努力提高慈善宣传水平。向各级各类新闻媒体撰写稿件，慈善信息报道登上《浙江慈善》《慈善公益报》、浙江新闻客户端、《舟山日报》等主流平台。

【强化规范运作】 以政治引领，以《中华人民共和国慈善法》为规范和保障，加强慈善组织的制度建设、队伍建设和作风建设，推进慈善工作发展。

党建引领激发队伍活力 坚持每月定期开展全体人员集中政治业务学习。围绕党史学习教育要求，将“学党史、悟思想”与“办实事、开新局”结合，开展学党史专题讲座、党课宣讲、微心愿圆梦等一系列活动，组织支部党员参与党建培训、公益活动，组织鼓励党员干部参与抗疫、创城和社区志愿服务活动，不断加强党性锻炼，提升政治素养。

建章立制规范慈善工作 坚持每月办公会议制度，保证各项工作高质量、高标准有序推进。严格财务管理制度，做到每笔支出都依法有据，符合政策，账务清晰，收支透明。每月在网站进行对善款募集、救助情况进行公示，主动接受社会监督。坚持重要事项民主决策制度，重要的人财物等事项经会长会议决定，确保慈善工作正常运行。安排工作人员参加省、市组织的学习培训，加强业务交流，进一步提升工作水平和业务能力。

（撰稿：江园园）

（本分目图片由区慈善总会提供）

定海区老年人体育协会

【概况】 2021年，定海区老年人体育协会（以下简称区老年体协）根据区委、区政府整体工作和上级老体工作的要求精神，加强疫情防控，创新工作机制，坚持“重在基层，面向全体”的工作方针，坚持因地、因时、因势的务实工作方法，保证全区老体工作欣欣向荣的良好态势。是年，区老年人体育协会、王晓君、卢凌华、叶英军、沈桃素等7人分别被评为2017—2000年度浙江省老年体育工作先进单位和先进个人；老体系统有12个团队、15名骨干获得第十二届定海区群众文化政府奖。环南街道靓姨舞蹈队、街道港务广场舞队等9支团队获四星级、三星级《群众文化星级示范团队》；定海区老年人体育协会、城东街道长岗山和谐健身队等3支团队获五星级、三星级《定海区群众体育星级示范团队》；王亚珠、张伟飞等15人获定海区优秀文化（体育）带头人；谢伊肃等4人获定海区优秀文艺轻骑兵。

【省老体领导到定海考察】 12月10日，省人大常委会原副主任、省老年体协主席袁荣祥、常务副主席杨平原、秘书长王元旦、副秘书长孙欣乐等一行到定海考察老年体育工作。实地考察区老年体协办公场所，观看反映定海近年来老年体育工作成就的画板；听取区老年体协领导的工作汇报，对定海老体工作的亮点予以肯定。区老年体协主席孙忠定、常务副主席叶英军、副主席兼秘书长王素青、副秘书长沈桃素、驻会人员何敏、谢国良等陪同考察。其间，区人大常委会主任林剑彪特地看望省人大常委会原副主任袁荣祥一行。

省老年体协主席袁荣祥听取工作汇报

【召开各类会议】　3月18日，定海区2021年老年体协工作会议在定海区政府1号会议室举行，区五届老年体协全体委员、各镇（街道）、区直属单位老年体协主席或分管领导、从事老年体协工作的文体员、示范社区老年体协主席、区老年体育项目带头人、老体骨干110余人参加会议。会议由区政府办公室副主任、区老年体协副主席沈小岳主持，区老年体协副主席兼秘书长王素青通报2020年定海区老年体协系统获得各级表彰（命名）的先进名单。区老年体协常务副主席叶英军作2020年区老年体协工作报告。区老年体协孙忠定主席在肯定2020年区老年体协所取得成绩，着重强调2021年的工作任务。区政府办公室副主任沈小岳、区民政局副局长周海芳、区教育局副局长徐良浩、区文广体旅局副局长方立、区总工会副主席叶红芳出席会议并在主席台就座。

【开展各项老年体育活动】　2021年，全区各级老年体协举办各类老体活动235次，参与19560人次。区级层面组织比赛展示8次，有79支队伍1152名运动员参赛，参加活动人数1721人。

定海区　“广华杯”老体工作者趣味项目竞赛活动　1月5日，由定海区老年人体育协会举办的“广华杯”定海区老体工作者趣味项目竞赛活动在城北健身馆举行。区老年体协的常委，各镇（街道）、区直单位老年体协主席、秘书长，从事老体工作的文体员60余人参加活动。趣味活动设置“三脚快走”“双杆落球”“杯中运球”“三项接力”4个项目。此次活动冠名“广华杯”，其主要含义为由区老年体协的“健康惠老”合作单位定海广华医院共同参与和协办。

老体工作者趣味运动会项目“三脚快走”

城区老体骨干“迎七一　展风采”趣味项目交流活动　3月20日，区老年体协在港务大楼三楼举办城区老体骨干“迎七一　展风采”趣味项目交流活动。城区健身站40多名老体骨干参加皮球投篮、平衡滚球、毽子投篮、打保龄球四个项目的竞赛交流活动。

全区中老年人钓鱼竞赛交流活动　4月9日，全区中老年人钓鱼竞赛交流活动在盐仓老林鱼塘举行。来自全区各镇街、区直属单位的近60名运动员、裁判员、工作人员参加该项活动。白泉镇、盐仓街道、昌国街道分别获镇、街组第一、二、三名；区政协、区教退、区人大分别获区直组一、二、三名。

鱼儿上钩欣喜不已

“定海麻将”竞赛交流活动　5月26日，由区老年人体育协会举办的定海区2021年区直单位老年人“定海麻将”竞赛交流活动在市老体中心举行，来自区直单位和城区街道的10余支代表队和50余名选手参加竞赛交流活动。

定海区老年人健身气功展示交流活动　7月6日，由定海区老年人体育协会主办的“红心向党庆华诞、银龄康乐展风采”老年人健身气功展示活动在文化广场隆重举行。区老体所属19支健身团队，300多名银龄老人身着色彩艳丽的健身服，精神抖擞地参加活动。舟山市老年体协副主席兼秘书长庄宁珍、定海区民政局副局长周海芳、定海区卫健局副局长胡秀贞、定海区文广旅体局体育科干军辉等单位领导亲临现场。区老年体协常务副主席叶英军主持开幕式。区老年体协孙忠定主席为庆祝活动作热情洋溢致词。舟山市老年体协副主席庄宁珍宣布“红心向党庆华诞、银龄康乐展风采”老年人健身气功展示活动开始后，全场人员挥舞小红旗，高声齐唱《没有共产党就没有新中国》，拉开展示交流活动序幕。展示现场19支健身团队，300多人集体展示健身气功《大舞》。11个健身团队分别以《唱支山歌给党听》《今天是你的生日我的中国》《我爱你中国》等红歌为伴奏乐曲的健身气功、太极拳自选节目。

定海区老年人健身气功展示交流活动

“迎国庆·庆中秋”中老年人乒乓球竞赛交流活动　9月16日，定海区“迎国庆·庆中秋”中老年人乒乓球竞赛交流活动在舟山市老年活动中心四楼乒乓球活动场馆举行。来自全区镇、街道、区直单位的10支代表队40多名乒乓球业余爱好者参赛，决出男子单打前八名，女子单打前五名，团体前六名。男子单打前三名分别被区教退傅卫平、区教退陈海鸣、环南街道颜天明摘取，女子单打前三名分别被昌国街道张碧锋、盐仓街道董冶勤、昌国街道张群红摘取。区教退获团体总分第一名的好成绩。区老年体协领导为获奖选手颁奖。

乒乓球男子单打精彩展现

定海区2021年中老年人庆重阳健身球操展示交流活动　10月12日，由定海区文化和广电旅游体育局主办，定海区老年人体育协会承办的“定海区2021年中老年人健身球操展示交流活动”在定海海滨公园隆重举行。来自全区镇、街道的38支健身团队400余名中老年人参加活动。定海区人民政府副区长王其锋，舟山市老年人体育协会副主席兼秘书长庄宁珍，定海区人民政府办公室副主任沈小岳，定海区文化和广电旅游体育局副局长方立，定海区财政局副局长戴水婷，定海区民政局副局长周海芳，定海区卫生健康局副局长胡秀贞，定海区体育总会副主席潘国锋等领导出席活动并在主席台就座。副区长王其锋致辞。舟山市老

2021年定海区“庆重阳”中老年人健身球操展示交流活动

年体协副主席兼秘书长庄宁珍宣布活动开始。首先是集体展示，列队整齐的400余名中老年人集体展示健身球操《歌唱祖国》；12个健身团队依次交流舞蹈、长绸柔力球、健身秧歌、健身球操、船拳、广场舞等精彩纷呈的自选节目。

2021年全国老年人健步走大联动定海分会场活动　12月1日，定海区老年体协组织的2021年全国老年人健步走大联动定海分会场活动在定海城北湿地公园举行。来自全区40个健身站200多名中老年人参加活动。定海区老体协主席孙忠定、常务副主席叶英军、副主席兼秘书长王素青出席活动。叶英军主持活动并作动员讲话。健步走队伍分成两列队形，沿公园绿道进发。

健步走大联动定海分会场

【省市比赛成绩显著】　是年，参加市级以上竞赛交流18次，组建23支代表队，参加235人次。各项比赛取得好成绩。获团体一等奖6个，二等奖5个。4—10月，舟山市第十届老年运动会在定海举行，区老年体协组建20支队伍参加健身球操、健身秧歌、乒乓球、门球等16个大项竞赛交流，获优胜奖2个，优秀奖3个。团体第一至五名7项。获得优秀组织奖和道德风尚奖。6月15日，舟山市第七届健身气功站点联赛在定海廷佐小学篮球馆落幕，区老体团队东海健身站夺得健身气功《马王堆》和《六字诀》两个项目的一等奖，茅岭健身站获引养生功十二法一等奖；桔园北区健身站取得团体一等奖。2021年，中华木兰健身站和柔力球竞技队代表舟山市，参加在衢州常山举行的浙江省第四届体育运动会柔力球（套路）、（竞技）比赛，获得好成绩。

市十运会获健身球操优胜奖

【参与公益活动】　2021年，定海区广大老年人在创建文明城市中，主动参与和配合当地开展的文明城市的创建。扫垃圾，捡烟蒂，开展文明劝导。10月4日，区教退健身站一行15人参加莲花洋“热爱海洋，注重环保”让海洋生命回归大海活动，与热心人士一起放流十万尾大黄鱼鱼苗；10月1日，帆顺健身站24人在东海云廊开启仪式上表演节目；9月7日，茅岭健身站参加反邪教协会在竹山公园举行的反邪教宣传月启动仪式。11月26日市第十届老年人体育运动会开幕式在老年大学操场举行，西山姐妹花、长岗和谐等健身站表演健身气功；欣欣健身站表演洋鼓。西山姐妹花健身站参加各项宣传和志愿者等活动，6月26日“东海渔嫂”公益活动；6月28日发改会义演；6月30日参加社区公益活动；12月上旬，参加舟山市文明办举办的“2021舟山市文明礼仪快闪秀”活动。9月16—17日，城东街道晨练健身站腰鼓队在干𥔲镇民兵训练基地，在定海区人民政府、定海区人武部举行的新兵欢送仪式。8月5日，该腰鼓队参加由区退役军人事务局组织的向现役军人家庭送喜报活动。在创建文明城市中，老体骨干们主动参与和配合当地开展的文明城市的创建。城东街道长岗山阳光健身站、昌国街道西山姐妹花健身站组织队员爬楼道、走小巷、扫垃圾，捡烟蒂，文明劝导。12月，有一定特长的老体骨干和老体志愿者参与疫情防控。西山姐妹花健身站、歌舞爱好者健身队靓姨健身站等，坚守在社区疫情防控第一线，协助社区工作人员开展24小时不间断的测温、“两码联查”核验、人员排查等多项工作，展示老年体志愿队伍的初心和担当。

【开展文体交流】 5月，西山姐妹花健身站、东山健身和海海滨公园健身站到湖州参加“迎建党百年，享美好生活”浙江省民间音舞大型广场展演活动；10月12日，茅岭健身站参加舟山市健身气功交流活动；7月8日，港务广场健身站组队到册参加岑港街道举行的广场舞比赛；10月2日，竹山靓丽健身站参加市旅游局在岱山东沙举办的传统文化会演活动；11月27—28日，区老年体协派员参加由岱山县体育总会主办、岱山县老年体协及岱山县网式柔力球协会承办的岱山县柔力球培训班，学习交流柔力球竞技艺术，观摩全市柔力球竞赛活动。4月13日，大美金塘门球邀请赛暨定海区落户式门球分片赛在沥平老年文体活动中心举行，来自宁波五乡、宁波咸祥、岱山东沙、定海岑港、定海马岙的五支队伍以及金塘的三支门球队，80余位中老年门球爱好者分组参加比赛。

【打造健康惠老品牌】 以“健康惠老”为平台，实施“延年益寿大讲堂”运动，开展健康讲座和义诊服务。全年区、乡镇街道级层面进行健康讲座47次，1991人接受健康知识传播与学习，配合区红十字会，到有关社区、敬老院组织义诊15次，有4564名老年人享受免费体检。3月18日，区老年体协在区政府1号会议室举办老年体育科学健身与健康生活讲座。全区各镇、街道、区直属单位、示范社区从事老年体育的工作者、区老年体育项目带头人、老体骨干近百人参加听课。讲座邀请定海广华医院手足外科主任、定海区老年体协“健康惠老”讲师团成员周朝为大家授课。3月以来，各镇街根据需要，呈报健康讲座订单。区老年体协“健康惠老”讲师团在干䃭镇东升社区、小沙街道庙桥村、马岙街道马岙村、白泉镇繁强村、灯塔村、白泉村、和平村、金塘镇山潭村、双桥街道桥头施村、昌国街道香园社区、金寿社区等举办“延年益寿大讲堂”运动与健康讲座10场次，听课人数700余人。定海广华医院讲座医师周朝、夏追军、汤君明、龚立君、吴泡陆、林燕波围绕“退变性疾病与运动损伤”，从骨质疏松、糖尿病等退变性疾病及肩周、脚环外伤等方面的预防与治疗进行专题讲座。至年底，“健康惠老”普及到全区城区和乡镇、遍布农渔村和海岛，走进老年活动室和文化礼堂。

健康讲座深受欢迎

【举办各类培训活动】 2021年，全区举办培训班51期，受训人数达3694人次。选派老体骨干参加浙江省老年人柔力球竞技、桌上冰壶、健身球操培训班。输送20余名健身骨干参加了市老年体协举办的可乐球、柔力球（竞技）骨干培训班、急救员线下培训班等。

中老年人健身气功教练员培训班 4月15日，区老年体协在城北健身馆举办一期中老年人健身气功教练员培训班。全区各镇、街道健身团队的110余名健身气功爱好者参加培训。培训的内容是健身气功（大舞），由定海区老年体协健身气功专委会主任邱桂英担任主教，帆顺健身站长张舟胜担任助教。

中老年人健身球操教练员培训班 6月9—10日，区老年人体育协会、定海区社会体育指导员协会，在城北健身馆联合举办为期2天的“定海区中老年人健身球操教练员培训班”，全区各镇、街道近百名中老年健身骨干参加培训。定海区老年体协健身球操专委会主任余汉珠担任本次培训班主教练，专委会副主任和成员、社会体育一级指导员张伟飞、陈萍担任助教。

中老年人木兰扇教练员培训班 12月27—28日，由定海区老年体协、定海区社会体育指导员协会举办的“2021年定海区中老年人木兰扇教练员培训班”在定海城北健身馆开班，全区镇、街道和区直单位的100余名健身教练员参加培训。培训的项目和内容为木兰拳新十八式单扇（蝶花飞舞）拳谱预备式，特邀普陀区资深木兰扇老师新珠缪担任主教，陈秀珠等3名定海老体骨干任助教。100余名参训人员通过培训掌握木兰拳新十八式单扇的动作要领。

中老年人木兰扇教练员培训班学员合影留念

【开展志愿服务】　2021年，全区老年人开展志愿服务达1750次，受益群众28750人次，服务时间达8763小时。全区老体志愿者，推进惠老志愿服务活动，投入敬老助老惠老，辅导老体健身项目等活动，参与社会公益事业活动，参与和配合当地开展的文明城市的创建、抗击新冠疫情等重大中心任务。

【举办文体惠老活动】　是年，继续开展文体惠老活动，全年城区各健身站举办各种“文体惠老”活动 。每逢五一、中秋、国庆、重阳等节假日，多个老体团队深入乡村、小岛敬老院开展敬老惠老活动。为老人们带去了丰富多彩的文艺节目。4月23日，北园民乐队心暖心健身站20多名队员，到白泉定海区华康颐养园，为颐养园里的30多位老年人送上乐器合奏、越剧联唱、三句半、小品等精美文艺节目。经常深入小岛和敬老院为老年人进行义演，送去精神食粮，深受广大老年朋友的欢迎。是年，西山姐妹花健身站团队到白泉毛竹山、岑港坞坵、毛峙、长白、白泉河东村、干𥔲东升村、盐仓惠舟社区、盐仓叉河社区等送戏下乡慰问演出10余场。教退健身站带领檀枫小区红枫班学生到茅岭敬老院慰问演出，给老年人送去水果月饼和精彩的文艺节目。全年，全区各团队分别到敬老院、进社区为老年人慰问演出达30余次。

【推进体育旅游】　是年，各老体团队组织开展春季踏青游、秋季黄金游活动。欣欣健身站、西园健身站和木兰健身站组织团队成员近百人分别到金塘李子苑、定海湿地公园和东港普陀天地踏青郊游。西园健身站团队的29名成员则来到新近改建的定海湿地公园进行游园踏青活动，木兰健身站团队成员也在东港普陀天地举行多项游览活动。全区组织老体旅游85批次，5381人次加入旅游队伍。

【增强规范化建设】　是年，协会发挥党支部引领作用，强化学习，规范管理，根据老体工作发展要求，抓好老体组织自身建设。8月建立康乐为老特色党支部，开展“不忘初心，牢记使命”党员主题教育系列学习教育活动，参观蚂蚁岛创业馆等。开展党史学习，使党员们做到学史明理、学史增信、学史崇德、学史力行；自觉增强“四个意识”，坚持“四个自信”，做到“两个维护”。倡导发扬自我奉献精神，自加工作压力，自定工作要求，开拓老体工作新局面。镇（街）及区属单位老年体协秘书长“QQ群”和“微信群”，“定老体工作微信群”加强日常维护，关注程度不断提高。2021年，镇（街道）年度工作总结和统计报表的上报率100%。大多数镇（街道）建立电子档案，做到老体各项活动有记录、资料齐全。

【创建省老年体育活动中心（俱乐部）】　2021年，协会继续加强对创建活动的指导。昌国街道香园社区、城东街道东园社区、环南街道利民社区、金塘镇和建社村等被省体育局授予“浙江省老年体育活动中心（俱乐部）”。至年底，全区有25个社区获此命名。

【加强老体事业宣传】　全年完成编印6期老体简报、及时更新网站内容，镇街秘书长群、城区健身站长群气氛热烈，微信公众号阅读量逐期增加，社会社会影响力不断扩大。增强与新闻单位沟通联系，提供有新闻宣传价值的活动素材。2021年庆重阳展示交流活动，《今日定海即时报》《今日定海》《舟山日报》等各大新闻媒体进行报道刊登。白泉大胜村门球队还上了中央综合频道宣传。2021年全国老年人健步走大联动定海分会场活动被省体育局转载宣传。在市老年体育第十届运动会上，区老年体协获得老体工作成就摄影展览一等奖。

（撰稿：王素青）

（本分目图片由区老年体协提供）

责任编辑：王英伟

法 治

政法委工作

【概况】 2021年，政法战线以习近平新时代中国特色社会主义思想为指导，深入贯彻落实中共十九届五中全会和各级政法工作会议精神，聚焦中国共产党成立100周年维稳安保重大任务，围绕完善风险闭环管控大平安机制重大目标，强化责任担当、认真履职尽责，不断创新治理方式、破解治理难题、提升治理效能，政法各项工作日新月异，社会形势保持稳中向好，群众安全感满意度持续提升，疫情防控取得阶段性胜利，全区未发生影响较大的安全责任事故和群体性事件，连续十六年被省委、省政府授予平安区称号。

区委书记庄继艳调研政法队伍建设

【建立重大决策社会风险全过程监管机制】 制定出台《定海区重大决策社会风险全过程监管工作制度》，以重大项目和重大政策（措施）8类事项作为试运行目录，建立近10种不同风险类型的典型案例库，形成信息报备—风险预警—随机抽检—再评估—跟踪督办—协同指挥的闭环评估链条。开发过程监管应用场景，搭建重大决策社会风险全过程监管信息平台，归集公安情指中心、“四个平台”等多个数据库，自动抓取匹配和重大决策紧密关联的事件信息，建立决策前风险评估、实施中过程监管、智能化协同指挥、决策后二次评估、全流程跟踪督办、分段式效果评价6个“全链式”子场景，并根据每项风险事件形成一套针对性、符合原有工作习惯的化解流程，全面提升对风险事项的主动监测与预警能力。该平台开通试运行，并在是年基层组织换届中，形成风险评估报告11件，对27个风险点逐一监测后发布预警。纳归“一件事”协同预警处置，通过深度融合市、区之间基层治理综合信息平台，调用基层平台任务中心、综合可视指挥等资源，将风险事件纳入项目风险防控“一件事”范畴，由区级社会治理综合信息指挥中心统一管理，实现决策实施与有效稳控的综合指挥。在高铁新城建设项目中，运用风险防控“一件事”协同防控机制，妥善化解隐患，有序完成房屋征迁等工作。

【开展政法队伍教育整顿】 坚持“政治教育、党史

2021年度全区政法系统政治轮训班

教育、警示教育、英模教育”融合推进，开展专题学习300余场次。组织政法干部政治轮训、习近平法治思想专题讲座、习近平总书记“七一”讲话等学习会，“一把手”及班子成员讲党课，摄制《守护红色根脉》系列微党课，赴舟山警备区军史陈列馆、“小小图书馆”、蚂蚁岛等红色教育基地实地感悟红色精神，引导干警加强理想信念、把牢政治方向。

围绕贯彻落实《中国共产党政法工作条例》及全省五个配套规定，抓好重大事项报告、政法队伍协管等制度。规范完善政法单位中层干部调整审核机制，纳入纪检等核查记录，把好政法干警源头培养关。安排多名青年干警参与疫情防控等重点工作，提升综合事务解决能力和实战水平。践行“素质强员”方案，推行岗位实战练兵、业务竞赛等，构建“学、练、赛”一体化的队伍锻炼机制。以教育整顿英模宣传为载体，选树林剑、沈妙军等一批先进典型，召开英模事迹报告会，组织全体干警观看《榜样（5）》《平安中国之守护者》《长津湖》等影视作品，倡导弘扬政法一线正能量。统筹推进清廉政法机关建设，通过组织观看警示教育片、“一把手”讲廉、参观廉政文化展、党纪法规测试等形式，增强队伍遵纪守法、廉洁自律意识。强化以案为鉴，召开警示教育大会，汇编政法队伍制度规范和典型案例，以“身边人身边事”敲响警钟。

区委机关党史学习教育动员部署会暨“一把手”讲党课

健全廉政风险防控体系，及时梳理总结教育整顿中形成的有效做法，制定完善三张清单制度、中层干部选拔任用管理办法（试行）、民警日常违规行为记分办法等长效机制57项。聚焦“6+N”项顽瘴痼疾，深入开展自查自纠、组织查处、专项整治，完成自查填报1608人，10名政法干警主动向组织说明问题。启动违法违纪案件线索查办，查结反馈省指导组、市教整办等移交线索21起。组织开展违规借贷专项整治、违规投资入股、经商办企业等自查自纠行动，全面排查违反防止干预司法三个规定的行为。会同区委组织部、区纪委、区监委联合开展政法队伍建设巡查暨政治督察，督促政法各单位对发现问题即知即改。

全区政法队伍教育整顿廉政教育报告会

【打好疫情防控阻击战】 常态化落实数据核查、隔离点人员稳控及社区封控组责任，重点加强对中高风险地区来定人员纳管和密接人员的追踪排查。规范隔离接收、实施、解除全流程管理，落实重点行业、重点人群核酸筛查，全年，全区医疗机构工作人员和环境核酸检测采样59008人次，入境修理船舶采样132艘、船员2679名，进口冷链相关监测采样19058份，隔离点工作人员和环境采样46193份，确保守住安全底线。谋划“141”体系（一中心四平台一网格）与疫情防控精密智控机制贯通，加快推动“141”体系在疫情防控中的基础支撑作用。提高应急处置能力，常态化开展疫情防控培训，做好社区封控组组织架构搭建和人员责任落实，组织全区镇街开展全覆盖疫情防控应急演练。

定海区平安护航中国共产党成立100周年维稳信访工作会议

【保持扫黑除恶高压严打态势】　紧跟上级步调，推进扫黑除恶专项斗争转入常态化，及时调整领导小组及其办公室成员，完善机构人员配置，制定《定海区关于常态化开展扫黑除恶斗争工作实施意见》等文件。召开全区扫黑除恶常态化暨四大行业领域专项整治工作会议，部署推动信息网络、自然资源、交通运输、工程建设等行业领域整治工作。坚持主动进攻、打早打小、有黑必扫、除恶务尽，年度查结涉黑涉恶线索5条，侦办九类涉恶案件73起，抓获嫌疑人215人，摧毁涉网恶势力团伙1个25人，侦破涉网黑恶案件2起，查处黄赌毒案件136起。

全区扫黑除恶常态化暨四大行业领域整治工作会议

【召开区委政法工作会议暨全区信访工作会议】　3月12日，区委政法工作会议暨全区信访工作会议召开。区四套班子分管联系领导，“法检”两长，区属有关单位、市以上垂直管理单位在定海派设机构主要负责人，区委政法委、区政法各部门、区信访局班子成员，各镇（街道）党委（党工委）分管副书记等80余人参加。会议通报表扬2020年度全区综治维稳信访各类先进集体和个人。区委副书记、政法委书记邵辉讲话。

3月12日，区委政法工作会议暨全区信访工作会议召开

【打造平安责任共同体】　完善平安创建工作体系，建立健全区委常委会季度听取平安工作汇报机制。多次召开平安定海建设工作会议、平安工作推进会、平安形势分析会等部署推动平安建设工作，强化平安建设系列规范化创建及考核评定工作，将平安考核结果纳入对部门和镇（街道）的年度综合考核。落实区委、区政府领导带班专项督查机制，全年开展督查18批次。深入开展平安护航建党百年维稳安保、反邪教“两大专项行动”，细致排查重点人、重点事，制定任务清单，实行逐件销号。组建平安暗访检查专家库，落实季度及不定期平安暗访抽查工作，检查单位场所121家，发现问题200余个，发布问题通报7期，并落实落细突出问题整改约谈机制。不断拓宽平安宣传阵地，开展“凝心聚力，共创平安”宣传活动，营造浓厚平安创建氛围。

定海区举行反邪教宣传月启动仪式

【召开全区建设平安定海暨扫黑除恶专项斗争总结表彰会议】　5月10日，全区建设平安定海暨扫黑除恶专项斗争总结表彰会议召开。区委建设平安定海领导小组组长、副组长、成员，区人大、政协主要领导，法、检两长；区属有关单位、市以上垂直管理单位在定海派设机构主要负责人；各镇（街道）党（工）委、政府（办事处）主要负责人、分管副书记、综治办专职副主任；各村（社区）党组织主要负责人以及2020年度先进集体、先进个人代表近240余人参加会议。会议命名城东街道檀树社区等117个村（社区）为2020年度平安村（社区），城东街道紫竹社区等27个村（社区）为“一星平安金鼎”村（社区），白泉镇白泉村为“平安金鼎”村（社区）。区应急管理局、城东街道、马岙街道马岙村就平安建设工作进行交流发言，区公安分局就扫黑除恶工作进行交流发言。区委书记、区委建设平安定海领导小组组长庄继艳讲话。

全区建设平安定海暨扫黑除恶专项斗争总结表彰会议

【推进矛盾调解体系建设】 以实战、实用、实效为导向，加快镇（街道）、村（社区）矛调中心建设运行，推动矛盾纠纷自下而上逐级过滤、分级化解，全年调解矛盾纠纷63296件，其中62145件在镇（街道）和村（社区）一级化解，基层化解率达98.18%。打造“专调引领、多元解纷、点单服务”调解工作新模式，完善矛盾调解专家库和咨询库，发挥交调委示范引领作用，培育形成家事婚姻调解、“东海渔嫂”调解、新居民调解、律师调解等特色工作室，推进社会力量参与调解工作。搭建矛盾纠纷警情“联调联处”工作平台，实现矛盾纠纷警情“推送—联审—分流—联处—反馈”闭环管理。依托矛调信息系统重构工作流程，畅通投诉、调解、诉讼等办事流程。运用“浙江解纷码”，开展诉前纠纷前端识别、引导流转和三级联动分流化解，提升解纷效能。

区委政法委“我为群众办实事”实践活动

【践行“海上枫桥”品牌】 以“县乡一体、条抓块统”改革试点为统领，推进党建引领“四治”融合治理模式。继续做强“东海渔嫂”自治品牌，11个“一镇一品”示范站点全部打造完成，推出《定海东海渔嫂》宣传短片。开展“我为队伍荐一员”活动，新增推荐1171位女性加入“东海渔嫂”，队伍规模不断扩大，影响力得到提升。深化全科网格建设，落实上报信息、政策宣传、矛盾化解、隐患排查、便民服务等职责。网格员全年在线时长25万余小时，巡查里程14万余公里，发现并上报各类隐患等信息52530条，一线处置率54.85%。推进“共享法庭”建设，第一批41个点位部署完毕。探索流动人口积分管理“掌上办”，在“浙里办”上线“定海量化积分”应用，实现新居民线上“一站式”服务。以滨海湾区联合治理工作室为标杆，探索建立岸线警务站和海陆联动调解室，联合研发线上“远洋警务室”模块，实现陆海高效低成本通联，打造海岛特色海上治理新模板。

市委政法委考核平安建设和社会治理现代化

【提升数字治理效能】 统筹推进全区数字法治改革，健全“141”基层社会治理体系。实体运作区级社会治理综合指挥中心，设置7个业务操作平台，健全运行管理、指挥调度、会商研判等工作机制，推进全区社会治理领域所有案事件统一归口、统一分流、统一交办、统一反馈、统一考核。承接智慧矫正应用落地，完成智慧矫正中心建设。推进监委案件协同应用建设，在全市率先启动受理监委网上移送的职务犯罪案件项目。迭代升级“基层治理四平台”3.0，强化四平台事件流转处置，推动各镇街道均建立综合信息指挥室工作人员、网格员为主的专兼职常态化运作管理队伍，形成区域社会治理和网格管理闭环机制。加快推进“基层治理一件事”场景化应用，对部分事项进行线上全闭环流程设计，港口及岸线污染监管和船舶非法作业治理两个特色一件事上线运行。推广应用

“智慧村社”平台，全区注册“网格微连心”的用户98339个（完成年度任务的103.51%），注册总量和注册率均居全市第一；资讯添加总量达到9751条，群众事件爆料6445条，发布“小心愿”529个，入驻商家388个，平台活跃度不断提升。统筹各镇（街道）在“智慧村社”基础版上，按照“五大场景+N”的模式做好前端场景增补等工作，因地制宜拓展个性化应用场景。

“基层治理一件事”上线商议工作会议

（撰稿：王羽莹）

（本分目图片由区委政法委提供）

公　安

【概况】　2021年，定海分局聚焦“一条主线、五大引擎”，锚定全区公安机关“四大目标”，统筹推进党史学习教育、队伍教育整顿、“三能”主题教育实践活动和区委巡察整改，加快推进与基层治理现代化相适应的现代警务模式成熟定型，捍卫政治安全、维护社会安定、保障人民安宁，确保全区政治社会大局持续平安稳定，完成建党百年系列安保。是年，分局设职能科室（大队）24个、监管场所2个，下辖治安派出所11个、专业派出所2个，有公安民警 504人、职工5人、事业编制 30人、辅警724人。是年，全区有效警情、刑事案件较前三年均值分别下降8.18%、30.33%，分局立刑事案件1192起，同比下降0.2%，侦破506起，其中，侦破现行案件427起，抓获犯罪嫌疑人764人，侵财案件、盗窃案件同比分别下降6.68%、3.8%。无命案，七类案件破案率100%，命案侦查实现连续19年无积案，抓获潜逃33年的外地命案逃犯1人，破获外省现发命案1起。侦办传统六类涉恶案件20起，打处犯罪嫌疑人80人。侦破经济案件13起，抓获犯罪嫌疑人54人。侦破毒品犯罪案件2起，采取刑事措施5人，查处吸毒人员20人次，同比分别下降83.3%、80.8%，78.5%。破获电信网络诈骗案件251起，同比上升22.44%，移送起诉107人，同比上升11.45%，电信网络诈骗案件发案数、案损数同比分别下降18.33%、1.86%，为全市唯一“双下降”县区。涉黄警情194起，涉赌警情947起，同比下降18.1%、21.2%。受理治安案件2090起，查处2090起，查处违法人员1532人，其中，行政拘留569人次。成功创建“无案岛”12个、“无案社区（村）”32个。是年，在定海召开四个市级以上现场会，总结推广分局相关工作经验。年内，分局被评为浙江省反走私综合治理工作先进集体、全市县区公安机关综合实绩评估优秀单位、区级机关单位和镇（街道）综合考核优秀。分局微电影《廉租房》获第三届“玉琮杯”全国清廉微电影微视频大赛银奖、全省公安廉政微电影创作二等奖。岑港派出所所长林剑获“全国公安系统二级英雄模范”、浙江省“最美公务员”、浙江省优秀共产党员、舟山市担当作为好干部、舟山市道德模范称号，看守所所长吴均被评为全国公安监管部门抗击新冠肺炎疫情成绩突出个人，盐仓派出所民警孙四平被评为舟山市优秀共产党员，7名个人被评为全省公安机关抗击新冠肺炎疫情成绩突出个人。分局1个集体获集体二等功，12个集体获集体三等功；1人获个人二等功，23名个人获个人三等功；2个集体和3名个人获市级表彰，7个集体和19名个人获区级表彰。另有18个集体、84名个人获各级表彰和奖励。

【机构设置】　5月，根据区委编办批复，将“督察大队（挂监察室牌子）”更名为“督察审计大队（挂监察室牌子）”，调整后，其“负责分局内部审计工作”的职责明确为：负责制定和实施全区公安机关内部审计规章制度，负责对全区公安机关相关经费、重大项目建设等开展审计监督，负责对全区公安机关中层领导干部开展经济责任审计和离任交接监督；将“解放路派出所”更名为“环南派出所”，为区公安分局的派出机构，其管辖范围及职责维持不变。

舟山市公安局定海区分局领导班子成员名录

表3

职 务	姓 名	警衔	附注
副区长、局党委书记、局长、督察长	杨 健	三级警监	2019年1月任职 2021年12月免职
副区长、局党委书记、局长、督察长	丁世杰	二级警督	2021年12月任职
党委副书记、政委	林金反	一级警督	2019年3月任职
党委副书记、副局长	钟 波	一级警督	2011年10月任职（2019年3月任党委副书记）
党委委员、副局长	张 伟	一级警督	2016年5月任职（2020年1月任副局长）
党委委员、副局长	刘 军	一级警督	2017年11月任职（2019年3月任副局长）
党委委员、副局长	陈俊宇	一级警司	2019年4月任职（2021年11月免职）
党委委员、纪委书记	陈 锡	二级警督	2020年5月任职（2021年8月免职）
党委委员、副局长	杨赫奇	二级警督	2017年12月任职（2021年10月任副局长）
党委委员、交警大队大队长	周峥军	一级警督	2019年4月任职
党委委员、政治处主任	徐 明	二级警督	2020年1月任职
党委委员、金塘派出所所长	韩增平	一级警督	2020年1月任职
党委委员、副局长（挂职）	龚安琪	二级警司	2021年10月任职
党委委员、城东派出所所长	俞 凯	一级警督	2021年10月任职

【经济犯罪侦查】 打击经济犯罪 分局通过警种协作、数据应用、线索整合等举措，快速侦破舟山通舟汽车销售有限公司非法吸收公众存款案，抓获犯罪嫌疑人6名，扣押涉案新能源汽车150余辆；警企合作查处“4·14”非法经营案，申报部局批准发起云端集群打击，抓获5名犯罪嫌疑人，梳理出8个省16名涉案人员，涉嫌非法经营交易金额1000余万元。发挥资金查证等数据研判手段扩线深挖，破获舟山市宏达交通工程有限公司串通投标案、舟山市定海“5·15”提供虚假证明文件案、“12·28”串通投标案等。

服务民营企业 先后开展侦办现行涉企案件、“护航2021”打击涉企经济犯罪专项治理行动及涉企“挂案”清理，及时查处职务侵占、合同诈骗等侵犯企业权益案件。年内，立案侦查16起，破案15起，清理办结6起“挂案”。走访全区规模企业、知名企业、行业代表性企业等重点企业，在分局门户网站建立“110帮企”网页，在金塘西堠工业区挂牌成立为企服务警务站，为企业提供帮助和服务。开展“5·15”防范经济犯罪、“陪你纳凉、教你防范”为企服务宣传活动，引导企业规范经营和管理，预防涉企经济犯罪。

10月29日，分局经侦大队民警在金塘企业开展防范职务犯罪宣传

【刑事犯罪侦查】 打击严重刑事犯罪 强化合成作战，抓获潜逃33年的外地命案逃犯1名，破获1起外省现发命案，发、破强奸案件5起，全区无命案发生，继续保持命案和七类案件破案率100%，命案侦查实现连续19年无积案。

常态化扫黑除恶 紧扣线索核查、案件侦办、专业建设等关键环节，持续推进扫黑除恶工作。年内，接收并查结涉黑涉恶线索9条，管控涉黑涉恶重点人员93名；侦办传统六类涉恶案件20起，打处传统六类涉恶犯罪嫌疑人80名。

打击治理电信网络新型违法犯罪 坚持“打防结合、以防为主、以治为要”，将防范电信网络诈骗“心防工程”项目列为区政府重点民生实事项目，采取多项措施，遏制电信网络诈骗犯罪案件多发高发态势。7月，全市防范电信网络诈骗“心防工程”现场推进会在干碶镇召开，区防范电信网络诈骗经验做法在会上介绍交流。是年，全区发生非接触式诈骗案件662起，累计损失金额5188.17万元，破获电信网络诈骗案件251起，同比上升22.44%，移送起诉犯罪嫌疑人107名，同比上升11.45%。成功创建100个“无诈”楼道、1个“无诈”社区，举办2场全区综合性反诈晚会。

7月28日，全市防范电信网络诈骗“心防工程”现场推进会在新建社区召开

【打击传统侵财犯罪】　以“破小案”专项行动为载体，对传统侵财犯罪案件实施短平快侦破，共破获侵财案件113起，其中，盗窃案件94起；移送起诉侵财犯罪嫌疑人146名，其中，盗窃67名、传统诈骗25名、掩饰犯罪所得54名。

【刑事技术】　落实全时空全要素现场勘查，推行电信网络新型案件全息勘查和网络流分析研判，持续推进刑事技术规范化建设，逐步实现刑事科学工作由传统侦查模式向新型勘查模式转型。是年，刑事技术部门勘查各类传统案（事）件现场501起，提取痕迹物证158起，其中，手印49起、足迹53起、DNA100起，比中本地案件指纹23起、DNA36起；勘查各类涉网案件700起，勘查率100%，涉案App采集率29.1%，解析率100%。

【人力情报复兴工程】　围绕重点个体、重点群体、重点行业、重点领域，精准开展TQ布建工作，构建“触角深入、阵控严密、情报共享、保障有力”的刑侦人力情报工作格局。年内，通过刑事TQ提供的61条有效线索，刑事打处125名，行政处罚47名，破获各类案件115起，人力情报提供线索协助破获刑事案件占刑管案件破案率17.24%。

【监所管理】　收押收拘　看守所围绕监所安全目标，以持续创建“全国一级看守所”为推动，坚持问题导向，探索、构建新型监管工作体系，推进信息化、智能化的智慧监所建设，打造“政治过硬、作风扎实、业务精良、绩效突出”的公安监管警队。年内，累计收押刑拘、逮捕嫌疑人1230名，拘留所收押拘留人员1095名，投送监狱执行刑罚450名，实现27年安全无事故。

监所疫情防控　落实“监所防疫标准高于社会面”总要求，严守场所封闭、过渡隔离、核酸检测、轨迹核查“四条底线”，根据疫情形势变化及时调整监所防疫措施，前后两次全面实施封闭执勤。5—10月四次对743人次在押人员进行新冠疫苗接种。为保证案件办理和刑事诉讼正常开展，完善、健全4间视频讯问室、8间全封闭物理隔离讯问室、1间远程法庭和5间全封闭物理隔离的律师会见室，办理提审会见3554人次、现场提审2148人、远程提审1406人，安排律师会见2510人次，办理网上预约122人，电话预约2388人，完成490起一体化换人手续，实现监所疫情零感染、安全零事故、队伍零减员。

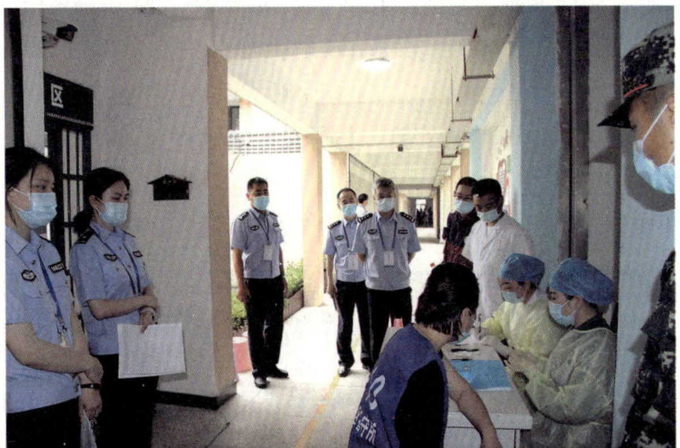
开展在押人员新冠疫苗接种工作

【监所品牌建设】　持续开展“灯塔引航”女子党建品牌、巾帼文明岗创建，深化“舟善木兰”女子管教工作室创建。4月，看守所被授予　“舟山市五一巾帼标兵岗”称号。同月，由副所长韩晓艳主讲的由“舟善木兰”女子管教工作室提炼的《女性被监管人员教

育感化“四个三”工作法》被评为年度全市公安机关优秀课程，并在全市监管系统推广。

【网络安全管理】 网络侦查 网安大队以“净网2021”专项行动为载体，主动填补新型涉网犯罪打击空白，在取证、扩线、精准打击上突显网安“杀手锏”作用。全区共侦办网安部门管辖的9类网络犯罪案件26起，其中省督案件4起，完成率（指标数2）200%；采取刑事强制措施151名，同比上升11.85%，移送起诉96名。以全链条打击为目标，牵头对全区现发新型案件开展精细化线索研判，深化集体会商机制，对高发类案件和大要案深入开展集中攻坚行动。专业保障“云剑”“钱潮”“云战”“昆仑”等专项行动，协破案件96起，配侦抓获采取刑事强制措施嫌疑人217名。

网络基础管理 持续推进网络安全执法大检查，联合区委网信办，依托省管理综合平台，厘清全区204家拥有网络资产单位“家底”，掌握全区298个网站及系统，现场检查及远程检查247次，通过198次，发现存在隐患41个，下发电子版隐患整改通知书41份，检查率100%，隐患发现率16.6%。梳理本辖区内电子屏安装数665个，督促产权及使用单位落实防攻击、防篡改安全措施。对排摸出的重要信息系统和关键信息基础设施以及企业网站，不定期进行安全扫描，发现漏洞35个，下发纸质限期改正通知书7份。扫描发现24个社会性网站及系统存在中低危漏洞，限期整改。检查经营性上网场所80余家次，处罚未落实安全监管责任网吧2家，上网人员实名登记率100%。

【禁毒工作】 打击毒品违法犯罪 结合开展“缉毒查吸行动月”“2021猎毒”“云战”专项行动、寄递渠道禁毒百日攻坚行动，破获涉毒刑事案件2起，同比下降83.3%，刑事拘留4名，取保候审1名，侦破3人犯罪团伙案件1起；移送起诉毒品案件5起，移送起诉对象5名，同比下降80%；查获吸毒违法人员20人，同比下降78.5%。

开展寄递渠道百日攻坚行动，打击邮包贩毒行为

禁毒宣传 全区以“共建无毒家园 守护红色根脉”为主题，联合团委、工会、街道等单位，动员禁毒社工、东海渔嫂、“禁毒员”等社会力量，利用首届“中国人民警察节”“3·5”学习雷锋日、“三八”节等节点，开展禁毒宣传活动100余次。加强对青少年的宣传教育，全区学生“青骄第二课堂”注册率100%，课时完成率100%，知识竞赛参与率100%。6月22日，市、区两级禁毒办在定海柳永文化广场开展“学史力行、砥砺奋进、坚决打赢新时代禁毒人民战争”暨“6·26”集中宣传活动，举行全市禁毒教育基地（舟山鸦片战争纪念馆）揭牌仪式，民警、禁毒社工、禁毒志愿者、“东海渔嫂”等200余名代表参加活动。

6月22日，市、区两级禁毒办在定海柳永文化广场举行“学史力行 砥砺奋进 坚决打赢新时代禁毒人民战争”暨“6·26”集中宣传活动活动

破获贩卖合成大麻素案件 9月起，全区公安机关开展寄递渠道禁毒百日攻坚行动，加强邮路堵源截流，与市邮政局对接，核查重点高危地区前科人员、涉“笑气”人员45名，调取重点人员寄递信息865个，打击邮包贩毒行为。10月12日，分局通过线索成功破获全市首起“寄递+网络”贩卖含合成大麻素案件，在重庆警方支持下，专案组在重庆各地抓获犯罪嫌疑人侯某某等4名，缴获含合成大麻素物质的烟油

3.24克、大麻叶0.15克。次年1月，侯某某、杜某某、周某涉嫌贩卖毒品移送起诉，冯某某被取保候审。

【巡特警工作】　维稳安保　是年，巡特警出动警力1908人次，完成各类维稳安保任务116次。在各级“两会”、节假日、高考、中考、文明城市复检等重要节点，累计出动警力4300余人次，配合交警、治安、城区两所、城管等部门开展各类治安清查与整治，集中打击黄、赌、毒等各类违法犯罪活动。

设卡检查　完善巡特警“动中备勤、精准防控、有警出警、无警巡逻”工作机制，强化城区武装巡逻及常态化卡点缉控，共投入卡点检查警力896人次，检查车辆5932辆，开展人员对比8910人次，采集虚拟旅馆信息7754条。

实战训练　根据《全省公安特警实战大练兵工作方案》《全市公安巡特警实战大练兵实施方案（2019—2022年）》要求，围绕普训、特训相关科目，落实民警300课时训练；辅警训练按初、中、高级逐步推进，确保每人480小时年度训练时间的落实。依据《全省公安机关“红蓝攻防”队伍建设工作指导意见》，全面推行“红蓝对抗”实战训练模式。加强重装防暴小队建设，细化训练课程，突出重点难点，强化针对性施训，高标准通过省厅验收。推进训导员理论技术提升、警犬外部环境适应、警犬基础服从和专业犬技术实战化训练。年内，大队获舟山市巡特警警务技能大比武“400米综合体能科目”第一名，“狙击枪科目”个人第一名，“综合科目”第一名，“铁骑综合技能科目”团体第二名，“铁骑综合技能科目”个人第二名、第三名，“防暴小队基础实战技能科目”第一名，警犬技能比武团体第一名、“基础性服从”科目第一名、“搜毒综合”科目第二名。

8月17日，定海巡特警大队在全市巡特警防暴小队技能比武中获得佳绩

警务服务站建设　以“警务站2.0版”建设为着力点，开展定海公安“1号工程”、“平安护航建党百年”千警万民护旗大巡防攻坚行动、打击黄赌毒等专项行动。累计城区巡逻检查6800余人次，设置临时卡点245次，接处警165起，移交违法犯罪嫌疑人50名。立足区位优势，加强“心防工程”建设，发放防诈骗、交通安全、疫情防控等宣传手册1200余册，更新宣传显示屏内容56条，开展各类展板宣传160余次。强化便民服务，回应群众求助570余起，解答各类咨询289起，接收失物190余件，归还失主140余件。

教官团队培养　巡特警以“实战、实用、实效”为目标培养教官团队，在全市公安机关优秀课程审评实战技能类课程中，四人获全市第一名、第二名、第五名、第七名，并获市级优秀教官称号，副大队长叶奇超《醉酒警情处置》获全市最优课程。

【反恐怖工作】　健全完善反恐防范体系　固化反恐办实体运行与干部抽调轮换机制，强化反恐办及成员单位工作职能，完成反恐怖成员单位调整。开展常态化督导检查，年内先后开展13轮90余家次专项督导检查，共计发现问题89处，现场整改47处，下发《问题隐患整改清单》29份。

专项打击　组织参与上级公安机关及反恐部门部署的反恐“岁安”“洞见2021”“拔钉子”“海盾”“护旗5号”等专项行动，落地查结1条上级通报涉恐App线索，查获1起非法买卖危险物质案。加大暴恐音视频案件打击力度，运用反恐法开具7张反恐罚单，破获5起暴恐音视频案件，训诫2人，治安拘留2人，刑事拘留1人，缴获各类涉暴恐暴力血腥音视频120余件，打击工作居全市首位。

社会层面防控　是年，对原已建成的5家人员密集场所反恐怖“四联三防”建设点进行回头看，重点关注人防、物防、技防措施落实，应急联动机制及宣传、教育、培训等制度落实情况，新建完成宋都海滨新天地广场与金塘中学2个“四联三防”建设点；推进反恐防范宣传与应急演练，开展8场次反恐防范宣传，11场次“三防”应急演练，参与市反恐办组织的国网舟山公司金塘380米500千伏输电高塔“平安护航建党百年”电力系统反恐怖应急演练。

【治安管理】　智治中心建设　分局智治中心主动嵌入情指行一体化改革，对接市局7个警种和分局信息流转部门，常态化开展数据核查、视频巡查、分析研判、智能监管等工作，排查梳理出1943条各类在舟重点人、四大类35小项任务清单、116项数据资源。强化各类治安要素的精准、动态、智能管控，突出抓实3级8项数据核查，累计推送60698条，落地登记54179条。落实治安重点人员、监管对象、黄赌警情等分析研判，民爆行业、涉酒场所等监管预警，学校、宾馆等行业单位及派出所、警务站枪支交接、管理等情况的视频巡查四项工作，分析研判重点人员情况12389条。加强“1+4”中心信息交换，对重复类家暴、疑似精神病警情开展排查梳理，落实管控化解措施。

5月28日，省公安厅党委委员、副厅长魏明（前排中）带队实地考察舟山职业技术学校“智安校园”“校园智能预警防控圈”等数字化应用情况

警卫保卫　坚持以安全为核心，紧扣“无缝对接”和“零差错率”要求，立足于严格警卫要素管理，做强基层基础，强化安全管控，完成1批次三级警卫任务及省领导来舟走访、慰问等安全保卫任务。

涉黄涉赌整治和食药环打击　是年，围绕涉黄涉赌突出治安问题，按照系统治理、依法治理、综合治理、源头治理的原则，开展“主动打击、主动防范、主动整治”。全区破获黄赌刑事案件15起，采取刑事强制措施67人，移送起诉94人；查处黄赌行政案件143起，行政处罚718人。接报黄赌警情1141起，同比下降20.7%，其中涉赌警情947起，同比下降21.2%；涉黄警情194起，同比下降18.1%。年内，破获食药环刑事案件13起，采取刑事强制措施31人，移送起诉35人。

【深化“项目警务定制”】　健全完善“以项目警务定制和警务站（室）为基础，以6+X专业组为支撑”的工作平台，落实重大项目风险评估、分级关注等稳控措施，推行“连队化、网格化、科技化”管理模式。其间，聚焦甬舟铁路国家重大战略项目，推进甬舟铁路警务室实体化运作，启动项目警务定制深度参与，保障甬舟铁路建设顺利推进。全年共对全区105项省、市、区重点建设项目，逐一落实“项目警务定制”工作机制，建立各类警务室（点）34个，开展相关法律宣讲活动190余次，上门走访、服务540余次，现场解决问题隐患36处，累计出动相关警力2300余人次。

【加强旅馆业管理】　开展旅馆特种行业许可证复核工作，对全区344家旅馆（内宾馆274家、宿夜浴室19家、民宿51家）进行复核，落实问题整改。实施旅馆业“四实登记”顶格管理，全年处罚个人172名，处罚单位73家，责令整改222家。落实旅馆业疫情防控，对拒不执行紧急状态下决定、命令的，责令整改110家，处罚17家。6月起，贯彻落实《未成年人保护法》，根据公安部对未成年人入住的“五必须”要求，专项检查旅馆5161家次，对存在问题的26家旅馆予以警告或责令整改。至年底，全区旅馆业接待未成年人入住7310人次。

【枪支管理及枪爆违法犯罪打击整治】　是年，贯彻落实《定海区深化打击整治枪爆违法犯罪专项行动实施方案（2020—2022年）》，召开区有关部门和单位负责同志参加的联席会议，制订推进计划，下发年度重点工作任务清单。各成员单位坚持问题导向、协同作战，分条线、分类型完善工作机制和工作举措，重点抓实联席会议机制、线上线下宣传、常态化严管、工作责任落实等任务。分局结合实际，定领导、定民警、定任务、定责任，层层签订责任书，狠抓贯彻落实，确保专项打击整治工作有序开展和深入推进。3月起，开展为期100天的公务用枪专项排查整治，其间，分局调整公务用枪管理委员会，明确职能部门、配枪单位职责，完善管理制度，实施公务配枪单位数轮起底式检查，逐一整改存在问题。年内，累计出动警力400余人次、排查涉枪涉爆单位600余家次，消除安全隐患60余处，发放各类宣传资料1000余份，处理爆破从业单位1家，罚款7万元，2家单位被约谈

（已建档），处理易制爆危险化学品单位1家，收缴仿真枪5把、气枪4把、其他枪支1把、子弹3634发、雷管1800枚、炮弹5枚、船用信号弹6枚、管制刀具27把，统一销毁废旧子弹12000余发、烟花74吨、雷管1800发、炮弹3枚。

9月17日，分局在定海顺源化工有限公司开展弹药销毁工作

【危险物品管理】 按“属地管理”原则，摸清行业单位基础底数，建立健全管理工作档案。落实单位内部治安保卫责任，将民爆、剧毒、易制爆和构成重大危险源的危险化学品从业单位纳入治安保卫重点单位，整治人防、物防、技防和制度建设等方面存在的安全隐患。检查涉危涉爆单位400余家次，发现隐患20余处，均全部整改。对全区60家易制爆危险化学品从业单位和6家剧毒化学品从业单位以查台账、查流向、查备案、查安全等方式开展“抄底式”检查。10月起，2家易制爆从业单位推广运用大皇山矿民爆物品全流程“智能管控”。

【寄递行业联查联控】 根据全市寄递行业联查联控要求，会同邮政部门召开寄递行业会议3次，开展全区寄递物流企业四次联控联查，深化《全省寄运违禁物品违法犯罪线索联动核查处置工作办法》宣传，强化寄递行业监督检查，促进落实三个“100%”规定。年内，全区公安机关开展10次专项治安检查和专项整治工作，实地检查寄递企业门店及网点356家次，视频巡查102家次，发现并整改隐患77处，移交处罚线索35条，邮政管理部门对8家寄递企业给予不同程度处罚，其中，罚款2家，停业整顿1家，责令整改5家。

【“智安小区”建设】 根据全区民生实事项目规划要求，分局以数字化改革为突破口，以构建现代警务模式为牵引，开展“智安小区”建设。年内，建成智安小区52个，投资513.25万元，完成年度投资计划的102.65%。全区累计完成83个“智安小区”建设，占城区居民小区的69.2%，安装视频监控、人脸识别、车辆抓拍设备501套，MAC系统44套，电瓶车RFID感应39套，智慧门禁42套。“智安小区”传统侵财型刑事发案率同比下降52.2%，其中零发案小区62个。

7月9日，定海新闻采访北园新村智安小区建设

【“枫桥式公安派出所”创建】 分局立足大治理、大平安、大服务，深化“枫桥式公安派出所”创建活动，主动融入“基层治理四平台”、全科网格服务，推动“三警融合”，推进“智治铁桶”建设，实施“全域智安”工程，建成“智安校园”“智安医院”“智安楼宇”“智安场所”等392处，重点部位、区域预警防控圈7个。推进“一镇（街）一派出所”建设，筹建昌国派出所，深化“项目警务定制”，精准服务开发建设。强化党建统领，打造金塘政治生活馆、盐仓“清廉警队”、新建社区“忠诚领航基地”等党建阵地。推进创建工作升级，以“数字枫桥”为核心，全力培育金塘派出所争创省级先进；以“军警民融合”为抓手，发展巩固盐仓派出所创建全省首批“枫桥式基层所队”经验；以“远洋枫桥”为特色，实现对远洋渔业的全程贴靠式护航。紧扣定海“基层善治”和“美丽乡村”建设，打响“美丽乡村警务”“善治警务”“驻校警务”等特色警务品牌。7月，全市公安机关创建“枫桥式公安派出所”工作推进会在金塘召开，总结推广分局创建“枫桥式公安派出所”

经验。次年3月，金塘派出所被省委、省政府评为全省第二批“枫桥式公安派出所”。

7月29日，全市公安机关创建“枫桥式公安派出所”工作推进会与会人员实地参观金塘派出所正规化建设工作

【社会保安联勤联防机制】 以“110”接处警系统治理为契机，聚焦“警情案情”，优化治理平台，以3个商圈联勤警务站为依托，深化联防联勤机制，完善“常态时、活动时、应急时”勤务运行模式。实行物业保安轮流派驻制，建立完善商圈保安“周例会—月调度—季度联席—半年考评” 运行机制，优化商圈出入口和人流密集区域保安点位。规范商圈保安协助处警，对商圈发生的警情事件，第一时间向联勤警务站报告，在民警到达前，由现场保安开展保护现场、控制局面等先期应急处置。年内，有效警情下降近20%，刑事案件下降近50%，现场保安协助开展警情先期处置62起。

【“最多跑一次”改革】 加快推进定海公安政务服务数字化改革，依托政务服务2.0平台推广、业务系统整合、综合服务“一体机”应用等模式，齐力推进“一窗通办”改革。定海公安“一窗通办”服务向辖区9个乡镇（街道）便民服务中心公安窗口下沉，公安窗口“一窗通办”实现100%全覆盖。把公安综合服务“一体机”配备在辖区商业中心和居民小区附近，方便群众就近办、自助办；把与群众关系最密切、办件量最大的事项延伸至长白岛，并入海岛幸福驿站.做优基层服务窗口“1+X”模式，做精海岛群众“办事不出岛”特色品牌。结合老病孕残等特殊群体需求，开通特事特办“绿色通道”，推出窗口人员导办、基层延伸帮办、委托亲属代办、部分事项上门办等服务举措。11月，在行政服务中心开设公安“通办窗口”，实现“全省通办”，实行“长三角区域新生儿入户”和“长三角区域首次申领身份证”跨省通办。

【户籍管理与行政许可】 分局办证中心公安窗口规范开展户籍身份证管理、行政许可受理等业务，截至11月30日，办理出生申报户口1162名，死亡注销户口2611名，变更姓名、出生日期等主项401项，办理户口迁移业务12775项，办理省内本籍身份证11481项、省外异地身份证4843项、临时身份证4675项，指纹身份证离线采集上门服务13条，重人删除8条，办理边境通行证90项，网上申报办理36项，办理民用爆炸物品购买证和运输证1488项、特种行业许可证52项。

【常住人口】 2021年，全区总户数160382户，总人口402171人，其中，男性197400人，女性204771人，男女性别比为96.40：100（女性=100）。比2020年增加1203人，年增长率为3.00‰。全区省内迁入1992人，省外迁入2296人，迁往省内1916人，迁往省外1066人。全区出生登记1897人，死亡注销2988人，人口自然负增长1091人。全区人口按年龄段分布，18岁以下58469人、18～35岁（含18岁不含35岁，下同）63037人、35～60岁169894人、60岁以上110771人，分别占总人口的14.54%、15.67%、42.24%和27.54%。总人口中城东街道51142人，环南街道32888人，昌国街道54070人，临城街道55055人，千岛街道42075人，盐仓街道19187人，小沙街道18966人，岑港街道17392人，马岙街道9240人，双桥街道17588人，金塘镇39004人，白泉镇36005人，干礅镇9559人。（数据包括新城，截至2021年11月30日）

【流动人口】 截至2021年12月30日，全区有流动人口128105人（数据不包括新城），其中，男性79337人，女性48765人。流动人口同比下降6.6%，计9072人。

【见义勇为工作】 开展常态化的见义勇为行为确认和见义勇为人员走访慰问，及时办理见义勇为英模子女助学申请，解决见义勇为人员及家庭的实际困难。全区有见义勇为人员39人，其中，省级10人、市级15人、区级14人。年内，新确认见义勇为行为1人，钟耿平获省级个人一等功，李海康、赵佳明、王文华获区级个人三等功。

2月5日，分局看望慰问见义勇为人员

【出海船舶人员管理】　持续推广出海船舶人员报备系统，完善系统信息内容，对辖区派出所及船务公司开展业务指导，收集意见建议，帮助解决问题难点。至年底，全区报备进出港船舶1155艘、各类渔船民6783人，进出港报备1195艘次。

【无人岛屿管控】　根据海域管辖范围重新划分实际，健全无人岛屿基础排查机制，掌握岛上地形地貌、驻岛条件及周边海域治安动态，完成对无人岛屿“实名认证”。协调各涉海职能部门，建立海上管理联动机制，对接各涉海单位联防管控重点岛屿、港岙口及码头锚地。通过海上联合执法、借助群防群治力量，强化无人岛屿踏查、瞭望与管控。年内，开展无人岛屿联合巡查8次，巡查无人岛屿40余个。

【森林防火】　落实《浙江省森林防灭火指挥部工作规则》《浙江省公安厅关于加强公安机关协同做好森林防灭火工作的通知》等规定，协同相关部门开展森林防火宣传、火灾隐患排查、重点区域巡护、违法用火处罚等工作，确保全区森林防灭火形势总体平稳。2月，开展野外火源专项治理，会同林业、应急管理等部门加强森林火情防控，先后投入资金4万余元，购置森林防火宣传用品，宣传森林防火知识。是年，出动警力30余人，排查整治安全隐患20余处，破获白泉镇皋泄村一起因过失引发的森林火灾案，火灾损失9万余元，犯罪嫌疑人涉嫌失火罪被取保候审。

【推行林区警长制】　10月，分局贯彻落实省厅《关于全面推行林区警长制的实施意见》，按照“策应林长、属地管辖、分级设立、逐级负责”原则，牵头、协调推行全区林区警长制，由分局局长兼任林区总警长，分局党委副书记、副局长兼林区副总警长，覆盖林区的派出所由派出所所长担任辖区镇（街道）的林区警长，责任区民警担任所联系的辖区行政村的村级林区警长，主要任务是负责组织协调打击各类破坏森林湿地资源的犯罪行为，协同做好森林防灭火工作。至年底，在全区范围内基本建立覆盖区、镇（街道）、村（社区）三级林区警长管理体系。

【出入境管理】　出国（境）受理　是年，受理出国境申请1077人次，其中，因私出国184人次，往来港澳840人次，前往港澳定居3人，往来台湾50人次，受理五年期台胞证49人次。年内，共报送呈列不准出境对象601名，撤销报送呈列266名；报备国家工作人员2187名，撤销494名；靠泊国际船舶1902艘，接待外籍船员30252人。

国边境管理和案事件查处　破获偷越国（边）境案6起，10名偷越国（边）境犯罪嫌疑人移送起诉；开展“三非”外国人排查，新发现登记境外人员204人，及时注销131人；先后对全区5名外籍新娘及13家涉及外语教学的早教机构进行排查，未发现非法涉外婚姻及外籍教师在社会培训机构从业情况。结合全区散居境外人员滚动式排查，登记境外人员774人次，注销554人次，对127名境外人员落实签证到期提醒措施；开展助企双引活动，播放出入境新政宣讲视频9场，与9名外籍高端人才签订《涉外警务助理》承诺书，帮助1名外籍高端人才取得永久居留许可。年内，共查处涉外案事件12起，其中“三非”案件1起，外国人违反住宿登记规定案件2起，行政处罚3人，外国人死亡事件9起9人次。

出入境审批改革　立足数字集成，推进出入境窗口“一窗通办”改革，受理户籍业务26笔，交警业务8笔；依托政务2.0平台，将第一批9个出入境高频事项，下放到派出所综合窗口，派出所受理出入境事项3人次；承接港澳台再次签注制作权下放，共制作电子往来港澳台通行证再次签注322本。

【道路交通管理】　交通违法行为查处　2021年，交警大队接处交通事故22000起，发生道路交通事故130

起，死亡17人，受伤132人，直接经济损失497841元，未发生死亡3人以上道路交通事故，道路交通死亡事故、死亡人数分别上升6.25%、6.25%，死亡人数控制在省定指标内。是年，查处各类交通违法行为165399起，其中，现场查处78701起，醉酒驾驶164起，酒后驾驶331起，非机动车违法63693起。

打造“精品交管”样本　按照“标准化、精品化、特色化”的创建思路，推动环城南路环城西路至东河南路路段、东瀛路海天大道至新桥路路段文明交通示范样板路创建，文化路与环城北路路口、文化路与气象台路路口、海天大道与东河北路路口三个交通堵点专项整治；瞄准凯宏、宋都商业综合体、学校、医院等关键交通节点，按照“一点一方案、一月见成效”的要求，逐点实施精品提升；增设海天大道党校门口、环城南路与和平路路口、环城东路与横河路路口、海天大道与青岭路路口、海天大道与气象台路路口、海天大道汽车连路口信号灯。

10月14日，定海交警大队组织志愿者在海滨小学开展“护学”活动

倡导“示范引领”风尚　根据区创建办《关于进一步加强公职人员文明交通行为管理工作的通知》，借势借力构建公职人员文明交通行为联合管理机制，严格执行公职人员交通违法实名制抄告曝光制度，共抄告8期4784辆次。制订出台“两客一危”、工程车、危化车、出租车等群体文明交通示范准则，开展安全驾驶大轮训，覆盖3136人次。聚焦快递、外卖小哥交通违法乱象，深化“警企共治”机制，现场查处快递、外卖交通违法441起，并将交通违法逐条抄告企业落实内部惩戒措施。

【道路安全隐患治理】　出台乡镇（街道）交通管理“三色”考评机制，每月考评通报镇街工作落实情况，对4个被评定为“黄色”的镇街实施挂牌治理；根据“平安护航建党百年”隐患大排查大整治要求，实行隐患挂牌治理、网上销号。明确省级1处、市级2处、区级2处道路交通挂牌隐患，全部完成治理；全区组织开展道路交通安全隐患排查治理、行人横过绿化隐患等专项行动，推动治理交通安全隐患点段218处。

现场向老年人宣传道路交通安全知识

重点车辆源头管控　用足用好“交警、协会、平台、企业”四方联动机制，大力推动工程车行业自主监管，灵活运用“科技+积分”管控措施，形成动态监控、信息推送、责任捆绑的闭环机制，累计对368辆工程车予以计分，停运车辆63辆、车队10个。是年，吸取江苏高速管桩水泥货车交通事故教训，对全区3家管桩水泥生产运输企业进行上门检查，将22名驾驶员、30辆运输车辆纳入工程车协会监管，所有车辆完成管桩加固工作。

事故防控机制改革　以交通事故全流程溯源为突破口，将事故防控由“被动应对”向“主动预防”转变。全面运行“一帆风顺”机制，学习借鉴杭州经验做法，建立交警大队、中队二级“一帆风顺”事故溯源联动集群，对每起伤人以上的交通事故，按照“12小时反馈、24小时启动治理”的要求，促推属地镇街限期治理，验收并纳入“三色”考评，深度开展举一反三、发一治十。

交通违法整治　以涉酒公共复杂场所、城乡接合部、偏远乡镇以及勤务盲时盲区为重点，“零容忍”打击酒驾醉驾违法犯罪行为495起。针对创城复评新要求，聚焦“挂牌率”和“戴盔率”，组织开展全区电动自行车专项整治行动，按照“党政牵头、部门联动、依法整治、长效治理”的原则，全面开展依法上牌、路面整治等措施，全区电动车“平均挂牌率”达到100%、戴盔率达到85%以上；严格执行电动自行车“八必罚、六必扣”严管铁律，推行“喊话执法”“空地打击”新模式，强化空挡时段的管控，严查驾乘电动自行车不戴安全头盔、违法乘人载物、闯红灯、逆向行驶等违法行为6万余起。在继续加强对危化品运输频繁通行线路管控的基础上，于5月底在双桥、金塘、沥港增设全天候24小时危化品检查卡点，打击危化品运输违法犯罪行为。深化“僵尸车”清理行动，按照“政府牵头、部门联动、标本兼治、落实长效”原则，夯实“点位长”“片长”“路长”责任制，通过广泛宣传、全面排查、规范流程、依法处理等措施，累计清理“僵尸车”255辆。

交通安全宣教　按照“强制来、邀请来、主动来”的要求，在交警大队（中队）、社区、企业建成63个交通宣传站，开发“打卡宣教”科技软件，实质性夯实宣教基础。依托工程车协会之力，建立内部教育训诫室，滚动式开展驾驶人“大轮训”。立足全媒体、融媒体发展特点，系统规划广播电视、微信抖音等宣传载体的策划、推送，达到“一次采集、多种生成、多元传播”。

8月31日，在金塘开展老年群体交通安全宣教

接处警系统治理改革　交警大队履行指挥调度职能，明晰指挥调度、接警处警等岗位职责定位，坚持“警力跟着流量走、警情走、事故走”，完善“警力四色布局图”，分层分类、科学设置网格铁骑、定点、支援等警力。实现城区“朝六晚九”8分钟到警率99%，全域8分钟到警率达90%以上。完善“交警、保险交替处警”模式，通过扩大“互碰自赔”范围、拓展服务点位、延长线上处理时间等服务，打通事故处理和保险理赔平台，打通快处快赔“最后一公里”，实现交通事故理赔“最多跑一次”。

【海防管理】　海防缉私基础建设　加强基础信息采集，加大对走私、偷渡、无合法来源证明进口货物经营行为前科人员、嫌疑船只、重点码头等基础管控。在辖区重点港口、码头、停泊点物建TQ耳目51人、信息员85人、信息据点46处。利用“海岸卫士”工程、视频监控对辖区岸线进行视频巡查，出动警力400余人次，排查港岙口31个、码头158个。通过走访、分发传单、张贴告示、建立微信群等方式，深化海上疫情防控、反走私、反偷渡宣传，受教人员5000人次。定期对各派出所管控台账、实地走访、信息员工作落实情况等进行指导检查。

陆海联合执法　协调建立区域性执法协作，明确工作职责，理顺工作机制，与定海海事处、区政府打私办、区港航分局、区农业农村局等单位组成联合执法组开展打击整治走私、偷渡、无合法来源证明进口货物经营行为违法犯罪联合执法行动，提升对辖区重点港岙口、码头、重点船舶的动态管控能力。与市场监管部门建立联合整治机制，加强冻品反走私综合治理。开展联合检查7次，检查进口冷链企业16家、冷库（冰库）54家，经营冻品的农贸市场、商超、水产、肉品批发市场55家，查处1起违规经营冻品案，现场整改11处。

执法办案　加强对海上偷渡、走私违法犯罪活动分析研判，本警种发起其他警种参与的合成研判8起，战果转化率50%。加强卡点封堵，突出涉案车辆必经卡口缉控，落实册子岛、金塘岛等易发案区域全域查控。年内，查获案件6起、涉案车辆5辆，无证驾驶、违规清仓作业油船3艘，收缴无合法来源证明进口成品油31.56吨，拘留无证驾驶船舶人员2人，查获违规作业清仓油320吨，公开拍卖走私船舶2艘、冷藏集装箱25只、无合法来源成品油运输车辆14辆。

【警务督察和维权】　警务督察　是年，执行现场督察任务181次，出动督察警力618余人次，开展网上巡查131万余次（点对点实时提醒人员796人次），发现纠正各类问题2126个。全年共发督察通报38起，其中网上督察通报12期。

重大警务活动督察　围绕建党100周年安保、业务攻坚行动、疫情防控、各级“两会”安保及敏感时间节点、重要节假日安保、“护学岗”、扫黑除恶专项斗争等，会同业务部门组织开展现场督察任务161次，出动督察警力364人次，检查基层单位696个次，发现纠正各类问题399个，提出督察建议395条。

警风警纪督察　以“枪车酒赌毒网密”等为重点，检查公务用枪356支次、机动车65辆次；开展饮酒报批专项督察4次，抽查民警154人次、辅警26人次；开展违规进入娱乐场所问题专项检查，检查棋牌室15家、酒店2家、OK厅17家，联合区纪委开展专项督察4次。围绕执行“三项纪律”“九个严禁”及执法执勤、内务管理、机关效能，加强队伍正规化督察，开展内部管理现场督察38次，检查基层单位305个次，发现纠正问题368个。

投诉案件处理　受理12389、群众直接来电、来人投诉324起，同比上升12.89%，其中“12389”投诉24起，同比下降25%，全部予以回复。

警风民意访评工作　4月，建设并运行警风民意访评（舆情）中心，提升执法公信力和群众满意度，回访警情21412起，其中，初次访评满意警情20754起，初次满意率达96.93%；二次访评满意警情209起，总体满意率97.9%。

民警维权　加大维权核查处置、跟踪督办、慰问救济力度，为民警执法维权“撑腰”，维护民警执法权威。全年办理维权案件15起，处罚违法犯罪嫌疑人16人，其中，行政处罚10人，追究刑事责任6人，开展局领导上门慰问民警11人、辅警2人，发放慰问金14000元，对被举报不实的5人次予以督察正名。

【警务保障】　财务管理　是年，争取省补竞争性资金补助，获2020—2021年省补枫桥式派出所创建补助经费200万元。省厅下达百年安保奖励经费255万元。对接区财政，争取边防人员转改补发工资1536.19万元、“心防工程”52.71万元，辅警工资标准从7万元/年提标至7.4万元/年并追加经费385.8万元。合理安排使用预算经费，每季分析掌握全局42个项目执行进度，落实经费保障。强化内控管理，配套1+1+4内控制度，提高资金使用效益，本着“一保工资、二保办案、三求发展”的原则，向基层和实战一线倾斜，确保有限的经费用在刀刃上。

装备管理　推进警用装备智能管理中心（室）建设，在分局本级及金塘派出所先行完成基础上，年内先后完成盐仓派出所、马岙派出所、白泉派出所警用装备智能管理室建设，剩余7个派出所列入明年工作计划。借助信息化手段，进一步健全装备采购验收、配备使用、维护保养、报废更新等全生命周期的现代警用装备管理机制。强化一线执法执勤用车和特种专业技术车辆等装备保障，制订执法执勤用车报废更新方案，更新7辆执法执勤用车全部配发至派出所，配发10辆警用摩托车、29辆电瓶车充实基层一线。落实边防19辆车辆资产转入和定编工作。贴近实战实用，推动完善派出所、巡特警等装备配备标准，加强单警装备等执法执勤和个人防护装备配备，累计配发各类装备752件。

资产采购管理　进一步完善固定资产管理制度，加强固定资产清查工作，不定期开展固定资产检查，确定专人对固定资产进行登记管理，从源头对固定资产变动状况进行监控。督促各部门、各派出所落实使用资产经常性维护，对长期闲置及无使用价值资产按照程序及时处理。严格执行政府采购规定，年内，采购184项780件固定资产，合计金额1109万余元。

基建管理　采用市场化运作模式，依靠社会专业资源，在项目前期规划、设计、造价，中期询价、招投标、施工监管及后期综合验收等各个环节，邀请专门的建筑施工监理机构人员进行专业化咨询管理，确保基建项目按时、保质保量完成。4—10月，启动、完成巡特警用房改造工程和分局执法办案管理中心候问区扩建临时用房项目；5月、8月，启动昌国派出所、新港派出所用房装修，计划于次年完成交付。其中，昌国派出所项目概算投资749.03万元，建筑面积5700平方米；新港派出所项目概算总投资399万元，建筑面积5184平方米。自2018年11月开工建设的海防大队用房工程，总投资3925万元，总建筑面积5689平米，至年底完成所有项目建设并搬迁入驻。

常态化防疫保障　细化落实分局机关大院人员出入管控、办公场所及警务车辆消毒、食堂错时就餐等内部防疫操作细则，加强食堂餐饮安全监管，确保绝对安全。对防疫物资采购、登记发放、物资配送等环节继续落实专人实行AB岗全天候保障，加大对各执勤点、隔离点警务装备保障，落实卡点执勤人员生活物资配送。年内，配发口罩15.5万余只，防护服3000余套，一次性手套15000余副。

警用无人驾驶航空器管理　贯彻落实《公安部关于进一步加强警用航空工作的意见》《浙江省公安厅

关于进一步加强警用航空工作的意见》，健全警用航空管理领导体制、运行机制，进一步明确职责分工、管理制度、日常维护。探索无人驾驶航空器实战应用，开展无人驾驶航空器巡航备勤、立体监控、辅助指挥、嫌犯追捕、紧急救援。金塘派出所通过无人驾驶航空器搭载喊话器开展反诈骗宣传，西码头派出所利用无人驾驶航空器对南洞艺谷景区进行实时监测，实现精准预判。至年底，累计投入资金约14万元，配置无人驾驶航空器6架，配备无人驾驶航空器飞手4名，无人驾驶航空器均完成警用涂装、保险、注册登记，相关信息全部录入登记管理系统。

【科技信息化管理】 “智治铁桶”“全域智安”科技保障　是年，建设完成214路人脸识别设备，扩容监控中心云存储系统。城区主要出入口和南洞景区出入口建设完成车辆卡口20套。新增并接入娱乐场所等重点区域社会面人脸抓拍卡口100个，整合汇聚1000路视频监控，有效利用社会面监控资源，提升视频监控共享。深化“金塘科技管控岛”集成感知网建设，新增视频监控45个、鹰眼2个、车辆抓拍设备10个、人脸抓拍设备86个。

人员流动精密智控系统建设　结合“一体化综合实战指挥平台”项目建设，整合多维感知融合应用系统、视讯互联显示系统、重点人员动态预警系统等资源，接入接处警车辆、执法记录仪、警务通、对讲机等GPS位置信息和前端感知系统，实现警情、警力、警眼一图显示。同时，完成情指中心1.25mm小间距LED大屏系统项目招标及整个软硬件系统的设计。

实施“头雁工程”　组织开展无人机在公安工作中战法和操作要点的信息化应用培训和蜘蛛网预警系统培训，审核、提炼经典案例、技战法38篇，上报市局16篇，被省厅录用4篇。提炼上报市局金点子11个，其中1个被评为优秀金点子。完成机关内部最多跑一次22个流程项目的App落地，配合落实维护、改造、升级及使用量提升工作。开展信息化应用能力中、高级自测，组织信息化应用尖子参加市局信息化应用能力高级考试。

网络安全与运维保障　是年，强化公安信息网络安全管理，规范“一机两用”平台数据，重新注册设备43台，安装公安部杀毒软件113台；清理无效设备地址138个，全区公安网无效设备占比从年初的12.10%降至2.7%，远低于市局考核5%以下要求。提升视频专网运行管控手段，梳理视频专网计算机，按要求部署360天擎终端安全系统，安装管控软件28台；加强社会面监控联网接入网络安全管理，部署新的视频网闸及防火墙一套，落实IP、端口访问限制等相关安全策略。持续推进运维工作，对接市局运维中心，签收、反馈每日巡检结果，报备设备故障点位，确保年度省厅视频图像考核在线率高于99.50%；落实监控设备统计、人脸设备一机一档信息的校正、完善，完成监控点位信息录入工作。

智能化建设　完成看守所智慧磐石系统门禁改造项目及验收，落实驻所武警部队公安视频专网接入。开展海滨警务室内部弱电、网络、监控、大屏项目的规划和建设工作，升级全局使用的万格对讲机手台99台、车载台19台。完成白泉派出所新办公楼内部弱电、网络、监控项目的规划、建设和开通。年内，派出所新增100余台双系统警务通。

【指挥情报】 “110”接处警系统治理　2月起，分局紧扣“一闭环三延伸五保障”机制建设，通过资源整合、机制变革、流程再造，重塑指挥体系、勤务机制、治理模式，推进实施“110”接处警系统治理试点工作。系统治理以数字化为先导，升级改造指挥大屏，完善基层公安三级指挥体系、分级分类处置规范，形成指挥扁平可视—警务融合前置—全程跟踪管理的110接处警“全流程闭环管理”。融合化联动提速，城区按照3+N模式，标准化建成海滨、芙蓉洲路、洋岙3个联勤警务站，农村区域建成甬舟铁路等特色联勤警务站3个，实行“三警融合”，7×24小时运作，形成巡处合一、闻警即动、就近联处的工作格局。强化警源治理，推行“四预三延”工作法，通过“警情趋势预测、要素动态预判、高频高危预警、节点规律预报”，推动接处警工作向“风险预警预防、基层基础管控、纠纷联调联处”延伸；畅通非警务警情流转机制，完善全区矛盾纠纷警情“联调联处”闭环机制，优化基层治理四平台功能模块，借力“基层共治联盟”。7月，全市公安机关“110”接处警系统治理工作现场推进会在定海召开，总结推广定海试点经验做法，9月被列为全省现代“110”勤务机制改革样板培育单位。是年，接报有效警情35155起，较前三年平均数38287起下降8.18%，1（3）分钟出警率96.92%，其中，城区97.17%；8分钟到达现场率83.12%，其中，城区97.42%。

7月15日，全市公安机关110接处警系统治理工作现场推进会在定海召开

情指勤舆一体化建设　依托分局情报指挥中心，按照“1+4+X”模式挂牌成立情指勤舆一体化合成作战中心，下设侦查（反诈）中心、智治中心、情报中心、警风民意访评中心，出台《全区公安机关“情指勤舆”合成作战工作规范（试行）》。围绕“警情、案情、舆情、社情”，完善“需求发起秒级响应—精准研判合作攻坚—战果反馈一步到位”的全链条工作流程，实施点对点预警，突出重特大案事件“一对一”合成作战模式。是年，聚焦建党百年、疫情防控、东海科技学院转设等稳控工作，落实全区128名涉稳重点人员智管智控闭环管理，累计研判涉疫数19053条，处置涉疫类警情543起，组织参加社区涉疫封控演练2次。

信息员队伍建设　坚持全警种、全领域建情原则，精建社会信息员特别是涉稳群体信息员队伍，用好省厅“人力情报信息管理系统”，推行群众举报有奖制度，构建网上网下同步、专业和社会融合的人力情报网络，提升内幕性情报的获取能力，连续三年市局考核第一。是年，在建启用信息员22089人，警均44.18，上报信息12138条。娱乐场所物建信息员143名，信息员覆盖率达11.2%，物业小区保安物建信息员159名，信息员覆盖率达16.56%。

【办公室工作】　信息调研　围绕基层治理、队伍建设等重点热点难点，制订年度重点调研课题，形成调研、参阅等材料37份，多次获市局及区领导批示。全程跟进区委巡察问题整改、“110”接处警系统治理、公安数字化改革、“枫桥式公安派出所”创建等重点工作，助力升级打造“高铁警务”“驻校警务”“美丽乡村警务”等特色警务品牌。2篇调研文章在区委和市局年度优秀调研文章评选中分获二等奖、三等奖。年内，举办中层主官公文写作比武2批次；加强分局写作人才培育，10人分别被纳入全市公安机关信息调研核心、骨干团队一期名单。

保密机要　开展全区公安机关保密安全专项整治，突出保密“三大管理”，组织全警收看保密教育片、庆祝中国共产党成立100周年保密知识竞赛活动。完成加密视频会议系统和“046”专业平台建设，有序推进“安可替代”工作，保障建党百年安保期间机要通信畅通。是年，分局获评“全市县级公安机关机要密码工作评估优秀（A）”，获机要密码岗位练兵全市第一。

政府信息公开　贯彻执行新修订的《政府信息公开条例》，根据区委、区政府和上级公安机关政务公开工作要求，落实政府信息公开和警务公开，按期办结行政许可事项1850件，作出行政处罚决定1593件、行政强制决定979件，办理行政事业性收费70.81万元；收到政府信息公开申请5件，按期办结5件，未发生政府信息公开行政复议、行政诉讼情况；通过网站、微信、微博等渠道共计发布各类信息3800余条次。

档案管理　完成2020年度全局文书档案、专业档案归档工作，推进派出所档案数字化建设；指导、培训派出所档案管理工作，先后2次开展集中检查，通报问题不足，帮助指导整改。

提案议案　加强与市局、区属职能部门的沟通联系，确保上级和局党委重大决策部署落实，闭环办理领导督办批办件22件、党代会提案1件、政协提案2件，实现办结率、答复率、满意率100%。

“三服务”活动　开展“我为群众办实事、我为企业解难题、我为基层减负担”“为企服务提升月”等活动，努力打造公安“三服务”2.0版，累计解决需求事项177件，工作绩效位居全区前列。

精文简会　落实会议报备制度，加强全局会务安排统筹，在分局网页开设“网络传真”专栏，细化规范发文流程，把牢发文“审核关”，保持办文办会“零差错”。

其他工作　牵头完成全局年度平安考核任务，牵头开展15期“定海公安·周日论坛”，超额完成督考指标。先后完成公安年鉴编写、分局数据报表统计上报工作，持续推进《定海公安志》编纂工作。

【公安法治】　执法办案管理中心建设　建立5名专职审核队伍入驻，配齐配强专职人员协同服务保障，发布各类巡查通报16期。推广远程取证、移动办案等智能化办案新模式，促进集约化办案、全流程管控、一站式服务、专业化保障。3月起，建立派出所办案负面清单，规范专业警种与派出所办理刑事案件分工明细，健全专业警种主侦重大刑事案件机制。组建刑事主办侦查员队伍，实行入驻执法办案管理中心集中办案，建立、健全全链条办案审核机制、全程闭环监督办案机制。

顽瘴痼疾整治　聚焦易于反弹、久治难愈的执法问题，全方位开展“法治体检”，围绕顽瘴痼疾评查清单及伤害类、下走类等12类重点案件开展常态化积案清理和专项整治，按责任单位分类开展问题查纠，限时落实整改。结合查纠发现的执法难点、痛点、堵点，建立长效机制，制定涵盖总体设计、整体运作、担当履职、执法监督、案件审核5项制度，确保问题清零见底、整改到位、避免重犯。

3月25日，全区法制重点工作推进会暨顽瘴痼疾整治专题部署会召开

执法监督管理闭环　建立健全防出错机制，建立执法管理委员会为统筹、执法办案管理中心为牵引、派出所案管室落地的三级闭环执法监督管理体系。4月起，在执法量大的城区两所实行派驻法制员，纳入法制统一领导、统一考核；办案数量多的执法单位弹性设置1~2名专职法制员及若干名兼职法制员。通过完善法制员管理制度，落实执法办案各环节的监督管理和基础管控。至年底，分局有派驻法制员2人，专职法制员7人，兼职法制员53人。

执法主体能力提升　紧抓执法主体这一源头要素，持续深化“教科书式执法”创新实践活动，引导民警从实践中提升执法能力。创新开展送教上门、法制沙龙、执法点评、庭审观摩、跟班培训等多样化执法培训模式，针对性填补执法短板。开展法律知识测试、案例式自主教学及分管执法副职、法制员网上监督培训，对履职不力的法制员适时进行约谈提醒。实施“头雁工程”，建立法制人才储备库10人，选拔3人参加市局比武。搭建平台，鼓励全警参加高级执法资格考试和司法考试，6人通过全国律师职业资格考试。

信访工作提档升级　开展信访突出问题攻坚化解专项工作，成立由“一把手”任组长的信访积案化解稳控领导小组和工作专班，严格落实“五个一律”标准，对公安部、省厅交办的18件积案，按“一人一策”化解方案逐件落实包案领导和包案责任。公安部交办积案4件，化解2件，终结2件，省厅交办积案14件全部化解，化解率100%。推进“枫桥式公安信访窗口”建设，优化区矛调中心公安窗口，基层所队主动融入乡镇街道矛调分中心、村（社）矛调微中心，已进驻乡镇街道矛调分中心11个，村（社）矛调微中心122个，进驻率达100%。做强“远洋警务”海上矛调中心建设，建立“远洋义警”队伍，依托数智管控模式，实现海上矛盾纠纷多元调处。落实重大敏感节点重点信访人员滚动排查及管控，确保等级响应期间信访人员“零进京赴省”。

11月11日，副市长、市局党委书记、局长赵骏（右三）到区矛盾纠纷调解中心接待来访群众

【纪检监察】　巡察整改　3月，分局党委针对区委第二巡察组反馈的巡察意见，将巡察整改列为重大政治任务，成立由分局党委书记为组长、分局党委副书记为副组长、其他党委委员为成员的巡察整改工作领导

小组，多次召开专题会议，梳理细化3类12个方面27项整改任务，明确73项整改措施，全程跟进整改。其间，对问题清单实行挂图作战、对账销号，并严肃责任追究，落实诫勉谈话1人，批评教育3人，约谈10人，责令整改部门2个，挽回损失3万余元，制定完善涉及意识形态、政治学习、基层治理、执法管理、内控管理、队伍管理等方面的相关工作规范22项，从根源上堵塞漏洞。

3月1日，区委第二巡察组巡察区公安分局党委意见反馈会

落实从严管党治警主体责任 3月，分局部署开展全区公安机关教育整顿、党史学习教育和党风廉政建设工作。5月起，制订全区公安机关全面从严管党治警工作要点，召开9次党委专题会议研究相关问题，确保全面从严管党治警工作与业务工作同部署同落实。深化全面从严管党治警“四责协同”任务清单运用，党委书记与10名党委班子成员，党委班子成员与分管的30名部门主要负责人签订《全面从严管党治警责任书》。强化“四责协同”在线管理平台1.0版和2.0版应用，实时上报履责情况。全年，对未较好履行监督、管理责任的15名部门主官进行约谈，对因工作不到位的11名责任领导予以分局一级督察记分。

持续推进正风肃纪 年初，继续开展净化“四圈”（社交圈、生活圈、朋友圈、投资圈）、杜绝“三不”（不担当、不作为、不落实）纪律作风教育整治活动，围绕四大类20个问题和七大类38个问题制订个人和部门《风险隐患排查表》，排查出风险隐患56条，制订84条整改措施，限时“清零”。4月、10月部署开展进一步加强纪律作风建设和纪律作风整顿月活动，对违规投资和借贷、违规查询信息、执行禁酒和饮酒报批等问题，进行全面大排查。年内，围绕重要工作履职、队伍正规化管理、饮酒报批、违规进入娱乐场所等重点工作开展监督检查6次，查纠问题218个，通报追责12人次；组织开展严防“四风”问题反弹、公务活动形式主义铺张浪费、津补贴奖金发放情况自查自纠、“新官理旧账”等攻坚行动；落实区委巡察整改工作，围绕三大类12小类27个方面巡察问题，制定76条整改措施。

风险防控和权力监督 落实个人重大事项报告制度，区管干部向区委组织部报告个人重大事项1人次，中层干部和民警向分局党委报告个人重大事项217人次。落实分局中层干部选拔任用纪实等制度，全年书面反馈359名晋衔（级）人员、183个评优评先、表彰奖励部门和个人的廉政情况。运用队伍“三色”预警管控机制，开展队伍问题月排查、季分析，发现并帮扶整改苗头性问题20个，对83名民辅警落实“三色”列管。重新聘用20名特邀社会监督员，收集意见建议8条。

廉政文化建设 5月，组织开展为期1个月的“纪律护航 清风扬帆”警示教育活动，实施“六个一”系列活动，开展谈心谈话650人次，深化党风廉政、纪律作风、“清廉警队”建设。印制发放《党纪政纪警纪制度汇编》600本，下发《以案为鉴——八大警示案例》，加强正反面典型教育。严肃违规人员处理流程，落实审核审批和谈心谈话等措施，建立违规处理人员“一人一档”。

举办清廉书画展

执纪问责 是年，核查上级交办、内部传递和群众举报线索65条，自查自办民警违纪案件3起，党纪政务处分3人，运用监督执纪“第一种形态”处理66人次（其中，诫勉谈话8人次，批评教育13人次，提醒谈话24人次，通报批评6人次，约谈10人次，责令检查4人次，召开组织生活会批评帮助1人次）。全

年，通过日常督察、网上巡察，共对7个部门、21名直接责任人员、12名责任领导予以分局一级督察记分，对2个部门下发督察通知书。

督考工作　完善“督考推”工作机制，充实督考力量，明确督考人员职责任务，制订年度重点项目工作推进计划，对全年36个大项69个项内容挂图作战，每月开展考评通报，成绩上墙晾晒，全年发督考通报9期，提出督考建议23条。10月，出台《全区公安机关2021年度综合考评办法》，注重公平公开，从队伍建设、业务工作、争先创优等方面对各部门、各派出所开展分层次、分类别绩效评估，形成比学赶超的良好氛围，提升工作质效。

审计工作　是年，落实“一把手”局长直接分管审计工作，开展110台警务通租赁服务、“智安小区”建设工程（第一期）、“智安小区”建设工程（第二期）、店安工程租赁服务、指挥中心大屏系统建设、2021年“一窗通办”警务自助机及配套设施购置、巡特警重装防爆小队装备购置、分局行政楼主楼电梯更新购置8个项目审计，审计金额累计921万余元。对8名离任干部开展经济事项交接监督工作，对2名领导干部开展任中经济责任审计。6月，针对省厅审计处对刑侦部门执法活动财物管理专项交叉审计提出的5大类问题，分局领导2次召集由审计、警保、刑侦、法制等职能部门参加的整改协调会，相关部门认领整改任务清单，主动梳理历史遗留的长达20年的300余件涉案财物。

8月10—13日，分局开展中层领导干部任中经济责任审计工作

【干部（辅警）管理】　干部管理　是年，新提拔股级干部4名，其中，正股级1名、副股级3名，45名中层干部进行岗位调整交流。至12月31日，实有中层干部135名，其中，正股级64名、副股级71名。年内，新招录民警14名（公安院校毕业生），退休6人，公务员转入9人（其中5人为森林公安转隶）、转出8人，1名事业工作人员辞职考录市级机关单位，1名事业工作人员辞职。办理警衔首授6人、警衔晋升102人、降低警衔1人，新警转正定级27人。新晋升警员职务247名，其中，晋升三级高级警长7名、四级高级警长7名、一级警长（一级主管）及以下职级233名。

辅警管理　开展辅警层级化管理工作，对照公安部、省厅《公安机关警务辅助人员层级化管理办法》，结合分局警务辅助人员层级化管理暂行规定和金华磐安、湖州长兴等试点单位经验，制定《舟山市公安局定海区分局警务辅助人员层级首次评定试点工作方案》。按学历、工作年限、工作实绩等方面对712名辅警进行分类分层定档定级，并举行辅警定级授衔仪式，增强辅警荣誉感和归属感。辅警层级化管理工作在全市推广。持续加强辅警教育培训、考核奖励、日常管理等工作，辅警岗前培训5批次81人，辅警骨干集训2批次60人，111人被评定为年度考核优秀等次，7人被评为全省公安机关抗击新冠肺炎疫情成绩突出个人，钟珊珊被评为全省“最美辅警”，洪怡琳等20人被评为全区“最美辅警”。年内，对147人次辅警发放绩效奖励经费40500元，对8名因病住院辅警和1名执法受侵害辅警进行慰问，发布招聘公告5期，招录辅警81名。截至12月31日，分局实有辅警队员724人。

暖警工程　制定《舟山市公安局定海区分局“暖警解困”工作实施意见》，成立“一把手”挂帅的

2月4日，市总工会到双桥入舟冷链车辆检查站看望慰问一线执勤人员

“暖警解困”专项办，推进实施“暖警解困”十大工程。开通暖警热线、局长直通车，畅通民辅警及家属沟通渠道；开通瑞金医院民警就医绿色通道，优化、整合“三优”工程，扩大“拥警联盟”，为民警争取最大福利；推进实施“团圆计划”，完成6名异地民警调动；慰问住院民警22人、结婚生育民警6人、直系亲属亡故民警9人、困难民辅警12人，发放慰问金59500元，开展疫情战时慰问3批次。

老干部工作　分局把党史学习教育与老干部工作相结合，召开老干部支部大会2次，组织主题党日活动2次，开展迎重阳活动1次，发放老干部“光荣在党50年”纪念章12份。“红色基因永相传”主题党日活动，作为舟山唯一作品，参加全省离退休干部党支部优秀主题党日活动案例大赛，获三等奖。年内，召开老干部迎新春座谈会，多次组织老干部外出学习参观，全面落实老干部健康体检、春节慰问、补助慰问金发放、报刊征订及离退休干部党支部书记每月300元工作补贴。

【公安宣传教育】　“三能”主题教育实践活动　在全区公安机关开展“三能”主题教育实践活动。分局紧紧抓住学习讨论、实践推进、争创提升“三个关键环节”，统筹推进学“三能”大讨论、强“三能”大练兵、担“三能”大实践、扬“三能”大提升“四大行动”，教育全警坚定理想信念、坚定奋斗意志、坚定恒心韧劲，着力锤炼“四个铁一般”，锻造平常时间看得出来、关键时刻冲得出来、危急时刻豁得出来的“三能”公安铁军。活动中，成立由“一把手”任组长的领导小组，下设“一办三组”（办公室、综合协调组、督导检查组、新闻宣传组），制订《全区公安机关“三能”主题教育实践活动方案》，确定4个方面32项重点任务。开设“三能”主题教育实践活动内网专栏，运行“啄木鸟巡诊”“三能”主题教育实践活动专项巡查机制，及时发现、整改11项问题，确保“三能”主题教育实践活动高质量、高标准落实。以学开篇，围绕“什么是能”“我能不能”“怎样才能”，以上率下“示范学”，全员参与“讨论学”，形式多样“重点学”，共开展58场次专题讨论，撰写心得体会530余篇，组织开展各类集中学习149次，座谈研讨55次，讲座3次，实地参观访学12次。突出“三能”练兵，以专题党课、“三能”要求学习交流会、“周日论坛”、队伍分析会等载体强化政治练兵，以“滴灌”式精准施训、“教科书式执法”、技战法比武深化岗位练兵，下发《关于进一步加强分局青年民警培养管理“青蓝工程”工作的通知》，打牢未来几年定海公安健康发展的人才基础。着力打造“三能”公仆，狠抓执法办案、为民服务、创新改革。完善“三能”先进典型培养选树机制，建立4个“三能”先进典型库，将63名基层一线民警纳入先进典型后备库，集中选树出一批“三能”优秀民警，对涌现的一大批“三能”民警，综合运用多种媒介，全方位、高密度、立体化树立“三能”典型形象，岑港派出所所长林剑在省人民大会堂参加全省政法英模事迹报告会并作先进事迹宣讲，受到省委领导称赞。

10月21日，岑港派出所所长林剑作为全省公安系统唯一的英模代表参加浙江省政法英模事迹报告会

公安队伍教育整顿　3—7月，根据上级部署，开展全区公安机关队伍教育整顿，围绕教育整顿工作“三大主题”“四项任务”“四项教育”“三个环节”，高位谋划，强化组织，迅速统一思想，搭建工作架构，绘制整顿纲要，先后召开6次党委会、2次部署会、2次推进会，组建“一办四组”工作专班，制定队伍教育整顿、谈心谈话、顽瘴痼疾整治、“假减暂”等方案，细化37项任务清单，同步运行对接省委指导组协调联动、局领导“带班督导”“啄木鸟巡诊”、教育整顿专项巡查等机制，确保教育整顿高质量、高标准落实。坚持把领导干部的政治意识，责任意识挺在前面，充分发挥领导干部“关键少数”的重要作用，先后组织党委会专题学、理论中心组研讨学、“一把手”讲党课、党委班子成员参加所在支部“双重学”等52场次。同时，落实科学安排“全员学”、专题辅导“重点学”、实地感悟“体验学”、警示检视“反思学”、典型引路“比照学”。坚持刀刃向内，动真碰

硬，抓全面检视自查、抓组织查处亮剑、抓顽瘴痼疾整治，开展“向组织说说心里话”活动，落实“五必谈”，累计谈心谈话650人次；围绕“十大顽瘴痼疾”“38个是否存在”，开展2轮全员填报，共收集自查问题3513个，梳理重点问题35个；根据“自查从宽、被查从严”要求，对4名主动说明问题的人员全部兑现“自查从宽”政策，运用监督执纪第一种形态处理32人次；对上级交办的39条案件线索全部落实专人逐条核查；累计梳理排查警情1.3万余件（有效警情8009起）、五类重点案件383件，对16起问题案件全部落实整改；排查2018年以来办理的352件五类重点案件，查实、整改错误、瑕疵案件16件；排查1990年以来监狱系统减刑、假释、暂予监外执行案件164件，未发现违规违法问题，整改15件瑕疵案件；核查取保候审保证金213人次、涉案财物1873件、拘留未执行人员99人，均未发现问题。坚持长效治理和成果转化，健全“6+X”大监督体系、启动运行警风民意访评（舆情）中心，建立健全《定海区分局民警绩效考核办法（试行）》《定海区分局督察记分管理办法》等20项规章制度，加快推进“110”接处警系统治理，升级“枫桥式公安派出所”创建，推行值班周期“四班制”，落实暖警解困、“青蓝工程”、练兵提能、正向激励，圆满完成中国共产党成立100周年等重大维稳安保任务。

特色精品宣传 围绕重点中心工作，先后在五大工作品牌、五大工作特色等方面形成宣传规模，共刊发对外宣传报道135篇，其中，中央级媒体刊发稿件12篇、省级27篇，各级主流网络媒体录用、转载宣传稿件400余次，分局“110”系统治理及金塘所创枫桥工作多篇宣传稿件被各类省级以上媒体录用，并拍摄多部汇报宣传片。分局官方微博发布信息3600余条，官方微信发布252条，定海政务公开网发布125条。年内，分局廉政主题微电影《廉租房》获得第三届“玉琮杯”清廉微电影微视频大赛微电影类银奖、全省公安廉政微电影创作二等奖。《林剑：我还是那个警察》《与烧伤缠斗的他依旧“冲在最前面”》《刘军：扼守入舟“第一道防线” 当好舟山“守门人”》《王英：行警事无问西东，守初心自成芳华》《刑警林定康：一只小巧马蹄镜，一生戎马刑侦情》《徐栋：敢涉“险恶滩”，也有“铁骨情”》等一批先进典型宣传稿件在《派出所工作》杂志、《浙江法制报》《平安时报》等省级以上媒体发布。

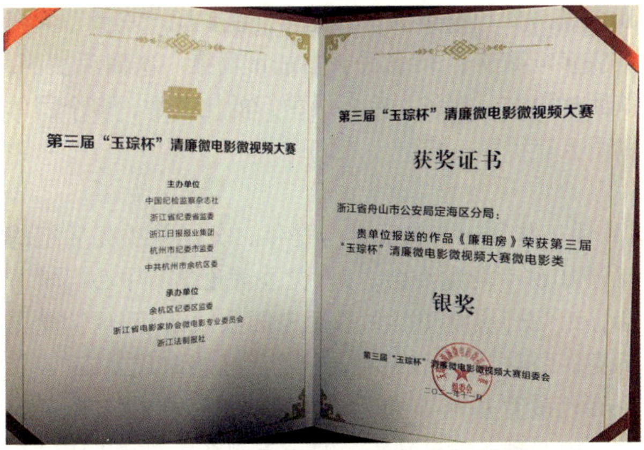

11月10日，分局微电影《廉租房》获第三届“玉琮杯”清廉微电影微视频大赛银奖

先进典型选树 结合党史学习教育和政法系统教育整顿活动，下发《关于开展向夏骑兵、方国平、刘军、林剑、王英等同志学习活动的决定》，召开“弘扬红色根脉、传承公安精神”先进事迹报告会，拍摄先进典型访谈录，开展学习选树公安英模活动，进一步激发典型学习效能。依托“最美在身边”“派出所好民警·好故事”“党员群像·定美风景”“抗疫系列故事”等典型项目评选活动，选树一批忠诚履行职责、深受群众好评、勤政廉洁从警、展现定海公安警务能力和执法办案水平的党员干部、行业标兵及爱民模范。通过先进典型选树，有13个集体和24名民警荣获集体（个人）二等功、三等功，一批先进典型事迹在省级以上媒体广为宣传。

舆情引导 结合中国共产党成立100周年安保维稳工作，落实涉警舆情。年内，共编写涉警舆情19期，收录舆情类信息90起，妥善处置涉警负面舆情48起，均未引发市内外媒体炒作。

教育训练 制订《全区公安机关2021年全警实战大练兵重点工作安排》，细化大练兵工作要求，强力推进“练兵日”制度落实。实施“青蓝工程”“头雁工程”，精心打造“定海公安·周日论坛”品牌，引导民警“在研究状态下工作”。组织开展中层主官公文写作比武，全局信息化应用能力高级测试、110接处警系统治理专项培训、政治理论和科技信息化抽测、兼职小教官送教下所等活动。组织404名民警开展体能测试，非因健康原因的体能参测率和合格率均达到100%。结合公务用枪百日专项排查整治，开展枪支管理培训，对350名配枪民警进行枪支管理法律政策测试，378名民警完成实弹射击训练测试。年内，分局

10门警务课程被市局评为优秀，在省厅“三微”大赛中获多项荣誉；30名民警参加市局第一次四项抽测，获团体第二；在省、市各级举行的比武中，多个团体和个人获得第一名。

【党团工作】 公安党建　是年，分局党委先后组织召开10次专题党委会、7次党委理论学习中心组学习会，组织开展党史学习教育专题实践活动、“学党史听党话跟党走”“践行初心使命、争当时代先锋”、参观红色教育基地等主题党日活动，完成12名人员入党、12名预备党员转正、24个支部换届选举工作，开展主题朗诵暨征文比赛、全警撰写党史教育心得体会、党务干部培训及发展党员“回头看”、组织关系“大清查”，完善“浙里红色根脉强基1.0”系统。深化“铁警护航”“枫光满城”“红盾锦沙·平安共治”“渔农港湾”“深海红盾”“灯塔引航”等党建品牌建设，重点打造西码头“民警忠诚教育基地”、金塘“基层党建（思想政治）工作示范基地”、盐仓“军警民融合型警示教育基地”三大党建工作基地。年内，林剑、孙四平、刘斌分别被评为省、市、区优秀共产党员，金塘所党支部获评区“先进基层党组织”。

开展党史学习教育　3月起，在全区公安机关开展贯穿全年的以“跟着总书记学党史”专题学习、“追寻‘真理的味道’”专题宣讲、“忆党史·守初心·建窗口”专题宣传教育、“我为群众办实事、我为企业解难题、我为基层减负担”专题实践为主要内容的党史学习教育，使全警深刻领悟党的核心地位、思想创新、历史经验和优良传统，提高政治判断力、政治领悟力、政治执行力，激励全警以实际行动和优异成绩庆祝中国共产党成立100周年。其间，围绕学史明理、学史增信、学史崇德、学史力行，实施理论“研学”、特色“深学”、书记“领学”，打实思想根基，强化政治忠诚。落实“一体化”动员部署、“一盘棋”查找问题、“一站式”开门纳谏，统一全警思想，组织召开党史学习教育专题组织生活会，坚持问题导向，确保问题清零。开展“学党史、听党话、跟党走”主题党日活动、“红色基因永相传”庆祝中国共产党成立100周年主题团日活动，举办“弘扬红色根脉、传承公安精神”先进事迹报告会，举行老党员与青年党员信仰对话，开展学习选树公安英模等活动，进一步强化信念信仰，强烈使命担当。突出为民办事、为企解难、为基层减负，广泛收集群众意见建议，分类研究推进整改落实；深化“最多跑一次”改革，提升群众办事便捷度；加强数字化改革引领，推进现代警务模式成熟定型，助力提升全区平安指数。深化“项目警务定制”，参与谋划舟岱大桥开通、甬舟铁路建设公安管理工作，推行以社会风险闭环管理为抓手的工作机制，护航企业健康发展。建立“筑基提质赋能”“啄木鸟巡诊”等工作机制，助推“五大引擎”建设落地落实，推行“四班制”勤务模式，推进“三优”工程、“暖警解困”十大工程。

3月19日，方国平在“弘扬红色根脉、传承公安精神”先进事迹报告会上讲述自己的先进事迹

团工委　分局团工委紧紧围绕中心工作，坚持党团共建、服务全局、创先争优，通过组建青年民警防疫突击队、组织青年民警投入中国共产党成立100周年安保及“百警进万家”活动，引领公安青年建功立业，鄂帅等9人被省公安厅通报表扬。组织青年民警参加执法、司法考试，业务、党团知识竞赛、全区篮球赛及主题沙龙活动，提高综合素质，有6名青警通过司法考试，青警参与的“红船杯”党团知识竞赛，获全省三等奖、全市二等奖、全区二等奖。

（撰稿：钱舟海）

（本分目图片由区公安分局提供）

检　察

【概况】 2021年，区人民检察院坚持以习近平新时代中国特色社会主义思想为指导，深入贯彻落实中共十九大及历次全会精神，紧紧围绕定海高质量发展建设共同富裕示范区港城范例的奋斗目标，全面履行法律监督职能，各项工作取得新进展。全年共受理审查逮捕案件233件423人，依法批捕297人、不捕130

人；受理审查起诉案件587件1012人，依法起诉570人、不诉299人，刑事案件受案件数和人数同比分别上升12.24%和30.08%，分别占到全市总数的40.18%和36.36%。对民事、行政领域审判和执行环节存在的违法问题，依法开展监督57件次，发出的检察建议45件均得到落实回复。办理公益诉讼案件42件，其中重特大案件28件。

【履职助推平安建设】 保持对涉黑恶犯罪的高压态势，建立扫黑除恶常态化工作机制，瞄准历年办理的电信网络、自然资源、交通运输、工程建设四大行业领域案件，深挖细查涉黑恶违法犯罪线索，摸排相关案件24件，发出检察建议书5份，均得到落实回复。针对近年来刑事犯罪结构发生重大变化，严重暴力犯罪持续下降，新型危害经济社会管理秩序犯罪大幅上升的态势，加强分析研判，突出重点办理。如通过繁简分流，将犯罪嫌疑人被拘留的危险驾驶案件，集中快速办理，做到两天内依法办结（法定期限为一周）。又如对于重罪中下降幅度比较大的毒品犯罪，坚决不放松办案力度，特别是对新型毒品案件，与公安机关协作配合，加强关键性证据的收集和固定，办理全市首起合成大麻素案件。

【施策服务高质量发展】 出台方案服务保障甬舟铁路及高速公路复线工程建设，依托派驻检察工作站、包片联络组等形式，定期联络项目指挥部及铁路沿线基层镇（街道）、村（社区），收集问题线索43条，编印发放典型案例宣传册、法律风险提示函、问题专报，配合党委政府做好法律风险防控。开展“我为企业解难题”专项行动，联合公安机关对39件90人21家公司侵犯民营企业权益的案件进行依法打击，与区工商联会签《涉罪民营企业合规考察制度》，规定对符合条件的涉案企业由检察机关和工商联实行共同监管，在减少刑事诉讼对其负面影响的同时，帮助其建立良好的制度规范。与区税务局联合出台关于涉税案件办理的协作机制，强化税务行政执法与刑事司法的有效衔接，为企业规范纳税、防范风险提供指引。与省交投地产集团舟山有限公司、市公交公司分别签订检企共建协议，根据廉政建设、安全驾驶等不同主题，相应开展座谈交流、以案释法、旁听庭审等警示教育活动，为企业预防违法犯罪打好“预防针”。

8月2日，召开定海区人民检察院企业刑事合规公开听证会

【办好检察民生实事】 检察长带头办理《刑法》修正案施行后全市首起高空抛物案，就盗窃排水沟井盖案件，在办理的同时督促相关单位组织开展窨井盖安全大排查，切实保障好老百姓“头顶”“脚下”的安全。关注群众财产安全，依法办理非法集资类案件18件46人1公司，累计追赃挽损350余万元；依法办理电信网络诈骗、帮助信息网络犯罪活动、非法利用信息网络等网络犯罪案件71件197人，深入校园、企业、社区开展“反诈”宣传10余次，以实际行动坚决守好人民群众的“钱袋子”。针对全区多个大型商场、公园的无障碍设施存在未依法设置、设置不规范、因管理维护不力未能正常使用等违法现象，开展无障碍设施专项监督行动，并邀请市政协委员、残疾人代表监督履行情况，确保问题整改到位。针对群众关心关注的电动车“飞线充电”、超速解码等违规问题，组织开展“电动车安全治理”专项监督行动，通过制发检察建议、全程参与整改等方式促进问题源头治理。

【检察环节诉源治理】 加强12309检察服务中心的制度构建和力量投入，努力打造集“基层矛盾检察调解中心”“法律监督线索调查中心”“案件办理调度中心”于一体的专业化工作中心。中心共处理来信来访来电173件，同比增长15.3%，所有来信均做到七日内程序性回复，三个月内实体性答复。加大司法救助力度，对交通肇事、故意伤害等刑事案件被害人开展司法救助5件，发放司法救助金6万元。落实“应听尽听”要求，对不捕不诉、不支持监督、公益诉讼等领域案件主动适用听证，全年组织开展检察听证42场次，邀请代表委员、人民监督员、“东海渔嫂监督员”等社会第三方代表观摩交流134人次，实现“以公开促公正、用听证赢公信”。

【未成年人司法保护】 在“双减”政策背景下，主动呼应群众呼声，就当前托管机构监管漏洞，联合区委办牵头制定《舟山市定海区校外托管机构等级评定办法》，并全程参与托管机构的走访、调查，评分评级，有效整治托管机构经营乱象，守护未成年人校外安全。用好与全区15家部门联合建立的未成年人保护联盟，邀请心理老师为涉罪未成年人上法治课、一对一与未成年人及其家长沟通，帮助改善亲子关系；邀请团区委代表、妇联代表对涉罪未成年人进行训诫，并督促其签署与不良行为说再见协议书，通过加强教育引导，筑牢预防未成年人犯罪的“防火墙”。

城东校区《中华人民共和国未成年人保护法》知识讲座

【做优刑事检察】 对公安机关存在应当立案而不立案或不应当立案而立案情形的，监督立案13人、撤案4人；对存在证据瑕疵、侦查活动违法等情形的，口头或书面纠正违法104件次，刑事侦查活动更加规范有序。对于区监委移送的职务犯罪案件提前介入，提出有针对性的补充调查意见，严把证据标准，共改变区监委认定的事实5件10节，改变定性1件，提出的认定意见均得到区监委的采纳。加强刑事审判监督，落实好判决书审查、庭审同步监督等机制，对2件案件的判决依法提请抗诉，切实保障审判公正。全面深化认罪认罚从宽制度落实，通过开展释法说理、加强检法对接、落实值班律师制度等渠道，推动认罪认罚案件适用率上升到89.5%，位列全市首位。

【做强做实民事行政检察】 依法履行民事检察监督职能，严惩“打假官司”违法行为，近年办理的虚假诉讼再审检察建议监督案件中，获法院改判14件。针对民事送达等环节存在的程序瑕疵问题，办理类案13件督促整改。积极参与全省涉司法网拍及不动产查封专项监督活动，通过纠正违法执行保护人民群众合法权益。针对土地违法类案件、禁养区违法养殖类案件、综合行政执法违法问题等开展专项监督，排查发现相关线索210件，制发检察建议32件，均得到整改回复。就履职发现的社会抚养费征收不到位引发征信问题，开展行政争议实质性化解工作，落实40件被执行案件依法撤案，相关征信问题得到妥善解决。

【做好公益诉讼检察】 开展“守护红色军事文化史迹”检察公益诉讼专项行动，抽调业务骨干组建专案组，对辖区17处红色资源进行大排查，促成金塘烈士陵园、杨静娟烈士被捕处纪念碑等保护、维护状态较差的遗址遗迹修缮完毕，三座散葬烈士墓完成集中迁移工作，相关做法被《人民日报》客户端、高检院微信公众号报道肯定。开展海岛古树资源保护专项公益诉讼，推动相关职能部门对辖区古树名木开展集中调查和鉴定认定，将遗漏的古树名木纳入保护范畴。以此为纽带强化部门联动，将监督触角从古树名木保护向古城保护延伸，结合案件向市立法部门提交关于古城保护的相关建议，得到采纳。建立“外脑”辅助模式，联合团区委成立全市首支公益诉讼志愿观察员队伍，发挥其热心公益、贴近基层、经验丰富的优势，为公益诉讼案件办理提供专业咨询和支持。

3月25日，定海区人民检察院举行无障碍环境建设公益诉讼检察建议反馈会

【打造海洋检察“金名片”】 与农业农村局、资规

局、港航、海事、海警等7家涉海部门，联合建立以“护渔、护海、护岛”为主要目标的“三护平台”，这是全省首个以执法船只为日常活动场所的海上工作室。平台建立后，职能逐步拓展，与上述7家部门共同成立全省首个鸟类自然保护区协同中心，推动检察监督同步介入“智慧鸟岛”平台运行，开启五峙山鸟岛自然保护区联合保护新模式。加强海洋资源和生态环保领域案件办理，对2件涉海洋倾废案件立案调查，并结合案情展开调研、提出对策，撰写的相关信息经省委办上报后被上级录用。加强海洋检察工作的社会化宣传，以成立海岸带公益诉讼保护实践创新基地为契机，召开专题新闻发布会，面向全社会展示海洋检察工作成效，凝聚全民关心海洋、保护海洋的共识。

与海事部门签订“三护平台”共建协议

【开展政法队伍教育整顿】 依托每周三集中夜学、线上学、红色之旅研学等载体，同步推进政治教育、党史教育、英模教育、警示教育，促进学习教育入

3月10日，召开检察队伍教育整顿动员部署会暨党风廉政建设工作会议

脑入心。坚持刀刃向内革除积弊，全院干警共填报自查表70份问题228个，组织开展重点案件评查、违法违纪线索核查、法律监督专项检查，制定整改举措220余项，顽瘴痼疾基本实现销号清零。瞄准制度缺位、执行不力等问题根源，做好总结提升，建立健全工作机制20余项。开展“清廉机关”建设，围绕“三个规定”落实，建立查询、通报等机制，并与党风廉政考核挂钩，持续压紧压实执行“三个规定”责任。

【推进专业能力建设】 坚持党建和业务“两手抓、两手硬”，注重发挥好女检察官在未成年人权益保护、普法宣讲等工作中的先天优势，“诚·爱”未检团队及12309检察服务中心成功创建市级、区级巾帼文明岗。按照“缺什么补什么”的原则，为干警量身定制试岗轮岗以及挂职锻炼计划，安排内部岗位交流、基层挂职锻炼17人次，干警素能短板不断补齐补强。加强检察人才培养规划，明确员额大讲堂、青年干警成长论坛、检察长导师制等11条培养措施，广泛开展岗位练兵，提升队伍核心战斗力，8名干警分别被评为全省检察机关公益诉讼勘验取证业务标兵、全省第三届检察机关公文写作竞赛能手、全市第二届未成年人检察业务标兵、全市检察机关控告申诉业务标兵等称号，1名检察官荣获最高检、公安部、生态环境部联合表扬2020年度打击危险废物环境违法犯罪行为活动表现突出个人。

【探索数字检察】 加强数字检察的制度设计和体系构建，制定数字检察工作实施方案，在全市率先出台刑事案件数字卷宗立卷工作指引，以数字化撬动“四大检察”。牵头抓好政法一体化办案系统建设，以作战图、亮相表等形式逐个落实重点任务18项，单轨制协同办案比例达到90%以上，政法单位通过“数据跑路”带动“办案提速”的目的基本达到。数字赋能法律监督，积极探索与政法数据中心、公共数据中心等数据平台建立数据调取通道，打造“大数据检察监督平台应用”，被纳入全区数字化改革重大应用“三张清单”，公益诉讼“随手拍”举报平台、鸟岛执法大数据平台、检察听证直播等特色应用建设持续推进，远程提审办案、无人机航拍取证、快速检测技术等科技手段成为支撑检察官办案的“硬核力量”。

9月14日，定海区人民检察院组织召开数字检察专题培训会

（撰稿：夏聪艳）

（本分目图片由区人民检察院提供）

法 院

【概况】 2021年，区人民法院以习近平新时代中国特色社会主义思想为指导，学习贯彻习近平法治思想，坚持服务大局、司法为民、公正司法，开展政法队伍教育整顿和党史学习教育活动，全面深化法院“四项建设”，统筹推进疫情防控和执法办案等各项工作，为全区经济社会高质量发展提供司法保障。全年受理各类案件9327件，办结9279件，分别占全市基层法院收、结案量的44%和44.4%；法官年人均结案250.5件，较全市平均数多111.8件，法院各项工作实现稳步发展。

是年，区人民法院获评全市扫黑除恶专项斗争先进集体，政治部获评全市法院集体三等功；贺丽丽被评为全省法院诉源治理成绩先进个人、被授予全省法院个人二等功；沈妙军获评舟山市首届“十大法治人物”；叶茜被评为舟山市第三届“最美政法人”；顾凌晓获评全市扫黑除恶专项斗争先进个人；王立平、张杨被授予全市法院个人三等功。

【宽严相济惩治犯罪】 推进扫黑除恶斗争常态化、机制化，审结刑事案件345件，判处罪犯473人，其中，判处五年以上有期徒刑226人。审结涉邪教案件1件。审结故意杀人、故意重伤、聚众斗殴等严重危害社会治安案件37件，审结“醉驾”等案件88件、“两抢一盗”案件52件、“黄赌毒”犯罪案件42件，审结全市首例高空抛物罪案，保障人民群众生命财产安全，维持良好社会秩序。依法严惩电信网络诈骗、网络开设赌场等非接触式犯罪，开展反诈普法宣传。审结生产、售卖假口罩跨国犯罪案件2件，900余万件伪劣口罩予以销毁。审结贪污贿赂等职务犯罪案件8件，保持反腐高压。审结认罪认罚案件314件，占同期审结刑事案件的91%。

6月8日，法检两长同庭履职，审理全市首例高空抛物罪案

【化解民商事纠纷】 抓好《中华人民共和国民法典》精准适用，审结民商事案件4546件，解决争议标的金额58.7亿元。审结婚姻继承等家事案件405件，全国首例“遗腹胚胎解冻案”入选全市首届“十大法治事件”。审结劳动纠纷案件248件，保障劳动者合法权益。批量化解中央御城、白鹭湾花园等楼盘系列纠纷成讼风险，审结房屋买卖、租赁、建设工程纠纷等案件384件，物业服务合同纠纷案件114件。一体化调处道交事故纠纷，审结道交案件235件。审理涉军案件24件，搭好司法拥军连心桥。

3月9日，邀请舟山海警局普陀第一工作站36名干部旁听全市首例涉海砂违法犯罪刑事案件

【助力法治政府建设】 审结行政案件123件，同比上

升112%，行政机关败诉率1.6%。规范诉权行使，依法裁定不予立案37件。推动府院良性互动，行政机关负责人出庭应诉率达100%；依托行政争议调解中心实质性化纠，协调撤诉率13.8%；为共同富裕示范区建设出台司法保障意见，发送司法建议2件。审查涉城建、拆违等行政非诉执行案件56件，准执率100%。推进环境资源审判“三合一”归口审理，深化环境执法与司法协调联动机制，审结环保非诉执行案件1件、环境民事公益诉讼1件，助力美丽定海建设。

【优化法治化营商环境】 审结涉企纠纷2059件，出台服务保障民营经济健康发展和优化法治营商环境的实施意见。新收“执转破”等破产案件25件，审结16件，化解金融债权9.2亿元，盘活资产2.5亿元，处置土地46亩、房屋4157平方米、船舶4艘。深化府院联动，正和造船破产案入选2020年度浙江法院破产审判十大典型案例。提升办理破产便利度，债权人会议基本实现线上召开，节省会议费用105余万元。完成区“重要窗口”“绿箱清单”目标任务，首例预重整转重整的金泰石化案首次适用“强裁”方式，成效被《浙江法制报》头版、《人民日报》客户端等媒体报道，为助企纾困提供“定海经验”。

10月25日，定海法院线上远程召开海之桥美食广场公司破产清算案第一次债权人会议

【助推基层社会治理建设】 构建“四治融合”城乡基层治理体系，向区委政法委报送全区诉源治理工作报告，争取党委政府重视支持，诉前化解率40.1%，同比提高12.4%。融入区矛调中心建设，道交纠纷类案化解经验在全市复制推广。指导驻院调解组织化解纠纷500余件，获评“省级金牌人民调解工作室”。实现“行业纠纷行业调”，推动成立金塘塑机螺杆行业协会人民调解委员会，联合市阳光公证处多元化解金融纠纷。推进公证参与金融纠纷多元化解，实现“行业纠纷行业调”。调研课题《自贸区虚拟地址注册制度优化研究》获评舟山市第二期市域社会治理现代化征文优秀奖。

6月21日，公证参与多元化纠纷解决机制签约仪式在市司法局举行，定海区人民法院与市阳光公证处现场签署协议

【助力防范化解各类风险】 依法规范和引导金融交易，审结金融借款案件806件，涉案金额30.9亿元。深化民间借贷协同治理，审结1028件，遏制此类纠纷高发势头。开展集中治理重复信访、化解信访积案专项行动，落实重要时期的信访值班、安保各项措施，做好平安护航建党百年工作。开展院领导大接访大走访，院领导带队走访社区街道、接待信访人员，全面摸排风险隐患，化解矛盾纠纷。

【精准对接群众需求】 结合“三服务”“三为”实践活动，推出“线上指导”“全时法庭”“送法上门”“窗口前移”“合力调解”5项便民举措。发挥审判资源、工作重心“双下沉”工程实效，互动结对社区村50余次，发现解决问题68项。巩固“一庭一品”建设

院领导带头走访，上门为老人提供法律服务

成效，四个法庭办结各类案件2616件。组织法治宣传17次，编发《讼案解析》2500余册，26篇宣传报道被中新网等省级以上媒体刊登，当好普法播种机，传递司法好声音。在疫情防控、抗台救灾等急难险重一线，法院志愿者的红马甲总是冲锋在前，常态化全员参与文明城市创建等志愿服务，彰显法院干警的责任担当。

【持续发力解决执行难】 执结案件3473件，执行到位9.1亿元。健全解决执行难工作机制，实现多部门在线查询查控、查封解封等，牵头区13家单位推动司法拍卖不动产“一件事”改革，“一站式”提供税费核查、权证办理等服务。提升执行规范化水平，试行分段集约管理，集中清理积存执行案款，超期未发执行案款、超期未认领不明款项实现“双动态清零”。运用委托调查、悬赏执行等拓宽财产发现渠道，加大失信联合惩戒，自动履行率48.8%，同比提高6.6%。

【推进全域数字法院建设】 增配金塘法庭“E讼服务”场景，推动区委政法委牵头建设辖区首批63个“共享法庭”点位（含新城），形成便捷高效的司法服务网络。开展在线诉讼和非接触式执行，运用移动微法院、浙江解纷码等数字化手段“云端”服务，无纸化立案率达100%，电子送达6万余次，在线调解、审理跨国涉外离婚、跨省合同纠纷等案件800余件，数字法院建设成效被浙江法制报专版报道。刑事案件通过远程庭审解决疫情下押解风险等难题。

依托“共享法庭”网络庭审直播平台直播庭审

【持续深化学习教育】 开展党史学习教育、中共十九届六中全会精神“六讲六做”大宣讲活动等，建立完善“第一议题”“一把手”讲党课、青年理论学习小组等机制，累计开展“四项教育”50余场次，覆盖3500余人次，引导干警深刻认识“两个确立”的决定性意义，增强“四个意识”、坚定“四个自信”、做到“两个维护”。院机关党委完成换届选举，增设机关党委专职副书记，配齐配强支部委员，设立临城法庭支部，4个法庭都实现支部单建。以实施“红色根脉强基工程”为契机，不断提升基层党建规范化水平，激发党建活力。选树先进典型，凝聚发展正能量。

【抓好查纠整改】 聚焦“六大顽瘴痼疾”抓好自查填报，自查覆盖率、问题率100%。用好监督执纪“四种形态”，评查重点案件120件、“减假暂”案件169件，以评促改提升办案质效。深化清理长期未结案专项行动，张贴“红橙黄”榜，成立承办人红橙双群，倒逼积案清理，实现超18个月以上案件全部清零，长期未结案低位运行。重视区委巡察反馈意见整改落实，结合政法队伍教育整顿，分别专题研定整改方案，实行清单销号式管理。做实以案促改、执纪问责“后半篇”文章，开展执行领域突出问题集中整治等专项行动，制定加强队伍建设主体责任清单、加强审判执行工作质效管理的意见等15项制度，持续构建管人管案管事长效机制。全院队伍实现教育整顿预期目标效果。

【自觉主动接受监督】 依法接受人大监督，坚持重大事项报告制度，落实规范性文件备案审查规定，汇报、通报法院重要工作和重大案件审执情况。持续深化代表委员联络工作，邀请旁听庭审、见证执行、担任特邀调解员等，把接受各方监督作为加强和改进法院工作的动力。队伍教育整顿期间坚持“开门搞整顿”，面向人大代表、政协委员、职能部门等组织召开座谈会2次，收集意见建议30条，清单式逐项研究制定整改措施65条，做到即知即改。主动接受政协民主监督，向各民主党派、工商联、无党派人士通报工作，听取意见建议。配合检察机关依法履行法律监督职责，认真办理检察建议，邀请检察长列席审判委员会会议。加强律师与法官互评工作，推动法律职业共同体建设。广泛接受社会监督，上网裁判文书3400份，网络直播庭审873场，举办公众开放日9次，250余名各界群众走进法院“零距离”感受司法公正。

12月2日，邀请区人大代表现场旁听庭审

（撰稿：周　洁）
（本分目图片由区人民法院提供）

司法行政

【概况】　2021年，区司法局以习近平新时代中国特色社会主义思想指引，全面贯彻落实习近平法治思想、中共十九届五中、六中全会精神，以及中央、省市区各项会议精神，对标高质量发展建设共同富裕示范区新目标新定位，以政法队伍教育整顿为契机，转变作风、强化职能、深入谋划、整体推进。是年，马岙街道马岙村被司法部、民政部评为“全国民主法治示范村”；马岙街道办事处被中央宣传部、司法部、全国普法办评为“2016—2020年全国普法工作先进单位”；环南街道被省司法厅、省普法办评为“2016—2020年全省法治宣传教育成绩突出集体”；区司法局荣获浙江省社区矫正委员会办公室“2021年度部级‘智慧矫正中心’创建技能大比武优胜奖”；新建村宪法广场荣获浙江省普法办“浙江省我最喜爱的‘十大宪法宣传阵地’提名奖”；环南街道人民调解委员会姚心放调解工作室被省人民调解协会评为“省级金牌人民调解工作室”；区司法局金塘司法所被省厅评为“浙江省‘枫桥式’司法所”。

【完善公共法律服务】　进一步推进区社会矛盾纠纷调处化解中心建设，创造条件引入行政复议、专业调解等其他服务事项，形成预防服务在前、调解优先、复议仲裁分流、诉讼断后、法援保障的工作流程。优化升级全区公共法律服务站点，配强服务团队，服务主体多元化。依托市场主体法律顾问服务网格化全覆盖工作，拓展“线上+线下”法律服务模式，通过服务团队值班坐诊、走访巡诊、E服务微诊“三诊合一”的方式，实现全天候服务。是年，公共法律服务三级平台提供法律咨询1208次，开展法治体检318次，参与村规民约审查31次，调解矛盾纠纷333次。是年，全区公共法律服务志愿团担任民营企业法律顾问355家，提供“法治体检”民营企业415家（含法雨春风和民营企业法治体检活动）。

定海区惠企便民法律集中服务日活动

【完善法律援助制度】　强化与工会、住建、法院、劳动仲裁等单位协作配合，共同维护农民工合法权益的法律援助联动工作机制。主动介入建筑工地，为合法权益受到侵害的农民工提供无偿法律服务。全程跟踪案件，定期向承办人、受援人和仲裁员了解案件办理情况、办理进度，协调处理突发问题。是年，接待欠薪类群众来电、来访咨询500余件，参与欠薪类案件调解7起，提供追偿劳动报酬类法律援助案件65件，涉及农民工讨薪80余万元。

回访未成年人援助案件

【夯实普法依法治理责任】　征求定海区“八五”普

法规划意见建议并形成科学建议。出台《舟山市定海区关于在公民中开展法治宣传教育的第八个五年规划（2021—2025年）》，全面启动“八五”普法工作。发布《舟山市定海区2021年普法依法治理工作要点》《2021年度区属单位重点普法任务清单》，明确44家区属单位9条共性165条个性普法责任，实现国家机关普法责任全覆盖。将2021年普法工作列入法治定海建设工作督导考核细则，明确普法责任。推动落实“公益普法”责任制。健全基层社会治理体系，用好“善治学堂”，推动农村“法治带头人”“法律明白人”培育工作落细落实。将省级“民主法治村（社区）”创建巩固率达到100%和市级“民主法治村（社区）”创建工作纳入乡村振兴任务清单。全市首个宪法广场、盘峙法治广场、河东法治公园、马岙法治文化广场等各种普法阵地硬件设施得到完善，利用和实践效果明显提高。开展数字化精准普法，创新打造“定小琦说法”和“定小琦讲坛”普法宣传品牌，其中“定小琦说法”入选“学习强国”学习平台。

2021年“12·4”国家宪法日主题宣传活动

【压实特殊人群管教】 依据司法行政行业国标，根据“符合标准，整合现有，采购必需”的原则，整体筹划完成区智慧社区矫正中心改建。落实社区矫正动态分析会制度，重大敏感时期，研究分析社区矫正现状，部署维稳安保工作。发挥“云会见”平台功能，服务群众，协同办案。是年，完成与浙江省9家监狱138名服刑人员与258名亲人的远程亲情视频会见，为服刑人员家属提供服务，取得社会反响。保障公安、检察院、法院、纪委等相关政法单位的远程提审、远程开庭27批次，解决异地办案难题。

社区矫正动态分析会

【助推区级矛调中心建设】 理顺区矛调中心人民调解综合窗口纠纷受理、协同流转、指定调解、结案反馈闭环处置链，凸显矛盾纠纷“一站式”高效化解。完善进驻调解组织的运行机制，重点加强进入平台纠纷案件的督办、评定、抽查，实现动态审核。是年，通过省矛调平台协同至省人民调解大数据平台，指定调解组织、调解员调处解决纠纷827件。动态审核评定进入中心各类矛盾纠纷1196件，督办案件600余件次。

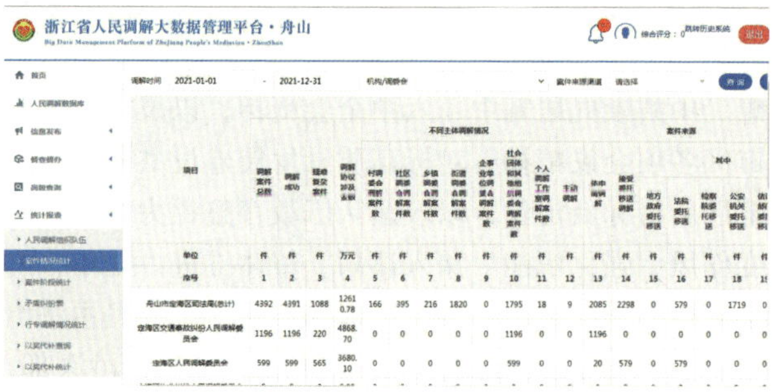

浙江省人民调解大数据管理平台·舟山数据

【完善大调解布局】成立全省首个螺杆行业协会调委会—定海金塘塑机螺杆行业协会人民调解委员会，进一步理顺调解组织脉络。以岑港街道桃花苑社区为试点，打造基层“贴隔壁茶室”调解品牌。打造“姚心放调解工作室”为省级金牌调解工作室。建立交通事故、婚姻家庭、医疗纠纷、海事渔事等九大领域73名“智慧调解”专家库，推进线上人民调解三级网络建设。完成11个镇（街道）调委会2名以上专职调解员，行业性专业性调委会3名以上专职调解员的配备工作，全区有专职调解员75人。升级打造和培育“东海渔嫂”调解员志愿者，开展“我为队伍荐一员”活动，“东海渔嫂”调解员总人数达256人。是年，全区开展矛盾纠纷集中排查898次，排查（受理）矛盾纠纷4392件，调解成功4391件，涉及死亡纠纷53件，调处率、成功率分别为100%和

99.98%，无因调处不当引发非正常死亡等重大事件发生。

法院调解工作室获省级“金牌调解工作室”荣誉称号

【提升司法所规范化建设】 根据省厅关于创建“枫桥式”司法所要求，以环南司法所、金塘司法所为试点，以司法所整体搬迁为契机，加强规范化建设指导，强化司法所职能，改善司法所基础设施和业务用房，狠抓队伍建设、管理体制、信息化建设三项重点，加强司法所品牌化建设。是年，省司法厅考核验收金塘省级“枫桥式”司法所。

省司法厅考核验收金塘省级“枫桥式”司法所

法律服务

【概况】 2021年，全区有律师事务所17家和法律服务所3家，分别是浙江泽大（舟山）律师事务所、浙江京衡（浙江自贸区）律师事务所、浙江乾勇律师事务所、上海瀛泰（舟山）律师事务所、浙江兰羽律师事务所、浙江恒禾律师事务所、浙江合飞律师事务所、浙江海务律师事务所、浙江五奎律师事务所、浙江丰良律师事务所、浙江普俊律师事务所、上海汇业（浙江自贸区）律师事务所、浙江舟杰律师事务所、浙江壹和壹律师事务所、浙江六和（舟山）律师事务所、浙江海泰（舟山）律师事务所，舟山市定海区恒平法律服务所、舟山市定海区秉拯法律服务所、舟山市定海区海山法律服务所。专职律师129人，兼职律师2人，法律服务工作者20人。业务领域涉及涉外、金融、破产、证券、公司改制、房地产、破产管理、债券发行等。是年，实现业务收入10685.1211万元，办理诉讼业务4279件，非诉讼业务334件，仲裁业务170件。

律师行业突出问题专项治理自查核查阶段推进会

【规范法律服务市场】 开展律师行业突出问题专项治理工作。坚持学习教育走在前，把律师学习教育作为统一思想认识的关键，把强化政治意识、提高政治素质作为学习教育重点，通过开展习近平法治思想轮训、党史学习教育、党组织书记讲党课、政治规矩学习，开展典型案例和推送行业典范，采取集中学与自学相结合、线上与线下相结合、理论与实地相结合的方式，强化律师队伍建设和自身教育。按照“全覆盖、零盲区”的要求、“自查从宽、被查从严”政策，分层分级严格落实律师行业谈心谈话，累计谈话提醒律所16家，律师100余人次，提交问题37个，其中，违规违法执业问题7个，其他30个，提出整改措施30个。结合为民服务，确保整改落实到位。组织律师和律所对照自查自纠问题，坚持问题导向，目标指向，剖析原因、细化整改措施，落实整改时限和整改销号机制，开展“我为群众办实事”活动，累计为企业规范劳动用工107次，开展法律咨询696人次，开展法治宣传133余次，为居民提供法律咨询1133人次，村（居）务法律体检71次。

在上海瀛泰（舟山）律师事务所行业检查

【服务经济社会发展】 以深化“三治融合”为抓手，延伸“一村（社区）一法律顾问”工作触角，坚持市场主体需求导向，推进市场主体法律顾问网格化全覆盖，全区共搭建网格数128个（其中，园区5个、小镇1个、社区122个），覆盖市场主体39157家（其中，企业10601家，个体户28556家）。出台《舟山市定海区司法局关于开展2021年度“法雨春风”法律服务月活动的通知》，依托全区11家司法所、154个人民调解组织及千余名人民调解员开展“法雨春风”矛盾纠纷专项排查化解活动。拓展“线上+线下”法律服务模式，组织法律服务团成员走进浙江金鹰集团、伍玖文化创意中心，为企业开展法律服务。是年，全区律师事务所为企业提供各类法律服务2964次。

“法雨春风”法律服务进企业活动
走进浙江金鹰鸭蛋山工业园区

（撰稿：林　波）
（本分目图片由区司法局提供）
责任编辑：王英伟

农业　农村

综　述

2021年，全区农渔业总产值23.68亿元，同比增长11.6%；农渔村常住居民人均可支配收入42911元，同比增长9.4%。粮食总播种面积4.64万亩，比上年减少1.48%；粮食总产量1.82万吨。蔬菜基地建设100亩，蔬菜播种面积5.17万亩，比上年增加2.0%。全区生猪饲养量12.76万头、家禽饲养量26.05万羽。茶叶种植面积2600亩（采摘面积1000亩）。

种植业

【概况】　是年，全区农作物播种总面积11.84万亩，比上年减少1.82%，粮食总播种面积4.64万亩，粮食总产量1.82万吨。其中，首次种植早稻1647亩；晚稻2.42万亩，比上年减少3.58%；小麦3245万亩，产量868.63吨，比上年增加801.14%；油菜5895亩，产量838吨，比上年减少1.99%；豆类6019.7亩，较上年增加13.25%。蔬菜播种面积5.17万亩，比上年增加2.0%。

【稳定粮油生产】　坚持"藏粮于技"，推广应用粮油高产优质主导主推品种和先进实用技术，促进粮油稳产高产。针对年度任务重点，调整升级区级粮油生产政策，增加双季稻种植直补和统一社会化服务补贴，提高抛荒复耕种稻补贴标准，政策激励，调动和保护农民种粮积极性，扩大粮食种植种类，促进粮食扩面生产。

农技人员进行早稻种植技术指导

【农业水环境治理】　示范推广商品有机肥、配方肥和按方施肥、病虫绿色防控技术和作物水肥一体化灌溉技术，减少化肥农药使用量，保护农业生态环境。全年全区化肥减量28.73吨、主要农作物统防统治面积1.99万亩、农药减量13.94吨，农药废弃包装物回收率92%。

【"菜篮子"基地增加】　是年，建设蔬菜基地2个。其中，新建基地1个，面积50亩；精品蔬菜基地1个，面积50亩。建设保障型蔬菜基地（高温季节绿叶菜类蔬菜生产）230亩。

【实施农业三项补贴】　是年，完成耕地地力保护补贴，涉及农户33081户，受益面积43377.225亩，发放补贴资金3305345.81元。规模种粮大户72户，面积12763.64亩，发放补贴资金1531636.8元。

【优良品种、高效栽培模式推广】　引进推广浙樱粉1

号番茄、甬甜7号甜瓜、浙蒲9号瓠瓜、提味西瓜、甬籼15、中组143、嘉丰优2号水稻等优质良种。推广应用水稻叠盘出苗育秧技术、水稻机插侧深施肥技术、水稻机械化种植技术、蔬菜水肥一体化技术、设施蔬菜连作障碍生态防控技术等。

推广高效栽培模式

【无公害蔬菜瓜果病虫害综合防治】 强化对“菜篮子”基地蔬菜瓜果用药指导和监管，严格规范产品上市前的检测。应用杀虫灯、色板、性诱剂和无公害生物农药等绿色防控技术防治病虫害，减少农药使用量，保护农业生态环境。

【开展农产品质量安全“智慧监管”】 三位一体、互联互通、信息共享、实时联动的农产品质量安全“智慧监管App”网格化体系，明确村（社区）协管员工作职责、管理目标、考核机制，打造全区农产品质量安全管控一张网。开展全区智慧监管协管员绩效考核，全年开展巡查7894次，对生产基地进行安全监管，确保农产品质量安全。

【农产品质量安全监管】 加强抽样检测工作，制订《2021年度监测计划》，针对重点农产品、上市农产品开展大抽检和重点抽检、快速检测。全区开展快速检测1021批次，合格率100%；定量检测428批次（含区级定量检测316批次），合格率98.42%。其中，风险监测210批次（包括水产108批次），监督抽样106批次。

农产品抽样检测

【开展农技推广】 完成4个省级高品质绿色科技示范基地建设。组织做好全区、镇街2级共54名农技人员集中知识更新培训。开展集中式为农服务和宣传活动，深化“三服务”，开展“三联三送三落实”、科技活动周、远教专家基层行等活动，分发农产品质量安全、草地贪夜蛾防治宣传册，宣传推广农业主导品种和主推技术。分发各类宣传资料约1400份，蔬菜种子1170包。

参加科技周活动

【打造美丽农业】 以全区主要道路沿线为重点，通过向各镇（街道）发放油菜、紫云英等冬绿肥种子补助和产业化政策性补助，发动农户种植油菜、紫云英等观光与效益相结合的农作物，引进彩色油菜品种，适度打造大田农业景观点。引导、鼓励有能力的规模生产主体，改善基础服务设施，以特色水果种植、现代设施栽培、农耕文化展示等为主，重点发展休闲采摘、农事体验、农业观光等项目，拓展产业功能，提升农业效益，增加农民收入。

【农业标准技术推广】　开展科技创新和技术指导，提升农业生产效益。做好“三品一标”（三品：绿色、无公害、有机农产品；一标：农产品地理标志）认定工作。新认证绿色食品1个，绿色食品续展8个，合计面积1865亩。

【农业绿色发展】　做好省级“肥药两制”（肥料农药实名制购买和定额制施用）改革综合试点县创建工作，培育改革试点主体80家、改革试点农资店10家。完成2021年度“肥药两制”数字化改革应用，增强“浙农优品”使用活跃度。做好县级以上农业龙头企业的2021年度农业产业化发展情况调查。定海区小沙怡然果蔬数字农场被认定为省级第一批数字农业工厂（数字农场）。

2021年茶叶和水果生产情况表

表4

指标名称	计量单位	数量	指标名称	计量单位	数量
一、茶叶生产			8.猕猴桃园	公顷	12
(一)茶园总面积	公顷	173	9.其他果园	公顷	296.8
本年新增面积	公顷	0	(二)水果总产量	吨	33564
本年采摘面积	公顷	66.7	1.柑橘	吨	9060
(二)茶叶总产量	吨	4.5	柑	吨	400
1.春茶	吨	4.5	橘	吨	7000
2.夏茶	吨	0	橙	吨	
3.秋茶	吨	0	柚	吨	1100
二、水果生产			2.梨	吨	600
(一)果园面积合计	公顷	4432	3.桃子	吨	850
1.柑橘园	公顷	809	4.杨梅	吨	13308
2.梨园	公顷	46.6	5.枇杷	吨	90
3.桃园	公顷	70	6.柿子	吨	450
4.杨梅园	公顷	2992	7.葡萄	吨	1900
5.枇杷园	公顷	43	8.猕猴桃	吨	60
6.柿子园	公顷	46.6	9.果用瓜	吨	5000
7.葡萄园	公顷	116	10.其他水果	吨	2246

【农业特色产业建设】　是年，开展主导特色林果提质增效工作。晚稻杨梅、金塘李、皋泄香柚种植面积稳定，受气候等因素影响，产量下降明显，得益于晚稻杨梅的增收，总体产值有较大幅度提升。定海山农产品区域公用品牌成为农业特色产业建设的重要抓手，实施定海山品牌建设项目，完成9家定海优质农场产品开发与包装设计，建设南洞定海山线下展示体验店、马岙村定海山茶（文化）体验中心，完成晚稻杨梅、皋泄香柚和金塘李三个生产技术舟山市地方标准制度，开展定海山品牌第三批主体授权工作。

定海山品牌与第三方签订服务协议

【定海优质水果全省获奖】　定海双桥丕杰家庭农场选送的“浙樱粉1号”樱桃番茄荣获2021浙江精品番茄评比金奖；浙江舟山龙荫农业专业合作社选送的“8424”西瓜荣获2021浙江精品西瓜评比银奖。

【开展高标准农田建设工作】　根据浙江省农业农村厅、浙江省自然资源厅《关于下达2021年高标准农田建设任务的通知》文件，2021年定海区高标准农田建设新建五个项目，涉及马岙街道、干石览镇、小沙街道等5个镇（街道），建成高标准农田1513.65亩，总投资758.41万元；改造提升三个项目，涉及马岙街道、干石览镇、金塘镇，改造提升农田2540.4亩，总投资362.62万元。

畜牧业

【概况】　是年，把发展畜牧业作为农业结构战略性调整、稳定生猪产能供给的重要途径来抓，提质量、优结构，推进畜牧业高质量发展。全区畜牧业总产值1.94亿元，同比上升62.06%。其中，生猪存栏5.01万头，出栏7.75万头，羊存栏0.17万头，兔存栏0.18万只、牛存栏287头。家禽存栏10.58万羽，出栏15.47万羽。全区生猪养殖户共10户，存栏规模1000头以上的7户；禽类养殖户共384户，规模以上（鸡、鸭存栏2000羽，鹅存栏500羽）养殖户6户，占总户数的1.56%。肉类、禽蛋产量分别达到7162.1吨和768.49吨，畜牧综合生产能力稳中有升。

【动物疫病防控】　是年，推广政府购买动物防疫服务，形成政府组织、部门监督指导、社会力量具体承接落实动物防疫公共服务的工作模式，健全基层动物

2021年畜牧业生产情况表

表5

指标名称	计量单位	数量	指标名称	计量单位	数量
一、生猪			3.鹅	万羽	1.84
1.生猪年末存栏头数（含未断奶小猪）	万头	5.01	五、兔		
繁殖的母猪	万头	0.38	1.兔年末存栏只数	万只	0.18
其他生猪	万头	4.63	(1)皮肉兼用兔	只	8
2.年内肥猪出栏头数	万头	7.75	(2)长毛兔	万只	0.18
3.猪全年饲养量	万头	12.76	2.兔年内出栏只数	万只	0.03
二、牛			六、养蜂年末箱数	箱	219
1.牛年末存栏头数	头	287	七、畜禽产品产量		
其中：良种及改良种乳牛	头		1.肉类产量	吨	7162.1
2.年内牛出栏头数	头	53	(1)猪肉	吨	6819.8
三、羊			(2)牛肉	吨	10.1
1.羊年末存栏只数	万只	0.17	(3)羊肉	吨	21
2.年内羊出栏只数	万只	0.14	(4)兔肉	吨	0.4
四、家禽			(5)禽肉	吨	270.8
1.家禽年末存栏只数	万羽	10.58	(6)其他	吨	40
其中：肉禽	万羽	5.69	2.禽蛋产量	吨	768.49
蛋禽	万羽	4.89	3.蜂蜜产量	吨	0.23
2.家禽年内出栏只数	万羽	15.47	4.蜂王浆产量	公斤	0
鸡	万羽	9.75	5.牛奶产量	吨	0
鸭	万羽	3.89	6.兔毛产量	吨	1.48

防疫工作长效机制，稳定基层动物防疫力量。

开展重大动物疫病日常免疫和春秋两季集中免疫　做好禽流感免疫10.55万羽，口蹄疫免疫16.58万头次，小反刍免疫0.4万头份，新城疫免疫8.1万羽次，猪瘟免疫28.68万头份，蓝耳免疫10.01万头份，狂犬疫苗1602头份，规模养殖场的免疫密度、牲畜二维码佩戴率、免疫档案建档率均达到100%。

应对非洲猪瘟、口蹄疫、H7和H5亚型高致病性禽流感等病毒　采集禽类血样和拭子各305份，牲畜血样726份，抗体检测合格率均在70%以上。

动物疫病监测采样

【非洲猪瘟防控】　是年，落实规模生猪养殖场封闭饲养、场区消毒、出入人员管理、禁止泔水饲喂行为等措施。利用在双桥的调入动物产品报验点，负责省外调入定海的动物产品查验工作，开展省外调入生猪非洲猪瘟检测，累计采集猪肉样品835批次，采集样品7121份。年内，舟山市定海华晟牧场有限公司通过省厅专家组现场评审，完成非洲猪瘟无疫小区创建。

开展省外调入生猪非洲猪瘟检测

【畜产品安全监管】　是年，实施规模养殖生态畜牧业发展、动物疫病防控、畜产品质量安全监管的“三元合一”管理模式，加强瘦肉精等违禁药物检测。加大生猪尿液“瘦肉精”检测抽检力度，抽检养殖环节盐酸克伦特罗、莱克多巴胺、沙丁胺醇663份，检测结果均为阴性，合格率100%。开展多项畜牧业投入品及肉品专项检查，检查兽药经营店和养殖场919家次，出动执法人员1838人次，未发现违规行为。狠抓动物流通监管与检疫管理，严格调入备案和调入地报验制度，签发《浙江省调入动物和动物产品备案单》共1641份，报验并核查1296批次。实施家畜产地检疫7.85万头，家禽产地检疫7.78万羽。实施猪肉产品跨县分销检疫制度，进行动物产品检疫1076批次，检查332.31吨冷鲜猪肉及猪副产品。10月1日起，使用“浙冷链”平台监控食品流向，省内调运动物产品不再开具跨县分销检疫证。

【动物卫生监管】　打击生猪屠宰违法行为　出动工作人员23人次，巡查养殖场19家次，巡查了各镇（街道）农贸市场、城乡接合部等区域，未发现私屠滥宰现象。开展动物诊疗机构监管，联合农业执法大队对辖区内动物诊疗机构开展监督巡查，累计出动人员284名，检查动物诊疗机构7家，对发现的兽药摆放不规范、过期兽药未及时处理等问题限期责令改正；完成6家动物诊疗机构和15名注册执业兽医师（注册助理执业兽医师）的年度动物诊疗行为报告的审核工作。

开展生猪产品监督抽检专项行动　通过摸清肉品来源底数、联合执法大队现场抽检，对肉类批发中省外调入生猪产品进行抽检，年内累计出动执法人员9名，抽检主体10家次，送检样品20份。

开展饲料标签核查　对饲料生产企业的生产许可条件、安全生产、生产基本要求、原料管理、质量控制等内容进行现场核查；开展饲料经营使用情况检查，配合农业综合执法部门，联合出动执法人员检查饲料经营店和生猪规模养殖场的饲料仓库、出入库台账记录和投入品使用等相关内容。

开展省外违规调运、销售猪肉联合检查　联合市场监管局在三农市场开展省外违规调运、销售猪肉联合检查，发放责令整改通知书4份。

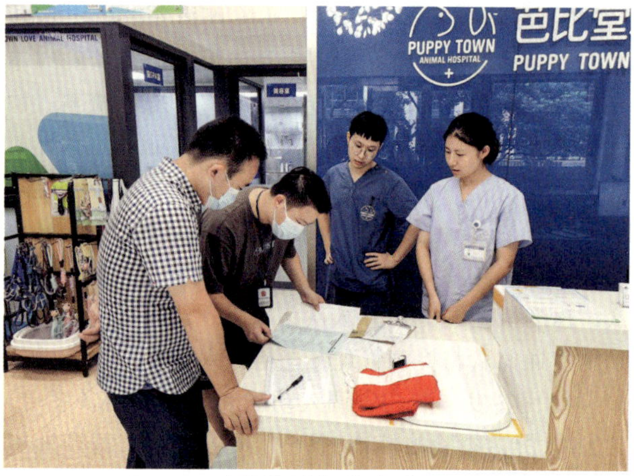

动物诊疗机构抽查

农业机械装备

【概况】 是年，全区机械总动力91461千瓦，其中，柴油机73725千瓦，汽油机3617千瓦，电动机14119千瓦。拥有耕作机械845台，机械总动力7851千瓦；种植机械97台，机械总动力845千瓦，其中，水稻插秧机80台；收获机械104台，机械总动力5089千瓦，其中，联合收割机99台，机械总动力5034千瓦；农产品初加工机械334台，机械总动力2911千瓦；植保机械322台，机械总动力803千瓦；排灌机械1974台，机械总动力7583千瓦；其他机械307台，机械总动力3910千瓦。全区水稻生产综合机械化水平达到87.09%，农业机械化程度显著提升。

【引进推广新机具、新技术】 小沙街道举办全市首次植保无人机现场演示会，展示植保无人机推广应用前景，提升定海高效植保水平，加快定海乃至舟山市

区农业农村局举办市内首次植保无人机现场会

农业领域“机器换人”步伐。全年，全区推广无人机5台。华晟牧场、定海飞腾农机专业合作社获评农业领域“机器换人”示范基地。

【农机购置补贴政策】 实施农机购置补贴政策，依托浙江农机补贴App，方便购机者办理补贴手续，农机补贴政策实施顺利。全年，全区购置补贴机具115台，享受各级财政补贴资金124.02万元，其中，中央补贴资金51.35万元，省级补贴资金2.28万元，市级补贴资金27.96万元，区级补贴资金37.48万元，报废补贴4.95万元。

农业经营管理

【强化农渔村集体“三资”监管】 79个村于6月底推进农村“三资”管理数字化建设工作，全部实行村级集体资金支付网上审批和阳光村务卡制度，信息采集率、推广覆盖率、在线审批使用率、系统记账率均为100%，提前6个月完成省定目标任务。开展农村集体“三资”管理领域腐败突出问题专项治理，重点围绕村级合同管理、资产交易、大额资金存放、非生产性开支及重大事项民主决策等问题，开展专项审计和督查。继续有序推进村级财务审计工作，委托会计师事务所对全区79个村的集体经济合同管理和村级大额资金存放专项审计。“四责协同”纵深推进清廉村（居）建设，根据定海区村（居）清廉指数考评细则，创建清廉村（居）市级示范点11个，提质增效14个。

【发展壮大农渔村集体经济】 全区农渔村集体经济稳步发展，村级集体经济总收入19432.58万元，较2020年增加2473.86万元，增幅14.59%。其中，经营性收入8697.53万元。全区79个行政村均实现年收入30万元以上且年经营性收入15万元以上目标。经营性收入50万元以上的村达到47个，比2020年增加27.03%。

【继续开展土地经营权流转工作】 继续开展农村土地经营权流转工作，加强土地流转管理和服务，防止耕地“非粮化”、坚决制止耕地“非农化”。探索农村土地承包经营权托管机制，在马岙街道五一村、马岙村成立农村土地经营权流转托管服务中心，将农业经

营主体土地流转合同与二轮土地承包期满延长30年有效衔接。

【完善农村土地承包经营权确权登记颁证】 是年，对农村承包地确权登记颁证“回头看”，变化信息进行整理入库，形成现状数据库，提交整理汇总定海区农村承包地确权登记颁证数据成果，并通过涉密移动设备离线汇交至省农业农村厅。开展来人来访土地承包经营权纠纷调解政策解答等信访工作，参与市行政复议案件通知会答复1起。

【培育扶持农村新型经营主体】 是年，进一步提升农民专业合作社的运行质量，培育扶持新型农业经营主体建设，结合“三联三送三落实”服务，开展农业经营主体服务、指导，创建省级示范性家庭农场2家、市级示范性农民专业合作社（家庭农场）3家，规范提升农民专业合作社20家，创建区级规范性农民合作社（家庭农场）4家。

【开展宅基地“三权分置”改革及闲置农房盘活】 是年，继续开展宅基地“三权分置”改革及闲置农房盘活工作，盘活闲置农房77套，推进“农房+新业态”项目1个。马岙街道马岙村通过市级验收，成功创建全市闲置农房盘活利用示范区。

“村回·未见海”——闲置农房盘活利用

【继续加强农民负担监督管理职责】 持续推进农民负担监管常态化管理，重点检查社改并村后的公费报刊订阅超额情况和以慈善、捐助为名的资金筹集情况等。参照“一事一议”筹资筹劳办法，与财政部门联合开展“一事一议”专项工作，踏勘项目35个，验收完工项目32个。

【推进宅基地管理与改革】 审批宅基地1239宗。年初完成农村村民住宅建设需求调查工作，推进农民建房“一件事”审批系统落地，宅基地审批办件实现100%上线。配合解决各类宅基地信访、纠纷、仲裁等案件。

农业行政执法

【农资信用体系建设】 根据《定海区农资信用体系建设实施意见》和《定海区农资信用体系等级评价办法》，联合舟山市市场监督管理局定海分局、定海区供销联社组成区农资信用体系等级考评小组，对全区31家农资企业进行信用等级评定，评出A级诚信农资企业7家，B级守信农资企业20家，C级警示农资企业4家。

【“绿剑3+X”系列执法行动】 相继开展围绕以元旦、春节期间农产品供应安全为中心的“绿剑3+X”冬季集中执法行动，以种子、种苗、农药、肥料为检查重点的“绿剑”春季集中执法行动，以农药产品（包括卫生杀虫剂）为检查重点 的“绿剑”夏季集中执法行动，以保障“中秋”“国庆”两节农产品质量安全的“绿剑”保安全专项行动，以兽药、饲料及饲料添加剂产品、种畜禽以及农产品种养殖基地为检查重点的“绿剑”秋季集中执法行动，以及茶叶、杨梅等专项执法检查行动。全年出动执法人员295人次，检查农资经营单位142家次、种养殖基地65家次、种苗市场8家次；监督抽检农业投入品41批次，合格率100%；监督抽样农产品102批次，合

“绿剑”执法农药检查

格率99%；立案查处农业案件5起，罚没款金额总计6000元。

【“肥药两制”改革示范农资店创建】 突出抓好农资经营体系规范化建设，打造良好农资经营秩序。组织人员对申报的5家农资店逐一实地验收，并上报省厅审核确认，完成省厅下达的年度创建任务。

“肥药两制”农资店创建培训会

【“加拿大一枝黄花”防除】 根据省、市重大农业疫情防控指挥部文件的精神，全区动员，围剿“加拿大一枝黄花”。全年“加拿大一枝黄花”发生面积4513亩，喷药除治面积2351亩，其他方法除治2162亩，除治率100%。各镇（街道）使用除草剂1.18吨，投入人工3858工。

开展“加拿大一枝黄花”检查

农林科研

【农（渔）家乐创建】 开展各专项及综合性检查7次，对农渔家乐、民宿食品卫生、消防等安全工作以及落实公筷公勺制度、反对浪费宣传等进行指导检查。指导农家乐业主做好台风“烟花”抗台准备，台风过后对传奇庄园、万锦湖等受灾农家乐场所进行灾后慰问。该年度新增农家乐经营户3家，认定二星级农家乐经营户4家，指导区农家乐协会完成换届工作。因疫情等原因，部分农家乐关停，正常经营的农家乐有51家。

走访指导农渔家乐

【数字化改革工作】 完成乡约定海应用场景浙里办、浙政钉两端上线工作；完成干䃎镇新建村、马岙街道马岙村浙里办未来乡村场景上线工作。

【休闲乡村工作】 完成马岙村年度省级休闲乡村建设任务。

【乡村振兴工作】 完成《2021年定海区乡村振兴任务清单》中农业高质高效、乡村宜居宜业、农民富裕富足、组织保障有力四大块内容87项重点任务。

【美丽乡村建设】 根据《关于深化“千村示范、万村整治”工程高水平建设新时代美丽乡村的实施意见》和《关于下达2021年度新时代美丽乡村全域建设任务的通知》，完成2020—2021年全域美丽乡村建设，建成马岙街道美丽乡镇和千年稻香风景带；启动2021—2022年全域美丽乡村建设，建设册子岛美丽小岛、小沙街道美丽乡镇和民俗文化风景带。根据《浙江省新时代美丽乡村认定办法（试行）》，认定新时代美丽乡村达标村19个、新时代美丽乡村精品村7个。完成盐仓街道新螺头村、岑港街道烟墩村和小沙街道庙桥村等3个“一米菜园”试点村建设。创建美丽庭院2500户。

马岙游笔溪景观打造

【持续推进农渔村环境综合整治】　根据市有关精神开展新一轮“洁美杯”环境整治，做好全国文明城市农渔村常态化管理，出台《定海区新时代洁净乡村标准》，开展露天粪缸整治回头看，深化提升定海农渔村人居环境。整治露天粪缸（池）780余个，清理各类垃圾7100余吨，整治乱堆乱放2500余处，清理乱贴乱画2500余处，更换、新增垃圾箱1700余套，累计投入资金900余万元。开展《浙江省生活垃圾分类管理条例》宣传贯彻工作，制作印发宣传手册1万份，张贴宣传海报400张，宣传礼品5000份，岑港街道涨次村创建成为2021年省级农村生活垃圾分类高标准示范村。新建农渔村公共厕所4座，成功申报省级农村示范公厕3座（白泉镇洪家村文化礼堂旁公厕、马岙街道净零碳公厕、干䃥镇新建村游客服务中心公厕）、星级公厕11座。

马岙街道净零碳示范公厕

【开展指导员工作】　全区有61名农渔村指导员派驻到56个村，其中，市派9名，区派52名。建立10个工作小组，实行属地管理，各镇（街道）分管负责人任小组长，副小组长由指导员担任；指导2021年度农渔村工作指导员围绕农渔村人居环境、乡村振兴等重点开展日常工作，做好信息报送管理。期间，走访农渔户2487户，调处矛盾纠纷270次，落实基础、公共服务、经济项目等47项，争取项目资金349万元，落实扶贫资金43.53万元，捐赠物资5万元。

农村工作指导员工作会议

【推进扶贫开发工作】　落实“一户一策一干部”机制，结对干部和低收入农户实行按月联系、按月走访，确保“一户不少，一人不落”做好低收入农渔户帮促数字化应用系统“幸福清单”归集工作，实现部门数据共享共建。实现辖区低收入农户人均可支配收入增幅10.2%。慰问走访结对户1308户，发放慰问金211.81万余元。申报扶贫基地3家，吸纳低收入农户23人，加大设置公益性岗位，帮扶低收入农户114人，补助资金53.62万元。

举办2021年“东海渔嫂”洁美员培训班，提升洁美员业务能力

走访慰问低收入户

【就业培训】　各镇、街道根据各自地域特色以及辖区农渔民的不同年龄、不同需求举办各类培训班，农家乐培训班、洁美员业务能力培训班、美丽乡村建设知识培训班等13期，培训农渔民实用人才450人，完成率达136.3%，实现培训评价率90%以上。

【历史文化村落保护利用】　完成第七批省级历史文化村落保护利用一般村大鹏村建设任务，完成古渡公园提升改造工程、古建修复工程、码头入口景观提升改造工程、大鹏岛古建修缮工程5个项目，投入资金约405万元；继续推进第八批重点村后岸村的创建工作；启动第九批重点村金山村项目建设。

（撰稿：裘晶晶）

（本类目照片由区农业农村局提供）

责任编辑：周丽坤

海洋渔业

综　述

2021年，区海洋与渔业工作紧扣“十四五”海洋与渔业工作任务，立足渔业产业高质量发展，推动海洋与渔业工作转型升级，完成各项目标任务。是年，全区水产品总产量19.87万吨，总产值22.95亿元，分别比上年增加3.71%和减少7.79%。其中，国内捕捞总产量2.55万吨，总产值2.56亿元，比上年减少2.18%和4.45%；远洋捕捞总产量16.96万吨，总产值19.23亿元，分别比上年增加4.67%和减少8.29%；水产养殖3585吨，与上年持平。

海洋捕捞

【概况】　全区有机动渔船389艘，比上年年末减少95艘，总功率30.65万千瓦，总吨位19.55万吨。捕捞总产量19.16万吨，比上年增加18.53%，总产值25.41亿元，比上年减少17.09%。其中，国内捕捞渔船191艘，主要以拖网为主，占国内捕捞总产量的81%。捕捞作业类型有拖网（包括双拖、单拖和拖虾）、张网（包括张网和帆张网）、围网、刺网和蟹笼等，主要分布全区7个镇、街道。国内捕捞总产量25499吨，比上年减少2.18%，国内捕捞总产值25615万元，较上年减少4.45%。远洋捕捞渔船188艘，比上年年末减少39艘，主要以鱿钓作业为主，总产量16.96万吨，总产值19.23亿元，分别比上年增加4.67%和减少8.29%。

【国内渔业资源养护补贴资金发放】　落实海洋渔业资源养护补贴政策，发放国内渔业资源养护补贴资金1354.34万元，180艘渔船受益。

【传统海洋捕捞渔民养老保障】　是年，认定传统海洋捕捞渔民数4117人，认定传统海洋捕捞渔民遗孀总数914人。2021年7月，完成传统海洋捕捞渔民个人参保缴费补助工作，补助人数1363人，发放资金399.25万元。

【国际履约能力提升补助资金发放】　落实国际履约能力提升资金补助政策，发放国际履约奖补助资金21727万元，涉及远洋船169艘。

【抓牢境外疫情防控工作】　贯彻落实境外疫情防控工作，配合属地部门做好船员接进、进港调度工作；做好渔船和船员出入境统计、外籍船员入境申报和落实入境隔离相关工作。全年，接进境外渔船97艘，船员1942人，其中外籍船员449人。

【建设远洋渔民“一件事”应用场景】　开展远洋渔民“一件事”应用场景建设，在两条远洋渔船上完成试点工作，为远洋渔船船员提供远程党建宣传、医疗服务、警务咨询、心理疏导、安全管理培训、劳资纠纷调解等服务，缓解远洋渔民长期在外漂泊生活枯燥、条件艰苦等问题。

【开展远洋渔业从业人员培训】　组织远洋船员行前培训，通过相关法律法规、安全生产、心理辅导等内容，提升船员应急应变能力，改善船员心理素质。是年，组织36批次远洋渔业从业人员培训，培训1633人次。

【做好远洋渔业安全生产管理】　督促企业履行生产安全主体责任，建立每季度1次的行业常态化安全巡查制度，从安全台账检查、登船实地检查安全设备等方面筑牢企业安全生产红线。是年，开展安全台账检查60次。

水产养殖

【概况】 全区有水产养殖面积0.55万亩，水产养殖产量3585吨，实现产值1.11亿元。海水养殖面积0.51万亩，产量3455吨，产值1.08亿元；淡水面积330亩，产量121吨，产值316万元。

【发展主导产业】 南美白对虾高位池精养面积4225亩，大棚养殖面积49万余平方米，有20家单位从事南美白对虾高位池精养，17家单位从事钢质塑料大棚工厂化养殖。全年，共放南美白对虾苗4亿余尾，产量3293吨，产值1.08亿元。南美白对虾大棚设施精养年均亩产达2500公斤，亩效益7.5万元；高位池精养亩产1000公斤左右，亩效益3万元；三疣梭子蟹底增氧高产精养亩产50公斤，亩效益6000元，较一般养殖户亩增产25公斤，亩效益增收3000元。

南美白对虾工厂化养殖

【健康养殖示范场创建】 创建完成渔业健康养殖示范县，被省农业农村厅评为“浙江渔业健康养殖示范县（第二批）”，舟山市定海海金水产养殖场、舟山市定海佳益水产养殖场和舟山市绿源水产养殖有限公司3家养殖场完成省级水产健康养殖示范场创建，被省农业农村厅评为“浙江省水产健康养殖场示范场”。

【推广海水生态养殖】 推广海水生态养殖模式，开展梭子蟹配合饲料替代行动，发放配合饲料5.88吨，完成500亩梭子蟹养殖为配合饲料推广示范点任务。

【养殖尾水治理试点】 完成规模以上水产养殖场尾水处理改造提升，委托浙江省海洋水产研究所对所有养殖场进、排水进行水质监测，监测108批次。

【渔业科技示范基地】 完成舟山市定海区长白大满养殖场示范基地和舟山市定海大巨水产养殖场2家渔业科技示范基地创建，示范技术为南美白对虾设施大棚养殖技术、南美白对虾高位池生态养殖技术、养殖尾水处理技术。

【标准化养殖】 推广标准化养殖模式，全区省级标准化示范养殖面积达到4225亩。通过认证的无公害产地9家、产品9个，面积2147.1亩。

初级水产品质量安全

【水产品质量安全】 开展初级水产品质量安全抽样138批次，初级水产品质量安全宣传培训10场次，400人次，发放宣传资料1200余份，媒体宣传5次。

【苗种产地检疫】 正式启动水产苗种产地检疫工作，于8月6日为毛峙水产苗种厂开出全区首张水生动物检疫合格证，标志着定海水产检疫工作进入管理新阶段。

苗种产地检疫

【水产养殖用药减量行动】 是年，根据全区水产养殖主导品种，建立2个省级水产养殖用药减量示范点，分别是舟山市定海盘峙水产养殖场和舟山富田海洋生态科技发展有限公司。

【开展水产养殖病害测报】 开展渔药店零售监测、南美白对虾流行病学调查和苗种病害检疫工作。设立15个水产病害监测点，其中，南美白对虾13个、三疣梭子蟹2个，监测面积1820亩。

【公益性增殖放流】 区农业农村局投入资金50万元，将5000万尾海蜇幼苗、35万尾黑鲷和22万尾黑鮸鱼放流到灰鳖洋海域。

【水产种质资源普查】 按照《第一次全国水产养殖种质资源普查操作手册》要求，组织渔业产业、水产技术等骨干人员，到各水产养殖及育苗场，开展水产种质资源普查，累计完成登记主体30家，资源种类20余个，资源信息51条。

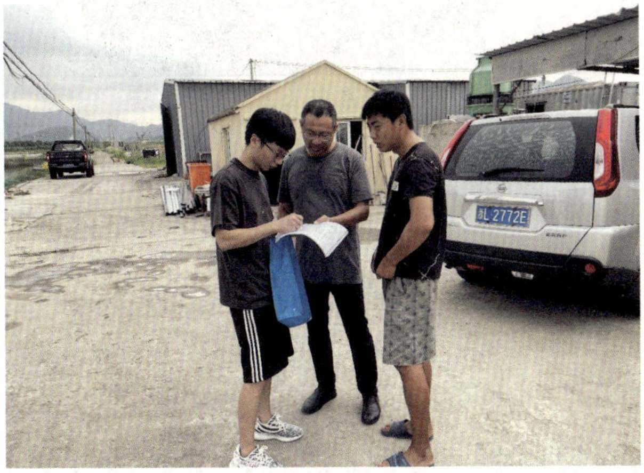

开展水产种质资源普查

渔港建设

【定海区西码头中心渔港扩建工程】 工程由定海区渔港建设开发有限公司申报并实施。2016年4月《省发改委关于浙江省舟山市定海区西码头中心渔港扩建工程初步设计的批复》明确其建设内容及规模为：新建5000吨级冷藏运输渔船码头泊位1个，长140米，引桥总长105米；1000吨级渔船码头泊位3个，总长260，引桥总长364米；500吨级渔船泊位码头2个，总长100米，引桥总长316米；新建护岸550米，陆域形成8.2万平方米，港池疏浚25万立方米，清礁10.59万立方米以及水电、通信等配套设施，投资概算1.75亿元。至2021年年底，工程护岸、陆域回填和疏浚部分完工，清礁完成总体工程量的约93%，项目实际支出约9000万元。

【定海区西码头中心渔港疏浚工程】 根据浙江省农业农村厅《关于舟山市定海区西码头中心渔港疏浚工程实施方案的批复》文件，工程建设内容为疏浚港池1#锚地、2#锚地及渔业码头区域，疏浚面积30.34万平方米，疏浚工程量71.16万立方米。

渔业安全

【概况】 全区渔业安全生产形势总体平稳，未发生等级以上事故，无人员死亡（失踪）。

【落实安全责任】 落实各镇（街道）渔业安全责任，要求各镇（街道）按照属地管理和船籍港管理原则，对各自辖区内渔船、船员以及各项制度落实情况进行自查。所有基层渔船管理组织进行年度考核评比，对照考核评分标准，逐条核对检查，完善基层组织工作机制、落实各项制度措施。

基层渔业管理组织机构整合

【推进复工复产】 成立疫情防控领导小组，宣传疫情防控知识，提高渔民重视程度，督促产业主体履行好主体责任。筑牢海上战“疫”防线，发挥人防和信息化手段，严防疫情从海上输入，落实各镇（街道）

的属地管理责任和船东船长的主体责任，加强对各类渔业码头的执法监督巡查。严控境外输入风险，明确职责分工，开展信息预报核查，加强渔船管控合理调度。结合“进渔村、进渔企、进渔船”活动，帮助产业主体解决生产布局、产销对接等问题，推动“渔业”领域产业复工复产。指导水产养殖恢复生产，加强码头船舶监查管控。

【落实应急值班】 针对冬汛时节渔业生产繁忙、生产事故多发特点，召开冬汛渔业安全生产工作会议，分析当前渔业安全生产形势，总结2021年渔业安全生产工作开展情况和存在问题，传达省、市秋冬汛渔业安全会议精神，部署下阶段工作。按照市政府关于加强冬汛渔业安全生产工作的紧急通知要求，落实区、镇、基层渔船管理组织24小时应急值班制度，对各地值班值守情况进行抽查，督查落实渔业安全生产监督管理职能。

【开展宣传教育】 结合商渔船防碰撞安全警示教育、党史专题教育学习，丰富船东船长“面对面”安全警示教育内容，联合海事等部门开展教育7场次，“面对面”教育1380人次，组织60名渔船船东船长与商船船东船长互登互见，增加沟通交流，做好海上防碰撞工作。针对渔船主要集中在8月1日开捕的实际，提前组织船员技能培训、考试，通过普通船员自行组织、职务船员委托市级培训，加快完成船员培训、考试，培训职务船员297人，完成率103.12%；普通船员112人，完成率248.88%。邀请专业教员，对渔船应急演练进行指导，突出渔船单船应急演练。

舟山海事局商渔船防碰撞安全警示

【开展渔船安全隐患排查和风险普查】 成立渔船风险普查领导小组，制定渔船风险普查工作方案，组织两次渔船风险普查培训，至6月底按时完成第一轮集中普查，7月开始分类整治，除系统判定的高风险渔船外，其余均降到高风险以下，高风险渔船比例全市最低，年底开展第二轮集中普查，对年中普查情况进行“回头看”，对发现的问题及时进行整改落实。结合8月1日渔船开捕，对出海渔船开展“翻箱倒柜”式安全隐患排查，安全隐患整改率100%。

商渔船船东船长互见学习

【省内“异地挂靠”渔船按时清零】 根据省农业农村厅要求，全区“异地挂靠”渔船任务为转入1艘、转出5艘。及早与转入地渔业主管部门联系沟通，正常渔船及早办理过户手续，已无实船的回退注销，在9月16日开捕前全部完成清理，按时完成省内“异地挂靠”渔船清零任务。

【落实渔业安全生产和管理制度】 按照渔业安全管理要求落实各项规章制度，通过安全救助平台对全区渔船进行监控，按照要求进行点验。特别在应急响应期间，对落单渔船、高危渔船等进行重点监控，编组落实、动态干预，确保渔船信息准确和安全。督促渔船落实航行要求和值班要求，特别是“黑色5小时”期间、“大轮习惯航线”等危险时段和区域，严格落实抽查核实船长值班情况，确保船长值班到位，确保渔船安全。

【推进基层渔管组织规范化建设】 整合优化基层渔船管理组织，把分散在8个涉渔乡镇的15个基层渔船管理组织整合提升为5个，配强管理人员，健全管理制度，落实年度考核制度和奖励补助资金。3个二级以上渔港设立渔港综合管理站，与基层渔管组织集中合署办公。

【做好海事调处】 规范渔船海事调处工作程序，加强与其他县区海事调处部门的沟通协调，加大海事渔事纠纷调处力度，按照“四不放过”原则处理每起渔业海上交通事故。是年，调处海事纠纷4起，结案率100%。

【开展海洋捕捞渔船减船转产】 是年，启动国内捕捞渔船“减船转产”工作并制定了《定海区2021年度国内捕捞渔船“减船转产”实施方案》，减船转产11艘，压减功率2596.5千瓦，补助资金2165.2万元。

【推进渔船安全救助信息系统建设】 渔船安装同博固定式北斗船舶示位仪99套；安装AIS防碰终端118艘；安装普适北斗卫星终端89套。

【加强渔船通信管理】 做好信息系统工作月度上报、离线渔船核查、终端设备年检等工作。每天对平台渔船在线情况进行检查和台账记录，对离线渔船、脱离编组渔船及时查清原因，跟踪设备故障渔船，督促其到港后及时维修。对省信息系统工作管理平台中离线渔船的信息进行核实反馈并跟踪，直至设备故障处理完成。

【加强各类信息系统运行维护管理】 做好新建、转让、更新、报废渔船的终端设备入网、变更或注销手续，办理243艘渔船注销、入网。做好24小时应急值班工作，全年通过信息系统短信平台、单边带电台、海上Wifi、船老大手机发布宣传、警示、扫黑除恶以及气象等各类短信12.67万条，安全救助信息系统平台接收渔船各类报警522起。加强舟山渔船动态点平台管理，督促各镇（街道）及时完成渔船点验工作。

【完成渔船受理检验发证工作】 是年，严格落实登船检验渔船472艘，验船师做到每艘渔船登船检验次数不少于2次，特别加强对高危渔船的检验；做好检验记录，将重要安全设备配备情况、摆放位置拍照留存。

【严格落实老旧渔船整改】 依据《舟山市老旧渔船专项整治工作方案》，对20艘老旧渔船落实整改措施。通过更换锈蚀外板、加强结构焊接、更换破损风雨密门窗等，逐条落实整改项目，消除老旧渔船安全隐患。

【提升渔船本质安全】 *核查渔船稳性资料* 对辖区渔船逐船核查稳性资料，对发现稳性资料缺失渔船全部落实整改，确保渔船最基本的安全。

加强营运渔船专项整治 落实“遏重大”百日攻坚行动，根据对渔船检验工作的新要求，细化涉及渔船安全的船机电检验项目，确保渔船本质安全有效提升。对33艘渔船重新核定船员人数，对12米以上渔船全部要求配备甚高频通信设备，对渔船结构水密性、救生消防、号灯等重要安全项目进行逐项检查，全面禁止渔船使用自动舵装置，普查中存在的安全隐患，提升渔船安全适航状况，保障渔船航行和生产作业安全。

【落实“阳光船检”行动】 推广船厂网络申报制度。针对船厂在伏季修理期间，船只多、进度紧、人员少的情况，推广使用“钉钉”“微信”的方式进行网上申报，允许船厂“先报后送”（先网上申报，后送相关资料），提升检验效率。

渔业、海洋执法管理

【概况】 贯彻落实省市海洋与渔业工作会议精神，开展“三战”（幼鱼资源保卫战、伏休成果保卫战、禁用渔具剿灭战），将“一打三整治”工作进行到底，促进渔业资源可持续利用，推进辖区海洋行政执法工作。全年，开展渔业执法检查562次，出动执法人员3193人次，执法车辆396车次，行程19223公里；执法船艇370艘次，航程11902海里。发放各类宣传资料2640份，检查码头停靠点1739个次，检查渔船1226艘，查处案件88起，罚没款70.72万元。清理海上违规网具及禁用渔具2128顶，查扣三无渔船30艘，全部完成拆解。开展海洋执法检查53次，派出执法人员123人次，出动船艇25航次，航程1170余海里，检查用海单位及用海项目等39个，检查海岛104个次，立案查处各类海洋违法案件21起，办结21起，收缴罚款1807.91万元。

【营造“三战”氛围】 制定《定海区2021年度违禁渔获物执法检查工作方案》，明确海洋渔业、市场监督、公安交警、城市管理等各部门职责，建立常态化执法巡查和联合执法巡查机制，覆盖全面伏休期间违禁渔获物流通各个环节，打击全面伏休期间捕捞销售违禁渔获物行为，实现“沿岸不见绝户网、海上不见应休船、市场不见违禁鱼”的目标。联合市场、综合行政执法等单位向农贸市场、夜排档、宾馆饭店发放相关宣传资料2640份。

开展“迎开渔 宣新规 保安全”联合执法2号行动

【把好渔船休渔和开捕关】 是年，成立定海区伏休渔工作领导小组。按层级管理要求，逐级签订“伏休责任状”。伏休期间设置岸上管理组和海上检查组，建立渔政船艇日常巡航机制，落实涉渔乡镇、街道开展对应休渔船的梳理工作。对应休渔船进行“三重确认”，即镇（街道）自查确认、渔船动态监控系统确认以及渔业执法部门现场排查确认。按照“船进港、人上岸、网入库、证集中”的目标做好伏休管理四项集中。伏休前期间，全区203艘应休渔船全部按时休渔。有10艘渔船在伏休期间执行测量、护航任务根据省市相关要求，协同渔政渔监、信息中心、船检等部门对上述渔船逐船开展登船检查，确保渔船合法合规，不“带病出海”。做好4艘市外伏休渔船的异地伏休工作，尤其是对苍南渔船浙定渔运01159船的船检证书过期且拒不执行伏休政策的情况，派出执法人员协同镇街人员奔赴苍南，根据省市相关要求予以过户。

【严查非休渔渔船】 是年，全区有休闲渔船2艘。伏休期间，信息中心进行24小时船位监控，一经发现有未经申报的异动船舶，立即进行核实，确保监管到位。对参与各类护航、警界的船舶（全区有各类警界护航船10艘）落实监管责任，确保按申报备案时间、区域开展任务，要求镇街落实这类船舶的伏休监管，严禁携带渔具、网具入船及违规作业。落实港口、码头日常巡查，严查各类伏休违法违规，确保伏休渔船管理监督到位。

【开捕节点管理工作】 开捕前，运用浙江海渔通App平台，通过乡镇自查，渔政渔监和执法抽查等形式，开捕渔船开展安全设备和渔具大检查，对发现问题能当场整改的立即整改，对渔船存在信号弹、灭火器缺失等问题，在开捕前整改完毕。开捕当天，安排4艘执法艇在金塘、长白、西码头、盐仓、册子等渔业码头海域定点巡查、紧盯渔船提前出海，严防出现“抢跑道”现象。执法人员再对渔船船老大进行宣传教育，要求渔船在航行生产期间加强值班瞭望，确保航行和生产安全。对全区渔船做到应检尽检。

【做好海上疫情防控工作】 根据市、区各级部门关于做好疫情防控期间渔业尽快复工复产有关工作要求，定海区海洋行政执法中队落实属地管理和联防联控责任，确保疫情防控和渔业复产复工的执法检查、服务保障工作“两不误”。执法人员通过现场执法监督的形式加强渔区疫情防控宣传，叮嘱渔民在工作场所时刻戴好口罩。全年，未发现渔民感染疫情情况。船主船东落实本地船员和外地船员特别是外省来舟人员的登记、监测、隔离、工作及主体责任，发现问题第一时间上报。复工复产后，对卸货渔船的船员动态、体温情况开展抽查，确保疫情不发生船岸交互扩散或在海上蔓延。做好渔政船和执法人员的自身防控工作。制定《渔政船艇（船员）防控新型冠状病毒工作方案》；保障外出执法人员口罩和消毒药水供应和体温监

疫情期间为远洋渔船运送物资

测。根据4月中旬以来远洋鱿钓渔船集中返港，存在境外疫情经水路输入中国的风险情况，派遣渔政船和执法人员开展每日巡查，严防渔船未经许可擅自靠帮、过驳、载客。其间查处一艘渔运船违法载运远洋渔船船员案件，执法人员依法予以处罚人民币2万元。

【开展“铁拳整治”行动】　针对海上作业渔船监管力量薄弱，海上作业安全隐患无法及时消除的情况，根据市局统一部署，于4月末开展“铁拳整治”专项执法行动。全面整治所有渔业船舶，查处各类违反安全生产法律法规行为。渔政33110连续作战不停歇，检查渔船38艘，现场整改安全隐患4艘，查处违规渔船14艘。年内，被市海洋渔业局表彰为集体三等功。

【开展禁用渔具整治】　严格落实滩长制，确保专人对辖区内沿岸地笼网、滩涂串网等进行分片包干清理。根据渔政船巡查计划，对全区海域进行每日巡查，对滩涂串网、地笼网，发现一处，取缔一处，全年组织次清理行动15次，累计清理滩涂地笼网、串网2128顶，并督促渔民自行清理，实现沿岸滩涂不见“绝户网”。

清理违禁网具

【开展陆上联合执法】　根据市协调办关于违禁渔获物执法检查工作方案的要求，制订《违禁渔获物执法检查工作方案》，重新明确各成员单位的职责和分工。明确海上捕捞环节由海洋渔业牵头负责；市场经营厂点由市场监督牵头负责；马路流动摊贩由综合执法牵头负责。成立三个联合执法组，由公安、市场监督、综合执法、经信、运管、高速交警和渔业组成，确保对违禁渔获物的全面查处。加大宣传力度，通过电视、微信公众号、报纸、印发宣传资料、张贴公告等形式，加强舆论宣传。从5月7日始，每天对各类市场、主要渔港码头开展巡查，检查市场农贸市路边摊、饭店383家次，查扣违禁渔获物197.285公斤。海洋与渔业执法组开展高速路口检查1次，查扣违禁渔获物145公斤。综合执法部门结合创城工作开展针对性监管，全区基本未见贩卖违禁渔获物的流动摊点。市场监督部门对区内大型市场实行驻场监管加联合执法组每日巡查的模式，落实渔获物索证索票制度，对于无法证明合法来源渔获物的一律予以没收。

【开展“遏重大”百日攻坚行动】　开展“三无”渔船打击工作。摸清各地三无船舶基本情况，与海事、港航等涉海部门，联合镇街，统一执法思想，对停泊在港口、码头的“三无”船舶进行集中打击。与马岙、定海及金塘海事处等单位，多次开展联合执法，查扣“三无”船舶115艘，其中涉渔“三无”船舶30艘，已全部拆解。落实扣船点和查扣程序，确保有序执法。对于发现的“三无”船舶一律实行“先查扣，后划管”的政策，堵上港口停泊“三无”船舶无部门可以监管的法律漏洞。

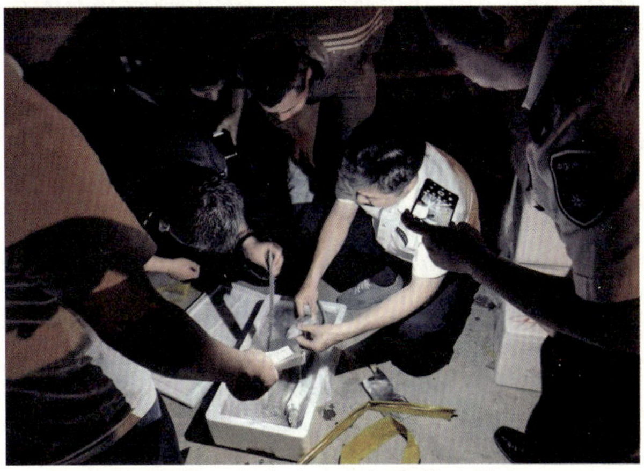

伏休期间高速路口查扣违禁渔获物

【开展各类专项安全执法行动】　针对海上作业渔船监管力量薄弱，海上作业安全隐患无法及时消除的情况，根据市局的统一部署，利用渔船春节、大风大雾及小潮时节集中回港的有利时机，开展以“五超”（超员、超载、超高、超航区、超抗风力航行生产）为重点的渔船安全隐患大排查。严查渔船各类安全设备装配运行情况及人员持证情况，对信号弹、灭火器缺失等问题能当场整改的立即整改，不能当场整改的在开航前整改完毕。对无证驾驶、违章搭客等多个案件类型予以立案处罚。全年查处案件88起，罚没款人民币70.72万元。

【开展通导设备专项检查】 重点检查12米以上海洋渔船AIS设备九位码使用情况，重点关注“一船多码”和“一码多船”等违规行为。行动期间，开展渔船通导设备专项执法行动15次，检查渔船39艘次，发现存在AIS问题7起，其中“一船多码”现象2起（省市区联合检查，当场整改完毕），“北斗卫星”终端设备故障、未正常连接5起，立案4起，均整改完毕。

【开展专项护航执法管理】 对天然气管理途经小沙、马目、长白海域路由侧的涨网渔船进行驱赶和查处，保障天然气管道安全运行；对秀山东锚地内违法涨网的定海籍渔船进行查处。开展天然气管道专项巡查4次；并多次与海事部门对天然气管道海域和秀山东锚地海域开展联合执行动。

【强化初级水产品安全监管】 检查水产养殖场是否储存、使用国家禁用药物，是否使用或存储有人用药、原料药，三项记录（特别是养殖用药记录）是否真实完整。全年，检查水产养殖单位22家次，未发违规用药等行为。

【开展海上安全执法检查】 组织开展渔船隐患大排查和安全执法大检查行动，重点检查帆张网等10人以上高危渔船以及救生、消防、通导设备安全隐患大排查，聚焦“五超行为”的处罚力度，防范渔船“带病”出海生产，对隐患排查和执法检查中发现主体责任落实不到位的渔船，实施“五个不准”、执行“五个一律”，排查安全隐患12次，全部整改完毕。

【抢险救灾】 根据省局春雾季和秋冬季定点值班任务的要求，全年渔政33110开展值班8航次。渔政33110、渔政33116和海监7016开展抢险救灾17次，救助人员9人。

【落实环保督察“回头看”工作】 配合自然资源局做好疑点疑区核查、国家海洋督查和环境保护督查工作。建立违法围填海监管执法长效机制，组织开展“回头看”行动和围填海大排查行动，贯彻落实《浙江省岸线分段包干定期巡查制度》，对辖区内的海岸线每月组织巡查1次，查处污染海洋环境、非法围海填海等违法行为。联合舟山市自然资源和规划局定海分局对5处疑点疑区进行核查，对1处违规用海工程进行立案调查。

【“海盾2021”专项执法】 加强区域用海规划实施情况的监督检查，并加强监管，重点检查未取得海域使用权证进行的围填海行为，防止发生违法用海情况。加强区域岸线巡查，配合中央环保督察和国家海洋督察反馈问题整改工作，加强对用海企业宣传教育，确保无新增非法围填海情况发生。

【“碧海2021”专项执法行动】 *加强海洋工程建设项目监管* 全面跟踪检查辖区内海洋工程的建设和运行情况，重点对交通码头等新建的用海项目进行多次现场监察，掌握工程进度，要求用海企业按环评要求做好废弃物和污水处理。

加强海洋倾废管理 对定海港一带海岸线开展海洋生态环境巡查，重点对定海南部海域临时倾倒区开展多次海上巡查管控。

加强海洋保护区检查 每月1次安排执法船只对省级自然保护区五峙山列岛开展专项巡航，严防未经批准违法用海、未经允许登岛、非法采集鸟蛋等破坏海洋生态环境的违法行为发生，并建立专项执法台账。

【“护岛2021”专项执法行动】 是年，全区有岛屿140.5个，其中，无居民岛屿101个，有居民岛屿39.5个。联合自规局海域部门，对全区的海岛按季度、分区域开展巡查。重点对团鸡山等四个省第一批可开发利用的无居民岛屿及五峙山鸟岛自然保护区、定海南部诸岛、金塘北部岛群等岛进行环岛巡查，做到“用岛心中有数，违法及时查处”，并对五峙山鸟岛自然保护区等岛屿开展登岛检查，未发现违法用岛行为。

（撰稿：裘晶晶）

（本类目照片由区海洋与渔业局提供）

责任编辑：周丽坤

工业经济和信息化

综 述

2021年，区经信局（区科技局）坚持以新发展理念为引领，统筹推进疫情防控和复工复产，开展“争先创优”行动，工业经济平稳向好，经信科技工作取得成绩。是年，全区规模以上工业产值同比增长22.5%，其中区本级规模以上工业产值同比增长20.7%；全区规模以上工业增加值同比增长9.5%；全年完成工业总投资36.8亿元，同比上升69.4%；完成工业技改投资24.6亿元，同比增长66.5%。

工业经济

【重点项目建设】 全区投资1000万元以上项目56项，7412工厂三期、舟山鱼东等220千伏输变电工程、交投矿业二期、优众智能制造车间、同舟环保、浙交工年产20万立方砼结构构件等项目开工建设。完成工业企业零土地技术改造项目备案（核准）60项。35个项目列入省重点技改项目监管数据库名单，39个项目列入市百项智能化技改项目，11个项目完成省级新产品（新技术）备案，华业塑机、长宏国际、7412工厂等7个项目完成鉴定，华业塑机、良海粮油未来工厂、德玛吉机械、7412工厂、通达机械等智能工厂（车间）项目完成市级验收工作，长宏国际、金鹰塑机2个项目列入浙江省重点装备制造业重点领域首台（套）。华业塑机获评国家级绿色工厂，兴业集团获评省级绿色低碳工厂。累计下达省、市级技改及相关补助资金3000余万元。

【整治低效企业】 加强“一企一策”精准帮扶，实施税收提升、关停淘汰、兼并重组、土地收储四大专项行动，整治提升低效企业。全年，完成整治提升151家工业低效企业，盘活企业用地400亩左右，实现工业税收19.7亿元，较上年同期增长45.6%，在2021年度全省新一轮制造业“腾笼换鸟、凤凰涅槃”攻坚行动考核评价中，定海区列入第二档考核激励名单，并获得150亩新增建设用地计划指标奖励。

【“亩均论英雄”综合评价】 完成2020年度规模以上和用地面积3亩以上规模以下工业企业综合评价，除去公益类以及新上规、新投产企业等不参与分档，共评出规上工业企业A档（含A+）38家，B档30家，C档40家，D档1家，用地面积3亩以上规模以下工业企业A档（含A+）35家，B档88家，C档138家，D档65家。并在用能、用水、土地、排污等方面执行资源要素差别化配置政策，2021年全区针对A、B档企业减免城镇土地使用税2137万元，财政资金奖励550万元，通过电力直接交易降低用电成本1434万元；对末档企业征收差别化电价411.5万元，削减用能指标1000吨标准煤，削减排污指标105.4吨。

【安全生产】 制定民爆行业安全生产责任书，将责任层层分解落实到基层（企业）。督促企业建立健全生产责任制，完善安全生产规章和操作规程，完善安全生产条件。是年，开展各类安全检查（民爆企业安全隐患大检查、民爆企业消防安全生产大检查、无动力船舶防台风专项检查等检查）100余次，检查工业企业100余家。

2021年定海区规模以上工业产值分镇（街道）情况表

表6　　　　单位：万元

镇（街道）名称	规模以上产值完成情况	
	累计产值	累计同比±%
合　计	4822327	22.5
区本级	4032417	20.7
金　塘	315442	8.4
小　沙	432394	-13.5
岑　港	348530	12.8
双　桥	790828	59.9
白　泉	306577	11.8
干　礁	224139	18
马　岙	1265793	37.2
盐　仓	197774	2
环　南	147871	-7.4
城　东	3070	-35.1
昌　国	—	—
临　城	789910	32

2021年定海区工业分行业产值情况表

表7　　　　单位：万元

行业分类	累计产值	产值累计同比±%
规模以上工业总产值	4822327	22.5
机械制造业	601939	12.6
其中：塑机螺杆	356431	11.6
水产品加工业	246441	-4.0
船舶修造业	662598	-10.4
纺织服装业	49320	0.7
石油化工业	997893	50
电力生产供应业	814171	31.3
粮油加工业	718004	60.6

【无动力修造船舶防台风工作】　更新完善无动力修造船舶防台风安全管理网络，督促企业做好对无动力船舶防台应急预案。台风来临期间，通过公共安全视频图像共享平台实时监控，并多次赴重点船舶企业开展现场检查，加强对大桥沿线船舶企业检查指导。是年，参与舟山市无动力修造船舶监控信息平台演练。根据市经信局演练指挥部指示，演练模拟防台各个阶段的工作流程，模拟处置无动力修造船舶各类险情的发生。

9月12日，台风来临前对大桥沿线重点船舶企业防台风检查

【民爆行业安全管理】　加强对民爆行业安全管理和监督、落实企业主体责任，多次对浙江顺源化工等重点企业进行安全隐患大排查。2021年，累计开展民爆行业各类安全检查12次。完善应急救援预案，与消防等相关部门构建应急救援机制，有针对性地开展应急预案演练。未发生因应急救援不及时或处置不当导致事故次生灾害扩大的情况。是年，组织开展“安全生

12月5日，省军民融合委员会、市区经信部门对浙江顺源化工有限公司开展安全生产检查

产月”活动，开展安全生产法律法规宣讲学习、安全生产知识竞赛活动。

【“打非治违”专项行动】 印发《民爆行业“打非治违”工作方案》，对民爆行业有针对性地突出重点进行检查，如“四超”和“三违”行为。

信息化建设

【数字经济系统建设】 2021年，区数字化改革数字经济组按照省、市、区数字化改革工作统一部署，全面推进数字经济系统建设，取得标志性成果。在全市各县（区）数字经济系统考核位列第一，同时作为全市唯一入榜县（区）被表彰为2021年全省数字经济系统考核良好县（市、区）（位列全省32位）。

专题门户搭建 按照全省数字经济系统统一任务架构，形成门户3.0及驾驶舱。开发上线基础应用12个，编目归集数据105项，集成“远洋云+”“优企通”等地方典型应用及省市应用7个。

理论制度研究 形成理论研究成果2项、制度12项，其中“远洋云+”理论获评全市唯一一项全省数字经济系统优秀理论成果。制定数字经济网络宣传工作方案，开展集中宣传，定海数字经济网络影响力跃升至全省第20位（截至12月）。

省级应用贯通 产业链“一键通”、数字贸易服务、公共资源交易服务、金融综合服务等7个省级重大应用在区一级贯通使用。

地方应用建设 梳理“三张清单”5个：“远洋云+”供应链服务、岑港海洋产业园区智慧信息管理、定海海洋科学城智慧园区管理、“优企通”公共服务、定海工业园区大数据，获得省市应用比赛（评选）荣誉4项，其中“远洋云+”获评全市唯一一个全省数字经济系统首批优秀地方特色应用，列入全省数字化改革成果展。“远洋云+”对标打造全国领先的大宗农产品供应链集成服务平台，自2021年上线以来，累计结算1600余笔，完成交易额35亿元，驾驶舱在省、市、区三级数字经济门户上线。“优企通”主动承接全市“亩均论英雄”改革—低效企业整治提升子场景试点，实现低效企业土地、税收、技改、经营状况、闲置土地（厂房）等数据共享和整治实时跟踪，建成上线。

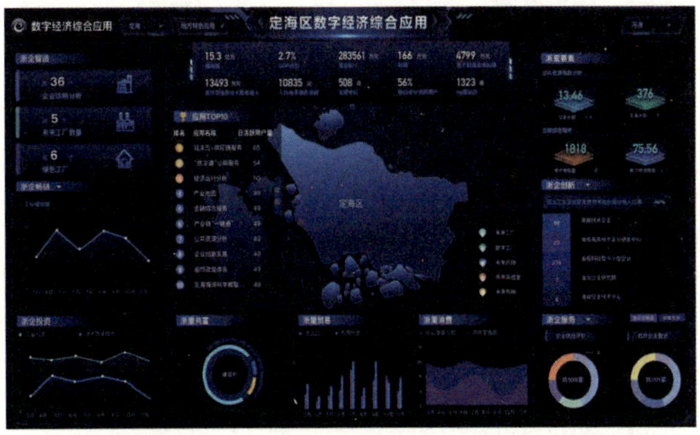

数字经济综合应用定海门户3.0驾驶舱

【数字经济发展】 数字产业化 全年，全区（不含高新区）数字经济核心产业实现规模以上营收31.5亿元，同比增长16.8%，其中，区本级15.8亿元，同比增长15.5%，超额完成年度目标。截至年底，区本级数字经济核心产业规模以上企业17家；易航海等3家企业中榜“船联网”重大科技攻关揭榜挂帅项目。

产业数字化 全年，累计推动20余家企业实施数字化改造，科鑫重工、新诺佳生物、交投矿业、精注机械4家企业获评市级数字化标杆企业（工业互联网应用示范企业）；精宏机械获评市级上云标杆企业；7412工厂获评全省首批制造业“云上企业”；交投矿业5G应用和“远洋云+”获评全省数字经济“五新”优秀案例。全区骨干企业设备数控化、联网率分别达65%、40%以上。

生产服务

【加强疫情防控】 做好工业企业疫情防控各项工作，落实国际航行船舶和冷链水产加工企业审单制度和企业疫情常态化责任，加大检查处罚力度。是年，累计出动疫情防控检查5037人次，入企宣传4045家次，巡查码头2711次，审批国际航行船舶修理订单806艘，审批冷链食品28单2322.8吨，入舟1676吨，落实入舟交通报备和属地现场监管。全面加强企业人员疫苗接种，全区规模以上工业企业接种加强针占第二针的比例为38.8%；全区国际航行船舶修理企业总体疫苗接种率达到98%，加强针应接种率达到98%；进口冷链食品企业直接暴露人员接种率达100%。

【服务企业】 制定《定海区深化企业精准服务实施意见（试行）》，建立企业容错机制，主动帮助企业发现问题、解决问题，减少行政处罚。兑付各级资金6000余万元，惠及企业约两百家次；主动当好企业的“店小二”，解决企业问题诉求128个。协调人民银行为24家工业、科技企业解决融资贷款近1.5亿元。不断完善惠企政策协同平台，发动全区上载一百余条各类涉企政策信息。推广注册浙政钉“企业码”8000余家。

（撰稿：林东南）

（以上分目图片由区经信局提供）

电力工业

【概况】　2021年，定海供电分公司营业区域内总用户数为31.04万户，完成售电量26.60亿千瓦时，同比增长24.59%，应收电费17.92亿元，同比增长25.50%，电费回收率100%。2021年完成配网投资1.40亿元，资金完成率99.20%。完成配网转资1.31亿元，转资率91.63%。可控费用完成率100%。综合能源方面完成合同项目金额0.93亿元，全年综合能源营业收入0.85亿元，达到指标的419.89%。

是年，定海供电分公司贯彻落实省市公司各项工作要求，各项工作取得成效。完成全年配网投资建设，提升电力营商环境，先后获评舟山市电网建设工作先进集体、精神文明建设先进单位、舟山市“青年文明号”“乡村振兴·电力先行”示范区等称号。

【加强电网建设】　定海供电分公司加快全年配网投资建设，助力人文港城打造。新放10千伏线路46.42千米，其中电缆线路27.88千米。完成14回10千伏线路投运，新设和改造开关站20座、配电室61座，新设及增容公变131台，容量4.5万千伏安，新设、更换柱上开关258台。开展西山路、双拥路、人民中路、沿港东路架空线路落地工程，计划投资5000万元，已完成投资2000万元。完成葛仙变10千伏东洲A305线、葛周A304线、葛新A307线投运，大幅度提升补强白泉区域网架结构。完成舟山定海海院变新建10千伏深蓝、深海2条线路投运。完成舟山定海城西变至城北变10千伏人民联线等新建工程3条线路投运。完成舟山定海长白岛10千伏龙湾A760线与长春A759线联络海缆工程。完成舟山定海西山路10千伏线路综合改造工程。

甬舟铁路工程建设专变安装

【优化营商环境】　力调电费码荣获浙江省自贸区第六批改革创新奖。330家企业参与电力直接交易，降低企业电费支出1434.12万元。完成29项保供电工作。推动施工长度在500米以下的外线工程实行线上承诺备案，实现用户“一次都不跑”。延伸低压客户投资界面、开展客户外线工程审批代办服务，压缩低压业扩接电时长，低压非居平均时长同比下降37.46%。正式建成全市首个“不停电换表”试点，推动“不停电作业”在用户侧落地。主动融入美丽乡村建设，政企联合打造新时代电气化村5个，打造“乡村振兴·电力先行”示范区1个。投运全国首个海岛A级供电营业厅，创新智能互动式服务体验。上线首家“刷脸办电”设备，提升政企数据共享应用水平。在9至11月份有序用电实战中，发挥各部门协调功能，达到高峰负荷响应日均5.2万千瓦负荷，发挥分层分区需求侧实时管理系统作用，建立健全电子服务渠道建设，不断推进业扩全流程信息公开与实时管控平台实用化应用，及时妥善解决客户诉求。推进马岙社区“光伏建

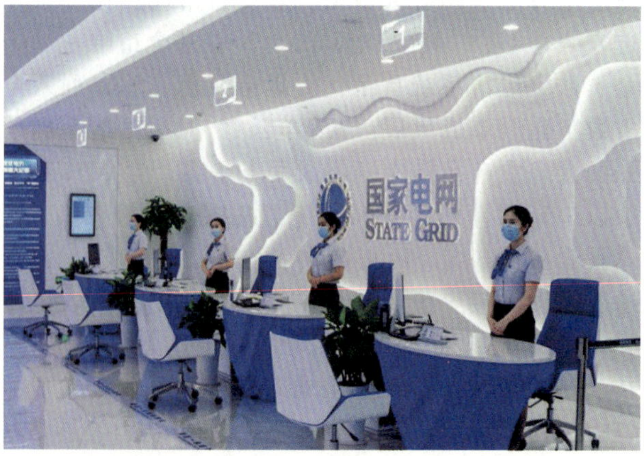

全国首个海岛A级供电营业厅投运

筑一体化+储能”供电系统项目，打造低碳马岙社区用能服务示范。优化充电服务网络，累计新建充电桩14个。

【排查公共隐患】 格按照“防、避、抢”的原则，落实各项防范措施，特别是台风“灿都”正面影响舟山本岛期间共41人在台风来临前进驻小岛，覆盖定海11个住人小岛，各岛驻守人员累计开展线路特巡、处理防台缺陷50次，打赢抗击台风“烟花”“灿都”阻击战。完成台风补强项目投资782万元，提升配网抵御事故风险的能力。完成11户高危重要用户及3058户专变用户供用电安全专项隐患排查工作。开展老旧表箱改造，消除安全隐患提升美观度，完成4000余个的农村计量箱更换改造和消缺。完成营业普查1.5万户，消除隐患缺陷56处。高度重视辖区内桃石、南岛等5段10千伏海缆线路防外破工作，健全海缆警示标识，及时补充海缆登陆点破损，缺失的禁锚警示标识，并提供夜间安全警示。

台风来临前准备物资入驻小岛开启“岛自为战”

（撰稿：张　谦）

（本分目照片由市电力局定海供电分公司提供）

定海工业园区

【概况】 2021年，定海工业园区贯彻落实区委、区政府决策部署，发挥经济建设主战场、主力军作用，克服外部形势变化和疫情影响，围绕“项目”这条主线，抓好招商引资“一号工程”，打造最优营商环境，巩固壮大实体经济发展根基，厚植海洋经济底色，勇当定海铁军排头兵。6月，区委、区政府开展园区整合工作，将原定海工业园区、原粮油产业园区、西大塘、长白岛、金塘北部等区块进行全面整合提升，整合后规划总面积48.72平方公里。其中园区核心区块（包括原工业园区、原粮油产业园区、西大塘、长白岛、外钓岛）总规划面积37.14平方公里。整合后，园区基本形成船舶与海洋工程装备区、粮食产业园、新材料产业园、高端装备制造产业区、港口物流仓储区、传统产业转型升级区和产城融合功能区七大板块。入驻企业433家，其中“四上”企业69家、高新技术企业22家。

浙江定海工业园区管理委员会办公大楼

是年，园区实现工业总产值255.8亿元，同比增长33.3%；其中规模以上工业总产值245.7亿元，占全区规模以上工业总产值的51%，同比增长31.6%；实现规模以上工业增加值38.1亿元，可比价增速同比增长0.5%；完成固定资产投资24.7亿元，同比增长37.4%；实际到位市外资金20.55亿元，同比增长75%；实际到位外资5510万美元，同比增长182.6%；粮食年加工量、仓容量、吞吐量分别超200万吨、110万吨、1450万吨，均创历史新高；实现税收收入17.6亿元，同比增长143.1%。

【优化管理体制机制】 园区围绕经济发展主责主业，完善体制机制、优化管理体系，高质量整合，引领高质量发展。

整合管理机构 按照“一个平台、一个主体”的总体架构，保留定海工业园区、省级高新产业园区平台牌子及管理机构，对原有的综合性内设机构和业务科室进行全面整合。由区委常委兼任管委会党工委书记，加强对各区块发展的全面统筹，促进资源共享、优势互补、壮大合力。

7月9日，召开机构整合大会，完成机构整合

理顺管理机制　实行“党工委（管委会）+公司”的运行模式，机关和下属国资公司合署办公。强化经济发展主责主业，理顺与相关街道的关系，对社会职能按照属地管理原则交由相关街道承担。推进薪酬改革，将薪酬总额与经济发展、双招双引、税收增长等挂钩。通过完善制度建设，形成以制度管人、用制度管权、按制度办事的良好机制。

强化招商队伍　组建5支专业招商队伍，推动招商体制由综合型向专业型转变。围绕核心产业板块，5支招商队伍各有侧重又相互配合，做到一个板块、一支队伍、一个领导，形成人人参与招商、人人服务项目的浓厚氛围。

【推动招商引资和项目建设】　统筹强化规划引领　深化园区整合规划研究，优化国土空间布局，统筹谋划产业发展方向。加快编制新材料产业园产业布局规划和舟山粮食产业园发展规划。

推进项目建设　2021年累计实施重点产业项目35

5月12日，浙江省省粮食物资储备局局长周维亮一行赴粮食产业园指导调研

个，其中，盐田港外钓油气全产业链项目、中储粮集团仓储物流项目等续建项目12个，远景能源、龙源新能源、德驰隆等新建项目23个，森森集团智能制造基地、天意医疗科技等10个项目投入生产。

攻坚招商引资　围绕新材料产业园、粮食产业园、高端装备制造产业区等重点区块加大招引力度，年内，累计拜访接待客商近百次，签约落地亿元以上项目8个。累计签约落地亿元以上项目8个，其中，50亿元以上项目1个，20亿～50亿元项目1个、10亿～20亿元项目2个。

【推动创新产业发展】　强化公共科创平台与企业创新主体“双轮驱动”，打造创新驱动发展引擎。

打造公共科创平台　园区科创培育中心以打造“舟创未来”智能制造特色产业园、科创项目孵化基地、科技研发公共服务平台、新兴产业交流展示平台为目标，集聚优众科技、中润智能等新材料、智能装备科技项目企业6个。

推动企业创新　是年，完成规模以上工业企业研发费用3亿元，同比增长18.2%。推动森森集团智能产业园、优众数字化智能制造芯片车间、长宏国际船台移船接驳智能化技术改造等创新项目进展，协助做好森森集团上市工作，推动更多有条件企业上市。

创新招才引智方式　围绕海洋产业经济，拓展人才招引渠道，推动“舟创未来”人才飞地建设。新引进省级以上人才 6 名，承办第五届全球海洋经济创业大赛武汉城市赛、智能制造与新材料专场线上项目对接会。

【提升营商环境】　把企业和企业家放在园区发展的中心位置，推行园区全员联企行动，开展“一企一策”“一事一议”专项服务。

抓好企业疫情防控服务　做好重点人员排查、接送全过程闭环管理，严控进口物防，筑牢海上防疫防线，做好区域大规模核酸检测准备，推动企业人员疫苗接种，基本做到“应种尽种”。

实施“一企一策”专项服务保障　设立工作专班，把专业化、精细化服务贯彻项目招引、落地、建设、投产乃至持续发展的全过程。远景能源定海零碳产业园项目实现“当年洽谈考察、当年签约落地”。

5月26日，定海工业园区召开部分重点落户企业座谈会

完善基础设施配套建设　以园区总体规划为指引，完善交通路网、污水处理、商贸配套等基础设施建设。优先抓好与企业生产经营密切相关的道路、供电供水等基础设施建设，推进西北污水处理厂和森森二期配套道路、中储粮桥梁工程等企业配套项目。

【重大事件】　3月3日，时任舟山市委副书记、新区党工委副书记、管委会副主任，自贸区管委会副主任华伟一行到浙江定海工业园区指导调研。

5月12日，浙江省粮食物资储备局局长周维亮一行到粮食产业园指导调研。

5月26日，定海工业园区召开部分重点落户企业座谈会，为企业办实事、解难题。

5月27日，国家发改委副主任胡祖才一行到中储粮舟山项目指导调研。

是日，浙江省粮食和物资储备局副局长李武杰一行到园区考察。

7月5日，商务部外贸司副司长张斌一行到园区指导调研。

7月9日，区委常委夏泉主持召开园区机构整合大会，正式完成机构整合。

8月13日，2021第五届·中国舟山全球海洋经济创业大赛“蓝海智造”行业赛·智能制造与新材料专场线上项目对接会举办。

8月26日，浙江省粮安办督查组张如祖一行到园区调研。

9月28日，2021年定海首批26.45兆瓦分布式光伏项目集中开工仪式在定海工业园区科创中心举行。

11月7日，园区与浙江华康药业股份有限公司签订投资合作意向书。

（撰稿：王　韵）

（本分目图片由定海工业园区提供）

定海海洋科学城

【概况】　2021年，定海区海洋科技产业园管理中心围绕区委区政府中心工作，以建设“一城三园”为目标，落实《中国（舟山）海洋科学城定海园区建设实施方案》《定海区加快发展三年行动计划》《中共舟山市定海区委办公室关于开展“服务企业服务群众服务基层”活动的实施意见》等文件要求，真抓实干，各项工作取得成效。

1—9月，园区引进企业52家，其中，海洋电子信息类企业28家、文化创意类企业6家、军民融合类企业3家，合计企业注册资本金3.25亿元；实现主营业务收入4.9亿元，1—8月，实际缴纳税收3682万元，同比增长179%；实际利用市外资金1.2亿元，合同利用外资1000万美元，实际利用外资250万美元。新增浙江省科技型中小企业3家，新引进省部级以上人才4人、教授级高工1人、高级工程师8人、中级工程师11人、大学生68人。截至9月，园区累计注册企业305家，其中，海洋电子信息类企业103家、军民融合类企业34家、文化创意类企业55家，三大产业占比55%；落户舟山市科技创业领军人才企业23家，培育国家高新技术企业7家、浙江省科技型中小企业21家，集聚国家“千人计划”3人、省“千人计划”5人、省部级以上人才15人，引进高层次人才博士29人、硕士39人，获评省级创业孵化示范基地，为全市唯一。

【疫情防控】　根据上级部署，做好疫情防控工作，严格戴口罩、测体温、查验健康码制度，管好“小门”。及时传达疫情防控最新信息，相关文件精神，落实疫情防控相关要求，做好宣传、解释工作。做好信息上报工作，加强对疫情中高风险地区来返舟山人员的主动排查力度，掌握相关人员动态，及时与属地社区对接，落实相关管控措施。根据省、市、区三级疫情防控工作部署，动员园区企业员工接种新冠疫苗并做好预约、汇总等相关工作。根据疫情防控要求，做好园区卫生消毒工作。强化常态化防控意识，落实落细“内防输入、外防反弹”各项防控措施，巩固好当前来之不易的疫情防控成果。加强重点人员跟踪管理，落实“小门”闭环管控，筑牢疫情防控“防火墙”。加大疫情防控政策宣传力度，提升个人科学防护意识和能力。

【组织建设】 落实党风廉政建设责任制，明确“一把手”负总责、班子成员各司其职的分工格局，制订《党风廉政建设主体责任清单》，落实“一岗双责”，逐级签订《党风廉政建设责任书》，落实党风廉政建设工作职责，确保党风廉政建设和作风建设工作落到实处。依托园区廉政亲商工作室，聘任园区企业代表为特邀监督员，签署《廉政亲商双向承诺书》，打通监督执纪“最后一公里”，将监督的触角延伸到最基层。加强党风廉政教育，党组至少每季度召开1次党风廉政专题会议，经常性开展全单位干部职工的教育学习，及时传达学习上级党委、纪委有关党风廉政建设和反腐败工作的重要决策部署、重要会议精神，通过集中授课、参观革命教育基地、观看警示教育影片、制作党风廉政宣传图板及利用微信公众号、钉钉群等发布廉政信息等多种形式，提高全体人员的廉政意识，筑牢拒腐防变的思想防线。

【项目招引】 突出重点产业集聚，提升招商引资工作实效。围绕海洋电子信息、军民融合和文化创意三大主导产业，突出园区特色。明确实施主体并成立工作专班，出台产业基地建设实施方案，制订详细任务清单，着力打造海洋电子信息产业基地。参与承办全球海洋经济创业大赛、全国大学生创业大赛、走进定海—上海企业项目对接会、海豚创投路演等招商活动。是年，累计推荐申报“舟创未来”人才项目24个，其中，落地舟山博维智能科技有限公司真空负压疏通疏浚技术开发等“舟创未来”项目6个，宇泛科技智慧安防项目等10余个在谈项目稳步推进落地工作，引进舟山市莱卡文化传媒有限公司等文创类企业7家，海洋文创产业园招商入驻率超65%。

【推进“人才飞地”建设】 按照市园区型人才发展平台建设要求，加快推进 “舟创未来”领军人才产业园建设，完善人才公共服务平台、“人才驿家”等配套设施，上线数字化园区管理系统，提升企业和项目服务水平。帮助良海粮油等2家企业对接申报省级人才工程计划2人，协助巨洋公司建立专家教授工作站，引进工程院院士王浩等省部级以上人才4人。加快推进定海·虹口协同创新中心建设，引进浙江美尚洁生物科技有限公司等8家企业入驻飞地，空间入驻率达60%；组建20人导师团队，引入品牌服务机构6家，合计为项目服务32次。年内，飞地内企业新申请专利16项，获得专利使用授权35项。

【配套服务】 优化创业环境，提升服务水平。为解决园区企业人才的后顾之忧，园区争取配套人才公寓，至9月，为园区企业解决配套人才公寓121套（惠舟新村113套，金达公寓8套）。提高企业服务水平。强化企业服务中心建设，深化“三服务”活动，拓宽服务领域，为园区企业提供各类基础服务和增值服务。建立面向企业、人才的创新创业服务体系，承办或组织企业参与各类论坛活动，帮助企业对外宣传和交流合作，引导申报各级科技计划项目等，争取政策支持，及时兑现各项优惠政策，助推园区企业快速发展。发挥园区各类平台资源作用，加强企业之间联系合作，举办园区趣味运动会、党建知识竞赛等各类活动，助力打造富有活力、和谐向上的园区氛围。

【设施建设】 谋划建设科学城二期项目，规划建设部积极招商对接省侨商会、金华（温州）商会、上海粤浦科技有限公司，复地产发集团宁波公司、舟山市冠腾小微园区开发有限公司、金磐数字经济园、艾可泰生物科技有限公司等10余家企业，陪同各企业现场调研核心区块，协商探讨关于核心区块建设产业布局，推动建设高新技术产业集聚，达到更好的互赢合作。完善设计方案来满足开发商实际需求，对接自规局、设计院等有关职能单位。以旧促新，产研结合，完善功能。拟打造海洋电子信息产业园，重点发展海洋电子信息、海洋工程装备及设计研发、海洋生物技术、海洋大数据与云计算、海洋电子商务、海洋文化创意、海洋新材料新能源等产业应用和孵化相关产业。加快推进核心区块建设，争取项目尽早落地。做好每个项目财政预结算流程工作并归档入案。

（撰稿：李 熠）

责任编辑：王英伟

商　务

综　述

2021年，全区完成进出口总额人民币1224.27亿元，同比增长65.5%。其中，出口总额223.97亿元，同比增长123.3%；进口总额1000.3亿元，同比增长56.4%。全区实到外资9280万美元。全社会消费品零售总额同比增长8.1%。网络零售额89.86亿元，同比增长 36.5%。

商贸经济

【市场保供】　疫情防控工作　加强商场超市疫情防控培训指导，开展定期检查，督促重点商超落实各项疫情防控措施，确保安全健康的购物环境。

保障菜价稳定　新建成“菜篮子”惠民店3家、“鱼篮子”专营店（销售点）2家，组织实施“春节”期间、渔业伏休期和“国庆”期间平价供应，累计平价供应猪肉16吨、蔬菜73.1吨、禽蛋6.39吨、冻海产品43.6吨。

维护市场平稳　主动解决浙江太平洋临港发展有限公司和舟山乐福商业管理有限公司租金纠纷，重点处理钻石楼、正点食刻消费卡事件，建立消费卡预警机制，维护消费市场稳定。处理消费卡投诉1000余件，诉求办结率为96.9%，挽回经济损失约8.9万元。

【招商引资】　优化外资结构，油气储运、新能源建设等实体产业类项目，实际利用外资7525万美元，占比82.8%。股权收购、并购、风险投资等成为利用外资的重要模式，盐田港收购光汇、馋文化境外风投B轮融资、恒厚收购中浪资产等项目实际外资达7031万美元，占比77.4%。引进市外资金26690万元，完成年度目标任务的380%。先后到上海、西安、北京等地招商引资，对接中远海运能源运输、延长石油、全位生物科技、龙源电力、中交金科物联科技等项目，储备外资项目13个。

【外贸发展】　稳定重点行业出口　引导船舶修造企业抓住航运业景气度上升的有利时机，获取新造船舶订单。长宏国际出口支线集装箱船13艘，金额约3.9亿美元。水产加工、塑机螺杆等行业，通过申报出口货运白名单、扩大出口信用保险覆盖范围等，巩固行业出口发展良好态势。加大资金扶持力度，统筹运用各级资金，因地制宜设置集装箱海运费补助、新增出口主体补助等项目，补助总额达110余万元。

申报省政府督查激励事项　助力企业拓展市场，支持外贸企业参加“双线展会”获取新订单、拓展新市场，组织100余家企业参加浙江（舟山）出口网上交易会、国际消费品博览会等40余场线上线下展会。助力企业出口转内销，支持企业参保国内贸易信用保险，规避国内市场信用和法治环境较差风险，浙江兴业集团有限公司成为全市首家承保内销险业务的企业。

推进“订单+清单”监测预警工作　通过建立考核通报机制、持续业务强化、一对一上门指导等系列工作，全区“订单+清单”系统填报准确率、填报率、响应率每月综合指标均实现100%。

【消费经济】　挖掘消费潜力　举办2021定海首届汽车文化节，提高双桥舟山汽车城服务辐射度、影响力。谋划“精彩生活·约惠定海”定海百企（店）联动促消费活动，坚定市场信心。推进宝龙广场、三农二期等重点商贸项目，建成开业。

消费场景加速升级　城城联等3家企业入选省重点培育电商平台企业，定海凯虹广场获评市级数字化智慧商圈和绿色商场，芙蓉洲路步行特色街、西部商业中心步行街被评为市级高品质步行街，白泉镇获评现代商贸特色镇，白泉万金湖社区、马岙村获评商贸发展示范村，海滨新天地获评舟山市夜间经济十大标志性项目，马岙村获评美丽乡村夜经济精品村。

【产业优化】　整合数字资源　启动“数字生活新服务标杆县”创建工作，凝聚全区数字生活产业发展合力，干碳镇、双桥街道获评市级数字生活新服务特色镇。加快推动农村电商资源集聚，培育省级电子商务专业村3个，电子商务示范村2个。

谋划数字平台　规划建设农产品电子商务园区、定海区直播培训基地等多样式集聚区，发挥集聚效应。引进建立网红输送基地，为发展直播电商提供服务支撑。布谷鸟电子商务、美线网络、白泉皋泄村创办的直播基地分别获评市级直播电商基地、产业公共直播间以及村播学堂。召开电商促进会换届大会，凝聚电商会员单位63家。

培育数字品牌　培育亿级大型电商企业，“馋文化”网络销售额突破4亿元，纳税额超1800万元。孵化“品舟鲜”“捕鱼人”“老舟山”等直播电商品牌，直播交易金额近2000万元。

【深化“三为”“三服务”】　深化为民服务意识，聚焦预付卡消费“顽疾”，累计接到单用途预付卡消费者投诉900余件，诉求办结率96.9%，挽回经济损失8.9余万元。深化为企服务实践，以“星期三我在企业”集中入企服务为抓手，完善督办销号机制，转变工作作风，优化营商环境，帮助企业办实事、解难事。建立销号制度以来，走访企业40家，收集问题诉求27个，其中已解决8个，转交7个，无法解决的问题8个已反馈企业，另有4个加紧落实中。

【开展创城工作】　开展常态化巡查，建立巡查上报、梳理汇总、分类处理、集中整改、反馈销号“五步走”点位精细化管理模式，展示商超文明新形象。

【夯实工作基础】　开展党史学习教育　把党史学习教育作为政治建设首要任务，开展形式多样、各具特色的活动，设计了体现商务特色的20项重点举措，通过推出“每周一微党课”、局微信公众号开设“党史学习专栏”等，不断丰富学习载体。结合党史学习教育，开展党组理论中心组学习11次，全体党员干部学习14次，增强商务干部队伍的向心力和凝聚力。

巡察整改夯实基础　以巡察整改为契机，制定完善15项内部管理制度，推动机关规范运行，做到以制度管事、管人、管党风廉政建设；建立完善《定海区“菜篮子”惠民店建设管理考核实施方案》《区级“菜篮子”平价供应实施及监督管理办法》等制度，加强项目资金全流程管理，从源头上加强管理，提高风险防控能力。

菜篮子工程建设

【加强“菜篮子”本地供应】　提升蔬菜基地建设水平　建设市级蔬菜基地2个，其中，新建基地20亩，一精品基地提升改造50亩，完成主体建设。通过改善基础设施建设2个高标准、设施型的叶菜类蔬菜保障型生产基地230亩，对高温季节绿叶菜类蔬菜生产进行补助，分三批组织申报核查工作，申报蔬菜种植面积329.5亩，核定面积230亩。

保障华晟牧场生猪生产　华晟牧场现有存栏生猪4562头，累计出栏数54410头，折合供应猪肉6668余吨，加大本地市场猪肉供应力度，促进猪肉价格回落。

助推本产地产销对接　对全区种植基地进行调查摸底，编制的《2021年度定海区种植基地名录》，为各农产品批发市场和生鲜超市等企业提供参考。通过大舟山网、微信公众号发布种植信息，为滞销的农产品打通销路。组织“菜篮子”农产品产销对接现场会。组织生鲜批发零售企业与种植户面对面交流接洽，帮助种植户，打通销售通道。

【保障“菜篮子”保供稳价】　加大基地直采力度拉低整体菜价　加强与市内外蔬菜基地产销对接，鼓励大型生鲜超市、农产品批发经营户加入直采序列。“三农”农产品批发市场现有市外蔬菜经营户22家，其中7家以基地直采为主，新增加合作直采基地2个。1—12月，累计完成市外基地直采蔬菜13645吨，通过基地直采从源头上拉低蔬菜价格。

稳定猪肉市场保障批发供应　针对生猪货源紧张

及猪肉价格走高，“三农”农产品批发市场牵头市场经营户与山东潍坊振祥、湖北安陆紫兰、湖南株洲唐人神肉等猪肉生产厂家加强合作。全区有猪肉批发商4家，均有稳定的猪肉供应来源和成熟冷链配送体系。主要由双汇、红星、大红门、雨润、众品、华统六大厂家直供，日均供应生猪300头，保障猪肉批发市场供应和价格稳定。

【加大“菜篮子”市场调控】 增加“菜篮子”供应店　考虑区域覆盖和服务半径，新建成“菜篮子”惠民店3家，分别位于乐星超市东门店、盐仓新一家超市和机场路菜场内，均已通过验收。在白泉建成“鱼篮子”专营店1家，乐星超市东门店“鱼篮子”销售点1家。逐步实现市区“菜篮子”供应店全覆盖，以“菜篮子”供应店的价格优势，调节菜价走势。

组织实施“菜篮子”平价供应　安排“菜篮子”专项资金，重点做好春节市场、重大节假日和生产淡季期间的保供稳价工作。组织实施2021年“春节”期间、渔业伏休期和“国庆”期间平价供应，累计平价供应猪肉16吨、蔬菜73.1吨、禽蛋6.39吨、冻海产品43.6吨。保障特殊时期“菜篮子”的价格平稳和有序供应。

健全采价和信息发布制度　加强价格采集力度，对市场价格进行监督，每周将4个调控的农贸市场和惠民店的大众品种菜价与宁波菜场均价进行比对，并每月定期在“今日定海”专栏公布采价信息。根据价格比对，及时做好菜价跟踪调控。从价格监测来看，列入调控的40多个品种的大众菜品中，除淡水鱼价格以外，猪肉、海水产品、禽蛋、豆制品和蔬菜均价不高于宁波市场，白杀鸡均价控制在宁波市场均价的5%以内。

（撰稿人：张喆琼）

招商引资

【概况】 是年，目标任务为市外资金到位55亿元，使用外资9000万美元。全年，实到市外资金57.49亿元，完成年度任务的105%，同比增长22.7%；实际使用外资9280万美元，完成年度任务的103.1%，同比增长23.6%。

【项目推进】 是年，全区重大产业平台项目谋划招引任务为，建设海洋电子信息产业基地、新材料产业基地、海洋生物医药产业基地和冷链物流基地（每个产业平台都有1个标志性项目落地）。引进20亿～50亿元级重大产业项目2个，为盐田港油气产业链投资项目、远景能源风电主机制造项目；10亿～20亿元级先进制造业项目2个，为浙交工交通综合配套装备研发生产基地项目、浙江龙源新能源光伏发电项目；1亿元以上项目15个，为浙江徐龙海洋工程装备项目、金泰石化储运项目、宁波方兴明泓水产品精深加工项目、浙江天意医疗设备研发生产项目、丽晶高品质旅游度假酒店项目等19个项目均落地，完成年度目标任务。

【完善工作机制】 深化“一把手”招商机制　区委、区政府主要负责人带头招商，并主动介入协调项目推进中遇到的各种问题。建立区四套班子领导领衔招商项目机制，由“一把手”向区四套班子延伸，定期出门拜访重点企业。

优化考核督查　制定出台新的镇（街）干部薪酬体系，将招商引资完成情况与部门、镇（街）的部分年度考核奖金挂钩，提高镇（街）招商积极性。牵头制定《2021年定海区招商引资绩效考核实施细则》，提升季度招商节点对部门、镇（街）考核结果的影响，将6月、9月和12月作为重要节点考核“晾晒”，并纳入部门、镇（街）年底综合考核分数之中。通过优化考核，督促各单位落实好项目的后续推进工作，切实提高招商引资质量和项目履约水平。

健全日常工作机制　制定出台组团式招商实施方案，明确组团式招商分为4组，每组每月对接企业不少于两家。采取季度“晾晒”、年度总评的方式对组团式招商开展考核，制定出台同舟赢海企业管理有限公司员工薪酬制度，强化业绩考核，提高奖励待遇，激发

浙江龙源风电与定海区政府新能源发展战略合作签约仪式

定海区外贸主要市场进出口统计表

表8

单位：万元

项目名称	累计出口	比上年同期增长率	比重	项目名称	累计进口	比上年同期增长率	比重
合计	2,239,713	123.3	100%	合计	10,003,004	56.4	100%
亚洲	1,696,937	304.8	76%	亚洲	9,284,333	72.7	93%
东盟	864,079	433.1	39%	东盟	764,935	9.5	8%
非洲	159,237	88.9	7%	非洲	1	−100.0	0%
欧洲	118,860	−24.1	5%	欧洲	410,617	11.3	4%
欧盟	97,936	−27.7	4%	欧盟	350,980	217.8	4%
拉丁美洲	189,574	−11.3	8%	拉丁美洲	90,341	−60.7	1%
北美洲	21,717	22.4	1%	北美洲	208,757	−45.8	2%
大洋洲	53,388	−52.2	2%	大洋洲	8,945	14.4	0%

定海区主要贸易国家（地区）贸易额统计表

表9

单位：万美元

项目名称	累计售出	比上年同期增长率	比重	项目名称	累计购进	比上年同期增长率	比重
主要国别（地区）合计	2,239,713	123.3	100.0%	主要国别（地区）合计	10,003,004	56.4	100.0%
新加坡	686,633	546.5	30.7%	沙特阿拉伯	3,760,939	77.0	37.6%
巴基斯坦	521,325	79,092.4	23.3%	阿联酋	2,437,334	153.9	24.4%
巴拿马	120,959	-34.3	5.4%	阿曼	933,393	123.5	9.3%
日本	114,928	42.6	5.1%	科威特	635,762	18.8	6.4%
利比里亚	107,081	87.3	4.8%	马来西亚	514,760	7.4	5.1%
印度尼西亚	84,895	1,216.0	3.8%	伊拉克	320,776	122.2	3.2%
马来西亚	67,316	221.3	3.0%	韩国	268,813	9.4	2.7%
韩国	66,567	86.4	3.0%	英国	217,186	2,209.5	2.2%
中国香港	48,645	-35.8	2.2%	美国	206,071	-45.9	2.1%
马绍尔群岛	46,323	-55.8	2.1%	新加坡	190,689	60.9	1.9%

员工主动“走出去”、靠前服务的积极性。汇编招商月刊，整理各单位的招商情况特别是走出门拜访情况，形成信息共享和倒逼机制。

【重点攻坚推进】 紧盯在谈项目 通过组团式招商排摸重点项目，筛选出投资意向性大的项目作为重点攻坚对象，进行针对性的接洽，并继续做好在谈项目的跟踪推进。外出拜访客商150余批次，接待来访客商100余批次，形成有效线索50余条。其中，重点接待或考察远景能源、北京居然之家、浙江华康药业、浙江羽合新材料、上海中宝盛达、陕西延长石油、上海硅产业集团等企业。

着力“招大引强” 围绕清洁能源、新材料等主导产业寻找合作契机，精准发力。引进远景能源有限公司—远景能源风电主机制造、浙江龙源光伏发电项目等亿元以上重大项目18个，签约高性能环保胶粘剂、浩瑞机械等项目4个。

联动对接项目 结合市政府理出的九大产业链以及重点攻坚五大领域，梳理具有定海特色的八大产业，主要包括绿色石化、能源贸易消费、现代船舶、海洋电子信息、现代渔业、现代海洋旅游、海事服务、清洁能源与装备，成立八大产业专项小组，重点项目实现区级负责人、职能部门、落地单位三级联动；加强与镇街、各产业平台的联络沟通，协同开展重大项目招商工作。多次与定海工业园区赴上海、黑龙江等地开展小分队招商，就哈尔滨万鑫石墨烯碳纳米管研发生产、正威舟山新材料产业等意向投资项目进行接洽。

远景集团东部公司就海上风电整机制造项目进行考察

【拓宽引资渠道】 加强以企引企 强化企业主体作用，发挥本地区龙头企业的带动作用，利用其合作关系或品牌知名度招引新企业、延伸产业链。如借助上海05集团汽车零部件生产项目的支撑作用，引进高智能工业缝纫机及汽车配件制造项目等多个汽配项目。

推动二次招商 通过盘活存量资源，实现企业并购重组，增强企业实力。先后促成深圳盐田港集团和光汇石油、宁波令德实业和金泰石化、宁博恒厚实业和中浪物流及颐扬特种油脂等企业重组合作，带动二次投资63.35亿元，不仅为原企业带来解困资金，还带来先进的管理理念、销售渠道、技术设备和技能人才，项目企业实现“凤凰涅槃”。

深化驻地式招商 发挥驻北京、上海驻外招商局作用，扩大定海在外的知名度和影响力，抢机遇、抢人才、抢项目。是年，驻外招商局引进米仓信息科技等项目3个，加紧对接上海硅产业集团硅片生产基地等项目3个。

上海米仓科技有限公司考察定海海洋科学城

【完善招商环境】 加大扶持力度 根据《舟山市定海区人民政府关于扶持服务业发展的若干意见》，研究出台《定海区服务业扶持政策实施细则》，针对新兴服务业、重点培育服务业、现代物流、楼宇经济、外商投资及现代金融等项目新设奖励制度，基本实现重点服务业全覆盖。扶持政策的出台增强企业落地发展的吸引力。

深化服务工作 注重提高项目的服务针对性及含金量，建立“投资咨询、政策解读、战略规划、考察选址、审批陪同、后续拓展”等全流程服务规范，做好项目及重点客商的“一对一”“妈妈式”服务。

强化队伍建设 开展习近平总书记系列讲话精神，赴蚂蚁岛、舟山烈士陵园、舟山鸦片战争纪念馆等地参观。参加招商业务培训、党史学习教育、保密教育管理、数字化改革工作等各类学习，促进招商队伍的综合素质提升，营造良好招商氛围。

“项目推引手拉手”党建联盟签约启动仪式

（撰稿：顾春佳）

（本分目照片由区投资促进中心提供）

市场服务

【概况】 2021年，舟山商贸集团有限公司定海分公司（以下简称为定海公司）内设3个科室，基层设直属农贸市场15个，按区域划分：城区9个、农村6个。至年底，公司有在编员工126名、劳务派遣用工49名、各类勤杂人员100名。

【菜篮子惠民工程建设】 市场效益良好 定海公司所属市场共设摊位3419只，为全区约80%的居民提供日常生活保障，也为近3000名城乡居民搭建就业平台，保持自产自销摊位850个以上，对城区所有农贸市场零星自产自销摊位实行“零收费”，免费为残疾人提供自产自销摊位，社会效益和经济效益良好。全年市场交易额约为17.16亿元。

宣传检查 配合执法部门做好家禽“杀白上市”和“一证两标”检测，确保市民吃上放心禽肉；配合渔政和市场监督部门做好禁渔期宣传和检查工作，发放宣传资料500余份，张贴宣传画30余张。

价格调控 各市场每天采集食品价格信息进行公布，以接受市民监督。其中南珍、东门、桔园和昌东菜场继续根据舟山市政府指导价及时调整鲜猪肉、淡水产、杀白鸡的价格，并以宁波市发改委（价格监测中心）发布的宁波市场均价和白沙菜场价格为标准，不得高于标准进行销售，引导经营户降低销售价格，实行明码标价，并奖励配合市场进行价格调控的经营户45户，奖励金额达44万余元。规范猪肉行业经营秩序，在2022年度摊位招商招租中，南珍菜场猪肉行业经营户签订相关承诺书和补充协议，执行调价规定，且配合市场做好减少噪声工作。

【疫情防控保障】 做好市场常态化疫情防控 第一时间与经营户签订《进场承诺书》和《放心消费公开承诺书》等，加强市场小门管控，在查绿码或绿证、规范口罩佩戴、测体温基础上新增扫场地码、检查疫苗接种及行程码等流程。市场持续做好每日市场消毒、离返舟人员排查以及疫情期间保供稳价工作。自8月起，公司疫情防控督查小组不定期到市场开展专项检查工作，下发12期《疫情督查通报》，将问题反馈至各市场督促其整改。

持续巩固全面排查“大物防”工作 所辖农贸市场继续深化进口冷链食品、进口水果全环节管控，做好每日食品检测工作以及进口冷链食品索证索票工作，建立相关进货台账，巩固“浙冷链”应用，形成精密智控追溯链条，落实“四证一码”管理。各市场所有疫情防控工作完成情况采取日报制。至12月底，所辖市场中有进口冷链食品经营户4户，按要求落实相关防疫措施，录入“浙食链”系统。各市场落实一日三次（半日市场一日两次）休市时间段的消毒通风工作并做好记录。

开展新冠肺炎疫苗接种 劳务派遣以上应接种人数126人，累计接种123人，接种率为97.62%，剩余3人因身体原因暂缓接种或无法接种；市场经营户共2205人，接种2113人，应接未接种人数51人，接种率为95.83%。此外，自10月21日起公司组织动员符合全针接种满6个月的工作人员及市场经营户开展加强针接种工作。

【巩固全国文明城市创建成果】 巩固创城成果 升级监控设备，新配置监控显示墙，增设2名专职人员，对各市场进行实时监控，结合市场月度考核，及时发现纠正问题，巩固市场长效管理成果。利用网格化管理架构，落实工作人员及经营户“圈长”职责分工。引导圈长带头示范，促进经营户形成行业自律，同时继续加强员工岗位考核办法和经营户“12分制”信用考核制度进行相应扣罚。全年处理经营户500余人次，扣除信用考核分约400分，扣罚保证金1万余元。继续分派保安到各市场，共同参与市场管理与秩序维护，加强管理力量。根据市文明办检查组暗访、文明县区复评第三方测评和市场监督员督查等反馈结果，查找问题根源，督促下辖各市场进行有效整改，加强市场长效管理，确保各项创建工作顺利推进。

发挥表率作用 公司以“三包一创”文明星级经营户考核评比为载体，结合国家文明城市、省级放心市场等各类创建工作优选出168名讲诚信、懂经营、守规矩的“星级经营户”，以点带面鼓励经营户党员、行业委员、骨干参与其中，在日常经营中发挥表率作用，协助市场做好管理工作。

持续听取建议 开展“经理接待日”活动，现场听取经营户和消费者对市场管理服务的意见和建议。多次组织召开行业组长、行业委员座谈会，通过多渠道多形式细心聆听，不断发现和解决市场管理中的短板，改善市场服务。

【安全生产工作】 *落实安全生产目标责任机制* 签订《2021年度消防安全工作和食品安全工作责任书》18份；加强对外来施工方的安全生产管理，除签订安全生产责任书外，还针对物业维修和市场施工等注意事项，做好施工方、市场管理方和业务科的对接沟通工作，确保市场内各类施工安全稳妥推进；每月召开安全生产专题例会，对市场存在的安全隐患和难点进行梳理并落实整改；受台风“烟花”影响，南珍菜场地下室和西码头农贸市场出现不同程度进水，市场第一时间进行清理并联系卫生院和灭杀公司进行全方位消毒灭杀；多次组织市场工作人员和安全员通过观看警示教育片、网络授课、消防演练等形式落实安全生产教育培训；通过自查与督查相结合模式，不定期开展安全隐患大排查、大整治专项行动，并组织多次“回头看”，加大对各市场的燃气管道、燃气瓶及阁楼、营业房、仓库等用电安全的巡查力度，全年督查20余次。

消防应急演练

确保食品安全 结合食品安全宣传活动，发放宣传资料850余份，接受消费者检查20余次；组织公司25名检测人员参加集团公司食品安全检测培训和技能比武，提升检测水平。是年，检测食品146272批次，检测出不合格食品7批次，销毁16.68公斤，合格率为99.995%。对猪肉、冻禽、蔬菜、水产等行业的652户经营户使用“浙食链”系统，便于指导经营户操作“浙食链”，实现食品生产流通全链条可控可追溯的监管目标。将市场管理员设置为经营户的雇员，实时监督协助操作，每日平均活跃度均在90%以上。

落实扫黑除恶 响应政府扫黑除恶工作，充分利用各类媒介做好扫黑除恶宣传，活动期间广播宣传500次工作，挂横幅32条、贴海报100余张、15块电子显示屏固定或滚动播放标语。根据创建全国文明城市要求，对各市场所辖区域安装的电子显示屏及电子秤进行专项自查，并落实专人管理，确保市场安全稳定。

【推进创建改造工作】 根据《浙江省市场监管工作联席会议关于认定杭州三桥农贸市场等621家市场为2021年度省放心农贸市场的通知》文件精神，定海城西、北门、畚金、白泉菜场顺利通过省级放心市场复评；根据小城镇环境综合整治市场创星工作安排，定海城西（3星级）、北门（3星级）、白泉（3星级）、畚金（3星级）、定海桥头施（2星级）和岑港（2星级）通过创建。

为做好创建省级放心市场、小城镇环境整治工作、迎接全国卫生城市复评及创全国文明城市检查，及时做好硬件提升准备工作。年初对各市场进行摸底，列出工程计划，编制并上报南珍菜场地坪和灯带改造等工程、“五化”市场（北门、东门、西园）改造工程、马岙农贸市场棚顶改造、岑港农贸市场猪肉房熟食房改造、昌东熟食房搬迁改造隔离墙等工程。除南珍摊位显示屏未安装及东门菜场因发现房屋结构安全隐患，原计划改造工程需变动外，其余工程改造全部完成；根据年度放心市场复评和星级市场评定、延续计划，配合浙江省市场监督管理局对相关市场的预验收工作；配合市房管局做好定海商城二期关闭和经营户维稳等相关工作。

【第二批“五化”市场验收】　是年，根据《农贸市场和专业市场“五化”提升行动方案》，全面开展第二批“五化”市场东门、北门、西园菜场的改造创建，对标第一批已创建成功的桔园菜场，以便利化、智慧化、人性化、特色化、规范化“五化”提升为目标，围绕区域特点，在市场内配备智能摄像头和物联设备智能布控，增设休闲室、母婴室、特色农产品直播间，安装大数据屏、政务一体机，提供“一站式”服务，引进共享服务产品及急救设备，在市场周边增设电动自行车充电桩，引进“饿了么”线上外卖服务，在东门菜场内安装便民服务自助机，使得市场服务功能得以拓展，三家市场于5月中旬完成全省“五化”市场验收工作。

城区市场安装自助口罩机

【农贸市场“治塑”工作】　开展“限塑治塑”工作　根据《舟山市城镇生活垃圾分类指导手册》（2021版）要求，在市场大门口、垃圾房区域配置“有害垃圾、可回收物、易腐垃圾、其他垃圾”四类垃圾桶；各摊位内合理设置加盖垃圾桶。发布《限塑令倡议书》，组织相关“限塑”活动并宣传推广，分发菜篮子260个和环保袋2350只；联合区市场监督管理局发放《关于在全区农贸市场内全面强化“治塑”管理的通告》1439份，组织经营户培训，明确告知“限塑”要求及相关法律法规；通过广播、电子屏、横幅等多形式宣传。

推进“禁塑”工作　全面禁止使用厚度0.025mm以下不可降解的塑料袋；与经营户签订《关于严格执行“限塑令”的承诺书》；所辖各市场均安装自助环保袋购物机，提供可降解塑料袋无偿使用，并新增9台机器增加出袋数量；建立《农贸市场塑料购物袋集中统一购销制度》并按制度执行塑料购物袋集中统一购销，按要求设立销售点，建立销售台账；对市场内经营户开展“禁塑”检查，对使用不符合禁塑要求的塑料购物袋进行查处。服务台设立专窗平价供应可降解塑料购物袋，以收取押金方式免费提供可循环使用的环保袋、购物篮和小型购物拉车（小型购物拉车仅限“五化”市场）；各市场实行塑料袋有偿使用并将价格公示至电子屏；塑料袋由市市场监督管理局邀请第三方检测人员进行不定期抽检并对不合格塑料袋集中处理。

菜场推广使用菜篮子、布袋子

【参与社会公益活动】　是年，定海公司相继开展志

重阳节慰问定海区白泉敬老院

愿服务活动16场次，志愿者1489人，志愿总时数3803.19小时，结对7个社区，帮扶困难户15人次；慈善善款19991元，无偿献血11人3900毫升，组织交通劝导、重阳节慰问、爱心助农等各类活动40余次。

【“员工+经营户”双队伍建设】　聘用、调配员工　对22名员工进行科学调配，同时聘用新员工7名，公司调入2名，调离1名。降低员工长期在岗的廉政风险，又利于合理调配市场管理力量，保证创建工作开展。

经营户委员会　调整公司经营户行业委员会成员，通过全体委员无记名投票对副会长进行调整并增补委员1名。继续依托市场网格化管理，打造“红色进市场”，由党员经营户、行业委员或行业组长来担任圈长，实现圈内“文明自治”。“以场为家”，引导各市场党员经营户自觉带头修旧利废节约成本，修补市场损坏的设施设备，包括棚顶的修补、下水管维修等，节约维修成本10余万元。

组织员工培训　组织多形式的培训，内容涉及全国卫生城市复评、交通劝导志愿服务、“五化”市场解说引导、“五化”市场考核应对、消防安全、生活垃圾分类知识、防电信诈骗知识、市场摊位（营业房）收费管理办法解读和信息员知识等，培训11场次407人次。

【企业文化】　组织市场女性经营户代表开展“传承雷锋精神，弘扬时代新风——创市场之美，争巾帼之优”为主题的“三八节”团建活动；联合新城、二手车及银企联公司22名员工以歌伴舞的形式参加市财政国资系统举办“歌颂新时代 唱响新征程”庆祝中国共产党成立100周年歌咏比赛并荣获三等奖；食品检测员培训暨技术竞赛中2名员工获一等、二等奖；全体员工前往朱家尖祥亿欢乐果园开展户外工会活动。

桔园菜场基层妇联“关爱巾帼，情暖三八”观影活动

【荣誉】　2月，定海商城经营户李海康见义勇为行为被舟山市定海区人民政府记个人三等功。3月，桔园、西园、北门、东门、昌东、道头、南珍、畚金、城西、白泉菜场被舟山市商品交易市场及农贸市场提升发展工作领导小组办公室评为2020年度舟山市文明农贸市场；桔园菜场被中华全国妇女联合会授予“全国巾帼文明岗”荣誉称号。4月，桔园菜场被中共舟山市定海区委、舟山市定海区人民政府评为“2020年度定海花园式国际人文港城建设突出贡献集体”（全国文明城市创建工作先进集体）。6月，南珍菜场经营户郑养法在2020年度定海区道德模范考核中为合格；姚海鹏被中共舟山市委授予“舟山市优秀共产党员”称号。12月，苏日华家庭被舟山市精神文明建设委员会办公室、舟山市妇女联合会评为2021年度舟山群岛新区“最美家庭”，被舟山市精神文明建设委员会评为“2021年舟山市文明家庭”。

（撰稿：林家宇）

（本分目照片由舟山商贸集团有限公司定海分公司提供）

供销合作

【概况】　2021年，全区供销社系统有法人机构23个，干部职工123人，实现总经营收入40004.3万元，同比减少6%；至年末，资产总额12152万元，所有者权益9846万元。

2020年定海区供销社系统机构、人员情况表

表10　　　　　　　　　　　　　　单位：人、个

项目		合计	区公司	基层社	区联社机关
经营网点总数		121	57	52	0
其中	批发网点	7	7		0
	零售网点	93	48	45	0
	批零兼营网点	10	1	3	0

续表

项目		合计	区公司	基层社	区联社机关
	废旧物资收购	11	1	4	0
干部、职工总数		123	80	31	12
其中	行政	10			10
	合同制	64	38	26	0
	离单位留劳动关系职工	47	42	5	0
	编外用工	2	0	0	2
离退休、退职人员总数		527	305	201	21
其中	离休	2	1	0	1
	退休	525	304	201	20

2021年定海区供销社系统主要经济指标完成情况表

表11　　单位：万元、个

指标	合计	区公司	农民专业合作社
总经营收入	40004.3	15122.2	24882.1
总购进额	36413.1	13031.4	23381.7
利税总额	-77	47	-124
其中：利润	-104	-44	-148
亏损企业个数	9	4	5
亏损企业亏损额	194	44	150
固定资产总额	5330	296	5034

【“三位一体”农合联改革】 提升综合为农服务能力　是年，区、镇（街道）农合联7家农业生产服务中心为农户及会员提供农技咨询及庄稼医生服务23150余人次、小额存取款及转账等服务6100余人次、蔬菜等农产品农残检测1087批次。依托农合联农业技术专家组，开展农作物生产、病虫害防治等农业生产综合服务。持续推动马岙街道农村综合改革集成示范区建设相关工作。抓好现代农业综合服务中心布局，抓好镇、村两级中心配套服务功能建设，在马岙街道三星社区新建飞防植保应用基地及植保无人机设计研究中心。配合马岙街道及相关部门推动“好物集市”提升打造等工作。

产业农合联农业生产社会化服务　引导支持已建成的2家产业农合联规范运营机制。大沙粮食产业农合联及农机服务中心为小沙、金塘等地的种粮大户提供田地耕作、育（插）秧、机割机收、粮食烘干等系列化服务。是年，农机服务中心提供育插秧服务1200亩、田间耕作服务约1100亩、谷物烘干服务1500吨、碾米服务300余吨。推动无人机“统防统治”在定海区粮食产业农合联中的应用，累计为定海区粮食专业合作社联合社6家会员专业合作社开展无人机喷洒农药飞防服务6069亩、播种服务60亩、施化肥服务3060亩，提供农田测绘3772亩。

开展农产品产销对接服务　配合做好“舟叁鲜”农产品区域公用品牌运营管理和平台运行。相继参加长三角供销合作社名特优农产品展销会、杭州市政府优质农产品巡展、省美食节等活动。设立电商线上商城，免费为农户进行线上销售，帮助农民解决卖难问题。将“舟叁鲜”品牌入住“云商舟山”、中国建设银行善融两个平台，将舟山本地各时节的应季水果、蔬菜、海鲜等“名特优”农产品“摆”上货架，宣传推介和展示展销本地优质农产品。

推进数字农合联（浙农服）建设　是年，根据《定海区数字化改革行动方案》及《浙江省农合联执委会关于加快数字农合联（浙农服）推广应用的通知》，与省、市供销社进行工作对接，明确落实工作任务及时间节点。与浙江农合数字科技股份有限公司完成“数字农合联”平台服务协议签署。邀请浙江农合数字科技股份有限公司相关技术人员就数字农合联（浙农服）建设进行专题培训。完成定海区数字农合

舟山市供销社系统数字农合联平台建设专题培训班

联（浙农服）基础平台数据录入及应用建设，并已在“浙农服”平台上线。

【推进乡村振兴】　抓好农资供应服务及庄稼医院建设　依托市、区农资公司及基层供销社所辖农资连锁网点，抓好农资采购、供应和储备。全年农资供应总额1353.8万元，同比减少10.8%，其中，供应化肥3837吨、农药217.2吨、农用薄膜55.8吨。推进庄稼医院、农资经营服务示范店建设，加强硬件设施、技术力量、规章制度和形象标识建设。

开展废弃农地膜、农药包装物回收　配合“无废城市”创建，开展化肥农药包装物、废旧农膜等农业废弃物回收，促进农业农村绿色发展、生产生活生态深度融合。全区41家废弃农药包装物回收点回收废弃农药包装物226.65万只（袋），处置27.06吨；回收废弃农地膜63.56吨，处置63.56吨，“两废”回收处置率均达90%以上，回收量占全市总回收量的60%以上。

推进基层政策性农业信贷担保服务工作　做好定海区基层政策性农业信贷担保服务创新试点工作总结，推动工作规范有序开展。为24户新型农业经营主体提供担保2830万元贷款，累计为新型农业经营主体提供担保6270万元贷款，服务对象涉及粮食及果蔬种植、水产品收购加工等领域。发挥定海为民农信担保公司及区农合联农民资金互助会作用，支持农业企业及农户发展生产。

【社有资产运营及企业监管】　社有资产运营管理及企业绩效考核　针对当前社有资产租赁难、租金下降等问题，通过强化前期招商、扩大公告范围、“招商引租”等多种途径逐步解决，提高企业经营和社有资产收益率。引导支持基层供销社盘活资产，增收节支，抓好临城供销社资产拆迁征收工作。制订《定海区供销合作联社所属企业2021年工作目标责任制考核办法》，提高反映质量和效益的指标权重，鼓励社有企业强化经营和社有资产运营。狠抓薄弱基层社改造，推进基层供销社适度整合，对4家基层社管理机构进行合并，以提质增效。

强化项目带动和风险管控　根据2021年供销社省财政扶持资金安排，启动实施新建1家现代农业综合服务中心项目。强化风险意识和稳健经营理念，统筹做好资金调度和平衡，严格管控负债规模，保证企业资金链安全。

加强社有企业财务监督及内审　成立区供销联社内审工作领导小组；对下属企业收支及本年度预算情况进行汇总分析，加强财务监督；开展全区供销社集体资产清产核资工作，将18家集体企业纳入清产核资范围，全面进行清产核资，摸清家底。

【从严治党及清廉供销建设】　腐败和作风问题重点整治　落实重点整治工作责任制，全面排摸线索、查找问题，摸排出社有资产管理不够规范、社有经济高质量发展举措不够、社有企业内审及财务监督尚需完善、全面从严治党主体责任落实不够等重点问题8个，并制定相应整改措施21条。完成整改问题5个，干部职工队伍整体老化等3个问题因涉及人员编制、财政预算规定限制等客观原因，短期内无法完成，需根据情况逐步推进。配合纪检监察机关加大对腐败问题审查调查力度，对下属企业1名酒后驾车人员给予党内警告处分；对下属企业1名违反组织纪律（不如实报告有关事项）工作人员，给予党内严重警告处分。在此基础上，针对制度不完善、监管不到位、廉政风险易发多发等问题，出台《定海区供销合作联社全面从严治社工作实施意见》《定海区供销合作联社党委全面实施“八大行动”推进清廉供销建设实施方案》《定海区供销合作联社社有企业重大资产处置监督管理暂行办法》等制度，进行重点整治。

深入开展党史学习教育　制定党史学习教育实施方案，明确工作职责及各阶段时间节点。围绕习近平总书记在党史学习教育动员大会上的重要讲话精神、中央有关文件精神，以集中学习、交流研讨形式开展专题学习。是年，每日在微信群发送一期“中共党史，百年百问”学习资料，共发送100期，参与党员

定海区供销社系统党史学习教育动员部署会

149人。党委组织党史学习教育专题学习2次，党委班子成员到基层支部上党课8场，开展理论学习中心组集中学习6次，区供销联社党委及12个党支部组织党史学习教育专题学习120余次。认真开展“我为群众办实事、我为企业解难题、我为基层减负担”专题实践活动，组织开展“三服务”活动66次，为群众办实事21件，为企业解难题27件，为基层减负担18件。

推进“三会”制度建设 是年，召开定海区供销合作社联合社第六次代表大会，选举产生第六届理事会、监事会，配套出台《区供销联社理事会工作规则》《区供销联社监事会工作规则》《区供销联社监事会监督工作联席会议制度》等制度，提高供销社治理体系和治理能力现代化水平。

舟山市定海区供销合作社联合社第六次代表大会

确保系统和谐稳定 关注并化解供销社系统因转制遗留问题、资产拆迁可能引发的各种信访矛盾，成立临城区块拆迁政策处理工作专班，抓好临城区块（临城供销社及代管的临城集体商业企业）房产拆迁维稳工作；强化安全生产（经营）的领导和监督检查，狠抓安全生产、食品安全责任制的落实，在全系统开展住宿与经营合用场所消防安全专项治理，坚决遏制各类事故的发生，确保系统和谐、企业稳定。

（撰稿：邵晶磊）

（本分目照片由区供销社提供）

责任编辑：周丽坤

城区管理与城乡建设

综　述

设办公室（法规科、信访室）、建筑业管理科（建筑工程招投标管理办公室）、城市与村镇建设科、行政许可服务科、住房保障和房产市场监管科、人防科；辖区住房保障和房产管理中心、区建筑工程管理中心、区城建档案馆、区建设工程消防设计审查验收中心。

是年，区住房和城乡建设局（简称区住建局）围绕花园式国际人文港城建设新征程、“重要窗口”海岛风景线排头兵和共同富裕示范区港城标杆要求，全区住房和城乡建设事业稳步发展。加强政策引导，推进房地产、建筑业、物业行业和人民防空事业持续健康发展，优化营商环境，工程质量安全态势平稳；依托“七张问题清单”系统，全面实施城市有机更新行动，提升人居环境幸福指数；抓好落实党史学习教育开展，强化意识形态工作，完成提案议案办理和信访工作，解决各类与城乡建设有关群众诉求。

建筑业管理

【概况】　2021年，经过建筑业资质换证，全区有建筑企业106家，包括64家建筑施工总承包企业，42家专业承包和劳务分包企业。全区具有一级资质的建筑施工总承包企业 7家。（7家企业列表）

全区具有一级资质的建筑施工总承包企业一览表

表12

序号	企业名称
1	浙江舟山广宇建设有限公司
2	舟山市大沙建筑工程有限公司
3	浙江博宇建筑有限公司
4	弘业建设集团有限公司
5	隆图建设集团有限公司
6	浙江广盛环境建设集团有限公司
7	浙江和海建设科技集团有限公司

是年，建筑业保持平稳发展，受疫情影响，全年总产值105.5亿元，同比增长9.9%；施工许可项目125个，合同造价37.77亿元。

【建筑市场监管】　*招投标管理*　加强对定海区重点工程建设项目的管理，严格“三价”公开报送制度。2021年，招投标实际开标216个，总控制价29.64亿元；办理施工许可证46份、竣工备案15项。

安全宣传　结合专项整治工作开展以施工现场为主的安全宣传工作，安排相关防火应急演练，根据工作实际制订相应的实施方案，发放宣传画500张、宣传资料200份。组织开展“科技宣传周”“全国安全生产月”等活动。

人员培训　组织开展初级技术人员培训班1期，培训人数39人；申报并评审通过中级工程师146人、高级工程师24个。加强浙江省建设市场监管和诚信系统建设，完善建筑企业信息库，审核入库企业家137家（包括咨询企业），注册建造师1173人。

定海区“无欠薪”工作　加强全区房屋建筑和市政基础设施工程项目监管，开展定海住建领域的“无欠薪”创建工作，全面推进农民工实名制和工资支付分账制建设，督促在建工程的建设、施工、监理单位全面落实施工现场作业人员实名制管理、农民工工资和工程款分账管理、按月结算农民工工资、按月足额支付工资、银行代发工资、施工现场维权信息公开6项制度。

扫黑除恶专项斗争工作　常态化扫黑除恶斗争工作，聚焦重点领域，强化行业整治，制定《定海区住建局关于开展工程建设领域突出问题专项排查整治工作方案》。全面排查工程领域涉黑涉恶线索，通过利用产后节点验收及交底、安全生产检查、防疫工作检查、农民工工资支付检查等工作和工程建设领域突出问题专项排查整治工作，排查挖掘强揽工程，强卖材料、强行阻工和村霸、市霸、行霸等“三强三霸”线索及涉黑涉恶异常情况。全面排查政府投资项目工程建设违法违规问题，对定海区范围内2018—2020年所有办理施工许可证并开工建设的政府投资工程项目（房屋建筑与装饰装修工程、市政基础设施工程），开展招投标和建设管理情况梳理分析，排查发现可能存在的串通投标、工程转包和违法分包等问题，排查梳理项目118个，未发现异常情况。

【质量安全生产大检查】　完善安全生产责任制度，与71家建筑企业签订安全生产责任书，把安全责任贯彻落实到各企业负责人、各项目部负责人。深入推进工程质量安全治理提升三年行动、安全隐患大排查快整治严执法行动和全区建筑施工安全生产大检查工作。2021年年底在建工程126个［其中，房屋建筑工程（包括老旧小区改造）107个，建筑面积351.311万平方米，造价82.81亿元；市政附属及装修工程19个，造价5.22亿元］，发放工程质量安全抽查记录156份、限期整改通知单42份、停工通知单10份，办理建筑起重机械备案登记1197次，整体质量安全处于受控状态。贯彻落实相关技术标准，开展工程质量大检查大整治活动，消除质量隐患，治理质量通病。落实五方主体项目负责人质量终身责任制，打击建筑施工转包违法分包行为，健全工程质量监督机制。抓好基础设施、公共工程和住宅工程、保障性住房施工质量安全监管工作。

【消防审验工作】　完成建设工程消防审批项目125个，其中，消防设计审查项目26个、竣工备案项目77个、竣工验收项目22个。完成“两证”补办审批项目3个，建筑物临时转性项目8个，建筑物临时规划许可消防意见6个。协同区应急局完成“一厂多租”双随机抽查任务，建设工程完成备案双随机抽查任务。办结行政处罚案子4个。

【建筑行业协会工作】　发挥协会技术优势，开展建筑新工艺观摩培训。指导区属建筑业企业开展各项安全教育活动。鼓励建筑企业建设优质工程，开展全区标准化工地评审工作。

2021年定海区建筑工程安全文明施工标准化工地统计表

表13

序号	项目名称	施工单位	项目经理
1	舟山绿城兰园项目	浙江舟山广宇建设有限公司	章晓军
2	海富村安置项目	浙江科润建设有限公司	王飞龙
3	滨海雅苑（暂名）	大昌建设集团有限公司	舒平国
4	竹山门安置项目	浙江舟山广宇建设有限公司	方春雷
5	原西门车站安置项目	弘业建设集团有限公司	王增波
6	盐仓林家湾碶头拆迁安置工程项目	浙江乾大建设有限公司	乐卓杰
7	东山安置项目	舟山市大沙建筑工程有限公司	李双特
8	舟山市定海区城关第二幼儿园拆建工程	浙江昌达建设工程有限公司	叶　明
9	恒昌幼儿园（暂名）建设项目	浙江恒昌建设有限公司	黄立斌
10	定海匈牙利馆国际广场西侧商住综合项目（一期）及附属管线	弘业建设集团有限公司	何永成
11	浙江明珠海洋食品有限公司（中国农发明珠工业园项目）一期冷库工程	浙江科润建设有限公司	邵军华
12	定海公园提升改造工程-附属工程	飞帆集团有限公司	俞军跃
13	金丰和园小区项目	舟山市大沙建筑工程有限公司	方家盛
14	舟山市定海区金塘镇沥港幼儿园迁建项目	浙江恒昌建设有限公司	余月萍

住房保障和房地产业管理

【概况】 2021年，区房管中心为副科级全额拨款事业单位，隶属区住建局管理，负责全区住房保障和房产管理工作，下辖7个职能科室，1个基层房管所。是年，在职在编职工31人，退休职工1人，编外用工29人。

【房地产市场】 是年，销售新建商品房2131套，面积22.18万平方米，销售金额31.79亿元，其中，销售新建商品住宅1780套，面积18.66万平方米，销售金额28.63亿元；二手商品房交易3053套，面积27.87万平方米，成交金额25.18亿元。落实全装修样板房引领制度，全年共检查样板房14次，发放整改通知9份。审核透明售房网预售项目公示信息，合计15个项目。持续完善退房公示制度，完成74次套房源公示，对2人以上报名的房源再销售直接监管，全年1批次。6月，举办第六期新房产经纪人在线培训，24家房产经纪机构参与培训，22名房产经纪人通过测试取得网签资格。

【保障房管理】 新开工城镇保障性安居工程住房1466套，面积15.4万平方米，完成保障性租赁住房筹集500套。分配公共租赁住房，完成273人次的入住、分配、管理工作，实物配租惠舟新村19套、白泉新泉华府28套，办理退房190人次；廉租住房补贴发放新增274户，享受廉租租金补贴共1271户，全年发放约885.11万元；清退不符合规定的公房租户58户。危旧住宅改造推进过程中，经货币安置、异地安置后腾空的房源，通过加固改造转化为公租房房源向承租对象开放安置，全年新增胡家塘和建国路44号2幢25套房源，累计完成东海弄31号、桑园弄39号等12幢244套房源改造，现已安置186套；完成室内卫生设施1136户（新安装410户，其中直管公房103户；纳管726户），铺设完成约6公里污水管网。

【住房补贴发放】 审核因职务提升享受面积补差人数117人，总补贴金额96.08万元，审核享受20%住房公积金补贴人数192人。协助区人才办办理人才购房补贴及人才公共租赁房107人次，查询房改证明2582份。

【物业市场监管】 督促物业服务企业做好小区防疫工作，储备防疫物资：口罩36145个、消毒液5420.5升、洗手液294瓶、非接触式温度计138个、手套13131双；慰问留舟山物业人员，走访慰问16家企业、20个小区。做好物业服务企业从业人员新冠疫苗接种情况排查。组织开展全区73个物业小区消防安全大检查、物业管理小区防汛防台安全自查，其中55个有地下空间的小区配备沙袋16117只、抽水泵157台、挡水板608块，满足使用需求。全年接到“12345”电话、来信、网上投诉466个，其中室内装修投诉115个。

【城市小区物业管理水平提升】 完成物业全覆盖工作剩余居民住宅482幢，累计完成物业覆盖1528幢，覆盖率为100%。根据《定海区居民小区物业全覆盖资金奖补办法》，组织考核小组对物业全覆盖小区进行考评，培育一批党建引领精品样板示范点，进行经验推广。组织社区人员及物业服务企业管理人员对业委会换届流程培训2批次180人。

【老旧住宅小区改造】 对360幢住宅开展老旧住宅小区改造，改造户数7644户，建筑面积约59.17万平方米，总投资约3.6亿元。改造坚持“内外兼修”原则，结合小区实际开展市政、交通、景观、人文等改造提升建设。是年，新增停车位406个，铺设雨水管26.66公里、污水管21.96公里，完成“口袋公园”建设5个。

【城乡危房改造】 是年，继续委托专业检测机构对城区C级危房实施专业化监测，全年上报监测数据报告累计36301份；完成全区农村房屋安全隐患排查整治工作，排查农房50225幢，其中，自建房49303幢，非自建房922幢，鉴定C、D级危房6幢，全部完成解危治理；完成城区2幢危旧房进行维修加固，涉及住户24人；完成城区3幢危房拆除工作。

【物业资金管理】 是年，归集专项维修资金4142.80万元，保修金3183.72万元。已修缮完工验收核准拨付项目152个，涉及用户15396户，建筑面积178.31万平方米，拨付维修资金419.32万元；到期保修金退还650.78万元；保修金使用拨付216.70万元；房屋拆迁退维修资金7.28万元。

【白蚁防治】 全年签订《新建房屋白蚁防治公共服务受理单》39份，面积约106.5万平方米，完成预防项目38个，面积约71.8万平方米。中国传统村落—金塘镇大鹏村白蚁综合治理项目开工建设，项目稳步推进。

城建档案管理

【概况】 区城建档案馆负责定海区城市建设档案的收集、整理、归档、保管和利用工作，为全额拨款股级事业单位。是年，巩固完善数字化城建档案馆业务建设，按照浙江省示范数字档案室标准推进城建档案规范化管理，为城建档案工作的深入开展和完善奠定基础。

【优化服务】 配合做好全区建筑工程项目审批制度要求，实现在线协同一体化，通过工程建设信息平台提交城建档案认可意见书，精简环节，加快工程档案预验收进程。

【档案室建设】 根据市城建档案工作统一部署，从队伍建设、档案收集、信息化建设、库房建设、档案数字化、省级管理目标、声像档案、编研科研及查询利用等方面完成省2021年度城建档案工作考核。

【档案管理】 通过多渠道、多方式加强工作人员业务培训，破解城建档案专业人才尤其是高层次、创新型人才不足等问题，提升城建档案专业人员业务素质和管理能力。巩固数字化城建档案馆，强化各类城建档案的接收，丰富馆藏；推进建设工程纸质档案、电子文档、声像档案三位一体接收工作；加快档案信息化建设，提高档案服务利用水平；加强业务建设，对工程档案上门指导，跟踪服务，对于验收前工程通过网络等方式，查看移交清单目录，查漏补缺，确保归档资料的规范性和完整性。是年，接收工程档案38个，工程档案入库2006卷，照片1394张，数字化率100%。利用数字化成果，发挥档案服务效能，全年工程档案对外利用27人次、540卷为企业群众查档利用提供便利，发挥档案资料的社会效能。

人民防空

【概况】 区人防办（民防局）是主管全区人民防空工作的政府工作部门，是区国防动员委员会的办事机构，在区住建局内设人防科，保留区人民防空办公室、区民防局牌子。是年，人防工作坚持以“战时防空、平时服务、应急支援”为导向，探索人民防空建设与经济社会民生融合发展新路径。

【人防防护体系建设】 是年，全区完成人防结建竣工项目12个，实现12个人防工程的平时利用。新受理人防质量监督工程6个，完成平时关键人防质量监督检查70余次，完成人防地下室工程竣工验收项目12个。开展全区人防系统安全大检查专项行动，抽查竣工投入使用的人防工程，落实部门监管责任，人防安全形势平稳。开展防化设备网上查证工作，对未通过防化系统查证的项目均不予备案；开展防化设备专项排查，检查12个项目37台过滤吸收器。执行易地建设费征收标准，受理人防工程易地建设核实48个，易地建设建筑面积6903平方米；有人防易地费征收建设项目17个，累计收取人防易地建设费1481.84万元。

【人防指挥体系建设】 修订完善人民防空指挥部机构编成人员及编组分工；抓好区人防地面指挥所安全管理工作，完成区人防地面指挥中心保安监控和防盗警报系统维护检修工作，定期开展互联互通。加强指挥部常态化运行、制度化管理、实战化建设，提升组织指挥手段智能化、信息化、数字化水平。完成金塘镇民防应急指挥中心建设项目。抓好人防指挥通信信息化建设，完成警报控制器增设任务，实现全区人防警报器远程统控目标；完成年度警报试鸣演习工作、信息保障队伍训练计划。抓好训练演练工作，重点做好人防专业队伍编组与训练，加强队伍应急反应能力建设；统筹防空组织资源，结合“全国防灾减灾日”活动，开展人员疏散演练，完成定海区2021年社区人口疏散演习。

【人防宣传教育建设】 加强人防宣传教育“五进”工作，完成年度全区中小学普及人防知识教育的任务目标，加强对中小学民防教师培训工作。征订人防教材2600余本，通过区教育局发放给全区的初一学生。

结合“3·1”国际民防日、“5·12”防灾减灾日等重要节点，组织法制宣传，发放防空防灾宣传手册400余册，发放人防应急包80余份。

（撰稿：邵佳盈）

综合行政执法

【概况】 2021年，区综合行政执法工作围绕市、区两级工作重点，以展示“重要窗口”海岛风景线为目标，以全国文明城市、全国卫生城市复评为主线，以精细化管理和严管执法为着力点，推进各项整治攻坚行动，完成各项工作目标任务。是年，本单位获得2021年度全区消防工作先进单位、2021年度全区综治维稳工作突出贡献集体、2021年度示范服务先进窗口、2016—2020年全区“七五”普法先进集体等荣誉。

【机构设置】 是年，区综合行政执法局下设办公室（挂人事教育科牌子）、政策法规科（挂行政许可服务科牌子）、综合协调科、督查信访科、公用事业管理科5个职能科室，增设综合行政执法指导科。设城区执法一中队、城区执法二中队和定海工业园区执法中队3个直属股级派出机构。设派出机构10个，除白泉分局为副科级派出机构外，城东、昌国、环南、盐仓、马岙、小沙、双桥、岑港、干䃥均为股级派出机构。设下属事业单位定海区智慧城管指挥中心、定海区环境卫生管理中心、定海区市政园林管理中心。

【推进“大综合一体化”行政执法改革】 是年，原由区司法局承担的统筹推进全区深化行政执法体制改革，全面交由区综合行政执法局承担。2021年，构建“大综合一体化”行政执法改革架构，整合“1+8+1”行政执法架构，形成1053项行政执法事项清单。推动“一支队伍管执法”落地见效，57%的综合行政执法力量下沉到基层。推进“综合查一次”县域全覆盖，提前完成71个应用场景全覆盖的目标，现场整改问题100余个，受检频次减少101次，减幅达58.7%。

【城乡环境综合整治】 是年，制定《定海区2021年城乡环境综合整治大会战实施方案》完成整治任务，并落实长效管理。

精品示范街（路）建设行动　完成沿港东路、环城南路2条精品示范街的建设任务，提升改造2条道路的路面、立面（店招店牌）、人行道及地下管网等。

环境卫生责任区制度示范街创建行动　推进人民南路、东瀛路的精细化管理，检查考评、立牌公示8期沿街店铺“红黑榜”。

修售业规范整治行动　严管严控城区92家修售车门店和49家船用品修售经营门店的经营秩序，强化执法巡查，规范整治经营门店占道堆物、跨门经营、环境卫生脏乱等突出问题。

餐饮业垃圾分类投放规范整治行动　规范221家大、中型餐饮企业的餐厨垃圾集中收运处置，实现城区15条街路两侧小餐饮店餐厨垃圾的分类投放和交付收运，签订处置协议568份，完善餐厨垃圾收运全流程的管理和优化。

流动摊、小广告、流浪犬“清零”整治行动　清理流动摊1813起，查扣机动车设摊10起，立案290起；清理“牛皮癣”小广告约10.39万处，覆盖清理面积约1770平方米，抓捕流浪犬758只，处罚遛狗不牵绳行为为54起。

智慧停车规范管理行动　完成定海智慧停车项目（一期）建设实施，城区有1567个路内公共停车泊位被纳入智慧停车管理，实现城区停车资源整合，提高车位周转率和使用率。

“席地能坐”保洁区创建行动　全面提档升级5个“席地能坐”保洁区的市政公用设施、园林绿化、城市家具等，营造城区公园、广场、车站等“席地能坐”的精品公共区域。

“席地能坐”保洁区

【排水 供气】 推进排水许可实施工作，确保排水许可“发放量”的达标，并通过批后监管，确保“发证排水户”规范排水。2021年完成核发排水许可证840本，重点委托对116家西北片区纳管企业和水产企业水质进行检测，督促超标排数户整改，其中立案4起，罚款1.8万。以“省《今日聚焦》瓶装燃气乱象批示”“城市运行领域遏重大”“平安护航建党百年”安全隐患大排查大整治专项工作为抓手，重点排查整治定海区城镇燃气行业，促问题整改，促行业升级。是年，出动执法人员300余人次，部门联合检查2次，立案查处11起，罚款8.4万元。

燃气安全执法检查

【依法行政】 2021年，承办一般程序行政处罚案件904件，简易程序6122件，行政许可案1818件。全面采用网上办案系统进行办案，录入率达100%。监管事项覆盖率达100%。加强组织领导，建立“一把手负总责，分管领导具体负责，一级抓一级，层层抓落实”的工作责任制，把法治思维、法治方式融入全局法治政府建设的全过程。梳理职权清单，根据《关于公布浙江省综合行政执法事项统一目录的通知》《关于公布舟山市综合行政执法事项统一目录的通知》及2020年省统一目录动态调整、《关于公布浙江省新增综合行政执法事项统一目录（2021年）的通知》，明确752项职权，厘清与业务主管部门的职权边界，建立协作配合机制。以“整体提升综合法律素养，注重执法实践锻炼，增强执法服务效能”为目标，全年组织法制相关的集中强化授课培训工作3次，参与人数达300余人次；组织“月小考季大考”100余次；安排全局11个执法中队法制员参加“轮岗交流”工作。

举办局机关季度法律知识考试

【队伍建设】 推进党风廉政建设 强化压力传导、制度保障和日常监督，推动管党治党主体责任落到实处，开展巡察整改“回头看”，推进党组落实党风廉政建设主体责任检查反馈问题整改。全年开展廉政谈话39人次。

推进党史学习教育 形式多样宣讲党史，深化开展“六个一”党员教育活动，引导广大党员传承红色基因，锤炼政治品格，坚守初心使命。围绕建党百年华诞，开展学“党史·迎百年”知识竞赛、红色基地寻访、电影党课、集体重温入党誓词、“我想对党说”等系列活动庆祝中国共产党成立100周年，推动系统党史学习教育走深走实。

深化“三化”中队创建工作 围绕队伍管理正规化、执法规范化、保障标准化方面加强指导协调，全年有9个中队完成创建任务。

参观红色教育基地——蚂蚁岛创业纪念室

【议案、提案办理】 是年，收到人大议案7件、建议11件，政协提案29件，其中，主办33件，协办14件。

针对办理工作任务重、要求高、时间紧的特点，全局坚持做到思想上高度重视，态度上积极主动，行动上切实有效，程序上合理规范，时间上及早安排，把办理工作作为全局重点工作，确保办理工作的质量。47件议案、提案均按时办结。

【办理群众投诉】 是年，受理各类信访投诉664件，全部办结。做好领导接访工作，党组成员每月1次协调处理信访问题，每半年1次接待来访群众，主要领导全年参与接访15起；根据投诉信访办理现状，参与现场调解。落实信访问题处置公开化，全年录入省信访网案件515件。

【便民服务】 推进政府数字化转型，持续落实事项上线政务2.0审批系统，优化“浙里办”App及“政务服务网”办事流程，全面实施“不见面”审批，实现网办率100%，跑零次实现率100%。压缩许可办理时限，大幅提升即办事项比例，比例达90%以上。截至年底，全区有公共自行车站点86个，年租车总量30.78万余次。

市政园林管理

【概况】 舟山市定海区市政园林管理中心为副科级全额拨款公益一类事业单位，隶属区综合行政执法局管理，主要负责定海城区公共绿地、景观设施、道路绿化、行道树及公园、广场的管理，负责定海城区防洪排涝工作及市政设施年度维护工作。下设办公室、市政设施管理科（河道管理科）、公园广场管理科（城市照明管理科）、园林绿化管理科4个职能科室。

【城市建设】 是年，完成丰产泵站建设工程，新建一座6立方米/秒排涝泵及其他相关配套设施；完成城关河、洋岙河、城东河、盛家塘支河、城西河、新河、庆丰河7条河道清淤整治工程，累计清理河道淤泥约3万立方米；完成桔南、留方等7个低洼小区改造；完成都神殿弄等35处内涝风险点整治。为加快城区配套设施建设，完成广生弄、它山庙弄等11处无卫设施改造；完成檀枫小学、气象台路、汽车连3处交通治堵点改造；完成定海区道路及景观照明智慧控制与漏电监测系统采购项目。

丰产泵站建设工程

【市政设施养护管理】 是年，修复混凝土路面、沥青路面、人行道路面总计约39600平方米，新增及修复各类型护栏约5100米，安装及修复警示桩及挡车杆1980余根，修补各标线约26200平方米，零星调换（升高、降低）窨井盖1880套，修复路灯380盏，更换城区老旧电缆1700余米。

【园林绿化与景观带建设】 是年，开展各主次干道、各公园广场绿化补种，补种面积约9000平方米，安装隔离设施约2000米，增加禁止进入告示牌约200块。春节前对海山公园、文化广场入口进行花卉布景，共计使用草花1.4万余盆，墙体绿植8.7万余株，主路两侧悬挂灯笼约250只；植树节组织无偿赠绿，赠送各色绿植3000余盆，发放养护知识手册600余份；“七一”期间，在海山公园、文化广场、湿地公园布置以中国共产党成立100周年为主题的大型花卉绿雕，总计使用地面草花2.5万余盆，墙体绿植12.5万余株；国庆节前，在海山公园和文化广场进行氛围布置工

定海湿地公园湖景

作，以庆祝中华人民共和国成立72周年为主题总计使用地面草花2万余盆，墙体绿植9万余株，主路两侧悬挂国旗468面。为提升绿地品质，完成定海湿地公园南侧停车场改造及绿化提升；对海天大道增加彩叶花卉应用和花镜打造。为配合创建国家园林城市相关要求，完成创建省级园林式居住区、单位各1个；完成上报市级园林式居住区10个、园林式单位3个；完成定海湿地公园优质综合公园申报。

【受理公益性活动申报】 公园广场管理科受理公益性活动申报47次，其中，100人以下公益性活动42次，100～500人公益性活动5次，500人以上公益活动0次。

【信访投诉与网络问政】 办理信访投诉、网络问政等案件1186件，其中，涉及市政类706件，公园广场类365件，园林绿化类115件。

环境卫生管理

【概况】 区环卫中心在“全国文明城市”以及“国家卫生城市”复评中，坚持在日常工作中抓作业质量提升，完善各项考评制度，加大监管，不断提升定海区城市外观形象。

【环卫设施提升】 投资约334万对烟管弄公厕、石柱弄公厕等13座公厕进行整体提升改造；对48座公厕进行服务大提升，其中，16座一类公厕构建共享城市公厕云平台，打造城市公厕智慧化。投资约55万元对马岙垃圾中转站进行提升改造，原立式垂直压缩改为箱体式卧式压缩。

【餐饮业垃圾分类投放整治】 将定海区城区221家大中型餐饮企业，沿街15条道路的近400家小、微型餐饮企业垃圾分类投放纳入收运体系，完成协议签订。发放餐饮业垃圾分类投放告知书660份，发放餐厨垃圾收运台账595份。

【道路公厕保洁管理】 纳入道路清扫保洁面积148.9万平方米，绿化带保洁面积28.02万平方米。现有管理、保洁公厕94座，专人管理70座，非专人管理24座，其中，21座公厕配置第三卫生间，公厕均实行24小时开放，保证非管理公厕一日三清，并按人流量提高保洁频率。粪便及污水清运2.26万吨，粪便厂无害化处理率达100%。生活垃圾经压缩后跨海运输量13.5万吨。

第三卫生间

【“撤桶并点”垃圾分类】 完成逸竹苑、雅竹苑、海悦府等7个小区设施建设，实现企业入驻运行；剩余小区中除启明北区、云枫苑和金鹰海市蜃楼3个小区正在进行基础改造外，其余11个小区均完成基础建设。

【配合落实疫情防控】 落实门卫工作职责，实施“测温+亮码+戴口罩”管控措施，对离返舟山人员情

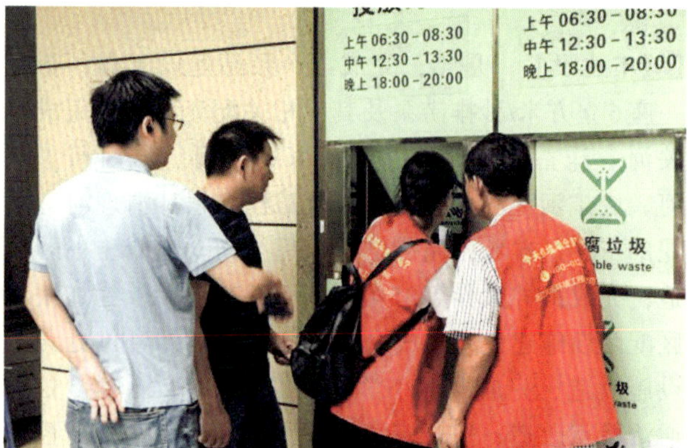

“撤桶并点”试点小区建设督查

况进行登记上报，如遇体温或健康码、行程码异常人员，有前往中高风险地区过人员，严格按规范流程开展突发事件处置。每日组织人员做好车辆清运工作安排，要求做到垃圾日产日清和车辆消杀工作。垃圾站、车辆停放场地、办公场地管理人员每日做好消杀工作以及外来人员车辆的登记。

垃圾投放区消杀

（撰稿：王裕芬）

（以上分目图片由区综执局提供）

住房公积金管理

【概况】　2021年，舟山市住房公积金管理中心定海区分中心贯彻落实中共十九届六中全会精神，以习近平新时代中国特色社会主义思想为指引，围绕中心，服务大局，以党史学习教育、应对疫情防控、数字化改革、“三服务”等为重点，创新服务、强化保障，履行分中心职能，推进公积金各项工作开展，住房公积金事业发展态势良好。

【住房公积金归集和提取】　2021年，归集住房公积金50936万元，比上年同期增加3218万元，增长6.74%，完成年度计划103.95%。累计归集余额116419万元。截至12月底，定海区正常缴存单位733家，缴存职工19707人，其中新增单位199家，新增缴存人数1597人。比2020年缴存人数净增1957人，缴存人数增长11.03%。全年职工提取住房公积金37897万元，比上年同期减少1356万元，减少3.45%，提取额占同期归集额的74.40%，完成年度计划92.43%。全年购房提取8580万元，偿还贷款提取22127万元（其中为职工按月冲抵公积金及商业按揭贷款14880万元），离退休提取3072万元，支付房租提取1071万元，户口迁出或出境定居提取683万元，其他提取2364万元。

【住房公积金贷款发放和收回】　2021年，为245户家庭发放个人住房贷款9376万元，比上年同期减少3499万元，减少27.18%，完成年度计划87.99%。收回贷款10559万元，比上年同期减少299万元，减少2.75%，完成年度计划87.99%。目前贷款余额76946万元，贷款余额占归集余额的66.09%，贷款逾期率为0.0008%。至年末，累计向5673户职工家庭发放个人住房公积金贷款173902万元。

2021年定海区住房公积金归集和支取情况一览表

表14

项　　目	完成情况	项　　目	完成情况
缴存单位数（家）	733	支取金额（万元）	37897
正常缴存人数（人）	19707	其中：购建翻建大修自住住房	8580
新增单位数（家）	199	偿还购房贷款本息	22127
新增缴存人数（人）	1957	离休、退休	3072
归集额（万元）	50936	户口迁出或出境定居	683
累计归集余额（万元）	116419	支付房租	1071
缴存比例（%）	12	其他支取	2364
比年度计划增长（%）	3.95	比年度计划增长（%）	-7.57
比上年增长（%）	6.74	比上年同期增长（%）	-3.45

2021年定海区住房公积金贷款使用情况一览表

表15

项　　目	完成情况	项　　目	完成情况
贷款发放数（户）	245	贷款回收额（万元）	10559
贷款发放金额（万元）	9376	比年度计划增长（%）	-12.01
比上年同期增加（万元）	-3499	贴息贷款发放数（户）	21
比年度计划增长（%）	-21.87	贴息贷款发放金额（万元）	837
比上年同期增长（%）	-27.18	年末贷款余额（万元）	76946
历年发放贷款数（户）	5673	年末存贷款占比（%）	66.09
累计发放贷款金额（万元）	173902	年末贷款逾期率（%）	0.0008

【推进党史学习教育】 学习建党百年大会精神　分中心党史学习采取支部书记上党史专题课和党员同志自主学习党史教育类书籍相结合的方式，深入了解党的历史、邓小平同志的伟大构想以及新时代党员应有的党性修养，不断深化学习成果。7月1日，组织全体职工观看庆祝中国共产党成立100周年大会，深刻学习习近平同志在庆祝中国共产党成立100周年大会上的重要讲话，每位党员以讲好的党的故事来庆祝党的百年华诞。

开展廉政教育　组织观看廉政警示片及参观由定海区纪委组织的“纪律护航清风扬帆”警示教育月活动——清廉文化书法展，进一步增强党员干部廉洁自律的自觉性，提高自我约束和自我反思能力。建立健全分中心领导班子签订党风廉政建设责任书并对各科室负责人落实党风廉政建设责任制约谈机制，严抓党风廉政建设。

定海区“纪律护航 清风扬帆”警示教育月活动——清廉文化书法展

开展党支部活动　组织全体党员开展“学好党的历史，讲好党的故事”党史小课堂活动，激发党员爱国热情；参加市中心组织的“学史践初心携手履使命”四史知识竞赛，取得良好成绩；庆祝中国共产党成立100周年，分中心组织全体职工观看红色电影《1921》，重温共产党的光辉历史；党员同志参加市中心组织的党员志愿活动——“烟蒂不落地 城市更美丽”，清除地面垃圾。

舟山市住房公积金管理中心定海区分中心党支部开展庆祝中国共产党成立100周年观影活动

【落实“三服务”】 定海分中心送政策送服务，用心践行“三服务”。党员干部带领全体职工开展“三服务”进企业、下乡镇送政策活动：市中心副主任王跃文和副主任沈天民带领分中心科室负责人分别走进森森集团股份有限公司、舟山长宏国际船舶修造有限公司和浙江华业塑料机械有限公司开展“三服务”调研活动，助力企业抗疫情、稳发展，普及公积金相关政策；支部书记翁建明带领科室长走进绿城房地产销售服务中心了解楼房销售情况及公积金贷款需求情况；翁建明带领党员干部，到小沙街道开展“三服务”送政策到乡镇活动，宣传住房公积金扩面及惠民政策。

市公积金中心分中心业务骨干走进浙江华业塑料机械有限公司开展“三服务”

【重点抓扩面工作】　分中心将公积金扩面工作作为年度工作的重中之重。坚持不懈的扩面宣传与公积金政策引导，以及做好企业，特别是拟上市企业的上门动员、督促和服务工作，促使上市企业建立住房公积金制度，提前超额完成年度扩面任务，越来越多规模较大的企业开始为职工缴存公积金。

公积金扩面宣传走进私营企业

【加强网点管理】　为进一步规范各银行服务网点的公积金管理工作，市中心领导及定海分中心领导班子分批带领业务科前往中国银行金塘支行及海洋农商银行乡镇延伸网点察看网点设立及公积金业务受理情况。在察看与走访过程中，分中心负责人与网点负责人及时进行沟通与交流，对检查过程中存在的问题提出整改意见。同时，定海分中心为进一步规范各延伸网点的业务操作，加强新接手的网点工作人员业务培训，提高具体实践操作，降低延伸网点的业务办错率，保障网点服务质量，加强延伸网点的服务管理。

【强化政银合作】　开展试点项目培训，在原先已学习政务平台1.0的基础上进行政务服务平台2.0的具体业务培训。上门送服务，助力政银服务一体化。分中心业务科派遣工作人员专门前往银行网点指导办理政务2.0公积金业务，为实现“网上随时办、大厅就近办、办事更便捷”的“一网通办”模式打下坚实的基础，持续提升群众企业办事获得感。

派遣工作人员银行网点指导办理政务2.0公积金业务

【加强疫情防控】　采购防疫物资，做好防疫后勤保障。窗口人员流动性大，重点加强窗口工作人员的自

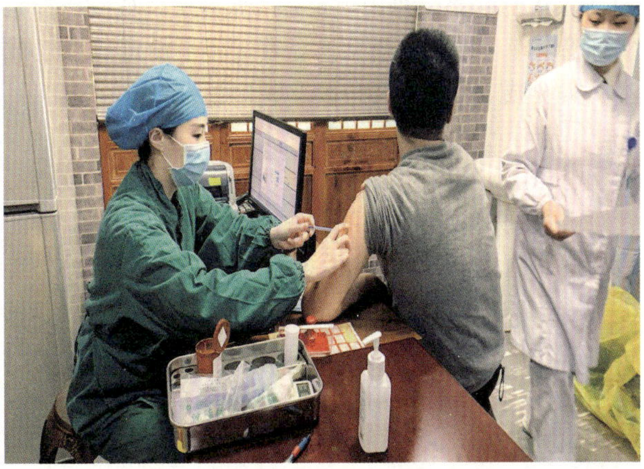

主动接种新冠疫苗

身防护工作。配合审交办对进入东山路分中心办事客户进行测体温、亮绿码工作。号召全体职工积极响应国家疫情防控号召，领导带领全体职工及时主动接种新冠疫苗，除因身体原因暂时不适合接种的人员外，其余员工均配合完成两针剂接种，部分职工完成第三针加强针的注射。

（撰稿：章　崇）

（本分目图片由区公积金中心提供）

城市更新项目建设

【概况】　2021年，区城市更新工作以“全面推进花园式国际人文港城建设”为工作主线，坚持规划引领，完善政策体系，加快项目建设，做好阳光安置，不断提升全区安置房项目品质，提高城区整体风貌。

城市更新项目和平路区块鸟瞰图

【拆迁补偿政策体系】　经过综合比较全市征收补偿政策，对已有的征收补偿实施方案进行调整完善，于2021年年初起草《舟山市定海区城区房屋征收与补偿实施意见》，通过房票兑换等方式，平衡定海拆迁成本，实现城市更新的可持续发展。

【区块拆迁改造】　加快推进“最后一平方米”攻坚，针对政策处理效率不高的问题，组建专班强势推动征地拆迁，制定完成“一户一策”工作方案，于2021年6月底全部完成义桥、东湾区块剩余拆迁任务。7月初，成立拆迁区块现场指挥部，启动对机场路、东门车站北侧2个区块更新改造，涉及产权户660户，拆迁建筑面积6.37万平方米，签约率100%，正式启动拆迁。

【城市更新项目建设】　2021年，全区城市更新建设有新开工及续建项目21个，其中，安置房项目19个，农民公寓房项目2个，总建筑面积约153.5万平方米，计划总投资约128.9亿元；其中，邬家塘、周家塘、廷佐小学南侧、东湾和义桥5个安置项目为新开工项目，可解决2100余户被征收户的住房需求。至年底，有竹山门（雅竹苑）、原西门车站（逸竹苑）、东山地块（嘉馨公寓）、海富村（富康公寓）、白虎山路（润园）和小洋岙（馨园）6个项目竣工，进一步推进定海城市更新建设，提高老城区被征收户生活居住环境。

逸竹苑（图左）和雅竹苑（图右）

【安置安居管理】　中心以及街道有关人员，联合城管、公安、公证、施工等单位和部门，组建安置房联合分配小组，提前明确安置抽签规则、场地，规范运行发放通知书、看房答疑、摇号选房等一系列流程，并由公证处全程监督公证，实现全程阳光操作，确保项目安置工作依法公开公正。至年底，完成竹山门（雅竹苑）、原西门车站（逸竹苑）、东山地块（嘉馨公寓）和海富村（富康公寓）4个安置小区的抽签安置工作；白虎山路（润园）和小洋岙（馨园）做好前期安置准备事项，随后进行抽签选房工作。做好资产处置工作，完成住房出售31套，店面房租赁65间。

撰稿：余婈婈

（本分目图片由区城市更新中心提供）

责任编辑：王英伟

水利水务

水　利

【概况】　2021年，定海区水利局全年完成投资6.7亿元，完成省厅下达的年度任务；争取市级及以上补助资金23833万元（其中，中央资金1770万元、省级资金19751万元、市级资金2312万元），区级配套资金658万元。获评浙江省“十三五”实行最严格水资源管理制度成绩突出集体、2021年度水旱灾害防御工作成绩突出集体、2021年度全省农业水价综合改革工作绩效评价优秀等，定海中心片区排涝提升工程（五山生态旅游带建设项目）工作经验成效写成专报，获副省长徐文光批示；区域海岛特色应急强排体系写成专报，获副市长姜建明批示。在2021年度省厅综合考核中位列全省第10名。

【水利工程建设】　城区防洪排涝项目　是年，计划实施建设项目39个（其中，续建17个、新建22个）。其中下排外挡项目3个，完成投资3750万元；内河疏通项目6个，完成投资5221万元；调蓄分洪项目2个，完成投资35200万元；管渠改造项目28个，完成投资9144万元。完成投资53330万元，完工27个子项目。其中，重点工程定海中心片区排涝提升工程各标段全面开工，上拦工程完成60.2%；中提升工程完成50%，卫海泵站主体完工；西调工程完成25%。

海塘加固兼生态修复项目　续建灌门海塘提标加固工程、岙下海塘提标加固工程和建海塘加固及生态修复工程、胜利海塘除险加固工程，新建沥港标准海塘除险加固工程，完成投资1亿元。

小舟黄岩涂塘除险加固工程

水库除险加固工程　续建南洞水库综合整治工程、黄高岭水库加固建设工程、小卫平水库综合整治工程、长岗山水库加固建设工程、长春水库综合整治工程、淡水坑水库除险加固工程，新建大湾水库除险加固工程、西岙底陈水库除险加固工程。全部项目完工，完成投资2968万元。

舟山群岛新区定海强排　续建盐河大塘配套加固工程、丰产泵站建设工程、峙中岙水库清库扩容治理工程、南洞水库清库扩容治理工程，新建穆岙塘配套加固工程、西堠海塘配套加固工程、大涂面海塘配套加固工程、晒盐海塘配套加固工程、金山水库扩容工程，完成投资9000万元。除金山水库扩容工程外，其余工程均完成年度任务。

中小流域治理项目　实施定海区舟山群岛水系（流域）综合治理工程（二期）—金塘穆岙片中小河流治理工程，总投资3065万元，完成投资1000万元。

山塘综合整治项目　实施洪坑山塘综合整治工程和黄沙种子场山塘除险加固工程，完成投资176万元。

【水利工程运行管理】 水旱灾害防御 是年，组织开展2021年度水旱灾害防御汛前、汛中、汛后检查工作，修编完成74座水库“三个方案”、37座中型闸泵控运计划以及水旱灾害防御工作手册。完成2021年山洪灾害防治非工程措施项目实施方案并上报舟山市水利局批复，组织各镇（街道）完成小流域山洪灾害防治指南编制，配合舟山市水利局完成2021年度小流域山洪防御应急演练。在抵御台风“烟花”“灿都”期间，牵头组建城北水库应急调度专班，减轻城区防洪排涝压力。依托第三方单位，稳步推进水库海塘安全鉴定、水库核查评估、山塘安全评估和安全排查工作，累计完成对37个水利工程安全鉴定、120座重要山塘安全评定、131座山塘安全排查以及74座水库核查评估。

台风天气检查在建水利工程

水利工程数字化运维 是年，开展水管理平台（水管家）试点工作，设立全区信息监控中心，依托水管理平台，整合山洪灾害监测预警、368个视频监控、101个水文站点（其中7座为省民生实事项目）和农村饮用水监控等，初步构建数字化管理模式。开展水利工程“三化”管理改革示范县工作，编制完成《定海区水利工程管理“三化”改革实施方案》，实施水工程绿化养护、机电设备维护、沉降位移监测、水文设施维护、视频监控设备维护等物业化项目，涉及全区规模以上全部工程，物业化覆盖率达100%。完成水利工程标准化创建5项，均为新建中型泵站。组织编制定海区水域保护规划和水利基础设施空间布局规划，完成水域调查及重要水域划定，形成水域规划报告的初稿。开展水文化遗产调查工作，确定全区水利工程文化遗产清单目录155处。出版水文化书籍《水孕定海山》。

质量与安全监督 是年，组织区级水利工程监督检查28次，其中，综合督查8次，参与检查478人次，发现问题163个；各业务领域监督检查20次，参与检查1124人次，发现问题225个。推进全省首批水利行业“强监管”改革试点工作，优化管理体制、完善运行机制、创新监管模式，相关指标满足省市考核要求。

涉水审批及水行政执法监管 调整修正“浙江政务服务网”中区级水利事项及其后台数据，确定定海区水利局浙江政务服务网水利权力事项42项，其中，行政许可16项、行政确定2项、其他行政权力22项、行政征收1项、联办事项1项。完成行政许可审批三大类44起，其中，审批水土保持项目21起，审批涉河涉堤类项目13起，审批取水类项目10起；其他行政权力一大类25起，其中，水土保持项目验收24起，河道管理范围内建设项目施工方案备案1起。通过“1+1+N”执法模式，开展海塘专项执法行动，对区域内59条重要海塘进行全面检查，落实整改18处；联合环保部门开展对12个重要饮用水水库专项执法检查；开展定马疏港公路工程和甬舟铁路册子段小晒网驻地工程涉水许可项目专项检查；开展舟山港主通道工程（鱼山石化疏港公路）陆域项目涉水许可专项检查等。共发出水政巡查单60份，涉水检查整改单7份，责令停工通知书7份，均落实整改。全年完成水土保持治理目标任务0.4平方公里，征缴水土保持补偿费39.75万元。

【水资源管理】 河长制工作 是年，推进河（湖）长提档升级工作，强化河（湖）长的第一责任意识，对河（湖）长履职情况进行定期、不定期督查暗访，对上级交办、媒体曝光、群众反映的焦点问题实行跟踪督办，逐步落实“河（湖）长制”目标考核、工作督察、奖惩激励制度。调整完善市、区、镇（街道）、村四级河（湖）长体系，设置各级河（湖）长329人，配置巡查保洁人员306名、保洁船142艘。完成《县级及以上15条河道、20座水库“一河（湖）一策”实施方案（2021—2023年）》编制。投资220万元创建完成省级水美乡镇1个——白泉镇，农村池塘整治4个（其中，金塘镇3个，干䃎镇1个）。组织开展“阿拉当河长”活动及“绿水币”推广工作，全区绿水币注册10229人次，活跃度100%，发现问题958处，解决率100%。

金塘东堠钟家岙池塘

农村饮用水项目　是年，完成金塘水厂污泥处理设施设备提升工程和给水管网更新改造工程，预算总投资800万元。通过“村民自管+第三方专业团队”相结合的方式，对单村水站供水工艺、供水设备进行运维，确保水站供水安全；规模化水厂水质采取日检+月检+抽检、单村水站水样每月送检，监测合格率达100%，相关数据及时上传省“浙水好喝”平台。

农业水价综合改革　重点开展农业水价综合改革“五个一百”示范创建活动，通过机埠墙绘美化、制度标识上墙等手段，创建“五个一百”示范点11处，经省级四部门评选，4处机埠、1处水闸、2个灌区灌片、2个基层水利站所、2个农民用水组织入选省级优秀典型案例，入选数量居全省第一。

节约用水工作　是年，完成《舟山市定海区节约用水“十四五”规划编制》，印发《定海区节水行动2021年度实施计划》，创建完成节水标杆8处、水产健康养殖示范场3个、工业再生水利用试点项目1处、新（扩）建工业水厂1处。落实节水“三同时”制度，完成32个项目的节水设施验收。组织开展各类节水主题活动4次，累计分发节水宣传材料9000余份，推送相关信息10万余条。成功创建省级节水宣传教育基地舟山市定海区节水宣传教育基地。

节水宣传

取用水管理　是年，自备水取水420万立方米，无超计划用水现象。完成取用水管理专项整治行动整改工作，实现单村供水设施和农业灌区取水许可全覆盖。规范开展水资源费征收，全年征收水资源费75.26万元。

【党的建设】　加强组织建设　是年，严格按照定海区直机关工作委员会党建工作标准，持续深化“三化两建”工作，做到年初早谋划、年中抓落实、年终有总结。全局有在职党员24名，为优化组织架构，在党总支基础上又下设3个支部，分别为机关直属支部、建设管理支部、运行管理支部，并均选举成立支委会，实现扁平化管理。形成“一把手”负总责，分管领导具体抓，干部职工共同参与的党总支、党支部、党员三级同抓同创、抓党建促发展的工作格局，系统党建工作步入良性循环。建设管理支部获“区级先进基层党组织”荣誉称号。

提升理论水平　精准把握“学史明理、学史增信、学史崇德、学史力行”的目标，开展党史学习教育。紧紧结合“六学六做”，开展宣讲宣传活动，党组书记讲授题为《奋发水利人，逐梦新征程——为建设共同富裕示范区打牢定海水利基础和支撑》的党课；党总支宣传委员宣讲党史课件——《中共一大至中共十九大极简史》；成立定海区水利局党员宣讲团，开展“党建引领乡村振兴，全面推动共同富裕”的主题宣讲等。在贯彻落实中共十九届六中全会精神上，开展青年干部宣讲活动、书记上党课、知识竞赛等活动，使学习成效入心入脑。

打造党建品牌　紧扣水利工作的新特点和新变化，打造“幸福引领·善水惠民”党建品牌，创新开展“展示定海水利成果，献礼建党100周年”的“四个一”（一次活动：“清印留方”党员学习教育活动；一次宣讲：老中青三代水利人共话百年党史；一次党课：党组书记上党课；一次展览：定海水利“十三五”成果展），系列主题党日活动，进一步丰富党员组织生活。党员带头，不断深化开展“我为群众办实事、我为企业解难题、我为基层减负担”专题实践活动，并建立起重点水利工程党员干部联系点制度，促使全区水利工作取得新进展。

舆论引导　在党总支委会议上，多次开展意识形态和社会舆情综合分析，特别是涉及定海中心片区排涝提升工程的舆情。建立基层网宣队伍“水利网络宣传队”，吸纳各科室信息员10人（其中，1人入选市级优秀网评人才），大力宣传党和政府的相关政策以及水利发展改革所取得的建设成果。发布“文明上网”倡议书，全年未发生有重大负面影响的意识形态事件。

作风建设　持续开展乡村振兴涉水领域腐败和作风问题、水利干部职工非职务违法犯罪等专项治理，坚持全面从严、一严到底，对公款吃喝、餐饮浪费等问题严令禁止。开展“纪律护航 清风扬帆”警示教育月活动，用真实的典型案例警醒党员干部用好手中的权力，紧绷廉洁自律这根弦。积极培养在一线工作年轻优秀的后备干部，把平时了解考察出来的党性强、作风正、工作业绩突出的党员干部作为后备干部储备力量。

（撰稿：洪琦妮）
（本分目照片由区水利局提供）

水务管理

【概况】　2021年，供水水量充足、水质稳定。下属各饮用水水库水质均达到Ⅱ类水标准，大陆引水水质基本达到Ⅲ类水标准。完成污染减排任务，污水处理能力稳步提升。水务基础设施工程建设不断推进。负责实施工程项目15项，其中，新建8项、续建5项、前期2项，完成年度投资约3.1亿元。

【城区制供水】　全区现有市属水库4个，不定期多次安排实地检查，确保供水安全。全年供原水9557万立方米（其中，大陆引水5228万立方米，本地供水4329万立方米，分别占总量的54%、45.3%），同比增加135万立方米。全年自来水供水量2030.6万吨，售水量1839.8万吨，管网水综合合格率100%，有效保障城乡用水需求。

2021年全区市属水库供水情况

表16　　单位：万立方米

库　名	正常库容	年底总水量	年底可供水量	年供水量
虹桥水库	1015	658	518	1703
黄金湾水库	851	427	327	5454
岑港水库	627	449	399	242
城北水库	111	1.5	0	291

【引供水安全管理】　水库运行管理　完成检测任务21批次613个站点，提供检测数据20134个，完成相关报告291份，下属各饮用水水库水质均达到Ⅱ类水标准，大陆引水水质基本达到Ⅲ类水标准及以上，保障全区供水和大陆引水水质。

水源地保护　关注上级最新环保动态，强化各项水源地保护措施，水源地巡查队和库区管理处全年共制止危害水源行为450余起，并修复物理隔离栏22处。对各市级水库加大管治力度，继续抓好“一库一策”管理和库长巡库工作，并上报专报。

供水设施管理运行　各水库、泵站严格按照标准化建设和控制计划运行，开展各项维修保养和改造抢修工作。全年完成设施、设备安装改造任务19次、维修保养任务62次，主要为水泵电机维修保养、水库泵站设备改造等。对全区供水管线进行常态化巡查，并完成应急抢修20余次、管道改道4次、管线巡查40余次、管线排污10余次。

信息化建设　信息化项目部完成相关现场硬件设施安装、改造、调试工作和软件方面试运行、验收工作，完成所有泵站数据采集汇总和调试工作。全年组织相关业务科室参加信息化建设相关交流研讨会议22次，提前布局系统运行后管理模式，提高精细化管理、决策支持和主动服务水平。

【城市节水】　是年，科学合理调度水源，结合定额管理，完善节水基础，推进节约用水等各项工作。

形式多样的宣传活动　5月10—16日为全国城市节约用水宣传周，节水主题为“贯彻新发展理念，建设节水型城市”。采用公交车宣传、新媒体宣传、公益广告征集以及采访水务工作人员。印制餐巾纸盒，并在纸盒上印制舟山黄金湾水库的图片，在醒目的位置上印制节水口号等。

实行计划用水管理　根据国家发展改革委住房城乡建设部下发通知要求，下半年开始超定额累进加价工作，对全区范围内年用水量在1万吨以上的非工业用水户进行统计，根据定额标准下达2022年用水定额，并于2022年1月开始实施。

创建本市节水载体和节水型标杆单位　根据省市上级有关部门要求，开展节水载体和节水型标杆单位创建工作，目标为8家水平衡测试单位、6家节水型企业创建、10家节水型公共机构以及8家节水型小区，于11月底前完成全部验收工作。最终选取4家作为年度省节水型标杆单位进行上报，定海入选2家，分别是舟山中学和中央花城小区。《舟山城市节水规划》手册编制项目启动。

【城区污水处理】　全年（区本级3座污水厂）处理污水总量2262万吨，本岛正常纳管的污水基本得到有效处理；COD污染物削减量5015吨，氨氮削减量527吨；污泥处理量2.41万吨，再生水回用量980万吨；本岛正常纳管的污水得到有效处理；各污水厂负荷率、达标率均达到市城管局下达的污染减排计划和指标要求。

落实应急联动机制　配合落实应急联动措施，及时反馈污水厂进水水质、水量信息，推动企业错峰生产排放，提升污水厂进水稳定性；结合污水处理厂实际运行情况，通过科学精准控制泵站液位合理调度污水量，确保污水厂出水各指标排放达标，加大污水输送量和处理量。

提升处理能力　优化污水厂工艺运行，根据进水情况及时调整各工艺段运行模式，通过增加生化污水停留时间，合理控制百分比，对水产企业高总氮的污水，投加各类碳源，科学配比投加药剂量等措施，改善污水可生化性，确保稳定达标排放。

【大陆引水三期工程】　续建工程由“一库八线”组成。建设内容包括宁波至黄金湾水库引水三期工程、舟山本岛输配水工程、岛际引水工程、大沙调蓄水库工程以及水务调度信息化管理系统。完成年度投资1.63亿元，年度投资计划完成率108%，累计完成投资24.78亿元。工程到位资金27.28亿元，包括省级及以上拨款2.90亿元；市、县拨款1.88亿元；国开行基金3.05亿元；国开行项目贷款14.9亿元；政府债券置换2.4亿元；三期工程专项债2.15亿元。

完成大沙水库调概工作　针对审计指出的大沙调蓄水库征地移民拆迁补偿超概算问题，舟山大陆引水三期工程指挥部成立整改工作专班，组织推进调概报批工作。调概报告以及相关材料上报省发改委，工程概算由5.19亿元调整至8.67亿元。

推动已完工项目验收工作　完成专项工程验收3个，分别为舟山市大陆引水预处理及配水工程档案验收、舟山市大陆引水三期工程（大沙调蓄水库）竣工环境保护验收和舟山市大陆引水三期工程（大沙调蓄水库）水土保持专项验收。已完成合同工程3个，为岱北0+788.027至岱北3+400.614段合同工程验收、岱山登陆点至小高亭段合同工程验收和马目加压泵站、岱北加压泵站土建及设备安装合同工程验收。

工程在建项目建设　金塘岛引水工程：主要建设内容为管道工程，共计32.77公里（其中，陆上段11.8公里，跨海段20.97公里），完成陆上段管道施工，铺设剩余陆上管道1875米；宁波陆上段工程：由管道工程和泵站工程组成，管道工程部分（其中，管道安装16.22公里，沉井施工38座）完成4.6公里，累计完成8.72公里，完成率54%；沉井31座，完成率81.6%，泵站工程部分（李溪渡和岚山泵站）总体形象完成92%。

工程其他工作　完成镇海至马目跨海输水管道工程锚损管道修复工作。完成大沙调蓄水库工程房屋拆迁档案审核移交并完成数字化扫描，形成档案487卷。做好工程质量与安全检查问题整改工作，省水利水电工程质量与安全管理中心对三期在建工程开展工程质量与安全检查5次，涉及问题23个，均整改到位。整理完成大沙调蓄水库红线外土地，并与当地街道、经济合作社做好核实确认工作。

【定海片原水综合管理服务中心工程】　该工程估算总投资2700万元，改建管理房、宿舍楼、仓库及其他管理用房和新建化验大楼并完成相关装修，至年底完成方案设计送审稿、危房鉴定及方案设计送规划审核、项目规划用地许可审批、施工图纸设计和审核，下步进行施工招标前期工作。

【大陆引水一期海底管道综合整治工程】　该工程概算总投资1492.86万元，对一期管道进行检测维修，至年底已完成项目申请报告编制、申请报告报发改立项核准、工程初步设计招标、海底管道渗漏勘测、初步设计编制，下步进行初步设计批复和施工图设计。

【青林水库物理隔离栏安装工程】　该工程概算总投资292.62万元，新建物理隔离栏5.2千米。8月8日开工，12月底完工。

【舟山本岛水源提升利用综合工程】　该工程列入《舟山市水安全保障“十四五”规划》，列入2022年度市政府民生实事项目。顺利实施后，能有效缓解临城、普陀区域原水紧张状况，实现区域同质供水，满足舟山百姓从“有水喝”到“喝好水”的呼声。是年，启动2个项目：

岛北输水管道提升工程　该工程起点位于马岙加压泵站和白泉岭下水库，终点位于白泉傅家岙隧洞进口。管线总长14841米，其中新建DN1000钢管12610米，DN500PE管2231米。设计输水流量为1.0立方米/秒，供水规模为8.64万立方米/日。工程概算总投资为13194.93万元，其中建安工程10949.27万元。至年底完成项目赋码审批、项目安全风险评估报告备案、规划选址审批、项目申请报告发改核准批复、初步设计招标，下步进行初步设计编制。

长春岭及团结水库输水管道工程　该工程起点位于长春岭水库东南侧，终点位于干碶龙头周村拟建的岛北输水管道提升工程输水管道。工程建设内容为新建加压泵站一座，新建DN800输水管线2300米，设计输水流量0.5立方米/秒，供水规模为4.3万立方米/日。工程概算总投资为2792.22万元，其中，建安工程为2534.59万元。至年底已完成项目赋码审批、项目安全风险评估报告备案、项目选址规划批复，下步进行项目申请报告发改核准批复。

【舟山市污水处理厂配套主管网工程】　该工程概算总投资54919.21万元，主要新建一座处理量为20万立方米/日的临城污水总泵站，新建一条长约14.6千米的污水管网。2019年年底，完成施工招标工作。2020年4月开工建设，至2021年年底，完成隧洞主洞口开挖4400米（主洞开挖全部完成），支洞口累计完成开挖520米（支洞开挖全部完成），累计完成管线铺设12.1公里（全长14.6公里）；完成泵站主体结构建设，进入设备安装。累计完成投资2.9亿元，完成年度建设任务。

（撰稿：童飞凤）

（本分目照片由市水务集团提供）

责任编辑：周丽坤

环境保护

综　述

2021年，全区空气质量优良率为98%，优良天数344天；$PM_{2.5}$平均浓度15微克/立方米，同比下降16.6%；水环境质量持续改善，县级以上饮用水水源地水质达标率100%。环境安全形势保持平稳，全年未发生重大涉环群体性事件。获浙江省打赢蓝天保卫战成绩突出集体和2020年度“五水共治”（河长制）工作优秀市县“大禹鼎”。

是年，推进生态文明体制改革，牵头制定《舟山市定海区生态文明体制改革方案》《定海区生态环境保护责任清单（试行）》，由定海区委、区政府发文施行。成立舟山市定海区生态文明建设指导中心，承担定海区生态文明建设和生态环境保护有关问题综合性研究、分析及辅助等工作职责，负责定海区生态文明建设工作委员会办公室具体事务性工作。

是年，推进中央第一轮、第二轮环保督察、第一轮省级环保督察、中央巡视、省委巡视、党政主要领导经济责任审计和自然资源资产责任审计51项反馈问题整改，完成销号28项，剩余问题按时序要求推进整改，47件信访交办件已完成销号。深化区域突出环境问题“挂账销号”行动，制定32个问题整改责任清单，累计销号26个。完成2021年省委生态环境专项督察迎检工作，督察期间2件信访交办件，均按时办结。11月3—23日，区委第三巡察组对舟山市生态环境局定海分局党组开展巡察“回头看”，市生态环境局定海分局党组做好材料提供、汇报、配合谈话，对区委巡察组反馈的四个方面7项问题，召开党组会议认真研究、细化分解责任，建立“四张清单”予以推进，不折不扣完成整改任务。

是年，持续深化生态环保暖企服务，助推绿色高质量发展。依托“星期三生态环境咨询服务日”“暖企环保指导员”等制度，服务企业265家次，指导建设环保管理规范化标杆企业40家。推进环保管家服务，聘请浙江舟环环境工程设计有限公司专家团队，为全区重点企业规范化整治提供指导服务。

是年，开展疫情防控工作。加强医疗废物收集、储运、处置全过程闭环管理，现场指导隔离点医废暂存点设置、化粪池及容器消杀、规范台账，对医疗废物收集转运纳入浙江省固废监管信息系统管理，对医废处置企业强化督察，加强医疗废物处置应急体系建设，确保医疗废物及时妥善处置，全年收集处置医疗废物2750吨，其中，应急转移处置医疗废物89吨。向医疗机构及企业印发《新型冠状病毒污染的医疗污水应急处理技术方案》，线下指导污水处理设施运行维护，确保医疗废水达标排放。

环境状况

【水环境】　全区10个市控以上地表水Ⅰ～Ⅲ水质比例为90%，与上年持平；100%达到水环境功能区目标水质要求；县级以上饮用水水源达标率持续保持100%。

【海洋生态环境】　实施监测面积926平方千米，其中，四类海水占比1.04%。

【大气环境】　环境空气质量保持优良，城区日空气质量优良率为98%，城区细颗粒物$PM_{2.5}$、二氧化硫、二氧化氮和一氧化碳日均浓度平均值达到一级标准，可吸入颗粒物PM_{10}日均浓度达到二级标准，臭氧日最大8小时滑动平均浓度达标率为98.3%。降水样品中酸性水样（pH<5.6）占总样品数的91.4%。

【声环境】 声环境质量总体较好，全区环境噪声平均等效声级53.4dB（A），交通噪声平均等效声级67.7dB（A），达到国家控制标准。

环境污染整治

【大气污染治理】 加强“VOC”污染治理，采用低“VOC”涂料替代、活性炭吸附、“RCO”等组合式治理方式，督促4家重点企业开展“VOC”深度治理；全面完成35蒸吨以下燃煤锅炉淘汰和31家企业生物质锅炉废气治理，完成13家规模以上修船企业整治验收。按照《浙江省水泥行业超低排放改造实施方案》，启动水泥行业超低排放整治。开展柴油车废气路检执法、非道路移动机械登记检测等行动，强化道路废气管控。

【水环境治理】 是年，围绕治水治污大会战工作目标，深化“污水零直排区”建设，完成金塘西堠工业集聚区“污水零直排”建设，推进远洋渔业基地“污水零直排”建设。强化“污水零直排”建设质量管控，完成工业园区“污水零直排”建设评估问题整改，组织开展“污水零直排建设”工作“回头看”、交叉检查等行动，及时巩固建设成果。深化入海排污口整治，完成12个重点问题排污口整治销号。强化集中式饮用水水源地保护，完成集中式饮用水水源保护区规范化建设和矢量图数据库建设，完成县级以上饮用水水源地全有机物指标分析并制定“一源一策”方案。

【“无废城市”建设】 根据《定海区“无废城市”建设工作实施方案》，成立定海区“无废城市”建设工作领导小组，确定建设17个重点项目、102项重点任务、26项必选指标等重点内容，完善工作例会、调度、考核等工作机制，出台危险废物治理、油泥收运处置、建筑渣土管理、塑料污染治理、定海城区小区撤桶并点、“无废城市细胞”建设等行动方案，全面推进治废工作。建成121个舟山市“无废城市细胞”，其中，“无废”医院4家、“无废”景区4个、“无废”机关41家、“无废”乡村7个、“无废”工地20个、“无废”学校25家、“无废”小区20个，浙江华业塑料机械股份有限公司建成全市首家浙江省“无废工厂”。

【排污许可管理】 以排污许可制为抓手，根据《定海区关于开展固定污染源排污许可规范化管理试点工作实施方案》，开展全区企业调查排摸、排污信息登记，建立固定污染源清单库，针对问题企业实施分类整治，逐步实现主要排污单位污染物稳定达标排放，依法持证排污。全区1953家固定污染源企业纳入排污许可管理，完成排污登记1783家，核发排污许可证174家，缴纳排污权有偿使用费1514余万元。

企业咨询排污许可证登记发放等事宜

环境基础能力建设

【基础设施建设】 是年，三江污水处理厂一期项目（1万吨/天）建成投运。全市危险废物填埋场一期项目建成投用，率先建成全市首个危废小微收集点。浙江佳宁生态环保科技有限公司废包装容器项目（危险废物处置）建成投产。

【推进数字化改革】 是年，推进生态环保领域数字化改革。依托市区公共数据共享平台，建立并维护定海生态环境数据仓，实时在线更新数据，为数字化改革提供数据支撑。建设党政机关整体智治生态环境部门门户和生态文明专题页面2.0版，实现数字政府生态文明应用省、市、区三级贯通。建设定海生态环境智慧云监管多跨协同系统项目，启动31家船厂、23个水库监控点位建设，探索链入陆海统筹应用系统。

【环境质量监督监测】 开展环境质量监测工作，掌握环境质量状况及发展趋势。加强污染源监督监测，定海区重点排污单位监测结果公布率100%，达标率100%。提高监测监控能力，新增重点排污单位自动监控设施建设3家，完成标准化建设8家。加强在线监控企业超标异常跟踪监管力度，对异常情况及时处置。

【环境信息全面公开】 坚持生态环境领域信息常态化公开机制，维护公众获取生态环境信息权益。日常维护“中国定海”分局门户网站，督促重点企业在信息公开平台及时公布并更新环境信息，做到按要求公开、按时公开、应公开尽公开。全年，公开环境信息数量981条。

【环境应急能力建设】 开展应急预案编制与管理，修订《舟山市定海区突发环境事件应急预案》，指导完成24家企业应急预案修编和备案。加强企业培训、应急演练、物资储备，提高环境应急能力。扩充应急资源社会化共享，与百达石化工程有限公司、欧莱克新材料科技有限公司签订社会化应急救援协议。强化环境风险管控，定期开展重点风险源环境应急体系检查，检查企业96家次，发现隐患问题24个，督促完成整改。

环境监管与执法

【环境执法监管】 开展危险废物专项治理、环境污染隐患排查见底百日攻坚等专项执法行动，打击环境违法行为，查处跨省非法转移危险废物、干扰自动监测设施排放污染物等案件，开展交叉执法、部门联动执法，保障辖区内生态环境安全。是年，出具责令改正违法行为决定书33份，行政处罚31件，处罚金额265.83万元，向公安机关移送涉环境污染犯罪刑事案件2件，刑事拘留8人，生态环境损害赔偿案件1件，赔偿金额1.26万元。

【严格环境准入】 强化“三线一单”管控，环评文件按照《舟山市“三线一单”生态环境分区管控方案》进行符合性分析。推进舟山绿色石化基地拓展区总体发展规划、舟山国家远洋渔业基地控制性详细规划（2020年调整）等规划环评，并通过审查。加强高耗能、高排放建设项目生态环境源头防控，推进项目准入联合审查和集体审议制度，把控项目审批关。

【环境信访调处】 是年，调处各类环境信访案件52件（其中，重点信访25件），同比下降34.2%。信访处理率为100%，反馈率为100%，结案率100%，满意率85%以上。

【政务服务建设】 是年，坚持重大项目环评跟踪服务联系机制，办理环评审批38件，行政许可事项143件。持续深化“最多跑一次”改革，实现医疗机构辐射安全许可属地办理，共核发辐射安全许可证9个；推进“区域环评+环境标准”改革和“零土地”技改项目环评备案，完成环境影响评价文件备案9个。建立生态环境准入预审机制，完成重大项目预审15个。推进环评审批代办服务，通过开展环评文件编制启动报备、过程跟踪、多方打分，强化环评机构日常监督管理和考核，提高服务效能。

生态建设和环保宣传

【环境规划编制】 是年，强化生态环境领域顶层设计，根据省生态环境厅、市生态环境局生态环境保护“十四五”规划等，谋划定海区五年的生态环境保护工作，编制并印发《舟山市定海区生态环境保护“十四五”规划》，用于指导定海区“十四五”时期生态环境保护工作。

【生态文明建设】 是年，推进“美丽定海”建设行动，编制《新时代“美丽定海”建设实施方案（2021—2025）》并颁布实施。制定区级相关单位及11个镇（街道）《2021年度年美丽定海建设工作（生态文明示范创建行动计划）考核评价指标及实施细则》及任务书，统筹推进美丽定海建设各项目标任务开展。推进国家级生态文明建设示范区创建工作，发布实施《舟山市定海区生态文明建设示范区建设规划（2021—2025）》。完成省级生态文明建设示范区年审评估。积极培育生态文明建设基层示范点，首批申报省级低（零）碳示范镇（街）、乡村的1个镇8个村全部入围试点。开展生态修复工作，推进河岸、矿山、海岸线生态保护和修复，完成7座废弃矿山生态修改任务。

【环保宣传】 是年，持续深化生态环境宣教工作。开展世界环境日、浙江生态日等重要节日主题宣传，联合定海区团区委、环南街道开展2021南风市集公益市集及无废定海、生物多样性、近岸净滩等环保宣传活动13场。推进生态文明宣传阵地建设，打造定海虹桥水库—定海水厂—定海污水处理厂—定海水文化节水科普馆、中国鱿鱼馆—定海区净零碳实践展厅等环境教育线。开展“绿色家庭秀美家”等评选活动，55户家庭被评选为“定海区绿色家庭”，其中，26户家庭被评选为“舟山市绿色家庭”。

2021年舟山市重点排污单位名录

表17

一、水重点排污单位名录

企业名称	街道（镇）
浙江金鹰股份有限公司	小沙
舟山东方印染有限公司	白泉
舟山国家远洋渔业基地基础设施建设开发有限公司	干礅
舟山市肉联加工有限公司	白泉
舟山市污水处理有限公司（定海一、二期）	盐仓
舟山市污水处理有限公司（定海三期）	盐仓
浙江和泓环保纸业有限公司	定海工业园区
浙江金星螺杆制造有限公司	金塘
浙江华业塑料机械有限公司	金塘

二、大气重点排污单位名录

企业名称	街道（镇）
国能浙江舟山发电有限责任公司［原名神华国华（舟山）发电有限责任公司］	白泉
浙江华和热电有限公司	双桥
中海石油舟山石化有限公司	马岙
舟山旺能环保能源有限公司	环南
舟山市纳海固体废物集中处置有限公司	岑港

三、土壤重点排污单位名录

企业名称	街道（镇）
中海石油舟山石化有限公司	马岙
舟山市纳海固体废物集中处置有限公司	岑港
舟山旺能环保能源有限公司	环南
舟山市公用事业管理中心	环南
舟山市东方环保科技有限公司	岑港

四、其他重点排污单位名录

企业名称	街道（镇）
中谷储运（舟山）有限公司（原名：浙江天禄能源有限公司）	岑港
中国石化集团石油商业储备有限公司舟山分公司	岑港

（撰稿：王　婧）

责任编辑：周丽坤

交通运输

综　述

舟山市畅道交通投资集团有限公司于2021年10月正式运作，集团本部内设8个部门，分别为办公室、党群工作部、人力资源部、企业管理部、财务审计部、投融资部、安全部、建设管理部，其中，办公室、党群工作部、人力资源部、企业管理部4个部门合署办公，财务审计部、投融资部2个部门合署办公。辖下7家全资（控股）子公司，分别为舟山市定海区交通投资有限公司、舟山市宏道公路养护工程有限公司、舟山市金道公路建设工程有限公司、浙江舟山奇锦建设工程有限公司、舟山市定海畅融劳务有限公司、舟山恒泓海洋工程装备制造有限公司、舟山市鑫道沥青混凝土拌和有限公司。10月22日，中共舟山市畅道交通投资集团有限公司总支部委员会成立，下设3个党支部。11月25日，中共舟山市畅道交通投资集团有限公司机关支部委员会召开选举大会，许意儿当选为支部委员会书记。

是年，定海五山水利工程（五山公园绿道）东山段建设工程、嵊泗至定海公路马岙至定海疏港公路工程、S321（72省道）定海至盐仓段（K3+514～K4+801）改建工程项目均按计划完工。“四好农村路”建设通过“建、管、养、运营”四方面推进并取得新进展。强势推进危化品运输安全整治，实施道路交通安全提升工程，在行业安全方面实现突破。

交通基础设施建设

【嵊泗至定海公路马岙至定海疏港公路工程】　该项目起点位于马岙港区规划园区道路与马北线交叉处，终点位于文化路与昌洲大道相交处，途经马岙、盐仓、昌国3个街道，全线长约11公里。该公路按双向四车道的一级公路标准设计，设计时速80公里/小时（部分路段60公里/小时），路基宽度由12米拓宽至24.5～29.5米，该项目概算总投资约6.7亿元。项目第二段（虹桥互通至长春岭水库段）于2020年6月开工，2021年12月建成通车；第三段白马街至北海段于2021年9月开工建设，2021年12月完成形象进度20%。2021年度完成投资0.8亿元。

嵊泗至定海公路马岙至定海疏港公路工程

【S321省道定海至盐仓段工程】　该项目为旧路改建工程，对原项目进行重新调整。路段西起茅岭墩，桩号K3+514，沿现状道路向北展线，至茅岭线与S321（72省道）交叉口处继续向北，沿茅叉线连接至原329国道，终点桩号为K4+801.808，工程全长约1.288公里，工程按双向四车道采用一级公路兼顾城市道路功能标准，设计时速60公里/小时。该工程概算总投资约2.8亿元，于2020年6月正式开工建设，于2021年8月建成通车，年度累计完成投资3500万元。

【五山生态旅游带（五山公园绿道）东山段建设工程】 项目设计起点为东山庆丰，终点为葆山公园，项目主要建设一条生态景观道路，包括绿道游径、服务系统、重要节点、基础设施、标识系统，全长约4.12公里，总投资约0.98亿元。项目于2020年2月开工建设，2021年10月建成，年度累计完成投资1000万元。

【定海册子交通码头】 项目位于册子岛南岸，现货运码头外侧新建500总吨级交通码头1座及相应的陆域配套设施。码头通过能力11.7万人次/年。项目总用海面积0.3858公顷，使用岸线60米。项目拟对现有码头进行改造后在其前沿新建一座码头靠泊平台，改造后的栈桥长22.1米，宽8米，现有码头平台改造后长47.6米，宽10米，新建靠泊平台长60米，宽10米，工程概算约为1517万元。项目于2020年5月正式开工建设，同年12月完成新码头主体工程，老码头改建工程于2021年底建成，完成投资250万元。

【农村公路大中修工程】 该工程于6月1日正式开工，8月20日全部完工。工程共包含10条公路，其中大中修路线分别是：碇下线K3+500～K11+464段、双小线K3+500～K11+464段、农紫线K0+000～K1+712段、马沙线K1+100～K3+598段、山上线K0+000～K0+400段、庵小线K0+000～K11+395段、老河线K1+580～K2+410段，共计30.899公里；绿化改造提升线路为：双小线K0+000～K14+850段、双东线K0+000～K11+800段、干马线K2+400～K5+320段、鸭东线K13+300～K47+350段共4条线路。主要工程内容分别为碇下线铣刨原沥青路面后加铺4厘米AC-13C、马沙线病害处理后直接加铺4厘米AC-13C、双小线铣刨原彩色沥青路面后加铺4厘米彩色沥青、老河线为进行水泥路面病害处理后加铺6厘米AC-16C，农紫线、山上线、庵小线为对水泥路面病害进行处治后加铺18厘米水泥混凝土面层；双小线、双东线、干马线、鸭东线都为绿化提升。

双小线沥青路面铣刨

【桥头施村省道至西皋岭路面工程】 该工程于10月3日开工，10月24日完工。工程内容为整幅水泥混凝土路面修复并进行拓宽，总长1.4千米，总体宽度约5.2米，主要修复方案为挖除原水泥混凝土路面，加铺18厘米厚C25水泥混凝土路面；新建砌体挡土墙，新建钢筋混凝土圆管涵等。

路面破碎

【白浪线大浦桥维修加固工程】 该工程于7月16日开工，10月12日完工。大浦桥为南北走向的五跨简支钢筋混凝土实心板梁桥，全长48.70米，桥梁全宽12.10米，跨径组合为5米×9.3米。上部结构为简支钢筋混凝土实心梁板，全桥共5×12片板梁。下部结构采用桩

裸露钢筋除锈

柱式桥墩，轻型桥台，设油毛毡简易支座，桥面总宽12.1米。工程主要工作内容为碳纤维布修复，裂缝封闭，桥面钢筋网安装，沥青混凝土桥面铺装，桥面混凝土铺装层、标线、限高架等施工。

【甬舟公路段建设】 该工程于8月23日开工，11月12日完工。

水泥稳定碎石基层摊铺

公路养护与管理

【概况】 2021年，全区公路管养里程为839.725千米，其中，国道102.425千米、省道57.749千米、县道250.473千米、乡道118.662千米、专用公路13.391千米；桥梁230座计76690.3延米；隧道76道计63341.26延米。是年，完成人工清扫路面12939千米、机械清扫34289千米、人工绿化除草102440平方米、清理路肩47985平方米，绿化修枝84200株、绿化修剪101200平方米、绿化补植59904株、绿化保洁4802000平方米、修补坑洞27894平方米、路面灌缝77760米、清理边沟63790米、排水99300米、化学绿化除草1891千米、疏通桥梁泄水孔2630个、清理桥梁伸缩缝5421米、隧道清扫365万平方米、护栏警示桩补全2766根、油漆护栏警示桩1597根、桥栏刷白2346平方米、疏通修理涵洞9790米。新装及修复钢制护栏576米、安装示警桩1494根、安装标志标牌127套、安装爆闪灯126套、施划热熔标线7035.6平方米。

【普通国省道养护大中修工程】 2021年定海段普通国省道养护大中修工程由S231定西线K12+800~K14+080、S321定岑线K11+100~K14+200（其中K13+037~K13+451为小岭隧道，不进行养护）两个路段组成。

定海段普通国省道养护大中修工程

S231定西线主要实施内容为：K12+800~K14+080段全幅，计1.28公里，路面病害处治后整体罩面4厘米AC-13C细粒式沥青混凝土；整体罩面后对全线标线按照规范进行布设，对缺失护栏进行更换，对破损路肩进行修复。该路段合计投资128.6万元。S321定岑线主要施工内容为：K11+100~K13+037和K13+451~K14+200全幅，计2.686千米，对全线路面进行功能性修复，首先对老路病害处治，之后加铺4厘米AC-13C细粒式沥青混凝土；整体罩面后对全线标线按照规范进行布设，对缺失护栏进行更换，对破损路肩进行修复。该路段合计投资253.5万元。

【G526平石岭隧道动态安全监测系统】 平石岭隧道位于G526嵊泗连接线定马线定海区境内，建成于2015年，全长1139米（起始桩号K163+450.5，中心桩号K164+020，终点桩号：K164+589.5）。单洞建筑界限总宽10.75米，隧道建筑限界净高：H-5.0米，采用单洞单向双车道隧道形式。该工程主要内容为增设高清枪机、VI/CO监测仪、光纤光栅应变传感器、激光测距传感器等71个监测点位以及火灾监测感温光纤1条。工程合计投资202.96万元。

【农村公路大中修工程】 该工程由舟山宏道公路养护工程有限公司实施，北京中交安通工程技术咨询有限公司监理，浙江欣盛工程设计咨询有限公司设计，投资3098.55万元。主要实施内容为碇下线、双小线、双东线、干马线、鸭东线5条县道和农紫线、马沙线2条乡道以及庵小线、山上线、老河线3条村道进行路面大中修工程，全长30.899公里。

【双小线水毁修复工程 】 该工程对双小线K2+907~

K3+907段，实施水毁修复工程，主要工程内容包含对病害严重路段基本身进行泡沫混凝土轻质材料换填加固；对相应路段的基层及面层更换加固处理等。实施里程共计1公里，总投资588.14万元。

【白浪线大浦桥维修加固工程】　该工程由舟山市金道公路建设工程有限公司实施，北京中交安通工程技术咨询有限公司监理，浙江欣盛工程设计咨询有限公司设计，投资170.76万元。主要实施内容为对实心板裂缝进行封闭并采用碳纤维布加固补强；桥面铺装凿除采用双层钢筋网片C40防水砼重新浇筑，梁板铰缝采用钢板加强横向联系，更换防撞护栏等。全长共计48.70米，桥梁全宽12.10米。

【加强路网管理】　是年，定海“最多一小时”群接报关于机非隔离带损坏事故总共388起，其中，已赔185起，未赔偿3起，被不明车辆撞损160起；对全区范围内的路牌做质量检测，排除安全隐患；提高路灯的亮化率及完好率，逐点位排查全线管辖路灯，对损坏的灯杆配件进行更换及修复，路灯的亮灯率从原有的95%提供高至98%以上。

路灯设施

【调整完善设置公路桥梁信息公示牌】　根据《关于进一步完善普通公路标志标牌的通知》要求，对辖区内桥梁信息公示牌和限载标志的设置情况进行全面排查，并按照《公路桥梁信息公示牌设置要求》在7月30日前完成调整完善工作。本次调整共制作87块桥梁公示牌，公示牌具体内容格式按照《公路桥梁信息公示牌设置补充说明》并在规定时间安装完成。

公路桥梁信息公示牌

【东皋岭隧道烟火预警防控平台】　该项目由中国电信股份有限公司舟山分公司承建，北京国研科技咨询有限公司舟山分公司监理，投资58.51万元。项目主要分为3个组成部分，分别是基于分布式智能图像的隧道烟火报警系统、隧道烟火监控与应急交互云平台和全生命周期的线上线下系统运维服务。

【交通安全设施维修】　是年累计完成维护工程指路标志4套、禁令标志46套、指示标志56套、道口标柱155根，累计维护纵向标线6563.8平方米、其他标线3456平方米。

交通设施维护

交通工程质量监控

【概况】　是年，区交通工程管理中心主管监督新建项目10项（交通局5项、金塘2项、公路局1项、远洋渔业基地1项、粮油园区1项），新增新建公路工程4项、大中修项目21项、水运工程2项。工程总投资约5.28亿元，未发生一起重大质量、安全责任事故。

【公路水运工程监督】 对全区公路水运工程开展质量、安全、合同、监理、检测等监督检查40余次，实现工程监督覆盖率100%。

完成全区公路水运工程交（竣）工检测机构及方案备案4份；交（竣）工检测备案9项，其中公路工程交竣工质量评定备案1项，水运工程交竣工质量评定备案2项，大中修竣工质量评定备案6项，合格率100%。

【质量安全监督】 组织开展交通建设工程“防风险、除隐患、遏事故”专项行动、安全生产专项整治三年行动、“平安交通建设年”等专项检查，以及全区淘汰危及生产安全、落后施工工艺、设备和材料的专项督查，对检查中发现的问题进行剖析，提出整改措施，督促从业单位落实安全生产责任制，强化源头管理，提高从业人员安全意识，提升安全管理素质，完善现场应急处置方案。6月，组织开展“安全生产月”与“安全生产万里行”活动，组织定海区交通建设工程安全警示教育会议，传达学习安全生产相关文件精神，通报近期安全生产事故，并观看《2021年安全生产警示教育片》。开展安全生产月有奖知识竞赛活动、安全宣传咨询活动等，悬挂横幅、张贴标语和宣传画，发放安全生产宣传手册，强化安全宣传教育。组织开展辖区内在建公路水运工程监理合同履行情况的专项检查，重点针对监理办建设、监理人员合同履约、监理工作开展情况等方面，并对检查结果进行通报，及时整改。开展全区在建项目质量监督抽检专项行动，包括工程实体质量、原材料的监督抽检，强化工程质量源头控制。

【监理合同工作和材料价格信息调查】 根据《浙江省公路水运工程监理信用评价管理办法》和《浙江省公路工程总监信用评价办法（试行）》要求，对在建公路水运工程监理合同履行情况和现场监理工作质量进行专项检查。对检查中发现的监理工作不到位、监理人员请假造假、资料不齐全等情况进行通报，并将检查中发现的问题在年度监理企业、总监、监理人员信用评价挂钩。规范交通建设工程材料价格信息调查工作，提高材料价格信息的准确性和及时性，从源头上抓好各类材料价格信息的调查，按照《浙江省公路水运工程材料价格信息调查和发布管理规定》要求，及时完成全年月报材料三大类共26种品种规格和四季度季报材料十八类共114种品种规格的材料价格调查。

交通运输管理与规范

【运输服务保障】 全区营运车辆拥有量5447辆，其中，营运货车4791辆，客运出租车573辆，客运车辆83辆。出租车公司6家，普通货物运输业户799家，危险货物运输业户18家，集装箱运输企业125家（集装箱挂车897辆，牵引车906辆）。辖区内注册驾校2家，中宇驾校、舟山市汽车职业学校分别为一级驾校和二级驾校；辖区监管场地4个，分别为舟山市汽车职业学校和圣岛驾校的3个分场地。其中，教练员107人，教练车103辆。全区122家机动车维修企业，其中，一类维修企业3家、二类维修企业34家、三类维修企业71家、摩托车修理1家、快修13家、汽车4S店16家。

【运输市场行业监管】 利用数字化手段进行危险品运输全过程安全管控，危险品运输车辆均安装GPS卫星定位系统和智能视频监控系统，依托综合监管平台持续开展全覆盖、全过程动态监控，全年累计进行危险品运输违规线索研判处置483条，其中，要求企业落实整改286条，生成预工单转执法处理7条。

【提升运输从业人员素质】 督促企业落实从业资格审核工作，组织客货运企业参加交通运输部门安全考核，联合区公安分局禁毒大队，开展半年一次危险品运输驾驶员毛发检测工作，已送检15家危运企业194名驾驶员毛发采集标本；组织道路货物运输驾驶员、押运员参与各项安全教育培训，实施“安全码”管理，对红码从业人员，由所在企业对其开展不少于3天的脱岗安全知识警示培训；对85名安全负责人开展道路运输行业消防知识安全教育培训；组织安全宣传进企业活动5场。

【疫情防控行业管理】 关注疫情防控最新要求，及时向企业通报相关文件精神，传达最新疫情防控指南及人员健康管理要求，及时告知国内中高风险地区变化，要求企业根据自身行业特点，严格落实各项防疫措施；开展客运站场、冷链运输等重点行业企业疫情防控走访检查，重点检查乘客亮码、测温及口罩佩戴、通风、乘客“一米线”管理、车辆、场地消杀、从业人员健康管理等工作开展情况；要求12家具备冷链运输车辆的货运企业、个体户签订无进口冷链运输经营业务承诺书；持续推进货运物流行业重点人群新冠疫苗接种工作，全区货运物流等重点行业从业人员申报疫苗接种人数2502人，除有禁忌人员以外全部完成二针剂接种，并逐步推进加强针剂接种工作。

【行政执法工作】 春运期间排摸打击“两黑” 按照客运市场百日整治要求在春运期间组织执法力量对辖区内的“黑站场”“黑大巴”进行排摸打击，维护春运期间旅客出行安全。对车站、码头、医院等交通集散地实施日常监管，采用错时打击等手段对无证网约车进行全时段整治，维护客运市场秩序。查处违规案件40起，罚款金额34.4万元。

整治普通货运、危险货运违法行为 5月27日起，通过在金塘高速出入口每日安排4名执法人员“24小时”设卡检查，辖区内重点路段随机路查、码头渡口集中排查等手段有效扼制普通货车从事危险品运输的违法道路输运行为。截至12月底，出动执法人员1250余人次，检查车辆780余辆次，查获道路危险货物运输违法违规经营案件23起，处罚款70万元。

常态化开展非法营运车辆打击 以三江码头为重点持续开展非法营运“黑车”整治，组织精干执法力量安排双休日在三江码头等客运集散地开展对非法客运行为的定点打击。完善非法营运车辆黑名单管理制度，加大对三江码头及附近地区非法营运车辆的排查力度，对频繁进入三江码头的可疑车辆或在码头拉客揽客人员进行重点梳理，限制其进入码头站场。持续强化对无证网约车的整治力度，维护辖区出租客运市场秩序，截至12月底，查获非法营运网约车37辆，罚款39.5万元。

开展联合检查 联合定海区公运中心、定海交警部门组成联合检查组，检查企业（场所）23家，其中，客运5家、普货6家、危货12家；发现问题或隐患51个，全部整改完毕。

持续推进路域环境整治 由国省道整治向辖区主要县乡道整治拓展，全面排查清理桥下空间堆积物，重点整治抛洒滴漏、公路及公路用地范围内擅自开挖埋设管线等损坏公路路产路权的违法违规行为。截至12月底，清理堆积物3895立方米，拆除非公路标牌8块。开展马路市场专项整治行动，联合双桥街道，对昌州隧道、东南隧道沿线附近公路边摆摊设点现象开展整治行动，自7月12日起，每日派出联合整治小组，自6～18时，分时段对以S321省道为主的公路沿线进行不间断巡查、管理，整治马路市场144个。

跨部门跨区域开展超限超载联合治理 多次联合交警、高速执法处等对工程车辆进行现场治理超限超载。共查获超载车辆7辆，罚款2万余元；为防止案件积压，继续推进非现场超限案件处理工作，处理非现场超限案件206件，罚款33.9万元。

疫情防控专项整治工作 召开定海区“两客一危”道路运输企业及邮政快递行业疫情防控工作会议，督促“两客一危”道路运输企业落实主体责任，强化防范意识。邮政快递行业新冠疫苗应接种人数1006人，接种1006人，接种率100%。针对出租车行业采取“线上”非现场防疫督查，依托动态监控平台，配备专人对出租车视频监控进行线上抽检；“线下”执法人员对三江码头、盐仓客运中心等站场码头区域定点检查，对城区场站点进行巡逻检查，增设出租车夜间路检路查小组，“逢车必检、逢人必验”，筑牢出租汽车疫情防控阵地。截至12月底，出动执法人员690余人次，现场检查出租车5600余辆，视频抽检出租车3200余辆，处罚驾驶员疫情防控不力案件6起。出租车驾驶员新冠疫苗应接种人数954人，接种954人，接种率100%。

突出问题专项整治行动 围绕“宗旨不牢、作风不优、本领不强、担当不力、执法不廉”五类问题为重点，开展“清单式”整治行动，全面梳理执法领域突出问题清单，梳理出问题7项，全部销号解决。根据梳理出的服务清单，上门走访重点源头企业63家，进行法律宣传贯彻和行政指导。

全年执法概况 是年，定海交通运输行政执法队出动执法人员2860人次，查处违规案件379起，罚款166.3万元。其中，出租车38起，罚款金额4.25万元；未经许可擅自从事网约车经营活动37起，罚款金额39.5万元；未经许可擅自从事道路旅客运输3起，罚款金额9万元；未经许可擅自从事道路危险货物运输23起，罚款金额70万元；未经许可从事出租客运经营4起，罚款金额4万元；非现场超限206起，罚款金额33.9万元；占用、挖掘公路3起，罚款金额2500元。首错免罚案件58起。

交通战备保障

【民兵整组】 根据2021年定海区民兵整组工作实施方案，针对组建的民兵保交护路连1支进行人员调整。新组建队伍交通运输连（主要由辖区内出租车公司人员组成）1支。对所有组织内民兵，进行政治审核，提交政治审查表。

【实战演练】 重点加强民兵队伍后备力量建设，将民兵队伍军事训练排上日程。5月26日，在华其山组织开展轻武器射击演练，提高民兵实战能力水平。8月20日，组织水上抢险小分队在长峙岛揽月湖开展水上应急演练，出动人员20人、皮划艇2艘，使用救生设备20余件。演练模拟在恶劣天气下水上抢险小分队需利用皮划艇前往指定区域实施水上救援的场景，并通过皮划艇基本操作、定点靠岸实操训练，进一步提高抢险队员水上防汛抢险救援的应急反应处置能力和实战能力。

【国防潜力数据】 根据《关于做好2021年定海区国防动员潜力统计调查工作的通知》，做好国防潜力数据调查。在管辖范围内开展年度国防动员潜力统计调查，主要针对机构人员、公路、桥梁、隧道、水路客运公司以及二类以上汽车维修企业及危险货物运输车辆维修等信息进行梳理、完善，并及时上报。

【国防交通基础设施建设】 是年，全区有交通建设项目共计7个，其中新开工类项目4个（港湾式候车亭、农村公路大中修、国省道养护、通村联网公路），续建类项目3个（定马项目、西山项目、五山绿道项目）。

（撰稿：王乙栋）

（本类目照片由区交通运输局提供）

责任编辑：周丽坤

定海饮食习俗之做年糕

旧时定海民间家家户户都有做年糕的习俗。每年冬至起即开始做年糕，直至腊月中旬后。富裕人家有的加工粳米两至三石，中等人家一至两石，小户人家除特别贫困外也要做上几斗年糕。一般以晚粳米制作，也有早粳米掺以糯米的，随各人口味而异。因年糕谐音“年高”，象征“年年高、节节高”之吉利，是民间祭祀品之一。年糕又能延长食用时间，肉丝菜心年糕、白糖桂花年糕又是待客佳品，因此过去定海十分盛行做年糕。每逢此时必定喜气洋洋、欢乐无穷。曾经一段时间手工年糕被机器年糕所取代，如今农村有些地方又开始流行手工年糕了。

港 航

综 述

2021年，市港航事业发展中心在新冠肺炎疫情反复和经济下行的大环境下，突出重点，各项工作取得新的成绩。辖区内有运输船舶536艘，运力288.25万载重吨，较2020年年底，船舶减少89艘，运力增加19.82万载重吨。万吨级以上船舶83艘，运力181.06万载重吨；特种运输船舶占总艘数、总运力的27.05%、23.96%，万吨以上船舶占总艘数、总运力的15.49%、62.81%。水路运输总周转量增长-5.45%。

全年完成货物吞吐量1.37亿吨，同比增长10.69%。其中，外贸货物吞吐量完成6649.81万吨，同比增长9.37%；油品吞吐量完成0.54亿吨，同比减少2.64%。

全年累计完成投资13.30亿元，其中，水运建设投资完成6.00亿元，航运业固定资产投资完成7.30亿元。

全年查处港航行政处罚案件17件，其中，运政案件9件、港政案件8件，罚款51.95万元。

港口建设

【港口重点项目建设】 是年，通过指导帮扶、政策处理、要素保障、项目审批等工作，促进大洋世家产业园码头等重点项目顺利开工；盐田港光汇油品进一步续建；国能10万吨级配套码头、浙交投舟山5000吨级码头、众达水泥2万吨级改造提升等项目被核准，为辖区港口可持续发展注入新的动力。新奥舟山LNG接收站二期、舟山中际化工储运基地项目投运进一步推进；中天重工二期、华丰船厂续建等涉港项目的沟通协调、政策处理工作持续深入。辖区民生功能性码头布局规划和报批服务等工作初见成效。

【港口产业升级】 是年，分中心通过规划调研、梳理沟通、协调对接，做好宁波舟山港总体规划定海片区修订工作。按照“岸线效益论英雄”改革要求开展港口企业提质增效行动，通过强化监管倒逼和有效开展企业“三服务”，综合施策，分步实施，督促“低小散”港口企业采取招商引资、股权优化、扩大产能、改造升级等方式进行重组提升，有效改善企业经营质量，促进企业已有产业链尽可能落地，扩大税收贡献。完成5个港口项目岸线使用审查；整治9家“低小散”企业；港口企业单产税收全部实现达标；辖区多家企业实现转型升级或复产达产。

【江海联运服务中心建设】 持续引导有条件海运企业拓展直达运输市场，做好海进江、江出海运输组织。全年获得江海联运补助资金555.1万元。重点支持东晟海洋工程有限公司3艘海进江船舶完成投运工作。实行跟踪服务，助力3艘省内保税油运输加注“舟山船型”，完成运力批复及船舶开工事宜。推进新奥LNG8000载重吨专业加注船型投运。在“散改集”运输模式的带动下，开展LNG罐箱、粮食“散改集”等江海直达新模式。

【绿色港口建设】 响应“碳达峰碳中和”目标号召，落实“管行业必须管生态”要求，完成长江经济带船舶和港口防污染整治及中央、省市环保督查问题清单销号工作。港口岸电设施和船舶生活污水接收工作取得有效进展。是年，具备岸电供应能力泊位16个，岸电设施36套；全年使用岸电515次。组织船舶受电设施改造14艘，完成改造6艘；落实船舶岸电设施改造专项资金补助工作，引导绿色节能技术推广应用。通过与码头企业对接，实地调研走访，选定舟山市顺兴吉仓储有限公司作为船舶生活污水固定接收点，项目设施设备在11月建成投运。通过对现有污水接收船舶的改造，舟山市海航洗舱服务有限公司和舟山金色海洋船舶洗舱有限公司具备生活污水接收专用船舶资格。辖区内49家港口经营企业，以签订第三方接收协议的形式委托具备资质的第三方进行船舶污染物接收转运并安装完成船舶污染物接收告知牌。完成辖区货运码头环保验收手续补办工作，10家港口企业通过环保部门验收。协调完成油泥包因鸭蛋山至白峰外运通道关停应急转运处置工作。

【招商引资】　是年，新招引港航和海事服务企业6家。

港口管理

【港航安全生产整治】　是年，针对海上安全形势严峻的态势，根据安全生产专项整治三年行动工作方案要求，立足长效，突出水路货运、港口危货等重点领域安全治理，先后开展“平安交通年”“遏重大”“平安护航建党百年”“假光租”等专项整治行动，基本实现“防重大、控较大、减总量”总体目标。对照“风险评估管控和隐患排查体系”建立要求，持续推进综合安全监管能力建设。督促企业制定相应的管控措施、编制风险管控手册。做好行业趋势的预判，初步实现对港航危化、港口船舶服务、普货码头超吨位靠泊等重点港航领域的有效管控，逐步形成持续改进的安全生产风险管控长效机制。全年港航安全形势总体平稳。

部署“五一”安全工作

【加强港口经营资质监管】　实行港口企业分级监督检查计划和日常管理过程评价，运用港航信息综合监管平台，强化港口危险货物现场监管。是年，发放各类预先告知书21份；完成港口经营许可证新增、延续、变更、注销等事项31家；完成新增备案企业25家，备案船舶20艘；完成港口服务企业年度经营资质检查23家。

行业安全管理

【海上船舶安全专项整治】　承担区水上交通安全专业委员会办公室组织协调、督促评估职能和行业监管职责。聚焦港内小船规范化管理、非法涉渔载客载货、航运企业“假光租”、临时作业点等突出问题，采取清单化、专班化、项目化等举措，持续发力，完成整治任务。出台《定海区港内小船管理暂行办法》，探索港内小船长效管理机制。根据《舟山市临时装卸作业点管理暂行规定》，推动临时作业点设置合理性的核查工作。首次协调税务部门参与“假光租”等违法违规治理工作，确保所有违规船舶完成清退整改。是年，查获三无船舶89艘，其中12米以上5艘（拆解1艘、纳管4艘），12米以下84艘（拆解78艘、纳管6艘）。拆解定海港内无证小船9艘，清退市外船舶30艘，完成“假光租”整改企业14家，整改船舶135艘。审核上报临时装卸作业点17家次，市级层面复核同意11家。

【平安港航建设】　按照“管行业必须管安全”要求，配合属地政府开展涉及行业反恐、反走私、信访、扫黑除恶、经营困难帮扶维稳等综合治理工作，创建平安港航和平安定海。

【疫情防控】　深化疫情防控工作，履行区海上防控领导小组办公室日常工作职责，持续派专人赴卫健部门集中开展专班运作。常态化落实行业船港界面疫情

疫情防控检查

风险管控，使辖区海上疫情防控战役取得阶段性胜利。继续做好船员换班审核和国际人道主义救援工作，在海上疫情防控战中始终体现港航担当精神。结合反走私和平安港航建设，进一步推进境外防控工作，强化港口联控联防。开展港口重点人群疫苗接种。是年，累计审核船员换班754艘次，换班船员7123人次，临时就医769人次。

【数字化改革】　根据省委数字化改革一号工程要求，配合市局做好数字航运政务服务系统建设运用，熟知并掌握基础信息、动态化跟踪、预警及隐患管理等业务条块的应用。依托港航综合信息系统平台，通过实践探索推行港航经营企业动、静态全过程管理，通过突出企业评级差异化管理，初步形成以“数字化+”为支撑的港航事中事后监管新机制；是年，分中心累计通过平台检查企业355家、发现隐患129项，完成经营资质预警7项、限期整改3项。

【日常监管信息化】　利用视频监控手段，对重点区域、码头、船舶实施不间断持续跟踪。细化完善视频监控内容，强化非现场执法力度，提升执法监管覆盖面和效率。逐步建立完善现场巡查与视频监管相结合的前、后端联动监管模式，实现发现问题、查处问题、协作联动的全天候统一监管。是年，开展电子巡查共计106247次，危货电子监管77128次，启动恶劣天气二级以上响应49天。巡查发现问题6起，市指挥中心下发问题处置工单17单。发布气象预警42次，抽查夜间在航及危险航段船舶点验270艘次。

水运市场管理

【运力规模】　是年，辖区内运输船舶536艘（比去年年底净减少89艘），运力288.25万载重吨（比去年年底净增加19.82万载重吨）。辖区有油船121艘，566796载重吨（比去年年底净减少18艘，净减少13728载重吨）；化学品船20艘，78476载重吨（比去年年底净增0艘，运力净减少268载重吨）；集装箱船4艘，3786箱位，45230载重吨（比去年年底净减少1艘，净减少716箱位，净减少10800载重吨）；拖轮35艘，118735千瓦（比去年年底净增0艘，净增1529千瓦）。辖区万吨以上船舶83艘（比去年年底净增7艘），共计181.06万载重吨（比去年年底净增23.48万载重吨），特种船舶比去年年底净减少24796载重吨。

【航运产业转型升级】　通过献策献言，配合市局拟定新一轮促进航运业高质量发展政策。参照《舟山市新办航运企业及新增货船安全风险评估指南》，通过引导、帮扶、倒逼等举措，辖区运力结构优化呈现良好态势。是年，合计清退74艘小型船舶；拆解报废或退出市场的危险品船8艘、1.2万载重吨。新增大型船舶9艘、20万载重吨；船舶平均吨位持续上升，首次突破5000载重吨，比上年增加1030载重吨，增幅达25.9%，创历史平均运力最高水平。响应专精特新产业新导向，配套海上风电新能源发展需求，推动特种船型发展，是年新增相应船舶7艘，在建5艘，3家企业与多家国内知名风电业务单位签订运输合同。

【“三无”船舶整治】　持续开展“三无”船舶、证照不全船舶排摸，通过专人巡查，视频监控等手段，重点检查沿海港（岙）口、入海浦道、临时作业点、无证（废弃）码头及海钓补给点等区域。固化水路货运船舶专项整治成功做法，通过宣讲政策、约谈船主、继续采取资金保障等方式，有效推进“三无”船舶上排处置。启动“三无”小船快速查处工作机制，定海辖区落实两处统一的船舶扣押留滞地，对发现的“三无”船舶严格实施上排、拆解等措施。加密海上巡航频次，加大对航经全区水域船舶监管力度，重点打击海上运输、作业的内河船舶和参与海上黄沙等非法过驳、运输的船舶。

三无船舶整治

【小型船舶清理整顿】　通过专题研究，加强信息采集，建立动态排摸机制，排查辖区港内小型船舶，核实船舶管控情况。将排查出的港内小型船舶纳入整治对象，做到情况明、底子清。建立《乡镇自备船舶清单》和《小型港口服务船舶季度滚动清单》。打击港内小型船舶无证驾驶、船员超龄、船舶非法装运、非法载客和非法运输危险货物等现象。处理超载、超抗风等级、超规定航区航行以及不服从地面指令不按要求回港避风等违法行为。

行政监管执法

【完善执法体系】 以基层站所综合执法规范化建设创建为契机，提升执法软硬件水平，增强执法在行业监管的引导作用，提高执法能力，放大执法案件警示教育效果，促进监管人员执法行为规范化和监管对象守法的自觉性。深化非现场执法运用，持续加强电子巡查、巡控力度，增强应急值守和联动能力。通过视频监控、截图等非现场取证模式查处重大案件，非现场取证案件占比达5.9%。

【“陆海”联合执法】 强化与海事、海洋、海警、公安等部门协同执法机制，加大联合执法力度，拓宽联合执法领域，共同研究案源拓展，提高执法效能。是年，先后组织开展“雪鸮”“清港巡海”“海上非法海砂”“三无船舶打击”等陆海联合执法行动。出动执法人员919人次、执法艇97艘次、执法车135辆次。开展海上联合执法行动80次，执法检查港航企业合计200家次。立案查处案件17件，结案17件，罚没款总计51.95万元，其中，运政案件9件、港政案件8件。

联合执法

【推广应用“浙江省执法监管平台”】 是年，通过“浙江省执法监管平台”完成即时检查36次，“双随机”检查23次。设置跨部门检查任务9次，专项检查4次，累计完成72次。通过掌上执法平台完成全市首单简易处罚案件。

（撰稿：徐 颖）

（本类目照片由舟山市港航事业发展中心定海分中心提供）

责任编辑：周丽坤

海　事

综　述

2021年，辖区船舶进出港17.4万艘次，危险品船舶24419艘次（不含集装箱船）；货物吞吐量14589万吨（包含外贸5522.4万吨），其中危险货物5501万吨。集装箱货物吞吐量135.78万TEU，旅客吞吐量158.5万人次。受理危险货物进出口申报审批24419艘次（其中包装危险品审批15733艘次，散装危险品审批8686艘次），涉污作业报告10912艘次（其中油污水、残油接收作业报告1024艘次，垃圾接收报告7587艘次，供油作业报告2301艘次）。综合执法系统发送任务9709项，出勤7745人次，开展执法巡航856次，巡航时间2336.37小时，巡航里程15749.16海里。开展船舶现场监督检查5166艘次，发现问题1636项，恶劣天气监管204次，完成并反馈上级指令371项。实施行政处罚立案1050起，结案980起，罚款667.66万元。实施船舶安检466艘次，平均缺陷7.62项/艘，滞留30艘，滞留率6.44%。油污基金收入10.94万元。

安全监管

【强化重点领域监管】　*落实客运船舶监管要求*　严格按照“一规定一手册”要求落实客运船舶监管措施，按照客渡运船舶差异化分类分级监管要求落实客运船舶监管频次。全年在客船的首末次航班、客运高峰、恶劣天气三个时间段进行重点把控，对客船远程动态跟踪6600余艘次；严格执行“两项禁令”，在客流高峰期、大风恶劣天气现场“站高峰”149次；全年，开展现场监督检查1312艘次，安检74艘次，查找各类缺陷410项，发现滞留客船3艘次，客船行政处罚4艘5起。落实客船“1211”安检工作法，累计向客运企业发放安全管理建议书71份并跟踪落实整改措施；查处港内交通艇违法行为23起。

提升客运安全水平　针对环南鑫岛轮渡公司客渡运船舶配员不足问题和港内交通船证书失效问题，主动同定海区政府、舟山海事局职能部门沟通会商，采取高压监管态势，促成企业所属船舶配员不足的问题得到基本解决，企业合规水平得到提高，港内交通艇完成现场检验。

打击非客船载客行为　借助舟山市小型船舶专项整治、三清理行动以及海上防疫“净海行动”等有利契机，全年开展联合执法行动56次，查处港内交通艇违法行为23起，打击海上非客船载客的行为，减少非法船舶的存量。

做好涉危涉污船舶监管　注重过程管控，强化危化品运输全链条监管，加强对船载危化品申报、进出港、靠离泊、装卸货等全过程各环节的安全管控。召开宣传贯彻会议9次、到危化品企业走访142次，发现问题并督促整改149项；对25名申报员各类违规申报累计扣54分；查处危险品谎报瞒报3起、涉污涉危各类违法行为立案240起。

优化大型危险品船舶靠离泊措施　要求实华原油码头、外钓30万吨级油品公共码头预靠泊船舶提供船长开航前声明，重点对主动力及辅助设备、操作系统、航行仪器及助航设备、无线电设备、锚机、绞缆机等设备进行检查。强化引航员履职管理，要求其科学制订与执行船舶引航计划。通过与交管中心联动加强宁波舟山港定线制航路、桥区水域等重点水域的安全管控，保障到港超大型油轮的航行、作业安全；对中谷储运公司发生的船舶断缆险情，在对码头实地调研和对险情原因分析的基础上，优化码头靠离泊措施

并在大潮汛期间采用拖轮助泊。

提升海上危险品应急处置能力　组织舟山辖区首次船舶石脑油泄漏应急处置综合演练，由舟山纳海油污水处理有限公司、舟山亿洋岛际运输有限公司等8家单位15艘船舶72名人员共同参演。演练科目覆盖码头、船舶对险情的应急处置，事故船舶的紧急拖离，货油舱、泵舱、机舱海上充氮，泵舱、货油舱海上过驳，演练过程动用液氮罐车及气化装置，空气隔膜泵、防静电充氮、过驳软管等专业防静电设备，检验相关应急预案的科学性和有效性及应急物资的储备能力，提高辖区处置船舶载运低闪点油品泄漏的协调、指挥和应急反应能力。

强化监管守护辖区桥区安全　固化“四大机制”，开展桥区水域隐患滚动排查。依托“平安大桥”创建活动平台和《舟山海事局船舶碰撞桥梁隐患治理专项整治实施方案》深化局处联动机制、桥区监管联席会议制度、大桥沿线船厂修造船舶排查机制和定线制水域常态化巡航机制。通过联勤联动、常态化巡航巡查，开展桥区水域隐患滚动排查。

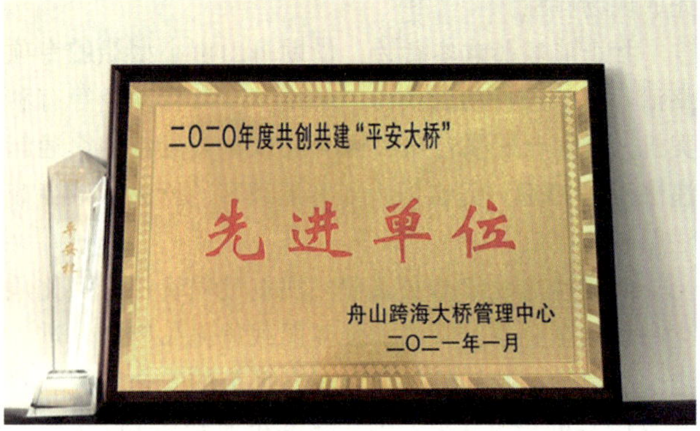

连续11年获得共创共建“平安大桥”先进单位称号

密织大桥安全管理宣传网　督促辖区航运公司对所属船舶开展桥梁防碰撞安全培训，使所属船舶熟知大桥通航数据、桥区水域安全管理规定；联合舟山跨海大桥管理中心等联勤单位开展“上船头下渔村”等宣传活动，使大桥安全管理深入人心。

加强桥梁附近区域安全行为核查　加强桥梁附近码头、船厂的管理力度，明确恶劣天气船舶作业标准，对台风、寒潮大风等严重影响船舶稳泊期间及时督促码头、船厂船舶离开，同时加强桥区水域附近的巡航巡查，严禁无动力船、扣押船锚泊避风；加强日常期间桥区水域船舶停泊、淌航和超大桥等级航行的管理。全年共约谈大桥周边船厂及码头业主单位4次，消除多档靠泊隐患多起，查处不遵守桥区水域安全管理规定行为30余起。

开展商渔船防碰撞活动　创新机制，深化交流，与定海区农业农村局建立涉海涉渔领域互派互学交流机制，强化属地协同共抓共管，解决相互认识不足、沟通协调不畅等难题。

执法联动加强合作　高频次联动渔业、港航、公安等部门开展遏制商渔船碰撞事故集中攻坚行动，全力打击各类海上违法违规行动。

多部门联合开展遏制商渔船碰撞事故集中攻坚行动

强化点验及时预警　建立常态化点验机制，特别是强化节假日、夜间等重点时段点验提醒，浓雾、大风、大潮汛等恶劣天气期间，及时播发安全预警提醒，并落实各项管控举措。

强化宣传靠前服务　依托“商渔船防碰撞警示教育基地”，联合浙江海洋大学、地方政府、农业农村等部门组织开展7次商渔船防碰撞专题教育；利用现场检查、航运公司走访、深入渔村码头等活动，向船员发放《舟山海域航行安全告知书》和《沿海航行船舶防商渔船碰撞安全指引》3000余份，全年累计开展3次海事知识进校园宣讲，受益学生达500多人次。

砂石运输船舶违法空间　集中挖掘砂石出运码头的安全管理漏洞，督促砂石码头严格执行已经建立的“五环”制度，从源头上减少砂石运输船舶违法行为发生。保持高频次的现场执法力度，提高砂石码头的见警率，减少违法砂石船舶到辖区码头从事生产运输作业的侥幸心理。严格规范处置砂石运输船舶违法行为，对适用《舟山市水路货运船舶统一处置标准》的违法行为，按照标准处置，对符合《舟山市公安局、舟山海事局关于打击整治无证驾驶机动船舶及使用伪造、变造船舶证书、船员适任证书等违法行为的通告》的违法行为，对无证驾驶人员实施移送。全年查处违法砂石运输船舶79艘次，移送海警行政拘留8人，查处违法内河船舶6艘次，实施行政强制扣押1艘次，促成拆解68艘次。

【根除辖区安全隐患】　开展水上三年行动安全整治落实双预防机制，紧抓“两张清单”牛鼻子，常态化开展安全隐患大排查大整治。排查发现安全隐患7项，全部整改销号。

开展海上安全生产隐患大排查大整治专项行动

挂牌督办隐患实质性整改　多次向政府部门专题汇报，联合相关部门定期开展联合执法行动，推动安全隐患整改到位。环南鑫岛轮渡有限公司船舶存在配员不足和宏运码头超吨位靠泊两项挂牌督办隐患分别于9月份和10月份销号。

压缩三无船舶存量　开展长期逃避海事监管船舶销号攻坚行动，辖区有长期逃避海事监管船舶133艘，

海上船舶专项整治行动中，对10艘“三无船舶”集中拆解销毁

对销号难度大的脱管船实施“一船一策”，销号128艘次，销号进度96.2%；与渔业、港航等部门开展联合执法40余艘次，联合查处三无船舶、内河船114艘次，留滞114艘次，促成拆解三无船舶106艘次、内河船8艘次，其中拆解20米以上的钢制海船10艘，拆解最大吨位内河船342吨，其中，促成船舶吨位较大、船舶价值较高、船舶拆解较难的油污水接收船舶18艘次。

服务管理

【优质服务打造重要窗口】　落实“四零”监管服务机制　坚持“零容忍”处置、“零时段”缺位、“零距离”宣贯、“零延迟”服务的“四零”监管服务机制，有力保障舟山国际粮油产业园区实现粮食类吞吐量1125万吨，同比增长47.93%，到港粮食船322艘次，同比增长38.79%，实现粮油物资运输不断档。

服务金塘集装箱“物流岛”发展　应对新冠肺炎疫情、国际经贸形势等因素带来的影响，坚持以服务自贸区港口经济发展为着力点，履行海事监管与服务职责，通过落实关口前移，严格管控；主动对接，优化服务；规范流程，健全制度等举措推动集装箱运输产业稳步发展，全年完成金塘大浦口集装箱码头完成吞吐量158.5万标箱，创历史新高，金塘集装箱国际物流岛打造取得快速发展。

护航LNG南北“双线速运”　落实“保安全、助畅通”理念，结合船舶载运危险货物安全监督要求，持续把握包装危险品运输的前、中、后三方面监管，全面保障“LNG专渡”平安运营，着力打造LNG出运安全港。目前“LNG槽车专渡”常态化运营近三年，形成“鸭白线”和“老塘山—西堠线”双线速运的良好局面。

【构建辖区通航管理新格局】　强化“一区一带”建设　以“一区一带”（严管区、西航路危险廊带）建设为契机，突出非交管中心管理区通航秩序管理。

加强严管区建设　落实专人专岗，不间断对辖区通航环境进行管控；制定《值班室电子点验须知》和《船舶电子点验操作须知》等专门制度；进一步延长电子点验时间，将夜间应急值班和次日早上应急值班纳入工作时间范围。年内，点验船舶1.3万艘次，对航行船舶、锚泊船安全提醒9800艘次。

突出重点时间段严管控 因地制宜，根据辖区实际制定了《定海海事处在港船舶管控指南》。同时针对在宁波水域和西堠门大桥交通管制期间，大量船舶选择从“桃夭门大桥”水域南下北上的特殊情形，积极联合交管中心对辖区在航船舶进行管制，降低恶劣天气辖区船舶流动性，减少事故的发生。与交管中心联动42次，联合对辖区在航船舶实施停航管控8次。

强化精细化管理 针对航经船舶乘潮航行的特点，定期在“亮门”水域和“孤茨航门”水域精准设卡拦截，严厉打击超载、高频不值守、AIS不开启等违法行为，对航经船舶形成高压打击态势，今年以来开展设卡拦截15次，恶劣天气驻点值守5次，查处小型习惯航路船舶超载、船舶自动识别系统未开启等违法行为5起，安全提醒船舶20余艘次。

提高辖区在航船舶智控水平 运用海上智控平台，及时获取船舶信息，精准查处各类违法行为，实现辖区“全覆盖、全管控、全智能”的基础感知能力；按照舟山海事局《船舶值班值守提醒点验工作实施细则》《海区巡航工作实施细则》，对设置在定海老塘山水域的点验区通过高频实施点验；现场巡逻艇对航经点验区船舶实施无人值守点验，形成日常点验的长效机制，突出对航行船舶点验，全面形成对辖区在航船舶精准感知、有效管理的新格局。全年点验船舶13000余艘次，对航行船舶、锚泊船安全提醒9800余艘次。

消除大件运输船舶恶劣天气避风隐患 创新工作思路，固化“空置码头应急使用”的经验做法。为做好大件运输船舶安全避风工作，积极创新防台思路，加强与属地政府及三防办沟通，排查辖区闲置船厂及码头，协调浮吊船、大件运输船靠泊空闲码头安全避台。

开展寒潮大风隐患大排查行动 大风来临前，加强巡航巡查工作，加强无动力船舶、大件运输船等重点船舶排摸和信息掌握。按照“一船一策”的要求落实管控措施。

加强在港船舶动态管控 加密电子巡航点验频率，值班室安排专人不间断开展全域船舶动态监控，掌握到港避风船舶动态，建立重点船舶点验清单，开展点验和安全提醒工作，提升船舶防范大风安全戒备水平。

队伍建设

【深化基层党建】 *推动党史学习教育* 将党史学习教育与中心工作相融合，同步谋划、同步推进。在水上交通安全专项整治三年行动、“平安护航建党百年”、海上船舶专项整治、“商渔共治”2021专项行动等重点任务中不断彰显教育成果。

突出“我为群众办实事”实践活动和党员“建功岗位讲奉献”承诺践诺“两条主线” 多措并举持续提升商渔船员安全意识等5项办实事清单并达到预期目标，全体党员亮出18项承诺事项接受群众监督，目前13项已完成，5项完成并转入常态化工作。

增强党史宣讲实效 借助“海莲花”全国巾帼文明岗、“海鹰”青年服务队、青年文明号三大载体，开展“巾帼心向党 百年绽芳华”党史宣讲活动、“建党百年 缅怀先烈 激励后人”祭英烈活动、“党员在身边、温暖千万家”党员服务群众活动等，将党史学习教育送上船头、送进公司、送到码头、送入学校，共开展14次“三学六进”活动，不断拓展党史学习教育宣传阵地。

“海莲花”全国巾帼文明岗开展“巾帼心向党 百年绽芳华”党史宣讲活动

秉承“四心”夯实党史学习基础 开展“七个一”系列活动，组织党员忆初心、守初心、践初心。聚焦急难险重任务，在攻克艰难中提“信心”，开展严管区蹲点执法“夜消行动”、内河船“拦截行动”、港内无证小船“清零行动”、涉海涉渔领域“遏重大”联合执法等，充分发挥党员先锋队的带头作用。注重实践成果，在志愿服务中显“爱心”，主动到所在社区领取“微心愿”志愿服务内容，为贫困学生捐赠书包、足球、台灯等学习用品，树立党员良好形象。筑

牢廉洁底线，在宣传教育中守“廉心”，层层开展廉政提醒谈话，及时把握职工思想动态，持续做好廉政提醒机制。

提升党史学习教育成效　依托理论中心组、党支部、党小组、青年理论学习小组、干部大会五个平台联动开展党史知识学习。开展理论中心组学习12次、深入学习研读《中国共产党简史》《社会主义发展简史》等学习资料以及习近平总书记在庆祝中国共产党成立100周年大会上讲话、在多地考察时的讲话精神，并开展专题研讨和集中交流。开展启动“百年党史天天读”活动，每天全方面多维度帮助党员学习党史；开启每周一次的中共党史专题讲座网络课程学习，党员讲体会、谈感悟144人次；每月开展主题党日活动，共开展党日活动12次；每季度组织党员开展党史知识测试，测试4次，党史学习教育形成“每天读党史、每周看讲座、每月有主题、每季有测评”的良好氛围。进一步加深结对共建联学，与舟山中理外轮理货公司党支部开展“联学共促忆初心 结对共建齐奋进”主题党日活动。创新开展党史知识“快问快答”活动并定期制作短视频在“中国海事”官方抖音账号播出，有效增强党史学习的趣味性和积极性。在内部择优推选青年参加市局党史知识竞赛活动，2人取得三等奖。

【人才队伍建设管理】　加强学习培训　以全面推进综合管理体系2.0运行为抓手提高内部规范性，通过领导干部“带头学”、各部门“集中学”、执法人员“自主学”等方式，熟悉掌握体系文件最新内容及要求，确保准确高效落实执行体系文件，全年开展各类体系文件学习培训10余次。

常态化管理机制　完善综合督察制度，常态化运行由处领导、法制员及兼职督察员组成的督察小组，对各项工作完成情况进行核查，确保年度工作目标任务有序推进。落实常态化综合管理体系运行自查机制，实现“日清”“周清”和工作任务闭环管理，有效提升基层海事精细化管理水平。

助力青年快速成长成才　强化新进人员“传帮带”机制，“结对式”提高业务能力；成立青年摄影、专报撰写、业务技能比武等兴趣小组，“组队式”提高专业水平；开展青年政务信息竞赛活动，“竞赛式”提升写作能力；修改完善青年成长积分制，每季度评比“季度青年之星”，“选拔式”提升青年履职能力。

比武竞赛促业务水平提升　李水仙、虞琼代表舟山海事局参加浙江海事局“忠诚于党 执法为民”海事执法人员知识竞赛获团体一等奖，康卓卓代表舟山海事局参加浙江海事局2021年防污染和危化品安全管理比武获团体第二名，杨兴保参加舟山海事局2021年船舶安全检查（FSC）技能比武比赛获个人第一名，展现青年良好风采和业务水平。

【增强依法行政能力】　下沉听取意见　开展宣贯动员，加大走访、调研的宽度和深度，了解海事执法人员依法行政、规范执法情况，认真听取企业、船员在海事服务、安全生产、企业发展等方面意见和建议。是年，开展执法领域突出问题专项整治大调研大走访19次，收集相关意见建议6条，都当场进行反馈。

落实“首违不罚”制度　切实履行海事温情执法，对首次违法、情节轻微且未造成危害后果的4艘船舶实施“首违不罚”。

推进专项整治行动　执法领域突出问题专项整治行动期间，定海海事处召开领导小组会4次，梳理顽瘴痼疾清理整治清单问题5项，隐患1条，均已完成整改。走访航运公司58家、码头企业2家，对收到的3条企业意见进行反馈。

规范执法行为　开展规范行政执法全过程记录专项行动，重点从启闭时间、亮明身份、拍摄角度、一人一录、意外处置、关联标注6个方面开展音视频全面回溯检查，共抽查音视频6238个，发现问题1347项，并采取针对性整改措施，开展责任追究8起，责任追究19人，整治后执法规范化逐步加强，发现问题率大幅减少。

【全面打造清廉海事】　注重政治建设　坚持把党的政治建设摆在首位，认真学习上级党组织工作的重要部署。支部委员会召开廉政专题分析会4次，“班子成员”带头履行“一岗双责”，组织全体职工层层签订《廉政责任书和行政执法责任书》，明确班子成员和党员的主要任务和职责，推动责任落到实处。

强化廉政教育　落实“四位一体”廉政教育体系，常态化开展党性教育、警示教育和家风家德教育，开展线上线下警示教育会15次，坚持廉政谈心提醒机制，开展廉政谈心谈话209人次，节假日廉洁提醒5次。紧盯“关键少数”，紧盯重大节日、敏感时间等“关键时段”，开展谈话，发送廉政提醒短信，抓好“新海青”入职第一课廉政教育，坚持抓早抓小、防微杜渐，做到纪律常提、警钟长鸣。

深化廉政风险防控　狠抓日常监督管理，严格执行中央八项规定精神和海事系统“五个禁止”规定。强化层级负责制，逐级报告、逐级约谈等方式加大廉政风险排查力度，抓细抓实纪律监督工作。严格执行“两登记”管理规定，拒收贿赂49起、106人次，共计金额17000元，抓好“不诚信行为闭环”管理，积极营造良好廉政生态。

丰富廉政文化　组织参与上级组织开展的系列廉政文化活动，拍摄庆祝中国共产党成立100周年“清廉海事”微视频，拓展廉政宣传的渠道和新阵地。开展“一书一卡一信”家庭助廉活动，增强廉政建设合力。通过发放“家庭助廉”倡议书、慰问信、寄语卡，与家属廉政共建，号召家属自觉做廉政工作的监督员，强化廉洁家风建设。

水上交通事故

【概况】　2021年，定海辖区发生水上交通事故2起，均为小事故，无人死亡，沉船1艘，直接经济损失约95万元。未发生有直接海事监管责任的水上交通事故及船舶污染事故。发生事故险情9次，遇险人数71人，获救人数71人，救助成功率100%。

【事故选介】　2021年1月25日10：21时，浙江舟山勇立船务有限责任公司所属的“东顺28”轮，从册子大皇山临时出运码头装载碎石3137吨开往定海老虎山临时出运码头，途经螺头水道附近水域时，因能见度不良，触碰舟山市名洋石化有限公司西蟹峙油库基地1号码头，事故造成码头一处纵梁断裂、三台输油臂损坏、部分输油管线受损、码头值班室局部受损；“东顺28”轮跳门右侧局部变型、右舷锚链孔附近局部受损。直接经济损失约85万元，构成水上交通小事故。

2021年3月17日7：03时，舟山市定海区环南鑫岛轮渡服务有限公司所属的“千岛渡1”轮，载客245人从定海客运码头开往盘峙途中，在码头前沿水域，与“定港机3010”船发生碰撞，造成“定港机3010”船倒扣沉没，事故直接经济损失约11万元，构成水上交通小事故。

（撰稿：王　琦）

（本类目照片由定海海事处提供）

责任编辑：周丽坤

邮政　电信

邮　政

【概况】　中国邮政集团有限公司舟山市分公司（以下简称市分公司）全年完成业务总收入20213万元，完成全年计划101.18%，完成率列全省第二位；收入同比增长12.51%，连续3年实现业务收入正向提速增长；连续3年完成全省经营利润考核指标。

舟山分公司换牌仪式

【业务发展】　代理金融　全年累计收入11007万元，突破亿元大关，完成年计划的103.3%，较上年提高8.03%；同比增幅13.8%，较上年提高10.34%，增长率高于全省平均增幅0.6%，金融业务占总收入比例达54.46%，为全市完成全年经营预算及经营利润提供强大支撑。

电商扶贫　全年全市农村电商收入1503.7万元，完成省公司下达目标的120%。其中分销和增值业务分别收入1432.3万元和71.4万元，完成省下达目标的130.8%和142.8%。

寄递业务　全年完成寄递业务总收入4242万元，完成全年计划的100.5%，同比增长21.86%，也是全省完成全年计划的6个地市之一。剔除国际非邮差额入账因素，完成业务收入3848万元，完成率为91.19%，全省排名第六，同比增长17.04%，增长率排名全省第二。

极速鲜类　“极速鲜”项目完成收入304.28万元，同比增长99.24%。其中海鲜配项目完成“寄递+销售”243.18万元，同比增长121.84%。同城业务平台搭建初具规模，新开发“十荟团”配送等项目，全年新增同城收入近百万元，同比增长71%。

物流业务　加快区域物流网建设，开发规模物流头部客户，中标烟草物流项目，年业务收入规模增加到270万元。

文创项目　“佛项目”和“领航中国”主题营销，全市累计销售1398套，全面超额完成预定目标。市民文明手册完成广告招商工作，实现业务收入66万元。全年普陀山祈福邮局累计销售额237万元，同比多创收近50万元，祈福邮局概念IP推广引流取得良好成效。

数字转型　发展BSC数字化营销建群和吸粉工作，全年完成建群55个，吸纳“粉丝”4.95万人，均超额完成省公司下达计划。用多种权益“维粉固粉”，配合网点线上线下相互引流，实施精准营销，全年，全市实现线上营销收入721.73万元，完成年计划的106.14%。

传统业务　集邮文传与报刊业务总收入2433万元，完成省公司全年目标100.95%，其中，集邮和报刊收入均超额完成省公司计划目标。

【经营改革】　降本增效　新修订《舟山邮政2021年

寄递五大环节降本措施及落地任务清单》，明确降本增效清单相关内容、责任人及时间节点，清晰核算寄递各环节成本。

快件收寄　收寄环节从2.94元/件降至2.46元/件、投递环节从2.50元/件降至2.17元/件、处理环节从0.94元/件降至0.61元/件、管理支撑环节从0.53元/件降至0.44元/件，四个环节均较上年改善并达到省分公司力争管控目标。

邮快合作　邮政与各社会快递签订邮快合作战略框架协议，积极开展岛际代运输、代投和城区共配合作。目前全市邮政已与10家舟山当地主要快递公司达成业务合作，区域覆盖市县城区及农村大小岛屿10多个，邮政代运输、代投社会快件日均已超过2000件。发展6个“进村上岛”合作点，其中花鸟邮政所月业务收入从合作前的510元增到12520元，实现扭亏转盈。

协同工作　全年完善协同工作激励、支撑评价和考核方案，强化协同力量配备，实施“项目制+专班化”推进和“比学赶帮超”对标，提升协同发展质效。年末协同27项考核指标中，25项指标均完成全年目标，全年战略绩效得分10.02分，较上年提高1.56分，列全省第七位。

绿色环包　出台《绿色邮政工作要点》，分解指标任务和相关单位责任分工，开展绿色邮政建设行动督导，营业窗口重新购置纸箱，回收箱布放率、快递包裹邮件一联面单使用率、可循环包装箱使用等主要指标均达到省公司考核要求。

【能力建设】　转型能力　全年建设转型特快揽投部新增7个、优化9个、整改2个，实现建设完成率、优化率、整改率3个百分百。全市6个特快专业揽投部的销售化转型工作，合计业务收入858.25万元，增幅60.6%。现费业务、增值业务收入完成率、增长率均列全省前茅。

普遍服务　开展“压降平信丢失率”专项活动、普遍服务邮件全程时限达标争先活动，全市7个纳入“河长制”管控的普服薄弱网点全部完成问题整改和“回头看”工作，4个经省公司测评后退出“河长制”管控。市分公司获得“2020年度全国邮政用户满意企业”。

机要通信　全市机要通信争当优秀“党的红色传令兵”，机要通信班获评浙江省总工会“安康杯”竞赛优胜班组，为全省机要通信无失密丢损“二十八连冠”作贡献。

服务质量　建立健全全市时限管理体系，修改完善生产运行质量考核办法，组织开展长三角邮件时限质量提升和全市寄递时限质量提升专项活动，目前各项主要时限指标已达到或接近省公司要求，15项重点时限质量指标综合得分列全省第7，其中4项指标进入全省前5。

人力资源　全年开展人员聘任制试点工作，新提任人员均签订聘任协议和业绩目标责任书，平均年龄由50岁降至49岁。完善薪酬分配考核办法，优化队伍结构；完成新承揽并轨业务外包工作；邮务专职营销员和金融岗位公开招聘，实施劳务用工占比压降工作。

财务管理　全年强化预算管理，运用零基预算核定方式，从严从紧安排成本费用，加强预算执行过程控制和预警分析；寄递揽投部开展成本写实，寄递经营单元推进损益核算，提升揽投部经营效益；强化财务风险管控。

“小金库”专项治理，对营收资金风险隐患进行排查，强化欠费资金发布及匹配管理，3个月以上账龄欠费发函询证、欠费拼户串户核销等情况的日常监管，年末逾期账期外欠费削减至11.44万元，其中寄递账期外欠费从上年年末的99.64万元下降到3.94万元。

安全风控　全年未发生安全生产事故，未发生金融安保类案件及公共安全事故（事件），较好地完成安全生产各项目标任务，市分公司获评2021年省分公司“安全生产月”先进单位、2021年度舟山市级第七轮银行业安全评估先进单位。

岗位技能　做好金融新招劳务补员的岗前培训工作，完成2021年度金融网点支行长的培训工作，共送培6期共23人；完成县（区）分公司领导干部研修班，送培2期共6人；完成地市邮政分公司主要负责人“战略高效执行”专题研讨班、年轻干部理想信念教育专题研讨班的送培工作；组织新招聘邮政营业员通过中国邮政网络培训学院完成《2021邮政营业员岗前培训》和线下操作考试；开展全市管理人员2021年度继续教育工作；完成专业技术职务资格认定及聘任工作；完成15人的职业技能鉴定申报、考试工作；组织完成2021年度考评员送培工作，送培2期8人。

工会组织　坚持日常和重大节日期间及时走访和慰问；对生病住院、女员工做产、员工生日主动关心、主动探视；六一儿童节慰问职工子女；关怀慰问异地交流人员；为符合发放“邮政工作荣誉证书”的员工办理证书，开展外勤一线人员高温送清凉慰问活动，组织员工做好全省邮政职工医疗互助保障会、舟山职工医疗互助保障会和“舟惠保”参保工作，调整职工生日慰问额度。

（撰稿：胡建军）

（本分目照片由中国邮政集团有限公司舟山市分公司提供）

中国电信股份有限公司舟山市定海区分公司

【概况】　2021年，电信定海分公司以习近平新时代中国特色社会主义思想为指导，坚持党建统领，深化转型升级，克服疫情影响，各方面工作取得成绩。

【彰显央企担当】　严格按照区政府的要求，常态化落实疫情防控，落实办公场所防控预案，推进员工疫苗接种工作，对外同各社区建立情况交流体系，对内建立员工出行动态日报表，加强会议和食堂冷链食品采购管控，向员工派发防护物资4批次；为应对12月浙江疫情突发，深入隔离区和街道安装“天翼看家”，同时重点保障医疗机构等区域网络通信；根据创城办专题会议精神，积极配合旧城改造线路整治工作。

【开展党建和党风廉政建设】　开展党史学习教育，开展现场学习、“红色宣讲”微党课、百名党员志愿行等一系列活动，进一步提升政治素养；落实“一岗双责”，开展四个专项治理工作（针对领导人员及其亲属围绕企业经商治理、针对“小金库”专项治理、针对选人用人专项治理、采购业务合作领域专项治理），组织完成关键岗位人员廉洁从业情况自评和检查。每逢节假日提前做好廉政短信提醒，推动党风廉政工作建设。

【加快“数字化”建设】　发挥数字化优势，推进“美丽乡村”“平安乡村”建设，打造“数字乡村”示范村30余个，配合各乡、镇（街道）重点打造基层综合治理三级联防平台；安装疫情监控600余个点位，提升疫情防控工作成效。

【强化服务工作】　坚持客户为本，实施客户领先三年计划，通过开展专项服务整治、行风纠风服务稽查等工作，提升服务能力。以强化客户感知为核心，通过“VIP内购会”“感恩母亲节”“星级客户健步走”等俱乐部活动，全面提高客户服务满意度，促进公司服务形象的提升。宽带业务围绕受理、装维、使用、投诉等关键环节进一步提升基础服务能力。提升装维快装快修服务，借力微信客户端推广服务，得到客户认可。

【打造“建家3.0”团队文化建设】　深入推进“四小品牌”建设，把党建融入“一家人”建设中。实施暖人心工程，落实员工“五必访、五必贺”工作。从团队、目标利益、管理、渠道、文化融合五个方面，细化标准、有计划有举措地稳步推进“一家人”文化建设，让“一家人”文化渗透到实际工作中，通过文化引领和运营机制的落地，发挥市场化推进对提升企业内生动力，成为加快转型发展、实现规模突破的有效举措。

（撰稿：李　晶）

中国联合网络通信有限公司舟山市定海区分公司

【概况】　2021年，中国联合网络通信有限公司定海区分公司（以下简称定海联通）全面贯彻习近平新时代中国特色社会主义思想，认真落实省、市公司新战略部署，坚持数字化转型，践行新发展理念，完成既定的各项工作目标，经营业绩稳步向前，主营业务收入5844.5万元，手机出账用户规模达到5.2万户，其中5G用户规模达2.17万户，宽带用户规模达1.5万户。

【党建统领】　以庆祝中国共产党成立100周年为契机，以浙江联通“六百行动”为指引，开展党史学习教育。组织开展党史教育专题党课、党史知识竞赛、红歌歌唱比赛、党史灯谜竞猜等活动，累计参与人数500余人次。树立“神行定海，智慧先锋”支部品牌，创建“5G引领基础业务规模发展”共产党员工程并完成创建目标。落实党风廉政目标责任，严格落实“一岗双责”，开展“清廉浙江”示范点创建，共完成2个示范点、7个示范岗的创建工作。开展结对、爱心助老、防电信诈骗宣传等形式的“我为群众办实事”实践活动30场，彰显责任担当。

参观定海区新时代文明实践中心

【创新引领】　以数字化改革为契机，聚焦政务、教育、医卫、生态环保、文旅、交通物流等重点领域，重点领域项目持续突破，其中，数字化改革项目突破金额超过280万元，企业10万元以上项目15个，累计金额741万元。积极参与2021年舟山政府公开招投标项目，取得马岙数字乡村、鸟岛建设等3个标志性项目，提升公司的品牌和影响力。同时，积极开展生态合作，通过“中国联通”App平台生态赋能，开展“饭票”业务拓展，累计上架“饭票”类商家18家。

【网络建设】　深化网络共建共享，推进匠心网络新基建打造5G精品网络，2021年新增5G宏站81个、室分35个，累计宏站352个、室分54个，确保5G网络竞争力。完成19个新建小区宽带资源验收及录入，共覆盖用户9404户。完成千兆网络小区改造14个，有效提升宽带网络质量。

【客户感知】　深化体验管理和问题运营，开展5G服务质量提升、五大服务承诺、“十分满意”万人评议、客户感知大起底等系列行动，全面提升客户满意度。深化服务口碑运营，协同省公司开展“乐公益”，开设“乐课堂”，举办助农、助老、助残活动36场，进一步激发用户的参与热情。尤其是助农、助老、助残活动的开展，既是践行“我为群众办实事”实际行动，更是丰富联通客户精神文化生活的重要体现。提升窗口便利化水平，缩短业务办理时长，进一步加大手厅App推广，让用户足不出户即可轻松办业务。优化业务等待和业务办理时长，提升营业员操作能力和操作效率。加强满意度评价考核，全面提升自营厅服务能力。

解放路营业厅获评浙江省“青年文明号”

【战略合作】　9月1日，舟山联通与定海区政府签订数字化改革战略合作协议，这是联通与定海区政府深化合作、共谋发展的重要里程碑。作为数字经济参与的排头兵和政府数字化建设的主力军，中国联通充分发挥混改优势，成立联通数字科技、联通云粒智慧科技有限公司等一大批专业数字科技公司，用数字化手段“武装”、赋能政府和企业，协助政府实现治理体系和治理能力的现代化。

定海区数字化改革战略合作框架协议签约仪式

【职工小家】　发挥工会、团组织工作优势，开展

员工秋游活动

“三必访、四必问、五必谈”等关爱员工工作，提升公司管理能力及工作氛围，激发员工工作活力。开展业务竞技、头脑风暴、服务技能培训等活动，提升员工业务及服务能力。

（撰稿：傅玲玲）

（本分目照片由中国联通定海分公司提供）

中国移动通信集团浙江有限公司定海分公司

【概况】　中国移动通信集团浙江有限公司定海分公司（以下简称定海移动）下设综合部、市场经营部、政企客户部和网络部4个部门，设新城、白泉、金塘、盐仓、昌国、环城、马沙7个网格及16家营业厅。

是年，定海移动总体运营情况保持增长态势，开展创新争优活动，公司及下属班组先后被评为浙江省文明单位、舟山市健康示范单位、市级“四红”党组织、省公司级EAP职业幸福感最佳建设班组、市公司级“六好”党支部、市公司级优秀团队、市公司级先进分工会等。

【服务保障区两会】　2月10—17日，定海移动协助定海区政府完成舟山市定海区第十八届人大会议、政协七届一次会议的现场布置、与会人员数据梳理及会议期间的短信服务使用等工作，得到与会代表的一致好评。

【助力道路照明智慧改造】　2月9日，中标定海区道路及景观照明智慧控制与漏电检测系统采购项目。该项目为定海城区所有路灯的智慧改造，主要包括加装单灯控制器、物联网关及电缆漏电监测装置，并统一接入“智慧城管”平台，实现统一平台管理及智慧运营。

测验服务现场

【学雷锋志愿服务】　3月5日，定海移动党团联动响应党中央“学习雷锋好榜样”的号召，推进志愿服务工作。

参加“3·5”学雷锋志愿服务活动　定海移动志愿者们针对移动宽带常见故障、网速等问题进行答疑解惑，并提供免费手机清洗、贴膜等服务；同步做好手机营业厅下载、反电信诈骗软件应用等现场指导。

开展“学雷锋，树新风”主题教育　主动对接新城小区，开展小区宽带义诊服务志愿者活动。针对性解决居民日常网络与宽带业务等方面的疑问，由公司装维人员给出专业解答。

【优化国际海运学院网络保障】　中标承建浙江国际海运职业技术学院校园网升级改造工程，结合学院实际在寒假期间完成整体校园网系统上线，并提前针对开学期间可能出现的各种故障进行模拟预演，制定相应解决方案。新生报到期间，校园网络整体运行稳定。

【党建和创】　发挥基层党组织“党建和创”纽带作用，高质量推进党业融合，实现优势互补，拓宽“党建和创”合作平台。

3月11日，定海移动党支部与浙江交投矿业有限公司党支部签订“党建和创”合作协议，为5G+智慧矿山建设打好基础。

8月10日，定海移动党支部与舟山群岛新区金塘

“党建和创”活动现场

管委会经发局党支部签订“党建和创”合作协议，并就后续在“智慧金塘”、5G+工业互联网、“智慧园区”等方面的合作达成共识。

9月8日，定海移动党支部与舟山定海广华医院党支部签订“党建和创”合作协议，双方就党员亲情网格等党员联系群众工作进行深入沟通，并就后续在5G智慧应用在医疗方面的推进达成初步共识。

“党建和创”合作签约仪式

11月26日，定海移动党支部加入昌国街道“大工委”，分别与昌国街道的留方社区党支部、香园社区党支部签订“党建和创”合作协议；并就未来在防疫防护、防汛抗台、老旧小区改造、小区数字化改革、智慧小区样板打造、便民服务能力提升等方面的合作互赢达成初步共识。

【助力社区反诈宣传】 发挥移动通信行业优势，做优做细触点提醒，助力公安民警做好反诈宣传，守护人民群众的财产安全。3月26日，定海移动受定海区公安分局芙蓉洲路联勤警务站邀请正式加入定海区反诈骗宣传联盟。

反诈服务联盟入社区宣传

3月26日，定海移动加盟反诈宣传队伍现场

【助力普及银龄智能终端使用】 响应政府号召，与各街道社区联合推进“银龄跨越数字鸿沟”科普巡回讲学活动。结合老年人实际需求，梳理优化智能手机App应用操作宣贯，重点整合反诈宣传、防疫宣传等热点内容，以及舟山公交、网上挂号等日常线上智能操作，多场次宣传，通过视频教学、实操演练、现场送流量等方式，排除老年人“不想用”“不敢用”的心理障碍，提高老年用户参与度。

【智慧金塘（一期）采购项目】 4月13日，定海移动以技术分第一、总分第一的结果中标智慧金塘（一期）采购项目。项目主要建设内容包含：智慧金塘数字驾驶舱建设、智慧金塘专题应用建设、智慧金塘指挥中心及机房建设、前端感知设备建设、通信终端建设等。该项目属于金塘智慧城市建设一期项目，为智慧金塘二期项目的推进打下坚实基础。同时作为定海区域最大的智慧城市类项目，为城市大脑等数字化改革工作推进打造样板。

【助推新区数智化、信息化建设】 为激发联盟单位“党建+基建”新活力，创新探索各成员支部在数智化、信息化等方面的深入合作，11月24日，定海移动党支部联合中移铁通舟山分公司党支部组织“新区建设红先锋”大党委各成员支部开展“创新发展，助推新区数智化、信息化建设”专题研讨。与会各支部党员干部结合企业实际，聚焦联盟“共建共创、优势资源整合”要求，就未来在“数字化转型、新能源应用、美丽乡村建设、低碳发展”等领域的深入合作进行交流探讨，并就下阶段在数智化、信息化改革发展和智能服务升级等方面的合作达成初步共识。

11月24日，“红先锋大党委”专题研讨会现场

【承建舟山首家5G汽车影院】 5月24日，定海移动承建的舟山首家5G汽车影院项目正式启用。该汽车影院位于小沙街道三毛故里，拥有近百个停车位，影院系统主要由一体化数字智能汽车影院播放设备和450英寸升降屏组成，设备可播放本地存储片源，也可以利用5G网络在线播放。

【推广5G知识】 7月20日，定海移动党支部书记、总经理邵炜应浙江舟山群岛新区海洋产业集聚区邀请，为集聚区开发建设（集团）有限公司主要领导和全体员工作题为《数改引领变革，5G助推发展》的专题讲座。讲座围绕通信技术发展和5G核心技术、5G发展的国际意义和各国发展现状、5G赋能数字舟山和场景介绍三个方面展开。讲座期间，邵炜深入浅出、以实际案例和应用场景，让大家对“5G”和“数字化改革”有更清晰的认识。

推广5G知识专题讲座

【抗击台风“烟花”】 第6号台风“烟花”于7月25日12：30前后登陆舟山。根据上级公司和地方政府部署要求，定海移动党支部发挥战斗堡垒作用，专项成立抗台抢险党员突击队，抗战台风“烟花”，保障全区通信通畅。

提前做好防汛抗台物资配备及综合大楼、营业厅、重要机房等关键点位抗台部署；结合实际，完善抗台预案，班子牵头全流程参与，确保抗台工作有条不紊。严格落实24小时值守，随时待命响应。借力移动云广播、城乡天眼等应用，及时派驻人员至应急调度管理单位实时监控防汛信息，助力防汛抗台工作高效开展。与铁塔、代维公司等第三方合作单位组成20个紧急抢修队伍，网络条线员工全员值守，机房蹲点排涝，全力保障网络基站畅通。承担企业社会责任，提前了解临城体育馆等避难安置点位网络信号情况，合理优化扩容，确保信息畅通；提前做好监控系统等调节，针对区农业农村局应急指挥中心系统突发故障，党员牵头紧急做好现场勘查，及时排除故障，确保线上指挥通畅。

【优企通公共服务平台建设项目】 10月，定海移动成功中标定海区优企通公共服务平台建设项目。该项目是定海区数字化改革“三张清单”重点应用项目。该项目以数字化改革为契机，聚焦高质量发展主题，意在打通部门、镇街（产业平台）数据壁垒，实现数据资源共享。

【助力定海疫情防控】 12月，全省多地发生本土确诊案例，疫情防控形势严峻，定海移动第一时间部署疫情防控工作，紧急调拨装维支撑队伍，在安全防护前提下，为政府单位、市民开展网络支撑保障服务。加强装维人员“两码”核验，要求做好个人防护与风险回避，确认身体状态正常情况下方可参与日常装维，安全前提下推进网络保障工作。针对突发的防疫宽带装机任务，快速调集支撑力量，组织一线骨干全力配合政府开展居家隔离、隔离酒店等的防疫宽带、视频监控、电子门磁的安装工作。

【大数据指挥中心项目】 12月27日，中标舟山高新技术产业园区大数据指挥中心项目。该项目以园区信息化现状为基础，依托大数据、云计算、物联网、视频识别等现代信息技术，建成舟山高新技术产业园区大数据指挥中心平台，通过采集基础设施展示、社会治理、城市管理、应急安全、宏观经济等领域的运行信息，实现智慧园区运行态势的全面感知。

【“慈善一日捐”活动】 7月30日，定海移动组织“慈善一日捐”活动，收集善款5170元并交给区慈善总工会。

中国移动定海分公司党支部2021年“慈善一日捐”活动现场

（撰稿：乐玲玲）

（本分目照片由中国移动定海分公司提供）

责任编辑：周丽坤

财政　税务

财　政

【概况】　2021年，定海区实现地区生产总值605.32亿元，按可比价格计算，增长6.0%。分产业看，第一、二、三产业增加值分别为13.84亿元、216.77亿元、374.72亿元，分别增长9.6%、10.1%、3.7%。三次产业结构比为2.3∶35.8∶61.9。按户籍人口计算，人均地区生产总值150740元，增长5.6%。全区财政总收入56.35亿元，增长7.1%，一般公共预算收入33.82亿元，增长5.6%，其中税收收入26.71亿元，增长9.3%。全区一般公共预算支出43.83亿元，增长0.7%。全年财政收支平衡。

【组织财政收入】　2021年，一般公共预算收入占财政总收入的比重为60.0%、占GDP的比重为5.6%，税收收入占一般公共预算收入的比重为79.0%。加强收入预测分析。落实财税收入协调机制，定期召开财税收入分析会议，加强收入形势研判，抓好收入目标管理，增强收入预测准确性。强化非税收入管理。健全非税收入征管机制，依法依规组织非税收入，提升非税收入质量和收缴效率，全年完成非税收入7.37亿元。

【服务经济发展】　加强重点产业扶持。加强政策前瞻性研究和储备，出台《关于促进航运业健康稳定发展的若干意见》等扶持政策。发挥财政政策引导产业发展的导向作用，全年兑现各类产业政策扶持资金1.82亿元。坚持创新驱动发展。制定《关于加快科技创新发展的若干意见》，聚焦社会研发投入、产业技术攻关、成果转移转化等领域，加大科技创新投入力度，加快补齐科技创新短板，全区财政科技支出1.34亿元，增长15.2%。落实减税降费政策。推动中央和省各项减税降费政策落地生效，全区累计减税降费15.6亿元。发挥直达资金质效。完善常态化直达资金监管机制，按月通报支出进度，加快直达资金直达基层、惠企利民，全年争取直达资金4.73亿元，保障渔业、义务教育、保障性安居工程等民生领域。落实金融纾困政策。发挥区级转贷资金作用，开展融资担保、应急转贷工作，全年为36家企业融资担保1.25亿元，为361家企业应急转贷26.55亿元，缓解企业资金压力。

区财政局领导带队赴龙纹精密仪器开展“三服务”活动

【保障民生支出】　全年民生支出30.61亿元，增长1.1%，占一般公共预算支出的69.8%。加快教育事业发展。全区教育支出6.42亿元，增长1.4%，完成农村小规模初中学校整合提升，博伊双语幼儿园、城关第二幼儿园等4所幼儿园建成投用，义务教育“双减”和放学后托管服务落地落实，组建城乡义务教育共同体20对。完善社会保障体系。社会保障和就业支出4.07亿元，增长19.9%，启动“扩中”“提低”五年行动，全区户籍的城乡居民最低生活保障金标准由810元/人/月提高至910元/人/月，发放各类民生救助类资金7200万元，惠及1万余人，投入2.98亿元保障基本养老保险待遇，建成示范型居家养老服务中心12家。提升医疗保障水平。卫生健康支出2.87亿元，增长6.3%，借力“山海”提升工程，提升定海区中心医院综合发展能力；投入6880万元保障城乡居民基本医疗保险，惠及20余万人；投入1200万元用于困难群体医疗救助，惠及6万余人次；投入4000万元用于疫情常态化防控和疫苗接种工作。实施乡村振兴战略。农林水支出8.79亿元，增长0.4%，推进农业升级，入选省级乡村振兴集成创新试点，获奖补7000万元；支持美丽乡村建设，完成“一事一议”财政奖补项目33个，被评为“一事一议”财政奖补工作成绩突出县；深化涉农资金统筹，推动建立涉农资金统筹整合联席会议制度，创新绿色转化竞争性立项机制，集中财力办大事。优化文旅服务供给。文化旅游体育与传媒支出6298万元，举办“神行定海山”全国徒步大会、第三届“三毛散文奖”、首届定海城市定向赛，成功创建首批全省农村文化礼堂示范县（区）。

区财政局党委中心组赴南洞开展“跟着总书记学党史”专题学习

【深化财政改革】 推进预算一体化改革。重塑预算管理机制，构建以预算项目作为基本单元的预算管理模式，提升预算管理整体效能，135家单位依托预算一体化系统编制2022年预算，覆盖率100.0%。

开展乡镇内控指引试点 梳理现有管理制度和业务流程，上线投用小沙街道内部控制信息系统，实现网上审批、无纸化办公。增加村级小微工程项目指引，形成“6+1”管理模块，编制完成《舟山市定海区镇（街道）内部控制指引（2021年版）》。

深化工程造价改革试点 建立工程造价数据库和指数指标动态机制，完成康乐新村改造工程等3个试点项目的造价编审工作，推动传统计价模式转变为“取消最高投标限价按定额计价”。加快财政数字化转型。推进政府投资项目审价管理平台建设，提升编审质量和效率，全年审定项目825个，核减率6.5%。完成省集中模式电子票据改革，定海区中心医院成功启用全国统一医疗电子票据，电子票据从“竖版”向“横版”转变。

深化国企混合所有制改革 探索向多元化产业集团转型发展，推动国企产权结构向不同资本融合出资的混合所有制转变，全年，成立混合所有制企业4家。

【强化财政监管】 优化财政支出管理。坚持政府过“紧日子”，压减一般性支出3549万元。盘活财政存量资金4.59亿元，提高资金使用效益。

深化财政绩效评价 推进部门整体绩效预算改革试点，完成定海城区2020年度环卫作业市场化服务项目等4个重点项目绩效评价、113家预算单位财政支出项目绩效自评和13家预算单位绩效抽评工作。

强化财政监督检查 强化部门理财主体责任，加大资金检查力度，重点做好乡镇财政资金检查、“双随机”财政票据检查、国有企业资金存放专项检查等。完善国有资产管理。落实国有资产报告制度，首次向区人大提交全区国有资产综合管理报告，依法加强人大国资监督职能，确保国有资产保值增值。

加强政府债务管理 优化债券项目库储备，加大政府债券争取力度，争取到再融资债券12.60亿元，新增专项债券6.70亿元。科学评估财政承受能力及债

举办“百年潮涌初心赤、财华政茂奋进时”庆祝建党100周年主题歌咏朗诵会

务风险，规范举债融资行为。做好债务月度监测，超额完成隐性债务年度化债计划。

【加强队伍建设】　加强党风廉政建设。制定年度党风廉政建设、反腐败工作职责分工安排，落实全面从严治党“三张责任清单”，打造清廉财政国资。

开展党史学习教育　成立党史学习教育领导小组，出台“百年潮涌初心赤、财华政茂奋进时”主题活动方案，通过专题党课、教育讲座、现场教学、歌咏朗诵、知识竞赛等活动形式，丰富党史学习教育内容，加快学习教育成果转化。

推进干部教育培训　制定年度干部能力提升培训计划，组织开展综合素质能力提升班，举办“财政干部大讲堂”3期，加强财政干部队伍建设。组建财政青年学习小组，集中学习习近平总书记重要讲话精神和财政史，加强干部思想政治教育。

2021年全区财政收入情况统计表

表18　　　　单位：万元

项目	2021年	2020年	2021年为2020年%
财政总收入	563489	525960	107.14%
一、一般公共预算收入总计	338233	320252	105.61%
1.增值税	102261	103205	99.09%
2.企业所得税	34964	31147	112.25%
3.个人所得税	10491	11554	90.80%
4.城市维护建设税	18619	18223	102.17%
5.资源税	6298	8914	70.65%
6.城镇土地使用税	21133	20807	101.57%
7.契税	24605	16783	146.61%
8.其他地方各税	48752	33772	144.36%
9.行政事业性收费收入	12451	7696	161.79%
10.专项收入	16126	17235	93.57%
11.其他收入	42533	50916	83.54%
二、上划中央四税收入	225256	205708	109.50%
1.消费税	54812	38452	142.55%
2.增值税	102261	103205	99.09%
3.企业所得税	52446	46720	112.26%
4.个人所得税	15737	17331	90.80%

2021年全区财政支出情况统计表

表19 单位：万元

科目	2021年	2020年	2021年为2020年
一般公共预算支出合计	438326	435109	100.74%
1.一般公共服务支出	44886	43324	103.61%
2.国防支出	204	329	62.01%
3.公共安全支出	33785	30418	111.07%
4.教育支出	64152	63268	101.40%
5.科学技术支出	13362	11601	115.18%
6.文化旅游体育与传媒支出	6298	7579	83.10%
7.社会保障和就业支出	40688	33939	119.89%
8.卫生健康支出	28651	26948	106.32%
9.节能环保支出	9111	9128	99.81%
10.城乡社区支出	22115	32343	68.38%
11.农林水支出	87898	87572	100.37%
12.交通运输支出	13635	20583	66.24%
13.资源勘探信息等支出	3980	9736	40.88%
14.商业服务业等支出	4015	3204	125.31%
15.金融支出	264	137	192.70%
16.自然资源海洋气象等支出	6715	3929	170.91%
17.住房保障支出	30922	25787	119.91%
18.其他支出	27645	25284	109.34%

（撰稿：王哲烨）

（本分目图片由区财政局提供）

税 务

【概况】 2021年，国家税务总局舟山市定海区税务局以习近平新时代中国特色社会主义思想为指导，学习贯彻中共十九大和十九届历次全会精神，落实党中央、国务院的决策部署和定海区委、区政府的工作要求，统筹推进疫情防控和地方经济社会发展，持续推进税收现代化，为定海区高质量发展建设共同富裕示范区港城范例作出贡献。

是年，区税务局获评2019—2020年度“全省先进税务学会”、2020年度定海花园式国际人文港城建设突出贡献集体等称号；双桥税务分局获评“市级青年文明号”称号；何艳获“全国向上向善青年”称号，李炜获2016—2020年度舟山市 “七五”普法先进个人称号。

6月29日，区委常委、组织部部长、区委直属机关工委书记江舟到区税务局“蓝海红昀”党建文化展示厅参观调研

【收入情况】 2021年，区税务局入库各项收入106.06亿元，同比增收30.81亿元，增幅为40.95%；其中税收收入52.47亿元，同比增收5.83亿元，增幅为12.51%；社保基金及其他收入26.06亿元，同比减收0.88亿元，减幅为3.27%；非税收入27.53亿元，同比增收25.86亿元，增幅1550.32%。全年实现县区级税收收入26.71亿元，同比增收2.27亿元，增幅9.3%。

【深化全面从严治党】 组建“税翼”税收外译支持中心，常态化开展志愿服务。开展“六个一”党员教育活动，组织党员干部前往定海“小小图书馆”旧址、舟山警备区军史陈列馆等红色教育基地，组织干部职工参观淮海战役纪念塔、古田会议旧址，重温革命岁月，锻造“铁军”精神。构建与地方党校、区直机关工委阵地互用、师资互通、学员互动的“三互”机制，开展党史联学活动8次。打造“蓝海红昀”党建文化展示厅，邀请区直机关工委组织各单位党组织书记前来参观互学。

3月30日，组织党员干部前往舟山烈士陵园开展“笃学党史 追忆先烈”清明祭扫活动

【支持疫情防控和经济社会发展】 2021年，区税务局动员党员干部全力支援社区助力疫情防控第一线，累计开展200余次志愿活动，出动近3500人次。在台风“烟花”“灿都”重创定海之际，区税务局“党员先锋队”第一时间将灾害多发区的群众转移至临时避灾点，逐户上门协助群众搬迁重要物资，累计转移高危住宅区群众60人，补修排水设备12个，搬运防汛沙袋800余袋，巡逻排查路面风险设施40余次。

10月12日，区税务局妇委会组织巾帼文明岗志愿者到小沙街道敬老院慰问老人

【落实减税降费政策】 2021年，区税务局落实降本减负、退税缓税政策要求，支持“六稳”“六保”工作。全年办理各项税费退库金额13.8亿元，其中，出口退税8.1亿元，留抵退税3.17亿元。落实制造业中小微企业第4季度部分税费缓缴政策，帮助制造业企业解难纾困，定海区制造业中小微企业缓缴税费规模达到1.42亿元，缓解企业阶段性经营困难。

【抓实改革创新】 全面推进税收数字化改革，形成以税收征收管理信息系统、自然人税收征管系统、社保费征管系统、电子税务局平台、增值税发票新系统为核心，以浙江税务大数据平台为依托的一体化税收业务体系。拓展税收数据应用场景，落实发票电子化改革任务，推进电子发票在全生命周期的管理和服务，通用电子发票推广率达99.77%。精细数字化服务，落实形成“线下服务无死角、线上服务不打烊、定制服务广覆盖”的精细服务新体系。继续推进电子税务局建设，全面推行“自行判别、申报享受、资料留存备查”的税费优惠享受方式，持续巩固拓展“非接触式”服务事项范围。至年底，全区网上办税率达98.78%。

【完善税收征管举措】 2021年，区税务局稳步推进税收征管改革，配合落实各项配套措施，承接国家税务总局“两库”场景建设，完成各项阶段性工作任务。建立“网络+网格”联动机制，落实“首票责任制”，进一步推进交通、医疗等重点领域发票电子化进程。做好对重点税源和项目的“税收落地”工作，按月对定海区8家重点项目的经营和纳税情况进行跟进、分析、统计。是年，全区8家重点项目企业入库税收收入9.8亿元，完成全年总体税收目标的167.8%。

【优化税收营商环境】 2021年，区税务局落实“我为群众办实事”实践活动，实施便民办税春风行动、“春雨润苗”专项行动、万民党员进万企等活动。以第30个全国税收宣传月为窗口，全面开展税收政策宣传辅导，持续提升纳税人、缴费人的满意度和获得感。细化落实10类31项125条便民事项，两次召开纳税人恳谈会，现场解决疑难问题12个。巩固拓展“非接触式”服务事项范围，实现依申请办理事项全纳入和“网上办”“掌上办”功能全覆盖。是年，“银税互动”银行授信贷款2741户次，提供授信贷款5.21亿元。

【打造法治税务阵地】 2021年，区税务局持续深入推进“三项制度”建设。做好司法拍卖税款协助征缴工作，针对司法处置中被执行人普通房产、整体资产等各种类型财产及对应所涉税费缴纳情况进行跟踪，对被司法拍卖的3家企业发起法院协助征缴，涉及税款244万元，追征欠税107万元。进一步规范税费征缴协作机制，降低纠纷发生的风险，维护税法权威，全年对10家企业进行破产债权申报，涉及税款、滞纳金等760万元；处理7家破产企业案件终结，债权入库856万元。

【税务纪检】 2021年，区税务局组织开展“学习典型案例，自觉遵规守纪”警示教育，出台《进一步加强干部职工教育管理监督》文件，定海区税务局党委班子带头签订《“八小时以外”行为规范承诺书》《廉政和作风建设责任状》，不定期开展“政治家访”，强化作风效能建设和八小时以外的监督管理，严格落实“谈心谈话”制度，畅通干部职工谏言通道，发挥党委领导干部把关作用，累计开展职务职级晋升谈话89人次，廉政谈话327人次。

【强化队伍建设】 2021年，区税务局选拔任用正股级干部5人，副股级干部4人，根据实际工作需要，调整干部岗位41人，其中，33人为年轻干部。按照上级规定的职级职数、资格条件、晋升频次等要求开展职级晋升工作，结合定海区税务局实际情况，制定符合本单位实际的晋升政策和实施方案。是年，区税务局完成4轮35人次的职级晋升工作。

7月1日，区税务局组织“青税述史”青年理论学习小组成员参观“蓝海红昀”党建文化展厅

（撰稿：费伟华）
（本分目图片由区税务局提供）
责任编辑：王英伟

银行　保险

定海海洋农村商业银行股份有限公司

【概况】　2021年，定海海洋农商银行围绕“做业务最实、与民企最亲、离百姓最近”市场定位，开展“业务提升年”和“两化”主题活动，投身党史学习教育，聚焦聚力乡村振兴和共同富裕、数字化改革、融资畅通工程等大事要事，持续推动全行各项业务平稳健康发展。至年末，全行各项存款余额219.57亿元，各项贷款余额172.15亿元，五级不良贷款余额2.46亿元，不良率1.43%。

【支持乡村振兴工作】　全程参与定海“净零碳”乡村建设，主动对接马岙生态公园、黄沙村民宿升级、东岠岛精品旅游等建设项目，累计综合授信8000万元，贷款余额1300万元，“净零碳”乡村工作项目在全省首届绿色金融改革大赛中荣获三等奖；开展新型农业经营主体信用建档评级，通过分类精准对接、建立信息档案、落实等级评定等措施，有效制定金融服务方案；持续深化与省农担、省市两级财政合作，加大涉农经营主体的政银担、浙里担业务投放，全年累计发放免抵押贷款83户7000万元；上线新版“三资”系统，全市率先完成全覆盖，并代表舟山农信参加全系统专职辅导员团队。

【落实融资畅通工程】　强化货币政策工具应用和惠企政策落地，全年累计申请发放专项支小再贷款4.6亿元，惠及客户157户；发放普惠小微信用贷款16.35亿元，完成小微贷款无还本续贷24.86亿元。提升小微企业产品和服务质效，开展普惠小微利率优惠月活动，新增发放普惠小微贷款3.78亿元；创新推出统一化准入、标准化操作、差异化授信的“小微简贷”业务，进一步简化小微信贷流程，并累计发放贷款1059户4.76亿元；创新“创业担保贷款”、上线“小微税易贷”等产品，丰富小微企业产品体系。深化“三服务”工作机制，依托“普惠百日行”“百行进万企”“首贷户拓展”等活动开展企业大走访，深度挖掘民营小微企业融资需求，累计走访小微企业4501户，发放贷款278户3.3亿元；拓展小微企业首贷户1152户5.56亿元。

【加快数字化转型】　加强消费金融场景拓展，针对客户消费，开展信用卡智能调额、全力推广“信用付·随心花”业务；针对商户管理，健全内部管理机制、启用票券功能。全面推进“四个办”服务体系，所有营业网点、智能柜员机上线“窗口办”“自助办”服务事项，客户经理以定期上岛“掌上办”、展业平台“上门办”等方式，填补偏远海岛政务服务空白。全年完成全部9个偏远海岛的场景布局，累计办结各类政务服务事项8.59万笔。充分利用数字银行和移动展业“双平台”，探索推广“数据+走访”场景营销模式，通过数字银行管理平台创建营销活动91项，通过移动展业平台完成客户走访营销2.73万户。

【升级大零售转型】　做大零售客群储备。持续拓展社保卡激活渠道、精简申领流程、强化员工培训、完善发卡机制，采用电话、短信等方式分批次、分阶段通知客户办理领卡手续，并申领过程中全面推广开通丰收互联、水电煤代扣、信用付等金融功能，确保三代社保卡客户服务工作顺利落实，做大“金融主账户”客群储备。全年全行累计激活三代社保卡13.22万张，占比67.76%，其中激活金融功能12.58万户，占比64.49%。做优财富管理业务。持续推进理财产品净值化转型，加强丰收系列“超短期”“月月赢”“丰收信福”等不同期限、风险收益的产品供给。全年理财存续35期，金额4.2亿元，比年初增加1.62亿元；实现理财业务收入76.54万元，同比增加59.88万元，增幅359.42%。

【强化服务效能】 加强系统开发，支撑业务发展。全年新开发客户经理批量移交、浙里贷辅助管理模块改造、市民卡营销模块开发、绩效考核按日计算薪酬改造、互联网贷款营销管理等23个项目或模块，支撑全行业务高质量发展。实现网点转型升级。推广智能柜员机，实现支行本级网点全覆盖，丰富智能柜员机功能，试点上线现金智能附柜业务，通过机器换人有效分流柜面业务，提高厅堂业务办理效率。深化利润考核应用，根据贷款FTP价格及市场信贷供需关系，分别确定每家支行的存量和增量客户收息率目标，并对超额收入实行利润分成，提高经营机构的议价积极性和主动性。

【提升资产质量】 加强大额贷款管理，1000万元以上新增大额贷款全部提交授信审批委员会联合评审；加大处置力度，盘活昌洲船务1870万元，现金清收正源轩农业、瑞邦能源等4015万元，“呆账”核销3999万元，全额收回已核销贷款本息合计4883万元。强化风险排查，组织开展授信政策执行情况专项检查，对各经营单位自身权限内新增对公贷款授信准入风险及风险管理情况开展专项检查，强化授信合规操作，提升审慎经营意识。实施全面风险动态监测机制，将重点关注企业列入监测名单，每月形成动态监测报告，按季开展现场走访，提升风险管控前瞻性。

【提升内控水平】 加强专项整治。结合当前内控合规及员工行为管理现状，全年组织开展案件风险专项排查、员工风险专项风险排查、股权和关联交易专项整治等排查工作，深入推进自查自纠，对全行管理体制、业务活动、风险防控、员工行为等事项进行合规评估，持续强化重点领域整治，巩固乱象治理成果，促进全行合规文化建设。加强审计检查及应用。全年完成审计项目25个，发现审计问题161个、审计建议21条、风险点2个、发出整改通知书19份、审计告知单3份和审计专报3份。同时以审计专报、后续审计、案例汇编、审计讲堂等形式，促进审计成果深化运用。加强反洗钱管理工作。做好舟山农信反洗钱联合监测中心受托建设及管理协调。开展存量客户风险评级，加强客户身份信息治理，开展反洗钱业务培训，提升全行反洗钱工作水平，增加员工洗钱风险意识。加强安保管理工作。落实营业场所、自助设备、自助银行案防要求，围绕重要时间节点及疫情期间，加强安全生产和安全保卫管理，开展消防安全隐患集中排查整治行动，做好“平安护航建党百年”维稳工作，助力“平安浙江农信”建设。

【增强发展后劲】 推进党史学习教育。与人行舟山市中支党委开展“乡村振兴”主题联学，组织全体中层及以上领导干部、党支部书记赴延安等红色基地开展专题培训，党委班子成员带头赴基层讲党课33次，党支部书记讲党课51次，切实取得党史学习教育实效。强化党建品牌建设。打造金塘党建示范点和南洞红色金融服务点，逐步建立与社区、两新组织党建有效融合的党建示范带，形成有辨识度、有影响力的“红色阵地”集群，铸造“锋涌定海·红帆领航”党建品牌。

【激发内生活力】 推动干部能上能下机制。持续推动形成能者上、平者让、庸者下的用人导向，加大部室中层干部交流，持续保持干部队伍的昂扬斗志和竞争实力。同时加大年轻干部培养力度，全年新提拔中层副职9名、中层正职2名。加快人才队伍建设。持续深化省联社“菁鹰”，办事处“领军人才”等人才培养项目，建立完善中层干部、客户经理、会计主管后备队伍，同时持续推进“三个千人”人才培养工作，全年共有14人获得中高级职业资格证书。加强品牌文化建设。深度提炼新时期浙江农信共同价值观，树立“以客户为中心、以奋斗者为本”的企业文化理念，借助定海区“净零碳”乡村建设、政务服务便利化、乡村振兴战略、融资畅通工程等载体，积极承担社会责任，加大品牌宣传力度，树立海洋银行良好品牌形象。

（撰稿：刘承南）

中国工商银行股份有限公司舟山定海支行

【概况】　2021年，中国工商银行股份有限公司舟山定海支行（以下简称支行）贯彻落实党建经营融合，学实学透百年党史教育，把准把牢各项经营着力点，强班子、带队伍、抓经营，践行“三比三看三提高”，创建“标杆支行”，各项工作取得发展。是年，支行被授予浙江分行工银卓越集体奖章，被评为分行党建工作先进单位，连续17年获得“定海区先进集体”称号，连续14年获得省级“文明单位”称号。

工行舟山分行纪委书记为定海支行“工人先锋号”揭牌

【发展业务指标】　经营效益　至年末，支行实现拨备前利润3.31亿元，比去年增加0.19亿元；净利润3.48亿元，比去年增加1.03亿元；实现中收5952.81万元。

负债业务　至年末，支行本外币各项存款（不含同业）时点余额136.09亿元，较年初增加10.61亿元。其中储蓄存款余额91.91亿元、公司存款余额22.86亿元、机构存款余额21.32亿元，分别较年初增加4.86亿元、增加5.56亿元、增加0.19亿元。

资产业务　至年末，支行本外币各项贷款余额101.19亿元，较年初增加8.78亿元，其中公司贷款余额40.31亿元，个人贷款余额60.88亿元，分别较年初增加4.98亿元、3.81亿元。普惠金融贷款余额7.90亿元，较年初增加1.86亿元。

资产质量　至年末，支行不良贷款余额0.38亿元，不良率0.37%，分别较年初减少0.13亿元、降低0.18%，实现双降。

【夯实客户基础】　抓源头营销　对接区招商部门、办证中心、工业园区、第三方引流公司、民政局等合作平台，从源头上寻找新客户。

落实提高网点产能的主体责任　要求网点对所在区域的街道政府、相关协会商会进行对接，发挥网点的阵地效果和辐射作用，新拓公司有效户及中高端客户。

强化网格化系统应用　落实专人营销，按日督导，确保网点周边无“漏网之鱼”。深入对接区人设局、区住建局、建筑公司、房地产公司，采取精准对接、持续服务的方式，争取农民工代发工资专户。2021年支行新开对公结算账户972户，新开有效账户690户，对公有效客户新增351户，对公中高端客户新增146户，保持持续稳定发展。全年支行通过招商平台抓好国际资本金业务，完成资本金到位6129万美元，较去年增加3172万美元，增量全市排名第一，当地市场占比第一。

拓展有贷户方面　以e抵快贷及项目贷款为抓手，净增有贷户18户。在医药卫方面，通过高层营销、精准营销等措施，营销定海9家卫生院医保移动支付业务，实现定海区辖内卫生院100%全覆盖。营销当地营转非校外培训机构9家，当地市场占比50%。通过多次走访，启用海关金塘监管点代保管账户。

网点为老人办理市民卡升级业务

【筑牢存款基础】　储蓄存款　制定办法，稳固日均。支行明确日均存款对全年存款工作的重要性，持续落实“客户资金挽留”和“行外吸金”两项工作，营造全员营销存款的氛围。开展支行日均储蓄存款提升计划竞赛活动，为每个网点制定日均目标，定期通报完成进度。2021年年末支行实现日均存款比时点增量

15756万元，全市占比56.69%。活动结合，提升留存。支行持续推进代发重点工作，在新拓方面将代发工资的捆绑营销纳入结算账户营销工作组成部分，筛选潜力客户开展二次营销，按月反馈新开单位基本户代发情况，落实代发营销责任人并持续跟进。面向优质代发单位开展“工银开薪日”代发营销活动，通过综合化职场营销、分层维护，加强客户产品渗透、提升资金留存，强化客户黏性。

机构存款　受上年末大额冲刺资金流出、土地出让金上划、发债资金指标款退还、招投标未中标、医保拨款形式发生变化等负面因素影响，对机构存款冲击较大。支行争取各类存款，通过顶层营销，揽存保险资金5.5亿元；营销高铁指挥部项目资金通过支行核算中心进行流转；在部队后装改革后，9月，支行还额外争取0.50亿元资金划入；年底额外争取财政其他流动资金约2.30亿元。完善工作机制，强化招标工作过程管理，提高竞标效率。全年竞得区财政公款竞争性存放2.50亿元。关注核心客户做实日均存款。贯彻每个时点就是日均的揽存理念，截流土管资金近12亿元，营销土地出让金19亿余元、驻舟某部队经费4.5亿余元，实现日均存款增长。

公司存款　抓牢招商、发改、工业园区、海洋科学城等拓户平台，争取重大招商引资项目账户落地，落地6129万美元资本金。结合伙伴计划做好资金留存工作和闭环管理。通过房地产项目发放、按揭贷款联动，增加支行对房地产客户的引存工作，至年末多留存房地产客户资金0.60亿元。通过信贷投入强化有贷户的存款管理，提高议价能力，营销定海住建存款较年初新增0.90亿元。挽留项目贷款资金年末留存0.85亿元。加强对拟上市公司黎明智造的营销，争取1.82亿元募集资金流入支行。做好3483流量资金管理，成功实现嘉联拍卖3亿元留存43天，实现季度末旅游集团1亿元资金留存，截留公信拍卖保证金2.50亿元，提升时点和日均效益。

定海支行退伍老兵服务队到定海社会福利院送温暖

【推进信贷业务发展】　公司贷款　至年末，支行公司贷款余额40.31亿元，较年初增加4.98亿元，公司贷款增量全市第一，主要为项目贷款增加7.52亿元。后续支行将结合乡村振兴课题、政府招商引资工作，继续做好业务储备，加快项目贷款审批，推进成熟可申报的项目审批落地，特别是南洞乡村振兴项目、纳海固废油泥包项目、绿城义桥地块房地产项目、胜丰村安置项目、双桥街道乡村振兴项目。

个人贷款　至年末，支行个贷余额60.88亿元，时点增量3.8亿元，全市占比48.64%。其中个人住房贷款余额54.49亿元，时点增量2.69亿元，累计发放住房贷款9.93亿元。走访、摸底合作项目全年计划，走访各合作房开公司，结合支行“高层维护高端”活动，了解各项目全年的销售计划、开盘计划、工程进度、结项节点、按揭总量需求、回款指标，做好全年收单工作。及时分析市场动态，合理制定并开展个贷扩容增量竞赛活动，提升支行个贷经理营销接单积极性，推进支行全年个贷指标的落地。开展各项目存量商用房的摸底，跟踪和对接，得到项目方认可。

【发展普惠金融业务】　2021年，支行普惠金融贷款余额7.90亿元，较年初增加1.86亿元，余额和增量均为全市第一。加快落实客户经理下沉到网点，推动普惠业务下沉至网点办理。业务能力赋能，采用集中培训、晨会直通车、考核制度强化等各种形式，要求个人客户经理尽快具备独立操作个人普惠业务的能力，重点解决个人客户经理能力有待提升等问题。强化专业之间的协同，对存在困难的业务，实现清单制管理，对符合条件的客户做好标识管理、业务推进。细化任务考核，将全年任务细化至每个季度、每个网点、每个人，确保人人有任务、人人懂业务、人人做业务。继续发挥产品优势，以点带面，以“e抵快贷、经营快贷、税易贷”为核心产品，推动全网点信贷资质落地营销工作。以熟客、网格化营销等形式，挖掘客户资源。加强日常督导，做好“到期贷款周转、受理推进客户、已批未提客户提款”三张表的督导工作。

网点员工加班为客户清点零钱

【更新创收模式】 制定团队人员考核机制 6月，支行组建个人客户经理营销核心团队，专项制定团队人员考核机制，定期召开核心客户经理月会，由成员汇报一周以来的营销情况，包括问题、建议、经验分享等，并结合近期市场走向做出下周营销计划和目标。支行根据团队运作实际情况不断更新机制，每周每月评选营销之星，给予相应激励，促进团队人员营销积极性，带动全行营销气氛。至年末，支行保险折后销量2106.20万元，销量全市占比46.96%，基金折后销量8110.82万元，销量全市占比46.57%，保险基金销量总额位于全市第一。

强化战略落地专管员的管理推进 6月，建立网点战略落地专管员队伍，支行调动专管员管理和营销的主动性和积极性，带动网点各项指标发展。支行将分行下达的每月各网点各项指标任务分解至每周，由专管员落实分配至网点员工，专管员每天晨会或夕会中对本日或次日重点营销的产品进行讲解，对营销话述进行培训，对每天完成情况进行督导。每周对所有网点专管员得分进行排名通报，对得分情况进行分析，对相对做的差的指标进行重点营销，同时排名后三位专管员由个人业务部下网点进行分析指导。

强化对汽车分期业务的拓展营销 走访本地汽车4S店，了解汽车市场动态，车商与他行汽车分期业务合作情况和业务量，通过公私联动，谈妥本地4S店舟山腾迪汽车销售服务有限公司、舟山腾狮汽车销售服务有限公司、舟山市浩斌汽车销售服务有限公司汽车分期业务合作，同时引入域外新合作车商浙江保信汽车销售服务有限公司。全年实现投放汽车分期9142万元，同比增长3542万元。

客户为网点送上“锦上添花不觉美 助人为乐众称美”锦旗

【深化党建工作】 开展主题教育 巩固深化“不忘初心、牢记使命”主题教育成果的同时，开展百年党史学习教育，学习宣传贯彻习近平总书记“七一”重要讲话和中共十九届五中、六中全会精神学习。开展“我为群众办实事”和“党旗在基层一线高高飘扬”活动，一年来完成基层减负、满足人民群众金融需求、贯彻新发展理念办实事重点工作11项，使党建活动有血有肉，更接地气更有实效。2021年，定海支行开展丰富多彩的百年建党系列活动。举办六一童心向党活动，组织行内员工子女通过诗歌、画画、演奏各种方式庆祝建党百年；参加市银监举办“建党百年初心如磐”舟山银行保险业庆祝中国共产党成立100周年文艺会演获得一等奖，与区财政局联合举办“奋斗

开展百年党史学习教育，重温入党誓词

百年路 启航新征程”歌咏朗诵会；4月、11月与党建共建支部到四明山、蚂蚁岛，参观革命根据地，缅怀历史；与分行金融科技部、定海消防大队签订党建共建协议，发挥发展思路共谋、资源优势互补作用。

推进党建重点工作　根据支部应设尽设原则，8月，定海支行新成立内设部门党支部3个。11月，新成立网点党支部2个。6月、10月，对新上任支部委员开展党务工作实操培训，不断推进支部标准化规范化建设，执行“三会一课”制度，使定海支行党务工作得到开展。细化梳理《定海支行党支部考核办法》《定海支行党支部书记述职考核办法》《定海支行党员积分考核办法》等，使党员民主考核和党支部评比更加量化，有据可依。开展党员“1+1”活动，推行党员责任区设立，以点覆面，使全行员工都辐射在党旗的光辉下。至年末，支行设立基层党支部11个，建立党员责任区66个，有基层党务工作者15人。在推动支部书记、党务工作者、党员素质提升的同时，进一步建立党组织和群众的密切关系。

落实专题整治　落实《舟山分行以“赵意平案”为鉴深入开展专题教育整改实施方案》工作要求。7月27日，召开党总支专题（扩大）会议，支行班子成员、各支部书记、各网点负责人、全体对公客户经理参会。通报《关于赵某某违纪及涉嫌受贿犯罪情况的通报》与《赵某某忏悔书》，警示与会人员要深刻汲取案件教训，以案促思、以案促省、以案促查、以案促改，传导不敢腐的高压震慑，加强不能腐的制度预防，激发不想腐的内心自觉。要求各支部和党员干部、对公客户经理要算好“七本账”、严把信念关、权力关、投资关、纪法关。8月25日，召开党总支（扩大）会议，支行班子、各支部书记、各网点负责人、各部门负责人，对照“四个严把”，逐一进行专题发言。结合自身实际把自己摆进去，谈一谈自身的体会看法和反思警醒，达到以案促思、以案促省、以案促查、以案促改的效果。

持续做好疫情防控专项工作　坚持报告制度。员工有发热情况及时向支行报告，支行及时向分行报告。排查期间未发现密切接触者、境外返回家属、中高风险地区及重点地区到访史等情况。加强员工管理。实行员工外出报备审批制度，出省均需支行行长审批，出市需报备分管行长。加强办公场所、营业网点管理。对支行大楼员工进出健康码检查落实情况不到位的营业部主任及保安进行约谈，要求每日做好员工健康码检查，同时明确员工不配合的追究员工责任。加强疫情防控监督检查。对网点疫情防控工作落实情况进行不定期非现场检查，现场落实整改，并将检查情况通报各网点，进行对照整改。统筹员工管理，对有发热情况的员工，要求在家休养，支行统一安排代班人员保证网点营业。鼓励疫情接种。全行动员疫苗接种工作，对无特殊情况的员工要求“应接尽接”。

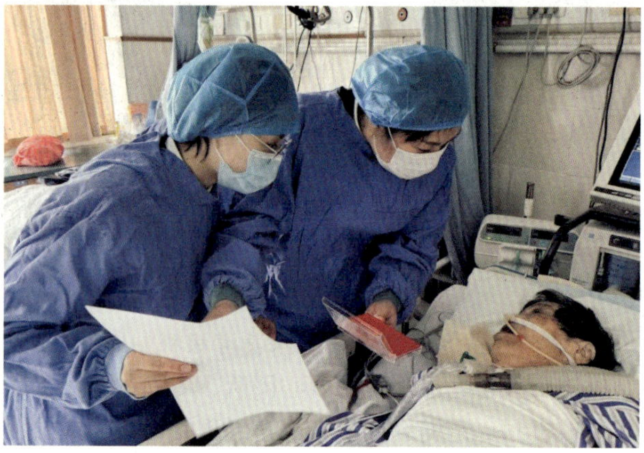

为患病卧床老年客户提供上门服务

【精细内控案防】　强化员工个人客户金融信息保护意识和依法合规操作意识　开展制度宣读，“一把手”、纪检内控副行长宣讲《关于推进内控合规价值创造的意见》；讲授合规课，“一把手”聚焦监管处罚与整改讲授《敬畏合规不踩红线争创内控合规标杆行》合规专题课。开展线上学习，全员通过网络大学学习“杜绝违法放贷 严守合规底线”小视频、晨会直通车特辑、内部控制手册、个人客户信息安全培训等。开展“警示与反思”大讨论，研判支行风险隐患并研究改进举措，参与分行组织的个人客户涉案账户研讨活动，组织员工进行反欺诈大讨论。设立合规文化墙，以“践行发展与合规同心同向同行”和“价值创造年”为主题展示合规成效，渲染合规氛围。

举办各种特色活动　解读《违规积分管理办法（2020年版）》，制作动画版微视频，让员工保持对制度的敬畏之心。开展每周问诊，每周以问答的形式学习《员工行为禁止规定》条款。加强案例警示，从运管、个金、内控等不同领域收集风险信息，编发《“敲黑板 划重点”风险提示》，通报一个，警示一行。自省违规问题，针对理财“双录”、尽职调查等薄弱环节和重点领域，开展“省思即智慧 改进即成长”违规问题自省会，加强操作流程学习。开展“问诊把脉开良方内控案防创标杆”活动，通过开展“下沉把脉、网点体检、每周问诊、行为会诊”四项子活动，挖掘并根除思想与操作上的“陈年旧疾”，增强员工合规操作意识，争创内控案防标杆支行。

支行班子慰问留舟山过年外地员工

（撰稿：胡克娜）

（本分目图片由工行定海支行提供）

中国农业银行股份有限公司舟山定海支行

【概况】 2021年，中国农业银行股份有限公司舟山定海支行（以下简称支行）以习近平新时代中国特色社会主义思想为指引，贯彻执行区委、区政府和上级党委的各项决策部署，谋划服务“重要窗口”和共同富裕新举措，实现各项业务稳定发展。至年末，支行有内设部室4个，辖属营业网点7个，员工131人；全行存贷款规模103亿元，贷款不良率0.15%，继续保持省市区三级文明单位称号，未发生经济刑事案件，2021年被系统内评为全省先进集体，获评定海区“重要窗口”海岛风景线建设先进集体。

【党史学习教育】 支行党委将党史学习教育作为一项重大政治任务，成立党史学习教育领导小组，印发党史学习教育工作计划，形成以上率下、示范带动、部署推进的党史学习教育活动格局。运用“线上线下”学习资源，利用理论学习组、“三会一课”、主题党日、广泛宣讲、网上自学等方式组织开展集中学习和群众性学习教育活动，召开专题组织生活会、民主生活会，宣讲习近平总书记在党史学习教育动员会、庆祝中国共产党成立100周年大会上的讲话精神和中共十九届五中、六中全会精神。围绕乡村振兴金融服务、精准帮扶、服务升温、承诺践行志愿服务等开展“我为群众办实事”实践活动，发挥各基层党组织战斗堡垒作用和党员先锋模范作用，深化党员示范岗、责任区创建工作，激励基层党组织和广大党员“学党史、悟思想、办实事、开新局”，用心用情用力解决基层困难事、群众烦心事，营造积极为民服务的生动局面。

【加强银政企合作】 2021年，对标高质量发展建设共同富裕示范区新目标新定位，围绕打好“五大会战”、建设“四个舟山”工作主线，实现“十四五”良好开局，在市农行与区政府签订的《金融支持定海高质量发展建设共同富裕示范区战略合作协议》框架下，与舟山市定海城区建设开发有限公司、舟山市定海区水利投资开发有限公司等签订银企项目合作书，并计划在“十四五”期间向定海区重大发展项目提供总额不低于100亿元人民币的全方位金融支持，助力海洋经济高质量发展。

【拓宽普惠金融深度】 组建7支“金融普惠服务党员先锋队”，推进“融资畅通工程”，做实做细服务民企“十项行动”，坚决落实“两禁两限”规定，提供“融资+融智+融信”综合服务，扩大信用贷款、中长期贷款规模，降低企业综合融资成本，重点围绕各等级纳税企业、园区和入园小微企业、高新技术和科技型小微企业、新设企业、个转企等，用好普惠利率、无还本续贷、信用贷和中长期贷款等普惠政策，支持民营企业聚焦实业做精主业，支持民营企业技术改造、扩大产能、产业链延伸等转型升级重点领域的金融需求。是年，支行完成银保监口径普惠贷款任务指标的103%，在全市系统内发放了首笔“首户e贷”“科技e贷”。

【助力乡村振兴】 2021年，与区农业农村局签订5年20亿融资意向的《助力乡村全面振兴战略合作协议》（以下简称《协议》），与区政府合作开展“浙江定海美丽乡村周”活动，派出2名乡村挂职干部，抽调全行中层干部及业务骨干60多人，成立由支行党委班子成员、督导员、退任干部为组长的14支“深耕乡村”包村服务小组，与各乡镇街道自然村建立乡村振兴共建合作机制，重点支持舟山市十大类渔农业高质量发展重点项目、农业农村补短板项目、农业农村招商推介项目、农民合作社、家庭农场、专业大户等主体，落实与全国工商联“万企兴万村”行动金融合作协议。至年末，根据《协议》投放饮用水水源治理、未来社区、乡镇农民安置房等基础民生重点项目3个4.6亿元，建设完善惠农通服务点43个，涉农领域贷款余额4.9亿元。

【防疫抗疫】 围绕党中央、国务院的决策部署，落实“六稳”“六保”措施，统筹执行优惠利率、贷款逾期管理、合理设置宽限期、展期约期、简化办贷流程、加大农户贷款投放、优化贷后管理要求等政策，为企业复工复产和实体经济稳定运行提供金融保障。自新冠疫情发生至2021年年末，定海支行累计信贷支持疫情相关企业167家，其中，小微企业160家，累计让利320多万元。落实以党委书记、行长为第一责任人责任，全行员工始终处于奋战状态，配合区委、区政府做好疫情防控防护工作，加强对单位疫情防控、金融服务和经营管理工作，保持正常营业，组建党员先锋帮扶工作组深入受疫影响企业了解情况、提供金融支持，派出志愿者到社区配合防疫、到交通要道进行交通劝导等。

【专注服务民生】 专注民生领域金融服务，坚持传承拥军“红色金融”文化，把辖属环西支行网点打造成专业拥军服务“示范窗口”。强化发展关乎民生的住房信贷业务，支持城市更新、棚户区改造、安置房建设项目，发展保障性住房业务，开通住房公积金“一站式”服务，2021年新增城市更新、棚户区改造、安置房建设项目贷款2.1亿元。至年末，有个人住房贷款客户3300多户余额18.3亿元。加大社保、医疗民生领域投入，2021年累计发放市民卡2.1万张，与区属医院联合开展银医通项目建设。支持居民消费升级，对接新一轮消费政策，培育家居消费、文化消费、居民生育、教育、医疗、养老等消费场景，使居民幸福生活可及可得。

【数字化转型】 依托省金综、舟山“E周融”等平台，加强与政府、企业和各类数据中心的互联互通，针对不同主体，完善授信模型，拓宽普惠融资渠道。推广政采e贷、抵押e贷、小微网贷等线上产品，深化线上融资产品应用；发展掌上金融业务，以掌银日常消费场景、快捷支付、本地惠享商圈、信用卡优惠活动等带动老中青客群共享金融科技成果，畅享金融便利；全面做好网点数字化营销导入和成效巩固，重点提升网点数字化系统与工具使用能力、网点场内场外业务拓展能力，加大系统应用力度，落地智慧食堂、校园、医疗建设，加快部队和官兵金融产品、房租场景、党团费等场景建设，构建智慧迎客、“厅堂+”营销场景，推动“科技前台化”转型，电子化、系统化完善智慧经营体系，助力业务发展。

【企业文化建设】 坚持以员工队伍为精神文明和企业文化建设主体，树立文化自信，加强文化管理。

深化从严治党从严治行　贯彻习近平新时代中国特色社会主义思想，坚持党建工作与业务工作同谋划、同部署、同推进、同考核，营造从严治党、从严治行的文化氛围。

推进廉洁文化建设　坚持以习近平新时代中国特色社会主义思想武装头脑、教育员工，学习习近平全面从严治党、推进党风廉政建设和反腐败斗争的重要论述，抓好中央八项规定精神及其规定的落实，弘扬“清正廉洁、风清气正”的廉洁理念，将廉洁理念倡导与社会公德、职业道德、家庭美德、个人品德建设结合起来，融入客户服务和员工行为管理，通过开展党史学习教育，传导革命优良传统作风，凝聚促进农行高质量发展的强大正能量。

强化员工职业道德培养　开展员工合规手册学习，引导教育干部员工树立正确的职业理念，持续开展“爱岗敬业、诚实守信、勤勉尽职、依法合规”员工行为准则的学习教育，引导广大员工做到合规守纪、廉洁奉公，自觉规范日常行为。结合普法教育开展，引导广大干部员工增强法律意识，做到明纪法、知敬畏、存戒惧、守底线，为服务客户和实现高质量发展提供思想保证和文化支撑。

（撰稿：王其舟）

中国建设银行股份有限公司舟山定海支行

【概况】 2021年，中国建设银行股份有限公司舟山定海支行（以下简称支行）高举习近平新时代中国特色社会主义思想伟大旗帜，学习贯彻中共十九大和十九届历次全会精神，以党建引领全局，推进“三大战略”及“数字化经营”，持续提升“三个能力”，总体经营情况向好。

【落实从严治党】　坚持党建引领全局　以习近平新时代中国特色社会主义思想为指引，学习贯彻中共十九届六中全会精神，将“四个意识”“四个自信”“两个维护”的要求落实到具体行动中。2021年，支行围绕学党史、悟思想、办实事、开新局的目标要求，结合庆祝中国共产党成立100周年，有效开展党史学习教育，全年开展党总支部中心组学习12次，支部书记上党课2次，党总支集中学习15次，“高铁时速创未来，复兴之路新征程”主题迎建党100周年·党史学习系列活动6次。

开展“高铁时速创未来 复兴之路新征程”主题迎建党100周年·党史学习系列活动

落实上级行部署和决议　支行领导班子贯彻中央和上级行党委各项战略决策和部署，全年召开支委会33次，行务扩大会议37次。研究党风廉政建设等重要党建事项，履行党风廉政建设“两个责任”，签订《全面从严治党责任书》，做到责任明确。班子成员履行“一岗双责”，执行领导干部个人有关事项报告制度，提升干部自我管理监督意识和组织监督管理水平，全年召开2次研究全面从严治党工作的专题会议，支行主要负责人开展1次相关基层调研工作。

【践行新金融行动】　落地全省第一家军地融合住房租赁项目行针对小微企业经营困难情况，支行加大普惠金融服务力度，为小微企业配置专项信贷规模，满足小微企业合理融资需求，建立信贷服务绿色通道，优先受理疫情防控、复产复工的小微企业贷款申请。支行运用新一代数据，践行实施金融科技战略，发挥大数据在客户拓展、精准营销、风险防控、集约经营方面的重要作用。

【推进党风廉政建设】　夯实管理基础，强化风险防范。全年开展纪检委员上讲堂4次，合规官上讲堂4次，《金融案鉴》专题学习1次，观看警示教育片2次，在全行基层员工范围内开展案例通报学习活动，部门、网点覆盖率达到100%。支行组织动员全辖员工参与市分行“六廉迎百年”员工教育活动。挖掘辖内干部员工清廉从业典型，以多样化的活动载体，强化员工廉洁教育工作，营造全行廉洁自律的良好氛围。支行领导班子抓好中央八项规定精神的落实，针对元旦、春节等重要节点，通过邮件、行务会议等多种渠道对党员干部进行廉洁教育提醒，抵制任何形式的腐败问题，整治“四风”，培育良好政治生态。

【完成“我为群众办实事”清单】　结合工作实际，提出“我为群众办实事”　十项清单，全部完成。

开展社会公益服务活动　结合　“3·15”消费者权益保护日、《存款保险条例》宣传、定海区打击治

定海支行党总支党员大会

建设银行“银龄跨越数字鸿沟”老年培训班

理电信网络诈骗犯罪整改等有关宣教活动，组织张富清金融服务队开展“助力银龄跨越数字鸿沟”“金融知识万里行”等金融宣教志愿服务活动十余次，将反洗钱、防范网络诈骗等知识传达给群众。

深化党建共建　全年与4家单位签订党建共建协议，开展共建活动14次，持续深化党建“+军地共建”“+文明共建”“+扶贫结对”“项目拓展”等特色党建品牌建设。联动共建单位，开展“冬日送暖”公益活动；配合文明城市创建相关工作，组织开展交通劝导志愿服务活动、社区卫生清洁等志愿服务活动；支行贯彻落实上级行党委关于疫情防控的部署和要求，对外做好客户服务，对内做好员工关爱，响应新冠疫苗接种工作，做到应种皆种；7月下旬，支行应对6号台风“烟花”，走访慰问共建单位和多家易受灾企业客户，为客户送去抗台物资，筑牢抗台防汛安全屏障。支行青年团员迅速组建志愿服务团队，增援社区基层抗台工作，他们帮助受灾群众的先进事迹被报道到《今日头条》等多家媒体。

在社区开展金融知识宣教工作

走访结对困难群众

【强化内部管理】　以“有激情、有担当、有能力”作为干部选任的标准，建立网点负责人后备队伍。开展“团建+”系列培训活动、“我与行长面对面”青年员工座谈会、师徒结对，解答青年员工的疑难困惑，为他们的后续职业规划提供意见建议。支行创建“和谐建行”、营造“温馨家园”，用“家”文化感染每位员工。推行行长接待日、行领导下访接待、行领导下基层制度，了解基层员工实际情况，帮助解决实际问题及客户反映的问题。开展工会小组活动，丰富员工的业余生活。

召开2021年定海支行新员工拜师仪式

【坚持合规经营】　夯实内控合规基础，开展“内控合规管理建设年”活动，成立支行“内控合规管理建设年”领导小组。明确各条线职责分工，围绕整治内容，推进与落实各项措施，提升防范化解案件风险的能力。落实员工网格化管理，下沉日常管理和服务职能，为网格管理员和网格成员明确一张任务清单，为每位员工建立一份合规档案，加强员工行为过程管控。重点关注网格成员工作情况和思想状况，及时发

召开“我与行长面对面”青年员工座谈会

现网格成员心理异常苗头，消除风险管理盲点，提升异常行为预警的灵敏性和排查的精准性，促进员工行为管理系统化、规范化、常态化。

（撰稿：唐韵旻）

（本分目图片由建行定海支行提供）

中国银行股份有限公司舟山定海支行

【概况】 2021年，中行定海支行坚持以高质量发展为中心，立足新发展阶段，贯彻新发展理念，突出问题导向、目标导向、结果导向，结合支行面临的新情况，新问题，提升价值创造，推进各项业务发展。

【促进负债业务增长】 转型求变，向产品要存款，开拓资本市场业务，争揽浙江舟山群岛新区海洋产业集聚区管理委员会下属企业大额存单，密切银政、银企关系；营销烟草新增定期大额存单；中标舟山市定海区财政局等公款；争揽舟山海城环保综合利用有限公司与上海市政工程设计研究总院及上海建工七建集团有限公司项目工程资金监管专户、农民工工资专户。

【营销行政事业账户】 完成舟山市医疗保障管理服务中心医保支出专户账户开立，获省行“2021年行政事业‘一季度’优秀项目奖”，入选《2021年浙江省分行行政事业条线优秀项目案例集》。营销浙江舟山世纪恒泰融资担保有限公司开立账户缴存员工公积金，成为全辖区唯一一家实现市本级及区本级公积金归集账户资格的机构。参与舟山烟草公款竞争性存放磋商，取得舟山烟草2021—2023年公款竞争性存放资格。营销并开立舟山市人民政府外事办公室等8家全市行政事业单位零余额账户。

【投入场景金融建设】 支行为舟山市医疗保障管理服务中心提供“医保资金监管平台”、基金支付系统对接改造、外包驻点人员的场景金融投入；巩固与舟山绿城育华国际的合作，获批育华学校智慧校园项目，将手机银行设为该项目唯一结算渠道，拓展夯实基础客户。

【发展特色业务】 *明确重点产品发展方向* 支行根据省行、市行贷款转型的要求，在制定考核方案时增加普惠贷款的赋分。支行持续进行多层次营销，主动出击各大房产商，以服务细致、协调续做流程、提速放款时效吸引房产商。把线上产品作为推动普惠业务新增抓手，变被动完成考核任务转为主动发展，发挥好网点机构的营销触角作用。

提升汽车分期业务市场份额 加强同业竞争，采取充分沟通+优化模式+加快投放模式，以服务、速度加强与担保公司及优质的汽车经销商的紧密度，争揽汽车分期业务市场份额，稳定汽车分期的常态发展，逐步提升汽车分期业务市场占比。至年末，完成率在全区排名第一位。

提升客户基础 支行推进“双户双基”建设，重抓源头拓客，夯实客户基础。用好数据清单，提升基础和有效客户。持续壮大新客户群体，将存量客户转化为基础客户、有效客户。推进对公流程导入，固化导入效果。强化营业网点对公营销力量，开展精准营销。

提量代发薪业务 重视代发薪渠道，走访街道了解并营销旧城改造建筑工地代发薪，增加基础客户基础。

【助力贸易融资业务】 支行自取得外汇开办权限以来，年内开立外币账户3户，叙做相应外汇汇款业务。年内成功营销浙江绿海制盐有限责任公司业务。

【推进投放申报新项目】 申报并获批舟山绿城房地产开发有限公司舟山新城LC-10-01-09地块商品住房开发项目贷款，与邮储银行、工商银行组建该项目7亿元银团贷款。年内投放1亿元，是银团中最先实现投放的参贷银行。本次投放是继育华学校、留香园项目后再次与绿城开展授信合作，支持并解决企业项目建设资金需求。跟进多个储备项目。

【做好常态化疫情防控与风险化解】 持续开展案件警示教育活动与员工行为排查，推进反洗钱业务全流程管理，强化安全保卫责任意识，预防和消除案件风险隐患。落实从严治行要求，做好违规责任认定，继续保持对违规违纪行为的高压态势。支行按照属地要求落实好营业网点、办公区域、公共通道等的全面消毒工作，做好常态化条件下从严从紧防控措施。

【加强从严治党治行】 支行以中国共产党成立100周年为契机，持续加强党的建设。

坚持和加强党的全面领导 全面压实从严治党主体责任和“一岗双责”，增强“四个意识”、坚定“四个自信”、做到“两个维护”。

强化理论武装 要发挥党总支理论学习中心组的领学促学作用，学习习近平总书记系列重要讲话精神，做到学懂弄通做实。开展党史学习教育，组织好先进评选活动、参加庆祝中国共产党成立100周年等主题活动。

强化基层基础 树立鲜明导向，持续在抓基层、抓基础上下功夫，以党建工作考核、基层党组织书记抓党建述职评议为手段，健全上下贯通、执行有力的组织体系。

强化正风肃纪 贯彻十九届中央纪委五次全会精神，持之以恒纠正“四风”，一体推进“三不”机制，将严的主基调贯穿全面从严治党各项实践。

【做好人才培养工作】 支行坚持树立正确的选人用人导向，坚持能者上、优者奖、庸者下、劣者汰；加强青年骨干培养，开展青年员工、核心骨干员工的针对性培养，差异化运用岗位实践、基层锻炼、跟班学习等方式全方位提升综合能力，推动人才梯队建设；关心员工工作生活，做好职工小家建设，坚持以人为本理念，深入一线倾听基层声音。做好员工工作，汇聚员工的智慧和力量，形成推动发展的内生动力。

（撰稿：谢婷婷）

交通银行股份有限公司舟山分行

【概况】 2021年，交通银行股份有限公司舟山分行

邀请舟山市人民银行老师开展警示教育授课

（以下简称舟山交行）贯彻落实市委、市政府和上级行的决策部署，围绕高质量发展主线，坚持党建引领业务发展，推进业务创新转型，融入舟山发展大局，提升金融服务实体经济的质效，实现良好开局。截至年末，舟山交行各项存款余额51.05亿元，各项贷款余额58.01亿元。是年，舟山交行获人民银行舟山中支综合评价B级。

【实现业务多维度发展】 2021年，舟山交行加快创新产品推广落地，获得多项业务首单，提升同业竞争力。4月，办理首笔跨境人民币进口开证业务，金额1.25亿元，响应人民币“走出去”战略，帮助企业有效规避汇率风险。6月，实现总行金融市场部额度的首次突破，持续推进市级平台投债额度覆盖，新增某旅游投资公司3亿元表内投债额度。9月，投放全辖首笔快易付融资（有追索权国内保理贷款）642万元，深入了解核心企业的上游交易模式，主动挖掘产业链客户群体资金需求。12月，落地交行系统内首笔NRA定期存单质押的外保内贷业务，带动存款同时推进国际结算业务后续发展；落地浙江交行首笔海关税费多用途电子保函业务，且实现单日单个客户成功开立多笔，总金额达1.348亿元；落地全辖首笔慈善信托业务，带动对公存款同时提升分行社会形象；获得市教育局校外培训机构监管银行资格新增4户监管账户签约。

【做大贸易金融】 至年末，在岸外币对公存款时点余额同比增长97.76%；日均余额同比增长161.69%；国际条线手续费佣金及交易型净收入同比增长45.04%；国际结售汇量同比增长37.62%；贸易融资业务量同比增长100.24%。

开展全口径跨境融资 2021年，舟山交行充分把握市场机遇和总行跨融通资金价格优势，与交行墨尔本分行、中国澳门分行、东京分行、布里斯班分行、首尔分行、伦敦分行联动，办理全口径跨境融资项下国内证跨境融资业务53.66亿元，业务量同比增长568.24%。持续推进油品产业链重点客户贸易融资授信的有效提用。至年末，累计为自贸区油品企业办理油品贸易结算22931万美元，带动结售汇8032万美元。

推进各类电子渠道外汇业务发展 通过上门走访、微信、电话等方式主动对接国际业务重点客户，提高国际业务精准营销力度。2021年新增签约电子渠

道结售汇协议签约4户，办理电子渠道即期结售汇471笔，总金额22044万美元，同比增长50.8%。首次实现远期结售汇线上签约，累计成交4100万美元。新增电子单证协议签约2户，新增单一窗口签约4户，落地2户。

帮助企业规避汇率风险　加强汇率风险中性理念宣导，对外汇客户讲解汇率避险方案，持续推进各项外汇便利化业务发展。至年末，累计办理NRA不落地结汇业务2笔，总金额1.77万美元；办理经常项目外汇收支便利化业务157笔，总金额30860万美元；办理资本项目外汇收入支付便利化业务56笔，总金额154万美元。

【推进场景金融】　落地“惠民就医”项目。惠民就医是交通银行向参保公民提供的用于在就医场景下进行信用支付的线上小额信用消费贷款服务。惠民就医打破传统金融机构客户边界，无需开户，批核率较高，支持家庭成员共享额度；生成额度后，只需通过医保电子凭证、健康码等核实身份后，即可实现“医保+自费”一体化无感支付。惠民就医聚焦高频场景和主要矛盾，通过信息化+信用手段，提升医疗付费体验，压缩个人用户一半以上的等候时间。凭借减少滞留时间、取消人际传递等措施，有效降低在院交叉感染和接触式传染概率，防范化解重大公共卫生风险。交行对接并落地高通智能“自游宝”线上购票场景，丰富客户支付渠道，享受支付优惠；建设“最红星期五”信用卡活动商圈，线上线下活动齐推，提升客户用卡体验。

到建筑工地提供上门开卡服务和开展金融知识宣传

【履行社会责任】　致力于舟山市慈善机构的金融服务和慈善支持，参与“慈善一日捐”活动，坚持捐助舟山地区困难学生。2021年，有爱心人士出资500万元成立慈善信托，收益用于慈善公益事业，慈善机构委托某信托公司进行投资，委托舟山交行为资金保管银行。该信托计划是浙江交行系统内第一笔慈善信托，也是舟山市第一笔慈善信托，信托协议拟定及审核流程长，用印又分别在北京、兰州、杭州三地，舟山交行成立专项工作小组，沟通三方，紧跟每个业务环节，做好流程预演，在收到材料当日完成账户开立。

【强化党建引领】　开展形式多样的主题活动，迎接中国共产党成立100周年。

开展“永远跟党走”群众性主题宣传教育　广大党员重温入党誓词，拾起入党初心；过集体政治生日，献礼党的百年华诞；观看中国共产党成立100周年献礼影片；录制“以我初心 向党告白”视频；参加舟山市金融学会“学党史 办实事 金融党员青年说”演讲比赛；组织党员参加全国党史知识竞赛活动等。

开展特色主题党日活动　“七一”前夕，组织各党支部广泛开展特色主题党日活动。赴岱山金维映事迹陈列馆、海防博物馆参观学习革命先辈英雄事迹；赴浙江省红色教育基地嵊泗花鸟岛，邀请花鸟乡党委书记、全国优秀共产党员——杨玉斌讲党课，参观花鸟岛灯塔博物馆，为驻岛302旅官兵和社区居民开展金融知识讲座；组织党员与某部队联学联建，零距离感受军营生活。

在花鸟岛社区开展金融知识大讲堂

开展党史学习教育　从指定材料、重要参考资料等维度，编发重点学习书目及材料清单供党员集体学习或自学使用，增强党员干部学习的针对性和实效性。组织开展党史学习教育专题组织生活会，广大党员对自身党史学习情况进行检视，开展批评与自我批评。利用网络资源，增强党史学习自主性，通过E校园、学习强国、共产党员网等渠道推送党史知识，助力营造学史、懂史、知史、爱党的浓厚氛围。

交通银行舟山分行“廉洁清风伴我行”健步走活动

开展“我为群众办实事”主题活动　全年实现“减负赋能”事项13项，“我为群众办实事”事项13项。分行各党支部均完成结对共建，全行党员均为群众办一件实事，完成一次志愿服务，展现党员的先锋模范作用。

交行营业部党支部到岑港街道开展“我为群众办实事”助农主题党日活动

（撰稿：　王燕燕）

（本分目图片由舟山交行提供）

浙江定海德商村镇银行股份有限公司

【概况】　2021年，浙江定海德商村镇银行股份有限公司围绕“增收入、降成本、控风险、强规模”的要求，加强党建引领，明确战略导向，完善法人治理，严格控制风险，加强队伍建设，提升支农支小能力，取得发展。年内设办公室、合规与风险管理部、财务会计部和业务管理部4个职能部门，开设营业部、盐仓、干䃎、城东、新城和岑港6家营业网点，在职员工78人。截至年末，存款余额89764万元，贷款余额115279万元，贷款户数2766户，五级不良贷款余额743万元，五级不良率0.64%。

【党建引领全行工作】　开展支委会学习、全体党员学习、专题党课等多种方式，学习贯彻习近平新时代中国特色社会主义思想、中共十九大精神和上级理论政策，贯彻新时代党的建设总要求和新时代党的组织路线，提高主动服务于“三农”和小微企业的意识。

作为志愿者参加抗疫工作

【提升服务品质】　启动《浙江定海德商村镇银行股份有限公司“4+1”小微金融服务实施方案》，对接各辖区内小微企业园、科创型、供应链型、吸纳就业型企业，通过名单梳理后开展上门走访、短信群发、电话营销等方式，对小微企业提供差异化的金融服务，和定海伍玖文化创意园区建立主要伙伴银行关系，对于园区内的30家小微企业建立金融服务分类建档基础台账。在园区配有小微企业服务专员，对有融资需求的小微企业开展上门服务。

【下沉基础金融服务】　推进普惠金融，做好金融服务乡村振兴工作，打造特色普惠金融服务。制定《金融服务乡村振兴工作实施方案》《推进普惠金融发展五年规划落实情况》《普惠金融及示范村创建方案》等办法，建立行领导班子联系人制度，每个班子成员分管一个自然村的普惠金融开展工作，形成定期走访、联系制度。各支行开展试点村活动，每个支行选取一个试点村开展普惠金融工作，发放“丰盈授信卡”，开展小额贷款卡发放工作，通过走访、拍照、开户、授信，全面推进“整村授信”工作。

台风过境走访受灾农户

【优化信贷流程】 制定《浙江定海德商村镇银行股份有限公司“最多跑一次”信贷操作流程实施办法》，主要通过客户经理驻点签约或上门签约形式，与村级组织建立良好合作关系，对基础资料提前收集，客户借款申请、贷款用途声明、客户面谈记录、调查报告及审批等进行“七合一”，简化办贷手续，实现客户足不出户，实现大部分小额贷款客户办贷“最多跑一次”。

【提升放贷效率】 在业务办理中，要求客户经理，存量客户续贷限定3个工作日办结，新增首贷业务限定5个工作日办结；对丰盈授信卡业务，存量客户续贷不超过1天，新增首贷不超过2天。由本行业务管理部进行调查回访，了解丰盈授信卡办结时间、客户办贷次数等情况，通过压力倒逼客户经理不断提升办贷效率和服务品质。

【支持乡村振兴战略】 持续推进“盈农贷”农户小额信用贷款、“盈居贷”个人建房贷款等“盈”系列信贷产品，针对农户推出“德惠贷”（创新信贷客户单人签字）等服务“三农”的信贷产品，完善市场细分、种类齐全、形式多样的创新产品体系，满足渔农村客户多样化信贷服务需求。

【完善内部治理结构】 进一步促进“三会一层”之间的沟通协作，持续完善公司治理制度体系，执行股东大会各项决议，继续提高董监高履职效能。遵守相关法律法规和本行章程的规定，优化股东股权管理，加强关联交易管理，防范股权风险。确保合规稳健经营和快速发展，保障相关权益人的利益，为社会创造价值。

【巩固队伍建设】 完善中层管理体系，对《中层干部履职评价管理办法》进行补充完善，配套出台《支行（营业部）助理2021年度目标责任制》，明确未合格干部的后续管理和处置，体现“能上能下”要求。梳理岗位职责，针对行内不同性质的基层岗位员工分别出台达标评价办法，促进履职水平提升。制定全年培训计划并落实，参加管理总部牵头的线上培训，提高员工业务素质。优化人事结构，充实岗位人员，针对职能部门添置专业人员，针对一线引导柜面人员转岗客户经理。完善后备体系，开展后备会计主管竞聘、后备客户经理内招，搭建后备队伍。结合实际制定年金管理办法及年金方案，经全行职工大会审议通过后开展实施，完善福利待遇体系。

参加文明城市创建，清理公交站台

【强化社会责任担当】 倡导社会责任与可持续发展，持续关注和维护存款人和其他利益相关者利益。不断完善的消费者权益保护机制，让客户感到放心；通过提供特色化的客户权益，让客户感到舒心。持续加强企业文化建设。倡导奋斗为本的核心价值理念，持续实践共同奋斗、共同创造、共同分享的奋斗要求，提振全行员工昂扬向上、开拓进取的精神面貌。

（撰稿：费 杰）

（本分目图片由定海德商村镇银行提供）

浙江民泰商业银行舟山分行

【概况】　2021年，浙江民泰商业银行舟山分行（以下简称分行）坚持管理创新，打造“金融+根据地”发展模式，深化小微服务市场定位，围绕“让合适的客户都能借到钱”“让客户能更方便地借到钱”“让客户能更便宜地借到钱”三大目标为客户解决金融需求难题，稳健地推进对地方实体经济发展的金融支持。截至年末，分行各项存款余额达到70.43亿元，较年初增加3.43亿元，储蓄存款42.99亿元，比年初增加4.71亿元；贷款余额达到57.72亿元，比年初增加8.52亿元，其中，小微企业贷款余额为42.10亿元，比年初增加18.46%，小微企业贷款增速比各项贷款平均增速高1.15%，完成“两增两控”、政策落地闭环的各项要求。是年，分行有员工合计357人。先后被政府和有关单位授予“浙江省省级文明单位”、浙江省“民企最满意银行”市级机构名单、“E周融团体二等奖”“舟山市市级智安单位”“信息报送先进单位”“舟山市金融统计工作先进集体”等称号。

浙江民泰商业银行获评2020年度市级“平安单位”荣誉称号

【落实监管政策做好金融保障工作】　分行执行落实监管行、上级行的政策方针，深化小微金融服务，优化业务结构，实现金融支持经济高质量发展的总目标。分行将推动绿色金融发展和支持乡村振兴作为分行2021年度重要的业务发展方向，制定并下发《“4+1”小微金融服务差异化细分工作方案的通知》《舟山分行关于推广“农惠通”业务专项活动的通知》等活动通知，在全分行范围内开展2021年度机构服务乡村振兴、绿色金融专项工作。分行设立4家示范支行进行先行先试，每家机构每个业务团队配备一名工作专员，做好各项政策传达、知识普及、业务培训等相关工作，不断提炼和积累业务经验做法，将“信用村、信用园”拓展等常态化营销活动融入“振兴乡村”“绿色信贷”“三大专项行动”等工作中。至年末，分行今年合计新增涉农贷款4.50亿元、新增普惠型涉农贷款2.75亿元、新增农户贷款4.02亿元，合计建立伙伴村（居）126个、伙伴合作项目17个，专项农惠通贷款业务占今年全部新发放农惠通贷款业务比重78.42%，超总行占比60%的要求。

做好“三农”服务　支持乡村振兴

【推广信用贷款】　提升保证贷款占比　2021年度，分行稳步降低抵押担保方式。坚持风险可控，主动调整，逐步弱化对贷款客户的抵押担保要求，加大对保证担保贷款的投放。是年，保证贷款余额244469.16万元，占各项贷款42.35%，同比2020年占比增加0.24%；抵押贷款余额256408.83万元，占各项贷款44.42%，同比2020年占比减少1.27%。

加大信用贷款投放　根据《浙江银行业保险业支持高质量发展建设共同富裕示范区行动方案（2021—2025年）》，以及《舟山高质量发展建设共同富裕示范区先行市实施方案（2021—2025年）》工作部署要求，及时制定《支持舟山高质量建设共同富裕示范区先行市专项工作方案（2021—2025年）》，在方案中明确“2021年起，小微企业信用贷款余额每年稳步提升，至2025年年末，小微企业信用贷款占比高于15%”的总体目标，并在坚守风险底线，加强各类风险防控，严格贯彻落实。至年末，分行合计个人信用贷款40251.67万元、2998户，较年初增长10571.36万元、486户，其中，个人消费性信用贷款6221.53万元、664户，较年初增长714.97万元、95户，个人经营性信用贷款34030.14万元、2334户，较年初增长9856.39万元、391户。

加大对实体经济民营、小微企业“类信用”贷款的投放力度　对于符合新区、自贸区产业规划，具有较大成长潜力和发展空间的实体经济民营、小微企业，分行积极给予信贷支持，从原先以保证、抵押为主的担保方式，逐渐转变为以借款企业股东担保即可的类信用方式，在风险可控的基础上，尽可能减轻企业客户的担保难问题，并享受低利率（基准利率上浮30%）的政策优惠。截至年底，分行当年合计中小企业专项信用贷款余额33393万元、165户，较年初增长10874万元、59户，解决客户“担保难”的问题。

【做好首贷户发掘】　*做好首贷户的持续培育*　贯彻落实“1+4”资金保障体系工作方案要求，围绕“可获得、可负担、可持续”目标完善小微金融服务体系，推动提升小微金融服务质效，在全行范围内开展“一行一品”小微金融服务特色品牌创建活动，落实个体工商户无贷户对接工作，按区域分配清单内客户，做到不落下一个潜在客户，不错过任何营销的机会。

线上线下联动营销“首贷户”　打造“跑一次”特色信贷模式

加大首贷户产品创新　2021年，分行继续支持“双创”、支持大学生创业、支持地方政府推进创业带动就业工作，与舟山市普陀区就业管理服务中心合作，推出创业小额担保贷款，通过以“基金+自然人”担保为主、追加借款人父母为担保人的“类信用”方式，对新型创业者给予信贷支持。该项业务手续简单、审批快速、无手续费，以最便捷的方式将贷款发放到创业者手中。在利率定价上，给予相应的优惠，最高不超过即期LPR+200BP，并享受“先付后补”的贴息政策，在借款人按期还本付息后，向相关公共就业服务机构提出申请以全额贴息。加强与政策性融资担保公司的合作，做好首贷户增信服务。截至年底，分行首贷户中创业贷款户数5户，贷款金额110万元；融资性担保贷款29户，贷款金额6258万元。

加强内部考核激励　在内部资源配置上向首贷户拓展工作倾斜，在内部考核中嵌入首贷户拓展的工作任务和激励机制，明确目标、措施。贯彻《小微企业和个体工商户“首贷户拓展三年行动”方案（2020—2022年）》，提升小微企业和个体工商户金融服务能力，持续扩大小微企业和个体工商户融资覆盖面，不断增强小微企业和个体工商户融资获得感和满意度。至年底，分行新增小微企业首贷户88户，贷款金额12526.46万元，其中，小微企业首贷户信用贷款7户，贷款金额96万元；新增个体工商户首贷户230户，贷款金额5727.1万元；小微企业主新增首贷户90户，贷款金额3513万元；2021年度小微企业首贷户平均投放利率为5.88%，比全年所有贷款投放利率低1%。

【支持实体经济】　坚持以普惠金融为导向，承担社会责任，合理设定利润等考核目标。采取措施，包括降低贷款利率，减少客户利息支出，免除担保费、抵押费、评估费、证照费、查询费等服务费，用降低客户财务成本。推出薪乐贷、宜居贷、亲情保等新型信贷产品，针对不同客户有不同程度的优惠。推出无还

城关支行助推数字金融发展

本续贷业务、分期还款业务，减轻客户周转、还款压力，降低融资成本。用好“E周融”“E链通”等金融平台助推器功能，打造线上、线下业务相互融通的发展模式，丰富创收手段，拓宽客户的融资渠道，解决部分客户融资难的问题。是年，分行贷款加权年化利率6.60%，比上年下降43个BP，全年累计为小微企业让利2300万元以上，降低客户融资成本，服务当地实体经济。

【对接自贸区建设】 专门针对自贸区内的客户提供相应的金融服务；组织专门人员，通过针对性的业务培训，对现有的业务品种进行二次创新，推广利用我行特有的随贷通自助循环贷款等信贷产品（随贷通自助循环贷款是指对符合本行授信条件的个人客户给予授信额度，在授信额度和有效期内，客户持本行除民捷卡、微贷卡外的借记卡通过本行柜面、网银等渠道发放与归还贷款，并可周转使用的个人循环贷款），并提供适合试验区客户的、实体网点与客户经理上门服务相结合的模式，给予客户优质、便捷的服务体验。截至年底，分行3家自贸区支行合计涉及自贸区内企业融资金额17610.87万元，户数70户。按行业投向分，融资主要集中在交通运输、仓储和邮政业和批发零售业，余额11044.91万元，占总自贸区融资金额的62.72%；从担保方式来看，仍以保证担保为主，余额9973.88万元，占总自贸区融资金额的56.63%。

浙江民泰商业银行舟山分行2021年年中工作会议

【营造“党建+金融”融合发展新局面】 在辖内28个业务团队中，推选出以党员为主要成员的五个业务团队作为“标杆示范”团队，打造“党建+标杆示范”工作模式，发挥“标杆示范”团队党员模范带头作用，从业务拓展规模化、区域客户覆盖率、金融服务满意度等多维度设立工作标准，引导团队争先创优。截至年底，五个“标杆示范”团队合计示范根据地发放贷款4217.6万元、户数101户。2020年8月，舟山分行与舟山市定海区退役军人事务局主动对接，确定舟山城关支行为“定海区退役军人金融服务站”，进行金融服务站的签约授牌仪式，为军人军属、退役军人和其他优抚对象提供优先、优质、优惠的金融服务。分行专门针对退役军人等开发的“拥军贷”产品，并向总行申请“崇军卡”借记卡，进一步丰富对退役军人的金融产品种类，提升对优抚对象的金融服务品质。

定海区退役军人金融服务站成立签约授牌仪式

【优化网点管理工作】 以“最多跑一次”服务创新为引领，印发《浙江民泰商业银行舟山分行“最多跑一次”改革2.0工作方案》，全面推进分行柜面服务质量。借助总行开发的各类线上渠道和业务操作平台提高企业预约开户率，以及PAD贷款现场签约、贷款提前周转、“掌上贷”等功能的使用率，提升金融服务便利度和覆盖面，增强群众和企业的“获得感”，运用移动PAD开发的现场签约、电子合同、影像补录、现场调查（独立的客户影像采集）等多种特色功能，提升客户经理与客户体验。是年，全年合计通过电子合同签约（含电子线下混合）贷款业务1193笔，实现在营销现场合同签约，贯彻落实“最多跑一次”目标，实现客户的现场一次性办结信贷业务。优化“适老”金融方面，不断提升针对老年人的金融服务质量，通过优化营业网点服务、提供线上服务和上门服务、强化老年人宣传教育等多项措施，并在窗口放置“老年人服务绿色通道”标识牌，全面提升老年人金融服务的工作质效，营造优质金融服务环境，塑造高效暖心的企业形象。

城关支行提供金融上门服务

【推进内控管理工作】 根据“合规管理建设年”的工作内容，开展各项内控建设活动。组织修订《违规处罚操作实施细则》《规章制度管理办法》等系列规章制度，完善全行的制度基础；开展全条线规章制度审核工作，全年审查分行规章制度合计36则，为分行的各项制度完善提供意见建议；分行持续开展“负面清单每季一测”活动，使全行员工对监管政策执行和内部制度的学习常态化。分行每个季度确定不同的活动主题，通过“一周一会”进行案例通报、定期组织案件防控培训、开展“一把手”讲案防合规、进行自查自纠等措施，使警示教育活动触动员工内心，使员工坚持守住道德“底线”，确保不越经营“红线”。全年下发警示教育活动方案4期，开展案防集中教育培训4次，培训达720人次，覆盖全行各级领导干部和基层员工，全行形成人人守规矩、人人讲合规的良好工作氛围。舟山分行以分行营业部为标杆，复制推广消费者港湾标准示范点创建经营，从金融知识宣传、初级纠纷化解、员工消保意识提升、客户休闲放松和银行社会形象展示五个方面为广大金融消费者提供诚信、安全、便捷、高效、温暖的服务。

开展“一把手”讲合规案例专题活动

【打造企业文化】 围绕“峥嵘百年·永葆初心”活动主题，开展党史学习教育和中国共产党成立100周年系列活动。发挥党委党支部的先锋领导作用，以党建“红心”引领业务“匠心”，以示范带全盘，坚持和落实民主生活会、组织生活会、党员民主评议、主题党日活动等制度，提高“三会一课”质量，提升党建工作实效，党员领导干部自觉接受监督，履行社会责任，推动清廉金融工作。发挥党员模范的带头作用，运用清廉阳光信贷成果展示、优秀工作经验分享等方式，营造风清气正的工作氛围，推动全行五大“民”牌示范点的创建工作。分行陆续开展新员工联谊茶话会、工会员工旅游、与总行进行篮球友谊赛、全行职工诗书画大赛、歌颂祖国等活动，充实员工的精神生活，凝聚新老员工不懈奋斗的共同意识。组织员工参加人行、银行业协会组织的各类竞赛、各类文艺汇演和体育活动，以及连续帮扶定海六中学子、开展交通劝导、打造民泰百合林等公益性活动，履行社会责任，彰显公益精神。

民泰银行舟山分行举办“三八”妇女节主题活动

（撰稿：胡　帆）

（本分目图片由民泰商业银行提供）

中国人民财产保险股份有限公司舟山市定海支公司

【概况】 2021年，中国人民财产保险股份有限公司舟山市定海支公司内设综合部（财务部）、业务管理部、车险业务部、非车险业务部、营业部，下辖白泉、岑港和金塘营销服务部。经营范围以财产类保险为主，包括车辆险、船舶险、货运险、企财险、工程险、责任险、意外险、保证险、家财险和农业险等险种。

是年，定海支公司按照政府监管部门的要求和指示，依法合规经营，强化基础管理，严格防范风险，贯彻落实保险行业协会及人保系统各级保险工作会议精神，紧盯上级下达的各项任务指标，以“保险”独特的方式与功能，承担社会责任，助力定海区经济发展。

【业务发展概况】　公司贯彻当地政府和上级党委关于疫情防控和复工复产的决策部署，坚持稳中求进的工作基调，克服疫情影响，应对车险综合改革，推进各项工作内容，完成上级公司保费、利润双指标。是年，实现保费收入10908.11万元，较去年同期增加6.19%。承担社会责任，发挥保险的保障功能，2021年度直接赔款及直接理赔费用6426.39万元，为定海区企业单位与个人抗击风险、灾后重建提供重要的保险保障支撑。坚持价值强司，在以发展为第一要务的同时，持续推进公司企业文化建设，将“服务”作为重要抓手，彰显人保品牌价值与服务品质，不断提升人保的社会影响力，曾多次获评金融部门支持定海区域经济发展贡献奖、定海区先进集体等。

【巩固大业务保险】　紧跟舟山经济新区建设步伐，成立专业团队，为新区基础建设重大项目提供风险评估、咨询和防灾防损服务。先后承保“小干岛一、二、三标段工程险”“舟山航空投资有限公司—揽子保险”“浙江交投矿业有限公司企财险、安全生产责任险”“舟山市定海区金塘北部开发投资有限公司—揽子保险”“定海区公路管理局公众责任险”“舟山市老年人意外险”“舟山市应急管理局责任险”“定海区精准扶贫保险”“定海区公路管理局公路财产险”“辅警意外险”等项目，进一步加强公司与政府部门的合作，为拓展“保险+服务”模式奠定基础。为企业提供复工复产保险保障，为金塘北部东片区开发建设工程保驾护航，履行保险在经济社会建设中风险管理的社会辅助管理职能，支持区域经济发展。

【助力渔农村经济发展】　设立金塘、岑港、白泉3个“三农”服务部、6个“三农”服务站（白泉、金塘、马岙、小沙、盐仓、岑港）及56个“三农”服务点，为农村居民提供保险咨询和保障服务。全年为定海区“菜篮子”工程产品承保生猪182700头，能繁母猪7163头，水稻13495.43亩，林木保险257403亩等，农险保费收入1221.26万元，赔款支出1676.85万元，增强定海区农村居民抵御灾害的能力。

（撰稿：袁晓娜）

中国人寿保险股份有限公司舟山分公司

【概况】　2021年，中国人寿舟山分公司重视风险防范工作，加强依法合规经营和诚信建设，做好保险满期给付工作，守住不发生系统性、区域性风险的底线，各项健康发展。是年实现股份总保费6.4亿元，同比增长0.9%。公司总保费市场份额为31.2%，连续22年稳居舟山市各家寿险公司之首。

【服务实体经济】　2021年，公司体现持续发展能力的首年标保指标达成3338.3万元，首年期交11268.4万元，十年期交以上保费4010.5万元。公司业务保持总量增长，聚焦保障型产品，加快结构调整，推进转型升级，全面提升业务价值。打造“国寿理赔-快捷温暖”的服务品牌，发挥保险的功能作用，履行国有企业的行业和社会责任。全年办理各类赔案37.9万件，理赔支出金额8301.1万元；“重疾一日赔”服务客户216人，理赔支出金额1086.5万元。

【服务民生保障】　支持健康中国建设，开展大病保险项目。2021年，继续按照全市大病保险招投标项目合同约定，配合主承保方做好各项工作。全年参保人次为99.87万人，大病保险保费3326万元。开展岱山县长期护理保险政保合作项目。参与岱山县医疗保障管理服务中心组织开展的长期护理保险经办服务工作，为失能人员提供护理管理服务。全年参保人数为10.5万人，分公司承保比例为10%，收取保费为94.45万元。开展舟山市商业补充医疗保险服务业务项目。参与“舟惠保”民生项目的竞标和运作，配合主承保方做好各项工作，提升舟山参保人员医疗保障水平，进一步缓解高额医疗费用风险，助力舟山市多层级医疗保障体系建设。2021年，全市舟惠保参保率为32%，保费收入810万元。

【强化社会风险管理职能】 开展计生特殊家庭保险项目，以计生系列保险为抓手，为全市计生家庭化解人身意外风险，成为开展生育关怀行动、为广大计生家庭提供良好服务的重要平台。2021年，全市完成舟山本级、定海区、普陀区的投保工作，保费收入80.9万元，赔付金额67.4万元。开展两性安康保险项目。推广“女性、男性安康保险”，全年累计达成保费203.37万元，赔付金额204.6万元。推广疫情防控综合保险。对国寿绿洲团体意外伤害保险（A型）和国寿通泰交通团体意外伤害保险（A款）两款保险产品进行责任扩展，将产品保险责任范围扩展至新冠肺炎。对舟山市志愿者协会、舟山市公安局等单位的保单进行新冠肺炎责任扩展，涉及人数3003人。

【助力乡村振兴】 丰富农村小额系列专属保险供给，借助多种渠道，为农村人口提供保费低廉、保障适度、保单通俗、核保理赔简单的小额人身保险和医补险。全市农村小额保险达成34.8万元，赔付27.3万元；小额人身补充医疗保险117.6万元，赔付117.7万元。做好结对帮扶工作。按照地方政府要求，舟山市本级、普陀支公司、岱山支公司分别与普陀区虾峙镇、蚂蚁岛、岱山高亭镇的13户帮扶对象结成对子。2021年，开展实地走访慰问3次，帮扶金额计约2.34万元，为结对点群众解决实际困难。

（撰稿：俞　洁）

中国太平洋财产保险股份有限公司舟山定海支公司

【概况】 2021年，中国太平洋财产保险股份有限公司舟山市定海支公司（以下简称定海支公司）内设综合管理科、车商业务部、销售业务部，下辖金塘镇营销服务部。经营范围以财产类保险为主，包括车辆险、船舶险、货运险、企财险、责任险、意健险、保证险、工程险及农险等险种。是年，定海支公司贯彻总公司“对标一流，看齐先进”高质量发展目标要求，执行分公司工作部署，参与市场竞争，不断加强综合能力建设；落实政府工作要求，履行社会责任，稳中求进，化危为机，各项工作取得成效。

【业务发展】 2021年，定海支公司总体实现保费收入4804万元，保费规模市场份额20.65%，位居定海区财险市场第二。其中，车险受疫情及市场缺芯影响，累计保费收入3002万元，同比负增长9.42%，市场占比22.71%；非车险方面，定海支公司在中支航运险部政策指导下，航运险发展速度一直领先市场，根据公司的航运险政策有针对性地加强优质船队业务的开拓，是年累计达成保费984万元，占非车险保费的54.62%，同比增长20.76%，市场占比55.91%，位居定海区航运险市场第一。

【政保业务】 是年，定海支公司中标入围“舟惠保”共保体、舟山市公共资源中心投标保证金平台、舟山市政策性农险承保资格；公司拜访区应急管理局，落实巨灾险“安惠保”和危化企业“安责险”；拜访区教育局落实校（园）方责任险，拜访区住建局推动建筑领域安全生产责任险。全年政保业务累计承担风险保障额度达69亿元，实现保费收入335万元。继续加强与区医保局、安监局、环保局、经信局、农村农业局等单位的沟通联系。

【理赔管理及灾前预防工作】 定海支公司重视理赔管理，采用加强培训和绩效考核等手段，理赔队伍整体素质向好发展。理赔中心通过小区网格化防灾管理，参与全市警保联动项目打造、航运险理赔+培训+拓展三位一体的综合服务，逐步引导查勘员向客服经理方向转型，提升理赔的综合服务水平。是年，台风期间，支公司成立以总经理为总指挥的应急工作小组，提前布置灾前、灾中和灾后各项抗台工作，分级、分区安排员工落实灾前提醒、灾前巡防，发放整改通知书，并固化证据；协同作战，对停放在码头、地势低洼等具有风险隐患地段的车辆进行排查和协助拖离。两次强台风较以往强台风正面袭击相比，损失呈大幅下降，抗台及大灾理赔工作得到肯定。

【提升客户体验】 推进战略转型，推广“云门店”功能，借助手机端云平台引导客户形成自助服务习惯，巩固平台应用模式；推广“太贴心”“太爱勘”“易验车”等线上工具，加快客户承保理赔时效，提升客户体验。支公司特设“老年人服务窗口”以及每月一日“总经理接待日”等，及时解决客户合理诉求，倾听客户对公司产品和服务的意见建议，发现痛点，推动优化改善，提升服务质量。公司不定期地深入社区进行金融教育宣传，结合“3·15”等行业活动，围绕保护消费者合法权益现身说法，有针对性地向老年人、年轻群体、妇女群体等重点人群普及金融保险知识。

【坚持合规经营】 支公司坚持倡导良好的合规文化，培养员工树立内控和合规风险的防范责任意识。开展“风险合规月”“内控合规管理建设年”“防范非法集资主题宣传月”“合规 21 浙里有你”浙江保险业合规深化行动等主题活动，提高全辖合规风险意识。坚持依法合规经营，不触碰合规底线，整改内外部检查中发现的问题，绩效考核与合规指标挂钩。保持与当地监管部门的经常性拜访，通过沟通及时了解监管政策和动态，全年保持零处罚，保障公司的合规经营与健康发展。

（撰稿：於芮瑶）

中国太平洋人寿保险股份有限公司舟山中心支公司

【概况】 2021年，中国太平洋人寿保险股份有限公司舟山中心支公司（以下简称支公司）围绕全市经济发展大局，围绕总公司“人才、数字、协同、管控、布局”五大关键词，找准需求点，坚守保险初心，探索创新，为舟山高质量发展建设共同富裕示范区提供公共服务。

【加强党建引领】 支公司贯彻中共十九大和十九届二中、三中、四中、五中、六中全会精神，学习习近平新时代中国特色社会主义思想，主动适应党建工作新常态，坚持把党建工作与经营管理有机融合，将党建工作作为第一要务和第一责任，确保与业务发展同谋划、同部署、同推进，互为促进、协调发展。各级党组织书记身体力行，明确党建工作目标、内容和要求，坚持开展基层党建和党风廉政建设考核，层层签订党建任务责任书，确保党建工作摆上明处、抓在要处、落到实处。

【实现高质量发展】 2021年，支公司紧握高质量发展主线，强化营销队伍绩优牵引，强化产品创新，全年实现保费收入4.73亿元，在全市10家寿险公司中继续排名第二。个险业务方面实现新保保费3629.07万元，同比增长2.11%，续期保费2.96亿元，13个月保费继续率达93.48%，彰显高质量发展态势。团险业务方面团寿险保费331万元，意外与健康短期险保费1.29亿元，银保保费855万元，意外短险保费继续排名全市第一。

【服务民生保障】 围绕人民群众健康医疗方面的保险需求，加强政保合作，参与构建多层次的社会保障体系，提供精细化、专业化的服务。

舟山市城乡居民大病保险　2021年城乡居民大病保险参保人数达100.76万人，保费收入8310.61万元。赔付152309人次，赔付金额7627.09万元。

舟山市商业补充医疗保险项目（舟惠保）　3月10日，公司成功中标舟山市商业补充医疗保险（舟惠保）项目。该次舟惠保招标，有9家保险公司参与，支公司成为主承保供应商，保费份额35%。全年，承保32.41万人，保费3241万元，赔付187159人次，赔付金额2817万元。

【践行社会责任】 支运用大数据，互联网+平台，打造出以“神行太保”和“中国太保”两大支柱的智能保险生态系统，加强科技赋能，简化理赔程序，开辟快速通道，增加线上理赔，减少线下理赔，推进“闪赔”“秒赔”，让客户享受到更便捷快速的即时保全、理赔服务，坐享运用互联网+新技术为客户带来的智慧型服务，提升客户满意度。2021年，短险赔款金额1.14亿元，满期给付金额995万元，年金给付金额6376万元。保单质押贷款3.49万件，贷款金额1.43亿元。

【防范金融风险】 支公司坚持合规经营和基础管理不放松的合规工作指导原则，以监管方针政策为导向，坚持内外并举，防范金融风险。组织部署开展各项排查、自查工作，开展银行业保险业金融支持经济持续恢复和发展自查督查等工作，加强销售源头治理力度，强化风控一体化建设。以客户为中心，坚持以客户需求为导向，以客户体验最佳为目标，全年处理客户投诉监管越级投诉件5件。

注重合规文化建设，围绕公司合规经营现状及外部监管要求，提高合规文化建设的针对性。

（撰稿：张　盛）

泰康人寿保险有限责任公司浙江舟山中心支公司

【概况】 2021年，泰康人寿保险有限责任公司浙江舟山中心支公司（以下简称支公司）坚持“市场化、专业化、规范化”企业价值观，坚持稳健经营、开拓创新经营理念，为工薪白领人群提供专业化、高品质的人寿保险服务。是年，实现总保费收入2.13亿元，服务客户量为2.08万人，其中，个险新单2987.97万元，十年以上期缴保费2219.23万元，累计完成赔案441件支付赔款718.44万元，满期给付金额1766.55万元，年金给付金额2246.07万元。

【推进保险产品销售】 推出“保险+医养康宁”大健康战略，顺应时代发展趋势，通过全生命链的产品与服务，全方位满足长寿时代人们的健康与财富管理需求。2021年，公司推进“长寿时代、泰康方案”，形成三大客户解决方案。年金险+养老服务形成长寿解决方案，健康产品+健康服务+生态形成健康解决方案，保险金+资管服务形成财富解决方案。推出“幸福有约”养老社区确认函（青少版），将目标客户首次聚焦青少年群体。“幸福有约”在“活力养老、高端医疗、卓越理财、终极关怀”四位一体框架下，延展出12款全新产品服务、六大产品组合。健康财富规划师（HWP）是泰康人寿创新性打造的新职业，承接“四位一体”大健康战略，专业化服务于高净值人群全生命周期，提供一站式养老、健康、财富管理和终极关怀解决方案。公司通过对接医养实体，依托专业投资，发挥保险功能，为客户提供从摇篮到天堂持续一生的全方位金融保险服务。

【创新优质服务】 公司以诚信经营与客户体验为首要原则，通过经营网络以及完善的个人保险、银行保险、电话销售、网络销售渠道，为个人及家庭提供全方位的人身保障和投资理财产品与服务。升级创新服务体系，服务内容从保险支付向前后端扩展。利用全流程零人工干预智能化信用赔项目，实现秒级结案；率先将理赔和健康管理相融合，延长理赔服务链；2021年与舟山市人民医院、普陀区人民医院、白泉瑞金医院、舟山市广安医院四家医院建立“健保通”一站式理赔合作，提升客户理赔体验。“重疾绿通”全面升级，覆盖全国医院526家，舟山区域有近12位客户享受到重疾绿通服务。泰康医生App推出“互医互药”创新产品，为客户提供“互联网医院+药店”全流程服务保障解决方案。使用微信投保、易理赔、微信贷款、微信函、微回执等移动互联服务，搭建集“服务、调查、管理”一体化理赔服务移动平台，通过大数据、云计算、物联网、人工智能与寿险相结合，让服务更便捷安心。

【完善各项制度建设】 公司高度重视客户信息安全，从制度管理和IT建设两方面入手，制定完善的客户信息分级管理、查询权限等一系列规章制度，通过IT硬件与软件相结合，确保制度有效运营。为保护客户数据，定期开展专项风险排查和稽核检查工作，防微杜渐，堵塞漏洞，让没有权限的人无法接触客户数据，让接触客户数据的人按规范使用客户数据。严格执行总、分公司出台的“品质综合管理办法”“四大违规专项治理”管理办法，严控销售误导风险，明确责任追究细则；建立“销售人员信用评分”及“高风险机构、高风险人员差异化管理办法”，严格入口端差异化规则管理。聚焦服务关键环节，强化服务考核与过程管理，推动服务创新，保险公司服务评价连续两年评级A类。通过九大举措（抓有效报案、赔案分段管理、创新手机理赔、健保通直付、远程调查提高时效、超期件专人每日督导、理赔金实时支持、大数据智能审核、新产品上线提速）推动理赔提速，提升时效与获赔率，理赔投诉不断下降。

【强化合规经营意识】 公司将“行业规范建设”活动与业务经营、合规文化紧密衔接，夯实健康发展基础。围绕“立规矩、订规章、明规则、树规范”总体目标要求，健全合规管理机制，构建行业道德规范、行为规范、服务规范、管理规范，筑牢规范发展基础，提升全员合规操作及风险防控意识，培育良好合规文化，加强各项任务落实执行，提升服务实体经济质效。

（撰稿：夏文武）

中华联合财产保险股份有限公司舟山中心支公司

【概况】 2021年，中华联合财产保险股份有限公司舟山中心支公司（简称中华财险舟山中支）下辖四级机构嵊泗营销部取得营业执照，正式开业，实现全市“两县两区”经营网点全覆盖的布局。是年，公司主动适应和把握经济发展新常态，服务地方社会经济发展大局，实现保费收入6454.87万元。

【支持惠民保险】 贯彻落实《中共中央国务院关于支持浙江高质量发展建设共同富裕示范区的意见》的要求，开展“舟惠保”推广活动。“舟惠保”是一款不限年龄、投保门槛低的惠民保险，发挥商业补充医疗保险再保障民生等方面的作用。2021年，中华财险舟山中支在全市非共保体推广情况中排名第一，助力舟山市共同富裕示范区先行市建设。

【强化理赔服务】 2021年，公司客户服务评级指标为AA。经受住“烟花”和“灿都”两次台风灾害的考验。台风来临前，派员现场风险排查企业50余家、电话提醒50余家，发布防灾预警提示2万余条；台风来临后，快速响应，开通“绿色理赔通道”，简化理赔程序，秉承“一方有难，八方支援”的宗旨，发扬抗击“米娜”台风的战斗精神，保持快速结案率，“小案讲速度，大案管质量”，上下联动互帮互助，保障台风灾后理赔工作，高效服务也赢得客户赞赏。台风期间，出动查勘理赔车辆6台，救援车辆12台，车险涉台风水淹报案52件，赔款85.7万元；非车险涉台风报案14件，赔款81.5万元，围绕“快”字做文章，结案率居全市财险公司前列。

【坚持合规经营】 推进“内控合规管理建设年”活动。重点整治屡查屡犯问题，梳理2017年以来乱象整治监管检查、非现场监管通报和自查发现的问题清单，挖掘业务问题背后的内控合规缺陷，明确风险控制点、控制要求，落实整改责任部门。组织辖内员工参加各项合规知识竞赛，促进员工合规学习，全面构筑“不敢违规、不能违规、不想违规”的合规氛围。

【提升党建质效】 秉承社会责任与公司发展共行，树牢“四个意识”，坚定“四个自信”，持续推进落实“我为群众办实事”活动。8月，组织开展无偿献血活动，践行中华保险人的社会责任；9月，响应中国慈善总会的“用一件旧衣，唤起孩子们的希望”公益活动，全市员工慷慨捐献，中支团委将募捐到的70余件儿童衣服打包寄给中国慈善总会，给贫困山区的孩子们送去温暖；10月，响应总公司工会的“扶贫内蒙古，采购农产品”帮扶活动，采购57箱农产品。

（撰稿：郭君波）

责任编辑：王英伟

综合经济管理

发展与改革管理

【概况】　区发改局是主管全区国民经济、社会发展、指导经济体制改革工作的区政府工作部门，与区委派出机关中共舟山市定海区委社会建设委员会合署办公。下设办公室、社会建设综合协调与评估督导科、国民经济综合科（挂经济合作与支援科牌子）、固定资产投资科（挂基本建设综合科牌子）、行政许可服务科、服务业发展科（挂金融科牌子）、体制改革科（挂社会发展与改革科牌子）、军地融合发展科（挂能源科牌子）8个职能科室。其中，社会建设综合协调与评估督导科为新设立科室；原能源科撤销设立，调整在军地融合发展科挂牌；原社会发展与人口就业科更名为社会发展与改革科，在体制改革科挂牌；中国（浙江）自由贸易试验区定海综合事务中心调整为由区发改局管理的区政府直属正科级事业单位。

【规划管理】　下达2021年度规划编制计划，完成规划编制任务分解、编制经费安排工作，开展年度规划编制计划实施情况调研监督。是年，全区计划编制各类规划9项。其中《舟山绿色石化基地整合提升区块总体发展规划（定海工业园区东拓展片区）》《定海区“十四五”生态环境保护规划》《定海区“十四五”应急管理规划》《定海区“十四五”残疾人事业发展规划》4项规划完成编制；《定海区“十四五”卫生健康事业发展规划》通过专家评审；《定海区“十四五”科技创新发展规划》《定海区“十四五”文化旅游和体育产业发展规划》2项规划完成初稿编制；《定海区“十四五”乡村振兴发展规划》整合纳入2022年的《定海区农业农村高质量发展“十四五”规划》，不再另行编制；《定海区“十四五”保税储罐布点规划》因编制必要性不充分，取消编制。

【计划报告和经济形势分析】　编制完成《2021年半年度国民经济和社会发展计划执行情况报告》和《2021年国民经济和社会发展计划执行情况与2022年国民经济和社会发展计划草案的报告》。对全区经济运行情况进行监测，做好投资、服务业、金融、价格等月度、季度运行情况调研分析，为全区经济社会发展出谋划策。

【开发区（工业园区）整合提升】　牵头推进定海工业园区整合提升，制定《舟山市定海区开发区（园区）整合提升方案》，将粮油产业园区、金塘北部、长白岛等区块范围整合纳入定海工业园区，突出全区经济发展主平台。推动园区体制机制改革，实现管理体制由各自为政向统分结合转变。

【军地融合】　召开区委军地融合委员会第三次会议；完成全区军地融合发展工作年度绩效考评工作；加快推动“民参军”产业融合步伐，全区共有10家企业取得“民参军”相关资质；积极做好区内军地融合企业服务工作，推进无人船研发、试验、产业化项目，第一艘无人船运抵舟山成功进行海试。

【现代服务业】　是年，全区服务业增加值374.72亿元，比上年增长3.7%，增加值占GDP比重61.9%。区本级服务业投资比上年下降24.9%。招商局港口（舟山）滚装物流陆域工程项目等12个项目列入2021年市服务业重大项目计划。

【重大项目建设】 是年，牵头制订2021年政府投资项目和重点建设项目计划建议，做好省市区重点项目进展情况月度统计。组织3个重大项目参加浙江省扩大有效投资集中开工活动，其中廷佐小学南侧安置项目、周家塘安置项目列入2021年全省“高质量发展建设共同富裕示范区”集中开工重大项目。

【社会固定资产投资】 是年，区本级（除临城街道）固定资产投资同比下降11.8%。其中，项目民间投资、生态环境城市更新和水利设施项目投资分别同比增长30.6%、18.5%，交通投资、高新技术产业投资分别下降40.8%、12.7%。全区安排政府投资项目113个，全年完成投资43.8亿元，完成年度计划的97%；实施重点建设项目76个，全年完成投资90.9亿元，完成年度计划的90.5%。

【项目资金争取】 是年，上报保障性安居工程中央预算内投资计划、浙江省公建投资计划等项目6个批次，下达当年度预算内投资项目5个，成功争取中央预算内资金12075万元，省级资金1000万元。申报地方政府专项债券项目12个，5个项目成功发行债券总计6.7亿元。

【民生实事项目】 是年，牵头推进民生实事项目的实施，认真做好全程监督和汇报工作，积极打造群众满意工程。12项民生实事项目年度计划总投资8.8亿元，实际完成投资8.98亿元，完成年度计划的101.7%。

【东西部扶贫】 是年，牵头推进新发展阶段东西部协作工作，签订新一轮的《东西部协作框架协议》，制定《定海区2021年东西部协作年度计划》，两地互派党政干部8名，专业技术人员25名，开展基层党政干部培训867人、各类专业技术人才培训855人；安排东西部扶贫协作项目10个，下达帮扶项目资金3900万元，争取社会帮扶资金捐赠资金685.33万元，累计帮助销售宣汉农特产品价值1.014亿元，引导西商农博园、正威新材料等7家企业在宣汉县投资，累计投资额达4.6亿元；累计帮助2082名农村劳动力在四川省当地就近就业，帮助11278名农村劳动力赴浙江省就业、1091名农村劳动力赴东部其他省份就业；促成98名宣汉职中学生赴舟山市就读“2+1”班，111名农村劳动力赴舟山市进行海员培训，“宣汉海员”订单式特色劳务品牌效果显现；建立结对帮扶关系的镇、村、学校、医院、企业和社会组织71对。同时持续做深做实“职教协作、顶岗实习、市场招聘、专场推介”四张特色金名片，深化东西部劳务协作。依托宁波舟山港创新推出的粮食“散改集”多式联运全程物流模式，打通了宣汉至舟山的陆海大通道。

【审批管理服务】 是年，受理各类行政许可、其他事项223件，其中，政府投资项目57件，企业备案项目92件，项目前期服务联系单74件，所有项目在承诺时限内办结，业主满意率100%。

【重点领域改革】 是年，出台《定海区建设最优营商环境2021年行动方案》，提出22项政务服务改革提升目标任务。制定《2021年定海区信用体系建设工作要点》，完成公务人员等诚信联审500余人次，马岙街道“智慧村社”“信用+社会治理”创建省级试点，新评选诚信示范店铺40家。

【数字社会建设】 是年，牵头开展全区数字社会系统建设。区级整体架构建设完成，“浙里办”服务端门户全省贯通，“浙政钉”治理端门户完成2.0结构迭代升级。47项省级统建、3项市区分建“关键小事”100%贯通。省级试点项目“e定好养”智慧康养应用和区级试点项目“昌国益学”智慧讲堂、“乡约定海”应用、“e定好玩”“e定好看”智慧导览系统实现两端上架。

【能源发展】 是年，全区万元GDP能耗预计同比下降3.7%，能源消费总量预计增长3.5万吨。腾出用能5000吨；实现新能源合计发电3.6亿千瓦时，其中，风力发电14373万千瓦时；垃圾发电18155万千瓦时；分布式光伏太阳能发电3600万千瓦时。完成全区8家重点用能企业的能源监察工作，做好固定资产投资项目的节能审查工作，完成铸造、建材等行业三家企业的节能审查工作。加强管道监管工作，牵头开展油气管道安全隐患排查。

【金融工作创新】 是年，深化特色金融产品创新，迭代升级“续贷通2.0”，推出“续贷通2.5”，首次将辖内经营性农户贷款纳入“续贷通”业务范畴，进一步扩充“无还本续贷”业务覆盖客群，将超800家小微企业、6000户经营性农户列入续贷名单，涉及贷款金额近60亿元。创新推动“政银担”业务试点工作，入选全省11个基层农业信贷担保服务创新试点之一，重点聚焦种养大户、家庭农场、农家乐、农民专业合作社、农业企业等新型农业经营主体，引导金融机构将“政银担”业务的贷款利率下调至基准利率，切实降低农户融资成本，使农户及农业经营主体综合融资成本平均下降约15%。累计办理担保业务超60笔，担保金额超5500万元，平均年化利率水平仅为4.35%，信用担保业务比例100%。为中小企业融资争取支持，全年使用央行支小再贷款发放民营中小微企业专项贷款3.13亿元，惠及中小微企业超过210家。

【自贸片区建设】 是年，定海国际油品储运基地建设总体进展明显，实华45万吨级超大型油品码头、外钓岛应急储运工程、浙石化马目库区、马目至鱼山绿色石化基地原油管道、新奥LNG管道等重大油气储运项目相继建成投产，盐田港外钓岛油品储运基地、马目至册子原油管道加速建设，建成油品库容约2800万方，占全市总库容近七成，长输油气管道5条，万吨级以上油品码头10座，其中30万吨级以上超大型油品码头4座，定海港域年油品设计吞吐能力已超亿吨，2021年定海港区油气吞吐量超过9400万吨；定海粮油产业园区实现粮食吞吐量1464万吨，粮油贸易额62.75亿元；浙江自贸区标志性首票国际低硫燃料油加注出口退税业务成功落地；重大决策社会风险全过程监管制度（构建项目全流程风险监管机制）和“力调电费码”制度（降低企业力调电费支出）入选浙江自贸区第六批制度创新成果。

【共同富裕】 牵头推进定海高质量发展建设共同富裕示范区港城标杆建设。成立由书记、区长挂帅的定海高质量发展建设共同富裕示范区港城标杆领导小组，由区委书记任组长、区长任第一副组长，建立领导小组工作规则。编制完成《定海高质量发展建设共同富裕示范区港城标杆实施方案（2021—2025年）》《定海高质量发展建设共同富裕示范区港城标杆重点任务清单、突破性抓手清单、重大改革清单、典型实践案例清单和短板问题清单》《舟山市定海区“扩中”“提低”行动方案（2021—2025年）》，协调全区社会建设和社会领域改革抓总，促进各部门加强协作，确保全区“一盘棋”整体推进。

【推广应用新墙材】 完成墙散基金返退工作，做到应退尽退。开展墙散企业专项排查整治工作。根据省、市上级部门的统一部署，多次或单独或联合相关执法部门开展对区属砂浆企业和预拌混凝土企业的清洁化生产专项排查整治工作。现场发现问题，要求整治，及时整改。

【物价监管】 履行价格监管职能，持续做好教育、物业、交通等民生价格的管理调整，重点做好疫情期间药店、菜场、超市的每日商品价格监控。强化对本地区粮油、蔬菜、水产品、猪肉及其他食品、药品的价格监测预警。核定小区前期物业费收费标准14个，停车场的收费标准1个，核定准新泉华府公租房租金，核定景区门票价格1个，完成定海区属幼儿园保教费及育才学校学费成本监审并作出相应收费标准的调整，核定中小学课后服务费收费标准。

（撰稿：李留军）

统计工作

【概况】 2021年，区统计局以习近平新时代中国特色社会主义思想为指导，落实国家、省、市统计部门关于统计工作的部署安排，围绕区委、区政府重点工作，以提高统计数据质量为中心，防范和惩治统计造假、弄虚作假，强化统计监测研判，不断提高统计业务能力和服务水平，为促进定海经济高质量发展、建设花园式国际人文港城提供坚实的统计支撑。

【统计监测分析】 区统计局参与定海在推进高质量发展建设共同富裕示范区、能源双控、GEP核算等重点工作。开展低收入农户小康统计监测，围绕“困有所帮”，了解群众所难所需。走访监测点，推动共同富裕工作落到实处，共建浙江高质量发展共同富裕示范区。加强能源“双控”形势预测预警，围绕“碳达峰、碳中和”，加强重点用能行业和企业监测，形成分析报告，上报区政府。

【提高统计数据质量】 区政府高度重视防范和惩治统计造假工作，4月，在第2次区政府党组（扩大）会议上听取区统计局《关于2021年全区统计工作的汇报》，专题学习《关于深化统计管理体制改革提高统计数据真实性的实施意见》等文件精神。印发《定海区统计局全面落实防范和惩治统计造假弄虚作假责任制实施办法》，进一步明确防范和惩治统计造假工作责任。健全统计数据核查机制，对“四上”单位以及5000万元以上投资项目上报数据进行定期审核。联合杭州第三方统计服务机构对全区29家重点行业企业开展统计数据质量模拟核查，便于企业更好地了解统计核查方式，进一步完善统计台账和佐证材料，做到“数出有据”。

第三方对重点单位进行摸底核查

【统计基层基础建设】 结合全区开展的“三服务”活动，实地察看各镇（街）统计基础建设和统计方法制度执行情况，指导基层完善统计台账和统计报表。组织开展专业技能培训，提高基层统计人员对专业的把握能力。采取统筹安排集中走访、交叉走访、联合走访等新形式，持续加强对重点行业企业、基础薄弱企业、新上规企业的调研服务，指导企业正确理解统计口径，熟悉掌握统计上报流程。

举行2021年工业统计年报培训会议

【统计信息服务】 对经济运行过程中苗头性、倾向性的问题及时进行预测预警，统计分析力求做到信息快、现状清、趋势准、建议实。全年共编印《定海统计》31期，撰写统计信息113篇、统计分析29篇，其中被党委政府录用11篇。围绕区委、区政府的工作重点以及全区社会经济发展的焦点问题，组织力量开展调查研究，撰写的《发挥产业集聚优势促进定海工业经济发展的研究分析》获得区社科联一般性课题奖，《新冠疫情下定海塑机制造业实现逆势增长启示与思考》作为基层优秀调研课题被区委推荐到省有关部门。在中国共产党成立100周年之际，撰写《中国共产党成立100周年定海经济社会发展成就》，真实反映定海百年发展变革。定期与区融媒体中心合作通报全区经济运行情况、重大国情国力调查数据，向全社会公布第七次人口普查数据，受到社会公众普遍关注。

【统计数字化改革】 全面梳理统计数据资源和数据上报应用系统，对接全省数字化数据平台“数据浙江”，打通“纵向”和“横向”双通道，不断强化统计“数字化”“智慧化”服务能力建设。落实全市公共数据平台数据归集相关规则要求，梳理资源目录，做到共建共享，提高数据资源利用效率。构建完善以“专业人员库”“调查员库”为核心的“两员两库”管理系统，不断健全数据资源管理整合能力。

【统计宣传执法】 向有关部门、镇（街）发放《统计法应知应会》200余册，促进部门、镇（街）领导、统计人员熟知统计法律法规以及干预统计数据上报所承担的法律责任，增强统计法治观念。坚持以案释法，结合统计业务培训、实地走访，向基层

开展统计开发日宣传

统计人员讲解常见统计违法案例、行政处罚给企业带来的影响，增强基层统计人员依法统计的责任意识。以防范和惩治统计造假为重点，在统计开放日、国家宪法日、《中华人民共和国统计法》颁布纪念日等关键节点，到广场、社区组织开展统计普法宣传活动，不断增强社会公众对提高统计数据真实性意义的认识。全年采取“双随机”形式对工业、投资等领域的企业开展检查，检查单位27家，发现违法行为的2家，立案查处2家单位，罚款4300元。

【党史学习教育】　成立由局长任组长的党史学习教育领导小组，并制定《定海区统计局党组关于开展党史学习教育的实施方案》。采取专家讲课、集中学习、交流研讨等多种形式组织专题学习，重点学习了习近平总书记在庆祝中国共产党成立100周年大会上的重要讲话精神，《习近平在浙江》系列采访实录、《中国共产党简史》等相关学习材料。立足统计实际工作，举办“学党史、知党情、争先锋、促发展”党史知识竞赛；组织开展“阅读红色经典百年薪火相传”读书征文活动；举办“诵读党史忆初心”全体职工干部朗诵比赛；组织全体党员干部参观金维映故居，瞻仰英烈光辉历程，重温入党誓词等活动。

举办“诵读党史忆初心”全体职工干部朗诵比赛

【专项调查】　完成党风廉政建设调查，完成“平安浙江”群众安全感满意率调查，完成“平安镇（街道）”群众安全感满意率调查，完成5‰人口抽样调查，完成城市公共交通满意度及公交分担率调查，完成党风廉政建设调查等多个专项调查。

（撰稿：徐　波）

审计工作

【概况】　2021年，舟山市定海区审计局完成审计项目14个，查出主要问题金额69027万元，其中，违规金额22233万元、管理不规范金额46788万元。审计处理处罚金额45926万元；审计促进整改落实有关问题金额35827万元；审计后挽回（避免）损失4082万元。出具审计报告和专项审计调查报告21篇；审计提出建议39条，被采纳39条；促进被审计单位制定、完善规章制度2项；提交审计信息121篇，被批示、采用26篇。向社会公告审计结果6篇。

5月31日，省厅领导一行到定海区审计局调研指导工作

【财政资金审计】　突出对公共资金的监督，以“大数据”技术支撑“大财政”审计，打通各财政业务数据平台通道，形成指标、支付、核算的完整数据链，归拢部门、镇（街）等其他信息系统的财政全口径资金资产数据，实现“大财政”审计全覆盖。财政“同级审”持续关注预算绩效管理，结合以往年度财政同级审发现的重点问题和本年度财政同级审关注的重要事项，突出重点提出审计建议，助推区财政局出台《定海区预算绩效运行监控管理办法》。同时，将非税收入专户“应缴国库款”未缴库资金和滞留各专户利息收入22233万元缴入国库。

【政府投资审计】　突出对投资效益的监督，投资审计以“揭露问题、规范管理、提高绩效、维护安全”为工作总体思路和目标，通过对锦鸿雅苑保障房项目竣工决算的审计，揭示项目建设管理中存在的问题与漏洞，核实工程造价，控制建设成本，节约基建资金，加强对基本建设资金的管理与监督，从而促进建设单位严格执行国家建设项目程序，保证建设资金的使用更加制度化合理化，提高建设项目的管理水平，更好地发挥投资效益。审计提出工程存在未批先建等五方面的问题，提出两条审计建议。

【企业审计】 促进国有企业盘活闲置资产，开展绿艺园林绿化有限公司财务收支情况审计，发现公司苗木长期闲置未有效盘活的“老大难”问题，与公司管理层开展专题研讨，并形成专门方案。公司积极落实整改，在植树节活动活动中，向群众赠出约3000盆绿植，提高苗木资产使用效率。同时督促上年度项目整改落实，促使区恒佳保安服务有限公司进一步修改完善相关管理制度，及时清理公司各类多年挂账资金。

【经济责任审计】 突出对权力运行的监督，开展2个镇（街道）和4个部门单位的党政领导干部经济责任审计。掌握单位及下属单位财政财务收支及相关经济决策活动情况，促进单位及领导干部增强遵纪守法意识和廉洁自律意识，建立健全单位内部控制和自我约束机制，促进部门事业科学发展。做好省审计厅对定海党政主要领导干部任期经济责任审计和自然资源资产任中审计配合工作，归集前期数据；组织全区各单位查找我区工作当中存在的一些弱项短板问题，并提出针对性整改建议；协调区属各单位配合省审计组的审计工作，做好业务工作对接和后勤保障服务等工作；针对梳理出的问题整改清单，协助区政府将问题分解到区属各单位，对照审计整改明细清单，明确整改责任人、整改时限和目标，按要求整改到位。

【自然资源资产审计】 增添绿水青山保护力度，在乡镇领导干部自然资源资产审计中，定海审计首次聚焦乡镇劣Ⅴ类小微水体整治后续运维情况，以问题为导向对重要事项坚持审深审透，重点关注2017年以来已完成整治的劣Ⅴ类小微水体的后续运营与维护工作开展情况、对已完成整治的项目是否进行日常动态监测、是否构建“防反弹机制”，避免达标水体出现返劣反弹现象等内容。

【政策跟踪审计】 实施专项审计调查，突出对政策落实的监督。实施全区部门预算执行审计和全区城乡保障建设资金专项审计调查。审计实现全区116家一级预算单位数据采集全覆盖，打通市、区两级垂直数据通道，提高资源集约利用，推进审计数字化转型；组建计算机分析组和现场查核组，数据分析和现场核查协作配合；从审计组织、内容、成果运用等多方面实现有效衔接，进一步提升审计取证、问题反映、成果利用的协同度。

7月15日，区审计局全体党员前往锦鸿雅苑保障房现场开展“党建+审计”主题当日活动

【审计管理】 *优化审计工作统筹* 加强重大政策跟踪审计、财政审计、经济责任审计等不同类型审计项目的统筹整合和相互衔接，推行“统一通知、统一进点、统一整改”的工作机制，统筹全局力量“大兵团”作战。发挥党委审计办职能作用，制定审计委员会成员单位工作协调制度、审计工作重大事项督察督办办法、审计整改联席会议制度等相关制度，提升工作合力。

提升审计工作质量 针对审计报告质量、信息化工作水平和信息撰写能力方面的短板，局领导分别挂帅成立“审计报告审核小组”“计算机攻关小组”“信息宣传攻坚小组”三个专项小组。在各专项小组的努力下，审计报告和信息质量、信息化审计能力有不同程度的提升。

加强审计整改督促 做好“审中、审后”整改工作，打通审计监督闭环管理“最后一公里”，构建审计高质量“闭环链”；对审计整改问题数据化动态管理，出具审计报告时一并印发《审计整改问题清单》，列出问题清单，明确整改时限和要求；利用审计发现问题整改挂销号系统按时回访，督促被审计单位对照问题清单纠错到位，问题清零。

推动大数据赋能审计　围绕以数字化实现科技强审目标，探索建立“数据集中采集—数据统筹分析—筛选排查疑点—现场查证核实”的预算执行审计新模式，利用市级大数据中心各业务部门数据，消除数据孤岛，缩短现场审计时间，提高审计效率。

【党风廉政建设】　履行全面从严治党主体责任，坚持党建和业务深度融合，持续提升全局的思想觉悟和政治站位。局班子、中层干部签订党风廉政责任书，研究制定责任清单，制定《定海区审计局推进“建设清廉机关、创建模范机关”活动的实施方案》并参与全区“双建”擂台赛；对“6+1”专项整治整改落实情况进行自查；年中、年末定期分析本单位政治生态情况，抓好意识形态工作；开展“一把手讲廉”，引导全体干部加强作风建设。开展警示教育，深化思想交流。组织观看警示教育专题片，开展读书思廉活动。派驻纪检组与局党组组成联合检查组，对审计组实现党纪廉政检查全覆盖。

7月1日，区审计局全体干部职工在局会议室观看庆祝中国共产党成立100周年大会实况

（撰稿：庄缀萍）
（本分目图片由区审计局提供）

国有资产管理

【概况】　2021年，定海区持续深化国资国企改革，提高国有资本市场化专业化运作能力。加强国有资产管理，提高国有资产使用效益，确保国有资产保值增值。支持全区重点项目，发挥国企引擎作用。积极落实疫情防控政策，倡导“非必要不返乡”。至年底，区属国有独资、控股、参股企业84家。其中，独资企业53家，控股企业10家，参股企业21家。

【推进混合所有制改革】　根据国企改革工作部署，推进混合所有制改革，成立四家混合所有制企业，分别为舟山市定旅贸易管理有限公司、舟山恒桥旅游开发有限公司、舟山市定海区涔江城乡建设开发有限公司和舟山市定海区昌国街道经济开发实业有限公司，促使定海经济跨行业资源配置和运营再造，助力国企高质量发展。

【完善中国特色现代企业制度】　进一步完善中国特色现代企业制度，结合定海实际对舟山市定海区国有资产经营有限公司、舟山市定海旅游发展集团有限公司等国有企业董事会进行规范提升，使公司法人治理机制更加健全，提升治理能力。全区59家控股以上国有企业中，建立董事会企业46家，建立执行董事企业13家。

【强化国企监督管理】　建立和完善国资监管体制，实行区属重点国有企业市场化运作和行业主管部门管理的国有企业双轨并行管理模式。对国有企业融资、股权划转等事项进行审批报批，不断强化国资监管。开展为期2个月的资金存放管理专项督查，对全区59家国有企业检查出的问题全部反馈至各国企，并督促其整改到位，全面提升企业资金存放管理的规范性和高效性，不断提高监管水平。

【国有资产保值增值】加强国企资产管理监督，促进国有资产保值增值，区属国有企业资产处置需按规定办理申报审批手续，符合要求的资产全部进入产权交易中心公开处理。全年固定资产拍租拍卖35笔，起拍金额合计7916.83万元；全年弃土混合料评估总价9778.10万元，成交总价15340.64万元，溢价率达56.89%。对企业银行存款余额实施银行协议存款制度，提高国企资金存放效益，确保国有资产保值增值。

【支持全区重点项目】　围绕全区经济建设重点，在基础设施建设、防洪排涝以及美丽乡村建设等方面，区国企勇挑重担，运用各类金融工具筹集资金，保障区重点项目建设资金需求，发挥国有企业引擎作用。全年，基础设施建设等项目60个，计划投资总额384124万元。

支持东海云廊建设

【做好疫情防控】 针对新冠肺炎疫情，区属国有企业迅速行动，投入疫情战斗一线。舟山市定海区恒佳保安服务有限公司积极协助集中医学观察点、菜场、医院、学校、企业等单位落实各项疫情防控工作，严把疫情防控“安保”关；舟山市定海旅游发展集团有限公司下属各景区（南洞艺谷、舟山鸦片战争遗址公园、定海中大街）督促游客做好测温、戴口罩、保持“一米线”安全距离等各项疫情防控措施，最大限度降低疫情传播风险。对区属控股以上企业2074名人员开展春节用工调研，倡导“非必要不返乡”，做好思想教育工作，假期期间尽量“原地休假”。

参加疫情防控

拍 卖

【概况】 舟山市公信拍卖有限责任公司系定海区国有资产经营管理有限公司直属子公司，是一家具备舟山市人民政府指定拍卖人资格、浙江省拍卖行业理事单位、诚信示范企业、中国拍卖企业A级资质和配备国家注册拍卖师和专业拍卖团队的专业拍卖公司。历经18年的发展，公司从小微企业起步，科学管理，勇于创新，不断发展壮大。

【拍卖和评估】 2021年，舟山市公信拍卖有限责任公司举办各类拍卖会105场，标的涉及房屋产权、房地产租赁、二手物资、工程石料、厂房、场地等领域。总成交31000万元，总溢价率28.63%。其中，租赁权拍卖占43.29%，溢价率34.28%。总拍卖业务中，国有、集体资产成交额为29442万元，占总成交量的95%，其中，租赁权拍卖占29.76%，溢价率26.3%。全年实现拍卖佣金收入630万元。

（撰稿：彭建慧）

（以上分目图片由区财政局提供）

责任编辑：吴宏军

应急管理

综　述

是年，全区发生各类生产安全事故13起，死亡（失踪）9人，与前两年平均数相比分别下降20%、40%，未发生较大以上生产安全事故，安全生产各项指标未突破市政府下达的控制指标。定海区人民政府被舟山市人民政府评为2021年度安全生产目标管理责任制考核优秀等次。

综合协调工作

【责任落实】　建立照单履职、年度安全生产述职等制度，层层制定细化党政领导安全生产年度重点任务清单，将安全生产履职情况列入各级领导干部年度述职述廉内容，推动党政领导干部主动研究部署、统筹协调和督办落实安全生产重点工作任务。健全安委会（安委办）和专业安委会（专业安委办）的工作职责和制度，强化考核巡查，推行指数评价，对发现的问题点对点提醒，逐一对账销号，下发航修点整治、港内小船整治等工作督办函6件，推动各专业领域安全监管责任落实。健全完善企业安全生产责任制，严格落实第一责任人责任，开展以八大领域为重点的企业风险普查，动态迭代八大领域重大事故风险链鱼骨图，细化完善风险链关键节点、防控措施和重大风险防控责任清单，督促强化企业内部各部门安全生产职责，推动建立“层层负责、人人有责、各负其责”的安全生产工作体系。

区安全生产委员会专题部署安全生产风险普查工作

【重点行业领域专项整治】　组织开展重点行业领域“遏重大”攻坚、“平安护航建党百年”安全隐患大排查大整治等专项行动，深入推进第二轮安全生产综合治理三年行动，对22处省、市、区级挂牌隐患（危险路段）实施重点隐患整治清单化管理并完成整改销号任务。首次启动“行刑衔接”对非法经营危化品行为依法追究刑事责任2起3人，协调公安、消防等部门做好爱迪亚废弃化学品处置安全保障工作，

组织到浙江石油化工有限公司（马目油库）开展大型油气储存基地风险评估

对6家油库开展深度评估查处各类隐患375项，完成工业领域企业风险普查432家，推动重点行业领域实现安全生产。

防汛抗旱与减灾救灾

【防汛抗旱】 是年，定海启动抗旱Ⅳ级响应1次，防台风应急响应2次，应对“烟花”“灿都”两次超强台风袭击，处理各类险情20起，累计调拨分发沙袋10.6万余只，转移重点区域人员7958人次，保障人民群众生命财产安全。

“烟花”台风期间应急救援队伍在基层一线抢险救灾

【防灾减灾能力建设】 推进防御自然灾害高标准规范化建设，推动创建全国综合减灾示范社区12个、省级综合减灾示范社区14个，开展全区突发事件综合保险服务，强化综合防灾减灾能力建设。开展定海区第一次自然灾害综合风险普查工作，摸清自然灾害风险隐患底数，查明重点地区抗灾能力，保障自然灾害防治工作有序开展。建立基层组织动员精准防汛机制，全面实施“一小区一策，一道路一策”和“红、黄、蓝”三色精准化管理，推进防汛防台精细管控。

深入社区村开展定海区第一次自然灾害综合风险普查

【森林防灭火】 充实镇（街）森林护林员和扑火队员，增强定海区森林扑火能力。投资4000万元采购工业级无人机、多功能智能灭火机器人等高科技设备，大幅提升抢险救灾现代化装备水平。

在长岗山森林公园举行“3·19”森林防火宣传日宣传活动

应急救援和预案管理

【应急保障】 推进数字化应急指挥平台建设工作，不断完善“区三防办+12个专项组”的应急指挥调度体系，实现线上分组指挥协调+线下各专业救援队伍、社会救援队伍抢险救援的有机结合。加强应急物资保障和调配能力，按照“三大件、四小件”的要求，配

台风“烟花”过后及时调整更新防汛沙袋储备

足配齐基层发电机、水泵、个人防护装备等防汛防台应急装备和物资。建立区、镇、村三级应急物资和救灾物资储备库，在金塘、长白、盘峙岛等多灾易灾的偏远区域建立物资储备分库，针对性解决海岛偏远乡镇紧急情况下救灾物资运输困难现状。

【预案管理和队伍建设】 完成全区51项专项应急预案修订，在3个重点镇（街道）试点建立“一专多能、一队多用”的综合性应急救援队伍，依托全省直升机救援调度机制，探索建立直升机临时起降点网格和地面航空应急救援队伍，推进海、陆、空一体化救援，不断提升应急救援能力。

马岙街道综合应急救援协议签约仪式

企业安全生产监督管理

【执法检查】 组织开展春节前后复工复产、“两会”

开展涉爆粉尘企业安全专项检查

期间、夏季高温等重点时段安全检查，强化涉燃爆粉尘企业、“一厂多租”企业、工业气体经营企业等的专项检查，深化“互联网+监管”执法模式，实现掌上执法应用率100%，查处用人单位违反安全生产管理规定作业的行为。是年，累计开展安全生产执法检查1136家次，查处隐患1910条，实施非事故行政处罚39次，累计罚款49.22万元，吊销许可证3家次。

【基层基础建设】 推行安责险，危化、矿山、建筑施工等重点行业企业实现全覆盖；强化小微企业安全生产，全区小微企业风险管控体系建设覆盖率超过65%，社会化服务覆盖率达到75%；深入开展以八大领域为重点的企业风险普查，督促强化企业内部各部门安全生产职责；同时，大力推广“工业企业安全在线”应用，实施事故隐患排查举报奖励制度，深化企业安全班组建设，企业隐患排查主动性不断提高，安全管理持续加强。

在文化广场开展全国安全生产月现场咨询服务

【生产安全事故调查】 按照“四不放过”原则调查处理安全生产责任事故4起，警示约谈企业1家，制作调查笔录39份，共罚款190.97万元，依法加大事故相关责任单位和责任人员的处罚力度，确保事故隐患依法依规整改到位。

2021年各类事故统计一览表

表20

类别＼指标	事故次数		死亡（失踪）人数		受伤人数		沉船只数		其中一次死亡3人以上事故（次）	
	全年（次）	比上年±%	全年（人）	比上年±%	全年（人）	比上年±	全年（只）	比上年±	全年（次）	比上年±%
企业工伤	4	持平	3	-25%	0	持平	0	0	0	持平
道路交通	8	60%	6	20%	2	增加1人	0	0	0	持平
水上交通	1	增加1起	0	持平	1	增加1人	1	增加1艘	0	持平
生产经营性火灾	0	持平	0	持平	0	持平	0	0	0	持平
渔业水上事故	0	持平	0	持平	0	持平	0	持平	0	持平
合计	13	44.4%	9	持平	3	增加2人	0	持平	0	持平

（撰稿：韩　玲）

（本分目照片由区应急管理局提供）

消防救援工作

【概况】　是年，区消防救援大队有消防救援人员75名，其中干部15名、在编消防员29名、政府专职消防员31名；执勤消防车14辆，行政执法车6辆。大队先后获评2020—2021年度全省平安建设先进集体、2020年度区平安定海建设突出贡献集体、安全生产和消防工作目标管理责任制考核优秀等次、机关单位和镇（街道）综合考核一等奖、全国文明城市创建工作先进集体等。

【党建交流办实事】　是年，大队结合党史学习教育，组织学习习近平总书记“七一”讲话、中共十九届六中全会精神，开展交流讨论9次、主题党日11次。成立4支党员突击队，深入推进“我为群众办实事”。组织参观舟山名人馆、大桥展览馆、解放金塘岛登陆点红色革命遗址，在舟山烈士陵园挂牌“党史学习教育基地”，邀请市委党校老师黄正光、市委红色讲师团刘琦开展党史学习教育。自主研发“中共党史知识应知应会题库”手机测试小程序。与大桥管理处党委、工商银行党总支开展党建联建活动。与工商银行定海支行党总支签订共建协议并开展系列活动，组织党员重温入党誓词，赴浙江海洋大学开展“学党史、见行动、办实事、显真情”为主题的党日活动，与工商银行舟山定海支行联合作防火防诈骗宣传。

与工商银行舟山定海支行开展党建共建活动

【消防管理】　是年，列管消防安全重点单位282家。检查社会单位1286家次，投入使用营业前安全检查103次，发现火灾隐患466处，下发行政处罚决定书94份，责令关停7家，罚款38家，罚金49.28万元。

【加强部门联动】　党政高位谋划　区委、区政府将消防安全专项整治三年行动纳入全区性督查检查考核事项，将大型商业综合体消防安全管理试点示范创建工作和宗教场所消防安全标准化管理试点创建工作列为全区年度重点改革项目，各级领导常态化带队督导检查。

部门联合发动　督促卫健、教育、住建、民政、市场监管、民宗、文广旅体等部门落实行业系统消防安全工作制度，推行行业系统消防安全标准化管理，进一步推动落实行业部门的监管责任，年内开展部门联合执法31次。召开重点单位消防安全管理工作会议，明确标准化创建标准，规范消防档案台账，制定完善消防安全制度、灭火和应急疏散预案。全区282家消防安全重点单位开展“三自主两公开一承诺”，加强单位内部消防安全管理，健全消防规章制度，进一步落实单位消防安全主体责任。

与区检察院联合检查老旧小区充电桩

【紧盯重点领域各个击破】　部署开展全区重点领域“遏重大”整治工作部署会暨危化和消防领域“遏重大”工作、消防领域风险普查工作、“平安护航建党百年”消防安全隐患大排查大整治专项行动等重点工作。同时，紧盯商场市场、宾馆饭店、娱乐场所等人员密集场所以及居住出租房、高层建筑、小微企业等火灾防控薄弱环节，在节假日等重要节点时期，集中力量开展 “夜查”行动。

开展住宿与经营合用场所消防安全专项整治　制定《全区住宿与经营合用场所消防安全专项治理方案》，发动镇街检查沿街店铺625余家，发现整改各类隐患180项，腾退清理违规住宿人员17人。

开展重大火灾隐患综合治理　对3家严重影响公共消防安全的单位挂牌督办，其中定海海事大楼列为省级重隐挂牌督办，3家重大火灾隐患单位均已整改销案。

开展消防安全管理试点示范创建工作　完成全市唯一一家一类高层建筑大型商业综合体（定海凯虹广场）的综合体示范创建工作，稳步推进宗教场所消防安全标准化管理试点（天福古寺）创建工作。

联合卫健部门开展医疗机构消防安全联合检查，推广应用“浙里办”消防自主管理系统，对全区33家医疗卫生场所开展消防蓝码管理，社会办医疗机构全部使用“蓝码”平台开展自主管理并取得个人培训码。

全面排摸高层建筑消防安全隐患　对新露亭公寓高层商住小区实施挂牌督办，对其余存在消防设施故障的高层均函告属地政府和住建部门，协调解决修复设施。督促物业服务企业加强人防、物防、技防等管控措施，全区所有设置火灾自动报警系统的高层建筑全部联入消防远程监控系统，完成对54位高层住宅小区楼长、61位高层公共建筑经理人的消防安全培训，并定期抽查楼长、管理人在岗及工作开展情况。

大型综合体试点（定海凯虹广场）创建指导

【落实“驻岛联防”工作机制】　针对辖区多数悬水

检查指导富翅岛消防工作落实

岛屿存在交通不畅、监督力量覆盖不全、应急队伍能力滞后等问题，大队建立驻岛联勤工作小组，定期赴长白、册子、东岠、团鸡山等13个海岛渔村开展火灾防控、消防宣传、应急能力的指导服务。持续深入街道、派出所进行消防业务帮扶指导，开展消防监督工作业务培训，提升消防业务水平和消防监督执法能力。

【“线上+线下”119宣传活动】　启动“119”宣传月线上仪式策划会活动，借助网络媒体渠道，创新开展“小小画家”走进消防队参观写生、“我与火焰蓝”的故事、消防知识答题H5发布、全区各行各业推出消防培训等集宣传、培训、体验于一体的系列主题活动，营造消防安全人人有责的良好氛围。

“小小画家”走进消防队参观写生

【拓宽社会消防宣传面】　全面深化消防宣传“五进”工作，分层次抓好企业主要负责人、消防安全管理人员、从业人员以及行业部门、镇（街道）从事消防工作人员的宣传教育，累计开展消防知识培训70余场次，培训人员1.2万人次。积极开展“体验式”场馆建设，于8月完成全区首个消防安全主题公园建设。构建多元化消防宣传队伍，宣传中融入乡土味，提升亲和力，分别组建宗教协会消防宣传队、“东海渔嫂”消防宣传队、中小学生消防宣传队、“外卖小哥”消防宣传队；开展“敲门”行动，统筹开展驻岛联勤活动，进一步扩大消防宣传的覆盖面。借助重点时段开展针对性宣传，利用“3·15”、安全生产月、“11·9”消防宣传月以及中秋、国庆等重大时间节点开展消防宣传，派发消防宣传单和活动海报、消防知识小册子共1.3万余份，开展各类宣传、咨询活动20余次，播放户外视频2000余条（次），发送手机短信20.5万余条。在广播、电视台播放消防提示、公益广告、警示教育片200余次。大队“蓝朋友”总动员——定海区消防知识普及宣传志愿服务项目在首届定海区新时代文明实践志愿服务项目大赛中获二等奖。

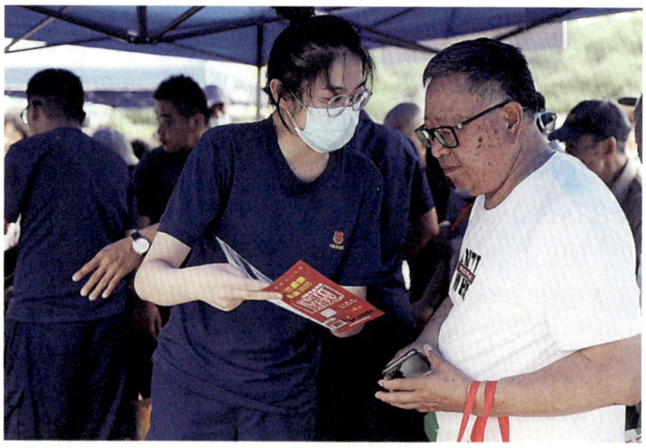

安全生产月宣传活动

【提升应急救援实力】　大队以提高队伍战斗力为切入点，严格落实“3+1”组训模式，坚持从难从严从实战角度出发，每月开展实战化演练不少于20次，通过不断加大训练难度，全面提高单兵作战和整体作战能力。是年，大队制定完善各类重大灭火与应急救援预案、修订数字化预案260余份，开展“六熟悉”600余次，演练200余次。此外，对辖区282家单位微型消防站和119个社区微型消防站实战拉动演练370次，电话督导1878次，并对微型站人员开展经常性业务指导，不断提升微型站“灭早灭小灭初期”能力，确保在关键时刻能够“拉得出、冲得上、打得赢”，举行金塘岛首届村级微型消防站消防技能大比武。对于“全灾种”“大应急”的职能需要，大队着力打造“1+

金塘岛首届村级微型消防站消防技能大比武

5+X”作战体系建设，建立业务骨干培养、使用、保留机制，实施“周考核”和“月对抗”竞赛活动。改进传统处置理念、战术打法，不断完善配套的人员、预案、训练、装备。积极开展应对高低大化、重特大灾害事故的处置假想复盘推演。

【接警出动】 是年，全区接出警718起，其中，火灾401起、抢险救援289起、社会救助23起；抢救被困人员70人，疏散被困人员310人，抢救财产价值396.5万元，保护财产价值960.19万元。同比上年，火灾起数下降23.53%，直接财产损失下降4.1%。完成中国共产党成立100周年等重大活动消防安保任务，成功抗击台风“灿都”“烟花”等一系列急难险重任务。

【救援案例】 2月15日，3时7分，白泉镇万金湖路停车场汽车着火。接到报警后，舟山支队指挥中心立即调派新马大道消防救援站两车11人前往处置，盐仓消防救援站后续增援。3时21分，救援力量到场时火势呈发展状态，已经有三辆燃油轿车过火受损。3时40分，火情得到基本控制。现场过火面积约20平方米，无人员伤亡。火灾造成四辆小型汽车及邻近的分类垃圾投放点垃圾桶烧损，直接财产损失37.49万元。

2月18日，16时12分，市消防救援支队指挥中心接到报警称：盐仓街道西城锦园一处住宅着火。指挥中心立即调派盐仓消防救援站4车13人赶赴现场，16时40分现场得到控制，17时5分火势基本扑灭。据了解现场因6岁孩子在家点蜡烛，过火面积约20平方米，无人员伤亡。

7月26日，受台风“烟花”影响，定海区部分路段出现内涝，许多小区水位已齐腰深，一些低洼地段的房子积水严重，水位迅速上升。合源路9号一民房内有一对年过九旬的老夫妻，因屋内水位太高被困家中，情况十分紧急。16时21分，区消防救援大队接到指挥中心指令，立即调派救援力量赶赴现场。16时35分，消防救援人员到达现场后，发现屋内水位已经到达大腿位置，其中1名被困老人因肋骨骨折刚做完手术，行动不便，救援人员脱下身上雨衣帮老人穿好后，一组救援人员用担架将老人送上救援车辆，一组救援人员把另一位老人背到救援车辆上，随后转移至其女儿家中。

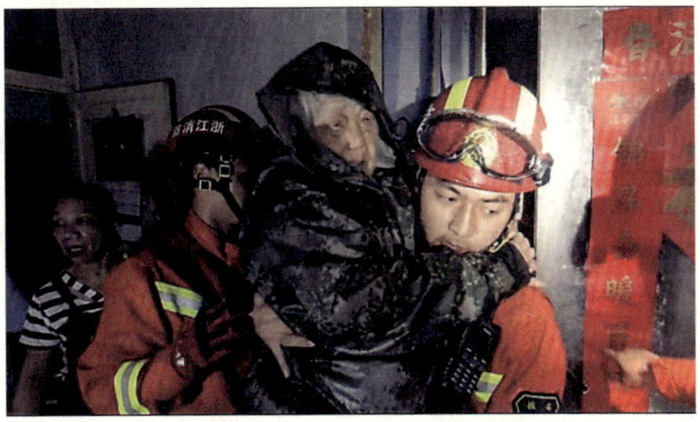

对被困家中的九旬老夫妻进行营救

11月7日，7时14分，大队接到指挥中心指令，茅岭大塘口附近山上有一老人从山上坠落，盐仓消防救援站立即派1车7人赶赴现场。 老人89岁，5日在山上农田耕地时不慎摔落至山脚，消防救援人员立即携带担架到山脚下进行救援，经检查老人无生命危险。

（撰稿：朱璐璐）

（本分目照片由区消防救援大队提供）

责任编辑：周丽坤

定海饮水习俗

定海为淡水资源缺乏地区。旧时城乡均有积贮天落水（雨水）作为饮用水的习俗。家家户户在屋檐下安置大小缸甏，待雨天积贮雨水以备平日饮用。农家习惯用积贮的梅季雨水酿酒，认为可以提高出酒率。此外，定海民间还有遍挖水井习俗，用井水作饮用水，故城乡遍布水井，一些大户人家几乎家家院内有水井。一些公用水井还在井旁立有石碑，如金塘肚斗村吴家井就立有光绪年间的公禁石碑："……上井为饮泉，不许洗涤；中井为净泉，任用于洗衣洗菜；下井为荡井，任由荡涤秽器等用。……如有触规犯禁，罚大钱四百文……"，以保护水井。至1987年，定海有民间井6773眼，坑道井167眼。自1960年后，各乡镇普遍兴建水库，并陆续建立水厂，城乡开始逐步饮用自来水。近年来，人民生活水平提高，追求健康，饮用桶装（纯净水）饮用水已渐成新俗。

自然资源与规划

综　述

是年，市自然资源和规划局定海分局被省委、省政府评为“森林浙江”建设工作突出贡献集体，被市局、区政府评为2021年度考核优秀单位。定海区自然资源综合治理智慧分析平台获全省自然资源系统改革创新优秀案例，统筹实施全域生态修复内容在《中国自然资源报》刊发。定海不动产登记中心被评为市级青年文明号。

保障发展

【规划编制】　推进国土空间规划编制，开展“三区三线”划定工作，优化定海区生态保护红线，初步完成永久基本农田线和城镇开发边界线试划。是年，4个街区（地块）控规获市政府批复，批复面积约167.38公顷，在编控规面积约408.77公顷；启动定海城区控规全覆盖1750公顷的10个控规单元的编制工作；完成马岙街道马岙社区、白泉镇金山社区、盐仓街道新螺头社区的村庄规划编制及审查工作，结合全域土地整治，启动长白岛村庄规划编制工作。

【国土空间保障】　推进马岙高铁站周边区域规划研究、皋泄片区概念性城市设计、竹山门滨海绿带及城市综合体——城市空间研究及滨海绿带景观设计。推进定海古城保护与活化利用工作，完善东、西大街的街巷设计方案。

【要素保障】　落实建设用地3批次，含2个城市分批次、1个增减挂钩批次，涉及项目13个，共保障新增建设用地指标200亩，其中，农用地200亩，耕地167亩。申请新建宁波至舟山铁路（定海段）先行用地，获批先行用地面积31亩。落实林地定额指标285亩。全区供应土地71宗，供地面积1322.9亩，其中出让23宗，出让面积737.7亩，出让金收入24.636亿元。出让经营性用地8宗，土地面积284.04亩，出让金总额21.716亿元。完成周家塘安置、邬家塘安置等项目土地供应，实现工业用地100%标准地出让。

【空间用途管理】　完成项目选址和用地预审论证1件，出具规划设计条件23件，完成建设项目审查23件，完成方案批复15件。确权海域项目23个，用海面积107.3818公顷，其中变更项目21个，面积100.38公顷；办理建设项目使用林地审批28件，涉及各类林地面积48.97公顷，收取森林植被恢复费1246.35万元；完成设施农用地备案22件，申请设施用地面积9.15公顷；批准临时用地5宗；办结建设用地规划许可证53件，建设工程规划许可证（含临时工程、外立面审批、维修审批、市政工程、市政备案以及工程调整）96件，林木采伐许可36件。

【土地集中处置行动】　全年完成“批而未供消化”1009亩（金塘169亩），完成率133%，其中2009—2018年502亩（金塘41亩），完成率100%；完成低效用地再开发任务942亩（金塘70亩），完成率108%；完成闲置土地处置411亩，完成率128%。

资源调查

【第三次国土调查】　向社会公布《定海区第三次全国国土调查主要数据公报》（以下简称“三调”），并进行“三调”成果的共享应用，在“三调”成果基础上，完成2020年度国土变更调查，更新成果按时完成上报，通过国家级内外业核查和数据库质量检查。

【森林资源动态监测】 落实森林资源动态监测更新工作，完成111个国家和省遥感变化图斑现场核查，查处违规使用林地项目23起。定海区森林覆盖率增加0.09%，林木蓄积量增加5.40万立方米，乔木林单位面积蓄积量达到2.72立方米/亩；根据建设项目占用重点公益林占补平衡，完善森林资源管理“一张图”数据库，定海区省级以上公益林区划落界总面积27.55万亩，体量居全市首位。

【数据信息基础】 深化“互联网+”技术运用，推进实体大厅向网上办事虚拟大厅延伸，审批事项实现100%网上申报，不动产登记查询事项在窗口收件端、浙江政务服务网电脑端、“浙里办”App实现“一证通办”，抵押登记和司法查（解）封实现全流程网办。坚持数字赋能，完善定海老城区4800幢历史房产数据平面图电子化，登记档案扫描影印数字化，强化不动产登记数据质量和基础数据清查。加强网络安全建设，落实“三网分离”等要求，确保数据安全和系统安全。

【地下市政基础设施普查】 开展城市地下市政基础设施普查项目，确定普查范围和方案。重点普查建成区范围内的地下人防、地下停车场等地下市政基础设施项目。

生态修复

【全域土地整治】 是年，新螺头全域项目完成建设并首批通过区级验收。马岙街道全域土地综合整治与生态修复工程各个子项目均按照原定计划推进，小沙街道庙桥村等全域项目得到市级批复同意实施，土地整治工程开工。

【耕地保护】 14个土地整治项目通过区级验收，总新增耕地527亩（其中水田259亩），新增旱改水364亩。

【国土绿化】 国土绿化五年行动任务地块全部落实，完成国土绿化1720亩，完成率114.6%；完成森林质量精准提升2200亩，创建省级森林城镇1个、“一村万树示范村”1个。

马岙森林城镇

【海岸线修复】 成功申报浙江省定海区蓝色海湾整治行动项目，争取省级资金支持2528万元。项目拟对竹山门岸段进行生态整治修复，计划于2022年完工。主要建设内容为，海堤生态化重建，漫滩湿地修复2800平方米，岸线整治修复300米，公众亲海空间平台建设4382平方米。

【绿色矿山】 册子大皇山矿作为智能化绿色矿山建设试点，完成建立一个模型、开发六个系统、构建四个平台工作，通过省自然资源厅验收，实现了骨料在线监测；其他在采矿山强化绿色矿山建设成果，持续保持良好的环境，保持边开采边治理模式，终了边坡生态恢复率100%。

浙江省自然资源厅一行到定海区册子岛大皇山矿调研智能化绿色矿山试点建设工作

【湿地保护】 是年，完成大五峙山林业管理用房的招投标及进场施工，稳步推进内部装修工作，“供电系统”“科普展示馆”和“智慧鸟岛”综合管理平台设计方案已完成并通过专家评审，完成“智慧鸟岛”建设实施方案的拟制并上报区政府审批，中国科学院动物研究所协助完成黑尾鸥环志追踪设备加装工作，开展“海陆空”综合观测。是年，观测到中华凤头燕鸥13巢，幼鸟12只，总数同比增长27%；大凤头燕鸥约4000巢，幼鸟约2800只，总数同比增长54%；黄嘴白鹭约15巢，幼鸟约34只；黑尾鸥约3500只，幼鸟约1700只。

大凤头燕鸥

专项行动

【卫片执法】 定海区违法图斑1个，监测面积4.08亩，其中，耕地2.56亩，永久基本农田0亩，已立案查处。

【土地例行督察】 上海督察局经内业判定下发定海区27个核查图斑，主要涉及在农村乱占耕地建房、非农建设占用耕地、永久基本农田“非粮化”、卫片执法检查其他类认定不实等疑似问题图斑。经外业核查，对存在问题需进行整改，并通过上海督查局例行督查检查。

【农村乱占耕地建房问题】 全区无一例新增乱占耕地建房行为；已整改项目“一案一档”，完成整改15个项目。

【围填海历史遗留问题】 围填海历史遗留问题图斑24个，其中，“批而已填未利用”图斑5个，“批而未填”图斑7个，“未批先建”图斑12个，全面完成年度工作任务。

保障民生

【不动产登记】 推进不动产登记改革集成，助推“不动产智治”，全面推广颁发不动产电子权证，实现抵押金融“一件事”、司法协助“一件事”，力推企业、群众通过浙江政务服务网、“浙里办App”、自助服务终端等实现抵押等“不见面”方式办理，提供“延时服务”“预约服务”“上门服务”，多措并举不断优化营商环境。化解现存历史遗留问题22个。进一步提速增效，企业不动产转移登记环节压缩到1个，申请材料压缩至3件，实现完税后即办即结。推进市属国有资产及融通资产划转工作，新购商品房“一证通办”，国有建设用地首次登记“交地即发证”，该局被授予2020—2021年度舟山市“青年文明号”称号。

【地灾防治】 继续推进地质灾害精细化全面化管理，深化联动机制。10处地质灾害隐患点经历台汛期考验后组织验收，完成核销工作；组织专业队伍对辖区内地质灾害隐患点进行“拉网式”排查，科学更新风险防范区，确定风险区域157处，责任人、“群测群防员”落实到位；新增隐患点1处，完成治理主体工程施工；汛前、汛中、汛后联合预警，发送提醒短信3000余条；宣传进社区，发放材料1740份；完善专业监测体系建设，新建转群监测点3处；深化地质灾害管理精细化全面化工作，启动小沙街道、岑港街道、双桥街道、盐仓街道、干碳镇1∶2000地质灾害风险区划调查工作。

【海洋灾害风险普查】 完成定海区海洋灾害风险普查及成果汇交。完成定海区海岸防护工程、渔港和海水养殖区的调查评估，完成海洋灾害的风险评估和区划，完成风暴潮灾害重点防御区划定。

【信访宣传】 受理各类信访、举报事项134件（含金塘6件），按时办结区信访局交办的信访积案2件。受理依申请信息公开18件，行政复议4件，行政诉讼25件。开展“4·22”地球日、“5·12”防灾减灾日、“6·8”海洋日、“6·25”地球日、“8·29”测绘法宣传日等宣传活动，针对性地开展自然资源领域的宣传教育活动。

改革创新

【自然资源综合治理智慧分析平台】 定海区结合自然资源工作特点和实际工作需求，依托云服务器及AI软件，通过设置62个通信铁塔高位置监控、智能图像识别技术等，构成“天人合一”监管系统，变人工逐个查看监控为自动识别，建立综合治理智慧分析平台，实现自然资源“数字化监管”。定海区综合治理智慧分析平台已在定海区“数字政府”门户上线。该平台荣获全省自然资源系统改革创新优秀案例。

定海区自然资源综合治理智慧分析平台

【全面启用不动产电子权证】 不动产抵押登记实现全流程线上办，抵押、查（解）封实现“一地办”，探索“不动产+公证”模式，推出“异地见证”服务。完成全区首个本地役权登记发证工作，探索推出“交地即发证”新模式。对18个小区71幢商品房分层分户平面图电子化补录，1.14万宗不动产登记档案完成装订并数字化，28万宗房产（地籍）历史档案补扫描工作接近尾声，为全面实施“不动产智治”奠定基础。

【建设项目用地预审与选址意见书】 定海区建设项目用地预审与选址意见书电子证书共核发35件，均实现线上办理，电子证照核发率达到100%，矢量数据上图入库率达到100%，提前完成省定目标。

【设施农用地、临时用地管理】 定海区人民政府于7月15日出台《定海区设施农用地、临时用地管理办法》，自8月15日起实施并做好管理工作。

（撰稿：王　芳）

（本类目照片由市自然资源和规划局定海分局提供）

责任编辑：周丽坤

市场监督管理

综　述

2021年，市市场监管局定海分局以习近平新时代中国特色社会主义思想为指引，全面落实区委、区政府和市局部署要求，对照省市场监管局“四大战略”和“4455”总体思路，围绕“精业强局”主线，抓改革、强监管、护民生、强队伍，全面提升市场监管区域治理现代化水平，确保各项工作全面、提前、超额、高质量完成。

“小微企业”入企帮扶

服务经济发展和民生

【深化商事制度改革】　创新设置白泉“就近可办”试点，做好新增告知承诺事项落地实施，推行食品药品综合许可证制度，破解多次核查难题。因地制宜设置“潮汐”窗口、配备“离岛”导办人员，全面启用政务2.0收件系统，推进电子营业执照下载、食品经营许可电子证书。2021年，全区办结企业新设登记951家，企业网上开办率达99.89%；企业简易注销率达54.53%，为919家企业提供开办首套5枚印章免单服务，为450家企业提供税务UKEY免费服务，为企业节省制度性开办成本45万余元。

【第三轮“小微企业三年成长计划”】　开展小微企业培育库管理工作，有663家在库企业。推广应用“贷款码”，提高信用贷款比，2021年授信总额41.15亿元，新增授信总额22.65亿元，发放贷款27.37亿元，小微企业和个体工商户金融服务获得感和满意度不断提升。助推政府招商引资工作，通过事前承诺、事后补足材料的方式，帮扶馋文化食品、龙源电力、恒厚实业3家外资企业办结落户手续。

【进口食品冷链物防】　常态化开展疫情防控工作，全面落实进口冷链食品管控。至年底，全区19家进口冷链食品经营主体，累计赋码212105份，扫码319909份。开展进口冷链食品鸦片鱼头、牛肉经营餐饮单位、疫情集中隔离点食品安全等专项检查3次，查处

“三农”批发市场进口冷链食品排查

进口冷链相关案件64起，查扣、封存问题冷链食品8796.2千克，完成3起涉阳进口冷链食品情况的应急处置。

【知识产权“一件事”集成改革】　成立知识产权维权援助工作站，依托“一链条保护”援助平台，成功受理2家中小企业在线援助申请并提供维权援助，完成处置率100%。“一站式管理”创新型上线企业60家，完成2家品牌指导服务站在线申报并通过线上审核。

品牌指导服务站现场服务

【电动自行车集成改革】　推进“浙江e行在线”数字化平台应用步伐，强化数字赋能，定海“浙江e行在线”注册家数181家、电动自行车销售企业赋码入库数5586辆、电池销售企业赋码7974个，承诺书签订率、浙品码赋码率均达100%。

在电动车销售点现场指导

【国家知识产权强县工程试点】　坚持知识产权保护与运用并重，以品牌指导站建设为抓手，实现指导站进定海工业园、进科学城、进特色产业集聚区。试点推行知识产权金融服务“入园惠企”行动，建立线下“知识产权金融服务中心”，组建知识产权金融联络员队伍，搭建政银企合作平台，融资信息实现互通共享。创新金融产品，探索研发“商标”+“专利”混合质押模式，浙江龙源四方机械设备制造有限公司“打包”出质1项发明专利和1件注册商标，融资贷款1800万元。

【“五化”市场创建】　推进市场提升工程，东门、北门、西园3家市场完成省局“五化”市场创建认定， 6家市场全年完成新一轮放心农贸市场新创和延续工作。

现场指导“五化”市场规范创建

【“浙江制造”品牌建设】　挖掘培育潜能，由品联会发布“品字标”浙江制造团体标准3项，另有5项企业及农产品标准在制定中。开展政府质量奖评选，有6家企业接受评审。优化质量基础“一站式”服务平台建设，以国家远洋渔业基地为依托，融合“浙江制造”品牌建设、标准制定、商标注册、专利申请等方面的市场监管业务，助力企业在标准、质量以及知识产权方面提档升级。

【微电机行业质量提升】　持续开展微电机行业质量提升，导入卓越绩效管理模式，提升行业竞争力。浙江盛发电器有限公司获评2021年定海区政府质量奖，该公司主导制定的“品字标”团体标准《成人用电动牙刷》发布，并且通过自我声明的方式获得“品字标”授权。开展微电机行业专家指导巡回问诊，解决共性问题3个，抽检微电机4批次，对11家微电机制造企业实施分类分级管理。

【创城、创卫】 发挥市场监管职能，巩固文明城市、卫生城市创建成果，通过建立系列市场管理长效管理机制，长期保持市场创城、创卫标准。创卫迎检期间，对创建区内2400余家餐饮单位实施多轮滚动式排查整治，争取区财政专项“三防”补助资金30万元，新改装“三防设施”2000余套（台），达标率达95%以上。

农贸市场“创城”巡查

【农贸市场“治塑”宣传】 着眼“治塑”难点，自制禁、限塑法制宣传音频广播，线上线下开展广泛宣传，农贸市场基本建立塑料购物袋集中购销制度和有偿使用机制， 4家“五化”市场全面使用可降解塑料购物袋，建成区农贸市场和农村主要农贸市场设置布袋子提供点，基本消除厚度0.025毫米以下塑料购物袋和无标签的不合格塑料购物袋。

现场检查塑料袋销售单位

维护市场经济秩序

【公平竞争审查】 落实公平竞争审查制度，完善不正常竞争行为发现机制，推动营商环境法治化进程，查处公平交易类案件221件，罚款842.27万元。

【“双随机 一公开”监管】 优化企业生产经营监管环境，全区掌上执法开通率100%，掌上执法激活率100%，监管事项入驻率100%，掌上执法率99.96%。不断净化市场环境，清理吊销企业营业执照78家、个体户依职权注销295家、吊销未注销企业305家，列入异常经营名单企业1195家、列入严重失信名单企业529家。

市场主体年报服务“下田头”

【企业社会诚信体系建设】 实施商品房合同格式条款“三方会审”机制，开展校外培训合同格式条款专项检查和自我声明公开工作，进一步规范合同格式条款。围绕企业社会诚信体系建设，推动43家企业获“守合同 重信用”公示，其中AAA级达11家。严格按金融惩戒操作规程，上报食品安全违法信息39条，进一步健全食品安全的社会诚信体系。

【知识产权代理机构分级分类监管】 引导代理行业加强自律自治，率先试点推行代理机构分级分类监管，采取用等级评价机制实施监管对象激励与惩戒，该项目被列入市局争创省政府督查激励项目。辖区12家知识产权代理机构列入评价监管对象，最终评选出A级1家、B级11家，将评价结果有机融合到“双随机 一公开”等监管活动中，根据不同风险等级采取差异化监管措施，推动建立联合监管格局。

【“亮剑2021”消费安全综合执法】 围绕中国共产党成立100周年安保以及各类安全隐患大排查等重点工作，深化办案与监管衔接，在消费信息安全、食品安全、特种设备安全等重点领域展开执法办案工作。结合农村假冒伪劣食品专项整治严查食品违法案，查处案件37起，其中进口冷链食品案件5起；围绕特种设备安全，查处案件22起，从严查处倒逼经营主体履行主体责任。

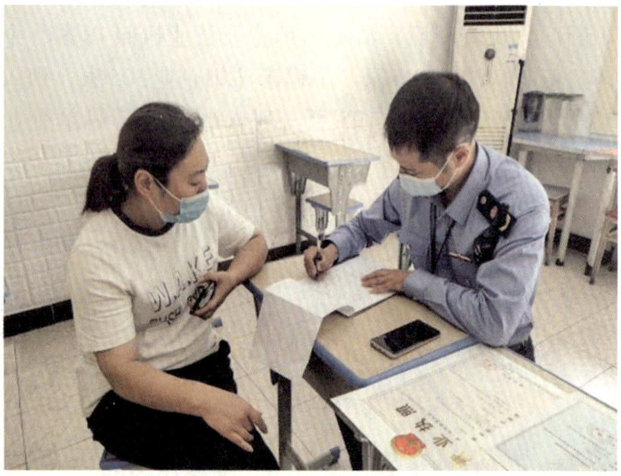

校外培训机构专项检查

【行业“潜规则”整治】 查处全市首例房地产领域利用人脸识别系统非法收集消费信息案件，并以点带面开展行业整治查处同类案件3起；重拳打击电梯维保单位虚假维保、“人到未保”等行业乱象，查处10起未按规定维保电梯案件率先查处假冒手机配件系列案件、“天价茶”案件，率先开展无熄火装置燃气器具整治。

检查房地产企业人脸摄像头

【“治塑”专项执法】 开展多轮塑料袋经销单位及农贸市场“治塑”专项执法检查，查封、自行上缴不合格（问题）塑料购物袋超1吨，抽检塑料袋12批次，其中，9批次不合格，全部处理完毕，共处罚款21942元，没收不合格塑料购物袋8740只。

【农村假冒伪劣食品专项执法】 针对农村消费量较大的休闲食品、酒水饮料、散装食品、熟食产品等，以批发市场、农贸市场、校园周边，食品生产企业、“三小一摊”为重点区域和对象开展“拉网式”排查执法。查处一批食品中添加非食用物质、超范围使用食品添加剂、生产经营过期食品、生产经营未检疫合格肉类等案件，切实保护农村消费者合法权益。共查获此类案件73件，其中移交公安案件2起。

“赤潮”贝类监督抽检

【计量惠民生工程】 深入实施“放心计量”行动，联合市质检院对1100余家市场经营户、放心消费单位开展计量检定上门服务，并针对性开展学生眼镜、血压计计量、敬老院计量服务活动。

特种设备安全监管

【电梯安全监管改革创新试点】 全区按需维保试点电梯数量500多台，实施检验、检测新方式试点电梯数量500多台，安全责任保险覆盖在用电梯总量的60%。建立电梯“保险+服务+智慧监管”的综合治理模式，利用“电梯猫”物联网架构，实现市场监管部门、维保单位、物业单位三方智能共治，至年底，定海有165台电梯安装“电梯猫”物联网系统。

执法人员现场检查电梯安全

【特种设备安全周期监管“一件事”改革】 全面应用“浙江特种设备在线”系统，处置存量隐患111台及新增隐患151台，辖区7000多台特种设备实现赋码全覆盖，全区在用2151台电梯，扫描维保率达98%以上。

【特种设备安全风险隐患大排查大整治】 开展特种设备安全风险隐患大排查大整治专项行动，出动执法人员504人次，检查单位254家，检查设备579台，立案29件，罚款71.18万元。

特种设备隐患排查进企业

【船舶行业“挂图作战”】 创新船舶行业安全治理“挂图作战”举措，全区21家船舶修造企业实现“挂图作战”全覆盖，962台特种设备实现风险隐患信息“一单清”，风险防范告知卡公示100%，上报风险隐患303个，整改303个。

船舶企业特种设备安全检查

【危险化学品（液氨）泄露应急救援演练】 联合区应急局、消防大队、干礁镇政府在舟山市惠群远洋渔业发展有限公司举行危险化学品（液氨）泄露应急救援演练。现场模拟安全巡查员发现氨机房压力管道破裂导致液氨泄漏，展开对事故的应急救援和应对处置工作，全面提升特种设备使用单位应急防范本领。

危险化学品（液氨）泄露应急救援演练

食品安全监管

【食品安全智慧监管】 打造全区食品安全智慧监管中心，将“众食安”监管网络平台、VPN专线视频监控平台和智能小餐饮监管平台统一接入定海区食品安全智慧监管中心。创新探索食品安全视播一体监管，实现多点同步管理，提升监管效率。至年底，全区830家小餐饮、10家农村家宴放心厨房，安装1600余个探头和830个单通道广播，同步对接智慧监管指挥中心及4个市场监管所搭建的视频监控和广播呼叫系统，运行顺畅。

【网络餐饮治理】 推进“浙江外卖在线”应用落地，通过微信小程序、手机App等渠道累计激活608家，实现入网餐饮单位人员信息、采购索票、清洗消毒、外卖封签等一站式管理。提升网上“阳光厨房”建设覆盖面，建成入网餐饮单位“阳光厨房”640家，约占全区入网餐饮总数的80.1%，视频信号同步在饿了么、美团两大订餐平台进行推送，视频在线率达85%以上。

奶茶店外卖餐饮整治

【不合格食品处置】 实施不合格（问题）食品、产品核查处置“三色”预警管理，2021年，发现不合格（问题）食品59批次，完成核查处置30批次，通报22次；将36批次不合格产品纳入管理，完成34批次核查处置，核查处置用时均在80天期限内，比上年平均缩短20天左右。

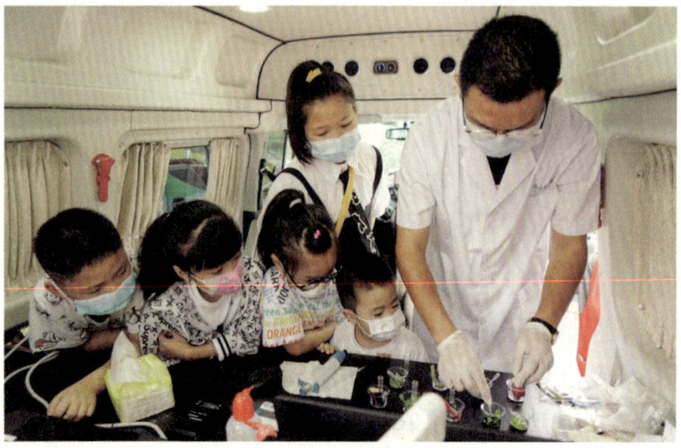
食用农产品“快速检测”

【食品安全抽检分离改革】 全面完成规范化建设，成立食品安全抽检秘书处，积极利用新设备开展食用农产品抽检、食品生产企业抽检、应急牛羊肉、葱抽检、不合格食品生产经营单位抽检、链上点检等，开展双随机、自主抽样任务17个，抽检467批次。

食品安全“你点我检”活动现场

【食品专项整治】 围绕农村假冒伪劣、校园食堂及周边、夏秋旅游餐饮消费市场、桶装水产品、保健品、肉制品等开展专项整治，查处各类食品类案件187件，罚没款108.19万元。回应舆论关切，完成对“曼玲粥铺”“小龙坎火锅”“杨国福麻辣烫”“胖哥俩肉蟹煲”以及“寿喜烧”等知名餐饮连锁单位排查。

元宵节前进行食品安全检查

【食品安全领域民生实施项目建设】 新增全程可追溯的食品生产经营主体536家，建成食品生产企业“阳光工厂”34家，大幅超额完成省定任务。扎实推进“阳光小作坊”行动，全年改造小作坊13家，实行5S管理小作坊（小微企业）16家。

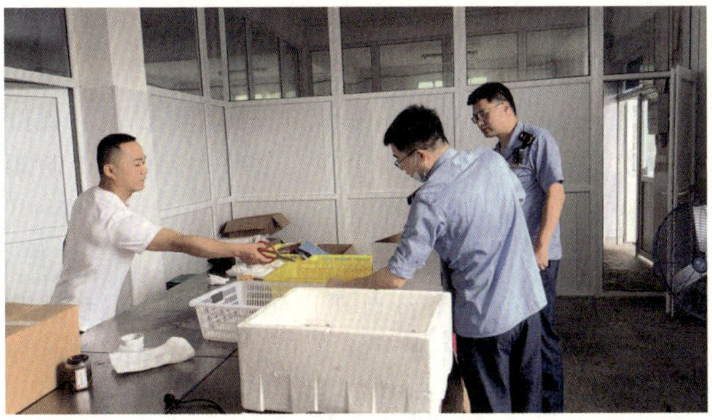

食品小作坊现场规范

【星级食安办建设】 落实镇（街道）食安办的分类分级指导模式，推进全区星级基层食安办创建工作，全面推行网络学习、集中培训等素质提升活动，全区123名基层食安办工作人员和网格员（协管员）参与在线培训，覆盖率达100%，考核合格率和优秀率均达100%。开展食堂（企业）食品安全管理人线上监督抽考、维保单位技能比武、集中培训等，提升从业人员能力。

【推进食品安全责任险】 推进食品安全责任险提质扩面，将8家农村家宴厨房纳入责任险范畴，为8个社区（村）群众食品安全加系“保险带”。

食品安全现场宣传

【台风灾后餐饮食品安全检查】 在“烟花”“灿都”等台风严重影响全市的情况下，分局及时启动灾后食品安全排查，迅速摸清餐饮单位受灾情况、排查食品安全隐患、开展卫生消杀指导，累计监督指导销毁受污染食材150余千克。

【“阳光厨房”建设】 完成42家校园智能“阳光厨房”建设，覆盖率达100%。累计建成农村家宴放心厨房10家，同步建成“阳光厨房”，完成率达250%。

【文明餐饮】 牵头开展全区坚决制止餐饮浪费行为行动，与300家餐饮企业及单位食堂签订制止餐饮浪费倡议书，在全区150余家大型及连锁餐饮单位设立文明用餐劝导员，制定《定海区餐饮场所文明用餐劝导员工作指南》，开展从业人员培训600人次，配发1300个“公筷公勺”盒。加强《中华人民共和国反食品浪费法》执法力度，率先开出全市首张罚单。开展“红黑榜”评定6期，检查餐饮单位198家，将35家餐饮单位纳入“红黑榜”。

制止餐饮浪费现场宣传

【校园食品安全专项】 加强校园及周边食品安全监管，开展春季、秋季开学校园守护行动，对全区78家包含食堂的学校、幼儿园以及62家校外托管机构（小

食品安全进校园宣传

饭桌）、190家校园周边百米范围内社会餐饮店开展多轮全覆盖检查。新建（包括改建）校园食堂“阳光厨房”5家，“阳光厨房”建成率达100%，运用快速检测手段，对餐具清洁度、农药残留量等实施定性检测，全年累计开展检测77批次，辅助提高监管效率。通过线上+线下对校园食品安全管理员开展培训，累计开展培训考核82人次，考核合格率100%。

药品药械安全监管

【零售药店常态化疫情监测】 推进药店疫情信息化全程管控，零售药店全部建成isecure center视频监控，协助市局升级“舟药智管”药械监管直通车，并结合“全省零售药店常态化疫情监测警戒系统”，实现疫情防控线上线下同步可查。

常态化巡查零售药店

【药品药械防疫】 守牢药店防疫关口，编写操作手册2份，开展巡查1258家次。保障新冠疫苗接种质量

现场检查新冠检测试剂、疫苗

安全，对全区9个常规接种点及3个临时接种点，实施现场检查426家次，保障76万余剂次的新冠疫苗安全接种。全面排摸新冠检测试剂使用单位情况，检查47家次，发现隐患风险4个，全部整改到位，严防新冠检测试剂使用不良事件发生。

【“药剑”行动】 针对药械领域难点痛点和风险点，密集推进中药饮片、集采药品、器械清网等15项专项检查，查处药械类案件17起，罚款17.92万元。

美容院化妆品、药械检查

【民生械事服务站】 通过“一站一策”模式建立4个特色民生械事服务站，建成以来受益群众达1.55万余人次。针对青少年视力防控重难点社会问题，建立全省首个民生械事服务站，不断延伸服务范围，为辖区群众提供专业械事服务。

全省首个民生械事服务站挂牌成立

消费维权

【“3·15”国际消费者权益日宣传】 围绕2021消

费年主题“守护安全，畅通消费”的宣传活动，分别在卫海社区、西园社区、宋都蓝郡商圈开展“守护安全，畅通消费”“3·15”主题宣传活动，向市民发放有关放心消费、安全用药、食品安全、消费维权、反对餐饮浪费等知识的宣传读本，宣传反诈骗和消费维权知识，增强消费者识别真假和科学消费能力，增强群众反对餐饮浪费的意识。

“3·15”宣传进社区

【放心消费城市创建】 2021年，创建放心消费单位1632家，其中，创建无理由退货承诺单位1078家，放心消费商圈2个，位列全市第一；创建放心工厂111家，完成任务的111%；放心乡村1个，村级维权联络站点12个。

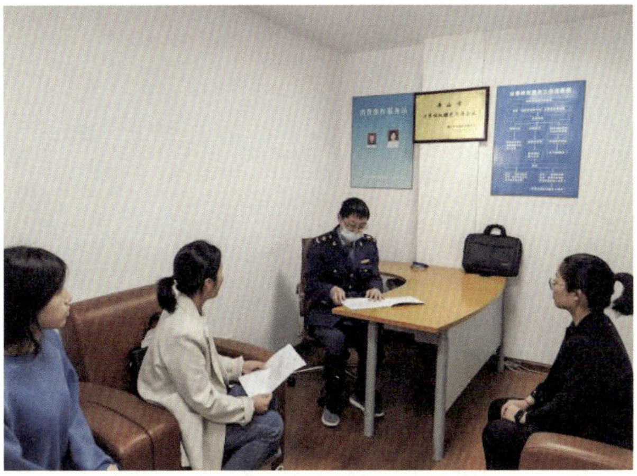

指导消费维权联络站点工作

【诉调对接工作机制】 以诉调对接样板县区建设为契机，建立科学的诉调对接工作机制，完成10起诉调对接。全年受理各类渠道投诉举报件1795件。

【放心消费教育基地打造】 根据省消保委下发的《时尚、定制、体验、智能、绿色消费教育基地认定管理办法（修订版）》，积极开展消费教育基地建设工作。确定位于定海干𥔲镇的舟山市国家远洋渔业基地的中国鱿鱼馆作为消费教育基地的建设对象。

【消费维权义工消费评价】 创新建立金融放心消费协管员队伍，聘用12名农商银行工作人员，与消费义工一起参与198家放心消费单位体验评价工作。开展放心消费单位年度后评价工作，通过年度后评价放心消费单位1632家，未通过8家，对标创建标准，移除放心消费智慧监管平台153家。

【“社区团购”消费测评】 结合“社区团购”消费投诉案例，积极维护消费者合法权益，组织开展定海区社区团购沉浸式体验测评活动。邀请定海新闻、“汪大姐”栏目等媒体全程参与，并组织市消保委、基层工作人员和相关科室专业人员等10名测评人员，对美团优选、同程生活、多多买菜、橙心优选、十荟团5个常用平台开展测评，并于3月15日公布“社区团购”的调研报告。分析当前舟山“社区团购”的现状、存在的问题，对下一步工作方向提出看法和思路。

“社区团购”消费测评现场

价　格

【台风后物价专项检查】 落实市场监管职责，做好“烟花”台风期间的价格监管工作，主要检查各经营者的明码标价。查处捏造、散布涨价信息，囤积居奇、哄抬价格，相互串通、操纵价格，不明码标价，低标高结、虚构原价、虚假优惠折价、不履行价格承诺等各类价格违法行为。经营者均明码标价，未发现虚构原价、哄抬价格等扰乱市场价格行为。

“烟化”台风后检查超市物价

【转供电环节价格监管】 为督促转供电主体严格执行降价政策，落实阶段性企业用电成本政策专项整治行动，通过上门提醒告诫、电话沟通联系等方式，将降价政策措施宣传至辖区各转供电主体，要求各转供电主体开展转供电价格政策执行情况自查自纠工作并将降价政策告知所有终端用户。对每个转供电主体建立台账，准确掌握全县转供电主体和终端用户的总数量及清理规范完成情况。

（撰稿：张倩奕 ）

（本类目照片由市场监督管理局定海分局提供）

责任编辑：王英伟

教　育

综　述

2021年，定海区有幼儿园43所、小学21所、初中10所（含2所民办）。在校学生32897人，其中在园幼儿8423名、小学生16646名、初中生7828名。在职教职工3361名，其中专任教师2554名。全区标准化学校比例达96%，学前教育招生“服务区”实现全覆盖，2020年度履行教育职责情况获评优秀“A”等，受到省政府肯定。

定海区人民政府2020年履行教育职责督查评价反馈会

教育创建改革

【教育“双减”】 开展教育“双减”改革，建立学生作业管理制度和课业负担监测公布机制，实行作业分层分类控制，全区85%以上的学生能在规定时间内完成家庭书面作业。全域推行义务教育阶段校内课后托管服务，挖掘教育资源、精心策划管理模式，小学“1+X+N”“5+2”服务质量得到有效提升，1所学校案例入选了省“双减”短视频专栏。配套落实托管服务保障工作，通过食堂改造扩容、设备增添、第三方配送等方式全力满足学生就餐需求。持续强化对校外培训机构的监管力度，按期完成学科类校外培训机构“营转非”工作，校外培训机构“转非率”达100%。

6月30日，舟嵊小学开展“双减”下的乐考活动

【教共体建设】 纵深推进教育共同体建设，组建有城乡义务教育共同体20对（协作型14对，共建型6对），其中4对由协作型升级为共建型。出台专项实施方案，常态化开展共同体教学、教研活动，交流教师13名（城区向农村交流8名），均为带人带编交流至受援学校，周期为3年。舟嵊小学—双桥中心教共体案例入围省教共体学校典型案例。深化“互联网+义务教育”城乡学校结对帮扶扩面提质工作，安排11对19所学校开展结对帮扶工作，其中5对学校为新增结对学校，完成三年扩面任务。

【数字化改革】 探索开展教育数字化改革，牵头完成区建特色项目“昌国益学”智慧讲堂应用一期建设，应用包括具有海岛特色、面向广大居民的教辅指导、健康讲座等25个讲堂栏目112条公益课程视频，力促公益学习资源最大化程度开放共享，实现“浙里办”App登录及录播课观看模式，播放量达1万余人次。完善入园入学一站式服务应用，基本完成学区地图模块建设，群众可一键了解学校地理位置、学区分布等基本情况。助力区党政机关整体智治系统建设，初步开发教育局智治专题门户。

跨部门推进数字社会特色项目“昌国益学”

教育试点项目

【党建管理】 助力推进定海区高质量全面落实意识形态工作责任制省级试点工作，就“创设定海红色教育思政教育范式”子任务，梳理形成小学到初中体现主流意识的思政教学内容；就“建立教育敏感舆情有效监测处理机制”子任务，建立领军、骨干、新舆情员三级联动舆情监测瞭望哨机制，共计人员41人。开展党史学习教育，推出“红色党史”学习、“红色印记”寻访等七大红色系列活动以及“百年党史百日学”“童心向党”等专题学习活动，开展“三服务”

全区教育系统“拳拳爱党心，眷眷教育情”微型党课比赛

“六个一批”等实践活动，有效化解群众“急难愁盼”问题60余项。

【幼小衔接】 启动幼小科学衔接省级试点实验区建设，出台《定海区大力推进幼儿园与小学科学衔接实施方案》，指导5对试点校园开展幼小衔接试点工作。加强幼儿园入学准备教育，强化幼儿教育规范，重点推进幼儿园“游戏化课程”的建设实施。实施小学入学适应教育，落实零起点教学，重点开展一年级的入学适应期教育。强化新时期家校沟通，通过家访、家长开放日、家长学校等家校协同沟通方式，引导家长增强科学衔接意识。强化教研训保障，开展小学低段教师进幼儿园一日观摩、幼小衔接课堂专题研讨、教研评比等活动。

区幼教中心开展“安吉游戏”实践园观摩研讨活动

【教学评价】 助力舟山市教育局开展“数据驱动教育教学改革”省级试点工作，建立由精通教学管理和信息技术的一线教师队伍组成的“大数据驱动教学评价”工作核心小组，设立兼职评价教研员，着手对全区特定年级的学生学习情况监测结果进行分析，实施“一校一报告一反馈”机制。开展“数据驱动评价与考试”论文和案例评审，及时总结、提炼区域和学校在“数据驱动教育教学改革”方面的成功经验，形成具有定海特色的改革成果报告。

各类教育发展

【学前教育】 推进学前教育普惠发展，建成投用城关第二幼儿园、畚金幼儿园、沥港幼儿园，加快沁兰幼儿园建设，引入博伊双语幼儿园等2所优质民办幼儿园。全域推行学前教育招生“服务区”制度，实现

2400余名符合条件适龄幼儿就近入园，“服务区”覆盖面达92.43%，普惠园覆盖率达91.90%，二级以上等级园比例达66.67%。逐步健全经费保障机制，区财政性学前教育经费占同级财政性教育经费8.85%，公办园生均公用经费标准较上一年度提高33%，普惠性二级、三级民办园生均经费补助标准较上一年度分别提高20%、26.67%。

城区幼儿园布局规划实施情况新闻发布会

【义务教育】 推动义务教育均衡发展，教育资源深度优化重组，收官农村小规模初中整合工程，岑港中心、马岙中心、小沙中心、干䃁中心4所小规模初中学校140余名九年级学生整体迁入定海六中和白泉初中就读，在定海农村正式形成金塘中学、定海六中、白泉初中农村三大初中的完善布局。启动东海中学“民转公”办学体制整转工作，并加快城北小学、定海二中扩建工程（一期）建设。保障新居民子女接受义务教育权利，完善积分制入学管理办法，全区随迁子女公办学校就读比例达86.5%。升级特殊教育服务能力，实现资源教室布点有需要的乡镇全覆盖，全区特殊教育入学比例达100%。

舟山市副市长一行调研定海“双减”工作

【继续教育】 创新推动继续教育转型升级，实施老年人智能技术日常应用普及行动，开办以老年人智能手机培训为主题的“老年E学堂”，惠及老年人4700余人次。推进老年开放教育，白泉镇老年学堂获评2021年舟山市老年教育优质（示范）学堂。广泛开展全民终身学习教育，干䃁成校远洋渔业小镇体验基地获评2021年长三角市民终身学习体验基地、“在浙学”浙江省市民终身学习体验基地，全区77家文化礼堂社区教育进驻覆盖率达100%。创建数字家长学校，共创成省市级数字家长学校13所，其中省级联盟校2所。

教育办学品质

【德育工作】 组建区、校两级红领巾学院及思政导师团，启用《习近平新时代中国特色社会主义思想学生读本》，开展“百年·初心·使命”师生同上一堂思政课活动。以“扣好人生第一粒扣子”为主线，组织“弘扬真善美助力文明行”“传承红色基因，争做时代新人”等德育主题教育系列活动，引导青少年养成良好政治素质、道德品质和行为习惯。开展团队工作，落实“分批入队”“积分量化入团”办法。

区教育局开展中小学立德树人教育工作调研

【素质培育】 全面培育学生综合素养，开齐开足体育与健康课程，完善构建中小学体育竞赛体系。定海区获市第三十六届中小学生田径运动会团体总分第一、平均分第二的成绩。规范开设学校劳动教育课程，创设丰富生活劳动教育、生产劳动教育和服务性劳动教育。重视青少年身心健康发展，全区中小学生体质健康测试达标率为98.89%，中小学生近视率同比去年下降1%以上。加强学校艺术教育特色创建，新获评省级艺术教育实验学校1所，定海区获评为第二批浙江省艺术教育实验区。

定海区第二十四届中小学生田径运动会在定海六中举行

【教育质量】　同步增强教育教学品质，修订实施新一轮《全面质量管理三年行动计划》，重点突出对教学常规的量化考核。深入推进初中提质强校工程，指导薄弱、培优学校分别制定整改提升“一校一案”，助力学校以问题为导向，建立自主发展、自我提高的办学机制。实施《定海区先进教研组评比细则》《定海区中小学学科基地建设实施方案》等制度，着力打造一批优秀教研组和学科基地，获评省先进教研组2个，实现基础教育优秀学科基地全覆盖。

区教育局征集关于加强初中教育的实施意见

教师队伍建设

【师资保障】　升级教师招聘形式，通过定向委培招聘、浙师大现场招聘、第二批教师招聘、“双一流人才”招聘，招录新教师38人，招募银龄校长1人，并指导城区公办幼儿园招聘骨干非编教师21人，创造条件吸引具有高学历（学位）毕业生、优秀教育人才加入教师队伍。公开公正落实人才选拔，聚焦品德、能力、业绩导向，以学校推荐、组织考察等方式，新提拔校长2人、副校长6人、园长3人、副园长16人。持续开展局管优秀年轻干部培养工作，进一步加大优秀教育人才储备深度。

【教师培育】　实施“五格”人才培养机制，对第一年新教师、三年内新教师、四至八年新教师、名师名校长、特级教师后备对象予以分层分类个性化培养，打造金字塔形品牌教师序列。探索名师培养新模式，与省内资深教育公司合作开办“定海名师高端班”，全区有省特级教师1人、浙派名师培养对象4人、省特级教师后备人才3人，市（区）级名师名校长名班主任63人。

【教师管理】　持续激发教师队伍用人效益，完善校（园）长绩效考核及班主任专项奖励办法，激发校（园）长及班主任队伍的积极性。化解教师留城培养、借调等历史遗留问题，重新理顺34名教师的工作岗位和人事关系。实施教师工作量管理办法，完成全区教师任课时数核准，将工作量要素定为绩效分配、职称评聘、年度考核、评优评先的前置条件。常抓不懈开展师德师风问题整治，严格落实师德师风“一票否决”制度，持续强化广大教师干事创业、敬业爱岗的责任与使命。

定海区教育系统党史学习教育动员会暨全面从严治党和“清廉学校”建设推进会

（撰稿：程　娜）
（本类目照片由区教育局提供）
责任编辑：周丽坤

科技　气象

科技工作

【重大科技项目】　2021年，定海区鼓励企业技术创新，不断加大研发投入，重点围绕传统产业改造提升和战略性新兴产业培育发展，在海洋装备工程、高端机械装备制造、海洋生物技术等领域，承担实施一批重大科技攻关项目和成果转化工程。继续推进兴业集团、长宏国际、原邦新材料等企业省级以上重点项目攻关，实现申报市级以上各类科技项目235项，立项141项，其中，列入省"尖兵""领雁"计划1项，市"揭榜挂帅项目"5项。

【创新主体培育】　实施全社会研发费用提升工程，引导规模以上工业企业加强科技研发。委托专业机构开展企业研发费用归集指导，着重加强研发投入偏少的大型企业和新规模以上工业企业入企辅导。加强组织培训，邀请专家对企业科技、财务人员开展线上培训，提升企业创新意识，提高研发活动企业比重。是年，持续实施科技型企业"倍增"行动，新认定高新技术企业15家、省级科技型中小企业48家、省级企业研究院1家、省级高企研发中心2家、市级技术创新中心1家、市级企业研发中心6家。

【科技成果转化】　推动金塘塑机螺杆和远洋渔业两家省级产业创新服务综合体通过省厅绩效评价。推进区政府与浙江工业大学、市科技局、金塘管委会签订四方合作协议，引进共建浙江工业大学激光先进制造研究院舟山分院。加快定海大市场建设，进一步完善科技大楼内定海区科技大市场电子阅览室、科技成果展示厅等功能布置，累计发布技术难题、成果各60项，技术交易总额达10.5亿元。

【打造定海众创空间】　推进众创空间和科创园建设舟山远洋渔业服务众创空间完成省级众创空间备案，同舟赢海众创空间成功备案市级众创空间。至年底，拥有市级以上众创空间5家，其中，国家级1家、省级3家。

【培养企业科技人才】　引进海内外高层次人才和创新团队，联合区委人才办等部门继续组织中国舟山全球海洋经济创业大赛蓝海智造行业赛等大赛，通过举办上海站、武汉站等分站赛活动，提升本区科技人才及项目引育数量和质量。鼓励申报"舟创未来"海纳计划项目，推荐"舟创未来"海纳计划创业类项目80项，入选11项。全年自主入选国家万人计划1名、省海外工程师4名，引进外国高端人才（A）13人、外国专业人才（B）15人，银龄工程师2名。

【加大企业扶持】　加快推进《定海区"十四五"科技创新发展规划》编制，积极融入舟山滨海科创大走廊建设，启动"十四五"期间科技创新工作。加大科技财政扶持力度，区政府制定出台新一轮《舟山市定海区人民政府关于加快科技创新发展的若干意见》，重点聚焦全社会研发投入、产业技术攻关、创新主体培育、科技平台建设、成果转移转化等领域，加快补齐科技创新短板，科技专项资金由原来830万元增加到1500万元以上。加大创新券发放力度，全年发放创新券539万余元。组织实施定海区级科技项目项目，全年安排区级科技项目立项16项、院地合作项目6项。开展远洋渔业综合体"揭榜挂帅"项目试点，设立榜单10项，项目总金额4000余万元。

【强化科技宣传】　开展以“众心向党、自立自强”为主题的“5·30”全国科技工作者日活动暨定海区2021年科技活动周进社区活动，围绕庆祝中国共产党成立100周年和党史学习教育，开展科普咨询服务、百年科技史展板展示、发放宣传资料、科普谜语竞猜、现场科技小制作、无人机试飞等活动，邀请中医院及眼科医院开展义诊服务。发放《中国公民健康素养66条》《戒烟与运动》《老年人智能手机使用绘本》等各类宣传资料1000余份，悬挂科普谜语200余条，展出各类展板30余块。

“5·30”全国科技工作者日活动暨定海区2021年科技活动周进社区活动

【做好《纲要》实施工作】　联合相关部门开展“三下乡”“全国科技工作者日”、反邪教宣传、“中国水周”、防灾减灾、安全生产等各类主题科普宣传活动，发放科普资料5000余份，悬挂科普谜语300余条，展出主题展板30余块。以农函大为阵地，启动“银龄跨越数字鸿沟”科普专项行动，在全区设立31个教学点，全年开展培训班265期，组织发放教材1500余册，累计培训9800余人次，“银龄科普”覆盖面居全市第一。

“三下乡”服务活动

【加强科普阵地建设】　进一步完善科普基础条件，加大科普信息化力度，面向公众开放，开展科普活动，充分发挥科普教育基地在普及科学知识、倡导科学方法、传播科学思想、弘扬科学精神方面的作用，定海科技展馆被认定为第八批浙江省科普教育基地。

（撰稿：林东南）
（本分目照片由区经信局提供）

气象工作

【概况】　舟山市定海区气象局主要承担定海区域气象监测、预报预警、公共服务、气象灾害防御、气候资源开发利用、突发公共事件预警信息发布等职责。定海区行政服务中心设有综合窗口，负责定海区危化及易燃易爆建设项目的防雷装置设计审核与竣工验收、升放无人驾驶自由气球或系留气球活动许可等气象行政审批工作。定海区气象局遵循“人民至上，生命至上”的宗旨，做好全区各类气象灾害的监测、预警、预报和服务工作，为政府部门组织防灾减灾提供气象信息，当好气象参谋，为全区重大社会活动提供气象保障服务，推进定海区基层气象防灾减灾体系建设和基本公共气象服务均等化建设。是年正式发布《定海区“十四五”气象事业发展规划》，明确未来气象现代化建设的主要任务和重点项目。

【基层气象防灾减灾体系建设】　完善基层气象防灾减灾体系建设，气象防灾减灾工作纳入镇（街道）“三定”方案，并列入区政府对镇（街道）的年度考核。新建15个省级气象防灾减灾标准化社区（村）。推进协作联动，健全地质灾害气象风险的联合会商、联合预警工作机制，建立完善基层防御气象灾害的组织体系、应急预案，加强信息互通等。防雷安全管理深化细化，完成防雷安全危化场所全覆盖专项检查、重点单位“双随机”抽查，并与区文广旅体局、区教育局联合开展防雷安全检查，与区应急局联合开展跨部门“双随机”抽查。开展防雷安全重点单位“一企一档”信息化建设，完成“防雷码”推广。与区政法委联合发文落实专职网格员气象预警信息传播工作，与区文广旅体局签署加强气象对旅游安全保障工作合作协议。

组织定海区气象灾害防御重点单位审定会

【气象业务服务】　建设完善气象自动化观测系统、业务平台和网络系统。完成定海区乡镇自动气象站加密工程，新建8个四要素站，降水、大风精密监测预警能力得到提升。安装新型闪电定位仪，开展为期一年的酸雨人工和自动化平行观测。完成气象业务专网升级改造，市电供应由50千伏扩容到100千伏，更新业务用不间断电源。承担“突发公共事件预警信息发布”工作职责，做好重大、突发灾害性天气的监测预警和预报服务，提高预报预警精准度和时效性。已通过浙江省突发公共事件预警发布系统的本地化配置，开通预警对接微博、电子显示屏、浙政钉工作通知、浙政钉群发等渠道，基本实现“一键式”发布。全面加强渔农气象服务，定期参与定海区渔业安全生产分析研判联席会议，为渔民保驾护航。拓展“旅游+气象”服务产品开发和气象景观挖掘，新增两种旅游气象指数产品，小程序“定海天气随你行”实现精细到景点的美丽乡村气象服务。新媒体发布平台业务运行稳定，继续推广“定海气象”微博、微信公众号。加强数值预报产品的本地化释用、检验，发展精细化气象预报。

白泉镇大支水库四要素自动气象站

【气候特点】　全年平均气温比常年偏高，是连续第十年高于常年。降水量明显偏多，日照时数接近常年；而降水日数偏多，大风、雾日数和霾日出现偏少。2021年灾害严重。

全年气候呈现春、秋、冬较暖，夏不热景象。空气质量持续第五年向好。年降水量2082.7毫米（再次超过2000毫米），为历年之次多；降水主要出现在5—10月，为梅雨和台风降水，6个月降水占全年的八成。（1月份降水量最少，为5.8毫米；7月份降水量最多，为635.3毫米，为历年同期之最多，相比常年偏多416%。）台风影响严重，年内有四个台风（202106号台风“烟花”、202109号台风“卢碧”、202114号台风“灿都”、202118号台风“圆规”）影响本区，有2个台风正面袭击，其中“烟花”登陆舟山。

【气象要素】　气温　年平均气温为18.0℃，相比常年偏高1.3℃，与上年持平。只有11月份比常年偏低0.3℃，其他月份都偏高。1月、7月、8月、12月气温相比常年偏高<1.0℃；2月平均气温为10.5℃，较常年偏高幅度最大为3.7℃。月平均温度比常年偏高幅度达到或超过2.0℃的月份为2月、3月、9月，4月、5月达到1.7℃，10月也达到1.6℃；2月，平均气温10.5℃首次突破10.0℃，为历年之最。

年极端最高气温34.2℃，出现在7月30日。

年极端最低气温-5.5℃，出现在1月8日。

年35℃及以上高温0天。

降水　年降水量为2082.7毫米，比常年偏多47%，同比上年偏多47%。

雨日　年降水日数155天，比常年偏多6天，比上年偏多2天。

日照　年日照时数1850.0小时，比常年偏少1.8%，比上年增多9.1%。

2021年定海区主要天气日数统计表

表21　　　　　　　　　　　　　　　　　　单位：天

天气	降水（≥0.1毫米）	大风	雾	霾
2021年	155	12	7	1
常年	149	17	17	24

注：常年为1981—2010年平均值

【重大灾害性天气】　2021年，天气气候异常，灾害性天气频发，年初寒潮侵袭，农作物冻害严重，台风灾害严重，暴雨多，雷暴强对流影响突出，年降水量创历史次高等对全区经济社会发展和百姓生产生活造成严重影响，其中较大影响的灾害性天气和重大气候事件主要有：

台风“烟花”破多项历史纪录　7月25日台风“烟花”在舟山市普陀区登陆，为1949年以来第五个登陆舟山的台风，也是历年7月份登陆浙江的最强台风。“烟花”台风移动缓慢，风雨影响时间长达5天。7月23日8时至27日16时全市平均面雨量为326.0毫米，定海全区面雨量377.8毫米，破有气象记录以来影响台风面雨量纪录（0716号台风“罗莎”244毫米），单站最大雨量出现在双桥街道茶人谷站，达726.0毫米，创舟山有气象记录以来台风过程降水量历史极值，致灾强度为“特重”等级。

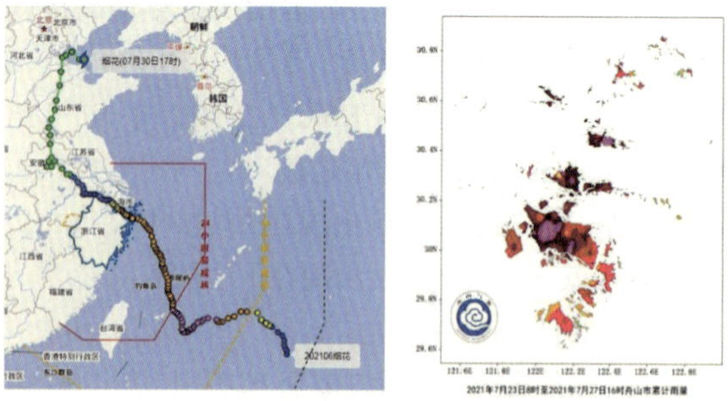

台风“烟花”路径、过程雨量

台风“灿都”走位曲折，海上长时间滞留　9月13—16日，台风“灿都”临境，并在东部海域长时间滞留回旋，路径曲折。受其影响，定海区出现暴雨到大暴雨、局部特大暴雨，9月12日8时至16日8时，全区面雨量219.0毫米，单站最大出现在盐仓街道叉河水库站，达415.5毫米；自9月12日早晨开始受台风外围环流影响，到16日早晨基本结束，整个过程持续96小时，定海海域风力出现10～12级，2站出现12级及以上大风，13站出现11级及以上大风，22站出现10级及以上大风，其中11级及以上大风持续9小时，10级及以上大风持续36小时。

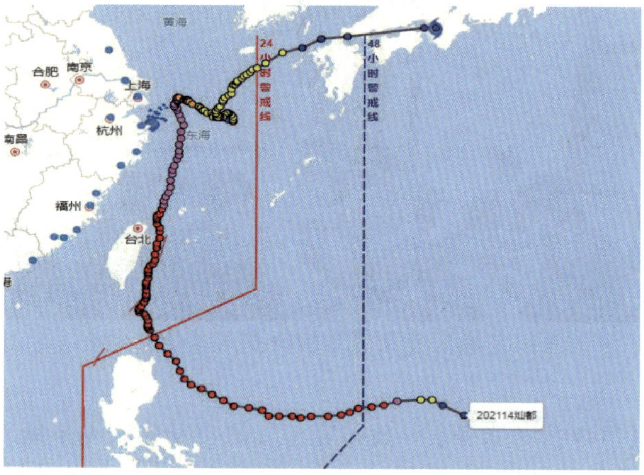

台风“灿都”路径

春季强对流频繁，威胁严重　4—5月，定海出现多轮强对流天气过程，其中4月30日20时至5月1日8时，受在江苏生成南下的雷暴云团影响，定海区出现了9～11级雷雨大风和强雷电，局地有冰雹。

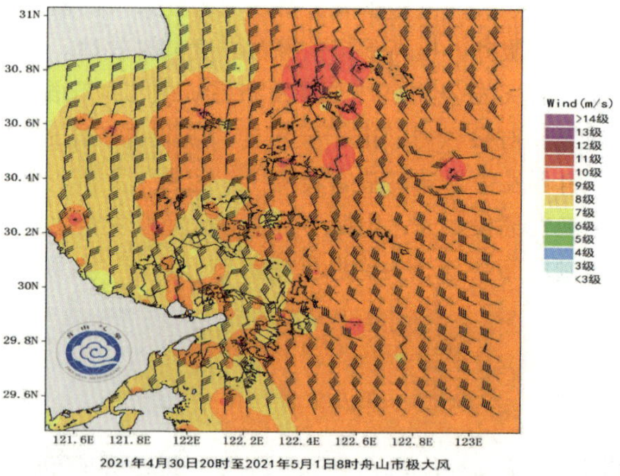

4月30日20时至5月1日8时强对流过程风力分布

年初强寒潮，最低气温逼近历史极值　1月6日至9日，受强寒潮影响，定海区出现大风、低温、冰冻和小雪天气。过程最低气温为-5.5℃，接近历史极低值；本次过程48小时日最低气温下降幅度达10.0℃；7日早晨到9日上午，气温基本维持在0℃以下，并持续51个小时，-3℃以下气温持续17个小时。

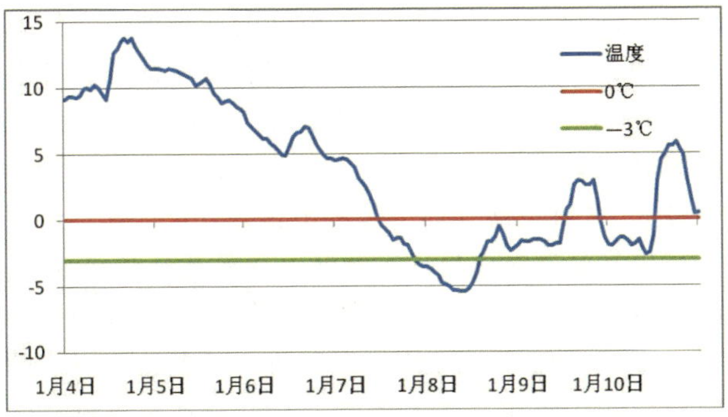

2021年1月4日至10日小时温度变化曲线图（单位：℃）

年降水量列历史第二，汛期占3/4　2021年定海区降水量2082.7毫米，较常年（1412.7毫米）偏多47%，仅次于2019年（2125.5毫米）位列历史第二。汛期（5月1日至10月15日）降水量1581.5毫米，占全年总降水量的75.9%。除汛期除梅雨外，台风影响带来降水异常偏多。

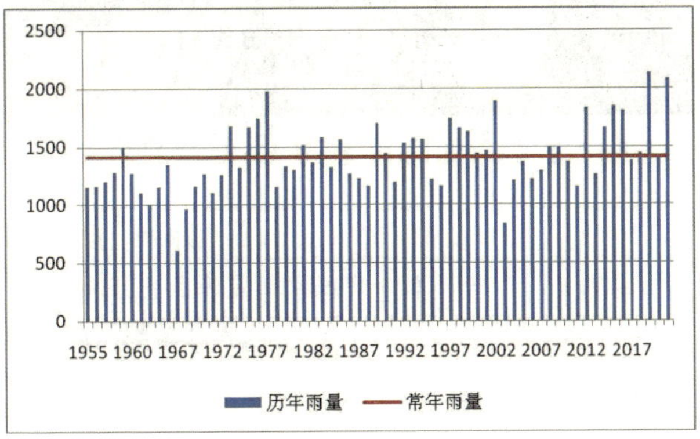

定海区1955—2021年降水量变化（单位：毫米）

年平均气温再攀高峰，2月突破纪录　2021年定海区年平均气温18.0℃，较常年偏高1.3℃，与2020年并列为有气象记录以来最高。除11月平均气温比常年略偏低外，其余各月均较常年偏高，其中2月平均气温首次突破10℃，达10.5℃；3月12.1℃，为历史同期最高。

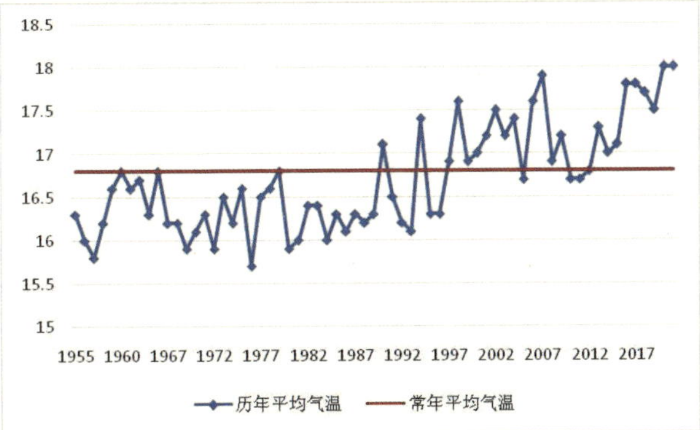

定海1955—2021年平均气温变化（单位：℃）

入梅早，却不典型　2021年定海6月10日入梅，较常年平均（6月15日）偏早5天，7月5日出梅（常年平均出梅时间为7月6日），梅雨期25天，较常年偏多4天。梅雨期共出现3轮较强降水过程，定海本站梅雨量152.9毫米，比常年偏少22%。呈现入梅早、梅期较长、梅雨量少、梅雨不典型等特点。

2021年各镇（街道）累计梅雨量、梅汛期降水量对比表

表22

乡镇街道	城东街道	昌国街道	盐仓街道	小沙街道	岑港街道	马岙街道	双桥街道	金塘镇	白泉镇	干䃎镇	临城街道
累计梅雨量（mm）	152.9	99.3	174.6	88.3	169.3	151.9	163.1	171.1	146.7	99.9	135.2
梅汛期降水（mm）	467.9	296.3	503.8	251.4	506.0	433.1	520.4	515.5	417.4	312.7	406.2

盛夏出现罕见连续强对流暴雨，分布不均匀　受副热带高压边缘冷暖空气交汇影响，8月上中旬定海连续出现强雷电、短时强降水过程，其中8月10—17日出现持续性降水，历史罕见，全区平均面雨量119.2毫米，降水量分布极端不均匀，其中10日和13日受局地强对流影响，马岙街道出现3小时雨量80毫米的短时强降水。

马岙街道紧急排水

史上最长夏天，却很“温和”　2020—2021年冬季，定海2020年12月12日入冬，2021年2月20日入春，入春较常年偏早23天，冬季较常年缩减26天。5月27日入夏，较常年偏早12天，10月16日入秋，较常年推迟14天，夏季达142天，比常年延长26天，为定海有气象记录以来最长夏季，但夏季没有出现35℃以上高温。

定海区2021年各季入季时间对比表

表23

2021年	冬季	春季	夏季	秋季
入季日期	2020年12月12日	2月20日	5月27日	10月16日
相比常年	延迟3天	提前23天	提前12天	延迟14天
季长	70天	96天	142天	70天
比常年增减	缩减26天	增多11天	增多26天	增多2天

受“拉尼娜”影响，冷空气频繁　定海10月16日入秋，比常年晚14天，但是入秋后冷空气活动频繁，受其影响，本区海域多次出现9～10级及以上大风，对海上交通运输和各类海上作业带来较大安全风险。

【气象科普】　在“3·23”世界气象日，与定海区融媒体中心合作，制作“让我们一同关注海洋、保护海洋”动画，拍摄“探索气象站的‘神器’”短视频，举办“气象答题挑战赛”有奖竞答活动，并在“定海气象”微信公众号和“定海山”官方App发布，视频浏览量达1.1万余人次。参加定海区“科技活动进社区”“科技活动周”等各类科普宣传活动。组织人员送气象科普宣教片进社区。在各类科普宣传中，线上活动市民积极参与，线下与气象工作者进行面对面交流，加深对气象工作和防灾减灾的认识，同时引导青少年主动关心天气变化，推动气象科普知识普及。

2021年定海区防汛防台责任人培训会

（撰稿：阙成蛟）

（本分目照片由定海区气象局提供）

责任编辑：周丽坤

文化　旅游　体育

综　述

2021年，定海区现代公共文体服务体系进一步完善，“艺工在线”列入第一批全省公共文化服务现代化领航项目创建名单，1个乡镇（街道）综合文化站、3个文化礼堂上榜省级公共文化场馆服务功能拓展先行先试单位名单。海洋文艺精品迭出，有30余件文艺作品获省级以上奖项。优秀传统文化保护发展并举，非物质文化遗产传承保护生态持续向好，展示展演活动常态在线。培育休闲新业态，提升行业服务品质，扩大区域旅游品牌影响力，不断优化全区旅游环境，成功创建省级全域旅游示范区，入选2021年全国市辖区旅游综合实力百强区榜单。文旅市场安全有序，全年无重大安全事故发生。全年接待国内外游客176.97万人次，实现旅游收入23.19亿元。

文体设施与团队建设

【公共设施保质保量】　推进定海区图书馆新馆工程建设及室内概念设计工作，新建、提升南洞欢喜城市书房、匈牙利馆城市书房2家，建成村级健身广场、百姓健身房、社区多功能运动场等体育类民生实事项目8个，完成二代智能健身路径安装。提升公共场馆服务功能，定海区图书馆获评全省首批“满意图书馆”，第五次全国文化馆评估定级拟命名定海区文化馆为一级文化馆，马岙街道综合文化站及白泉镇皋泄村、小沙街道庙桥村、金塘镇仙居村文化礼堂列入省级公共文化场馆服务功能拓展先行先试单位名单。

欢喜书屋城市书房

【基层文体队伍建设】　完成第十二届定海区群众文化政府奖评选，共有4个社区（村）、48个文体团队、93名文体人获奖，并发放补助金，切实发挥先进典型的示范引领作用，提高基层开展文体活动的积极性。制定《定海区下派文化员管理制度（试行）》，进一步规范和优化下派文化员管理机制，提升基层文化干部服务水平。完成区社会体育指导员“浙里办”注册

干础镇村级全民健身广场

激活工作，组织社会体育指导员参加培训提升社会体育指导员技能水平，开展培训班5期，共计培训（复训）270人。

群众文化活动

【宣传建党百年重大主题】　为庆祝中国共产党成立100周年，开展“奋斗百年路，启航新征程”红色征文大赛、“追忆红色基因，弘扬革命精神”展、“正大气象”定海区正书作品大展等系列群众性宣传活动30余场，以群众喜闻乐见的方式献礼建党100周年。

“奋斗百年路　启航新征程”送戏下乡主题宣传巡回演出

【深化文化惠民工程】　紧扣红色文化主题，深入基层举办“百年百村百场百部”经典红色主题电影放映、百场送戏下乡活动等，全年完成送演出下乡250场、送书33189册、送电影1540场、送展览讲座253场，“文化走亲”22场，丰富基层群众的精神文化生活。发挥公共文化场馆阵地作用，举办“纪律护航　清风扬帆”清廉文化书画作品展、“海孕乡情”象山—定海现代民间绘画走亲作品展等线上线下静态展览36期。重点优化团队文化服务能力，引导20支文艺团队开展结对帮扶活动，组织优秀团队参与公益文化活动百余场，选派优秀文艺骨干到基层辅导60余次。

【提升数字文化服务】　建成“微图书馆”小程序、“定海区文化馆”微信小程序等数字平台，持续完善“三个全民”App线上服务平台，增设微型党课、理论在线、大众讲坛等板块，上传视频课程83期，浏览人数近90万。设置“学艺直播间”“云上展厅”“文艺精品视频”三个场景，并依托“钉钉”App、“三个全民”App等平台开展服务。丰富数字文化活动，配合疫情防控倡议，开展“牛气·冲天”2021定海区线上过大年活动、2021唱响定海·“红船向蔚蓝”广场舞大赛4期线上海选及投票活动等，为广大人民群众提供更丰富的公共文化服务。

文艺演出

【文化服务中心工作】　坚持文艺服务全区中心工作，紧贴乡村振兴、品质舟山、抗击疫情等党委政府中心工作，用相声、小品、歌曲、曲艺等多种形式，体现时代精神，传递党委政府方针、政策和路线。

【文化品牌活动丰富】　以“2021唱响定海·初心向未来”文化活动为主体，呼应庆祝中国共产党成立100周年浓厚氛围，分“红色情怀”和“蓝色畅想”两大篇章组织开展“红船向蔚蓝”广场舞大赛6场、“唱支歌儿给党听”歌唱大赛2场、“百年梦·幸福路”群众静态艺术展等展览3场、2021“童心向党，快乐起航”少儿文艺展演1场，通过比赛、展览、演出等多种形式，激发全区群众家国情怀、讴歌中国共产党勇于奋斗，充分展现出新时代精神风貌。

2021唱响定海“唱支歌儿给党听”歌唱大赛

文艺创作与辅导

【繁荣文艺精品创作】　以高质量的群众文艺作品，提升群众文艺创作的艺术感染力，创编男声与童声组合《星汉灿烂》、少儿舞蹈《小小船儿要启航》、群舞

《桃李花开正别离》、小品《特殊的外卖》《买车》等各艺术门类文艺作品50余件，通过文艺创作宣传中国共产党成立100周年主题，反映多彩生活故事，推动文艺精品创作再上新台阶。全年30余件作品获省级以上奖项，其中，男女声对唱《如果海水不是咸的》获浙江省第二十届群众音乐大赛金奖，男子群舞《第一次出海》获浙江省第三十一届群众舞蹈大赛金奖，歌词《咱也当回大画家》获2021“庆建党百年·享美好生活”全省歌词大赛金奖，表演唱《数幸福》获“唱支山歌给党听”全国群众歌曲征集展示活动最佳作品奖。

男女声对唱《如果海水不是咸的》

【推进全民艺术普及】 进一步优化“百姓课堂”文化公益培训，面向定海区机关干部推出“午间艺课堂”文化公益培训，倡导机关干部感受、弘扬优秀传统文化。进一步创新“百姓课堂”培训形式，开设线上艺术鉴赏直播课程，依托“学艺直播间”开设15节艺术鉴赏直播课程，学员群达500余人，拓展文化公益培训惠及面。全年举办“百姓课堂”各类公益文化培训近500期次，涵盖色彩画、太极、网红中国舞等17个公益培训项目，城乡百姓近万人次受益。

文化市场与产业

【巩固防疫、创城成果】 推进疫情防控、全国文明城市管理常态化，对标落实文化场所关停、限流、亮码、测温等各项防控措施，实施点位长责任制、每周五区域管家制，建立条块同类型点位比学机制，印发《舟山市定海区文化和广电旅游体育局新冠肺炎疫情防控应急预案》，制定出台创建更高水平全国文明城市实施方案及落实网吧长效管理、定海区公共文体场馆环境管理长效机制等实施方案。

【优化文化市场环境】 以“最多跑一次”改革深化对企服务，审批事项网上可申报率达100%，行政审批事项告知承诺制改革持续深入，受理办结行政审批66件。强化文化市场治理，实施百日护航建党百年攻坚战、文化市场“秋冬会战”“春季战役”“扫黄打非”等专项行动，加强对网吧、娱乐、演出、出版物等各类文化市场的监管，规范市场经营秩序。强化“互联网+监管”数字管理，现场执法掌上执法率达100%，“双随机、一公开”事项覆盖率达100%。全年出动检查人员1069人次，检查各类场所488家次。行政约谈2家次。立案查处违规经营场所11家次，警告7家次，罚款32000元，没收非法所得8786元，没收违法物品1个。

【促进文化产业提质】 谋划产业发展路径，全面推进定海文化旅游发展“十四五”规划、定海体育发展“十四五”规划编制工作，统筹推动全区文体产业高质量发展。厚植“海上古城”文脉，挖掘、开发优秀传统文化，构建“海上古城”整体形象IP，入选浙江省首批示范级文化和旅游IP名单。培育“海上诗路·定海故事”文创IP，丰富“品读定海”品牌内容。创新研发制作云廊帽子、运动背包、运动头巾、雨伞、口罩等10余种东海云廊文创周边产品，提升东海云廊品牌形象，打造马岙“水稻君”形象，以净零碳为设计理念，使用杜邦纸等环保材料，设计多款文创周边产品，点亮马岙文旅IP新形象。留下艺舍·南洞民宿的海洋薯条获得第二届“浙宿好礼”乡村民宿伴手礼大赛贡献奖。

云廊运动水杯

图书馆事业

【深化图书惠民服务】　发挥公共阅读阵地作用，区图书馆、镇街图书分馆、城市书房三级联动供给图书服务，接待读者30万余人次、借阅图书33万余册次。硬软资源建设稳步推进，新增纸质图书23994册，升级电子阅览室内电脑配件，依托浙里办、支付宝等平台，推动“城市阅读一卡通”改造项目，开通居民网上使用凭证和电子社保卡办理读者证和借阅服务，扩大借阅服务的覆盖面。提供图书流通点服务，新增黄沙秘境非岛书局和机关事业管理中心2家图书流通点，全年流通图书33239册。

【加强全民阅读推广】　打造“书香定海”全民读书活动品牌，以阅读推广、大众讲坛、志愿者培训、书香之旅主题展览、庆祝中国共产党成立100周年主题活动为主要板块，紧扣时代需求，营造“多读书、读好书”的社会风尚。全年开展小米姐姐的阅读世界、423图书馆之夜、和孩子一起追梦、走读运河文化系列展览、庆祝中国共产党成立100周年图书推荐展等读书活动198场，参与人数达16万余人次，满足各年龄层、各层次人群多元阅读需求。开展“书香定海数字阅读”送基层活动，以展板形式向城市书房、镇（街）分馆、农家书屋、图书流通点推送线上数字资源，共享区图书馆的数字资源服务。

书香定海全民阅读节在文化广场启动

文物、博物

【强化文物安全管理】　7月31日，定海区文物局挂牌成立。落实文物安全责任，逐级签订文物安全责任书，健全文物安全四级监管网络，落实文物安全直接责任单位（人）公示公告制度，上牌率达100%。开展2次业务知识培训和2次消防安全演练，提高文保员业务水平和应急处置能力，确保文物事件有效处理。开展文物安全大排查专项行动和节前文物安全检查，出动检查人员450余人次，检查各级文物180余处。开展民居类文物建筑电力线路隐患整改，对全区民居类文物建筑线路私拉乱接问题进行摸排，完成东管庙弄朱家住宅、东大街许氏民居、协成里王氏民居、下文三弄4号民居等29处文物建筑线路整改。

开展文物安全责任公示公告和上牌工作

【探索文物活化利用】　加大文物修缮保护力度，完成1处省级文物保护单位、1处市级文物保护单位修缮，指导10处一般不可移动文物修缮，填充区文物专家库，增加指导力量，对在修、待修的文物建筑提供事前、事中指导，提高文物修缮、日常维护等规范性，并积极做好文物法律法规宣传工作。继续探索文物活化利用新形式、新方法，积极参与古城微改造工程，收集整理文物相关信息资料提供给区属相关单位，组织召开古城活化利用座谈会，助力古城微改造规划编制。策划研发6条红色旅游线路，将辖区内革命文物、博物馆等串联成线，增进群众对文物建筑的认识。

【推动博物事业发展】　发挥博物馆社会教育功能，全区5家博物馆全年举办临时展览7个，开展教育宣传活动31次，进馆参观人数达13.9万人次。提升博物馆服务品质，组织文博干部参加线上业务培训，指导徐正国博物馆获批三星级非国有博物馆；配合完成博物馆数字化建设工作，协助3家国有博物馆实现线上预约功能。以活动促宣传，结合“5·18”国际博物馆日等特定时间节点，开展文物鉴宝、博物馆信息展示等相关活动，扩大定海文物宣传。参加首届全省博物馆十佳新媒体短视频评选申报，推荐的《建党百年、让文物（标本）活起来——定海文博场馆风景独好》获首届“全省博物馆新媒体短视频推介活动”社会组最佳新媒体短视频。

非物质文化遗产挖掘、保护与传承

【建强非遗保护机制】 出台《定海区非物质文化遗产保护资金管理办法》。健全非物质文化遗产名录体系，新增1位省级非物质文化遗产代表性传承人、2个市级非物质文化遗产传承教学基地。完成2021年度5个省级非物质文化遗产项目和5个省级代表性传承人评估工作。提升完善省级传承人工作室，完成市级传承人抢救性纪录3个。增强非物质文化遗产传承人关怀服务，开展“服务传承人月活动”，召开“2021年定海区传承人新春座谈会”。启动第六批“名师带徒”活动，共结成6对师徒，不断培育扩大非物质文化遗产后备人才。编撰出版《海贝臻艺》，强化非物质文化遗产研究转化工程。

定海区第六批“名师带徒”（2021—2023年）拜师仪式

【加大非遗传播力度】 以文旅结合为重点，构建非物质文化遗产保护新格局，推进“定海记忆工坊”建设，打造非物质文化遗产主题旅游线路2条，开展非物质文化遗产研学体验游，举办非物质文化遗产新春线上灯谜活动、“岛城少年话非遗”传统故事讲述大赛、舟山市文化和自然遗产日活动、端午节民俗活动、2021年舟山市非物质文化遗产三进四季行定海行活动等非物质文化遗产宣传活动，在定海非物质文化遗产馆开展“贝之艺”、烙画艺术展、中国共产党成立100周年特展、民间古董茶具收藏展等临展4期。强化非物质文化遗产展示展演，完成省级非物质文化遗产项目短视频制作4个和定海布袋木偶戏新剧目《抗英三总兵》10集拍摄工作，深入社区、学校、景区送戏送书136场，组织非物质文化遗产团队、作品参加各级比赛及展示展演活动，并获得奖项20余个。

旅游行业建设与规范化管理

【行业安全管理】 完善疫情防控工作制度，针对旅行社行业，专项布置《旅行社疫情防控记录表》《导游带团防疫防控管理检查表》等，以线上线下各种形式做好疫情防控宣传，指导辖区内各行业落实疫情防控主体责任。组织2021年安全生产工作会议、法规培训、全行业消防安全培训和消防比武、游泳场所安全开放工作暨救生员培训班等，通过日常监管、重要时段监管以及开展“安全生产日”活动等形式，进一步加强安全隐患排查、安全预防联动工作，全年完成旅行社安全生产集中整治、冬春火灾防控整治、旅游新业态安全整治，坚守安全生产底线。

2021年文化旅游市场安全生产工作会议

【综合提升行业服务】 组织举办2021年全区旅游业务培训班，进一步提提升旅游负责人的法律风险意识、业务能力素质和市场主体责任担当。开展“诗画浙江·百县千碗”工作，完成“定海米道”十道冷菜和十道点心的落地和比武工作。加强行业标准规范化服务，指导做好1家四星级品质旅行社新评台账制作及3家星级旅行社复评工作；推进全区住宿宾馆全面开展“不主动提供一次性消费用品”行动，倡导绿色消费。按时保质完成各项旅游数据统计，完善各类旅游发展集聚区资源名录，开展旅游抽样调查工作。深入企业一线，通过实地走访、召开座谈会等形式，帮助解决文旅企业的问题和困难。

旅游景点拓展与重大节庆活动

【创建省级全域旅游示范区】 根据省、市工作部署，以搭建体制机制、分解任务清单、推进工作实际落地为抓手，全面开展创建省级全域旅游示范区工作，成立定海区全域旅游发展工作领导小组，推进创建省级全域旅游示范区工作，部署分解任务，以任务清单条目式分解逐项落实，建立实施配合单位全覆盖沟通交流机制，并根据验收检查时间倒排工作节点，完成台账资料收集、实施方案编制、全域氛围布置、景区城和景区镇创建、汇报材料撰写等工作。10月28日，完成线上创建省级全域旅游示范区申报答辩；从11月起，做好省级全域旅游示范区创建迎检工作，成功创建第四批省级全域旅游示范区。

【推进景区提档升级】 数字景区化改革逐步推进，将景区纳入文旅体大检测平台，建立景区数字化管理的数据平台、监管平台和服务平台。推进国家级景区提质升级，小沙三毛故里景区获评国家AAA级旅游景区，马岙街道马岙村获评全国乡村旅游重点村，定海区马岙街道、干䃥镇获评浙江省 AAAA 级景区镇。推进无废景区创建，指导南洞艺谷、舟山鸦片战争遗址公园、远洋渔业小镇、如心小镇4家景区完成创建台账上报，成功创建市级“无废景区”。完成年度景区复核工作，取消万锦湖鱼庄等3家A级景区等级并正式发文。加强行业品质提升，大乐之野（南洞店）获“岛居舟山”最美民宿荣誉，农家小厨被评为“诗画浙江·百县千碗”体验店。

小沙三毛故里景区

【开展美丽乡村周系列活动】 依托全区大型活动提高定海文化旅游体育事业吸引力，承办“2021浙江定海美丽乡村周”系列配套活动，实现“文化+旅游+体育”的进一步融合，扩大定海美丽乡村文旅影响力。开展乡野游园会、岙礼音乐节两大板块活动，乡野游园会包含乡野市集、乡野喜剧场、乡野演绎、乡野花园、村跑等系列活动；岙礼音乐节与东海音乐节合作，邀请知名歌手和乐队加入。深挖马岙乡野文化，研发“水稻君”马岙文旅IP，系列活动全网传播实时曝光累计3078万次，微博#云游定海#、#乡野游园会#双话题数据分别达1282.7万条、528.5万条，乡村文旅“金名片”进一步擦亮。

体育事业

【公共体育服务有序发展】 加快完善全民健身基础设施，完成浙江省民生实事项目建设，做好定海健身馆体育用房扩建工作，推进城北健身馆数字化平台使用工作。强化体育健身组织建设，举办社会体育指导员培训班4期，完善全民健身志愿服务长效机制，制定定海区基层体育委员工作机制实施方案，构建全区“基层体育委员”组织体系，努力形成“政府主导、社团参与、体育委员主动作为，全民练体育爱健身”的基层体育工作新格局。国民体质监测1500余人并开具健康运动处方，新成立舟山市定海区围棋协会、舟山市定海区动感单车协会，加大群众身边的健身指导力度。延续“活力定海”品牌经典，全年组织开展羽毛球公开赛、篮球锦标赛、乒乓球锦标赛、太极拳锦标赛等系列群众性赛事活动13场。

【精品赛事活动持续开展】 是年，举办2021“神行定海山”全国徒步大会活动，吸引3000余名长三角户外徒步爱好者参加，紧扣“文化+旅游+体育”主题，CCTV5助力宣传，浙江卫视、浙江24小时、今日头条等20多家媒体矩阵式传播。此外，全年组织开展2021新年登高祈福活动、“2021神行定海山·约定海那边”系列活动5期、定海印记·探索之旅2021中国定海城市定向赛、“世界地球日”徒步活动等赛事活动。

（撰稿：徐楚妤）

（本类目图片由区文化和广电旅游体育局提供）

责任编辑：周丽坤

卫生健康

综　述

2021年，全区有区级管理各类医疗卫生机构238家，其中，区政府举办的各级医疗卫生机构81家，包括公立医院2家（区中心医院、区安康医院），公共卫生机构4家（区疾控中心、区卫生计生综合执法大队、区妇幼保健服务中心、定海医疗急救站），镇卫生院6家（分院3家），街道社区卫生服务中心9家（分中心3家），社区卫生服务站16家；一体化村卫生室43家，医务室1家，形成较完善的三级城乡社区卫生服务体系。民营医院6家，其他医疗机构151家。

1月18日，区委书记庄继艳到中心医院督察工作

公立医疗卫生健康机构现有工作人员995名，其中编制内778名，编制外217名；具有高级专业技术职称89人，中级专业技术职称358人，初级技术职称331人。

全区拥有编制床位1301张，其中，社区卫生服务中心（镇卫生院）216张，民营医院665张，区属医院420张。

全年总诊疗139.20万人次，其中，门急诊人次128.18万人次，同比增加8.84万人次，增长7.4%。业务总收入19062.3万元，同比增加1968.26万元，增长11.51%。其中，医疗收入8594.75万元，同比增加1730.65万元，增长25.21%；药品收入10467.55万元，同比增加237.61万元，增长2.32%。

基层就诊率62.20%，县域就诊率91.1%。

是年，全区卫生健康工作始终坚持联防联控、群防群控机制，在保质保量完成上级规定任务的基础上，努力提升群众防控意识，抓好常态化疫情防控工作。

是年，推进医疗卫生“山海”提升工程。浙江省人民医院全面托管定海区中心医院，专家团队正式入驻，带领全区医疗事业发展进入新轨道。合作近8个月，定海分院业务量稳步提升，5—12月医疗收入（除非药品非耗材）4062.36万元，同比增长13.82%；门诊收入（除非药非耗）2931.37万元，同比增长19.05%；住院收入（除非药非耗）1120.96万元，同比增长2.03%。5—12月，开展各类手术178台，同比上升323.81%；门诊人次142399人，同比下降2.85%，

3月27日，召开全区卫生健康工作暨党风廉政建设会议

出院人次1622人，同比下降10.54%。

医疗事业

【医共体建设】 区医疗集团（医共体）深化“一家人”“一本账”“一盘棋”改革，全面实现集团化管理、一体化运行和连续式服务，整合型医疗卫生服务体系基本成型。集团党委、局常委领导下的院长负责制逐步成熟定型，各级医疗机构诊疗职能进一步明晰，将普通的常见病、多发病、慢性病截留在基层，是年基层就诊率达62.20%，同比增加1.09%以上；开展双向转诊1034余例，初步形成“小病进社区、大病转医院，康复回社区”的就医格局。

【推进社会资本办医】 是年，继续推进社会资本办医，舟山顾氏骨伤医院投资170万元进行门诊楼装修，基本完工。上海交通大学医学院附属瑞金医院舟山分院（以下简称舟山分院）全年门诊人次22.40万人，出院6934人次，住院6940人次，门诊收入8140.03万元，住院收入7826.70万元，医疗总收入15966.73万元。完成专家多点执业备案500余人；23名知名上海专家在舟山分院成立名医工作室；与上海瑞金医院、上海仁济医院开通绿色转诊通道实现双向转诊，全年从舟山转诊到上海的患者177人，从上海转诊到舟山的患者96人。新开展胰体尾联合脾脏切除术、骨盆肿瘤的手术切除及3D打印半骨盆置换术、冠状动脉血管内超声、ESD术、EUS等各类高难度手术及诊疗项目。

【无偿献血】 是年，全区无偿献血计划任务2745人次，完成3132人次，完成率114%；大于200毫升以上的比例高达70%（市要求65%）。总采血量626400毫升。

医疗保险

【概况】 是年，全区有“两定”医药机构99家，其中，定点医疗机构55家、定点药店44家。定海区户籍人口数402226人，截至2021年年底，职工基本医疗保险（仅限定海机关事业单位在编人员）参保人数9123人，城乡居民基本医疗保险参保人数398718人，户籍人口参保率99.13%。

【医疗救助】 是年，全区实施医疗救助医疗79852人次，医疗救助689万元。大病救助46828人次，救助2153万元。

【实施药品带量采购】 是年，全面落实国家“4+7”带量采购政策和省药品带量采购政策，有139个常用药实现降价采购，全年可节省药品支出约1700万元。

【医疗保障基金监管】 是年，累计现场检查定点药店和定点医疗机构48家，实施行政处罚2家，罚款11.64万元；发出处理决定书、整改通知书58份，对11家定点单位作出记分处理，暂停医保医师协议3人，追回医保基金174.96万元;智能审核剔除违规费用69万元，追回医保基金109.24万元。

【经办服务】 全区医保经办事项10个，子项24个。实施基本医疗保险、大病保险、医疗救助等费用“一站式”结算，实现长三角异地就医门诊直接刷卡结算，实现医保关系转移接续、零星费用报销“零跑腿”，实现医保移动支付全覆盖，实现出生一件事、身后一件事、公务员职业生涯全周期管理“一件事”、退休一件事等相关医保业务的直接后台推送办理。全年受理基本医疗费用零星报销12012件、生育待遇核准支付617件、特殊病种待遇备案959件。

医政管理

【校验注册换证】 是年，全区办理医疗机构校验221家，医疗机构换证70家。完成医疗机构执业登记注册12家，变更医疗机构119家，注销医疗机构7家。

【医疗设备购置】 是年，参加春、秋两季浙江省医疗设备博览会集中采购，采购金额共298.96万元，其中30万元以上设备175万元。

【最多跑一次改革】 是年，深化卫生健康领域“放管服”和“证照分离”改革，优化网上审批、压缩审批时限，目前网上办、掌上办、即办件都达到100%，时限差缩比达到76.7%。

医教科研

【重点学科】 是年，浙江省人民医院与定海区人民政府签订战略合作协议，积极响应浙江省医疗卫生“山海”提升工程，在区中心医院确定普外科、急诊医学科、心血管内科、消化内科为重点学科。

【科研立项】 是年，有1个市级医药卫生科技项目、4个市级科技项目和2个区级科技项目立项：市级医药卫生科技项目为定海区中心医院的《舟山市定海区居民健康体检中高尿酸血症的发病率调查及分阶梯诊疗的临床效果研究》。4个市级科技项目分别为区中心医院3个：《单手送管留置针穿刺法在老年住院患者中的应用》《常态化疫情防控下PICC导管的日常护理在医共体中的推广应用》《人工泪液结合中药雾化熏蒸用于治疗干眼症的临床应用研究》和上海瑞金医院舟山分院《肠道黏膜屏障损伤加重肝脏脂变的机制研究》。2个区级科技项目立项为区中心医院《冲击波与增益剂协同效应在慢性肩痛治疗中的应用研究》《疫情常态化下建设胸痛救治单元重要性作用的研究》。

2021年区中心医院获批2项省级继续医学教育项目《急腹症诊治新进展在基层医院推广应用》《医域医共体安宁疗护能力提升学习班》，成功备案1项省级继续医学教育项目《狂犬病暴露预防处置学习班》，并按期圆满举办完成。

疾病防治

【传染病概况】 是年，全区报告法定传染病12种3115例，发病率为622.97/10万，同比下降35.17%（去年同期报告15种4796例，发病率为960.92/10万），其中乙类传染病8种882例，发病率为176.39/10万，丙类传染病4种2233例，发病率为446.58/10万。

【公共卫生应急能力建设】 是年，围绕新冠肺炎疫情防控六大机制落地见效和七种能力提升，畅通“五快”循环，以人为中心提升落实“三快”人员管控机制。快“找人”（流调、核酸检测）：实时联动卫健、公安、交通等多部门及各镇（街道），做到1小时内找出相关人员初步流调信息；扩大流调和核酸采样队伍，努力实现公卫人员“人人会流调”、卫技人员“人人会采样”，确保满足规模聚集性疫情的应急处置需要。快“送人”（转运、编组）：一旦发生疫情，迅速启动“机关单位+社区”“党员干部+楼宇”工作机制，结合“五包一”工作机制，以楼宇、片区为“最小单元”，快速落实人员管控和区域核酸检测，快速启用人员转运专用车队，启动人员转运三级流转机制，确保精准、闭环转运涉疫人员。“最小单元”编组总计3923组，专车60辆、司机60人。快“控人”（隔离、封控）：按照早发现、早找到、早管控的要求，实现密接、次密接人员第一时间“应隔尽隔”；完善“三区”相应管控预案，指导实施分级管控措施。

2月5日，开展应急预案桌面推演

【核酸检测能力提升】 重设采样点，按照常态防控4小时内完成区域核酸采样的标准，对照每个村（社区）1000～1500人设一个采样点、500～1000人设一个采样台要求，统筹全区干部、志愿力量进行“最小编组”，重新设置采样点、采样台，由原先的91个采样点、222个采样台扩增至321个采样点、647个采样台，达到4小时完成采样、12小时出检测报告要求。

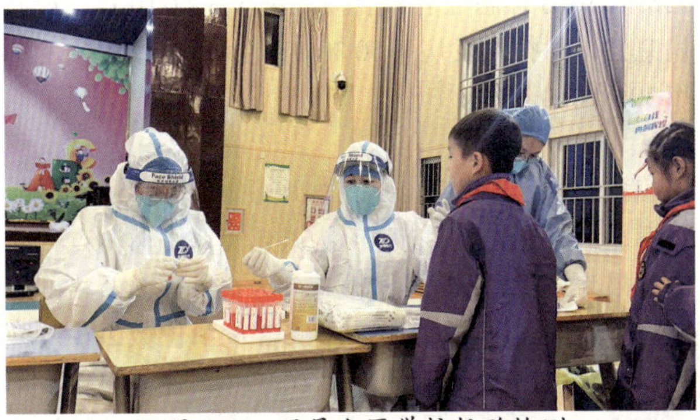
12月7日，开展全区学校核酸检测

集中检测资源，现将原区中心医院2个核酸检测实验室和爱易1个实验室均整合到双桥院区隔离病房基因扩增实验室，18台96通道扩增仪日检测能力达14400管。持续开展核酸采样、信息登记培训，计10余期、1000多人。增强应急检测，计划新配置日检测能力8000管的移动核酸检测车1辆，制定集中采购方案，场地初定在双桥隔离病区；计划增配1个气膜实验室，初步选址在4806工厂附近（寿星桥路东侧），占地1万平方米。

【免疫规划】 是年，12家预防接种门诊（含临城），取得省卫生健康委认定的规范门诊9家、星级门诊3家，全区规范化接种门诊覆盖率100%。累计报告完成基础免疫42871人次，接种率为99.96%。各单苗累计报告接种率分别为：卡介苗99.96%（2381/2382）、脊灰疫苗99.95%（8308/8312）、乙肝疫苗99.96%（7654/7657）、百白破疫苗99.98%（8235/8237）、麻腮风疫苗100%（3022/3022）、A群流脑疫苗99.98%（5893/5894）、乙脑疫苗99.97%（2926/2927）、甲肝疫苗99.91%（4452/4456）。乙肝首剂及时率97.78%（2425/2480）。

是年，累计加强免疫27069人次，接种率为99.96%。各单苗加强免疫累计报告接种率分别为：脊灰疫苗99.98%（4973/4974）、百白破疫苗99.97%（3529/3530）、麻腮风疫苗100%（3831/3831）、流脑A+C99.92%（7234/7240）、乙脑疫苗100%（3874/3874）、白破疫苗99.89%（3628/3632）。

【慢性病和死因监测】 是年，报告户籍死亡3036例，粗死亡率为7.56‰，其中，慢性非传染性疾病死亡2567例，占总死亡的84.55%，死亡率为638.23/10万；居民平均期望寿命为82.03岁；糖尿病报告发病率358.84/10万，恶性肿报告发病率503.77/10万，冠心病急性事件报告发病率50.30/10万，脑卒中报告发病率396.44/10万。

【碘营养水平监测】 是年选取临城、盐仓、金塘、马岙、白泉5个镇（街道）为碘营养水平监测点，监测结果为：学生家庭碘盐覆盖率为62.86%，合格碘盐食用率53.81%，学生尿样尿碘含量中位数206.50微克/升；孕妇家庭碘盐覆盖率80.00%，合格碘盐食用率72.38%，尿碘含量中位数107.4微克/升，孕妇补碘率为93.33%。

【水质卫生监测】 农村生活饮用水水质监测：辖区农村生活饮用水水质监测分别设置集中式供水监测点20个、分散式供水监测点10个。纳入农村集中式供水监测点的有市自来水公司乡镇水厂3个、村级自筹水厂（供水站）4个，水样类型包括出厂水、末梢水，抽取乡镇水井10个作为分散式供水监测点。枯水、丰水期共采集农村生活饮用水水样60份，检测结果显示：总合格率66.67%（40/60）。其中，集中式供水合格率为100%，分散式供水（水井水）合格率为0。

城区生活饮用水水质监测：定海区疾控中心在枯水期、丰水期对城区定海水厂的出厂水、管网水以及部分酒店的二次供水进行抽样检测，检测合格率100%。

【食源性疾病监测】 辖区监测点医院（舟山市妇幼保健院、舟山市中医院）共报送病例信息总数528份（男性268份、女性260份）。哨点医院舟山市妇幼保健院监测病例信息520份，采集生物样本（腹泻物）430份。共检出阳性样本105份，阳性检出率24.42%（105/430）；检出阳性菌株111株，其中沙门氏菌60株、致泻大肠埃希氏菌属24株、副溶血性弧菌7株、诺如病毒20株，未检出志贺氏菌、创伤弧菌。报告2起食源性疾病聚集性事件，总发病10人，未出现临床重症病例和死亡病例。

【食品中微生物及其致病因子监测】 全年采集食品微生物监测样本200份，检验结果显示，样本均未检出沙门氏菌，但餐饮食品（凉拌菜）、饮料（现榨果汁）和焙烤及油炸类食品（寿司、三明治、汉堡等）样本金黄色葡萄球菌检出率分别为5%（2/40）、13.33%（4/30）和13.33%（6/45），肉类及其制品（熟肉）样本单核细胞增生李斯特菌检出率为11.11%（5/45）；水果及其制品（蜜饯）样本菌落总数最高150个菌群/克，大肠菌群计数均<10个菌群/克；水产品（腌制生食海产品）样本检出副溶血性弧菌1份，阳性检出率5%（1/20），未检出创伤弧菌。

【食品中化学污染物及有害因素监测】 全年采集食品中化学污染物监测样本200份，检测结果显示，谷物及其制品（馒头、油条）、淀粉及淀粉类制品（粉丝、粉条）样本中含铝食品添加剂指标检测最大值均低于国家限量标准；除1份水产动物及其制品样本二氧化硫检出值为47毫克/千克外，其余水产动物及其制品样本和全部蔬菜及其制品样本二氧化硫检出值均在仪器检出限以下；水产动物及其制品样本中镍、铅、砷、铬、铜检出率均为100%（20/20），总汞检出率85%（17/20）；饮料样本中糖精钠、苯甲酸、山梨酸指标检测最大值分别为26.20毫克/千克、141毫克/千克、298毫克/千克；焙烤食品（饼干）样本中铅、铬检出率均为100%（20/20），总砷检出率为45%（9/20），镉检出率为80%（16/20）；肉与肉制品样本中汞、铅、铬、铜检出率为100%（10/10），镍检出率为80%（8/10），镉检出率为20%（2/10），砷的检出值均在仪器检出限以下（0.004毫克/千克）。

【学生健康状况与常见病监测】 完成11所学校（2所小学、2所初中、2所高中、1所职高、1所综合性大学以及3所幼儿园）3139名学生常见病和健康影响因素监测。监测结果：辖区青少年近视率为55.17%，比去年（56.80%）下降1.63%，营养不良比例为5.06%，超重比例为17.85%，肥胖比例为15.21%，龋患比例为43.82%，脊柱弯曲异常比例为1.67%。完成7所初中的教学环境监测，监测结果：教室人均面积合格率59.5%、课桌符合率5.48%、课椅符合率22.14%、黑板反射系数合格率26.2%、课桌面平均照度合格率95.2%、教室内噪声合格率81%、饮用水合格率100%。

【病媒生物监测】 鼠密度监测中，鼠密度为0.56只/百夹（板），较去年基本持平。蚊密度监测中，密度为6.65只/灯·夜，蚊虫的密度随季节变化较为明显，6月、10月、11月的蚊密度明显高于其他月份。蝇密度监测，捕获率为7.55只/笼，5月、6月、7月、11月活动较频繁。蟑螂密度监测中，侵害率为2.82%；蟑螂粘捕率为3.08%；德国小蠊和黑胸大蠊仍是本地区的优势种群。

【托幼机构消毒质量监测】 按照分层抽样原则选取12家托幼机构（城区6家、镇街道6家）作为监测对象，共采样检测各类样品214份，合格204份，合格率95.3%。城区托幼机构各类样品监测合格率为94.4%（102/108）、镇（街道）托幼机构监测合格率为96.2%（102/106）。所有样品中室内空气、使用中消毒液和饮用水合格率为100%；其他样品合格率自高到低依次为物具表面、餐具和保教人员手指，合格率分别为98.3%（59/60）、95%（57/60）和83.3%（30/36）。

【医疗机构消毒质量监测】 分层抽取辖区9家医疗机构开展消毒质量监测，共采样检测各类样本134份，其中，合格109份，合格率81.3%。所有检测样品中物体表面、内镜冲洗液和使用中消毒液合格率最高，均为100%，其次医院污水80%（16/20）、医护人员手指75.8%（25/33）、室内空气70%（14/20），口腔科用水检测合格率最低为61.1%（11/18）；医院污水采样20份，合格16份，合格率80%。

妇幼保健

【概况】 2021年，全区产妇1518人，活产儿1544人，围产儿死亡4例，围产儿死亡率2.58‰；婴儿死亡1例，婴儿死亡率0.65‰；5岁以下儿童死亡5例，5岁以下儿童死亡率3.24‰；无孕产妇死亡。孕产妇保健管理覆盖率100%，早孕建卡率95.40%，系统管理率95.34%，住院分娩率100%；县级以上高危筛查率100%，高危孕产妇住院分娩率100%；剖宫产率38.67%，产后访视率98.32%。7岁以下儿童保健覆盖率99.421%，3岁以下儿童系统管理率96.40%，0～6岁儿童眼保健和视力检查覆盖率99.42%，新生儿访视率100%，6个月内纯母乳喂养率65.37%。

【婚前检查及孕前优生检查】 是年，结婚登记1055对，婚前医学检查1704人，婚检率80.76%，检出疾病865人，疾病检出率50.76%；孕前优生健康检查1687人，目标人群1902人，孕前优生健康覆盖率88.7%。

【高危孕产妇管理】 是年，全区孕28周县级高危筛查1518人，高危筛查率100%。筛查出高危孕妇1188人，高危孕妇管理人数1188人，住院分娩1188人，全程追踪监护，管理率100%。

【0～6岁儿童眼保健和视力检查】 是年，全区0～6周岁儿童19478人，眼保健和视力检查19304人，覆盖率99.11%；6周岁儿童检查2228人，视力不良检出人数250人，视力不良检出率11.22%。

【儿童专病管理】　是年，全区重点监测管理营养性疾病儿童1020例，管理0～3周岁心脏出生缺陷儿童1056例、高危儿1365例，管理的高危儿中高危因素较多。这些高危儿都接受动作、语言、体格发育等检查，并给予喂养、营养、心理行为发育等评估和指导。根据个体情况，进行了Gesell、Peabody、磁共振、基因检测等相关检查，最后确诊为全面发育迟缓93例、语言发育迟缓47例、运动发育迟缓24例、外胚层发育不良1例、小胖威利综合征1例、染色体16P13.3重复综合征1例。这数病儿病情有不同程度的改善或痊愈。

【托幼机构卫生保健管理】　是年，全区有托幼机构66所，达到卫生保健合格单位66所，合格率100%。全区应检托幼机构工作人员2288人，实查2288人，健康体检率100%。应检集居儿童12321人，实查12308人，集居儿童体检率99.89%。儿童视力检查人数12308人，检出儿童视力不良1671人，检出率为13.58%；检出儿童龋齿4568人，龋齿发病率为37.11%；检出贫血儿童175人，患病率1.42%。组织举办全区保健人员培训班1期、保育员培训班2期，全区托幼机构53名新上岗保健人员、120名复训保健人员、103名保育员接受卫生保健相关专业知识培训。

【出生缺陷项目】　是年，本区重大致死致残畸形率发生率11.85‰。夫妇双方或一方为定海户籍且孕15～20周+6天的孕妇免费享受1次中孕期血清学产前筛查；有羊水穿刺指征的孕妇免费享受1次羊水穿刺胎儿染色体产前诊断。父母双方或一方为定海户籍的活产新生儿免费享受1次苯丙酮尿症、先天性甲状腺功能减退症、先天性肾上腺皮质增生症和葡萄糖-6-磷酸脱氢酶缺乏症等29种遗传代谢性疾病筛查、1次听力筛查、1次“双指标法”先天性心脏病筛查。为父母双方或一方为舟山户籍的0～3周岁儿童免费享受3次发育筛查和1次自闭症筛查。是年，产前筛查率86.56%，新生儿疾病筛查率99.84%，新生儿听力筛查率99.94%，0～3周岁发育筛查率94.41%。是年，免费产前筛查700人，免费羊水穿刺130人；免费新生儿疾病筛查1006人，听力筛查1023人；免费为0～3周岁儿童发育筛查3490人次，自闭症筛查1497人；免费为“双指标法”先天性心脏病筛查991人；免费为出生缺陷综合防治项目补助金额104.72万元。

【高龄孕产妇特殊补助项目】　是年，预产期年龄在35周岁及以上且在舟山市内保健建册的定海区户籍孕产妇政策符合对象本人在孕期可免费享有4次孕期超声检查和1次产前会诊超声检查。全区免费孕期超声检查549人次，产科会诊超声检查174人，免费补助金额10.31万元。

【城乡妇女免费“两癌”检查项目】　是年，浙江省城乡35～64周岁妇女免费“两癌”检查项目实施第5年，宫颈癌检查666人，乳腺癌检查684人，确诊宫颈病理高级别病变（C1N2-C1N3）3人，乳腺癌1人，全部手术治疗，免费补助金额10.35万元。2017—2021年宫颈癌检查20932人，完成适龄人群的91.21%，乳腺癌检查21734人，完成适龄人群的94.71%，确诊宫颈病理高级别病变（C1N2-C1N3）193人、宫颈癌29人、乳腺癌25人，对所有阳性人群都进行及时反馈、随访并建议进一步检查治疗，54例癌症病人都已手术治疗，愈后良好。2017—2021年免费“两癌”补助金额326.49万元。

【消除艾滋病、梅毒和乙肝母婴传播项目】　是年，舟山市卫健委下发《关于印发舟山市消除艾滋病、梅毒和乙肝母婴传播工作规范的通知》，各医疗卫生健康单位对初次接受孕产期保健的所有孕产妇（包括流动孕产妇）提供免费的HIV、梅毒和乙肝（乙肝五项）检测，为确诊感染的HIV和梅毒感染孕产妇以及分娩的儿童提供免费治疗，为有生育需求的感染孕产妇提供安全助产服务，为乙肝产妇分娩的儿童提供免费的疫苗接种和免疫球蛋白注射以及联合免疫后的效果评估。全年，孕产妇HIV、梅毒和乙肝检测率100%。免费孕产妇HIV、梅毒和乙肝检测1864人，乙肝免疫球蛋白注射173人，梅毒孕产妇及新生儿免费检测、治疗、随访等免费补助金额33.48万元。

孕产妇保健管理覆盖率100%，早孕建卡率95.10%，系统管理率93.70%，新法接生率100%，高危孕产妇住院分娩率100%，剖宫产率39.38%，县级以上高危筛查率99.84%，产后访视率98.69%，产前筛查率90.46%，婚检率65.05%；优生健康检查覆盖率94.55%。7周岁以下儿童保健覆盖率9941%，3周岁以下儿童系统管理率95.78%，新生儿疾病筛查率99.83%，新生儿听力筛查率99.83%，6个月母乳喂养率91.31%，新生儿访视率99.95%。

社区卫生服务

【深化家庭医生签约服务】 继续开展预约签约门诊服务、严重精神障碍联合远程会诊，健康评估、健康咨询、健康讲座和健康宣传资料发放等服务。加强签约服务管理，团队175个，其中，参与签约服务的全科医生171人，通过上门签约、门诊签约等多种形式规范签约129292人，规范签约率39.52%，并继续推进在医保等政策支撑下的有偿签约服务，截至2021年年底有偿签约25012人。

【推进基本公共卫生惠民服务】 是年，基本公共卫生人均补助经费提高至70元。建立城乡居民健康档案279549人，规范化档案覆盖率66.18%；加强慢性非传染性疾病管理，高血压病、糖尿病、严重精神障碍患者管理人数分别为20722人、6111人、1482人，规范管理率分别为63.86%、63.33%和90.37%。

爱国卫生

【卫生创建工作】 是年，巩固常态化成果，结合国卫复审，开展新一轮集中性消杀灭工作。针对集中性餐饮店集中区"脏乱差"情况，分片分区开展消杀灭工作。打造国家卫生镇，干碶镇、金塘镇均通过省爱卫办验收，所有反馈问题均已整改落实。全区已创建成功国家卫生镇1个（白泉镇）。继续做好卫生村创建巩固工作，省级卫生村新创建4个、复评10个，均通过验收。全区省级卫生村累计创建37个。创建市级健康镇1个（干碶镇）、市级健康村2个（干碶龙潭村、马岙五一村），创建"除四害"村1个（马岙五一村）。

【深入健康促进与教育】 是年，全区有1000余名健康志愿者参加系列活动，制作并展出宣传展板300余块，发放宣传资料100000余份，张贴禁烟标识8000余张，发送手机公益短信、微信50000人次，开展健康咨询600余人次，受教育人数达80000人次。开展健康"细胞"建设工作。是年，新创健康单位30家（市级14家、区级16家）、健康社区3个（市级2家、区级1家）、健康家庭494户（市级201户、区级293户）。新建健康促进学校银牌2所、铜牌4所。64家党政机关实现"无烟党政机关"全覆盖。通过建章立制，增设禁烟标识，建立控烟队伍，积极推进控烟创建工作落到实处。对各大公共场所、重点区域进一步查漏补缺，增设禁烟标识，营造禁烟氛围。

【提高改水改厕覆盖率】 开展城乡环境卫生整洁行动和农村厕所革命。是年，农村卫生厕所普及率和无害化卫生厕所普及率分别达到100%和99.26%。对所有村（社区）建立"一村一档"工作，做好户改率100%。辖区内所有医疗卫生机构根据检查反馈条目举一反三开展厕所自查，限时整改。开展农渔村生活饮用水水质监测，监测集中式供水水样80份（城市40份，农村40份），水样监测总合格率100%（80/80）。枯水期合格率为100%（40/40），丰水期合格率为100%（40/40）。

【加强病媒生物防制】 是年，投放灭鼠药物14.24吨，灭蟑螂饵剂2088公斤；根据滋生地分布情况开展有针对性的环境治理，出动人员8000余人次，投放5%硫磷杀虫颗粒剂2099公斤、球形芽孢杆菌2777公斤，使用杀虫剂1234公斤，药物到位率和覆盖率均达到95%以上，四害密度达到国家病媒生物密度控制水平标准C级以上。各镇（街道）委托第三方开展城乡病媒生物防制活动，持续控制病媒生物密度，城乡防制实现一体化。

【健康定海建设工作】 1—3月，迎接2020年度市级、省级健康浙江建设工作考核并获优秀，持续巩固成果探索长效建设机制。发布2021年度健康浙江

1月21日，开展健康浙江考核

工作考核细则责任分工，明确各部门职责，督促落实相关任务。协调各部门开展健康定海28项行动，出台《健康定海专项行动三年实施方案汇编》及明确各单位责任分工。梳理各部门2021年度健康浙江考核工作，进一步进行沟通协调，进行指标分工和自评打分。

创建省级健康促进区以及做好2021年浙江省公共政策健康影响评价市级试点地区建设工作　拟定《定海区创建浙江省健康促进区实施方案（2021—2022年）》和《定海区公共政策健康影响评价试点工作实施方案》。组建健康促进区创建领导小组名单，针对健康区指标进行任务分工。由各局办上报组建健康促进委员会、健康影响评价专家委员会名单。起草委员会准入机制和运行方案。

完成《健康定海咨文白皮书》编订发放　内容包括定海区人口基本现状、慢性非传染性疾病死亡情况、全民健康素养情况等十个篇章，通过“图表说明+对策建议+原因分析”的方式，对现状进行分析，为进一步普及健康知识、促进大众参与健康行动和改变不良生活方式提出建设性建议，并下放各镇（街）、单位以及重点场所进行广泛宣传教育。

完成《健康十二时辰》宣传片　将古代十二时辰与中医养生节点完美融合，利用通俗易懂的场景体现和重点知识点的口播输出，将十二时辰的养生关键重点凸显，并自编一套完整对应十二时辰的十二经络养生操。通过加强宣教科普形式，强化科学健康理念，促使老百姓进一步重视健康，行动起来。

卫生监督

【概况】　是年，全区有公共场所经营单位1342家（含不发证单位568家），其中，住宿场所309家，美容美发场所755家（其中不发证442家），沐浴场所178家（其中不发证126家），游泳场所11家，文化娱乐场所及其他场所89家；学校40所；集中供水单位4家；病媒生物防制服务单位10家。全区有医疗机构236家，其中诊所91家，村卫生室44家，卫生站23家，门诊部15家，医务室8家，卫生院3家，社区卫生服务中心6家（分中心6家），社区卫生服务站22家，学校内医疗机构15家，医院8家，检验实验室1家。辖区内持有《母婴保健技术服务执业许可证》的医疗机构8家。全区现有职业健康检查机构1家（定海区中心医院），存在职业病危害企业688家，其中，矿山3家，汽修34家，船舶修造企业34家，建材企业33家，其他制造业584家。

【行政许可审批】　是年，完成各类审批1400件。其中公共场所卫生许可办证554件；医疗机构执业许可12件；医疗机构执业许可证变更和延续189件；医疗机构注销7件；医师执业注册339件（其中多机构备案138件）；护士执业注册269件；放射诊疗许可证办理13件；母婴保健许可证办理7件；“麻醉药品、第一类精神药品购用印鉴卡”办理10件；实施计划生育行政征收0起；计划生育行政给付总数为5024次，其中，确认农村奖扶对象3559人，确认城镇奖扶对象491人，确认计划生育特别扶助对象974人，给付总金额（奖扶特扶金）1211.88万元。所有行政审批事项均在承诺时限内办结，办结率100%。

【行政处罚】　是年，实施行政处罚446件，其中，简易案件128件、一般案件318件；一般程序行政处罚结案314件（其中，2020年结案12件），结案后实际履行罚没款金额116.6万元。全年，作出26件较大数额罚款的案件，均进行听证程序告知，并提交局法规科法制审核和局领导集体讨论；对7件未履行行政处罚的案件作出催告书，无法直接送达的进行邮寄和公告；4件案件申请法院强制执行；1件涉嫌非医师行医罪案件移交公安；2件非法医美案行政诉讼中；全年未发生行政复议。办结的行政处罚结果信息及时录入浙江卫生监督管理系统，并在浙江政务服务网上公示。

【“双随机”监管】　是年，抽取国家“双随机”任务221家，完成209家，完结12家，国家“双随机”案件处罚数75件，完成任务按规定在定海区政府网站予以公示；省级“双随机”通过浙江省行政执法监管平台共抽取212家单位，完成202家，完结10家，省双案件处罚数90件，直接由浙江政务网予以公示。国家、省级“双随机”案件任务完成率均为100%。

【新冠肺炎疫情防控】　是年，开展医疗机构疫情防控督查，对辖区内236家医疗机构疫情防控落实情况开展多轮检查，全年监督检查1600余家次，出动监督人员550余人次，行政处罚66家次，停业整顿31家次；对医疗机构发热门诊设置规范、人员防护、消毒隔离、运行情况等开展检查，检查发热门诊（诊室）14家；对医疗机构工作人员、住院患者、社会陪护人员新冠肺炎核酸检测落实情况进行督查，共检查医院6家，督促落实整改2家。开展外轮船舶疫情防控检查，执法大队医疗卫生科和职业卫生科科室联合共检查涉外轮船舶修造厂30余家次。参与区政府疫情防控专班检查，共检查入境人员、新冠肺炎密接者集中隔离点40余家次。开展理发美容场所和沐浴场所疫情防控监督指导，完成定海区“两会”住宿场所疫情防控指导和卫生监督保障工作，检查单位702家，发放监督指导意见书702份。落实中小学校疫情防控指导，共检查指导学校82家次。建立协管巡查机制，协管员巡查公共场所单位455家，张贴警示标志560余张，群发疫情防控提示信息1.5万余条。

6月18日，市长何中伟（右五）检查调研新冠疫苗第二针集中接种工作

【创卫整治】　是年，在迎接“创卫”第三轮复审过程中持续开展对“四小”公共场所的巡查监督，在整改指导的基础上开展更换亮证经营栏、发放各类卫生管理台账、张贴牌标识、群发提示信息等措施，全年检查、巡查单位5000余家次，现场整改指导600余家次，更换亮证经营栏53块，发放各类卫生管理台账200余册，张贴各类标牌标识250余张，累计群发提示信息5000余条。

【公共场所控烟】　是年，全区总体控烟情况良好，在各类迎检、专项检查等工作中共出动执法人员200人次，检查单位100家次，过程中发放禁烟宣传资料及禁烟标识1500余份。对网吧等重点单位开展联合执法8次，共查处违禁吸烟人员6名。舟山市创新客运站务有限公司和舟山港海通客运有限责任公司定海客运站两家重点场所纳入“舟山市违禁吸烟管理平台”，实现禁烟在线监控。

【智能监管平台建设】　是年，利用专项资金建成“定海区卫生健康执法数字化监管平台”，将定海区医疗机构医疗行为智能监管平台、全省医疗废物监管系统、定海区口腔多元化监管系统、住宿场所消毒保洁智能监管系统平台、定海区泳池水质监测管理平台、舟山市违禁吸烟管理平台、职业健康监管平台7个智能监管子平台纳入监管，实现智能监管项目集中管理。其中，定海区医疗机构医疗行为智能监管平台为新建“智能监管”项目，至年底160家医疗机构纳入监管，占全区医疗机构总数67.8%，完成试点项目预定目标；住宿场所消毒保洁智能监管系统平台为当年新建“智能监管”试点项目，舟山世茂大酒店有限责任公司和舟山新钻石楼大酒店有限公司2家单位纳入试点监管。全年办理非现场执法案件30起。

【公共场所监督监测】　是年，开展节日专项卫生监督保障，春节期间共检查车站2家次、电影院3家、商场2家、住宿场所12家、沐浴和其他场所8家；中秋、国庆期间检查候车室、商超、影剧院、酒店等场所30余家。开展公共场所集中空调通风系统卫生整治专项行动，签订公共场所集中空调通风系统使用单位卫生管理承诺书40份，监督检查住宿场所27家，其他场所9家，对3家存在问题的单位提出卫生监督意见。开展游泳场所夏季保健康行动，3次监督检查单位21家次，采集样品44件，不合格5件，立案查处2家。开展非沿街理发美容场所卫生监督执法专项整治，监督检查140余家次，协管巡查250余家次，发现查处违法行为12起。开展文化娱乐场所专项整治行动，结合省“双随机”监督检查场所41家，委托第三方检测机构对供顾客使用的杯具进行监测，合格23家，合格率56.1%，查处违法行为28家。开展沐浴场所专项监督抽检，检查场所67家，委托第三方检测机构对供顾客使用的公共用品用具进行采样监测，不合格35家，合格率为47.1%，查处违法行为39起。开展住宿场所清洗消毒保洁专项行动，共检查单位100家，立案查处涉及未按规定对顾客用品用具消毒的单位38家。

【饮用水监督监测】　是年，完成4家集中供水单位、10家二次供水及6家涉水产品经营单位的国家和省级"双随机"监督抽检工作，对水质不合格的3家二次供水单位和1家现制现售饮用水经营单位进行行政处罚。完成一、四季度集中供水单位水质进行监测，采集水源水13件、出厂水10件、管网水40件，其中不合格水源水4件。开展每季度集中供水单位的卫生监督和疫情期间、台风灾后生活饮用水卫生安全检查工作，联合水利部门4次上小岛开展单村供水站卫生监督检查。

【量化分级管理】　是年，完成新发证和延续单位量化分级161家，其中，住宿场所42家、理发美容场所80家、沐浴场所14家、游泳场所5家、其他场所20家。量化分级不发证单位65家，其中，理发场所30家、小足浴店35家　。

【校园卫生】　是年，对全区学校开展疫情防控指导、春秋季校园卫生健康专项检查、中高考卫生安全保障等，共检查学校90家次，立案4起。开展托幼机构、校外培训机构、学校采光照明"双随机"抽检工作，对13所幼儿园、12所校外培训机构完成抽检，均存在采光系数、窗地面积比、课桌面照度不合格的情况，函告区教育局督促不达标托幼机构和校外培训机构进行整改。

【医疗卫生领域专项整治】　*开展医疗美容乱象整治百日攻坚行动*　出动卫生执法人员140人次，排查生活美容场所、工作室等各类场所100余家次，生活美容场所签订《生活美容场所拒绝非法医疗美容承诺书》250份，立案查处13起，罚款金额35.73万元，没收违法所得1.2万元，没收药械共计53余件货值金额约10万元。

开展母婴保健和计划生育技术服务专项整治行动　排查医疗机构20家，可疑场所1处，对1家单位超核准科目使用全麻技术开展终止妊娠手术的行为进行行政处罚，罚款0.28万元。开展抗（抑）菌剂违法宣传疗效和添加激素等物质专项行动，检查各类单位85家，其中，医药公司2家、零售药店63家、母婴店6家、消毒剂专卖店4家、医疗机构10家，检查各类抗（抑）菌剂产品28种，抽检3家单位抗（抑）菌剂产品共3种，立案查处经营单位10家，罚款金额1.1万元，向产品所在地卫生健康部门发出情况通报8份。

【医疗市场监管】　是年，查处非法医疗美容、中医及口腔非医师行医、无《医疗机构执业许可证》开展诊疗活动等非法行医案件20起，结案16起，没收药物、器械100余件，罚没金额50.64万元。其中1起涉刑案件移送公安。

【职业与放射卫生监督】　是年，职业病危害项目申报企业共计373家，审核通过303家，存在的主要职业病危害有粉尘、噪声、高温、氨气、三苯等。累计体检1582份，人数15201人，职业禁忌552例，疑似职业病3例，职业病0例。开展放射诊疗专项检查，检查26家单位，立案处罚9件，罚款金额1.13万元。开展船舶修造行业职业病危害防治管理专项行动，检查34家单位，作出行政处罚11件，其中，一般程序立案7件，当场处罚4件，罚款18.3万元。开展建材行业职业病危害防治管理专项行动，检查33家单位，作出行政处罚15件，其中，一般程序4件，当场处罚11件，罚款6万元。开展职业病危害因素监测抽检，联合区疾控中心随机抽取辖区内35家存在职业病危害因素企业，其中，19家单位检测不合格，主要不合格项目为噪声超标。开展职业健康体检机构、用人单位督查，对1家职业健康体检机构作出当场警告的行政处罚，对32家用人单位作出行政处罚，其中，一般行政处罚20件，罚款金额51.1万元，当场警告12件。

【实施"首错免罚"】　依据《舟山市行政执法多领域"首错免罚"清单模式实施办法》的规定，执法大队对未设置职业卫生公告栏、未将作业场所职业病危害因素检测报告等内容进行公布、未将职业病危害事故应急救援措施进行公布等行为适用"首错免罚"决定，对9家企业根据规定实施"首错免罚"。

红十字会

【加强基础设施建设】　进一步完善自动体外除颤仪（AED）管理，在AED设备附近醒目位置设置指引标识，将AED的使用作为必备科目列入救护员培训内容，加大了公共场所救护力度。对4家AED设置单位18名工作人员进行救护员专题培训。在卫健系统新增5家AED设置点，配备25名AED操作人员。

【继续开展医疗下乡活动】 是年，与区卫健局协作，开展“三下乡”“为老服务”等义诊活动15次，服务群众4564人次，发放总价3.33万元的药品；广济红十字志愿服务队在白泉镇、盐仓街道等地开展流动医院下乡义诊、理发、剪指甲等服务活动20余次。

【造血干细胞和器官捐献】 是年，开展造血干细胞采样活动8次，有58人加入中华造血干细胞资料库，完成体检6人，采高分4人；做好2例造血干细胞捐献相关工作，中新网、浙江新闻客户端、市区各新闻媒体都给予宣传报道，引起较好反响。新增人体器官（遗体组织）捐献志愿登记488人。

1月14日，举行梁俊杰赴杭捐献造血干细胞欢送仪式

【现场应急救护培训】 是年，开展普及培训102期，8761人参加培训；开展救护员培训9期，390人取得救护员证书。组队参加市红十字会救护培训师资比赛，获团体一等奖及个人一等奖、三等奖各1名，通过比赛进一步提高师资教学水平。

【扶贫帮困活动】 是年，开展“红十字博爱送万家”活动，为173户困难群众送去价值172974元的款物；向市红十字会申请“普济白血病”“东东爱心助学金”专项救助72名，发放救助款13.5万元。

【强化红十字青少年工作】 是年，区红会联合区教育局多次开展形式多样的红十字活动。“5·12”防灾减灾日期间，各学校开展各种急救演练和急救知识培训；“6·1”儿童节前夕，联合市红会水（海）上救援队，为7所学校2000余名学生普及水上安全救生知识；大丰中心小学红十字会经常开展生命安全教育、义卖捐赠、节日慰问敬老院老人等活动，被评为“2021年度浙江省红十字青少年工作成绩突出集体”。

计划生育

【概况】 是年，全区出生人口1192人，其中，一孩出生826人、二孩出生356人、三孩出生10人。全区有育龄妇女7万人，其中，已婚育龄妇女5.25万人。

【计划生育奖励政策】 是年，确认渔农村奖扶对象3559人，新增590人，发放渔农村奖励扶助金341.66万元。确定城镇奖扶对象491人，发放奖励扶助金47.14万元。确定独生子女伤残死亡类特别扶助对象974人，并发症类特扶对象29人，发放特别扶助金823.08万元。累计发放各类资金1211.88万元，比上年增长5.11%。全年帮助困难计生家庭143户，发放公益金20.04万元。全年帮扶计划生育并发症人员，发放生活困难费及医疗费报销补助22.96万元。

【出生人口性别比】 是年，全区本地和流动出生2351人，男婴出生1208人，女婴出生1143人，出生人口性别比106，处于正常值范围（103～107）。

【计划生育服务管理】 是年，全区发放生育登记服务卡750张，出具用于收养子女或户迁省外的婚育证明150件，独生子女政策期间生育对象领取独生子女证55人。

【关怀计生特殊家庭】 是年，开展计划生育特殊家庭“三个百分百”个性化服务工作。全区计划生育特殊家庭实现家庭医生签约率为100%（应签944人，已签845人，本人不愿签或长期在外地无法签99人），持有绿色通道证的计生特殊家庭凭证到定点机构享受挂号排队优先、当天完成就医检查等便利服务。

【母婴服务】 是年，全区在商场、医疗机构、景点、码头、车站、超市、菜场、办证中心等人口集聚较多的公共场所建设标准化母婴室20家，其中，新建1家。全区提供婴幼儿托位数936个，每千人口拥有3岁以下婴幼儿托位数2.6个。开展婴幼儿照护小组活动16场。

【老年健康】　截至2021年年底，定海区（不含临城和千岛）60周岁及以上户籍老年人口数93656人，占总人口的30.29%，同比上升1.4%。其中65周岁及以上老年人口数66149人，占老年人口23.22%，同比上升3.1%。80周岁及以上老年人口数13667人，占老年人口比重的14.59%，百岁老人36人。

【推进基层计生协改革】　是年，落实区计生协改革实施方案，不断推进计生协会职能转变、工作转型，在盐仓街道开展计生协会改革试点工作，成立全区第一家街道人口家庭协会，随后各镇（街道）计生协会组织逐步完成更名。

【开展生育关怀项目】　是年，申报1个省级项目获得补助资金10万元，2个市级项目获得补助资金2.2万元。各级计生协开展慰问救助403人，慰问金额达16万元。继续与中国人寿舟山分公司合作开展“生育关怀—圆梦微心愿”专项活动，为盐仓、马岙、双桥、金塘的40户计生困难家庭送去约1.5万元礼品，兑现他们的“微心愿”。全年，市计生协下拨补助资金3.39万元，重点帮扶113位渔农村60周岁以上计生特殊家庭老人。

【加强主题宣传倡导】　开展促进家庭健康服务活动　依托市级“服务乡村振兴”项目，充分发挥街道计生协作用，树立大卫生大健康理念，深入开展乡村环境整治、乡村文明培育、家庭健康促进等行动，优化乡村人居环境，积极开展生育健康优质服务，全面服务乡村振兴。在“5·29”会员活动日期间通过各种载体宣传普及健康知识，倡导文明健康、绿色环保生活方式，主动宣传新型婚育文化，培育良好家风家教，助力乡风文明建设，促进家庭健康与和谐幸福。

实施青春健康教育　通过实施省计生协“青春健康深化”项目，在白泉初中打造全新的青春健康教育基地，组建青春健康教育专家团队，举办青春健康教育师资（主持人）培训班，组织“暑期青春健康教育进社区”“青春健康教育进校园”等活动，开展青春健康教育讲座46场次，参与青少年近7000人，帮助青少年及家长解决青春期问题，营造有利于青春健康教育的社会氛围。

（撰稿：赵展锋）

（本类目照片由区卫生健康局提供）

责任编辑：周丽坤

人力资源和社会保障

综　述

2021年，定海区人力资源和社会保障局以习近平新时代中国特色社会主义思想为指导，贯彻习近平总书记系列重要讲话精神，落实市委、市政府及区委、区政府各项决策部署，以“八八战略”为总纲，注重服务转型升级，注重人才全面发展，注重增进民生福祉，注重促进社会和谐，聚焦短板、锐意改革、精准发力，推动人力社保事业更进一步、更快一步。

人才人事管理

【高校毕业生引进】　瞄准重点产业急需紧缺人才，结合上年度招聘实效，绘制招才引智“路线图”。是年，组织区内企业到西安、武汉、南京等多地开展人才招引，举办高校专场招聘8场、企业宣讲会3场，参与市级组织招聘会5场。加强高校与企业联合对接，在西安工程大学、武汉交通职业学院、南京林业大学建立3个引才工作站，并组织南京林业大学师生到定海游学参观。全年引进高校毕业生3509人。整合全区企业资源，按照“就近上岗、属地管理、双向选择”的原则，组织开展大学生暑期实习。是年，全区企业推出大学生实习岗位37个，41名学生进企实习。

5月，舟山市定海区人力资源和社会保障局、南京林业大学轻工与食品学院引才工作站签约仪式

【高技能人才培育】　推进职业技能提升行动，2019—2021年，累计开展职业技能提升培训3.3万人次，提前完成职业技能提升三年培训目标。加快新时代定海工匠培育，全年新增高技能人才2087人，14人入选省级培养项目。深化技能人才评价制度改革，全年有43名职工通过企业自主认定获得技能等级证书。依托舟山技师学院产教融合“双元”育人机制，“订单式”培育企业紧缺技能人才近500人。

2月，全区春节后首场企业职工职业技能培训班（舟山7412工厂专场）

【专业技术人才队伍建设】　加强专业技术人才队伍建设，全年新增专业技术人员1187人，其中，高级职

称50人。在浙江优众新材料科技有限公司设立全区首家博士后工作站，并引入1名博士后。新增舟山良海粮油有限公司、舟山巨洋技术开发有限公司教授（专家）工作室2家。

【人事管理效能提升】　坚持考务工作和疫情防控“两手抓、两手硬”，稳妥推进人事考试。是年，组织开展5批次事业单位招聘，新聘用事业单位工作人员112名。强化监督检查，指导、督促事业单位在岗位管理、人员聘用、数据库建设等方面提升规范化水平。按时完成全省事业单位人事工资管理服务系统中的数据录入与完善，全区各单位及人员信息完整度达95%以上。

劳动就业与培训

【坚持稳定和扩大就业】　2021年，城镇新增就业25132人（含市本级），城镇登记失业率为1.55%（含市本级）。全面开展春节留舟情况调研，涉及企业、个体工商户7600余家。对区内182家规模以上企业和外贸出口额100万美元以上企业的返工、缺工情况实行动态监测。加强公共就业服务，全年，举办线下招聘会11场，306家企业累计推出岗位1418个。开辟网络招聘渠道，举办春节网络招聘会暨余缺调剂招聘会、浙川东西部劳务协作网络招聘会4场。

定海区3月6日春季人力资源招聘会

【重点人群就业帮扶】　升级“数字就业”服务模式，全区11个镇（街道）、122个社区（村）均覆盖“重点人群帮扶”数字化应用，帮扶失业人员、就业困难人员3290人。深化高校毕业生就业见习服务，新认定见习基地8家，备案就业见习生113人。开展离校未就业高校毕业生帮扶工作，有367人通过帮扶顺利就业。深化东西部劳务协作，新建省外劳务协作工作站2家，举办浙川（定海·宣汉）东西部协作2021年首期“宣汉海员”班，106名学员实现技能提升，在舟山稳定就业。

浙川（定海·宣汉）东西部协作2021年首期“宣汉海员”班开班仪式

【激发创新创业活力】　是年，举办IYB创业培训、“网红直播”特色创业培训、随军家属SYB创业培训、“定海区创业大讲堂”等活动11期，吸引近300人参与，成功集合一批爱学习、爱分享的创业者。定海区选送的创业者郭茂盛、张涛获评舟山市2021年“大学生创业之星”，“数字‘镇’兴”项目获舟山群岛新区第八届创新创业大赛三等奖。重点落实创业担保贷款政策，为便利创业者，主动与定海海洋农商银行沟通协调，将受理发放创业担保贷款权限下放至分行。年底，定海海洋农商银行金塘分行可受理发放创业担保贷款。

2021年第三期“定海创业大讲堂游学篇”在浙江虹达特种橡胶制品有限公司举办

社会保障

【社保提质扩面】 至2021年年底，全区养老保险参保率为95.46%，完成年初95%的预定目标。10月启动，推进被征地农民参保清理工作，通过紧盯存量，实现被征地存量人员面对面签订参保确认单9705人，面签率达100%，总数居全市首位。城乡居民基本养老保险基础养老金由190元/月调整至225元/月，惠及1.8万余人。为394名困难参保人员延长政府代缴期限，为3795名年满80周岁的人员增发10元/月高龄补贴，人均待遇由年初的251元/月提升至328元/月。

【社会保险基金监督】 坚持政策、经办、信息、监督“四位一体”，全面开展基金区级自查、省市互查、第三方审计，成立社保基金安全评估专班，防范社保基金风险。全年发现并整改基金风险问题18项，追缴稽核违规领取养老待遇28起，涉及金额15.2万元。

【退休干部职工服务】 是年，组织退休干部职工参加全国“两会”精神传达学习会。向全区96名年满70周岁、80周岁及90周岁以上的退休干部职工赠送蛋糕，向30名困难退休干部职工发放慰问金3万元。

劳动关系

【化解劳动关系纠纷】 加强劳动纠纷调处和劳动保障监察执法。全年，受理投诉举报案件170件、劳动争议仲裁案件402件。在双桥街道成立全市首家实体化运作的劳动人事争议仲裁派出庭，开庭审理3起劳动争议案件，均以调解方式结案。依托舟山市工程建设领域工资支付全过程监管平台，实现在建项目农民工工资全部线上支付，累计监管500万元以上工程项目54个，涉及农民工1.19万人。

【构建和谐劳动关系】 召开协调劳动关系三方第十九次会议，并正式发布《劳动关系“和谐同行”三年行动计划》。开展用工体检、劳动关系协调员、和谐企业、金牌调解组织四项重点工作。是年，完成用工体检249家，培训劳动关系协调员196名，组织4家企业参与和谐企业创建，完成4家金牌调解组织建设。

省核查组赴定海开展第一批“金牌劳动人事争议调解组织”推荐单位实地核查

【调整最低工资标准】 最低工资调整前，以走访企业、召开座谈会的形式，征求相关企业和劳动者对最低工资调整的意见。最低工资调整后，做好政策的宣传、解释及推进落实工作。是年，走访企业30余家，召开座谈会2次。全市最低工资由1800元调整至2070元。

（撰稿：王芳玲）

（本类目照片由区人劳局提供）

责任编辑：吴宏军

定海建屋习俗

旧时建造新屋必先择地定向，再择吉日破土、定磉、上梁，且均须设祭祀神。定向多选坐北朝南，俗话“有吃呒吃，切勿朝西朝北”。竖屋上梁日，房主向木作师傅敬送“红包”，梁上挂红布，两头各挂内盛谷物种子麻袋一条，栋柱上张贴绿纸对联，忌红纸，免“引火上屋”。祭毕，按时辰上梁，放鞭炮，将盛放谷物的麻袋抛下，由子孙接住，寓意“传宗接代”。上梁之日要办“竖屋酒”，宴请工匠、帮工、亲友。宴后分发“竖屋馒头”。

一家建屋，四邻必在自家屋脊上披挂红布，以防“拔福”。

民　　政

综　述

2021年，定海区民政局围绕省、市民政工作部署和区委、区政府中心工作，真抓实干，改革创新，担当履职，推进全区民政事业持续向好向前发展。

社会救助

【完成特困人员供养、低保、低边、重残等审批工作】截至2021年年底，全区共有低保2246户2720人，低保金标准为910元/人/月，低保人均补差为834.15元；低保边缘（以下简称低边）家庭166户362人，低边生活补助金为182元/人/月，特困人员227户228人，享受基本生活救助金1183元/人/月。年内，共计支出低保金2441.45万元；支出特困人员基本生活救助金291.63万元，低保边缘生活补助资金138.9万元。

【开展业务培训】　开展业务学习培训　为解决基层社会救助工作人员流动性大、年龄偏大、政策把握能力弱的问题，民政部门及时组织各镇（街道）开展民政办负责人、民政助理员及社会救助专职救助员参加的救助政策业务培训，培训内容涉及最低生活保障、临时救助等各类社会救助政策，同时，督促各镇（街道）及时组织辖区各村（社区）开展相应的培训，进一步提升民政工作人员和社区（村）经办人员的业务水平。

开展救助政策宣传活动　为解决社会各界对低保政策了解不全面、不到位而引起的各种质疑以及困难群众低保政策知晓率普遍偏低、导致救助不及时现象，全区编印《社会救助员政策问答》等宣传手册万余册，通过镇（街道）实地发放、网格化走访、救助对象入户调查及时进行分发宣传，并为群众答疑解惑，提升基层群众政策知晓率。

【确保应保尽保】　落实残疾人单独施保政策　年初，以“不落一村、不落一户、不落一人”为工作目标，与残联紧密联系，对全区持证的重度残疾人和三级、四级精神、智力残疾人的逐一进行救助资格审核，并将符合救助条件的按规定以单人户将其纳入低保。

实施支出型贫困救助　按照《社会救助家庭经济状况认定办法》细化落实对象认定与救助政策措施，对家庭收入减去家庭刚性支出后，人均实际收入低于低保标准的按规定参照“单人户”纳入低保，做到支出型贫困“发现一户、救助一户”。

全面执行“渐退期”制度　在增收攻坚期内，严格执行省厅各项政策规定，困难群众家庭收入增加不设上限，对人均收入超过最低生活保障标准或低保边缘户标准的对象，给予一年的渐退期，在渐退期救助金按原先享受金额不打折扣照常发放，等实现稳定脱贫后再退出低保或低保边缘户范围。

开展“主动发现救助行动”　对2020年以来495户退出低保、低边救助的家庭，以及115户申请低保、低边救助未获通过的家庭开展救助“回头看”，通过入户核查，将31户分别符合特困供养、低保、低边条件的“脱保”对象重新纳入救助，将27户申请未获通过的家庭分别纳入低保、低边救助。对仍不符合纳入条件的，但生活确有困难的，及时给予临时救助。

【实施精准救助】　开展监督检查救助“回头看”工作　全区各扶贫部门积极配合区纪检监察部门开展专

项督查，民政部门上半年完成对11个镇（街道）低保专项治理工作台账的检查，并随机选取镇（街道）民政办、村（居）及低保家庭进行明察暗访，整治形式主义、官僚主义，检查“漏保”“两个备案”制度落实不到位、资金监管不力、工作不规范以及低保经办服务中的不规范问题。围绕脱贫不稳定、边缘易致贫以及因疫情或其他原因收入骤减或支出骤增的家庭，有针对性开展摸排核查。

实施社会救助对象上门入户核查　要求各镇（街道）要严格入户核查制度，要在规定时限内全面完成在册社会救助对象的入户调查工作，民政局采用政府购买服务方式委托第三方对30%的民政低保（低边）救助对象进行抽查，已于12月底完成。

开展电子信息比对工作　借助省级家庭经济状况核对平台，继续开展救助对象电子信息比对工作，对在册的低保、低边、特困供养人员及其赡抚（扶）养人的养老保险金、社保缴纳、商品房、车辆、银行存款、公积金等方面的信息按规定进行查询比对，1—10月，申请救助家庭经济状况核对中心依托“省市社会救助管理信息系统”对5559户6660人的救助家庭开展家庭经济状况的核对，其中，核对低保救助4811户5346人（新增212户261人）、低边救助190户403人（新增12户27人）、公共租赁房398户610人、临时救助160户301人。

【完善救助体系】　加强疫情期间救助关爱　第一时间制定《关于切实做好受新型冠状病毒感染肺炎疫情影响困难群众救助工作的通知》下发到各镇（街道），部署疫情期间有关社会救助工作，在畅通全区疫情防控求助电话，“救急难”先行绿色通道、困难求助有门的前提下，积极组织镇（街）、村（居）、社会组织及志愿者等队伍通过电话、微信、上门等多种方式，了解辖区低保户、低保边缘户、特困供养人员等困难对象的生活状况，困难需求，做到早发现、早介入、早救助。

加强和改进临时救助工作　落实市政府出台的《舟山市临时救助实施办法》，强化因疫情影响导致的失业、农产品滞销、物价上涨等生活困难家庭救助，全面落实镇（街道）临时救助审批和备用金制度，确保临时救助快速高效。1—10月全区对388人次实施临时救助，支出临时救助资金204.8万元。

发挥社会救助工作联席会议作用　进一步提高社会救助效率，按照社会救助“全区一盘棋”模式，充分发挥社会救助联席会议协调作用，开展临时救助、春节慰问、贫困大学生助学等工作，对区委组织部、残联、总工会、慈善、妇联、团区委等社会救助工作联席会议成员单位救助方案进行审核，就方案中存在的重复、遗漏救助现象进行各部门之间统筹协调，确保救助资源整合，1—10月，发放各类慰问金229.8万元，惠及近3833人次困难群众；资助困难大学生172名，发放助学金近79.7万元，并纠正重复临时救助2人、重复慰问10人、重复助学4人。

强化探访制度　以困难家庭重度残疾人、重病患者，高龄、空巢、独居、孤寡老年人，困境、孤残儿童等为重点的定期探访慰问制度。根据对象类别开展周探访、月探访、季探访。同时还通过购买服务、公益创投等方式，引入社会力量开展探访照料服务，提升探访效能。

社会福利

【保障养老机构安全平稳】　做好养老服务机构新冠疫情防控工作　全区养老服务机构自1月15日起实施封闭式管理，所有机构工作人员接种新冠病毒疫苗，并每14天进行一次核酸检测。春节期间区养老机构防疫专班对各机构疫情防控情况开展4次全域性暗访、排查、指导。在解除封闭式管理后，指导机构继续做好“测温+亮码+戴口罩+查行程”等常态化疫情防控工作。8月，南京、扬州等地疫情严重时，实施封闭式管理直至疫情形势缓解。

开展养老机构防疫工作检查

加强养老服务机构安全隐患排查　开展“平安护航建党百年”安全风险隐患大排查大整治专项行动，

自5月始，局领导班子带队组织开展8次检查，检查养老服务机构20余家，发现隐患1个，发放限期整改通知书1份。联合消防、市场监督部门开展安全大检查活动，消除养老机构潜在的安全隐患。

屠定玉副区长（右二）带队开展定海区养老机构夏季安全生产专项督查工作

【优化居家养老服务】 建好海岛“幸福驿家” 选址环南街道盘峙岛开展项目建设。是年，该项目开始施工，在11月份开业运营。指导长白“幸福驿家”做好日常运营、宣传报道等工作。

建好3家示范型居家养老服务中心 双桥街道示范型于5月开门运营，马岙街道示范型即将完工，环南街道于10月底完成建设。

实施困难老年人家庭适老化改造 自2月起，组织人员进行全面摸排和梳理，最终确定240户困难家庭为2021年的改造对象。于4月底开始公开招投标，因第一次招投标报名单位不足流标，6月底继续招标并开始施工改造，9月上旬完成所有适老化改造施工和验收工作。

与湖州开启偏远海岛养老服务区域协作新模式

【加强养老服务机构建设】 加快城西社会福利中心建设进度 该项目主体工程已经结顶，于4月底通过公开招标引入中交浚阳医院管理（上海）有限责任公司进行运营管理。该项目进入装修方案设计阶段，为节省人力财力公共资源，计划将定海区社会福利院茅岭墩院区公建民营，与城西福利中心同步运营。

推进敬老院改造提升 盐仓、双桥2家试点单位已确定合作单位，进场施工，计划年内可开业运营。

开展康养联合体试点建设 依托广华颐养院，开展康养联合体试点建设，为失能失智和失能高风险老年人提供康复护理、康复训练和生活照护等服务，逐步建立老年人健康养老数据库，精细化管理老年人康养需求。至年底，基本完成康养体试点建设，投入使用。

【提升为老服务水平】 加快养老领域数字化改革 根据区委区政府统一部署，推进区养老机构“e定好养”智慧养老社区场景建设。以机构数字化智能为核心的互联网、物联网，为老年人、亲属子女、养老机构提供新型的解决方案，为老年人提供细心便捷的智能监护、为亲属提供安心快捷的智能查看服务、为养老机构提供及时有效的全方位生态信息。实现“服务+老人+终端”数字化新模式，逐步提高居家养老就餐配送、生活照料等服务覆盖率，重点解决高龄、独居、空巢老人的日常就餐、床位预约等难点问题，为更多老年人提供多样化、个性化定制。该应用治理端8月初在“浙政钉”上线，应用端于8月22日在“浙里办”上线。

开展养老服务区域协作 5月7日，正式启动“湖州市—定海区”养老服务区域协作。湖州市安排4名支老人员登岛协助当地养老工作，在大猫岛、盘峙岛开展老年人需求摸排、养老服务技能“传帮带”等工作。

开展困难老年人能力评估工作 为全面掌握困难老年人的生活自理能力情况，作为提供养老服务补贴、入住公办养老机构等养老服务兜底保障的依据，3月起，对全区居家和入住机构的困难老年人能力情况进行摸排，确定495名困难老年人为评估对象，组织区老来福居家养老服务中心等4家评估机构上门进行评估，于6月底全部完成，受到省民政厅、市民政局通报表扬。

【健全儿童福利保障机制】 加强统筹协调 强化部门间的协同配合，于3月建立全区农渔村留守儿童和孤困儿童联席会议制度、5月调整成立全区未成年人保护工作委员会，以“1+1>2”的工作合力，推动全区渔农村留守儿童和孤困儿童保障工作、未成年人保障工作更好开展。

全区农渔村留守儿童和孤困儿童联席会议

强化精准救助 建立完善孤困境儿童基本生活保障自然增长机制，2021年根据上年度城镇居民家庭人均生活消费性支出动态，根据类别将困境儿童基本生活保障标准提高到每人每月351~2193元。

推进儿童之家建设 制定《加快推进定海区儿童之家建设的实施方案》，构建“政府主导、部门联动、学校教导、家庭监护、社会参与”的关爱服务体系。区教育局、各镇（街道）于4月底完成方案制定。其中省级示范型儿童之家获评1家，市级示范型4家，截至9月底，完成约70余家首批儿童之家验收。

率先在全市建立收养能力评估机制 以政府购买服务形式，委托第三方社会组织，以入户现场调查、查阅相关证明材料及个人征信情况等方式，综合评估收养申请人的婚姻状况、道德品行等11个方面内容，确保被收养儿童与收养申请人之间匹配透明、安全、科学，年内计划收养评估次数将达到30例以上。

率先完成全区儿童督导员、儿童主任培训 6月，组织全区儿童督导员、儿童主任约120余人开展培训，普及儿童保护相关法律知识，提高开展儿童工作的能力。

社会管理

【加强党建工作】 全区313家社会组织中，有23家社会组织建立了党组织（是年新增1家），完成290家社会组织党建指导员选派工作，涉及业务主管单位65家、党建指导员156人。依托社会组织党群服务中心、社会组织培育服务中心第三方专业团队，每月组织社会组织党员开展主题党日、专题党课、志愿服务等活动，做到年初有计划，年终有总结。中心运作规范，在社会组织孵化、成长过程中发挥引领作用，通过夯实组织基础、完善规章制度、搭建有效平台，实现党组织对社会组织的全面规范引导，确保发展方向不偏，2019年被评为省级首批党群服务中心示范点，无支部党员违法乱纪情况。全年借中国共产党成立100周年契机，开展“七个一”党建主题活动，服务人数10000余人次。

【做好社会组织登记与管理】 全区登记社会组织313家，其中社团180家，民办非企业132家，基金会1家。社区社会组织备案1161家。全年登记社会团体4家，变更18家，注销4家。民办非企业登记6家，变更16家，注销1家。

做好年检工作 4月份下发关于开展《社会团体2020年度年检年审工作的通知》《民办非企业单位2020年度年检年审工作的通知》，完成年检工作。全年社团参检率达98%。民办非企业参检率达97%。

开展双随机检查工作 根据“双随机”督查要求，区民政局执法联合组按5%的规定比例，随机抽取19家单位，按照具体内容，采取上报检查和入户检查相结合的方式按时完成随机督查工作。

开展定海区社会组织等级评估 21家民办非企业、社工机构、联合（专业）性社会团体，举办一期评估指标培训，5月正式启动评估中心社会组织等级评估工作，共有16家社会组织通过评估，其中8家推荐到市里参加3A以上的等级评估。

做好社会组织审计招标工作 5月17日，区民政局通过中国定海网站发布招标公告，公告期间有3家单位（舟山市洛伽会计师事务所、浙江新华会计师事务所有限公司、舟山汇金会计师事务所）报名参加。5月31日举行社会组织法人离任审计、社会组织注销清算审计、社会组织年检抽查审计公开招标项目，最终由舟山汇金会计师事务所中标。

【开展清理规范行业协会商会收费工作】 规范行业协会商会涉企违规收费，进一步完善行业协会商会收费监管机制，减轻企业负担，营造良好的营商环境。根据《国务院办公厅关于进一步规范行业协会商会收费的通知》，省委关于中央巡视反馈问题整改工作要求，成立规范行业协会商会工作领导小组，明确工作职责。第一时间印发《关于做好行业协会商会收费规范工作的通知》，联合区发改委、市市场监督局定海分局等部门，注重检查实效。全区29家行业协会商会，其中，属脱钩行业协会13家，工商联为行业主管的16家。2月底之前完成行业协会商会自查自纠；3月1—10日，由区民政、区发改、市市场监管局定海分局及行业协会管理部门组成联合检查小组，全面自查整改，按不少于10%的比例对全区的行业协会商会开展收费情况联合检查；5月底之前完成全面检查工作，市联合组进行抽查，未发现不规范收费。通过检查规范票据2家，推出减免和降低收费5家，减轻企业负担金额10.8万元。

【开展打击整治非法社会组织】 成立打击整治非法社会组织工作专班，召开全区打击整治非法社会组织专题会议，对专项行动进行全面部署；制定出台《定海区打击整治非法社会组织实施方案》，明确打击整治非法社会组织工作的总体目标、主要措施、工作步骤和各部门职责分工。通过宣传，多方合作检查，高标准完成打击整治非法社会组织专项行动，搜集处置相关线索7条，其中，5条为市外非法社会组织虚假宣传，2条为公司虚假宣传，于6月21日完成省督查组对定海的考核检查。

【开展公益创投工作】 印发《定海区“红动定海”党建引领社会治理公益创投大赛暨“建党100周年社会组织献礼项目”实施方案的通知》，项目自2021年3月10日开始征集，主要由中心负责实施，申报6个党员志愿服务项目、5个社区治理服务项目、1个应急救援服务项目、2个平安综治服务项目、5个精准扶贫项目、6个精神文明建设项目及7个社工服务项目。4月9日，区民政局会同区慈善总会、青鸟社工等32个项目进行初审，最终根据初审结果确定入围本次公益创投的项目27个，并按照分数高低取前10名项目进入路演大赛，活动特别邀请了定海区组织部、区文明办、区妇联等有关领导共同组成专家评审团，来自各行各业的20位群众组成大众评审团，最终评选出一等奖项目1个，二等奖项目6个，三等奖项目6个。本次创投27个项目，扶持资金47万元（其中6个慈善项目由区慈善总会认领，扶持12万元）。

定海区“红动定海”党建引领社会治理项目公益创投路演大赛

【做好社会组织参与基层治理调研工作】 根据《关于开展定海区社会组织参与基层社会治理情况调研的通知》，及时准备相关材料，主要对当前社会组织参与基层社会治理创新形势下社会所需和群众所向，社会组织参与基层治理的能力和作用发挥进行梳理相关材料。5月，组织8家公益组织进行各自梳理调研要求的座谈交流材料，并通知区委政法委、区文明办、区民宗局等13家单位安排准备座谈交流。5月19日，区人大调研组到社会组织培育服务中心调研指导，听取民政局和8家社会组织的工作交流，并走访麦乐社工和盐仓军嫂2家组织。5月24日在区行政中心听取13家相关单位的交流发言。

【实现镇、街枢纽型组织实体化运作】 11个镇（街道）的社会组织服务中心和党群服务中心实现全覆盖，给辖区社会组织活动提供场地；11个镇（街道）都依法成立了枢纽型社会组织，根据省考核要求，结合镇街社工站建设项目，于年底完成街道枢纽型组织实体化50%，镇枢纽型组织实体化率30%。

【做好校外培训机构登记管理工作】 根据《民政部办公厅关于进一步加强校外培训机构登记管理的通知要求》，省市场监管局等四部门《关于印发面向义务教育阶段学生营利性学科类校外培训机构转登工作指引的通知》，民政局作为登记管理机关，配合教育、市场监管部门，依法依规稳妥推进现有义务教育阶段学科类校外培训机构统一登记为非营利性机构工作。

8月与区文广旅体局、教育局等部门对11家校外培训机构的消防安全、内部管理制度等进行抽检。9月参加市教育局组织的全市校外学科类培训机构相关负责部门对于转登手续问题交流会。民政局在11月底之前完成14家已登记的学科类校外培训机构章程变更，28家营利性学科类校外培训机构转登为非营利性机构的登记手续。

【做好慈善工作】　是年，省慈善社工处处长陈小德一行来定海社会组织培育服务中心、社会组织慈善组织孵化基地调研慈善、社工工作。听取市、区民政局慈善基地的工作汇报，与与会人员围绕慈善基地作用发挥和社工人才建设进行座谈，对定海慈善基地工作给予肯定，并对今后慈善基地提出建议。是年，定海慈善组织孵化基地经省领导调研后被评为浙江省示范性慈善基地（舟山市首家）。为弘扬慈善精神，营造崇德向善的社会风尚，区民政局联合区文明办、区慈善总会、区社会组织培育服务中心以及各社会组织，开展“慈善同心 公益同行”慈善月系列活动。

【开展“七个一”系列主题宣传活动】　中心以中国共产党成立100周年为契机，以丰富多彩、生动活泼的主题活动为载体，开展“寻找红色足迹 重温红色精神”社会组织党员红色研学、“奋进百年路 开启新征程”社会组织党史教育活动、“红色献礼、共绘锦绣”的社会组织公益书画摄影作品展等7场“七个一”系列主题活动，有40余家的百余名社会组织成员和近千名志愿者参加。

举行“党建引领聚合力、公益服务践初心”——献礼建党百年主题活动

【抓好专业组织培育】　中心围绕群众需求和诉求，通过党建引领强化中心培育平台建设，重点抓好专业组织培育，鼓励社会组织参与社会治理，实现“利益共分享，困难同担当，有事大家办”的良性互动。是年，为入驻社会组织提供日常项目督导80余次，开设“创新团队建设 助力社会治理”社会组织能力提升培训营，来自定海区各社会组织、社工站负责人、骨干和财务等40余人参加此次培训营的活动。中心对接省内外优秀社工机构资源开设远程云孵化服务，经过系统化的孵化培育，入驻中心的社会组织呈现政治意识增强、专业社会组织增加、专业社会服务增量、参与服务平台增级四大变化。2021年，中心开展“金牛献礼 喜到福来”——定海区社会组织风采展暨新春防疫服务大型宣传活动、“慈善书画迎新春 笔墨飘香添年味”“红色先锋助春运 志愿服务暖归途”“弘扬雷锋精神 助推社会治理”——红色志愿一小时服务行动宣传活动、“修复地球 文明护绿”——世界地球日公益活动、“大手牵小手 红心照童心”、抗击“烟花”台风等公益服务10余次，服务人数6000余人次，逐步实现公共服务中心从“硬件齐全、制度完备”到“功能提升、服务推进”的转型升级。

区民政局机关支部开展“红色关爱走访慰问”主题党日活动

【提高专业化服务水平】　中心实施“红动定海”党建引领社会治理项目建设工程，开展公益创投项目优化、督导、评估等一系列工作，助力一批发展潜力大、创新性较强、预期效益可观、与群众需求匹配的专业社会组织、基层社区社会组织、公益社会组织得到重点发展，并以公益创投为载体着力打造中心社会组织参与社会治理的“三化服务”，提升社会组织参

与社会治理的服务效能和专业化水平。

专业化服务提升群众安全感 发挥社会组织贴近群众、了解群众的优势，通过公益创投大赛发掘和支持一批创新性强、亮点突出、特色鲜明的专业化社会服务项目，引导社会组织为基层平安贡献力量，推动平安建设人人参与、平安共享。

数字化服务提升群众幸福感 以“百善惠”公益服务点单小程序，解决公益服务信息不对称、渠道不通畅导致的资源浪费、效率低下等问题，实现对特殊群体和困难群众的定向帮扶和精准服务，推动形成扶贫济困、扶弱助残的良好社会氛围，不断提升居民群众的幸福感。

精细化服务提升群众获得感 通过指导社区治理类的创投项目，培育社区社会组织以社区居民为中心提供精准化的服务，破解当前社区服务提升面临的困境，着力补齐短板，拓展服务的深度与广度。

党建引领社会治理 2021年，全区实施“百人百书话百年”文化惠民项目、“微项目”撬动社区“微治理”项目、“萤火计划”农村社工人才队伍培养项目等27个党建引领社会治理项目，包括党员志愿、社区自治、应急救援、平安综治、精准扶贫、社工服务和精神文明建设7个服务领域，所有项目开展各类服务活动150余次，服务居民达6000余人。通过专业服务的开展，社会组织已经成为定海区社会治理中一支重要的专业力量，社会组织公益服务从一个个“盆景”变为一片片“风景”。

社会基政

【推进基层民主建设】 做好定海区村（社区）组织换届选举工作后半篇文章 开展全区“村规民约”“社区公约”修订工作，“两约”修订率100%。完善新一届村居委会班子成员信息，下发统一社会信用代码证和村居委会当选证书。配合上级部门，做好面上批新一届村居委会主职干部培训工作，对面上批新一届村社主任进行为期3天的业务培训。

做好“规范村庄撤并专项督查”工作 完成上报“规范村庄撤并专项督查”工作自查材料，联合纪检组、农业农村和国土等部门对马目、大洋岙、海港等6村、2社区进行检查，通过情况汇报、座谈交流和现场查看等方式对村庄撤并工作进行专项督查，梳理相关问题汇总上报纪检组。

做好基层减负“回头看”工作 进一步明确涉村（社区）工作事项清单87项、机构挂牌12项、考核评比1项、创建达标4项、出具意见和盖章事项5项。是年先后联合区委办、区纪委、区委组织部、区农业农村局等部门，对20余个村（社区）进行走访检查，深化基层减负工作。

开展专题培训 协同区委组织部，开展定海区2021年度124个村（社区）书记（主任）培训班，组织为期5天的教育培训活动。

指导做好农村疫情防控工作 多次对村（社区）、养老院、农贸市场、超市和药店等场所进行走访检查，对存在问题及时进行整改。

其他基层建设工作 完成区党代会和两代会议涉及基政科提案和议案答复的3个主办和2个协办工作。申报三星、河东等7个村（社区）为第四批省级引领型农村社区，实地查看、做好省级引领型村（社区）评估工作。完成浙江省基层组织信息管理系统和浙江省智慧政务督查效能管理平台·民生地图管理系统相关信息填报及统计工作。

【推进社区治理相关工作】 做好“幸福社区”建设全覆盖工作 做好晓峰、竹山等5个社区的幸福社区督导工作，按照建设要求，对5个社区进行“一对一”实地督导，对社区相关人员进行业务培训，指导做好评估验收工作，完成城市社区市级幸福社区建设全覆盖任务。

做好省级智慧社区试点申报工作 申报马岙街道为省级智慧社区试点单位，完成材料申报和专家组视频评审等环节，确定“一库六场景”建设内容，7月获省民政厅同意申报批复文件。

做好“居民会客厅”建设工作 按照省市工作部署，选取昌国街道文慧社区打造“居民会客厅”，以社区服务大厅为基础，改变“一站式”大厅传统的吊牌和柜台式设置，实行“散座式”“家庭化”“客厅式”服务模式，打破原有的机关化、坐等式服务工作格局，打造集政务办理、展示交流、文化休闲、便民服务、智能体验于一体的多元化社区服务平台。

【提升社会工作水平】 做好全国社会工作者职业水平考试考务工作 通过微信公众号、QQ群和微信群对考生进行线上教育培训，定期向考生推送社工考试课件、应试技巧和历年真题，提升考生的应试能力，制定相应培训计划丰富线上培训内容等，组织全区140余名考生参加线下社工考试培训，提高社工考试通过率。

开展社工宣传活动　举办“汇聚社工力量 助力乡村振兴”社工周主题活动，来自全区10家专业社工机构，在白泉镇万金湖社区开展社工集市活动，服务内容涵盖法律、健康、心理咨询、急救知识培训等多个方面，充分发挥社工机构参与社会治理的多元化和社会服务的多样性，同时在线上开展“红引领 提技能 促发展”等学习活动。

做好定海区社区专职工作者招考工作　协助城东、环南、干䃎、昌国、盐仓做好社区专职工作者的招聘工作，至年底，招聘社区专职工作者21人。

做好2021年镇（街）级社会工作站建设的督导指导工作　指导、督促白泉、小沙、金塘、马岙4个镇街级社工服务站的建设和运营工作。开展镇街社会工作站建设培训学习考察工作，组织镇街、机构等23名业务负责人到嘉兴现场学习镇街社会工作站建设经验做法，全年，全区建成镇（街）级社工站7个。

社会事务

【加强婚姻登记工作】　定海区为全省集中开展补领婚姻登记证、补办结婚登记试点地区，制定《定海区集中开展补领婚姻登记证工作实施方案》，召开由各镇（街道）民政分管领导、民政办主任参加的补领婚姻登记证工作部署会议，负责做好补证培训工作。印发补证宣传册、利用网络公众平台或报纸、电视等新闻媒体，广泛宣传补证意义等，营造良好社会氛围，不断扩大群众知晓度、参与度。充分发挥村（社区）作用，通过网格化信息发送、宣传栏、居民群、上门走访、走村入户等形式，全方位、零死角开展补证宣传引导，并将宣传资料发送到每户家庭。7月20日起，区民政局根据补证工作部署分区域巡回安排时间进村（社区），现场集中动员引导和提供集中宣讲、政策咨询、材料预审、省内查档、本人省内婚姻登记信息现场核对、为年老及行动不便的当事人在巡回点免费拍照、补证等工作。婚登工作人员在巡回点提早上班，中午不间断、晚上加班办理等举措，方便群众办事。小沙街道巡回点共计补领婚姻登记证170对；盐仓街道巡回点共计补领婚姻登记证567对；双桥街道巡回点共计补领婚姻登记证485对。

【春节和清明节期间安全祭扫工作】　下发《定海区民政局关于做好2021年清明期间疫情防控和安全祭扫工作的通知》，做好疫情防控和安全祭扫工作，按照《冬春季新冠肺炎疫情健康防护措施指引》的要求，暂停骨灰纪念堂室内祭扫（除2020年以来去世入葬的墓位实行预约祭扫外）。公益性墓地有序开放现场祭扫活动，墓地管理单位严格落实公益性墓地和骨灰纪念堂人员出入管理，加强人员健康监测，落实亮码、测温、戴口罩、消毒通风等现场防控措施，并因地制宜采取限流、预约、错峰等措施，控制祭扫规模，守护好服务对象和自身安全。各公益性墓地管理单位预约方式通过市、区民政局微信公众号向社会公布。镇（街道）严格落实值班和信息报送制度，清明期间未发生安全事故。

【开展文明治丧工作】　根据《舟山市人民政府关于规范丧事活动提倡文明治丧的通告》和《关于进一步规范丧事活动提倡文明治丧的通知》，定海所属镇（街道）建成区和城市主次干道实行文明出殡，对新增的镇（街道）工作人员建立文明治丧工作群，做好扩大文明治丧准备工作。定海区实现文明出殡，截至9月底收到丧事信息共1802条，其中，步行出殡1232条，采用车行出殡570条，区域外10368条。

【完成镇街道殡葬设施专项规划调整】　由于定海区重点项目工程多，涉及坟墓安置相对较多，原《舟山市殡葬设施专项规划》规划的公益性墓地存量无法满足安置需求，6个镇（街道）6处墓地提出调整规划，将所需调整相关材料上报市民政局，由规划设计单位完成规划调整待市民政局发文。

【做好流浪乞讨人员巡查】　为进一步巩固全国文明城市创建成果，继续做好全区流浪乞讨人员日常巡查工作，对定海城区的各主要道路、商业街、车站、码头、农贸市场进行巡查工作，加强对本区城市的流浪乞讨人员进行救助管理，对全区主要区域发现流浪乞讨人员，及时进行劝返或送市救助站救助。截至年底，劝返回乡10人，送到救助站3人。

【开展“身后事”联办工作】 根据舟山市政府印发《身后事联办工作实施方案的通知》，全区建立“身后事”联办钉钉群信息共享机制，由区、街道、社区三级联络机制，根据联办平台上信息情况，及时查看平台信息填报情况，对还未上传社区村及时进行电话提醒，协调对接相关部门联办。根据市局要求5月28日开始原由社区、村代办员填写联办单的工作统一在市殡仪馆设联办窗口办理。接到平台信息后，社区、村代办员继续做好“身后事”相关服务，及时与家属取得联系，告知家属到市殡仪馆火化时带好相关联办资料和文明治丧相关要求，由市殡仪馆“身后事”联办窗口办理，由工作人员统一填报上传相关信息，完成平台信息后由相关部门进行联办工作。截至9月进入“身后事”平台联办1864例，平台联办率96%以上。

【开展漠视侵害群众利益问题专项治理行动】 根据省、市、区纪委有关漠视侵害群众利益问题专项治理工作部署以来，定海区积极开展专项治理行动制定专项治理工作。

制定专项治理工作方案 做好动员部署。根据专项治理工作要求，5月26日下发《定海区殡改办关于印发惠民殡葬专项治理和提标增项扩面工程实施方案的通知》以及《殡葬领域漠视侵害群众利益专项治理自查问题清单》，要求各镇（街道）对照实施方案和自查清单进行自查整改落实。5月28日，区政府组织召开民政专题会议，对推进漠视侵害群众利益问题专项治理行动工作进行部署，要求各镇（街道）高度重视此项工作，根据相关治理要求做好自查，按时间节点完成上报工作方案、《殡葬领域漠视侵害群众利益专项治理自查问题清单》整改落实情况。对镇（街道）上报信息不全、不实或瞒报的，一经查实，定海区殡葬改革领导小组将视情通报。畅通投诉举报渠道。为落实此项目工作，做到专项治理信息公开，在民政网站发布《定海区民政局关于开展殡葬领域漠视侵害群众利益问题专项治理行动的公告》，及时向社会公开有关信息，畅通投诉举报渠道，公布民政局和区纪委、区监委、驻区卫生健康局纪检监察组投诉举报电话，加大社会监督力度，至年底，未接到投诉举报。

抓好督查整改落实 根据要求下发《民政局关于开展惠民殡葬专项治理和提标增项扩面工程专项督查的通知》，7月会同区纪委、区监委、驻区卫生健康局纪检监察组对涉及《殡葬领域漠视侵害群众利益专项治理自查问题清单》的4个方面治理内容和18个主要问题对各镇（街道）进行督查，重点督查各镇（街道）自查整改清单落实情况；制定惠民殡葬政策、省级节地生态安葬示范点创建、殡葬习俗改革等殡葬领域重大改革推进情况，通过实地检查、听取各镇（街道）开展惠民殡葬专项治理和提标增项扩面工程的情况介绍、座谈交流、查阅台账资料，对开展惠民殡葬专项治理和提标增项扩面工程督查情况现场反馈并要求镇（街道）做好整改落实。

推进殡葬领域重点整治工作落实 落实惠民殡葬政策。根据《定海区关于进一步深化殡葬改革全面推行节地生态葬法的实施意见》，制定《定海区关于节地生态安葬点建设资金补助及节地生态安葬奖励办法的通知》。根据镇（街道）上报的节地生态安葬点建设计划，并向区民政局备案，2023年前建设节地生态安葬点的镇（街道），项目投资额规模三分之一进行补助，对节地生态墓地建设补助金额最高不超过50万元/个，新建的骨灰存放设施项目补助金额最高不超过100万元/个，对改造提升的骨灰存放设施项目补助金额最高不超过80万元。节地生态安葬点建设项目资金补助政策，执行期限至2023年止。对2016年《定海区节地生态安葬奖励补贴实施细则》惠民政策进行调整，进一步提高节地生态安葬奖励标准。对保留骨灰的骨灰堂（廊、塔、墙等）和节地生态墓地要（树葬、草坪葬等）每例奖励1000元；对不保留骨灰的树（草坪、花坛）葬每例由原2000元提高为3000元奖励；实行骨灰海葬的免服务费（4000元），每例由原2000元提高为3000元奖励。各镇（街道）对惠民殡葬政策进行调整。

【完成省级节地生态安葬示范点创建】 为加快推进节地生态安葬点建设，完成镇（街道）节地生态安葬点覆盖率100%的目标，根据《定海区关于进一步深化殡葬改革全面推行节地生态葬法的实施意见》，城东街道、昌国街道、环南街道在原有的骨灰堂提升改造，做好规范管理；2021年节地生态安葬点建设：完成岑港街道骨灰堂完成室内装修并投用；完成干䃥镇大脚山生态墓地建设；完成金塘镇虞家岙生态墓地；启动双桥街道周家岙生态墓地；白泉镇塘高岭骨灰堂；盐仓街道购买兴舟村馒头山墓地管理用房改造成街道骨灰堂。

【完成创建平安边界工作】 加强行政区域界线界桩的维护和管理，建立界桩管理的长效机制。上半年与普陀区平安办相关负责人对两区界桩界线进行全面检查。主要是对界桩周围的杂草进行清理、对界桩清洗维护、检查，防止界线两侧人民群众因界线不清等原因而发生边界纠纷和矛盾。组织村负责人代表进行座谈，进行座谈互通信息。是年，边界情况安全稳定。

（撰稿：黄　瑛）

（本类目图片由区民政局提供）

责任编辑：王英伟

退役军人事务管理

综　述

2021年，定海退役军人事务工作以习近平总书记关于退役军人工作的系列重要论述为指引，以“维护军人军属合法权益，让军人成为全社会尊崇的职业”为目标，在区委、区政府的坚强领导下，在上级部门的有力指导下，主动作为、综合施策，助推实现退役军人事务工作对标对表“重要窗口”的新目标新定位。11月，完成局主要领导离任交接工作。

安置就业

【推进转业军人安置工作】根据省市关于安置2021年度需要政府安排工作的退役士兵相关文件要求，做好2021年度全区符合政府安排工作退役士兵的报到落户工作；完成转业士官接收安置工作，11月完成选岗。军转干部安置任务在年底前完成安置工作。联合区人社局完成首次大学生退役士兵事业单位招考工作。

【拓宽退役军人就业渠道】　坚持促进退役军人就业创业，积极推广“定向式”“适应性”培训工作，组织多名自主就业退役士兵到指定院校参加汽车维修工、电子商务、电工操作等职业技能培训；举办2021年度退役士兵返乡返校欢迎仪式暨退役士兵适应性培训。围绕就业市场需求和退役军人意愿，联合人社部门举办退役军人就业创业推介会、网络招聘会等活动2场。广泛宣传军人军属就业创业信息，通过互联网推送就业岗位需求信息80余条。加强军嫂创业园阵地建设，吸引多家退役军人及军嫂注册的企业入驻，收集汇总各领域优惠政策23条。

优待抚恤

【落实优待抚恤】　根据上级文件通知要求，调整定海区部分优抚对象等人员抚恤和生活补助标准。完成2021年度全区部分重点优抚对象门诊补贴发放工作。完成2020年度秋、冬季退伍士兵一次性经济补助金发放工作，涉及经费705万余元。发放2020年度义务兵立功受奖人员奖励金，涉及经费1.15万元。完成2021年度义务兵家庭优待金及奖励金的发放工作，涉及经费1390.9万余元。

【强化褒扬激励】　联合区人武部，为现役军人家庭送达立功喜报；持续做好军人家庭光荣牌悬挂工作。“七一”前夕，为10名军休所老党员颁发“光荣在党50年”纪念章。推选退役军人吴德仁、张成利作为省杰出建设楷模人选。加强烈士纪念设施管理保护，完成7座散葬烈士墓迁移和金塘烈士陵园纪念设施管理保护工作。

【开展思想宣传】　开展“善治老兵”系列选树活动，宣传一批新时代退役军人军属先锋和“领头雁”在“十一”前夕举办定海区首届“善治老兵”颁奖典礼，对10位“模范退役军人”、9名“优秀兵支书”和15名“最美军嫂”获奖者先进事迹选树宣传。集结抗美援朝老战士、带领乡村致富的兵支书等10人组成“老兵”宣讲团，扎根舟山烈士陵园、八一讲堂、老兵驿站等地，开展各类宣讲10场。

权益维护

【联系退役军人】 落实"六必访"工作，走访慰问退役军人、离退休干部、自主择业军转干部及部分参战老兵。强化"三服务"举措，与困难退役军人、退役军人较多的企业建立密切联系，定期开展沟通联络、谈心谈话等活动，解决问题20余个。

【推进帮扶解困】 依托社会组织定海橄榄绿志愿服务社、慈善拥军车队用心用情为参加过抗美援朝的在乡复员军人、残疾军人及困难退役军人服务；联合定海区慈善总会、舟山市爱尔眼科医院开展"情暖老兵爱眼公益行"关爱定海区退役军人活动。

【推进退役军人服务中心（站）建设】 坚持深化基层基础，开展服务保障能力提升年、基层基础基本建设年"两个年"活动，以"一号工程"的力度，建成全国"示范型"退役军人服务站40家、全省"枫桥式"退役军人服务中心（站）17家。加强党建引领，健全完善基层服务站政策宣传、矛盾化解、帮扶解困、荣誉营造等工作机制。加强退役军人工作队伍建设，举办政策业务能力培训班，组织外出学习考察、基层实地调研等活动提升系统干部综合能力素质。推广"轮值站长"工作制度，实现服务保障体系"从有到优"的转变。

双拥共建

【推动军地共建发展】 坚持发挥双拥工作政治优势和推手作用，协调驻定部队积极参与全国文明城市创建、抗台抢险救灾、新冠肺炎疫情防控、双拥模范城创建等重点工作。在"烟花""灿都"台风期间，驻定部队出动兵力150人次，车辆（舰船）20余台次，帮助抢救安置群众1000余人；在创建文明城市攻坚期间，配合地方整治部队店面房、旧营房维修改造等问题60余项。加大军地双方在产业、土地、资源上的合作力度，协调解决重难点问题9个。浓厚双拥共建氛围，城东、环南、昌国等8个镇（街道）被评为市"双拥模范乡镇（街道）"，协助舟山市完成"双拥模范城"届中考核工作。

【开展拥军慰问活动】 "春节"期间，协助区委区政府，完成春节慰问驻定部队工作，慰问师级部队8家、团级部队18家；走访慰问定海区消防救援大队和驻训部队，支出慰问金69.5万元。深入开展"八一"期间拥军慰问活动，区领导带队走访慰问驻定部队官兵以及抗击"烟花"台风的驻舟山部队官兵。

【解决官兵后顾之忧】 为军休老干部推出亲情+温暖式服务，定期上门走访、送关爱，不断提升军休服务管理水平。引导盐仓塔山社区军嫂义工艺术协会、双拥车队服务军人家属和官兵。协调区有关部门，解决军人子女入学入托问题，安置随军家属。

（撰稿：黄　磊）

责任编辑：吴宏军

街道　镇

城东街道

【概况】　城东街道位于定海城区的东部，东至大洋岙玉栏桥，与临城街道三官堂村相接；西至环城东河，与昌国、环南俩街道隔河相望；南至纺织厂路，与环南街道相连；北至长岗山山脊，与白泉镇依山为邻。区域面积11.8平方千米，其中山林面积9058亩，耕地面积327.5亩。下辖檀树、紫竹、昌东、檀香、檀东、东园、港南、港北、桔北、桔南、畚金、颐景园、阳光园、鸿毛湾、小洋岙15个城市居民社区和大洋岙村、小碶、洞桥、胜利4个行政村。户籍人口21052户，51142人。

经济发展　是年，2021年财政总收入9361.11万元，同比减少0.05%，其中，地方收入5074.68万元，同比减少26.94%，中央收入4284.47万元，同比减少30.06%。征收城东辖区内税款5105.57万元，同比减少24.49%。完成社会固定资产投资11.68亿元，完成市外注册资金到位1.69亿元。

城市建设　推进老旧小区改造工作。全年改造4个社区5个小区136幢房屋，惠及群众2710户。完成东门综合体北侧区块棚户区改造项目征收完毕，签约率100%。启动梅园小区的口袋公园建设。投资600余万元，基本完成鸿毛湾新村、盛家塘新村等4个生活小区的污水零直排改造工程。完成东园盛家塘、东港浦新村等低洼易涝小区污水管网雨污管道分离12600米。分别投资838万元、935万元基本完成长岗山水库除险加固工程建设和小洋岙区块上山洪沟防洪治理工程主体工程。

社会事业服务　慈善救助发放善款505300万元，助老助残助困265人。全区首个既有住宅加装电梯项目（檀树北区）即将破土动工。疫情防控壁垒高筑，持续做好常态化疫情防控和疫苗接种工作，建立679个最小单元格，点对点落实“五包一”人员责任，形成群防群控防疫网。成立全市首家街道社工站，建成14个社区邻舍家志愿服务驿站，50余个社会组织，近千名社工、志愿者活跃在街道各个角落，动态救助、多元参与的社会服务共同体日渐成形。

平安建设　依托街道应急指挥中心，建立“10分钟出警”机制，实现社区村、城管中队、街道相关科室之间的应急互联。深化矛盾纠纷多元化解工作，常态实行“红黄绿”三色管理。数字赋能助力社会治理提质增效。深化基层治理一张网，依托应急指挥中心，集成雪亮工程，凝聚街道和部门的力量，形成多部门联动的“十分钟应急处置”机制，推动基层治理从“治”向“智”的转变。党工委领导多元社会主体参与社会治理，吸纳13家社会组织入驻街道社工站共同参与基层治理，实施网络生态“瞭望哨”工程，形成重大舆情应急处置闭环管控机制，推进社会治理社会化、法治化、智能化和专业化。

基层党建　发挥党工委总揽全局、协调各方的领导核心作用，建立健全以“七张问题清单”为牵引的党建统领机制。以区域自治为目标，严肃组织生活，围绕“全民掸尘”活动，推动2～3个试点探索“一小区一支部”建设，深化党建引领下的基层治理共同体建设。以“红色之约”逐步破解“八小时党员”问题，以党员先行，群众带动，实现党群同心，结合红色物业联盟推动“小区事，党员议”小区自治，推动基层党组织、单位党组织、兼合式党组织在城市小区治理中形成合力。探索以数字化思维，串联党员微心愿、红管家、网格田等载体，打通党员亮相、建议、收集、通报、评议等场景，打造“城市红细胞”。贯

彻“红色根脉强基工程”，以“一社一品”强化服务职能推动城市小区自治，以助力村级集体经济发展加快农村党建治理现代化，以“三个一计划”增强两新党建组织力，实现全覆盖、标准化、有典型。

党风廉政　持续强化政治监督，加强巡察整改落实、创城常态化管理、老旧小区改造等重点工作的日常监督，推动政治监督具体化、规范化、常态化。打造小碶村、桔南社区、港南社区“清廉村居”。精准提升监察质效，强化廉细胞建设，打造“家门口的监督”，构建城东全域监督网。

【三改一拆】　拆除违法建筑22处，面积2065.82平方米，拆后土地改建为停车场、绿化地，“三改”面积212656平方米，完成率达100%。

【人居环境改善】　推进城东檀树新村的既有住宅加装电梯项目落地，进一步改善老旧小区的人居环境。

【五水共治】　是年，投入950万元完成鸿毛湾新村、颐景山庄、碧水蓝天、盛家塘新村的污水零直排建设工程。

【完成居民小区撤桶并点】　截至6月，街道23个开放式小区，697幢居民小区完成物业全覆盖工作，并于12月完成考核，2个小区被评为优秀。垃圾分类涉及5个小区、6个点位，6月初全面完成垃圾分类投放点基建工程，10月完成箱体安装并正式投入使用。

【防疫工作】　抗疫期间，发动250余名机关干部、社区村工作者，发动辖区广大志愿者、热心群众3000余人，核查推送数据近万人，守护社区村小门82个，落实分类管控近4000人，社会各界爱心人士捐款捐物，义务献血5.8万毫升。

【召开城东街道第三届第五次民主议事会议】　3月26日，召开城东街道第三届民主议事会议第五次会议，区人大常委会副主任齐友国到会并致辞。47名议事成员参会，街道其余议事会议领导小组成员、中层干部、社区（村）负责人及部分政协委员列席会议。大会听取和审议街道办事处工作报告，人大工委工作报告，2020年街道民生实事项目完成情况、2021年民生实事候选项目情况报告及2020年度财政执行和2021年度财政预算情况报告等，并票选产生2021年民生实事项目5项，分别为老旧小区改造项目、居民小区垃圾分类撤桶并点项目、定海中心城区排涝分洪工程城东段项目、社区志愿者驿站项目、全民实用技能培训项目。

3月26日，城东街道召开
第三届民主议事会议第五次会议

【舟山市领导督查文明城市巩固相关工作】　6月8日，舟山市副市长毛江平带领相关部门负责人到街道督查小区环境整治、基层城市管理和市场商场等文明城市巩固相关工作。街道办事处主任王雄飞和副主任曹跃琦全程陪同参加检查。

6月8日，舟山市领导来到
街道督查文明城市巩固相关工作

【危旧房排摸】　配合应急部门完成危房人员转移精准管控基础信息排查和浙江安全码赋码应用实施。截至6月15日，排摸C级危房116幢，2750户，涉及10个社区。

【东门综合体北侧城市更新项目完成】 该项目于4月启动，涉及居民467户，建筑面积约38853平方米。8月5日签约率达100%，11月底房屋腾空工作完成。

【城东街道第六批社会治理负面清单】 8月17日，城东街道召开第六次社会治理诚信负面清单管理研判会。各社区（村）通过排摸上报具有屡教不改未落实门前三包责任或跨门、占道经营行为的店铺及不诚信企业1家，经各部门核实以及研判会讨论，最终确定该企业被列入城东街道第六批社会治理负面清单。

8月17日，城东街道召开第六次社会治理诚信负面清单管理研判会

【老旧小区改造项目】 2021年，对5个小区136幢房屋进行改造，施工内容包括外立面改造、雨污管网分离等，11个标段均完工，受惠居民2710户。

【推进文明城市常态建设管理工作】 落实点位常态化管理制度，街道党工委组织纪工委及创建办开展联合督查。在2021年全市城市文明程度指数双月测评中，分别获得第二名1次、第三名2次、第五名1次的成绩。

【完成城区排涝提升工程（五山生态旅游带）政策处理保障工作】 涉及街道东山段和长岗山Ⅰ标段，全长约6公里（其中，东山段1.9公里、长岗山4.1公里），截至12月底，完成施工沿线44亩土地及85座坟墓政策处理工作，保障施工10余次，确保项目实施。

（撰稿：叶亚玲）

（本分目图片由城东街道提供）

昌国街道

【概况】 昌国街道位于定海城区北部，辖区东至长岗山森林公园与城东街道、白泉镇相接壤，南缘解放路与环南街道为邻，西至茅岭墩与盐仓街道相接，北至叉河岭，与盐仓街道相连。陆域面积约16.06平方千米。2021年，街道下辖14个城市社区、3个村和1个撤村入居的经济合作社，辖区总户数22418户，户籍人口约5.41万人，常住人口约9.5万人。

街道历史悠久，人文荟萃。辖区有多处省、市级重点文物保护点及10余所从幼教到大学各级各类学校。保存有明清时期的中大街、西大街、东大街、留方路等历史建筑；有始建于后晋天福五年（940）号称“翁洲第一古禅林”的祖印寺，有建于清康熙二十八年（1689），藏有康熙御笔题写的“定海山”匾额及康熙帝画像等重要文物的御书楼；有蓝理、安子介、朱葆三、刘鸿生、董浩云等名人的故居及大量史迹；有诠释舟山“物华天宝、人杰地灵”的辉煌历史的舟山名人馆；有舟山市重要商业中心之一的解放路、人民中路、人民北路、昌国路和娱乐休闲特色街市芙蓉洲路、总府路。

【疫情防控】 是年，面对新冠疫情反弹，昌国街道落实疫情防控常态化工作，100%完成街道办事处加强针接种；通过电话、短信、宣传册等方式，线上线下并举多轮次发动居民，实现定海城区18周岁以上人群加强针接种3万余人。全年选派30余名街道干部分3批前往坤达、爱家、景鑫庭隔离点24小时参与管理。11月2日，按照区防疫办的总体部署，街道第一时间

做好消杀工作

筹备物资，组织街道、社区干部，在城北体育馆开展重点人群核酸检测工作，累计完成核酸检测1200人次。12月6日，宁波镇海疫情暴发后，街道与各村（社区）夜以继日、加班加点开展人员排查、封控隔离、服务保障等各项工作。承担疫情防控主体责任，下派机关干部到各村（社区）参与卡点值守，管好小区进出门，坚持“测温+亮码+戴口罩”。

【经济发展情况】 是年，经济稳中求进，招商引资工作取得新突破。财政总收入1.29亿元，其中地方收入0.67亿元，完成固定资产投资4024万元，限额以上批发业销售额5.98亿元，限额以上零售业销售额4.89亿元，全年进出口额2.09亿元，同比增长137.92%。是年，招引符合招商条件的市外企业3家，实际到位市外资金9900万元，引荐到海洋科学城企业2家。“亩均论英雄”改革取得新成效，土地、用能、排污权等资源要素向优质企业加速集聚，辖区4家亩均税收3万元以下企业完成转型升级。服务企业更加高效，以昌国街道产业分中心为依托，与区属各相关单位的沟通协作进一步强化，为企业注册及营业执照变更等事项提供更多便利。政务服务2.0加速突破，“最多跑一次”网上办、掌上办实现100%，“企业全生命周期‘一件事’联办”等基本实现。“一窗受理、集成服务”推进，全年街道便民服务中心受理办结各类事项2000余项，办结率达100%。

与企业进行交谈

【社会事业】 是年，街道依据《舟山市最低生活保障实施办法》和《浙江省社会救助家庭供养费核算办法（试行）》等文件要求新增清退低保低边户，累计发放低保低边保障金177.1万元，残疾人补贴257.5万元，各项慰问救助资金49.15万元。提升基本养老保险、基本医疗保险参保率，落实长寿补贴金和高龄补贴金发放制度，辖区67名高龄老人获得长寿老人生活补助。开展“助听、助行、助明”三大工程，免费让8位听力残疾人进行助听器筛查及配备助听器。成立街道残疾人之家，为辖区残疾人提供活动及康复场所，合理补贴肢体残疾人轮椅、助行器、电动车等辅助器具20余件，赠送康复体育用具给5名重度残疾人，为135名精神患者申请享受免费服药。文体活动精彩纷呈，依托各类传统节日和古城特色文化，全年累计举办各类文化礼堂活动、知识竞赛、书画摄影展、团队演出60余场，村民业余文化生活持续丰富，红色、古色、绿色相融合的文化氛围愈加浓厚，“古城文化”逐步成为社会文化新风尚。

慰问高龄老人

【基层党建】 是年，基层党建持续完善，“红色”阵地深入人心。新成立的昌国街道文慧社区投入运行，配备社区工作人员7名，谋划探索“智慧社区”新路径。加强干部队伍建设，提升干部现代化建设新能力，系统实施“依事见人、促人干事”的干部工作新机制，选拔一批能力突出、表现优秀的村（社区）年轻干部到重要岗位。实施“红色根脉强基工程”，推动基层党建工作质量整体跃升。开展党史学习教育，组织各级各类学习研讨110余次，谋划开展“奋斗百年路 启航新征程”“青春学院”理论宣讲大赛、“百年华诞 红心向党”党团史知识竞赛等特色主题活动，创新推出红色研学系列活动，升级打造“海山先锋”“廉韵风景”“古城新韵”三条红色教育路线，全年组织开展红色课堂80多场（次）。聚焦走好新时代党的群众路线，实施“三服务”2.0版，健全为民办实事长效机制，全年累计发现并解决各类问题50余件。擦亮基层治理“幸福昌国”招牌。“党建+”解锁小区治理新模式，总结推广“党建红钥匙”“红色物业联盟”“银龄治社”等自治服务管理经验做法，构筑小区共建共治新格局；“党建+”开辟院巷治理新模式，在3个社区成立“小巷议事会”，解决背街小巷治理难题；“党建+”撬动商圈治理新模式，在芙蓉洲路商圈示范新建“芙蓉驿站”，升级打造党建联盟2.0版本，提升商圈治理能力。激活全民自治新动能，以“全民掸尘”活动为契机，成立“1+N”“幸福昌国”掸尘小队，开展环境提升、古城焕新等一系列行动，构建全民参与村社事务管理治理模式。

【党风廉政】是年，落实从严治党举措，推进街道巡察“回头看”整改工作，梳理、整改相关问题并落实长效机制。深化理论、业务、实践能力培训，开展监察联络站站长培训班8次，多形式设计纪法微课堂、应知应会测试等个性化培训。创新开展师徒结对、年轻干部“尊苗壮苗护苗”计划、青年理论学习小组等，不断完善干部培育选用体系。建立健全党风廉政建设主体责任“五张清单”，开展廉政风险排查防控和警示教育，建立纪检监察干部廉政档案、因私出国（境）管理、全员家访等内控制度，进一步压实自我监督责任。践行执纪监督责任，常态化落实干部预警谈话制度，全年开展各类谈话55人次，建立完善《村（居）干部廉政档案》数字信息库170人，风清气正的政治生态得到进一步巩固。7月20—30日，区委第三巡察组对昌国街道13个城市社区开展巡察，完成各项巡察任务，街道农渔村、城市社区巡察覆盖率达100%。街道党工委正视巡察反馈问题，扛起整改主体责任，把整改作为提升治理能力、推动改革发展的契机，做到立行立改、全面整改。开展2020年区委巡察意见整改情况“回头看”，督促各村完成巡察整改率达到100%。

【社会治理】　是年，街道强化安全保障，防范社会风险。围绕创建“平安昌国”“法治昌国”主题主线，开展“八五”普法，分层分类开展教育活动15场，群众参与达8000余人次。坚持和发展新时代“枫桥经验”，不断提升预防化解矛盾纠纷的能力和水平，全年调处各类矛盾纠纷74起，调处率和成功率均在99%以上。持续保障重点工作开展，完成浙海大（东科院）转设、义桥路99弄5号房屋拆违、昌国路新村危改签协、垃圾分类箱体建设落地等重大项目维稳任务；完成包括“两会”“八一”“国庆”“十九届六中全会”创城复评在内等重点时期的稳控工作。常态化开展扫黑除恶专项斗争，不断加强东海渔嫂“十大员”队伍建设。持续加强企业安全隐患排查治理，排查隐患259项，整改率98.7%。创新打造消防体验室，常态化开展消防、交通、食品等方面的日常巡查整治工作。借力数字化改革的东风，推进“县乡一体，条抓块统”改革，探索“152”与“141”体系衔接机制，迭代升级芙蓉洲路联勤警务站2.0版，提高接处警能力水平，兜牢社会法治安全底线。

芙蓉洲路联勤警务站

【创建全国文明城市】　是年，创建全国文明城市常态化工作持续开展。累计修复路面7500平方米，补种绿化8000平方米，完成各类硬件设施整改950处。创新建立创城工作日专报周例会制度，继续完善创城日常巡查2.0版，执行“领办式”问题点位管理制度，明确责任人于3天内完成提交整改反馈，10日内街道创建办开展二次回访，确保问题整改到位。累计下发领办单42件，整改落实率97%。发挥“城市啄木鸟”“区域管家”等志愿服务队伍功能。专题开展烟蒂不落地、公筷公勺等宣传活动，加大公益广告的宣传推广力度，全年入户走访群众6700余户，发放市民文明手册1万余册，专题制作发放倡议书2万份。

【城市有机更新】　是年，推进城市有机更新工作，发挥“拔钉”精神，精准施策，全年拆除无证房9户，签约迁移坟墓47座，实现“最后一平方米”全面清零。突破性完成历时8年之久的昌国路新村1～3、4～6号危房解危工作。系统实施道路改造、管网改造、绿化提升、亮化彩化等工程项目，小区公园、口袋公园、公共停车场等基础设施短板加快补齐。改造完成老旧小区9个，涉及房屋167幢，居民3700余户，投入资金1.48亿元。城北湿地公园成为新的市民休憩空间。按期做好城北小学政策处理工作，于11月开工建设。定海中心片区排涝提升工程全面推进，分洪隧洞政策处理按期完成。古城“微改造”迈出坚实步伐，围绕全市解决中心城区内无卫生设施问题开展专项行动，“一户一案”消除古城范围内1136户家庭的“拎马桶”现象。城市管理更加精细精准，聚焦道路交通、公共场所、背街小巷等顽疾短板，常态化推行“点位长制”。城乡环境治理取得实效，投入250余万元，升级打造城北村幸福里工程，农村面貌得到明显改善。“三改一拆”保持全区前列，其中“三改”面积12.3万平方米，排名全区第一，“一拆”拆除违章建筑0.56万平方米。

无卫生设施改造

【“撤桶并点”垃圾分类】　是年，街道成立昌国街道居民小区“撤桶并点”行动领导小组，制定居民小区“撤桶并点”工作方案，明确工作目标，倒排时间节点。征求物业公司、业委会、业主代表等意见建议，专题研究试点小区垃圾集中投放点选址、设计、建设，以及后续管理等问题，推进“撤桶并点”和垃圾集中投放等相关工作。第二批垃圾分类“撤桶并点”示范小区7个，分别为金鹰海市盛楼、东海印、文心苑、雍城山庄、启明小区南区、启明小区北区、紫金公寓。至年底，完成7个小区垃圾分类基础设施建设并开始运行。加强垃圾分类宣传引导工作，提高居民垃圾分类意识。设置集中垃圾投放点7个，撤除垃圾桶500余个，配备垃圾分类引导员现场引导，举行现场集中设摊宣传活动5次，入户宣传3200余户，发放告知书4500余份，派发分类宣传折页6000张。

生活垃圾集中投放点

【准物业化管理】　是年，街道涉及物业覆盖209幢居民楼，通过小区连片物业管理、业主自治管理、专业物业管理3种模式，分门别类推进小区物业全覆盖工作。至年底，完成年度任务，209幢居民楼的物业覆盖。深化张家弄小区“红色物业联盟”、上白虎山新村“银领治社”党群自治管理服务，招募居民志愿者，加强督促和完善自治管理。

开放式小区物业全覆盖专题协商活动

【双拥工作】　是年，昌国街道人民武装部做好双拥工作，营造拥军优属良好氛围。持续重视拥军优属工作。春节、八一期间走访慰问退役军人，发放慰问金29000元和部分实物；为城北村1名困难军人申报低保基数增长10%帮扶帮困。帮助退役军人完成就业；2021年度义务兵立功受奖人员奖励金发放经费；2020年秋冬季退役士兵一次性安置金发放经费。统筹资金

50万余元，为金寿社区寿星桥36号（防空4旅）营院泥泞路面，铺设水泥路面，设置花坛绿化环境，解决军属停车难、生活垃圾丢弃难问题。坚持党建引领，持续完善“政府为主导、社区为依托、社会力量共同参与”的双拥工作机制，引导社会力量、社会资源参与优抚服务，“八一”前夕，“军民共建小组”组织企业单位和青少年慰问部队，对辖区7支团级、7支营以下单位结对走访开展互动活动，涉及经费7万余元，提高青少年“崇军尚武”激情，增强全民国防意识和国防精神，进一步密切军政军民关系。与舟山市妇幼保健院开展合作，打造“军嫂之家”服务项目，为市内外的军嫂提供了1500余次的服务。7月，街道党政机关和驻军部队密切配合、互相支持、携手并进。昌国街道连续6次被舟山市委、市政府命名为“舟山市双拥模范街道”称号并授牌匾。其中，昌国街道退役军人服务站、昌国街道香园社区退役军人服务站、昌国街道北园社区退役军人服务站被评为“新时代枫桥式退役军人服务站”。

开门送喜报活动

【打造“合源红蜂”党建项目】 开展走访调研，打造全新“合源红蜂”党建项目，以“党建+微物业”的形式，发挥党员先锋模范作用，组建“楼道党员+楼道组长+居民骨干+业主”自治服务管理团队，招募有特长的党员志愿者加入“红锋”志愿者队伍，为小区和居民开展特色服务，通过积分激励等形式不断激发他们的服务热情。全新打造“红蜂服务驿站”，进一步升级打造玉兰学社、节水公园等特色品牌，针对行动不便的老年人及困难群体提供各类代办等暖心服务。唤醒居民自治意识，真正实现社区居民自我管理、自我服务和自我教育。探索新型智能门岗管理模式，制定出台小区车辆管理办法，整合现有资源，将小区内的监控设备，车辆登记系统整合至合源社区综合指挥室，设专人值班，通过监控可全方位查看车辆出入情况，放行往来车辆，登记车辆信息。

合源小区自管会小区管理事项商讨

【市委书记俞东来调研古城改造项目】 3月9日，市委书记俞东来到昌国街道调研定海城市更新工作方案，观看古城综合保护东大街、西大街改造修缮项目展板，实地调研古城西大街改造修缮项目情况。

【“百年征程，初心不忘”党史学习教育动员大会】 3月30日，昌国街道召开党史学习教育动员大会。学习贯彻习近平总书记在党史学习教育动员大会上的重要讲话精神，动员部署街道开展党史学习教育。全体机关干部、各村（社区）党组织书记、全体基层党组织书记参加会议。

党史学习教育动员大会

【昌国街道“青春学院”理论宣讲大赛暨微型党课大赛】 4月7日，昌国街道举办“青春学院”理论宣讲大赛暨微型党课大赛，宣讲习近平新时代中国特色社会主义思想。机关及各社区村的20名选手带着自己精心准备的微党课开展比拼。分别围绕庆祝“中国共产党成立100周年”“初心”“最美的逆行”“抗疫期间的感人故事”等主题展开宣讲。

昌国街道“青春学院”理论宣讲大赛暨微型党课大赛

【玉兰学社正式开课】　4月10日，昌国街道合源社区玉兰学社开课。第一堂课是“汉文化教学”，小朋友们学习穿汉服、朗诵三字经，了解传统汉文化。在玉兰学社室外活动中，小朋友学习汉文化礼仪，一起体验投壶活动。

玉兰学社课堂

【党团史知识竞赛】　4月15日，昌国街道组织开展“百年华诞 红心向党”党团史知识竞赛，庆祝中国共产党成立100周年，激励和引领广大青年干部提高思想认识和政治站位，树牢“四个意识”，坚定“四个自信”，做到“两个维护”，从党史中不断汲取智慧力量，矢志建设新时代中国特色社会主义的新征程。

“百年华诞 红心向党”昌国街道党团史知识竞赛

【村（社区）两委干部能力提升专题培训班】　4月19—20日，昌国街道举办为期2天的村（社区）两委干部能力提升专题培训班，提升新一届村（社区）“两委”班子成员综合素质和履职能力及基层村社组织整体形象，为街道经济社会持续向好发展提供坚强的组织保障。街道党工委书记冯健、浙江国际海运职业技术学院海洋旅游学院院长、党总支副书记俞海平出席开班仪式。

村（社区）两委干部能力提升专题培训班

【五四青年节】　4月25日，昌国街道团工委组织开展“学党史缅怀先烈 悟思想坚守初心”五四青年节主题团日活动，实地研学的形式，带领广大团员青年重温

“五四”青年节主题团日活动

红色记忆、感受峥嵘岁月、接受精神洗礼，引导广大党团青年厚植爱党、爱国、爱社会主义的情感，让红色基因代代相传。街道机关青年、各社区（村）、“两新”组织团支部书记30余人参加此次活动。

【国防教育暨军事日活动】　昌国街道党工委于5月26日组织开展国防教育暨军事日活动。此次军事日主题活动安排实弹射击科目，安排党史国防专题党课，作为党史学习教育的一部分。区委常委、区人武部政委崔亚东作“学历史学党史，为建设强大国防贡献自己应有的力量”为主题的专题党课。启动“云上昌国”线上党课直播，各社区组织辖区党员进行线上学习，515人在线观看。

2021年昌国街道国防教育暨军事日活动

【庄继艳调研城市建设工作】　5月31日，区委书记庄继艳到昌国街道调研它山庙弄、桑园弄龚家河头（留方）片区无卫生设施改造推进情况与开源新村老旧小区及地下管网改造推进情况。

【迎接全国文明城市复评工作动员部署会】　6月7日，

迎接全国文明城市复评动员部署大会

昌国街道召开迎接全国文明城市复评动员部署大会。全体机关干部，各村（社区）书记、城管中队、交警等100余人参会。街道党工委书记冯健就迎接复评工作动员讲话，并对下一步工作提出具体要求。

【廉享古城园游会】　6月11日，昌国街道党工委联合定海团区委、舟嵊小学、昌国街道夕阳红关工委举办的“弘扬清风正气　争当廉洁少年”廉享古城园游会在海山公园举行。活动展示学生的制作的书签、手工小制作、绘画作品、廉洁家书、优秀书法等作品，以丰富多样的形式宣传思廉学廉、自省自警。昌国街道打造清廉村（居）建设，推动全面从严治党向基层延伸，营造风清气正的基层政治生态。是年，结合古城复兴项目，提出“廉享古城”清廉村居建设品牌，进一步整合古城核心的廉政资源，打造清风同盟，挖掘清廉元素，开展廉政活动，弘扬崇尚廉洁的新风正气，为基层治理提供廉洁支撑。

舟嵊小学学生表演活动

【红色实景课堂活动】　7月14日，昌国街道机关及退休支部党员51人前往普陀蚂蚁岛，开展“传承革命精神 致敬建党百年”红色实景课堂活动。重温入党誓词，观看《重走初心路》和《走在人民公社的大道上》老纪录片、聆听老党员讲创业故事。参观蚂蚁岛创业纪念室，重走三八海塘，参与织渔网、搓草绳体验。

【红领巾古城研学团】　是年，昌国街道团工委携手浙江海洋大学东科学院20护理1、2党史学习实践团，以“漫游古城老街 体味红色人生”为主题开展红领巾古城研学团活动。打造A/B两条研学路线，A路线为古城漫游路线（小小图书馆—蓝府—舟山名人馆—留方井），B路线为海山先锋专线（同归域—姚公殉难处—林茂成烈士纪念碑—杨静娟烈士纪念碑），依托“研学旅行”这种新形式，以“实物、实景、实例、实事”为载体，搭建体验式研学路线，并通过制作研学地图、研学日记、设置各点打卡、知识问答通关等互动环节，不断提升研学趣味性和参与感。7月，以“大手牵小手”的形式，累计带领六批次200余名中小学生开展红色研学活动。

红领巾古城研学团活动

【抗击台风“烟花”】　7月中旬，启动防御第6号台风“烟花”应急响应，昌国街道党工委第一时间动员辖区各级党组织和广大党员干部做好防御台风“烟花”各项工作。各级党员走向一线，发扬“一名党员就是一面旗帜”的先锋模范作用，带领人民群众做好防御台风工作，把损失减少到最低程度。街道党工委领导靠前指挥，奔赴一线实地检查各项工作落实情况。各小区兼合式党支部自发成立抗台应急小分队，共同参与小区防台工作。开展走访排摸，入户提醒群众注意防台。用小喇叭提醒居民做好防台措施。铺设防水板、堆积沙袋，全力备战台风“烟花”。

机关、社区干部奋力抗击台风“烟花”

【防范超强台风“灿都”】　按照《舟山市防汛防台抗旱应急预案》，市防指于9月12日14时，提升防台风应急响应至Ⅰ级。昌国街道各部门积极做好防台抗台准备，持续关注台风动向，及时发布台风信息，做好气象预警信息宣传工作，组织人员走访排查各类隐患，疏散转移危旧房住户，做好备灾物资准备，备战抗台。

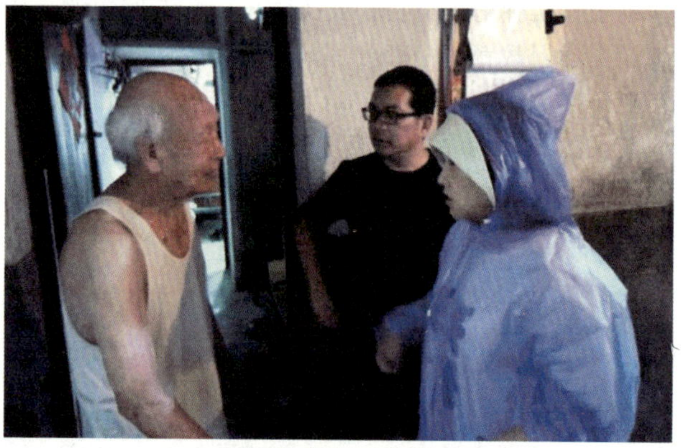
疏散转移危旧房住户

【市人大常委调研团调研历史文化名城保护工作】　9月16日，市人大常委调研团开展《舟山市历史文化名城保护规划（2020—2035年）》编制情况调研，走访东西大街老商铺、蓝理故居、舟山名人馆等历史文化建筑，并于调研结束之后召开座谈会。

【彤立方老兵服务班】　2021年，以北园社区为试点，成立定海区首支全部由退役军人组成的基层志愿服务队——彤立方老兵服务班。彤立方老兵服务班由10名具有一定特长且热心公益事业的退役军人组成。9月19日，彤立方老兵服务班授旗仪式在北园社区举行，

成立北园彤立方老兵服务班

成员们过集体生日会、带领受邀仪式的少年儿童参观社区退役军人服务站，发扬退役军人“退伍不褪色”的优秀品质和奋斗精神。

【文慧社区成立】　11月30日，昌国街道文慧社区举行成立揭牌仪式。街道班子成员、街道组织口、民政口工作人员、文慧社区全体工作人员及部分居民代表等20余人参加。街道党工委书记冯健、文慧社区党支部书记赵解成为中共舟山市定海区昌国街道文慧社区支部委员会揭牌。街道党工委副书记、办事处主任张恩达，街道纪工委书记陈叶为舟山市定海区昌国街道文慧社区居民委员会、舟山市定海区昌国街道文慧社区居务监督委员会揭牌。文慧社区位于定海城区北部，在擂鼓山以东，文化路以西，城北水库以南，329国道以北。区域内现有长城文心苑、玫瑰园·诚园、玫瑰园·慧园、玫瑰园·雅园4个物业小区，文化路39号2幢居民楼、文化路153号居民楼、东海山庄15幢居民楼，总户数2114户，居民约6000人。建筑面积约617平方米的办公和服务用房，被划分为居民会客厅、党群服务中心、图书阅览室、综合活动场所等功能区域，将为群众提供文化教育、党员学习教育、纠纷调解、计生卫生等多项“一站式”服务。

【“六讲六做”大宣讲活动动员部署会】　11月30日，召开学习贯彻中共十九届六中全会精神“六讲六做”大宣讲活动动员部署会。街道党政人大班子、全体机关干部、村（社区）书记及街道“两新”党组织书记参会。街道党工委副书记、办事处主任张恩达主持会议。街道党工委委员王登勇通报昌国街道开展“六讲六做”大宣讲活动的实施方案。昌国街道头雁讲师团成员卢海龙、黄海红，昌国街道好声音宣讲团成员王锦棠，昌国街道青春宣讲团成员邬汉楷作表态发言。街道党工委书记冯健就贯彻落实动员大会精神，开展好街道宣讲活动，提出意见。

学习贯彻十九届六中全会精神
“六讲六做”大宣讲活动动员部署会

【严防宁波镇海疫情】　12月6日，街道全面贯彻落实市、区疫情防控工作部署，强化管控措施，迅速采取行动，全力以赴做好疫情防控各项工作。启动“软隔离”，织密开放小区 “新冠疫情”防控网，有效布控小区人员出入管理。在辖区所有开放式小区实施“封闭式管理”。针对辖区背街小巷“四通八达”的情况，阻断部分通道，切断“纵横四达”交通出入口网络，将非检测点出入通道通过警示围栏、“软隔离”、警示路障牌等多种方式进行封锁。累计设立小区监测点95个，劝离聚众行为10余起。坚持“严格管控+暖心服务”，做好居家隔离人员管控工作。各社区通过微信、电话进行健康监测，重点了解居家隔离人员中的学

昌国街道文慧社区成立揭牌

开放式小区实施“封闭式管理”

生、孕妇、慢性病等特殊人员的情况。联合城管、辖区民警不间断对棋牌室、酒吧、KTV、麻将房、桌游室、游泳馆、艾灸馆等室内密闭公共场所进行巡查，对聚众赌博、聊天人员及时劝离。

【区人大代表选举】 12月13日，街道进行区级人大代表换届选举工作。各社区按照党工委的统一安排部署，加强组织领导，形成工作合力，强化舆论宣传，严肃换届纪律，坚持统筹兼顾，做好各项工作，确保区级人大代表换届选举工作完成。

昌国街道区级人大代表换届选举工作会议

【孙丹艳调研昌国街道整体状况】 12月31日，代区长孙丹燕到昌国街道调研基本情况和工作内容。前往城北小学新建项目（暂名）、义桥城中村（旧城）改造区块建设现场，详细听取项目规划和推进等情况的汇报。

（撰稿：黄钰婷）
（本分图片由昌国街道提供）

环南街道

【概况】 环南街道位于定海区南部，因定海城区主干道环城南路横穿辖区而得名。陆域北沿解放路与昌国街道相邻，南濒海港，东以新河路与城东街道为界，西以竹山门为界与盐仓街道毗邻。街道辖盘峙、大猫等大小岛屿28个，其中住人岛8个。东部的大岠、小岠岛与临城街道长峙岛相邻；南部的摘箬山岛南端是峙头洋国际海域洋道。五联村的西蟹峙岛位处金塘洋面，是辖区最西端的岛屿。西南面的大猫岛与宁波市北仑区的大榭岛隔海相望。区域陆地面积24.02平方千米，海域面积54平方千米，海岸线长达66.78千米。街道辖10个城市社区，3个农渔村，户籍人口14493户，总人口32888人。

是年，实现社会总产值113.89亿元，较上年同期增加6.09%；工业总产值19.24亿元，较上年同期减少9.32%。完成全社会固定资产投资8.77亿元，较上年同期减少51.56%。实现农业总产值3181万元，较去年同期减少13.13%。

经济发展 是年，街道实现工业总产值19.24亿元。其中，规模以上工业总产值14.78亿元。新增注册企业64家，注册资金4.11亿元，引进1家亿元企业。实现税收收入3.26亿元，其中，地方税收1.67亿元。破解因疫情影响导致的企业停工减产、劳动力流失和物流受阻等难题，减少企业刚性成本支出。推进重点项目建设，创世花园、体育文化公园、富昌大厦等项目累计投入3.68亿元。完成“亩均论英雄”及低效企业整治，累计完成4家低效工业企业及4家低效服务业企业整治提升。实施“一对一”招商政策，优质海运企业和总部型楼宇企业相继入驻，全年引入海运企业6家。加快建设东岠旅游示范岛，一期主体工程及附属配套工程建设完成，二期游憩体验公园主体部分完工。民宿、露营、户外运动基地等项目有序推进。

是年，粮食种植面积约1818亩，同比增长0.61%。其中主要作物马铃薯、番薯、玉米、豌豆等分别为380亩，448亩，191亩和200亩。是年，街道渔业保持不断增长的态势，水产养殖面积722.245亩，其中，海蜇、鮸鱼、石斑鱼、对虾等放苗7200万尾，同比增加40%，完成水产品产量567.5吨，实现渔业产值2593万元，同比增加65.7%

城市建设 是年，巩固提升全国文明城市创建成果，城市精细化管理常态长效。统筹优化城市发展空间，完成老旧住宅小区改造57幢，改造户数1229户。机场路旧城改造区块签约腾空，人民南路D级危房原拆原建工程推进，西关新村2幢D级危房完成签约。城西河拓宽改造整治工程及海狮路桥改造工程竣工并投入使用。撤桶并点工作有序推进，第二批垃圾分类示范小区建设全面完成。持续推进美丽乡村建设，完成盘峙长坑、大南岙湿地标准化提升， 投入408万元实施南部诸岛废弃宕口边坡治理工程。“非农化”复垦整治工作有序推进。

民生保障 是年，社会保障落实到位，城乡居民基本养老保险、基本医疗保险参保率分别达到95.3%和98.46%。疫情防控方面，累计组织辖区18周岁以上人员注射新冠疫苗3.8万人次。数字残联建设加快推进，实现残疾证办理数字化。重点民生实事项目高质量完成，街道示范型居家养老服务中心建成运行，投入资金220余万元。海岛群众服务不断优化，采用“1+N”智慧多元服务模式的盘峙“幸福驿家”完成主体建设，盘峙敬老院、大猫托老中心等养老机构升级改造，投入资金240余万元。打通海岛饮用水“最后一公里”，实现农村饮用水大猫岛、东岠岛、西岠岛、摘箬山岛全覆盖。思想文化建设取得重大进展，五联村文化礼堂建成并通过验收，举办“红船扬帆·美哉环南”庆祝中国共产党成立100周年主题文艺晚会，组织开展“我们的节日”系列民俗文化活动，“美哉环南”等群众性文化品牌内涵不断丰富。网络生态“瞭望哨”工程建设扎实推进

基层党建 是年，完成党代表选举工作，开展党史学习教育、“六讲六做”大宣讲活动。创新打造摘箬山日军军火库遗址、东岠红色记忆陈列室等具有海岛特色的爱国主义教育基地，开辟党史学习教育红色路线。党建品牌推陈出新，南珍社区海洲新天地小区红色物业联盟试点推行“轮值服务”制，绘就小区治理“同心圆”；蓬莱社区提质升级推出社区干部“两小时走访”2.0版，守好为民服务“责任田”；卫海社区试点打造兼合式党支部书记“回形针工作室”，让基层治理难题有了协商破解之地。常态化推进机关年轻干部培养，成立“城南青语”青年理论学习小组，通过导师帮带、理论学习、实践练兵，全面提高年轻干部“七种能力”。实施社区后备干部“菁英成长计划”，以梯次储备、精准选拔、跟踪培养、动态管理等举措，扩充人才储备。

党风廉政 全面加强党风廉政建设，领导干部带头履行主体责任，落实“一岗双责”。加强党的全面领导，把“七张问题清单”作为党建统领整体智治的突破性抓手，抓好城市社区巡察反馈问题整改。深化村（居）监会和村（社区）监察工作联络站规范化建设，提升监察监督质效。严肃换届纪律，严格落实“十严禁”及换届承诺，加强换届风气监督。

社会治理 是年，加快基层治理数字化转型，以“县乡一体、条抓块统”改革为契机，成立环南街道滨海湾区联合治理中心，打造数据一站集成、职能一站融合、人员一站办公的综合信息指挥分中心，全年累计调处矛盾纠纷130余起，调处率100%。完善“三级调解机制”工作体系，全年排查调解矛盾纠纷727起，疑难复杂案件55起，涉及金额1100余万元，多件案卷处理获区领导批示肯定。建立重点项目维稳机制，开展老旧小区改造、周家塘安置项目等重点项目风险评估工作，确保各项目平稳推进。积极创建枫桥式司法所，制定出台合法性审查工作制度，将法律顾问引入政府行政决策，参与合法性审查11次，出具书面审查意见7份。多措并举开展打击电信网络诈骗专项行动，提高辖区群众防骗意识。开展海上船舶专项整治，拆解“三无”船舶28艘。加强辖区道路交通安全宣传教育管理，获市乡镇（街道）道路交通安全绿色街道称号，位列全区第一。

【乡贤工作室正式揭牌成立】 3月23日，环南街道首个海岛乡贤工作室——李光鲁乡贤工作室在环南大猫岛正式揭牌成立。街道党工委委员、办事处副主任杨凌锋、环南乡贤联谊会会长袁信军和李光鲁一起为工作室揭牌。该工作室是以街道首届乡贤会会员、海岛责任医生李光鲁为代表的群众中经验丰富、有较高威望的、热心群众工作的8名人员组成。主要凭借乡贤“人熟、地熟、事熟”和为乡亲所信任的优势，妥善解决岛上各类社会矛盾，填补偏远小岛矛盾纠纷处理的盲区，维护邻里和睦、乡村稳定，推动新时代基层社会治理现代化。

李光鲁乡贤工作室成立

【“回形针工作室”建成使用】 卫海社区以打造“党建统领 幸福社区”为前提，整合辖区4个“兼合式”党支部党员的力量，成立全市首个社区“兼合式”党支部书记工作室——“回形针工作室”，通过党建引领，探索社区“微”治理的新路子。“回形针工作室”即代表党建统领一根针，织就为

民服务暖心网，通过了解民情、掌握民意、解决民忧等党建工作，将社区干部和党员群众紧密地结合起来，实现为民办实事像回形针一样“闭环”。工作室位于卫海社区邱家弄16号，于3月底建成启用。按“红色宣传、纠纷调解、志愿服务”三大类为群众提供6项“五星服务”，打造集党史教育、矛盾调处、小区管理功能一体的“兼合式”党支部书记工作室。

【“村村响”打通最后“最后一公里”】　实施“村村响”项目打通为民服务“最后一公里”。为加强自然灾害（台风、防汛等）、紧急情况应对能力及宣传教育，自去年起，环南街道在盘峙、大猫、五联三个海岛村启动“村村响”项目，建设街道-村两级应急广播室，全域安装治安监控摄像头、应急广播终端、一键呼叫等设备，其中一键呼叫主要安装在村委、老年活动室、敬老院、候船室等重要场所，系统联入街道应急指挥中心和环南联勤警务站，安装监控53个，应急广播50个，一键呼叫15个，涉及点位54处。该项目主要用于提供天气预报、新闻等民生讯息、通知提醒、应急指挥、宣传教育及紧急呼救等，打通为海岛村民服务“最后一公里”。

【基层监督数字化改革试点】　5月25日，环南街道召开基层监督数字化改革试点工作动员部署会。党工委副书记鲍紫燕、纪工委书记林海萍出席会议并讲话，农业农村办、各村等相关人员参加此次会议。

基层监督数字化改革试点工作动员部署会召开

【“净零碳”助力乡村振兴】　街道遵循“两山”理论和“净零碳”理念，推进东岠岛美丽乡村建设，打造岛居生活典范。大力开展生态修复、增绿复绿工程，岛上绿化覆盖率显著上升，让山林的碳汇能力吸收和净化村民、游客的碳排量。其中，位于东岙的小坑岗顶绿化修整面积约达1万平方米。在山腰海拔75～130米高程，新建1.5米宽登山健身步道1条，总长约1.8千米，该步道在保护原有生态格局的基础上，用传统工法修复破损的古道及相关设施，坚持开发与保护并重。在东岠西岙建造垃圾分类处理房，实行定期定点清运，推进生活垃圾分类最大限度的资源化、精准化。

【“一把手”上党课】　6月8日，环南街道开展党史学习教育“一把手”上党课活动。街道党工委书记林建刚作专题党课辅导。街道党政人大班子、全体机关党员、各社区村书记参会。区党史学习教育第三巡回指导组成员莅临指导。

环南街道党史学习教育“一把手”上党课活动

【渔船“面对面”安全教育】　6月23日，环南街道开展渔船“面对面”安全教育，环南街道办事处主任方翰、副主任陈海建、区海洋渔业部门、海事处、广华医院等派代表出席此次会议，包括渔船船长船东在内的30名船老大参加培训。

召开2021年定海区环南街道船东（船长）面对面安全警示教育会议

【开展“三无”船只集中整治行动】　环南街道开展海上船舶专项整治，打赢“遏重大”攻坚战，系紧海上安全带，为中国共产党成立100周年保驾护航。成立由街道党工委书记任组长的海上船舶专项整治工作小组，制定工作方案，细化工作任务。联合海事、港航、农业农村局、公安、海警、城管等多家部门单位，开展巡查整治。5月31日，街道在巡查中发现定海沿港西路利民闸出口河道中停靠有涉渔涉海“三无”船舶10艘并即刻就地拆解。

【召开迎接全国文明城市复评工作部署会】　6月9日，环南街道召开创城专题会议，对迎接全国文明城市复评工作进行动员部署。街道党工委书记林建刚作动员讲话，就下步复评工作提出具体要求。

【举行庆祝建党100周年主题文艺晚会】　6月14日，环南街道在定海区文化广场举办“红船扬帆　美哉环南”庆祝中国共产党成立100周年主题文艺晚会。街道党工委书记林建刚致辞。11个节目形式多样，内容丰富，获得市民好评。街道对50年以上党龄的优秀党员代表和“身边最美党员”进行表彰。

举行庆祝建党100周年主题文艺晚会

【“大关工委联盟”举办暑期红色夏令营】　环南街道关工委联合爱心奶奶工作室成立环南街道“大关工委联盟”，开展“感悟百年伟业立志成长成材 长大当好接班人”为主题的红色夏令营活动。红色夏令营活动为期3天，首日的开营仪式暨“大关工委联盟”成立仪式邀请到市关工委副主任王世和、区关工委副主任郝理金到场为爱心奶奶郭玲娣等11位“五老”人士颁发关工委兼职副主任聘书。蓬莱社区作为“大关工”试点社区进行工作表态和交流。

举办“感悟百年伟业 争做新时代好少年”环南街道暑期红色夏令营开营暨“大关工委联盟”成立仪式

【创新推出新冠疫苗接种预约登记小程序】　该小程序设有疫苗接种地址、接种流程等详情信息、时间选择、疫苗品牌、订单凭证记录、疫苗接种热门问题解答等功能，其中在时间选择栏里可以明确看到当天每个时段的可预约数量，便于大家安排时间，操作过程像预约挂号一样简单。该小程序无需下载，即扫即用，操作简单方便。

【完成区人大代表选举】　环南街道各选区选民依法履行民主政治权利，通过固定投票点或者流动票箱，展开投票。全街道设140个流动票箱，14个固定票箱，按照法律程序严格组织投票选举。所有工作人员上岗前都填报健康申报表并测温，入户投票时实行“亮健康码+行程码”，全程戴好口罩。10月起，环南街道正式启动区人大代表换届选举工作，经提名、推荐、协商、确定区级人大代表初步候选人37人，通过此次投票选举将产生舟山市定海区第十八届人民代表大会代

启动区人大代表换届选举工作

表25名，选举结果由定海区选举委员会审查确认后，依法予以公布。

【传达学习中共十九届六中全会精神】 11月22日，环南街道党工委理论学习中心组举行（扩大）会议，传达学习中共十九届六中全会精神。街道党工委书记林建刚主持会议，街道党政人大班子、全体机关干部及社区村书记参会。街道党工委副书记、办事处主任方翰传达中共十九届六中全会精神及《中共中央关于党的百年奋斗重大成就和历史经验的决议》相关内容。街道党工委书记林建刚就学习贯彻落实中共十九届六中全会精神及省、市、区相关会议精神作总结讲话。

党的十九届六中全会精神专题报告会暨街道党工委理论学习中心组（扩大）学习会

（撰稿：徐晓艳）

（本分目图片由环南街道提供）

盐仓街道

【概况】 盐仓街道地处舟山本岛西南部，辖区东接昌国、环南等街道，西靠双桥街道，南濒大海，北连小沙、马岙、干碶等街道（镇），面积33.4平方千米，下辖叉河、虹桥、昌洲、兴舟、新螺头5个村，塔山、惠舟、翁沁3个社区，户籍人口19187人。境内鸭蛋山码头连接宁波白峰，是舟山本岛通往大陆的海上“蓝色公路”，翁洲大道、兴舟大道、昌洲大道（329国道）、定马复线、鸭老线、茅叉线等主干公路纵横穿越，具备较完整的水陆交通网络。辖区有舟山最大的水库——虹桥水库，总库容量1438万立方米，正常库容量1015万立方米。

是年，街道全年实现工业总产值23.7亿元，其中，规模以上工业总产值19.8亿元；完成固定资产投资8亿元；完成限额以上批发和零售销售额7.7亿元，实际利用市外资金1.8亿元（含外资300万美元）；实现一般公共预算收入1.45亿元。

经济发展　是年，街道“两个产业”互补、“三种经济”崛起的产业格局逐步形成，数字经济发展行动深入实施，传统制造业强链补链扎实推进，7412“数字工厂”三期厂房建设正式启动，虹达特种橡胶研发的新高分子产品投产上市，金达电机与北大信研院物联网中心对接成功，积极盘活低效闲置土地、厂房29家，亩均税收3万元以下企业基本出清，规模以上工业企业投入研发费用6400万元。核心区块商业布局形成，宝龙广场、西部商业中心全面营业，业态招商完成80%，入驻通信、金融、餐饮等知名品牌20余家。电商经济快速发展，“宝宝馋了”销售额达5亿元，佳道快递物流电商园区营业额超2亿元。招商引资取得新成果，实际利用市外资金1.8亿元（其中，外资300万美元），引进市外注册资金在300万元以上、且市外资金实际到位30%以上企业4家，获评全区招商引资工作银奖。

社会事业　是年，街道“最多跑一次”改革纵深推进，“一网通办”“无差别”受理全面推行，“浙里办”注册量和活跃率稳步提升，服务事项按时办结率100%。公共服务水平不断提升，社保精准扩面推进，推出就业岗位200余个，“幸福清单”惠及困难群众150余人，获评全市扶贫开发工作先进集体。义务教育“双减”政策和放学后托管服务落地落实，城西幼儿园户外改造工程完工。敬老院改造提升工程竣工，馒头山生命纪念堂动工，成功申报省水库移民共同富

“乡约定海·黄沙等你来”系列活动

裕示范项目。群众文化生活丰富繁荣，“颜管家”志愿品牌深入人心，开展各类公益性活动186场次，“乡约定海·黄沙等你来”系列活动成功举办。双拥工作取得新成效，成功创建全国示范型退役军人服务站，获评全市“双拥”模范街道。疫情防控工作措施得力，全民疫苗接种有序推进，常态化防控及应急实战能力明显提升，获评全市抗击新冠肺炎疫情先进集体。

党风廉政建设　开展庆祝中国共产党成立100周年系列活动、党史学习教育、“六讲六做”大宣讲活动，创新推出的党史学习“五步工作法”，“青盐新语”“草根”“军嫂”等特色宣讲队伍持续发挥作用，“红色板凳会”“青年说”等学习形式丰富多样，举办各类学习宣讲活动90余场，“我为群众办实事”解决问题23个。意识形态工作责任制全面落实，网络生态“瞭望哨”工程规范建设。“锋行盐仓”党建品牌持续创新，党建阵地“共同体”深化打造，全市首个乡村振兴党建联盟落地黄沙岙，快递行业联合党支部正式成立，建设“新就业新业态”暖心驿站5处。继续实施干部“一线历练”法，13名后备干部和年轻干部选派到疫情防控和重点项目一线接受锻炼。全面从严治党“四责协同”全面推进，中央八项规定精神及其实施细则严格落实，清廉村居建设深入推进，开展正风肃纪检查28次，约谈党员干部12名，完成党纪处分案件5起。省委、区委巡视巡察问题高效整改，山清水秀的政治生态得到巩固。

庆祝中国共产党成立100周年系列活动——盐仓街道“光荣在党的50年”纪念章颁发仪式暨书记上党课

社会治理　是年，街道党建统领推进“四治融合”，实施“县乡一体、条抓块统”改革，基层治理“一中心四平台一网格”不断完善，调解司法矛盾纠纷97起，涉及金额49.8万元。探索基层治理现代化新路子，听评会、以新调新、军警民协作等治理品牌持续深化，“东海渔嫂·军嫂”治理项目获评市级社会治理现代化试点城市创新项目。治安防控网不断升级，“枫桥式”派出所全力打造，翁洲大道联勤警务站、塔山警务站、叉河孙四平警务室建成启用，新增“雪亮工程”监控32路，基本实现全域主要节点全覆盖。安全隐患大排查大整治深入实施，排查整治危险化学品、消防领域、船舶修造、交通安全等重点行业隐患492处，查扣收缴并集中拆解“三无”船舶5艘，联合处置噪声污染、河道污染等环保问题10余起，渔业安全管理严格落实，获评全市平安街道，人民群众安全感满意率持续增强。

城市建设　是年，街道全面纳入定海中心城区步伐稳健，29个年度重点项目按既定目标顺利推进，其中区级重点项目和政府投资项目18个，实绩亮相项目6项，累计完成投资20.7亿元。重大安置工程成果喜人，朱家山嘴、林家湾、海富村3个拆迁安置小区顺利交房280户550套，盐经三路、庄家湾、蔡家墩3个拆迁安置小区按期推进，农民公寓房完成摇号分房275套。重大商住项目按期实施，全市首个未来社区开始主体施工，祥生云山府基本完工，荣安御宾府、宝龙住宅楼盘销量稳增。基础设施建设取得突破，总投资5355万元，海富路等5条市政配套道路完工通车，总投资4630万元，盐河大塘配套加固工程等5项重大水利设施完工，“污水零直排区”建设基本完成，城市建设的规范性、整体性、协调性迈上新台阶。

城乡环境品质　是年，全国文明城市常态化管理有效落实，全域环境面貌实现新提升，核心区块更加靓丽，盐河路南段景观工程完工，盐仓运动休闲公园建成开放，林家湾河音乐喷泉成为全市首处水中音乐喷泉网红打卡点，海龙路路口亮化、翁洲大道飞线落地整治工程完工，全年拆除违章23处6000余平方米，4500平方米得到盘活利用。农村底色更加整洁，全域土地整治项目顺利完成，定马复线盐仓段绿化景观提升工程、虹桥水库上游溪坑生态护岸护坡整治基本完工。美丽乡村迭代升级，“两山”理念深入践行，土地利用、交通、净零碳、新能源、文旅产业等路径系统推进，盘活乡村闲置资源建成景观节点47个，以新螺头村黄沙岙为代表的美丽乡村，全面布局邻里中心、度假屋、书局、工坊等产业业态，美丽乡村赋予新的风景和生命力。

新螺头村黄沙岙

【开展学雷锋志愿服务月活动】 3月3日，盐仓街道组织城西市监所、盐仓卫生院、流管所、驻地部队等10余家单位共同启动“起航新征程 志愿我先行”学雷锋服务活动，为辖区居民提供家电维修、送医送药、理发、法律咨询、爱心招募等20多种志愿服务项目。该次活动累计免费测血压150余人次，疾病咨询200余人次，赠送免费药品价值近2000元，义务理发30余名，爱心缝纫物品20余件，赠送书刊近100本，发放宣传资料800余份。

“起航新征程 志愿我先行”盐仓街道3·5学雷锋义务服务活动

【开展“三八”妇女节主题活动】 3月8日，街道带领广大妇女感受农村生态环境改善给村民的生活和精神面貌带来的变化，引领她们为美丽乡村建设奉献力量，街道妇联组织机关妇女干部、企事业单位妇女骨干、村社妇联执委“走进美丽乡村 感受宜居叉河”，叉河村开展“建设美丽乡村 创造美好家园”路下徐参观活动。新螺头村邀请市妇女儿童医院主任医师徐海耿讲解《女性生殖健康的相关知识和常见的女性生理疾病的预防和治疗》，塔山社区为军嫂们带来守护课堂——女子防身术，惠舟社区组织妇女登山活动，昌洲村、虹桥村开展“三八”趣味运动会。

盐仓街道“走进美丽乡村 感受宜居叉河”
“三八”妇女节主题活动

【2021年度民主议事会】 3月10日，盐仓街道2021年度民主议事会议召开。会议有52名议事会成员参加，街道其他党政班子成员、人大工委委员、各办（中心）负责人、各村和社区书记、辖区各企事业单位负责人等列席会议。

定海区盐仓街道召开2021年民主议事会

【社区村党组织书记抓基层党建工作述职评议会议】 3月15日，召开2020年度盐仓街道党组织书记抓基层

2020年度盐仓街道党组织书记抓基层党建工作述职评议会议

党建工作述职评议会议。会议邀请区委组织部部务会议成员、区委直属机关工委专职副书记何舟娜出席。街道党政人大班子成员、各办（中心）负责人、机关党组织书记、纪工委委员、团工妇负责人，组织、宣传、统战工作人员，各村（社区）书记、副书记、党务工作者，部分市区“两代表一委员”及村（社区）退职主职干部参加会议。

【传达贯彻全国“两会”精神】　3月17日，盐仓街道利用夜学时间召开全体机关干部会议，传达学习全国“两会”精神，并对全街道学习贯彻工作作出部署。全体机关干部、各村（社区）书记等110余人参加会议。

盐仓街道传达贯彻全国“两会”精神

【开展2021年村社干部培训】　3月16—18日，盐仓街道举办为期3天的村（社区）干部培训班，70余名盐仓村社干部参加培训。培训班坚持问题导向，精心规划课程安排，围绕全面从严治党、全面推进乡村振兴、充分发挥农村基层党组织战斗堡垒作用等战略任务，为村（社区）干部量身打造培训内容，既包括村（社区）干部思想、法治教育，又涵盖业务技能传授，同时结合美丽乡村现场教学，有针对性和实践性。

村（社区）干部培训开班仪式

【党史学习教育动员部署会】　3月24日，盐仓街道召开党史学习教育动员部署会，贯彻落实中央和省委、市委、区委党史学习教育动员大会会议精神，全面部署街道党史学习教育工作。街道班子领导、全体机关干部、各村（社）书记、相关企事业单位党组织负责人参加会议。

盐仓街道党史学习教育动员部署会

【综合工作会议暨重点任务部署会】　3月24日，盐仓街道召开2021年综合工作会议暨重点任务部署会，街道班子成员、全体机关干部，各村（社区）书记，相关企事业单位负责人110余人参加。会上，街道党政主要领导与村（社区）主要负责人、企事业单位负责人代表签订党风廉政建设责任书、信访工作责任书、安全生产责任书和食品药品安全责任书。

盐仓街道综合工作会议暨重点任务部署会

【举办党史学习教育主题讲座】　3月31日，盐仓街道举办党史学习教育专题讲座，邀请中共舟山市委党校教授汪善翔作专题授课。街道党工委委员王晓君主持会议。街道全体班子成员、机关干部职工和各村社书记、副书记、副主任130余人参加。

【举办青年理论宣讲比赛暨微型党课比赛】 4月21日，盐仓街道在五楼会议室举办2021年“青春心向党 百年薪火传”青年理论宣讲比赛暨微型党课比赛。街道党工委书记余世炯、办事处主任黄志军、人大工委主任夏祥国及其他党政班子成员出席并担任现场评委。比赛同时邀请定海区党史学习教育宣讲团成员应鲁恩作为特邀评委。

2021年盐仓街道青年理论宣讲比赛暨微型党课比赛

【黄沙乡村振兴党建联盟揭牌成立】 4月30日，盐仓街道在新螺头村黄沙岙举行黄沙乡村振兴党建联盟揭牌仪式暨党建联盟第一次联席会议，市农业农村局机关党委专职副书记洪娜，区农业农村局党组书记、局长王文杰，区文化和广电旅游体育局副局长傅勇，盐仓街道党工委书记余世炯，新螺头村党委书记王全军，7412工厂党群办主任朱学业，亿洋气体党支部余红，同润印刷党支部书记谢垂节等出席揭牌仪式。街道党工委副书记俞舟娜主持。

乡村振兴党建联盟揭牌仪式

【举办“乡约定海 黄沙等你来”美丽乡村周活动】 第二届浙江定海美丽乡村周于5月22—28日举行。盐仓街道践行“绿水青山就是金山银山”理念，发展美丽乡村经济，让山海兼胜的定海在乡村振兴战略中，呈现属于自己的特色和亮点。5月27日，黄沙岙以“新乡村社群”为主题，倾情参与，展现岙里风情，体味零碳生活，系统展示近年来在党建引领下美丽乡村升级版的建设成果，取得成效。

“乡约定海 黄沙等你来”美丽乡村周活动

【“记得来时路 不忘梦归处”庆祝中国共产党成立100周年系列活动】 开展各类形式多样、主题鲜明、广泛参与的系列活动，庆祝中国共产党成立100周年，进一步发挥全街道基层党组织的战斗堡垒作用，加强组工干部队伍建设，盐仓街道党工委在全街道弘扬红色文化、传承红色基因，引导辖区广大干部群众不忘初心、砥砺前行。

重温入党誓词

【开展“平安护航 建党百年”安全隐患大排查大整治专项行动】 贯彻落实省、市、区关于“平安护航建党百年”安全生产大排查大整治专项行动部署要求，推进安全生产综合治理三年行动和“遏重大”攻坚战工作，吸取近期安全生产事故教训，紧抓遏重大、降较大、减一般安全生产事故目标，开展安全生产大排查大整治专项行动。

盐仓街道"遏重大"工作推进会暨安全生产风险普查专题部署会

【机关支部组织开展党史学习主题党日活动】 7月9日，盐仓街道机关各支部组织党员前往岱山县开展"传承红色基因 赓续红色血脉"学党史主题党日活动，重温入党誓词，缅怀革命先烈丰功伟绩，走好新时代长征路。

党史学习主题党日活动——"传承红色基因 赓续红色血脉"盐仓街道机关支部学党史研学活动

【定海区慈善总会来新螺头村慰问】 8月19日，定海区慈善总会救助部部长夏静波到新螺头村，慰问在是年第六号台风"烟花"中受灾比较严重的农户。

【林家湾拆迁安置小区分房结束】 8月23日，盐仓林家湾碶头拆迁安置小区（林家湾小区）抽签选房工作正式启动。街道成立林家湾小区分房工作领导小组及相关专项组，在抽签现场设立签到处、公证处、抽签处、登记处。由舟山市阳光公证处进行现场公证监督，村干部参与监督，以确保抽签过程公开、公平、公正。

林家湾小区交房抽签仪式现场

【中共舟山市定海区快递业联合支部委员会揭牌成立】 9月10日，舟山市邮政管理局会同定海区委组织部、盐仓街道党工委，组织召开中共舟山市定海区快递业联合支部委员会成立大会，定海区快递企业负责人、党员代表等参会。定海区快递业联合党支部将依托舟山市快递行业协会，隶属于盐仓街道党工委管理，同时接受市邮政监督管理局和定海区委"两新"工委指导。

中共舟山市定海区快递业联合支部委员会揭牌成立仪式

【盐仓运动休闲公园全新亮相】 9月16日，位于定海西部商业中心西侧的盐仓运动休闲公园顺利通过竣工

盐仓运动休闲公园

验收。公园以运动休闲为主题，总投资约360万元，总面积约4500平方米，内设运动场地、休闲广场、儿童活动空间三大功能区，通过绿道、步道等将园区整体串联起来，打造充满运动体验、聚集人气活力的城市公园。

【打造新就业群体服务站】 2021年，街道整合现有资源，打造新就业群体服务站。站点位于盐仓街道西部商业中心西侧、盐仓运动休闲公园内，约20平方米，依托“扭盒”休闲驿站进行改造建设，于9月26日正式开放，主要面向快递员、外卖员、货运司机、环卫工人、户外主播等新就业新业态群体，提供临时休憩、食物加热、手机充电、爱心雨具、应急药品、免费热水等服务，站点周边停车便捷，由人员扫码自主进入。同时针对新就业群体职业需求，开展交通安全、防疫需求、文明城市等知识宣传，开设法律顾问、政策咨询等公益服务。

新就业群体服务站

【市农科院到盐仓街道敬老院慰问】 国庆节前夕，舟山市农业科学研究院院长王建红带领相关部门负责人到位于新螺头村的盐仓街道敬老院，带着慰问品，为住院的20余位老年朋友送上节日的祝福和慰问。

【林家湾音乐喷泉正式开放】 9月30日至10月7日，盐仓街道林家湾音乐喷泉正式开放。林家湾音乐喷泉位于盐仓大河翁洲大道与盐仓大河路交叉口河道上，设计总长40米，宽8米，面向景观桥和亲水平台呈弧线布置。

【“远教专家基层行”走进盐仓塔山】 10月底，定海区委组织部走进盐仓街道塔山社区开展“远教专家基层行”活动。市商务局、区公安分局、区司法局、区农业农村局、区交通运输局、区卫健局等单位组成的专业服务团队开展粮食安全、流动人口、法律知识、农产品质量安全、道路安全答疑等服务，街道妇联、综合安全管理中心、司法所、工会、金融机构、党员志愿者开展政策咨询、义务理发、金融知识宣传等多种志愿服务。

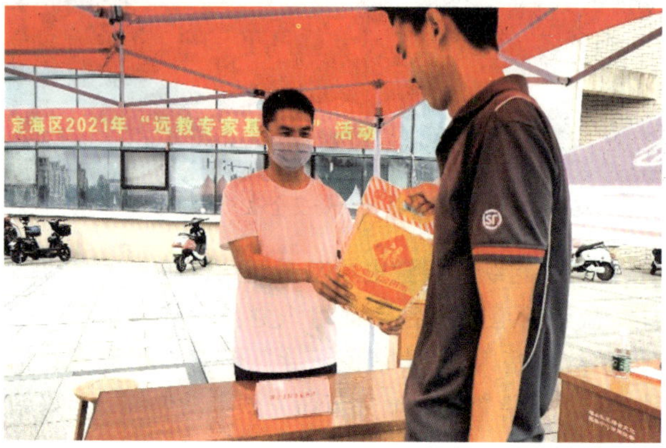
定海区2021年“远教专家基层行”活动

【召开区人大代表换届选举工作会议】 10月21日，盐仓街道召开区人大代表换届选举工作会议，学习贯彻习近平总书记关于换届选举工作的重要指示精神，全面贯彻落实上级有关换届选举的文件精神，对盐仓街道区人大代表换届选举工作进行动员部署，确保换届选举工作有序推进、完成。

定海区盐仓街道区人大代表换届选举工作会议

【市纪委领导赴新螺头村调研慰问】 11月10日，市委常委、市纪委书记章青山到新螺头村慰问困难老党员、退伍军人，并调研新螺头村清廉工作开展情况，市、区两级相关部门负责人陪同慰问、调研。

【学习贯彻中共十九届六中全会精神】 11月24日，盐仓街道召开全体机关干部会议，传达学习中共十九届六中全会精神，动员部署街道学习宣传贯彻落实工作。会议由街道党工委书记余世炯主持，全体机关干部、各村（社区）党组织负责人参加会议。

学习贯彻党的十九届六中全会精神

【开展全员核酸检测实操演练】 12月10日，盐仓街道组织开展全员核酸检测实操演练，进一步做好新冠肺炎疫情防控工作，提升应对突发疫情能力，为辖区居民筑牢疫情“安全屏障”。

全员核酸检测实操演练

【完成区人大代表换届选举投票工作】 街道换届选举领导小组坚持科学统筹、周密安排、合理分工、压实责任，尊重民意、依法选举，高效组织开展人大换届选举投票工作，街道5个选区顺利选举产生人大代表12名，完成换届选举投票工作。

【孙丹燕盐仓街道调研】 12月24日，区委副书记、代区长孙丹燕在盐仓街道先后参观城西未来社区、舟山市7412工厂和新螺头村黄沙岙，听取盐仓街道的汇报。

（撰稿：曹遥威）

（本分目照片由盐仓街道提供）

岑港街道

【概况】 岑港街道位于舟山本岛西部，东南、东北与双桥、小沙接壤，西南有西堠门大桥连接金塘镇，北有舟岱大桥连接岱山县。境内有岑港大桥、响礁门大桥、桃夭门大桥和富翅门大桥4座跨海大桥，为舟山连接大陆的交通枢纽和桥头堡；有一条长6千米“S”形内港——岑港渔港，东起老塘山港、西至响礁门，是著名的避风良港；有富翅岛、里钓山、中钓山、外钓山、五峙山列岛、大菜花山、小菜花山、老虎山、墨斗山等18个小岛，其中，富翅岛、里钓山、外钓山为住人岛屿，五峙山列岛是浙江省唯一的鸟类自然保护区。街道陆域面积64.9平方千米，耕地8776亩。2021年，辖9个村1个社区，有177个村民小组；户籍人口6989户、17387人；流动人口6724人。居民基本养老保险参保8425人，居民基本医疗保险参保8170人。

经济发展情况 是年，实现地方收入2.84亿元，同比增长36.6%。实现企业总产值51.51亿元，其中，规模以上工业总产值26.53亿元，同比增长11.9%，投入规模以上工业企业研究开发费用9108.3万元；完成社会固定资产投资25.77亿元；完成限额以上批零销售额2.34亿元，同比增长53.7%；实际到位市外资金11.7亿元，实际使用外资5510万美元。全年实现一般公共预算收入2.84亿元，同比增长36.59%。

是年，有企业200余家，其中，工业企业100余家，规模以上工业企业16家。累计投入规模以上工业企业研究开发费用9108.3万元，同比增长113.1%。培育省级科技型中小企业3家，高新技术企业1家，获评2021年度省级“专精特新”中小企业1家。新注册市外企业3家，成功引进金泰石化重组亿元以上产业项目一个。完成定海海洋科学城引荐企业2家，新引进人才本科10名、研究生5名、博士1名。

是年，现代农业快速发展。龙荫农业专业合作社实现亩均收益超过3000元，龙荫8424西瓜连续两年获得省农博会金奖，品牌效益凸显。“欢喜烟墩”研学项目顺利运营，参与学生达2000余人次，获区级劳动实践基地认定，促进周边农户增收致富。

社会事业　是年，街道生育水平保持稳定，出生49人，其中，男婴21人，女婴28人；死亡191人；新婚20对，优生两免参检率93%。落实农村部分计生家庭普通奖扶245人，特别奖扶75人。对200余名育龄妇女进行“两癌”筛查。全年发放各类救助补助金73.26万元，救济443人。走访核查低保对象219户275人、低边对象24户43人，发放低保低边保障金264.4万元。落实残疾人两项补贴256万元，惠及近10275人次。对25名“五保户”采取入院供养、户院挂钩两种集中供养形式及分散供养形式保障基本生活。建立健全居家养老志愿者服务队14支，完成适老化改造项目38户。

社会治理　开展全域重点场所、重点部位无人机巡查，深化“平安岑港”建设。开展矛盾纠纷集中排查110余次，受理矛盾纠纷87起，调解成功87起。依法开展信访维稳，受理信访件19件，全部处理完毕。吸收热心群众和流动人口加入东海渔嫂“我为队伍荐一员”志愿服务，新增224人。创新开展智慧村社建设工作，打造“互联网+综合治理”模式，开辟综合治理新渠道。开展反邪教、禁毒、反诈等方面法律法规宣传11场次，发放各类宣传资料8000余份。

综合安全　落实安全生产专项整治三年行动和安全生产领域“遏重大”整治工作，辖区未发生重大安全生产事故，生产形势安全稳定。开展“三无”船（筏）集中整治攻坚，拆解“三无”船（筏）20艘，取缔、消除风险作业点21个。建立反走私联防联控长效机制，落实巡逻设卡、监控覆盖、监督举报等措施。落实每月交通巡查机制，整改交通管理难题30余件。是年，涨次村、册北村成功创建市级、区级首个无走私示范村，桥头村获2020年度全国综合减灾示范社区。

政务服务优化　完善硬件设施加快政府数字化转型，推进“最多跑一次”工作，拓宽公共服务中心办事窗口服务内容。12345热线全年受理投诉及建议346件，全部依时办结。办理人大代表建议15件，满意和基本满意率达100%。

村容村貌提升　持续开展“洁净乡村”农村人居环境整治行动，投入30万元，采用“人机交互”巡查方式，分区块、分时段对岑港10个村社进行环境卫生、违法建筑和其他违法违规情况的巡回检查，清除露天粪缸、水缸970余只，清理垃圾630余吨。是年，完成涨次村省级星级公厕评选，烟墩村入选省级美丽乡村特色精品村。

重点项目建设　光汇储运项目开工，册子—马目输油管道工程进度加快，浙石化马目油库扩容项目西江咀政策处理进展顺利，浙江交投矿业1500万吨建筑用石料矿二期项目基本完工，和海集团建筑混合砂加工生产投资超额完成。

基础设施建设　农民公寓房六期项目完成结构结顶，进入室内施工阶段，农民公寓房配套附属工程已启动。北斗岙海防值勤道路施工进展顺利；完成定下线路面提升工程。西大塘配套加固工程一期完工、二期Ⅰ标段于是年8月完工；涨次水库除险加固工程、烟墩河库连通综合治理主体工程全部完工；岐下海塘提标加固工程于是年9月完成Ⅰ标段工程，是年底整体完成70%以上。

【壮大集体经济】　探索水资源有偿使用、砂石骨料优惠供应、生产场地租赁等多种形式，实现册子岛片区三村水资源整体打包“借水生财”。是年全街道实现村级集体经营性收入557.3万，其中，桥头、司前村突破100万元。册子岛特色“鮸鱼十吃”荣获省“妈妈的味道”产品。

【疫情防控】　筑牢疫情防控“外防输入、内防反弹”防线，完善全员核酸检测“最小单元”编组，完成实战应急演练12次。持续推进各年龄段疫苗接种任务，全年全程接种14576人，加强针接种1765人。对8家口岸开放、船舶、码头装卸企业高风险人员进行闭环、分类管控，确保全街道常态化疫情防控总体平稳。

【富翅岛废弃矿山生态环境治理工程完工】　是年8月，富翅岛废弃矿山生态环境治理工程完工，等待自规部门验收完成后，进入两年养护阶段。该工程涉及富翅岛淡湖山石子厂、半边山采石厂两处废弃矿山，因早期石料矿宕口开采遗留大量高陡边坡，存在崩塌安全隐患，且宕口坡面植被破坏严重，影响生态环境。该工程针对废弃矿山进行清坡、削坡、挡土墙建设、绿化等处理，治理面积约10929平方米，项目投资约372.52万元。

【完成烟墩河库连通工程】　岑港烟墩片河库连通综

合治理工程于2019年开工建设，力图解决片区河道断面狭小、行洪排涝能力不足、水环境偏低等问题。工程批复概算投资为3998.47万元，主要治理烟墩片区拜石岩河、戴家塘河、马鞍河、赤坎河等14条主要河道，涉及河长12.93千米。2021年10月合同约定主体工程全部完工，后续新增坞垢河段已开始施工。

【美丽城镇省级达标镇通过验收】 街道围绕美丽城镇“五美”“十个一”建设要求设计项目，以环境美、生活美、产业美、人文美、治理美为总目标，重点推进生活品质提升、环境卫生保洁、生活圈构建、特色产业发展等18个项目。是年11月省考核组对街道美丽城镇工作完成考核，12月验收通过。

【推进智慧养老服务试点工作】 为帮助留守老人解决独居安全问题，岑港街道坞坵村探索“智慧养老”新模式，为辖区内60周岁及以上低保、低边、退役军人家庭户免费提供可监测心率的智能手环，安装智慧摄像头，用数字化手段编织居家安防网。

【全市首个镇街级智慧党建系统上线】 岑港街道智慧党建系统于是年初启动，10月，完成一期开发建设工作。该系统开设党组织画像、党建阵地、党建联盟、党建驾驶舱和党员发展五大板块。该系统在三维实景地图上建立党组织数字化档案，对党建数据动态化管理；利用点云技术，实景展示线下宣教阵地、党群服务阵地、业务融合阵地及联盟活动阵地情况，群众可根据需求预约矛盾调解、环境整治、文艺活动、理论宣讲、特色助老等服务事项，实现群众点单、系统派单、党员接单。至年底，录入各级党组织47个，扫描收集党建阵地18个。

【完成海洋智慧园区信息管理服务系统一期项目】 该项目以园区实景地图、企业数据库、服务平台为主要建设内容，利用地理信息、云计算、大数据可视化等技术，建立面积约2平方公里的园区实景三维地图，展示园区25家企业产业布局、土地类别、闲置资源等8个维度信息，为园区综合治理、招商引资提供长效的数字化支撑和服务。

【党史学习教育】 制定印发《岑港街道关于开展党史学习教育的实施工作方案》，对党史学习教育做出全面部署安排；坚持以学习为基础、以教育为重点，组织开展潜心自学、集体研学、党员互学、典型带学、机关评学“五学”；坚持面向基层，丰富宣讲载体，通过宣讲团、微党课、文艺巡演等方式，推进党史学习教育深入人心；坚持为民办事宗旨，开展民情走访，推出“青岑汇”“她创汇”特色服务品牌，组织开展“七个一百”系列活动、“睦邻专车”进小岛等志愿服务活动。

2021年岑港街道“青春向党 致敬百年”微型党课比赛

【建立健全居家养老志愿者服务队】 以社区老年协会为依托，组织一批素质好、身体健康的老党员、老干部、老妇女主任，组成助老服务队伍，对有特殊需求的高龄、空巢老人开展上门照料等服务，探索“居家养老、银龄互助”新模式。截至是年5月，已组建居家养老志愿者服务队14支，志愿者人数210人。

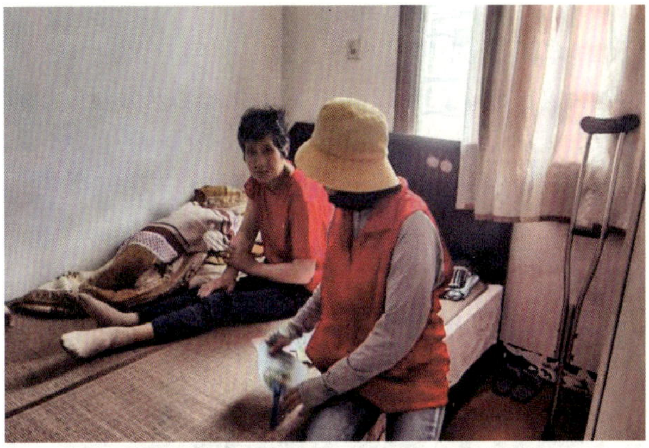

居家养老志愿服务队慰问独居老人

【岑港街道侨台联合会第二次代表大会】 1月15日，定海区岑港街道侨台联合会第二次代表大会胜利召开。回顾过去五年的工作，以及今后五年工作的指导思想和奋斗目标。定海区台办副主任、区台联副会长宋金燕、岑港街道党工委副书记严翃、党工委委员单柳迎出席会议。单柳迎代表岑港街道侨台联合会第一届委员会作《不忘初心 砥砺前行 为推动岑港又好又快发展助力添彩》工作报告。大会选举产生岑港街道侨台联合会第二届理事会，随后召开第二届理事会第一次会议，选举出会长、副会长和秘书长。

【党代表暨党工委会议】 3月3日，召开2021年党员代表会议暨党工委工作会议。党工委书记孙亮作《锚定新时代岑港发展目标定位 为定海“重要窗口”海岛风景线建设贡献力量》工作报告；通报表彰2020年度街道的9个先进集体、63名先进生产（工作）者；分组讨论街道党工委和纪工委工作报告，征求到基层党建、基础设施及民生保障等方面的提案共9件，经讨论，9件予以立案。

中国共产党舟山市定海区岑港街道2021年代表会议暨党工委工作会议

【2021年民主议事会】 3月26日，召开2021年民主议事会议，63名民主议事会成员和42名列席人员参加会议，定海区人大常委会副主任齐友国应邀参会指导。会议听取和审议岑港街道办事处和人大工委工作报告，测评岑港街道2020年民生实事项目完成情况，最终票选出7项2021年民生实事项目。

舟山市定海区岑港街道2021年民主议事会议

【耕地“非粮化”整治】 3月30日，在全市范围率先开启耕地“非粮化”整治，全年清退新种苗木面积75亩。成立由区农业农村局、区自然资源和规划局、街道、村社干部组成整治工作专班，下村入户传达政策内容，摸清耕地苗木种植和土地承包情况，做好现场测量核对、建档立卡，制定清理推进路线。同步建立耕地利用常态化监管机制，联合各部门推进耕地执法监察和承包合同履行情况检查，规范土地承包流转和粮食功能区种植行为，积极引导土地向种粮大户、农业专业合作社等粮食规模经营主体流转。完善农耕基础设施和配套服务，修缮水利工程，加强粮食作物新品种、新技术推介培训，推广稻虾共养、现代生态循环种养模式，提升种粮效益。

岑港街道耕地“非粮化”整治工作部署会

【“百年征程路，温暖岑港行”全民健步走活动】 4月8日，岑港街道在烟墩村举办以“百年征程路，温暖岑港行”为主题的全民健步走活动暨2021炫动岑港启动仪式。岑港街道党工委书记孙亮，党工委副书

“百年征程路，温暖岑港行”全民健步走活动

记、办事处主任黄燕，定海区文化和广电旅游体育局副局长戴惠萍出席活动，来自街道及各村社的党员、群众200余人参加本次活动。活动路线全程5公里，终点设置“我与党旗同框”纪念打卡点，参与活动人员通过此次户外党史学习教育活动，体会党的百年光辉历程中饱经风霜本色依旧的崇高情怀。

【“乡约定海·美丽烟墩 岑浸田园时光”美丽乡村周活动】 5月26日，由岑港街道党工委、办事处、总工会联合主办的浙江定海美丽乡村周——“乡约定海·美丽烟墩 岑浸田园时光”活动在岑港烟墩村举行。游客沉浸体验插秧种稻、垂钓龙虾、土灶野炊、彩绘DIY等活动，参观岑港现代生态循环农业示范区、烟墩农业节水灌溉实施工程，了解乡村节能减排成果，共同做“净零碳”的实践者和守护者。活动当日接待游客1000余人次。

欢喜烟墩活动现场游客体验农事

【2021炫动岑港舞动幸福生活广场舞大赛】 6月17日，以“百年征程·‘岑’心不渝”为主题的广场舞比赛在册北村生态公园举行。岑港街道人大工委主任夏燕辉，党工委副书记严翊等出席活动，来自街道及各村社的党员、群众200余人参加本次活动。10个村（社区）的代表队参赛。经专业评委打分评选出一、二、三等奖及优胜奖。

2021炫动岑港舞动幸福生活广场舞大赛

【举行“光荣在党50年”纪念章颁发仪式】 6月30日，岑港街道党工委在烟墩文化礼堂举行“光荣在党50年”纪念章颁发仪式，街道党工委书记孙亮、办事处主任黄燕以及各位领导班子成员、“光荣在党50年”纪念章获得者代表等参加仪式。

街道党工委书记与10位“光荣在党50年”党员代表合影留念

【舟岱大桥交通安全宣教活动】 12月24日，岑港街道联合市区交警部门开展“共迎大桥时代，共创和谐交通”舟岱大桥交通安全宣教活动。舟山市交警支队副支队长杨海龙，岑港街道党工委书记王祖辉，岑港街道党工委副书记、办事处主任黄燕，定海区交警大队副大队长钱军，岑港街道党工委副书记王均出席宣教启动仪式。市区交警部门的交通宣教员、岑港街道村社干部、青年志愿者等200 余人参加本次活动。启动仪式后，交通宣教员、村社干部、青年志愿者走村入户开展宣传。交警还在烟墩村文化礼堂通过“以案

舟岱大桥交通安全入户宣传

释法”的方式集中宣教授课，宣传舟岱大桥开通后交通安全注意事项。

【区人大代表换届选举工作】 12月13日，街道辖区内参加区人大代表投票选举的选民16353人，设置10个选区，12个投票站，132个流动票箱，最终选举产生区人大代表16名。

选民投票

【宁波舟山港主通道项目全线建成通车仪式（舟山会场）】 12月29日，宁波舟山港主通道项目全线建成通车仪式以视频连线方式在杭州和舟山共同举行。副省长高兴夫，市委书记、新区党工委书记何中伟，市领导方敏、毛江平、邬振悦出席。仪式结束后，舟岱大桥沿线各收费站出入口投入使用。

【领导调研考察】 江舟调研指导基层党建工作　2月20日，区委常委、区委组织部部长江舟到街道调研指导基层党建工作。岑港街道党工委书记孙亮、党工委副书记严翃、党工委委员金蝉陪同调研。江舟实地走访街道党群服务中心，参观乡村书房、党建展厅、小红帽志愿者之家、文化长廊、“十五古”展陈厅等街道特色党建阵地，对街道经济发展上取得的成绩、党建工作取得的成效给予肯定，并对下步工作提出指导意见。

江舟走访街道党群服务中心

章青山赴岑开展“三服务”活动　6月24日，市委常委、市纪委书记、市监委主任章青山一行来到岑港街道开展“三服务”活动。区委常委、区纪委书记、区监委主任郑飞科，岑港街道党工委书记孙亮陪同参加。章青山先后走访桥头村和街道党群服务中心，察看村级小微工程非招标项目流程及“三务公开”情况，了解村监察工作联络站建设及履职情况，对清廉文化阵地建设和廉政宣教开展情况进行调研和指导；在随后的座谈交流会上对岑港街道重点工作及纪检监察工作开展情况给予肯定，并就岑港街道桥头村的历史遗留问题，与相关职能部门、街道、村进行交流探讨，提出指导意见。

章青山走访桥头村

齐友国调研“防洪排涝”（水利）规划落实情况

区人大常委会领导调研“防洪排涝”（水利）规划落实情况

9月10日，区人大常委会副主任齐友国带领部分区人大代表和部分工作人员赴岑港街道调研防洪排涝（水利）规划落实情况。

陈仁军调研并慰问在岑港挂职干部　11月26日，舟山市委党校常务副校长陈仁军一行赴岑港街道开展调研并进行座谈。

（撰稿：张一弛）

（本分目图片由岑港街道提供）

马岙街道

【概况】 马岙街道地处舟山本岛西北部，街道总面积25平方千米，辖三江、五一、马岙、团结、三星、北海6个村，有110个村民小组，共3510户，户籍人口9211人。2021年，在区委、区政府的正确领导下，街道上下紧紧团结和依靠广大干部群众，全力推进街道经济社会持续协调和谐发展，为推动全面高质量发展，实现率先建成“两个高水平”奋斗目标奠定坚实基础。

是年，街道实现社会总产值140.2亿元，同比增长33.6%；实现入库税收3.96亿元；实现工业产值130.3亿元；实现农业产值1.745亿元；农民人均可支配收入达42754元，同比增长10.1%。

经济发展情况　工业经济不断向好。是年，街道工业总产值130.3亿元，同比增长36.7%。规模以上工业实现总产值126.6亿元，同比增长37.2%，规模以上工业增加值增速10.0%，超额完成工业投资和工业技改增长等经济指标。是年，完成数字化改造企业1家，小升规企业1家，扶持培育市级专精特新企业2家，亩均税收3万元以下20家企业全部出清。招商引资扎实推进，精准发挥定海区产业服务中心马岙分中心桥梁作用，共计引进外地企业4家，利用市外资金0.45亿元。重点项目有力有序。森森智能工厂一期项目、宇锦水泥技改项目、鱼山—洛迦220千伏电网建设项目全面完成，趣味动物园、森森智能工厂二期建设等项目稳步推进。现代农业提档升级。是年，街道超额完成粮食生产任务，播种各类农作物8000余亩，建成高标准农田面积2143亩，完成抛荒地翻耕194亩，其中，粮食功能区154亩。建立省级第二批数字农业工厂、省级农业物联网示范基地及镇级现代农业综合服务中心，打造“千年马岙旗舰店”，配套提升市农科院等机构技术服务能力，形成专业强、效率高的产供销服务链条，农旅融合优势效应持续释放。美丽经济提质扩面。是年，成功举办2021浙江定海美丽乡村周、首届稻香节嘉年华等活动，活动期间日均游客量超1万人次。扩大引流效应，打响马岙品牌知名度，“村回”系列民宿带动下共计新增民宿15家，月入住率超过70%。加速旅游文创产品研发，扶持壮大舟山千年马岙旅游开发有限公司，推出“古韵马岙”“海上河姆渡”等文旅品牌，发展红色研学、绿色研学等多元新业态，马岙博物馆年流量超过5.5万人次。强化校地合作，与市委党校、浙江海洋大学等共建全市干部教育培训现场教学基地、大学生劳动实践基地等，推动银政合作，与建行舟山分行签约深化农村金融服务，“三产联动、五旅融合”的美丽经济发展格局持续扩大。

全面深化改革　数字化改革能效升级，通过智慧村社一期、二期项目建设，实现AI前端设施全域覆盖，街道综合指挥中心、矛调中心一体化运行，初步打造“前端智能识别、后台精准处置、三端协同共治”的一站式基层治理主平台，自主研发“善自分”小程序，精准链接多元社会力量，深度参与基层社会治理，共计整合前端设备500余个，汇聚综治、城管等10个业务办公系统，处理AI预警事件1800余起，街道闭环处置能力与整体智治效能进一步提升。农村改革持续发力，以土地改革与生态改革为主抓手，扩大第二批省级农村综合改革集成示范区建设试点项目辐射效应，完成改革任务130余项，完成乡村振兴馆、数字乡村等基地建设，深化落实土地三权分置改革等机制，编制《马岙闲置农房盘活利用规划》，出台民宿及新业态补助和奖励实施细则，利用辖区15座闲置农房资源，打造巷艺坊、未见海、一见青新等海岛田园精品业态群，有效释放土地改革红利。“净零碳”改革纵深推进，结合马岙村“净零碳”乡村试点工作实际，建立生态红线管控、村庄景区化运营等机制，打造光伏发电、水循环等生态系统，降低村庄总能耗。推出碳积分、闲置物品兑换、净零碳合影等互动交流载体，有效推广低碳可持续发展的生产生活方式。“最多跑一次”改革纵深推进，“一网通办”持续升级，可办理事项达到250余类，累计受理便民服务事项2000余件，按时办结率100%。畅通联系群众的桥梁纽带，着力办理“12345”群众来电，做到第一时间受理，规定时间办结。全年累计受理各类“12345”公众服务热线235件次，办理率、满意率均接近100%。深化政务公开工作，自觉接受群众监督，主动接受人大依法监督，认真办理议事会意见17件，满意率和基本满意率达100%。

打造美丽乡村　完善“多规合一”城镇建设规划，明确国土空间、城乡融合、景观设计等规划方向，重点推进美丽乡村建设、环境综合整治等工作。城镇风貌展新姿，高标准创成省级美丽城镇，投入1.7亿元实施“五美”项目20余个，胜利海塘除险加固、胜利泵站建设等工程全面完成，全年，共计拆除违法建筑0.87万平方米，完成4个自然村生活污水处理设施标准化创建工作，完成同兴区块建设用地复垦2.75公顷，新增大小停车位160余个，打造“净零碳”公园、河姆渡观景台等“五旅融合”示范点30余个。环境治理显成效，以巩固马岙省级旅游风情小镇创建成果为契机，加快推进新时代美丽乡村全覆盖。实现更高水平文明城市创建工作，强化专项整治联席机制、区域管家机制、田园网格化管理机制等建设，全年清理垃圾1000余吨、卫生死角500余处、淤积下水道5000米，清除露天粪缸400余只。马岙村获评全国乡村旅游重点村，五一村获评浙江省文明村。乡村治理亮点多，推进“一村一品”新时代文明实践培育计划，打造“百家田园联心种”等14项善治典型，以舟山乡村善治学堂实体化运作为抓手，打造村民礼堂说事、党群议事会等议事平台，探索“道德评判团”“道德红黑榜”等善治举措，“一事一议”解决民生事项200余件，全域形成了“有事一起干，事事有商量，人人成风尚”的乡村善治格局，马岙村获全国民主法治示范村。

社会事业发展　是年，街道疫情防控有力有序，全面构筑“数据排查+疫苗接种+核酸检测”的防护网，设立区域协查、货车管控、人员纳管、核酸检测等多个专项小组，将辖区11490人全员纳入117个最小单元编组，每组配备7名人员力量，全面落实生活物资配送、健康监测、人员管控等职责，切实筑牢基层疫情防线。2021年年底，疫苗接种率位居全区前列，核酸检测设置11个采样点，具备6小时内完成区域1.2万人全员核酸检测的应急保障能力。平安建设稳扎稳打，推进县域治理现代化，“东海渔嫂”、爱心联盟民间道德协会、“心连心志愿服务队”等四治融合品牌影响力进一步扩大，全年矛盾纠纷调解率、信访办结率、积案化解率均达100%，举办首届乡村善治论坛，马岙街道获评全国普法先进单位。扫黑除恶专项斗争、道路交通安全大会战等工作成效明显，全年未发生重大安全生产责任事故，全力维护平安和谐稳定的社会局面。普惠保障落细落实，低收入群体帮扶救助工作精准开展，全年发放各类救助金150万余元，惠及低保低边等困难户140余人次。完成三江饭店干污水管网工程，面向区域内住房困难群众推出农民公寓房53套，已申购7套，马岙农居小区项目全面开工。总投资300万元的马岙街道示范型居家养老服务中心完成改造并开业运营，集中供养五保户19户，全年为22户困难老人进行适老化改造，辖区家庭医生签约服务和就医绿色通道落实率均达100%。新时代文明实践“一村一品”串点成线，6个村实现文化礼堂全覆盖，街道综合文化站获评“浙江省特级综合文化站”。

党建提升工程　是年，高标准抓牢组织建设，构建“锋行白马”红色服务圈，“四化党建”工作体系更加完善，全面压紧包网入户、包村走访责任，构建网络无缝隙、诉求全响应、服务零距离的工作体系，为疫情防控、项目推进、征地拆迁、脱贫攻坚等重点工作提供保障支撑。高质量抓好队伍建设，实施本土新生代企业家“双培养”计划，强化校企合作，建立引才工作站，正式成立“青年创业联盟”。结合“指数管理+实岗压担”，实行“全息化”干部培育模式，迭代升级开展党建引领善治“三培养”工作，成立“善治讲师团”“乡村善治研究团”等，村级后备干部队伍建设持续推进，街道各级干部队伍实现整体优化提升。

【马岙街道青年创业联盟成立】　是年，成立马岙街道青年创业联盟，加快凝聚本地青年创业者力量，组

成立马岙街道青年创业联盟

团发展、互相学习、互相支持，发挥在本区域招商引资、创新创业、乡村治理、社会公益等方面的作用，谱写“共同富裕”新篇章。

【区级人大代表换届选举工作】　是年，定海区选举委员会指导，街道换届选举领导小组及辖区全体选民的共同参与，线上系统选民登记、线下公告张贴、提名推荐候选人、代表资格审查以及换届选举业务培训等各项选举工作完成。

马岙街道区人大代表换届选举工作会议

【省级美丽城镇基本达标镇和舟山市2021年度美丽城镇市级样板创建】　是年，构筑“五线三体N点”美丽城镇特色图景，推进“环境美+生活美+产业美+人文美+治理美”五线共进，打造N个数字型、生态型、智能型特色节点，构筑“古韵文化综合体”“低碳发展复合体”“基层治理共同体”三体共建推进美丽城镇建设，创建省级美丽城镇基本达标镇和舟山市2021年度美丽城镇市级样板。

【“数字乡村与整体智治”学术研讨会召开】　是年，“数字乡村与整体智治”学术研讨会在马岙街道举行，来自省内多家高校的公共管理学界专家学者共同探讨乡村治理面临复杂的叠加问题，为马岙探索乡村善治拓展思路。

召开“数字乡村与整体智治”学术研讨会

【举办首届“千年马岙稻香节”活动】　是年，由定海区农业农村局和马岙街道办事处联合举办的“千年马岙稻香节”嘉年华活动在马北线大风车西侧骑行营地成功举行。活动以“庆祝稻田丰收、弘扬稻米文化、振兴美丽乡村”为宗旨，组织开展稻田运动会、稻香游园会、稻米文化展等形式多样的活动内容。活动现场除有许多用稻草稻秆扎成的动物、稻穗装饰品外，还有农产品展销、直播带货、趣味知识问答、美食PARTY等精彩项目，受众反响热烈，收获一致好评，全面展示马岙在乡村振兴上的新成果，展现美丽乡村农民新生活，进一步提升广大群众的获得感、幸福感、荣誉感。

2021年“千年马岙稻香节”举办

【小舟黄岩涂塘除险加固工程通过竣工验收】　是年，小舟黄岩涂海塘除险加固工程按设计要求完成，通过

小舟黄岩涂海塘除险加固工程通过验收

竣工验收。该工程于2019年5月开工，总投资2997.56万元，其建设完成将提高马岙街道海塘保护区防潮御台风能力，为海塘保护区内社会稳定和人民生命财产安全提供保障。

【马岙村获评全国民主法治示范村】 是年，马岙村围绕法治示范村（社区）建设要求，开展依法治理工作，建立健全民主管理制度，加强民主监督，形成各项工作民主化、法治化和规范化局面，获评全国民主法治示范村。

创建“一把扫帚大家扫”微自治品牌

（撰稿：舒　珍）
（本分目图片由马岙街道提供）

小沙街道

【概况】 小沙街道位于定海西北部，包括原小沙镇和长白乡两部分，东临马岙，南靠双桥，西接岑港，北与岱山双合隔海相望，其中长白岛南部建有长白渡口，配套小沙海丰码头，是长白对外客货航运的主要通道。街道区域总面积70.75平方千米，陆域面积57.8平方千米，境内岸线总长35千米，现下辖光华、庙桥、毛峙、东风、大沙、青岙、增辉、三龙、前湾、后岸10个村。是年，有耕地面积13929亩，农作物播种面8233亩，粮食播种面积7200亩，户籍人口18966人，第一产业产值1.37亿元，第二产业总产值43.7亿元。

是年，完成企业总产值48.2亿元，同比下降11.5%；规模以上工业产值43.2亿元，同比下降13.5%；投入规模以上工业企业研究开发费用1.46亿元；完成固定资产投资0.92亿元，同比下降58.7%；完成限额以上批零销售额6.5亿元，同比增长410%；完成地方性税收收入约1.58亿元，同比增长33.9%。

经济发展　是年，宁波—舟山港主通道长白互通段通车，长白岛正式迈入大桥时代；中天重工二期项目完成“三证”办理，实现主地块开工；完成区域内舟山洛迦—鱼东220千伏工程政策处理及甬舟铁路、高速公路复线工程征收补偿方案制定。

舟岱大桥长白收费站

是年，传统产业迭代升级。传统纺织产业、船舶修造业向绿色化、高端化方向突围，金鹰股份有限公司实现核心技术产业化，新能源生产线改造年产能提升到5000吨；太平洋海工完成全球首单超大型矿砂船加装旋转风筒业务，启用全区首个“5G+疫情防控+安全管理”数字化管理应用，获评国家级高新技术企业；中天重工数字化车间设备改造及技术更新持续推进，“机器换人”实现生产效率不断提升。完成三家低效企业整治提升，成为全区首批完成低效企业整治的镇街道之一。全年招引注册资金300万元以上企业10家，其中，1000万元以上企业2家；实际到位市外

中天重工有限公司数字化车间设备改造及技术更新

资金1.19亿元，实际使用外资600万美元。获区级招商引资服务突出贡献集体。

是年，创建水利标准化工程7个，累计投资1850万元。完成省市民生工程大湾水库除险加固和大沙村洪坑山塘综合整治工程；提升改造东风村伍佰岙、陈郎庙泵站，入选省级农业水价综合改革“五个一百”优秀典型案例；创建外湾美丽山塘。怡然生态家庭农场建成农场物联网系统，成功申报市级蔬菜基地储备项目。健全新型农业社会化服务体系，打造网创服务驿站大沙分站。

外湾山塘

是年，整合利用村社闲置资产资金资源，2个经济薄弱村实现“脱薄摘帽”。各村全年总收入达1279.13万元，其中，年经营性收入达391.76万元，同比增长12.97%。辖区内7个村通过购置商铺发展物业经济，庙桥村、东风村、大沙村开展“乡村旅游+果蔬采摘”模式，光华村、前湾村出租闲置农房模式，增辉村、三龙村借力落户企业盘活物业用房模式，形成多元增收机制。

城乡人居环境　是年，美丽小沙提质升级。庙桥村形成以三毛祖居为核心，植入游客服务中心、三毛书吧、民宿集群、台湾地区特色餐饮等多元化业态，小沙三毛故里景区获评国家AAA级景区；东风村以“稻米文化”为主题，深挖民俗文化打造农耕文化园和民俗馆，持续升级小沙田园综合体；大沙村、青岙村借助大沙蔬菜基地等优质平台，主打亲子游、研学游深化农旅融合，种养植大户年均收入同比增长6.5%。长白片定位“微旅游”开发海岛民宿等特色旅游服务，做好“乡愁”文章。成立锦沙文旅公司，全年实现经营收入24万元，辖区旅游人数突破5万人次，较上年翻一倍，举办“美丽乡村周”等活动。

小沙田园综合体

是年，启动美丽城镇创建、全域土地综合整治等项目规划编制和方案设计，持续深化“五水共治”、常态化洁美杯竞赛及新时代洁净乡村等行动。做好违章搭建清零工作，全年累计拆除违建7300平方米。全面开展农村露天粪缸水缸整治行动，实现300余个点位动态清零；提质扩面农村生活污水处理，建设完成6个村污水终端的标准化运维；完成5个村小型水库移民解困项目。

社会事业　是年，落实“一户一策一干部”扶贫工作，低保低边特困户降至361户448人，同比下降28%。示范型居家养老服务照料中心引进第三方社会组织参与实体化运作，为周边老年人提供“休闲、托养、送餐”等服务。长白幸福驿家运行良好，开展医疗、维权、文旅体下乡等派单服务累计440余次。打造大沙“有妇童享”筑梦空间等儿童之家，实现辖区儿童之家全覆盖。打造庙桥村省级五星、毛峙村市级四星文化礼堂。

是年，以护航中国共产党成立100周年为主线，狠抓重点人员稳控和安全生产工作，全面排查消除各类风险隐患。全年接待受理群众来信来访20件，排查调处各类矛盾纠纷140余起，涉及调解金额500多万元，化解率100%。集中开展海上安全、道路安全、消防安全、电信诈骗等方面的平安宣传100余次。以“智慧村社”工作为载体，完善“信息化”治安防控，开展“微连心”宣传推广及10个村级平台完善，处理平台报事151条。“雪亮工程”全面提升，实现重点路段监控全覆盖。

基层党建　采取“田间学史”“渔船上的党课”、经典诵读、红色观影、建党百年征文比赛等多样化形式，落实党史学习教育。全年，开课党史大讲堂26场，“红色书院”进机关、进村社、进企业、进百姓家宣讲65余场。扎实开展“我为群众办实事、我为基层减负担、我为企业解难题”专题实践活动，累计完成“办实事项目”10项，解决各类问题困难30个。开展“三培养”工作，建立街道“人才库”，重点将有发展潜力的年轻人才选拔充实到村级后备干部队伍当中，自换届以来已有15名优秀人才进入党员培养程序，13名优秀党员人才培养成村后备干部。中天重工荣获首届“定海重才爱才单位”，辖区6人获首届“定海英才”称号。

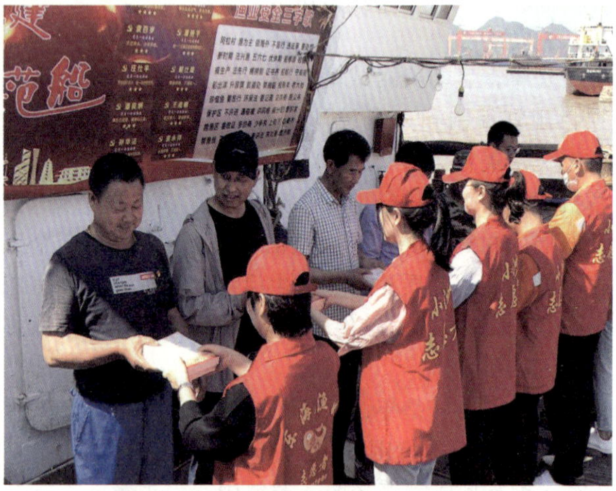

瀛洲红帆船结对共建海上送书活动

党风廉政　制定完成领导班子“一岗双责”清单，标杆化打造清廉村（居）、清廉合作社。拧紧未病“总开关”，对辖区内疫情防控落实、干部正风肃纪、创城整改等开展监督27次，发现问题83个，整改率100%。组织廉政授课，通过进田头、上船头等多形式受训党员700余人次。推行“三务”双线晾晒，从“纸间监督”迈向“指尖监督”，推出公众号“监督一点通”专栏。

疫情防控　牢牢筑牢疫情防控海上防线，精准落实59艘国际航行船舶、500余名船员闭环防控措施。全面落实“五包一”制度，夯实215个基层“最小单元”，全力守好“小门”。全域推进疫苗接种，发动群众应接尽接，全年累计接种疫苗47620剂次。强化应急响应处置能力，制定完善全员核酸检测预案，以演促练开展各村疫情防控应急演练，提升疫情防控应急处置能力。

【舟岱大桥长白互通开通】　12月9日，舟岱大桥长白互通正式开通。舟岱大桥共104个承台，包括哑铃形、方形、圆形、矩形四种形状，10种不同尺寸，连接线长4.169公里。由A～F共6条匝道组成，是舟山历史上第一个海上互通枢纽，是国内第四座海上互通，也是目前装配化程度最高、结构形式最复杂的大型海上互通。该互通的建成使长白告别渡船时代，正式跨入高速公路时代。

【低效企业整治提升】　针对舟山市大洋汽车同步带有限公司、浙江恒安水产食品有限公司、舟山市宇丰水产有限公司3家企业不同类型和情况，制定“一企一方案”，深化企业服务。通过场地出租、兼并重组等形式，完成年度亩均税收3万元以上的低效整治工作。

【非粮化整治】　全年累计完成抛荒地整治285.3亩，其中，完成粮食功能区内整治83.5亩；另外，通过主动排摸完成粮食功能区外抛荒地整治201.8亩。全年实现粮食播种面积7200亩，占全区16.1%；实现全年粮食生产总产量3285万公斤，占全区18.6%。全年顺利收获早稻404亩、晚稻6210亩、小麦373亩、油菜986亩及蔬菜3057亩。

高标准农田建设

【全市首家储粮恒温库和稻麦烘干中心】　舟山卫丰农产品合作社打造全市首家储粮恒温库和稻麦烘干中

心。该恒温库设置两台排风机以及两台大功率空调，常年保持密闭状态，室内温度保持在15℃左右。该中心为广大农户提供农作物恒温存储、烘干等服务，有效提升粮油产品质量。

【全市首个党建直播间】 深化“红润锦沙+”党建系列品牌，联合舟山晚报在浙江省农播平台创新打造全省首家“党建直播间”，实施农播达人孵化计划，深入田间地头，将镜头对准辖区特色农产品、旅游路线、志愿服务等开展直播，开展农产品带货直播、电商培训等3次，浏览人次突破4万，累计协助农户销售农产品6万余元，入选定海区“跟党创业、益企成长”专项行动优秀成果。

“党建直播间”直播活动

【中国散文奖创作基地】 以三毛文化村为核心，挂牌中国散文奖创作基地，该基地串联三毛祖居、三毛纪念馆、三毛公园、三毛客厅、三毛散文奖作家林、三毛书屋等资源。打造名家工作室，首批邀请4位鲁迅文学奖获得者入驻，不定期进行文学创作；

三毛散文奖创作基地揭牌

承办第三届三毛散文奖终评，共评选出散文集和单篇散文获奖作品各13部。承办第三届三毛散文奖颁奖典礼。

【示范型居家养老服务照料中心】 依托定海区老来福居家养老服务中心，通过志愿者服务与社会组织参与实体化运作，为小沙街道周边的老年人提供“休闲、文化、娱乐、生活、教育、托养、配送餐”等服务，用规范化管理与精细化服务提升小沙街道的居家养老照料服务水平。现提供配送餐服务的老年人24名。

【儿童之家全覆盖】 结合各村文化礼堂、农家书屋打造、党群服务中心、幼儿园等资源，打造大沙、庙桥、东风、毛峙、三龙、前湾儿童之家，重点打造大沙有妇童享筑梦空间儿童之家，顺利通过儿童之家验收，完成辖区儿童之家全覆盖。

【智慧村社建设】 提升农渔村自治水平，开展智慧村社“微连心”宣传推广，新增注册人数3517个，粉丝数4259个。完成“智慧村社”10个村级轮播台、村社亮相台、村社喇叭等，全年录入平台报事151条。接入“雪亮工程”摄像头308个，实现街道全域覆盖。通过实时监控、分析研判、指挥处置，缩小监控盲区，守护百姓安全，打通平安的“最后一米路”。

【启用政务服务2.0智慧大厅平台】 街道便民服务中心和辖区10个村便民服务站完成办理窗口与自助终端设备接入政务服务2.0，实行“一网通办”，正式启用政务服务2.0“智慧大厅平台”。街道便民服务中心可受理事项109项，村便民服务站可受理事项58项。街道便民服务中心全年累计受理209件，村便民服务站全年累计受理45件。

【创建三星级食安办】 推进食安办“三基”建设，从组织领导、人员建设、制度建设、工作保障、运行管理的方面入手，顺利通过三星级食安办验收。组织辖区19名家宴厨师完成健康证更新工作，完成前湾村放心厨房责任险购买工作，街道累计登记指导百人以上农村家宴聚餐40起。

【文化阵地建设】 打造新时代文明实践所、站、点。开展“春泥计划”、各类宣讲、“我们的节日”、送戏下乡等活动，新时代文明实践志愿服务大赛获区级二等奖，春泥计划创新方案获市三等奖。荣获浙江省农村文化立礼堂示范乡镇称号；庙桥村文化礼堂被评为省级五星文化礼堂，毛峙村文化礼堂评委市级四星文化礼堂，东风村、大沙村文化礼堂被评为区级三星级文化礼堂。建立小沙街道长白片文化礼堂中心站，整合长白综合文化楼资源，功能辐射三龙村文化礼堂、前湾村文化礼堂、后岸村文化礼堂。

【全市首个乡镇级内部控制信息系统上线】 试点乡镇级内部控制信息系统。在梳理现有制度和业务流程的基础上，形成收入、预算、支出、采购、全同、资产和建设项目7方面内控管理制度，嵌入120余条规则标准、700多项提醒预警。系统将风险防控关口前置，实现对事前申请、事毕报销、事后核查、领导决策等各节点运行情况的实时监督、全程留痕，破解此前事后监督的局限问题。

舟山市小沙街道内部控制信息管理系统

（撰稿：傅京尹）

（本分目图片由小沙街道提供）

双桥街道

【概况】 双桥街道地处定海城西，东邻盐仓，北靠小沙，西接岑港，与金塘、宁波北仑隔海相望，是舟山连岛大桥主出入口，陆域面积50.21平方千米。至2021年年底，下辖临港、浬溪、紫微、南山、桥头施和石礁6个村，户籍人口17558人，街道办事处驻地紫河路1号。双桥街道拥有深水岸线5.7千米，境内有小（一）型水库2座，主要山塘12座，主河道3条，总长13.3千米，总蓄水能力690万立方米；一线海塘一条（联勤海塘双桥段），全长5.7千米。

是年，实现税收1.3亿元，同比增长18.9%。招商引资扎实推进，实现固定资产投资1.3亿元，实际利用市外资金1.4亿元。工业质效不断提升，规模以上工业实现产值5.9亿元，同比增长62.4%。

经济发展情况　是年，有各类企业534家（不含小规模土石方公司），其中，工业企业133家，汽车商贸城企业26家，集装箱运输企业72家，海运企业18家。全街道实现税收1.32亿元，其中，工业企业实现税收4869万元，同比上升82.51%；汽车商贸城企业实现税收1667万元，同比上升15.97%；集装箱企业实现税收1304万元，同比上升18.36%。海运企业实现税收1002万元，同比下降1.63%。建筑企业实现税收3112万元，同比上升4%。

“三农”市场一期年交易额达50亿元，年人流量约100万人次，二期于12月开业，成为舟山最大的现代化综合性农产品集散中心。数字商贸持续壮大，街道入选“浙江省数字生活新服务特色镇”，石礁村获评省级电商村，“三农”农产品直播基地挂牌“定海区农产品电商产业园”，台意德塑机获评省级高新技术企业。汽车城品牌提质升级，成功举办定海区首届汽车文化节，新引进4S店4家，全年实现销售额15亿元，同比增长12%。

重点项目建设　是年，紫微庄农文旅融合绿色转化项目初现雏形，完成投资约1100万元，“双桥人家”休闲服务驿站一期EPC建设项目已完成总工程量的25%，“非遗‘宽窄’小巷”项目已开工建设10项工程，完成木偶戏展陈馆主体建筑、白龙王庙木偶主题广场等7项工程。东海大峡谷温泉度假村项目谋划启动，完成温泉垂直钻探900米，占总钻探量的40%。居家养老服务中心正式运营，双桥敬老院引入第三方运营，打造华康颐养园。329快速通道拆迁安置小区竣工验收，完成房源分配。蚂蟥山水库清库扩容治理项目完成结算与完工验收。整治重点地质灾害点位3个，修缮翻建农村困难群众危房4户，建设“康庄工程”公路6公里。

社会保障事业　是年，社会服务不断优化。“三服务”活动持续走深走实，成立舟山市首家实体运作劳动人事仲裁庭，成功调处劳动争议案件20余起。退役军人服务站建成运行，退役军人归属感和幸福感不断增强。落实计生家庭奖励和扶助政策，2021年享受农村奖扶共412人，新增50人，退出28人，发放资金395520元；享受城镇奖扶1人，发放资金960元；享受特扶共55人，新增4人，退出2人，发放资金475200元；享受计生后遗症病人生活、医疗补助3人，发放资金7200元。

文化惠民事业　文化惠民活动精彩纷呈，在中国共产党成立100周年之际，为追忆党的光辉历史，充分展示中国共产党百年伟大历程，期间开展了丰富多彩的庆祝活动："红歌唱出来"快闪活动、"学党史、感党恩、跟党走"党史知识竞赛、"红心向党 阅动双桥"全民阅读红色经典活动、"风雨沧桑百年路"党史图片巡展等引导广大干部群众感悟革命精神，增强爱国爱党的热情。大力开展"我们的节日"传承民俗活动，定期组织"送戏下乡""文化走亲"等活动60余次，多管齐下开展展演交流活动，极大满足了群众精神文化需求。文化礼堂提档升级，临港村、浬溪村文化礼堂分别获评省级五星级、市级四星级文化礼堂。双桥街道获评一户"浙江省文化示范户"，3人获评"浙江省乡村文化能人"。

基层党建　增设驻企引才服务渠道，引进省部级人才1名、海纳计划人才项目1个。健全完善干部成长选育管用全链条机制，严格落实村干部"底线管理"制度，完善村干部目标责任制考核、聘期考核管理、村党组织书记个人事项报告制度。加强村后备干部队伍培养，全方位激发村干部干事创业激情。深入挖掘业务骨干和专业人才，抽调47名干部参与急难险重工作，上派下挂干部8人，轮岗交流9人。

党风廉政　拧紧管党治党责任链条，从严从实推进不敢腐不能腐不想腐的长效机制建设，梳理明确党风廉政责任清单。严格落实市委提级巡察整改要求，修订完善内部管理、党工委议事规则等制度6项。持续深化清廉村居示范点创建，完成桥头施村、紫微村清廉村居示范点建设。加大监督执纪力度，处置问题线索23件，谈话提醒10人，批评教育5人，立案查处党员违纪案件6起，推动街道形成风清气正、干事创业的良好风气。

宣传工作　党史学习教育入脑入心，组织开展中共十九届六中全会、"七一"重要讲话精神等集中学习80余次，灵活运用道地会等多种形式积极开展"六讲六做"大宣讲。举行"光荣在党50年"纪念章颁发仪式，开展"重走长征路、红心永向党"素质拓展等红色主题活动。强化道德引领，设立"道德点评台"等栏目，强化先进典型宣传引领，精耕新时代文明实践系列活动，依托桥家人志愿者联盟，开展志愿服务。

"重走长征路、红心永向党"素质拓展活动

团委工作　街道团工委下辖团支部27个，有团员303名，其中，通过全面摸排辖区内非公有制企业，新建非公企业团支部3个。街道团工委及下属团支部开展各类党史学习教育活动101次，参加团员、青年1683人次，依托机关、村、学校、企业开展青年党史宣讲活动23场次。2021年，街道近30名青年干部进驻集中隔离点工作，同时在街道紫微庄农文旅融合绿色转化项目、安置小区建设分房工作、抗台工作中皆有青年干部干在一线。全年以"团聚温暖，志愿先行"为主题，举办创城类志愿服务活动30余场次，

"美化生活 绿色环保种多肉"新时代文明实践活动

文化类活动21场次，开展帮扶类活动27场次，服务70余人次。

社会治理 上半年投建双桥街道矛调中心，矛调中心依托数字化提升内部管理水平，线上模块正式运行以后，与“四平台一网格”积极联动，通过整理群众来信来访、矛盾纠纷、社会基层治理等数据，不断优化矛盾纠纷调处化解协同机制。健全调解工作机制，累计调处矛盾纠纷17起，办理信访件469件，双桥街道调委会获评“全市十佳调解组织”。动员“东海渔嫂”参与社会治理工作，完成活动阵地建设，新增“东海渔嫂”100余名。深入开展打击电信网络诈骗专项行动，组织开展主题宣传活动6次，发放反电信诈宣传册1000余份。做好安全生产及消防工作，排查整治燃气安全隐患，完善小微企业风险管控体系建设。加快推进“智慧村社”建设工作，以“智慧村社”工作为载体，完善“信息化”治安防控。

【农业现代化建设步伐加快】 耕地“非粮化”“非农化”整治推进，整治抛荒地352亩，新增复垦水稻100余亩。按期完成各项农业生产指标，旱粮播种2700亩，晚稻播种4400亩，蔬菜种植13090亩，水果及果用瓜种植5810亩。农民专业合作社、家庭农场建设有序推进，新增1家省级规范化家庭农场，“杰朔”牌小番茄获省级金奖。

【疫情防控精准施策】 全面落实联防联控，累计排摸5万余人次，日常健康监测52人，居家健康观察45人。划分286个核酸采样“最小单元编组”，发放“最小单元联络卡”9000份。抽调机关骨干45人次，入驻管控疫情防控隔离点104天。推进疫苗接种工作，新建200平方米疫苗接种棚，辖区成年人完成第1针接种率计划数的119%，完成全程接种率计划数的 115%。开展村级疫情防控应急演练，增强应对疫情处置能力。

开展疫情防控检查

【推进数字化改革】 编制“数字商贸”实施方案，打造“三农”数字化现代商贸区，创新开发“智慧车城”，建立双桥汽车城数字化营销管理系统。全面启用舟山市小微权力运行平台和浙江省农村集体经济数字管理系统，实现对小微权力和村集体三资全方位监督、一体化收支、大数据公开。依托数字化提升双桥街道矛调中心内部管理水平，积极联动“四平台一网格”，不断优化矛盾纠纷调处化解协同机制。推进“智慧村社”工作。

【完成村级妇联换届选举工作】 根据市、区妇联统一部署，截至2021年1月5日，街道所辖6个村全部召开妇女代表大会，圆满完成村妇联换届选举工作，选举产生村妇联主席6人，副主席6人，执委44人。新配备的村妇联主席全部进村两委班子，并根据各位执委特长进行分工（维权、帮困、组织等），有效壮大基层工作力量，进一步夯实妇联参与基层治理的组织基础。

紫微村妇联换届选举

【发放《疫情防控倡议书》】 1月28日，“桥家人”志愿服务联盟联合区综合行政执法局双桥执法中队，向辖区商户和居民发放《疫情防控倡议书》，宣传疫情期间个人防护知识，倡议留舟过年、婚丧嫁娶从简、配合返乡监测等，得到响应。

发放疫情防控倡议书

【开展青少年法治宣传线上教育活动】 2月23日，双桥紫微村在辖区内组织开展青少年法治宣传线上教育活动。活动旨在让更多青少年接受法治教育，树立法治思维和法治信仰，增强法治观念。

开展青少年法治宣传线上教育活动

【召开2021年党代会暨党工委工作会议】 3月4日，召开2021年党代会暨党工委工作会议。会议通报表彰2020年度街道各类先进，并听取和审查党工委工作报告；各代表小组讨论街道党工委、纪工委工作报告并召开代表提案审查委员会会议；听取代表提案审查委员会关于本次大会提案审查情况的报告。

【汛前检查筑牢安全防线】 4月9日，街道工作人员对辖区野鸭山闸、野鸭山泵站以及水库等进行全面检查，对发现的问题及问题及时整改，确保人民群众生命财产安全。

【开展"童心向党 咏唱祖国"主题活动】 5月15日，双桥石礁村开展"童心向党 咏唱祖国"少年儿童诗歌朗诵主题活动。

开展"童心向党 咏唱祖国"主题活动

【传承"两黄"文化】 6月26日，双桥街道组织辖区青少年走进浬溪村文化礼堂，开展"传承'两黄'文化 打造文明双桥"学习活动，参观"两黄"著作，学习"两黄"家风，争做文明有礼的"两黄"后人。

传承"两黄"文化 打造文明双桥

【开展无偿献血活动】 7月13日，在南山村文化礼堂组织开展无偿献血活动。在活动现场，街道党员干部

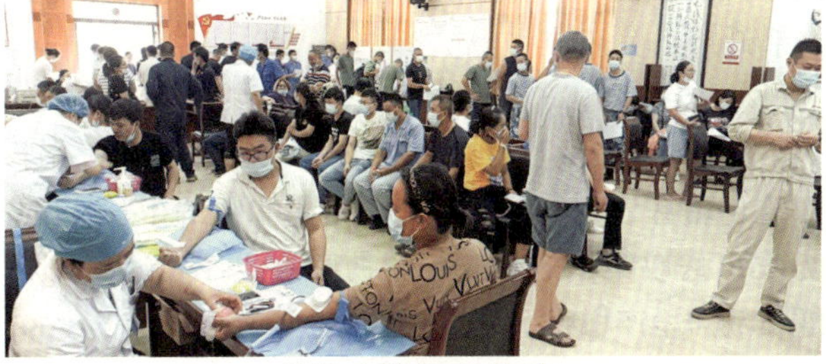

开展无偿献血活动

职工主动报名、带头献血，按照要求进行填表、检测、采血，各环节有条不紊地进行，为缓解舟山临床用血紧张发挥作用。

【开展海塘闸门水道清淤工作】 7月30日，街道组织工人在联勤海塘的挡潮闸外海侧闸门口进行冲淤作业。本次清淤范围是海闸外海测辅道和闸门内河侧，冲淤完成后以利于挡潮闸的快速泄洪排水。

【“红领巾小书虫”开展志愿服务】 8月17日，双桥紫微村组织“红领巾小书虫”志愿者在农家书屋开展整理书籍志愿活动。志愿者们按照书籍类型进行整理分册，将书屋内2000册图书整理完毕。

【送戏下乡巡回演出活动】 9月16日，双桥桥头施村开展“庆祝建党100周年——迎中秋庆国庆”定海区送戏下乡巡回演出活动，精彩纷呈的表演节目丰富居民的文化生活，增进邻里感情。

【开展疫情防控业务培训】 9月29日，街道开展疫情防控业务培训，通过学习相关业务知识、个人防护装备穿脱培训及实际演练，增强工作人员自我防护意识，为疫情防控提供有力保障。

【开展重阳节敬老活动】 10月14日，双桥石礁村组织志愿者为辖区老人开展理发、量血压等志愿活动，营造浓厚的爱老敬老氛围。

【感受非遗文化 服务晚年生活】 10月31日，双桥居家养老服务中心邀请紫微村侯家班为辖区老年人表演传统木偶戏，让老年人感受非遗文化的魅力。

【党员志愿者开展走访慰问活动】 11月11日，双桥紫微村组织党员志愿者开展走访慰问活动，为村里的低保户送去大米、食用油等生活物资，让他们感受到党和政府的关怀。

【党员服务到田头】 11月26日，双桥紫微村党员干部走访辖区农户，了解时下草莓等水果的生长情况，为农户送政策、送服务，帮助解决生产中遇到的难题，助力增产增收。

齐心协力助农户

【“三农”市场二期开业】 12月22日“万泰·三农汇”舟山三农农产品综合批发市场二期项目开业。“三农”市场二期项目总建筑面积40000平方米左右，划分了20栋相对独立建筑单体，并设置面积超过3000平方米的内庭广场及网格化道路，还打造开放式街区，实现从基础农副产品销售向商贸领域的转型升级。至年底，二期项目签约商铺400余家，签约率100%。

（撰稿：袁碧莹）

（本分目图片由双桥街道提供）

白泉镇

【概况】 白泉镇地处舟山本岛中北部，东接普陀区展茅街道，西南连定海主城区，南靠临城街道，北邻舟山海洋产业集聚区，距定海主城区和临城新区皆为6千米。镇政府驻宝岛大道31号。镇域面积82平方千米，其中，林地面积51930亩，耕地面积13440亩。经社区村体制改革后，现下辖白泉、金山、繁强、柯梅、河东、米林、和平、潮面、皋泄、小展、洪家、新港、星塔、星马14个村与万金湖1个社区居委会，户籍人口36005户，常住人口47976人，其中，农业人口38876人。是年，白泉镇获“浙江省文化强镇”“浙江省AAA级景区镇”称号，金山村获评“浙江省文化示范村”。

是年，全镇实现社会总产值同比增长3%；财政总收入2.94亿元，增长0.7%，其中，地方财政收入1.57亿元，增长5.4%；农渔民人均纯收入4.29万元，增长9.4%；进出口额7.07亿元，增长6%。

经济发展情况　是年，全镇共有工业企业150家，有规模以上工业企业10家，实现规模以上工业总产值30.66亿元，规模以上工业增加值同比增长11.8%。全年实际利用市外资金1.73亿元，合同利用外资200万美元。企业技术改造持续推进，完成技改投入0.5亿元。新增国家“小巨人”企业1家。进一步深化“亩均论英雄”改革，60家企业完成综合评价，30家低效企业全部完成整治。获评“舟山市现代商贸特色镇”，入选阿里研究院“淘宝镇”名单。商贸集聚中心持续壮大，舟山商贸城招商率达80%，缤纷天地开铺率达92%，瑞金广场招商进度约22%。

是年，粮食播种面积6450亩，产量2166吨，其中晚稻播种面积2000亩，晚稻总产量900吨。蔬菜播种面积11816亩，产量15800吨。果用瓜种植面积1507亩，水果总产量6756吨，年产值2440万元。杨梅种植面积5406亩，葡萄种植面积297亩。整治抛荒地627亩，在全区范围内率先完成抛荒地整治任务。耕地力保护补贴共发放46万元，惠及7000余户。完成森林宽松精准提升600余亩，灭除“加拿大一枝黄花”2600余亩，治理松材线虫2957亩。皋泄村完成“一村万树”示范村建设。全镇保留4家猪场，免疫生猪2万余头，保持生猪存栏任务8000余头。全镇共有渔船34艘，2021年，渔业捕捞总产量8010吨，渔业总产值8420万元。

基础设施建设　是年，甬舟铁路建设进一步加快政策处理，完成“高铁新城”二期300亩土地预征，核心区域所涉68户房屋完成腾空。铁路沿线所涉白泉村、金山村、和平村、潮面村等4个村初步完成土地现状摸底调查及费用初步测算。核心区块路网完成总工程量的92%，完成规划三十号路延伸段（河东车站至新73省道）、河东区块二十八号路。在河东桥头陈、瑞金医院等处新增8座港湾式智能候车亭，同时优化67路、51路、88路公交线路，新增叶家新苑站点，满足居民在候车时的多样化需求。新增路灯66盏。安装全市乡镇首条来车预警装置3套。

社会文化事业　是年，全镇城乡居民医保参保人数达18132人，基本养老保险参保人数达6117人，发放残疾人两项补贴362万元，发放低保、低边救助金423.6万余元，发放各类慈善救助、特困群体救济等款项138.6万余元。组织65周岁以上参保老人体检5242人次，体检率约64%。组织义务献血两次，献血量共70450毫升。开展“663乡村社区居民综合素质提升培训工程”品牌培训及家政服务实用人才培训，总计培训370期23627人次。白泉老年学堂被评为舟山市优质（示范）老年学堂。镇成校连续五年被评为定海区先进学校。4月，繁强村文化礼堂落成，提前实现全镇农村文化礼堂全覆盖的目标。新时代文明实践所站实现全覆盖，并与综合文化站（综合文化服务中心）协同推进。白泉原生态舟山锣鼓队作品《闹海》获浙江民间音舞精品奖。

【省人大常委会领导一行调研基层生态环境职责和执法力量情况】　9月2日，省人大常委会副主任李学忠到白泉镇调研基层生态环境职责和执法力量情况。调研组一行实地察看了白泉大河、海洋产业集聚区等地，并听取相关工作汇报。

省人大常委会领导一行调研基层生态环境职责和执法力量情况

【省委改革办领导到白泉镇调研】　9月9日，省委改革办副主任谢小云一行到白泉调研，实地查看白泉新建成的综合指挥中心，并听取工作汇报。

省委改革办领导到白泉镇调研

【省党史学习教育第二巡回指导组调研朱缀绒先进事迹陈列馆】　10月21日，省党史学习教育第二巡回指导组副组长薛淦江带队参观调研朱缀绒先进事迹陈列馆，舟山市委宣传部副部长朱永华陪同调研。

省党史学习教育第二巡回指导组调研朱缀绒先进事迹陈列馆

【创建全国文明城市总结表彰暨再出发动员大会】 5月28日，白泉镇召开创建全国文明城市总结表彰暨再出发动员大会，镇全体机关干部、各村（社区）干部、各职能单位和窗口服务单位负责人等近300人参加会议。

召开创建全国文明城市总结表彰暨再出发动员大会

【完成区、镇两级人大换届选举工作】 是年，依法规范程序，做好换届选举。成立换届选举领导小组，制订工作方案，广泛宣传发动，开展选举骨干培训，科学划分选区，选民登记核对，规范推荐、酝酿、协商、确定代表候选人及代表候选人考察审核等程序。推动数字化转型，做好“浙里人大县乡换届选举应用”线上系统的实操。依法选举产生定海区第十八届人民代表大会代表26名，白泉镇第二十届人民代表大会代表80名，选民参选率达到99.9%。

【完成党委换届工作】 是年，组织开展换届风气监督专题培训2批256人次，组织学习观看“一片一书”3批384人次，换届风气监督专题谈心谈话3批384人次。10月29日，中共白泉镇第十五次代表大会胜利召开，各基层党组织代表、列席人员、老干部139人出席会议。选举产生镇党委委员10人、纪委委员5人。

中共舟山市定海区白泉镇第十五次代表大会第一次全体会议

【防控新冠肺炎疫情】 是年，白泉镇防控新冠肺炎疫情，成立疫情防控数据核查专班，完善“五包一”责任制，“一对一”联系人责任制，开展疫情防控专项整治及督查行动。推进各年龄段疫苗接种工作，全镇18周岁以上完成全程接种率103%，12～17周岁完成率147.76%，3～11周岁人群全程接种率79.9%，加强针完成率136.43%。

【开展党史学习教育】 是年，全镇征订党史学习用书1909套7636册，全部分发给基层党员。建立党史学习教育晨读制度、领导联系督查制度、信息报送制度3项制度，组织党政人大班子入村（社区）上党课，开展党史学习教育。开展“六讲六做”大宣讲活动，镇班子领导带头到村、社区、企业与基层党员、村民

白泉镇党史学习教育动员部署会

群众进行面对面、互动式的辅导宣讲，组织村社书记、创业青年、巾帼带头人等深入机关、企业、村社等地开展常态化宣讲，全镇开展主题宣讲162场，参与人数13000余人。

【基层党建工作】 是年，实施“红色根脉强基工程”，创建省级党员干部教育培训基地，全面建成基层党建“一村一品”，打造市级“最强支部”，获评舟山市“整乡推进、整县提升”示范镇。创新推出“他山之石”分享会2期，累计选派90余名干部到高铁项目征迁等一线历练，招引20余名青年纳入人才智库，累计提出“金点子”40余条。

【清廉村居建设】 是年，以“山水白泉、红廉领路”为建设主题，设定“全域标准化、分点特色化”建设目标，构建“5+2+15”的建设体系，即打造5个先行示范村，形成2条清廉专线，15个村（社区）标准化创建全覆盖。开发“数智白泉”小程序，村民可通过扫码自主填写问题诉求、在线举报村级权力运行存在问题等，实现“一键式”直通监督。全面推广村务清廉钉办平台使用，开展小微权力运行审批2744次，接收并处理“监督一点通”信息84条，处置红色预警信息49条。

【人民武装工作捷报频传】 是年，位于河东村的镇级青年民兵之家、退役军人服务站建成并投入使用，并常态化开展学习、创业、文娱、公益服务等类型的活动。白泉镇人武部被舟山市评为“先进基层武装部”“舟山市征兵工作先进单位”，被定海区评为“双拥模范乡镇”。

白泉镇青年民兵之家

【统一战线工作】 是年，全镇有华人、华侨、港澳同胞和在外留学人员685人，侨台联圆满完成换届工作，并打造“侨之家”。构建“1+14”全覆盖格局（“1”即镇乡贤联谊会，“14”即14个村级乡贤会），吸纳乡贤近400人，定期召开乡贤联谊会会长会议，依托乡贤会客厅和白泉乡贤群，“线上线下”结合引导乡贤为白泉高铁新城建设献计献策。

【朱缀绒先进事迹陈列馆重装开放】 6月28日朱缀绒先进事迹陈列馆经过重新装修后正式开放。陈列馆重点打造朱缀绒先进事迹陈列馆和花园式人文路，采用沉浸式情景剧、实物展陈、好支书经验解读、实地走访等多种形式，全方位学习先进事迹和群众工作经验，见证历届村书记一任接着一任干后的美丽村庄变化。改编自20年前白泉镇皋泄村自编自导自演的小品《种树》和《捐款》和沉浸式情景剧《我们的好支书》，于同日举行首场公演。

朱缀绒先进事迹陈列馆

【社会综合治理】 是年，全镇发生民事纠纷351起，调处成功351起。开展“县乡一体、条抓块统”改革试点工作，推进数字赋能，投资近300万元建设镇级综合指挥室和镇矛调中心。按照“1+8”模式组建镇综合行政执法队，打造“数智白泉”平台。开展“河道监管一件事”和“小餐饮监管一件事”场景应用，实现“线上有反馈、线下有响应”的全链条、闭环式的治理模式。处理“12345”网上办理系统投诉事件1128起、网格平安综合信息系统爆料投诉2950起，满意率为100%。开展电信网络诈骗专项治理，创建“无诈楼道”，落实“扫楼扫街”专项行动。获评“建设平安舟山2020年度优秀乡镇”。

【美丽乡村建设】　是年，皋泄村、洪家村、星塔村、星马村成功创建省级善治示范村，白泉镇创建全国乡村治理示范村镇。繁强村、皋泄村创建新时代美丽乡村精品村，繁强村、潮面村、皋泄村、白泉村、新港村创建新时代美丽乡村达标村。农村生活垃圾回收利用率达53%以上、资源化利用率100%、无害化处理率100%。洪家村文化礼堂旁公厕申报省级示范公厕、皋泄便民服务中心公厕申报星级公厕。

【五水共治】　是年，白泉镇获评舟山市级“水美小镇”。投入1600余万元完成潮面至老碶头段流域治理、方岭下水库清库扩容、金林水库综合治理、新港村张家坑行洪河道治理、上东岙底山洪沟治理、蔡家岙山塘除险加固等11项水利工程建设，潭里、后山2座山塘除险加固工程有序实施，防洪排涝御潮能力提升。

【农居小区建设】　是年，叶家山地块完成交房手续。北蝉二期完成总工程量的94%。蝉鸣新苑完成73套房屋分房工作。

【打造特色商贸“淘宝镇”】　是年，全镇电商销售额超5000万元，获评舟山市现代商贸特色镇。连续两年入选阿里研究院“淘宝镇”名单，为全市唯一入选乡镇。坚持重点扶持与新生培育两手抓，立足服装、水产等传统优势产业特色，创新营销思路，挖掘线上市场潜力，优化布局电商产业。搭建镇内电商实体服务平台，鼓励企业积极入驻抖音、天猫等线上电商平台，推动物流快递、产品包装等配套行业入村下乡，健全电商发展产业链。全镇成立网店超300个，配有银行网点8个、快递物流30余家，皋泄电商平台完成主体结构建设。

【实现全镇农村文化礼堂全覆盖】　4月，繁强村文化礼堂落成，提前实现全镇农村文化礼堂全覆盖的目标。全镇有16座文化礼堂，做到“一村一品”传文脉、“一堂一馆”显特色、“一堂多团”固基础、“一堂多用”惠民生。皋泄村文化礼堂打造家风家训一条街，白泉村文化礼堂展示当地传统的舟山锣鼓、跳蚤舞等非物质文化遗产。有金山村舞龙舞狮民俗文化陈列馆；柯梅村高跷陈列馆；小展村农俗陈列馆；新港村渔俗陈列馆；星马村海岛风筝教学基地；和平村踩旱船陈列馆等8个特色场馆，4个传承教学基地。

【完成群团改革工作】　3月，启动白泉镇群团改革工作，6月按要求完成改革组织建设、制度建设、阵地建设全部工作计划。打造2处镇级联盟阵地，成立4个村企联盟阵地。改革后的群团联盟不定期开展主题活动，通过志愿活动、骨干大轮训、座谈、培训、演讲、竞赛等丰富多样的活动，凝聚群团队伍，服务群众，服务镇中心工作。

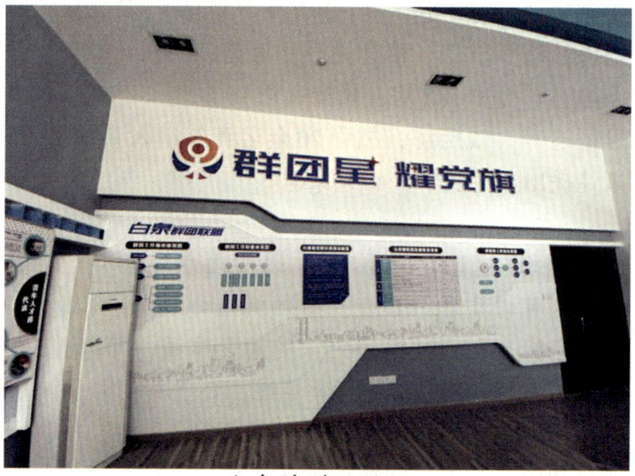

白泉镇群团联盟

【巾帼风采美丽绽放】　是年，柯梅村王佳佳入选100名浙江省最美巾帼新农人名单；金山村蒋茶青获评浙江省“最美家庭”；皋泄村朱缀绒先进事迹陈列馆获省级巾帼爱国主义教育基地称号。

【发现河姆渡文化遗址】　是年，浙江省文物考古研究所考古人员，在白泉镇王家园遗址发现典型河姆渡文化的堆积和河姆渡晚期的遗址堆积，相当于浙江余姚河姆渡文化的第二期或第三期阶段，成为舟山群岛“海上河姆渡”的确凿出处，把舟山群岛的历史追溯到距今6000多年前的河姆渡文化早期。

【成立联勤警务站护航甬舟铁路建设】　是年，集合综合行政执法、市场监管、自然资源与规划、交通等8个部门执法人员，在甬舟铁路项目工地上组建联勤警务站，于3月底揭牌成立。实行电子实时监控，接入智能设备，联通公安分局智治中心、派出所综合指挥室，针对人员车辆、危爆物品等开展视频巡查、可疑识别、异常预警，及时调度联勤力量赶赴现场，压缩事件处置时间。在和平村等拆迁区块接入前端感知设备224处，安装高空鹰眼1套、人脸识别23套。

【首推乡镇综合行政执法夜间巡查机制】　是年，首推乡镇综合行政执法夜间巡查机制。整合综治办、公安、城管、市监等执勤力量，会同镇平安志愿者、“东海渔嫂”代表组建10人夜间联合执法巡查队，以“兵团会战”模式全方位排查隐患点位。制止夜间不文明行为50起，化解纠纷4起。

夜间联合执法巡查队

【探索“净零碳”模式打造乡村新生态】　是年，开展农村生活污水标准化运维终端环境提升，完成金山湿地、米林湿地、洪家湿地及钓山湿地提标改造。创建洪家村省级高标准农村生活垃圾分类示范村，通过逐户分发垃圾桶，落实村道主干道旁分类垃圾桶全覆盖，购置电动垃圾车集中收集、转运村内垃圾至垃圾中转站，确保垃圾分类回收，降低碳排量。全镇14个村增设易腐垃圾桶860只。

（撰稿：夏玲玲）

（本分目照片由白泉镇提供）

金塘镇

【概况】　金塘镇位于舟山群岛西南部，东邻册子岛，间隔册子水道，经西堠门大桥与册子岛相连；西南为金塘水道，与宁波市镇海区、北仑区隔港相望；西有金塘大桥与宁波市镇海区相接；北连灰鳖洋，为北往上海、青岛，南达温台、闽粤之必经航道，是南北海运和远东国际航线之要冲。拥有海岸线60.32千米，其中，20米以上深水岸线14.5千米，15米以上深水岸线27千米，区域面积88.4平方公里（不含金塘北部区域），辖仙居、海港、柳行、河平、大浦、新丰、山潭、东堠、西堠、穆岙、和建、沥平、大观13个村，有户籍人口3.9万人，常住人口约5.3万人。是年，完成固定资产投资15.3亿元，同比增长47.5%；实现财政总收入4.9亿元，同比增长13%，其中，一般公共预算收入3.1亿元，同比增长15.7%，城乡居民人均可支配收入分别达到83190元和44301元，同比均增长8%。

农业农村　出台《金塘管委会（镇）村级集体资产租赁管理办法》，推广实施新招租方案，规范闲置农房等集体资产租赁程序，全镇77栋闲置农房吸引社会资本盘活利用，全年13个村集体经济收入4408.72万元，其中，经营性收入2775.91万元，同比增长33.5%，年收入200万元以上村达54%。深入开展“整洁村庄”行动，新增美丽庭院400户。巩固推进五水共治建设工作，金塘镇获评2021年度全省“五水共治”工作考核优秀乡镇（街道）。“污水零直排”创建顺利通过验收，大柳主干河水系沟通改造工程等一系列水利工程加快建设。积极推进农业“机器换人”，提高农业设施装备应用覆盖率，着力支撑农业现代化。完成地质灾害治理工程3个，治理面积约3500平方米。完成穆岙渔业村农村综合土地整治项目，新增耕地面积34.61亩。

社会民生　始终坚持常态化疫情防控常住不懈，全年接种约9.1万剂次（包括未成年人0.93万剂次），其中，成年人第一针接种3.65万人，完成全程接种约3.5万人。推进公共医疗卫生服务提质升级，顺利完成金塘卫生院设施设备提升，优化医疗资源配置。户籍人口基本养老保险、基本医疗保险参保率分别达95%和98%。完善困难救助机制，精准帮扶困难群众，累计发放各类补助800余万元。丰富群众生活，举办“乡约定海·红润金塘”美丽乡村周活动、“回忆百年光辉路不忘初心跟党走”等文体活动，开展文艺下乡巡演50场次。持续推进试点岛屿均等化服务，依托政银服务一体化，梳理扩容离岛服务事项28项。围绕“跨域通办”事项清单，集中梳理金塘可办事项272项。金塘镇入选新一轮浙江省示范文明镇。

平安金塘建设　抓好安全生产工作，全年未发生重大安全事故。探索开发“惠用气”系统应用，建立工业气瓶动态管理长效机制。完成全国“两会”、中国共产党成立100周年、中共十九届六中全会等重要敏感期间慰问安保工作。金塘司法所成功创建“浙江省‘枫桥式’司法所”，联合金塘法庭、金塘螺杆行业协会建立全省首个螺杆行业协会调委会——舟山市定海金塘塑机螺杆行业协会人民调解委员会，聘请调解员11名，调解矛盾纠纷3起。推动“数字金塘”前端感知建设，升级内部科技管控岛平台，全面运行“数字金塘”，进一步实现社会治理由信息化向智能化转变，全年立治安案件同比下降13.42%。推进矛调纠纷“最多跑一地”，筹建金塘社会矛盾纠纷调处化解中心，以六联工作机制开展信访积案化解、矛盾调解等，自12月启用，累计接访矛盾纠纷387起。

重大项目建设　推进项目建设。澳牛进境加工项目3月底正式投产运行，第一批1975头活牛完成屠宰销售；大浦口集装箱码头二阶段围堤及陆域形成工程基本完成，3～5#泊位等建设加快推进；光明智能减速箱装备中心工程完成主体建设；金塘原油储运基地项目罐区工程完成拆迁评估及确权。

招商引资　全年实际到位市外资金15.2亿元，完成全年任务的101.3%；实际利用外资2500万美元，完成全年任务的100%。新注册市外公司8家，签约项目3个。投资500亿元的荣盛集团新材料产业项目正式签约并启动首期项目建设，投资10亿元的金塘塑机产业园项目已开工建设，投资3亿元的德恒人工钻石培育加工项目签署项目投资协议。

【塑机螺杆产业】　全年螺杆产业实现产值76.5亿元，同比增长12.0%。制定出台《金塘进一步推进创新驱动加快民营经济转型升级若干政策意见》，鼓励企业继续加大研发投入，精注机械、稼隆螺杆2家企业成功申报国家高新技术企业，佳塑机械、舟联鑫塑机等14家企业成功申报省级科技型中小企业。大力推进“互联网+”“机器人+”工程，金塘塑机螺杆产业集群入选省级新智造试点，华业公司列入市级年度“未来工厂”试点名单，通达机械、德玛吉实业列入市级年度智能车间试点名单。积极推动塑机螺杆产业创新服务综合体高效运作，浙工大激光先进制造研究院舟山分院中试基地改造项目加快推进。深入开展塑机螺杆产业空间用地扩容工程，炮台山塑机螺杆小微园区一期完成厂房主体结构工程的20%，厂房预售全面启动，成功引入入园企业15家。

【集装箱物流】　港航物流业有序发展，金塘物流中心实体运作，大浦口集装箱码头国际航线增至19条，全年实现集装箱吞吐量135.8万标箱，其中，陆路箱50万标箱，同比增长7倍。

【金塘新材料园区】　4月，省政府正式函复同意舟山绿色石化基地区块拓展，明确金塘北部围垦区块为四个拓展区块之一。9月，市政府正式批复《舟山绿色石化基地拓展区总体发展规划》，明确了金塘北部围垦区规划面积、发展定位等内容。金塘新材料园区规划面积7.13平方公里，遵循高端特色、绿色低碳、一体集约、协调发展、环保安全等六大原则，扎实推进园区规划、土地、建设、招商“四同步”。新材料园区产业规划形成定稿，总规安评、能评、风评均已完成。园区基础处理和水、电、气、连接大桥等基础设施建设全面铺开，西区浅层基础处理基本完成，220千伏变电站工程和110千伏送出工程完成站址路径报告编制，东西片区连接大桥工程政策处理加快推进。

12月21日，金塘新材料园区项目签约仪式

【金塘水厂获省级认定“供水规范化”】　11月16日，浙江省水利厅公布2021年度农村供水规范化水厂名单，金塘水厂入选。该水厂占地面积5200平方米，涉及供水规模1万吨/日（常规水处理工艺），长期保障村民喝上放心水。

金塘水厂

【实现“浙江制造”国际认证零突破】 浙江嘉丞机械有限公司生产的塑料注塑机用全硬螺杆顺利获得杭州万泰认证有限公司颁发的RoHS证书，成为金塘首家获得国际互认的“浙江制造”生产企业，实现金塘“浙江制造”国际认证零的突破。

【全市首台“浙里拍”系统在金塘上线启用】 11月26日，全市首台“浙里拍”在金塘综合服务中心二楼大厅安装上线，于当天正式启用。系统的应用，解决群众在拍摄证件照时“排队长、等候时间久、照片不满意”等问题。系统除应用于身份证、出入境证件的人像拍摄外，后续还将开通驾驶证办证的人像拍摄。

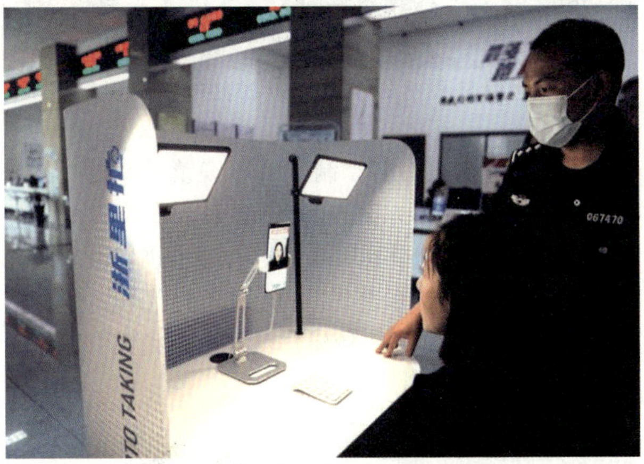

“浙里拍”系统自助拍摄证件照

（撰稿：夏远玲）
（本分目图片由金塘管委会提供）

干䃎镇

【概况】 干䃎镇位于舟山本岛中北部，东南与白泉镇接壤，西南与盐仓街道相邻，西北与马岙街道以山为界，北与岱山县秀山乡隔海相望，全镇陆域面积23.5平方千米，有山林18151亩，耕地4507.5亩。辖6个行政村（东升、新建、龙潭、青龙、双庙、西码头）、1个社区居委会（滨港），常住人口17000余人，划分13个网格。

2021年，全镇有各类企业122家，其中规模以上上企业15家（水产加工企业11家、机械制造企业3家、建筑建材企业1家）。是年，全镇实现规模以上工业产值22.4亿元，同比增幅18%，完成固定资产投资5.3亿元，其中工业性投资4.5亿元。引进市亿元以上项目7个，实际到位市外资金3.4亿元，实际利用外资100万美元。实现税收1.68亿元。

全镇总体形成“北生产、中生活、南休闲”的格局。北部依托国家远洋渔业基地和远洋渔业特色小镇打造生产区块，立足“远洋渔业”和“渔文化”产业特色，推动创意、文化、旅游、电子商务等新兴产业发展，培育拓展健康产业，构建形成多链条、高融合的新型产业生态圈。南部依托新建生态村打造休闲区块，秉持“绿水青山就是金山银山”的发展理念，完善各项发展规划，快速推进基础设施建设，打造“美丽乡村”的“浙江样板”。中部依托龙潭老街和青龙村打造生活区块，立足产城融合要求，将集镇中心区建设成为集生态居住、文化科教、商贸服务、休闲旅游为一体的现代复合型小城镇中心区，成为远洋渔业基地重要的生活配套基地和城镇生活服务中心。

【加强疫情防控】 落实“源头查控+硬核隔离+精密智控”机制，确保远洋渔船、进口冷链食品等重点领域重点环节全流程闭环管控，累计摸排重点地区来舟人员2800余人次，全程接进管控远洋船员2123人次，完成新冠疫苗两针全程接种1.5万人、加强针接种2537人，组织集中核酸检测1.2万人次。

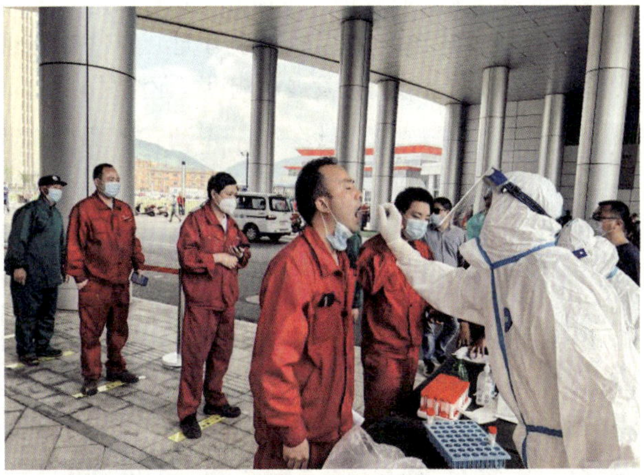
集中核酸检测

【释放发展动能】 引进落地重大项目，完成小微企业园、精深加工园、重点产业园土地征用322亩，完成甬舟铁路（干䃎段）基础数据排摸及资金初步测算，完成全部东升村胜丰自然村安置区块土地征用73亩。加快数字赋能产业经济，继续深化“5G+智慧水产”项目成果，大洋兴和海产品智造获批省级高新技术企业研究开发中心，“远洋云+”供应链服务应用得到中央媒体点赞肯定。继续深化“亩均论英雄”改革，“一企一策”完成全部35家亩均税收低于3万元的低效企业整治提升工作。配合推进浙江明泓、新舟丰、久意达三家企业以联合体竞拍方式取得原泰通船厂闲置地块，有效盘活闲置土地81亩。

舟山国家远洋渔业基地

【发展特色产业】 数字赋能打造特色小镇、未来乡村，小镇智慧大脑平台、“智慧景区”全新上线，举办“‘鱿’越海洋 ‘鱼’你有约”美丽乡村周活动，中国鱿鱼馆、净零碳展厅、梦幻剧场陆续建成投用，乡村艺术馆开工建设，村庄治理、景区管理、旅游体验等村景综合管理质效进一步提升。乡村旅游人数突破73万人次，旅游收入达6200余万元。创建省级现代商贸特色镇、省级商贸发展示范村（龙潭村）。

南洞艺谷景区

【优化人居环境】 总投资1.1亿元，实施龙潭老街提升改造二期、西码头中心渔港扩建、全民健身广场、口袋公园、多功能运动场等项目，获评新时代美丽城镇建设省级样板。超额完成“三改一拆”年度任务，累计拆除违法建筑6440平方米（为总任务量的214.7%）。打好文明城市复评、创卫迎检战，加大对基础设施、环境卫生、动态问题等的管控力度。

打好文明城市复评、创卫迎检战

【推进“千万工程”】 制定《干碗镇“一村一品一景”项目建设实施方案》，打造各具海岛山村韵味的新时代美丽乡村、净零碳乡村。有序推进省级新时代美丽乡村达标村（东升村）、省级新时代美丽乡村精品村（青龙村）创建。新建村获评全市闲置农房盘活利用示范区。

大乐之野民宿

【治理生态环境】 继续打好蓝天、碧水、净土保卫战，完成农田抛荒地整治110亩，完成全部65家排污企业环境综合整治提升工作，配合完成三江污水处理厂一期工程及相关配套管网建设。投资500万元完成对农贸市场、阳光海湾小区等4个公建单位及2个小区的“污水零直排区”建设。投资350万元实施水环境质量提升工程，完成丰产畈支河整治提升，晒盐塘环塘河正处于施工前期准备阶段。

品质河道

干碶镇退役军人服务站

【改善民生福祉】　投资1.9亿元实施南洞水库、灌门塘海塘、晒盐塘、龙王跳海塘等系列水利工程，完成南洞水库综合整治及清库扩容治理工程，灌门塘海塘提标加固工程正处于工程扫尾阶段，晒盐塘配套加固工程已完成总工程量的40%，龙王跳海塘提标加固工程完成总工程量的25%。投资1600万元实施卫生院扩建工程，完成工程主体建设（总工程量的65%）。有序开展“一事一议”财政奖补项目工程8件、农村小型公益设施项目3件，涉及金额674万元。

南洞水库

【加强社会保障】　城乡居民基本医疗、养老保险参保率达99.68%和99.98%。实质开展重点群体就业、低收入群体增收、社会救助等扶贫救济工作，提供低收入农户公益性岗位51个，获评浙江省扶贫开发工作成绩突出集体。进一步深化新时代双拥工作，完成镇级退役军人服务站建设，获评市级双拥模范乡镇。

【深化基层治理】　完成庆祝中国共产党成立100周年维稳安保工作。通过网格走访、智慧村社、平安浙江App、12345热线等平台广泛收集社情民意，排查各类矛盾纠纷19起，妥善办理各类群众诉求625件，调解成功率达100%。东海渔嫂老街工作站建成投用。开展信访积案化解，受理上级来信来访件转交办件15件，信访回复率达100%。全面开展涉海涉渔、危化、工业、道路交通等重点领域“遏重大”整治，排除安全隐患700余件，获评市级平安乡镇、市级先进渔业安全管理组织、平安定海建设突出贡献奖。

2021年干碶渔业安全会议暨伏季休渔会议

【村监会主任、监察联络工作站站长业务培训交流会】　1月8日，干碶镇纪委组织召开2021年村监会主任、监察联络工作站站长业务培训交流会，全镇村监会主任兼监察工作联络站站长齐聚一堂，学习村（社区）监察工作联络站履职清单，交流工作经验。镇纪委书记王海江在会上为各位村监会主任发放清廉大礼包及聘书，通报5起定海区违纪违法案例，利用

"身边"真实案例警醒党员干部，筑牢拒腐防变的思想防线。

干䃔镇村监会主任、监察联络站站长业务培训交流会

【中共干䃔镇第十四届代表大会第五次会议暨党委工作会议】 1月11日，召开中共干䃔镇第十四届代表大会第五次会议暨党委工作会议。大会通报表彰2020年度镇先进集体、先进生产（工作）者，审议通过代表提案的审查报告、镇党委和纪委工作报告。

中共干䃔镇第十四届代表大会第五次会议暨党委工作会议

【无偿献血暨造血干细胞采集活动】 3月2日，干䃔镇组织开展2021年度无偿献血暨造血干细胞采集活动。干䃔镇辖区内居民踊跃参与，自愿为社会奉献爱心。

无偿献血暨造血干细胞采集活动

【学雷锋志愿服务活动】 3月5日，干䃔镇组织党员、东海渔嫂、新居民志愿者开展"党群同心 志愿同行"学雷锋志愿服务活动。志愿者们兵分两路，一组志愿者手持抹布、水桶，仔细擦拭沿街公益广告、护栏把手，提亮街道整体景观。另一组志愿者逐一走访沿街商户，宣传平安建设、反电信诈骗、禁毒等知识，营造和谐稳定的社会环境。

学雷锋志愿服务活动

【喜迎"三八"活动】 3月3日，干䃔妇联组织机关、村（社区）、部分企事业单位女职委主任等60余名的妇女以"走出去，学进来"的方式，参观新农村建设排头兵路下徐村。

干䃔镇新时代文明实践所喜迎"三八"活动

【深海红盾"开航第一课"活动】 3月11日，"普远98"船启航前，干䃔镇远洋联勤党支部的党员们来到

码头，为即将启程的船员送上“平安大礼包”、微型种菜机、书籍杂志等，将组织关怀传递到船员心中；由支部党员讲授“开航第一课”的平安教育篇，提醒船员出航期间要谨防诈骗等违法犯罪行为；由支部书记带领船上党员学习全国“两会”精神，讲授“开航第一课”的思想政治篇。

深海红盾“开航第一课”活动

【定海区干硗镇第十七届人民代表大会第九次会议】 2021年3月18日，定海区干硗镇第十七届人民代表大会第九次会议在镇政府五楼会议室召开。全镇37名正式代表参加会议。大会选举李明华当选干硗镇人大主席、黄跃明当选干硗镇人民政府镇长，并举行宪法宣誓仪式；投票表决干硗镇2021年政府民生实事项目；通过关于各项工作报告的决议。

定海区干硗镇第十七届人民代表大会第九次会议

【党史学习教育部署会】 4月2日，干硗镇召开党史学习教育部署会。会议由镇党委委员张臻公布《干硗镇关于开展党史学习教育的实施方案》；镇党委副书记、镇长黄跃明提发表讲话。

干硗镇党史学习教育部署会

【反诈宣传进校园活动】 4月7日，干硗镇综治办联合西码头派出所深入辖区干硗中心学校开展反诈宣传教育活动。民警向师生们讲解当前全国、全市的电信诈骗整体形势、常见的诈骗类型、诈骗手法及防范措施，并在现场“以案说法”列出身边真实的案例，用身边事教育身边人，帮助广大师生将预防电信诈骗知识入脑入心。

反诈宣传进校园活动——干硗中心学校反诈防骗知识讲座

【乡贤联谊座谈会】 4月8日，干硗镇举办乡贤联谊

乡贤联谊座谈会

座谈会，镇党委委员顾晶晶主持座谈会。乡贤们先实地参观镇民生实事项目，随后在南洞书香文化礼堂举行座谈会。

【“纪律护航 清风扬帆”警示教育月活动】 5月初，干础镇正式启动“纪律护航 清风扬帆”警示教育月活动，推进清廉定海建设，进一步提升“廉润定海山”“清廉干础”品牌效应。活动内容主要包括一场警示教育片展播、一场《公职人员政务处分法》专题学习会、一次读书思廉活动等。

干础镇“纪律护航 清风扬帆”警示教育月活动

【美丽乡村周活动】 5月24日，干础镇举办“‘鱿’越远洋‘鱼’你有约”美丽乡村周活动，邀请广大市民朋友学非遗手艺、赏茶艺风雅、品美食韵味。

美丽乡村周活动

【“认领微心愿”活动】 是年，继续推进党史学习教育深入开展，践行“我为群众办实事”活动。6月起，干础镇组织党员干部开展“认领微心愿”活动，点亮群众微心愿，实现群众微梦想。干础镇面向全镇征集微心愿，号召党员干部积极认领，为辖区孤寡老人、生活困难群众、残疾人等弱势群体提供力所能及的服务和帮助，用实际行动、真诚付出，为困难群众献上一份爱心。

“认领微心愿”活动

【“光荣在党50年”集体授勋仪式暨“七一”党员大会】 6月30日，干础镇举行“光荣在党50年”集体授勋仪式暨“七一”党员大会，向为党和国家事业发展贡献了青春和人生的老党员们致敬，向为干础经济社会建设作出表率的各级党员们致谢。

“光荣在党50年”集体授勋仪式暨“七一”党员大会

【渔船应急联合大演练】 7月13日，干础镇联合白泉镇举行渔船应急联合大演练，演练模拟某渔船在恶劣海况下航行意外起火情况，针对性地开展消防灭火、弃船登筏、落水救助、海上急救等一系列应急处置项目。

渔船应急联合大演练

【为荣获三等功现役军人周军军家庭送喜报】 8月5日，定海区人武部、区退役军人事务局、干礅镇人民政府敲锣打鼓为荣获三等功现役军人周军军家庭送喜报，营造浓厚崇军氛围。

【定海区干礅镇第十七届人民代表大会第十次会议】 8月27日，定海区干礅镇第十七届人民代表大会第十次会议召开。全镇35名正式代表、25名列席代表参加会议。大会回顾2021年上半年干礅镇在各方面的工作推进情况，对下半年政府工作进行了安排；对镇2021年政府民生实事代表票决项目推进情况的报告进行书面审议。

定海区干礅镇第十七届人民代表大会第十次会议

【“平安三率”宣传到户活动】 10月18日，干礅镇组织机关干部、村（社区）干部及东海渔志愿者深入小区、店铺，开展平安建设“三率”宣传大走访活动。志愿者向居民们大力宣传和进行面对面交流，详细讲解平安创建、扫黑除恶、防火防盗、禁毒禁赌、防网络诈骗、反邪教、道路交通安全等各类与居民群众日常生活密切相关的安全防范知识，提高居民应知应会能力、治安防范意识、自我防范能力。

“平安三率”宣传到户活动

【中共舟山市定海区干礅镇第十五次代表大会】 10月29日，中共舟山市定海区干礅镇第十五次代表大会召开，来自各基层党组织的正式代表、列席人员、老干部等共96人出席会议。区委常委、区委组织部部长江舟，区委组织部副部长王成华参加会议。会议全面总结镇第十四次党代会以来的工作，研究确定今后五年的奋斗目标和主要任务；选举产生十五届镇党委、镇纪委新的领导班子。

中共舟山市定海区干礅镇第十五次代表大会

【学习贯彻中共十九届六中全会精神“六讲六做”大宣讲活动动员部署会】 11月29日，干礅镇召开学习贯彻中共十九届六中全会精神“六讲六做”大宣讲活动动员部署会，学习贯彻宣传党的十九届六中全会精神，按照省市区的总体部署安排，组织“六讲六做”大宣讲，持续掀起宣讲热潮。干礅镇镇党委副书记、镇长严翃主持会议。镇党政人大班子、全体机关干部、村（社区）书记、文化礼堂（新时代文明实践所站）负责人、“两新”党组织以及企事业单位党组织负责人参会。

干础镇学习贯彻党的十九届六中全会精神“六讲六做”大宣讲活动动员部署会

【“12·4”国家宪法日专题普法活动】　12月2日，干础镇综治办联合司法所、西码头派出所、东海渔嫂志愿者在党群服务中心开展“12·4”国家宪法日专题普法宣传。活动选取与群众利益密切相关的交通安全、反诈、反邪教、禁毒等内容，准备相应的宣传手册、知识读本、普法影碟等宣传材料。工作人员耐心为群众讲解法律知识，接受群众法律问题咨询。分发法律知识、平安建设、禁毒、反诈、反邪教等各类读本和购物袋等宣传用品总计300余份。

“12·4”国家宪法日专题普法活动

【舟山市定海区干础镇第十八届人民代表大会第一次会议】　12月24—25日，干础镇第十八届人民代表大会第一次会议召开。全镇49名正式代表，25名列席代表参加会议。区人大常委会、区换届风气督查组派员到会指导。会议选举产生镇人民代表大会主席、副主席，镇人民政府镇长、副镇长，举行宪法宣誓仪式；投票表决产生干础镇2022年民生实事项目3项；通过关于干础镇人民政府工作报告的决议等。

舟山市定海区干础镇第十八届人民代表大会第一次会议

（撰稿：刘　虹）

（本分目照片由干础镇提供）

责任编辑：王英伟

人 物

2021年舟山市模范集体

浙江金达电机电器有限公司 浙江金达电机电器有限公司是一家专业从事微电机设计、开发、制造和销售为主体的实业公司。公司始创于1996年，注册资金2800万元，占地面积45000多平方米，现有员工630人，专业工程人员110多人，已通过ISO9001：2000质量体系认证，形成了规范的管理模式和先进的发展理念。公司下属工程部、品质部、模具部及电机制造车间等多个技术部门，专业从事微电机的零配件制作及整机流水线装配工作。公司有超过60%的职工拿到了初级技术等级证书。公司产品广泛应用于美容美发电器、IT产品以及汽车行业，成为国内知名的微电机生产厂家。2020年销售额达2.34亿，创利税6000万，年生产能力达到了2亿台。公司多次被评为“省专利示范企业”“省高新技术企业“省诚信民营企业”等荣誉称号。公司的产品“索马电机”也获得了“舟山市名牌产品”。商标“索马”更是获得了“浙江省著名商标”的荣誉称号。

舟山市定海小学 舟山市定海小学，创办于1912年，是一所具有百年光荣历史和优良传统的学校，是大革命时期和抗日战争初期领导定海县人民开展工农运动与抗日救亡活动的重要阵地，中共定海第一个独立支部就诞生在定海小学，因而定海小学有舟山“革命摇篮”之美誉。学校曾涌现了金维映、杨静娟、乐亚成、董千里等革命志士。近一个世纪以来，数以万计从此毕业的定小学子们如缤纷桃李遍布世界各地和祖国的大江南北，为祖国各项事业的发展贡献了自己的聪明才智，也为学校的历史谱写了光辉篇章。随着历史的变迁，校名几经更易，1998年定名为“舟山市定海小学”，时任中央政治局委员李铁映题写校名。

学校于1992年入选《中国名校》。1997年，学校被评为首届“省文明单位”。 2014年，被评为“全国文明单位”（全市唯一一所获此殊荣的学校）。2017年11月，学校被评为“全国文明校园”（全市唯一一所获此殊荣的学校）。2018年2月，学校被评为“全国国防教育先进集体”。2018年6月，学校被评为“全国STEAM”种子学校。2020年被评为“全国青少年人工智能活动特色单位”“2020年全国青少年校园篮球特色学校”，还被评为“全国红旗大队”“全国示范性家长学校”“全国中小学校园文化建设百佳创新学校”“全国适合学生发展的实验学校”“全国艺术工作先进集体”“全国语言文字规范化示范学校”。“机器人当考官——一、二年级乐考活动”在央广播出并登上“学习强国”学习平台。学校还获得 “省实验学校先进集体” “省教科研先进集体”“省校本教研示范学校”“省三八红旗先进集体”“省廉政文化六进示范点”省巾帼文明示范岗，《“全息化”拓展性课程实施方案入选浙江省24个精品案例》，“玩转3D打印与设计”入选浙江省义务教育精品课程，“省首批数字化示范性学校”（全区唯一一所）、“市首批美丽学校示范校”“市社会满意学校”“区模范单位”等荣誉。

2021年度浙江省“安康杯”竞赛活动成绩突出组织单位

舟山市定海区盐仓街道总工会

“2019—2021年度舟山市五一劳动奖状”称号

浙江华业塑料机械股份有限公司
浙江中欣建设有限公司

“2019—2021年度舟山市工人先锋号”称号

舟山市7412工厂产品工程部
舟山市华丰船舶修造有限公司船体主管室
浙江科鑫重工有限公司防腐班组
舟山纳海固体废物集中处置有限公司50吨/日焚烧项目技术组
中海石油舟山石化有限公司生产技术部生产调度组5个班组

浙江省模范职工之家

舟山市东海电机实业有限公司工会委员会

舟山市模范职工之家

浙江恒昌建设有限公司工会
浙江龙文精密设备有限公司工会

舟山市模范职工小组

浙江全洁物业管理有限公司绿化保洁部工会小组
和海建设科技集团有限公司宣传组工会小组
浙江龙源四方综合后勤部工会小组
舟山小学技能2组工会小组
岑港街道社区卫生服务中心工会册子工会小组
定海区税务局工会第十工会小组（白泉分局工会小组）

舟山市劳动模范

王军安 1989年7月参加工作，经济管理大专学历，为国家注册建造师、高级经济师、高级工程师等，现担任弘业建设集团有限公司董事长，并担任浙江省人民监督员、舟山市人民监督员、舟山市监委第一届特约监察员、浙江省民建企业家协会副会长、民建舟山市工作委员会委员、舟山市第七届人大代表、舟山市第七届人大常务委员会委员、舟山市工商联（总商会）副会长、民建舟山市工作委员会定海区支部主委、定海区工商业联合会副主席、舟山市建筑业行业协会副会长、定海区建筑业行业协会会长等职务。

吴幼雅 女，1975年11月出生，中共党员，大学本科学历，现为中共舟山市定海区城东街道桔南社区委员会党委书记兼居民委员会主任，先后荣获浙江省城乡社区治理和服务成绩突出个人、舟山市惠民好书记、舟山市优秀共产党员、舟山市“三八”红旗手、定海区优秀基层干部等荣誉称号。

贺健华 男，1962年4月出生，大专学历。1985年10月参加工作，2014年、2015年荣获全区先进生产工作者，2015年全区农村集体资产股份合作制改革工作先进个人，2016年度全区重大项目工作人员考核优秀。2018年荣获2013—2017年度定海区劳动模范称号，2019年荣获舟山市社区村体制改革完善工作先进个人、定海区担当作为好干部等荣誉称号。

周海军 男，1972年9月出生，中共党员，大专学历，舟山久意达机械有限公司技术部经理，是浙江省周海军技能大师工作室领办人，兼浙江省高新技术企业，兼任久意达大型机架数控加工省级高新技术企业研究开发中心主任。2015年被认定为数控加工一级技师。

王佳佳 女，中共党员，毕业于温州大学英语专业，本科学历，舟山市人大代表，现任舟山市传奇农业发展有限公司总经理、舟山市全奇庄园果蔬专业合作社理事长。曾荣获全国巾帼建功标兵、第十一届“全国农村青年致富带头人”、浙江省五四青年奖章、浙江省乡村振兴带头人金牛奖提名奖、浙江省农村电子商务创业示范青年、浙江省百名大学生农创客、浙江省优秀农创客标兵、浙江省乡村振兴新锐奖、舟山市十大杰出青年、舟山市三八红旗手、舟山市首届“十佳创业新秀”、舟山市“百名学习之星”等荣誉称号。

舟山市首席工人

洪朋璐　男，1986年12月出生，钳工技师资格，现担任舟山市7412工厂设备动力部维修钳工职务，任技改组组长。

沈　炜　男，1963年1月出生，1985年加入中国共产党。1993年11月入舟山市7412工厂，历任电缆车间主任、技术设备科科长，现任技术设备质量组组长。

戴君芬　女，1967年2月出生，中共党员，现任舟山市定海畚金针织服装厂制版师。

高　稳　男，1986年2月出生，安徽宿州人，中共预备党员。现任浙江光明塑料机械有限公司车工组组长，二级技师。2020年，获舟山市先进制造业职业技能大比武车工项目第一名、舟山市职业技能大比武“舟山市技术能手”荣誉称号。

沈海挺　男，1982年1月出生，浙江定海人。浙江金鹰塑料机械有限公司助理工程师，曾获多项技术进步奖和技术发明奖。

夏智尉　男，1985年3月出生，中共党员，舟山世纪太平洋化工有限公司运行一班班组长。自2009年7月进入运行部，由于工作表现突出，于2011年11月被推选担任运行部生产班长。

丁　舟　男，1988年8月出生，中海石油舟山石化有限公司生产运行三部班长，助理工程师。

“2019—2021年度舟山市五一劳动奖章”称号

陈　迪　男，1974年4月出生，上海人。2015年进入太平洋海工担任修船商务部长，2021年1月升任商务总监。2020年12月，获定海花园式国际人文港城建设优秀个人。

高　稳　男，1986年2月出生，安徽宿州人，中共预备党员。现任浙江光明塑料机械有限公司车工组组长，二级技师。2020年，获舟山市先进制造业职业技能大比武车工项目第一名、舟山市职业技能大比武“舟山市技术能手”荣誉称号。

顾海军　男，1973年11月出生，江苏常州人，中共党员。现任舟山市定海区第二中学校长，曾获“浙江省担当作为好支书”“浙江省教育科研先进个人”“浙江省师德先进个人”“浙江省首批名师名校长培养对象”“舟山市学科带头人”“舟山市优秀党员”等多项荣誉称号。

陈益峰　男，1971年4月出生，浙江定海人，中共党员。现任舟山市7412工厂总经理，高级国际财务管理师。2019年被定海区人民政府评为先进生产（工作），2020年被定海区人才办评为“特优人才”。

耿晓东　男，1980年1月出生，安徽黄山人，中共党员。现任舟山市定海区疾病预防控制中心副主任。2021年获评定海区优秀共产党员称号。

2021年“浙江工匠”

陆峥军　男，1986年12月出生，浙江定海人。现担任浙江光明塑料机械有限公司数控加工组组长，为企业培养出数控加工技能人才8名，研究开发解决平锥组合机筒螺杆组和特大型锥形机筒螺杆组的数控加工技术难题，完成80余套数控加工工装。获2016年浙江省职业技能大赛数控车工“浙江省技术能手”称号、获2016年浙江省职业技能大赛省级一类大赛数控车工第五名、获2016年“浙江省青年岗位技术能手”称号。

（撰稿：林　琳）

2021年度定海区新增正高职称人员

周玉洁　女　定海区中心医院主任医师
孙佩文　女　定海区城市社区卫生服务中心主任护师

2021年定海区海岛优秀教师

邵月波　定海二中
张金梅　定海二中
王　粪　定海三中
钟　艳　定海七中
邵丽红　定海五中
张雪琴　定海六中
沈双雅　东海中学
姜玲凤　金塘中学
徐青霞　小沙中学
施文武　白泉初中

鲁旭婷　定海小学教育集团昌东校区
周　波　定海小学教育集团海滨校区
鲍艳艳　檀枫小学教育集团檀枫校区
杨　敏　檀枫小学教育集团城东校区
梅　英　舟嵊小学
洪宋飞　舟山小学
郑丽丽　廷佐小学
方海恩　海山小学
马丽萍　城西小学
吴彩芳　柳行中心小学
陈　瑜　山潭中心小学
陈　莉　沥港中心小学
陈最芬　白泉中心小学
柴璐燕　北蝉中心小学
刘海芬　海润学校
袁伟琴　岑港中心学校
严燕娜　马岙中心学校
何芬维　干礁中心学校
沈吴琼　市机关幼儿园
华　燕　城西幼儿园
徐骄园　白泉镇玉苑幼儿园

（撰稿：程　娜）

责任编辑：王英伟

附 录

附录一：2021年定海区优秀调研成果

表24

调研报告名称	作者	报送单位	奖项
自贸区虚拟地址注册制度优化研究报告	陈建群、陈　健 茹铭辕、徐维徽	区法院	一等奖（1篇）
关于“属地统筹 条线共建 联动推进海陆社会治理体系建设”的调研报告	黄艳庭、董燕贞、侯向辉	区委政法委	二等奖（3篇）
关于定海夜经济的探索	陈雅芬	区工商联	
关于依托新时代文明实践中心建设提升基层社会治理能力的新探索	林铁坤、王远荣、陈红娜 吕思思、张　郊	区委宣传部	
110接处警系统治理的实践探索与思考	刘　军、孙　震	区公安分局	三等奖（6篇）
人口变动对定海经济发展的影响分析	程　翊、楼跃毅、徐　波	区统计局	
关于推动美丽乡村建设的几点思考和建议	余世炯、黄志军 俞舟娜、阳庆祥	盐仓街道	
乡村振兴战略背景下完善一事一议财政奖补政策若干思考	何　红、李汉定 潘　敏、王艺桦	区财政局	
关于加快推进数字化转型提升国资国企管理水平的探讨与实践	宣宏伟、丁伟良 彭建慧、邹　瑜	区财政局	
关于进一步推进全区诉源治理工作的报告	周遥琦、徐维徽	区法院	

（撰稿：柯雨昕）

附录二：2021年度中共舟山市定海区委员会部分文件目录

表25

发文日期	文号	文件标题
1.5	定委【2021】1号	中共舟山市定海区委关于张曙光同志免职表决结果的报告
1.5	定委【2021】2号	中共舟山市定海区委关于夏泉等同志职务任免表决结果的报告
1.12	定委【2021】3号	中共舟山市定海区委关于2020年度落实党风廉政建设责任制情况的工作报告
1.14	定委【2021】4号	中共舟山市定海区委舟山市定海区人民政府关于2020年度河（湖）长制落实情况的报告
1.15	定委【2021】5号	中共舟山市定海区委关于舟山市定海区十七届人大选举结果的报告
1.25	定委【2021】6号	中共舟山市定海区委关于同意邵辉同志作为舟山市定海区法学会会长候选人的批复
1.25	定委【2021】7号	中共舟山市定海区委关于上报《区委常委会2020年度民主生活会方案》的请示
2.22	定委【2021】8号	中共舟山市定海区委关于同意召开定海区第八次归侨侨眷代表大会的批示
2.23	定委【2021】9号	中共舟山市定海区委关于王康利、王功跃同志职务任免表决结果的报告
2.23	定委【2021】10号	中共舟山市定海区委关于上报中共舟山市定海区委常委会民主生活会情况的报告
2.26	定委【2021】11号	中共舟山市定海区委关于余河通同志兼任舟山市定海区茶文化研究会会长的请示
3.4	定委【2021】12号	中共舟山市定海区委关于陆沧波同志任职的请示
3.15	定委【2021】13号	中共舟山市定海区委关于上报《区委常委会巡视整改专题民主生活会方案》的请示
3.24	定委【2021】14号	中共舟山市定海区委关于上报《区委常委会巡视整改专题民主生活会方案》的请示
3.27	定委【2021】16号	中共舟山市定海区委舟山市定海区人民政府中国人民解放军浙江省舟山市定海区人民武装部关于申请命名城东街道等8个单位为双拥模范镇（街道）的请示
3.29	定委【2021】17号	中共舟山市定海区委关于落实省委巡视组反馈意见的整改方案的报告
3.30	定委【2021】18号	中共舟山市定海区委关于给予王家通同志党纪处分的请示

续表25

发文日期	文号	文件标题
4.14	定委【2021】19号	中共舟山市定海区委 舟山市定海区人民政府关于2020年度法治政府建设情况的报告
4.16	定委【2021】20号	中共舟山市定海区委关于区委常委会巡视整改专题民主生活会情况的报告
4.29	定委【2021】21号	中共舟山市定海区委关于陈军同志任职的请示
5.11	定委【2021】22号	中共舟山市定海区委关于同意召开中国少年先锋队舟山市定海区第六次代表大会的批复
5.13	定委【2021】23号	中共舟山市定海区委关于同意给予叶松康开除党籍、开除公职处分的批复
5.24	定委【2021】24号	中共舟山市定海区委关于侯富光同志任职的请示
5.25	定委【2021】25号	中共舟山市定海区委关于金塘危化品经营乱象问题整改情况的报告
6.18	定委【2021】26号	中共舟山市定海区委关于金塘危化品经营乱象问题整改进展情况的报告
6.27	定委【2021】27号	中共舟山市定海区委关于同意召开定海区红十字会第六次会员代表大会的批复
7.8	定委【2021】30号	中共舟山市定海区委关于陈军、朱存波同志职务任免表决结果的报告
7.19	定委【2021】31号	中共舟山市定海区委关于同意中共舟山市定海区供销联合社委员会恢复建立“三会”制度的批复
7.21	定委【2021】32号	中共舟山市定海区委关于同意给予陈锡同志党纪处分的意见
7.27	定委【2021】33号	中共舟山市定海区委关于给予孙继达同志党内警告处分的请示
7.29	定委【2021】34号	中共舟山市定海区委关于舟山市定海区归国华侨联合会第八届委员会换届候选人的批复
7.30	定委【2021】35号	中共舟山市定海区委关于定海区领导班子换届人选考察对象的建议
8.3	定委【2021】36号	中共舟山市定海区委关于方思宏等同志任职的请示
8.17	定委【2021】37号	中共舟山市定海区委 舟山市定海区人民政府关于定海区公务员2017—2021年工资津贴补贴自查情况的报告
8.24	定委【2021】38号	中共舟山市定海区委关于同意召开定海区供销合作社联合社第六次代表大会的批复
8.27	定委【2021】39号	关于同意召开中国共产党舟山市定海区金塘镇第五次代表大会的批复

续表25

发文日期	文号	文件标题
8.27	定委【2021】40号	关于同意召开中国共产党舟山市定海区白泉镇第十五次代表大会的批复
8.27	定委【2021】41号	关于同意召开中国共产党舟山市定海区干碗镇第十五次代表大会的批复
9.8	定委【2021】46号	中共舟山市定海区委关于同意召开定海区工商业联合会第五次代表大会的批复
9.8	定委【2021】47号	中共舟山市定海区委关于同意设立舟山市定海区选举委员会的批复
9.29	定委【2021】48号	中共舟山市定海区委关于孙忠定同志兼任舟山市定海区老年人体育协会主席的请示
10.22	定委【2021】49号	关于中共舟山市定海区金塘镇第五届委员会、纪律检查委员会换届候选人预备人选的批复
10.22	定委【2021】50号	关于中共舟山市定海区白泉镇第十五届委员会、纪律检查委员会换届候选人预备人选的批复
10.22	定委【2021】51号	关于中共舟山市定海区干碗镇第十五届委员会、纪律检查委员会换届候选人预备人选的批复
10.26	定委【2021】52号	中共舟山市定海区委关于召开中国共产党舟山市定海区第十四次代表大会的请示
10.29	定委【2021】53号	中共舟山市定海区委关于金塘镇党委、纪委换届选举结果的批复
10.29	定委【2021】54号	中共舟山市定海区委关于白泉镇党委、纪委换届选举结果的批复
10.29	定委【2021】55号	中共舟山市定海区委关于干碗镇党委、纪委换届选举结果的批复
11.1	定委【2021】56号	中共舟山市定海区委关于舟山市定海区工商业联合会（总商会）换届候选人建议人选的批复
11.2	定委【2021】57号	中共舟山市定海区委关于舟山市定海区归国华侨联合会第八届委员会选举结果的批复
11.26	定委【2021】58号	中共舟山市定海区委关于孙丹燕、侯富光同志职务任免表决结果的报告
11.30	定委【2021】59号	中共舟山市定海区委关于何徐华等同志任职的请示
12.3	定委【2021】60号	中共舟山市定海区委关于同意给予柯科撤销党内职务、政务撤职处分的批复
12.6	定委【2021】61号	中共舟山市定海区委关于同意区政协换届筹备工作的批复
12.8	定委【2021】62号	中共舟山市定海区委关于中国共产党舟山市定海区第十四次代表大会代表选举工作的通知

续表25

发文日期	文号	文件标题
12.13	定委【2021】63号	中共舟山市定海区委关于丁世杰等同志职务任免的征求意见函
12.20	定委【2021】64号	关于中国共产党舟山市定海区第十四届委员会和纪律检查委员会组成人员候选人预备人选的请示
12.21	定委【2021】65号	中共舟山市定海区委关于金塘镇人大、政府换届人事安排方案的批复
12.21	定委【2021】66号	中共舟山市定海区委关于白泉镇人大、政府换届人事安排方案的批复
12.21	定委【2021】67号	中共舟山市定海区委关于干碗镇人大、政府换届人事安排方案的批复
12.24	定委【2021】68号	中共舟山市定海区委关于确定定海区出席中国共产党舟山市第八次代表大会代表候选人预备人选的情况报告
12.28	定委【2021】69号	中共舟山市定海区委关于范纲等同志任职的请示
12.29	定委【2021】70号	中共舟山市定海区委关于舟山市定海区第十四次党代会及区委、区纪委一次全会选举结果的报告
12.30	定委【2021】71号	中共舟山市定海区委关于省委巡视组反馈“拆迁安置房交付拖延严重问题”整改延期完成的请示
12.30	定委【2021】72号	中共舟山市定海区委关于2021年度落实全面从严治党主体责任情况的报告
12.31	定委【2021】73号	关于选举产生定海区出席中国共产党舟山市第八次代表大会代表的情况报告
12.31	定委【2021】74号	中共舟山市定海区委关于同意召开区政协七届一次会议的批复
12.31	定委【2021】75号	中共舟山市定海区委关于何红等同志职务任免的请示
1.20	定委办【2021】1号	关于林铁坤同志任职的请示
1.28	定委办【2021】2号	中共舟山市定海区委办公室关于上报《中共舟山市定海区委办公室2020年度民主生活会方案》的请示
3.26	定委办【2021】4号	中共舟山市定海区委办公室关于黄志军同志任职的请示
3.26	定委办【2021】5号	中共舟山市定海区委办公室关于侯英皓同志任职的请示
6.10	定委办【2021】6号	关于落实区委第一巡察组反馈意见的整改方案
12.15	定委办【2021】10号	关于潘益琼同志任职的请示

续表25

发文日期	文号	文件标题
12.17	定委办【2021】11号	中共舟山市定海区委办公室关于报请审批2022年度评比达标表彰和通报表扬项目的请示
1.3	定委发【2021】1号	关于表彰2020年度定海花园式国际人文港城建设突出贡献集体和优秀个人的通报
1.8	定委发【2021】2号	中共舟山市定海区委关于推荐区人大常委会主任、副主任候选人的意见
1.8	定委发【2021】3号	中共舟山市定海区委关于建立中共舟山市定海区第十七届人民代表大会第五次会议、政协第六届舟山市定海区委员会第五次会议临时委员会的决定
2.4	定委发【2021】4号	中共舟山市定海区委关于建立区政务服务办公室党组和人员任命的通知
3.11	定委发【2021】6号	中共舟山市定海区委 舟山市定海区人民政府关于表扬2020年度全区综治维稳工作成绩突出贡献集体和个人的通报
3.19	定委发【2021】7号	中共舟山市定海区委关于表彰“定海区担当作为好干部”的决定
4.12	定委发【2021】9号	中共舟山市定海区委关于给予胡玲红等42名同志记三等功奖励的决定
4.19	定委发【2021】10号	中共舟山市定海区委 舟山市定海区人民政府关于2020年度定海花园式国际人文港城建设突出贡献集体（全国文明城市创建工作先进集体）和优秀个人（全国文明城市创建工作先进个人）的通报
4.20	定委发【2021】11号	中共舟山市定海区委 舟山市定海区人民政府关于成立定海区宣传思想文化工作领导小组的通知
5.10	定委发【2021】13号	中共舟山市定海区委 舟山市定海区人民政府关于命名2020年度平安村社区和表扬2020年度平安定海建设优秀村社区、突出贡献集体和个人的通报
6.30	定委发【2021】14号	中共舟山市定海区委关于表彰全区优秀共产党员、优秀党务工作者、先进基层党组织的通报
7.8	定委发【2021】15号	中共舟山市定海区委关于调整部分区属单位党组织设置和人员任命的通知
8.24	定委发【2021】18号	中共舟山市定海区委 舟山市定海区人民政府关于印发《定海高质量发展建设共同富裕示范区港城范例实施方案（2021—2025年）》的通知
9.3	定委发【2021】20号	中共舟山市定海区委关于成立定海区区、镇两级人大换届选举工作领导小组的通知
10.29	定委发【2021】22号	中共舟山市定海区委 舟山市定海区人民政府关于印发《定海区中长期青年发展规划（2020—2025年）》的通知
12.16	定委发【2021】23号	中共舟山市定海区委关于撤销中共浙江定海工业园区管理委员会党组的通知
12.17	定委发【2021】24号	中共舟山市定海区委 舟山市定海区人民政府转发《中共舟山市定海区委宣传部、舟山市定海区司法局关于在全区开展法治宣传教育的第八个五年规划（2021—2025年）》的通知

（撰稿：张依伊）

附录三：2021年度中共舟山市定海区人民政府部分文件目录

表26

月日	文件名	文　件　标　题
1.20	定政发【2021】1	关于2020年度粮食安全县区长责任制落实情况的报告
1.22	定政发【2021】2	关于省政府领导〔2021〕第10号 批示督办单办理情况的报告
2.5	定政发【2021】3	关于申请全额返还定海城西未来社区试点项目土地出让金收入的请示
3.19	定政发【2021】4	关于定海区2020年法治政府建设工作的报告
4.26	定政发【2021】5	关于畜禽养殖废弃物资源化利用工作的报告
5.7	定政发【2021】6	关于2020年度消防工作情况的报告
5.7	定政发【2021】7	关于要求明确定海城西未来社区推进相关事项的请示
5.26	定政发【2021】8	关于要求对浦西鑫材国际市场进行不动产权分割的请示
6.7	定政发【2021】9	关于要求审核并转报省政府批准《舟山市定海区人民政府白泉镇、环南街道综合行政执法改革实施方案》的请示
6.11	定政发【2021】10	关于申请2021年度第一批调整（撤销）建设用地批文盘活批而未供土地转用指标（定海）的请示
8.4	定政发【2021】11	关于申请定海区公安分局城东派出所改造经费的请示
7.19	定政发【2021】12	关于要求对省级挂牌治理道路交通事故多发点段治理项目予以销号的请示
8.11	定政发【2021】13	关于申请补助定海区公安分局金塘派出所改造经费的请示
8.18	定政发【2021】14	关于要求使用市土地储备中心位于定海纺织厂路三宗储备地块的请示
8.20	定政发【2021】15	关于要求审议并转报《浙江省舟山五峙山列岛鸟类省级自然保护区总体规划》的请示
8.20	定政发【2021】16	关于要求调整定海区政府债券资金用途的请示
9.2	定政发【2021】17	关于要求补助 小沙街道和盛果蔬专业合作社资金的请示

续表26

月日	文件名	文件标题
9.8	定政发【2021】18	关于要求对国能浙江舟山发电厂三期2×660MW扩建工程项目出具社会风险评估意见的请示
9.16	定政发【2021】19	关于要求浙江金万达港口有限公司册子四宗工业用地延期竣工的请示
9.23	定政发【2021】20	关于上报2021年度土地征收成片开发方案的请示
9.29	定政发【2021】21	关于要求补助定海城区防洪排涝项目建设资金的请示
10.8	定政发【2021】22	关于定海区中小学校学生就餐保障工作落实情况的报告
10.19	定政发【2021】23	关于要求审议《舟山市定海区“大综合一体化”行政执法改革实施方案》的请示
11.2	定政发【2021】24	关于要求定海古城范围内市属资产无偿划拨给定海区的请示
11.2	定政发【2021】25	关于要求给予定海区盐仓街道创城专项经费补助的请示
11.17	定政发【2021】26	关于要求补助“智慧鸟岛”建设资金的请示
12.9	定政发【2021】27	关于要求云枫苑东侧安置地块协议出让的请示
12.9	定政发【2021】28	关于报送舟山市定海区小沙街道庙桥村等4村乡村全域土地综合整治与生态修复工程计划的请示
12.16	定政发【2021】29	关于全区2021年国民经济和社会发展计划及财政预算上半年执行情况审议意见落实情况的报告
12.16	定政发【2021】30	关于《浙江省粮食安全保障条例》贯彻执行情况审议意见落实情况的报告
12.16	定政发【2021】31	关于定海区第十七届人民代表大会第五次会议代表议案建议办理情况的审议意见落实情况的报告
12.16	定政发【2021】32	关于全区2020年度环境状况和环境保护目标完成情况审议意见落实情况的报告
12.16	定政发【2021】33	关于全区企业国有资产（不含金融企业）管理情况审议意见落实情况的报告
12.20	定政发【2021】34	关于进一步加强法治政府建设的审议意见落实情况的报告

（撰稿：周啸峰）

责任编辑：王英伟